Johannes, das große Evangelium / 1. Band

Johannes

das große Evangelium

Empfangen vom Herrn
durch
Jakob Lorber

BAND 1

8. Auflage

LORBER-VERLAG · 74321 BIETIGHEIM - WÜRTT.

1. Taschenbuchausgabe 1981
2. Taschenbuchausgabe 1988
3. Taschenbuchausgabe 1996

ISBN 3-87495-213-4 (Band 1)
ISBN 3-87495-250-9 (Band 1–11)

Vorwort

Für die Christenheit, ja für die Menschheit als Ganzes, kann es kein größeres Ereignis geben, als daß die Verheißungen des Herrn im Johannes-Evangelium sich wahrmachen: »Noch vieles hätte ich euch zu sagen, doch ihr könnt es jetzt noch nicht ertragen (fassen). Wenn aber jener, der Geist der Wahrheit, kommt, wird er euch in alle Wahrheit einführen. Er wird nicht aus sich selber sprechen; er wird vielmehr reden, was er hört, und wird euch verkünden, was künftig ist.« (Joh. 16, 12–14)

Der Inhalt dieser Worte läßt keinen Zweifel daran, daß es sich hier um künftige Prophetien handelt. Tatsächlich hat es auch in der christlichen Ära, nicht nur im Alten Bund, eine fortlaufende Prophetie gegeben, die leider bei den institutionellen Kirchen zu wenig Beachtung fand. Mit der willkürlich gesetzten und unbegreiflichen These, daß spätestens mit dem Tode der Apostel alle Offenbarung endgültig abgeschlossen sei, gewährte man der Stimme des Heiligen Geistes nur wenig Spielraum mehr.

Nun hat aber schon der zu seiner Zeit hochberühmte Zisterzienserabt Joachim von Fiore (gest. ca. 1205), der selbst ein großer Prophet war, in seiner Dreizeitenlehre darauf hingewiesen, daß nach der Offenbarung des Johannes zu Beginn des sogenannten Geistzeitalters (d. h. kurz vor dem Endgericht) den Menschen ein »Ewiges Evangelium« verkündet werden wird. Der betreffende Text bei Johannes lautet: »Und ich sah einen anderen Engel fliegen durch die Himmelsmitte, der hatte ein Ewiges Evangelium zu verkünden über die Erdbewohner und über alle Nationen und Stämme und Sprachen und Völker . . .«. (Joh. Offb. 14, 6)

Wir müssen uns nun fragen: Hat es vielleicht eine solche Verkündigung nicht schon längst gegeben oder müssen wir noch darauf warten? Wir können es jedenfalls als ein heilsgeschichtliches Omen betrachten, daß auffallenderweise sogleich mit dem Beginn der Neuzeit die Prophetengabe in einem Ausmaße wuchs, daß niemand mehr, auch die Kirche nicht, daran vorbei kann. Schon mit J. Böhme und E. Swedenborg waren Höhepunkte erreicht, die schließlich noch durch den größten aller christlichen Propheten, durch Jakob Lorber (1800–1864), weit übertroffen wurden. Durch ihn hat zweifellos der verheißene Heilige Geist sein ganzes Füllhorn ausgegossen. Besonders ist es das zehnbändige »Große Evangelium Johannes«, das anhand von detaillierten Schilderungen aller Vorgänge im Leben Jesu während seiner drei Lehr- und Wanderjahre »in alle Wahrheit einführt«. Erst recht aber wird in dieser Prophetie die folgende Verheißung Jesu wahr: »Der Beistand aber, der Heilige Geist, den der Vater in meinem Namen senden wird, der wird euch alles lehren und euch an alles erinnern, was ich euch gesagt habe.« (Joh. 14, 26) Wie sehr treffen gerade diese Worte auf das »Große Evangelium Johannes« zu! Aber auch die großen Jenseitswerke Lorbers sind eine unerschöpfliche Quelle tiefster Erkenntnisse.

Diese sogenannte Neuoffenbarung – die nirgends in Widerspruch steht zur Altoffenbarung, das heißt zu den überkommenen vier Evangelien, sondern ihren Inhalt erst voll zur Entfaltung bringt, – ist ein »Licht aus den

Himmeln«, das in allen Dingen Klarheit schafft und keine Frage offen läßt. Ja sogar die alte Unstimmigkeit zwischen Wissenschaft und Glauben wird dadurch vollständig behoben, daß sie auch die naturgeistigen Vorgänge im Schöpfungsbereich, in Makrokosmos und Mikrokosmos, bis ins letzte durchleuchtet. Das physische Universum in seiner Gesamtheit ist in dieser Prophetie ebenso enthalten wie der astrale und geistige Kosmos, Diesseits und Jenseits. Wir erhalten Auskunft über die Entstehung der Welten wie über den Verlauf der Heilsgeschichte, über das Wesen Gottes und der Engel, und erst recht über den Menschen und seine ewige Bestimmung. Daß Christus als der geoffenbarte Vater und Erlöser der Welten bei alledem im Mittelpunkt steht, ist selbstverständlich. –

Es ist eines der vielen Wunder, die in der Heilsgeschichte schon so oft für Überraschungen gesorgt haben, daß dieser Prozeß der »Wiederkunft Christi im Wort« in aller Stille vor sich ging. In größter Verborgenheit geschah es, daß der »Schreibknecht Gottes« Jakob Lorber vor bereits über hundert Jahren den Grund legen durfte für eine neue Ära der Menschheitsgeschichte.

Es war Gottes Kalkül, in einer relativen Zeit der Verborgenheit alles vorzubereiten, daß das Licht plötzlich hervorbrechen konnte. Allein schon die Naturwissenschaften bestätigen heute das Weltbild der Neuoffenbarung in einer Weise, die niemand für möglich gehalten hätte. Inzwischen hat das Lorber-Schrifttum mit seinen fünfundzwanzig zum Teil sehr umfangreichen Bänden eine Auflage von über einer Million Exemplaren erreicht. Und hatte man es früher in kirchlichen Kreisen kaum beachtet oder direkt abgelehnt, so setzen sich heute in der großen Glaubenskrise und Seelennot unserer Zeit immer mehr Geistliche ernsthaft damit auseinander; ja, manche von ihnen sind aufs äußerste beeindruckt.

So bekennt zum Beispiel der evangelische Theologe D. Dr. Kurt Hutten: »Dieses Weltbild hat Tiefe und Kraft, . . . es gibt der Erde samt ihrer Geschichte und Heilsgeschichte ihre Würde wieder, verleiht dem Glauben eine kosmische Weite, verwebt Diesseits und Jenseits, Mikrokosmos und Makrokosmos ineinander, preist die alle Schöpfung durchwaltende Liebe Gottes und weist mit alledem den Menschen einen Weg zur Geborgenheit.«

Bei der Untersuchung der Frage, wie Neuoffenbarung und Altoffenbarung zusammenstimmen, stellt der evangelische Pfarrer Hermann Luger fest: »Beide stehen auf demselben göttlichen Grund. Lorbers Schriften atmen durchaus biblischen Geist. Nicht nur der Inhalt seiner beiden Hauptwerke ›Das große Evangelium Johannes‹ und ›Die Haushaltung Gottes‹ ist ein biblischer, auch seine anderen Werke sind kernbiblisch. Viele Aussprüche und Reden des Herrn im Großen Evangelium Johannes könnten geradesogut in einem der vier biblischen Evangelien stehen. Daß sich bei Lorber vieles findet, was in der Bibel, besonders in den vier Evangelien, vollständig fehlt – wie zum Beispiel die Reden des Herrn über die Himmelskörper und die Geheimnisse der Schöpfung –, braucht uns nicht wunderzunehmen und beweist nichts gegen den biblischen Charakter der Neuoffenbarung. Es ist nur verständlich, daß Jesus in den drei Jahren seiner öffentlichen Tätigkeit viel mehr geredet und getan haben muß, als in den Evangelien der Schrift erzählt wird; und wir glauben daher ein Recht zu haben, in der Neuoffenbarung geradesogut Gottes Wort zu sehen wie in der Bibel. Bibel und Neuoffenbarung sind für uns zwei gleichberechtigte Erscheinungen, die ein und demselben Urgrund entspringen und von denen die eine durch die andere erst recht an Wert und Bedeutung gewinnt.« –

Die Vorsehung sorgte dafür, daß uns eine relativ ausführliche Lebensbeschreibung J. Lorbers durch seinen jahrelangen Freund Karl Gottfried Ritter von Leitner erhalten blieb. Dieser bekannte Grazer Lyriker und Novellist war gerade dafür wohl die geeignetste Person. In kurzer Zusammenfassung entnehmen wir seiner Biographie folgende Daten: Jakob Lorber wurde am 22. Juli 1800 in der Ortschaft Kanischa in der Untersteiermark geboren. Er war das erste von vier Kindern einer Winzerfamilie im Gebiet der Drau. Schon frühzeitig fiel er durch seine große musikalische Begabung auf. Er erlernte mehrere Instrumente, wie Geige, Klavier, Orgel und Harfe. Nach dem Besuch der Dorfschule in Jahring bereitete er sich in der Stadt Marburg auf den Volksschullehrerdienst vor, den er nach Prüfungsabschluß jedoch nur kurze Zeit als Lehrergehilfe ausübte. Ein Geistlicher, der seine große Begabung erkannte, hatte ihm nämlich geraten, sich dem Priesterstande zu weihen. Und so besuchte er denn fünf Jahre lang das Gymnasium in Marburg, wobei er auch Latein erlernte. Den Lebensunterhalt mußte er sich nebenbei selbst verdienen, durch Orgelspiel in der Kirche und Geigenunterricht. Als die Mittel zum weiteren Besuch des Gymnasiums nicht mehr ausreichten, fristete er fünf Jahre lang sein Leben als Hauslehrer, mit Unterricht hauptsächlich in Musik und Zeichnen. Im Jahre 1829 absolvierte er sodann einen »höheren pädagogischen Kurs für Lehrer an Hauptschulen« (Leitner). Trotz bester Zeugnisse blieb ihm eine sofortige Anstellung im Lehramt versagt, weswegen er sich endgültig auf Musik festlegte. Er gab »Unterricht im Gesang, sowie im Klavier- und Violinspiel, und komponierte auch einige Lieder und Konzerstücke« (Leitner). Durch diese Tätigkeit gelangte er in der Landeshauptstadt Graz in einen Freundeskreis mit zum Teil hochberühmten Namen. So konzertierte er u. a. mit Anselm Hüttenbrenner, dem bekannten Freund von Franz Schubert.

Dennoch muten die äußeren Ereignisse in seinem Leben geradezu bescheiden an gegenüber seiner Berufung zum »Schreibknecht Gottes«. In seinem vierzigsten Lebensjahr hatte sich nämlich folgendes ereignet: Als er am Morgen des 15. März 1840 sich gerade anschickte, einer aussichtsreichen und ehrenvollen Berufung auf einen Kapellmeisterposten in Triest Folge zu leisten, hörte er plötzlich »aus der Gegend des Herzens«, wie er selber sagt, eine Stimme zu sich sprechen. Die Worte klangen wie ein Befehl: »Steh auf, nimm deinen Griffel und schreibe!“ Und Lorber gehorchte aufs Wort. Alle seine Privatinteressen hintanstellend setzte er sich sofort an seinen Schreibtisch und schrieb die ersten bedeutungsvollen Schriftbögen des dreibändigen Offenbarungswerkes »Haushaltung Gottes« nieder. Etwas Einmaliges war geschehen: Lorber war vom Herrn selber zu seinem

»Schreibknecht« berufen worden! Und dieser prophetischen Berufung blieb er auch bis an sein Lebensende treu. Durch »Inneres Wort«, wie der religionsgeschichtliche Ausdruck dafür lautet, wurde ihm nach und nach das ganze riesenhafte Schriftwerk diktiert, das wir heute mit dem Ausdruck »Neuoffenbarung« bezeichnen. Es umfaßt 25 meist umfangreiche Bände. Sein wichtigstes Teilstück ist zweifellos »Das große Evangelium Johannes« (10 Bände mit einem Ergänzungsband von Leopold Engel).

Wie ging nun dieses prophetische Schreiben vor sich? Lorber selbst äußerte sich darüber in einem Brief aus dem Jahre 1858: »Bezüglich des Inneren Wortes, wie man dasselbe vernimmt, kann ich, von mir selbst sprechend, nur sagen, daß ich des Herrn heiligstes Wort stets in der Gegend des Herzens wie einen höchst klaren Gedanken, licht und rein, wie ausgesprochene Worte vernehme. Niemand, sei er auch noch so nahestehend, kann etwas von irgend einer Stimme hören, für mich erklingt diese Gnadenstimme aber dennoch heller als jeder noch so laute materielle Ton. Das ist aber nun auch schon alles, was ich Ihnen aus meiner Erfahrung sagen kann.«

Ritter von Leitner ergänzt diese Angaben mit den Worten: »Lorber begann dieses Schreibgeschäft, welches von nun an die Hauptaufgabe seines Daseins blieb, fast täglich morgens vor dem Frühstück. Dabei saß er an einem kleinen Tischchen, im Winter knapp neben dem Ofen, und führte ganz in sich gekehrt, mäßig schnell, aber ohne je eine Pause des Nachdenkens zu machen oder je eine Stelle des Geschriebenen zu verbessern, ununterbrochen die Feder wie jemand, dem von einem anderen etwas vorgesagt wird. Zu wiederholten Malen tat er, wenn er hiervon sprach, auch die Äußerung, er habe während des Vernehmens der ihm einsagenden Stimme auch die bildliche Anschauung des Gehörten. Seiner Aussage nach teilte er das innerlich Vernommene aber noch leichter mit, wenn er es einem anderen mündlich kundgeben konnte. Und in der Tat diktierte er einigen seiner Freunde einzelne Aufsätze, ja ganze Werke von mehreren hundert Schriftbogen. Dabei saß er neben dem Schreibenden, ruhig vor sich hinschauend und nie in seinem Redeflusse stockend oder irgend eine Satzfügung oder auch nur einen einzelnen Ausdruck abändernd.«

Wie immer bei prophetischen Kundgaben bediente sich der Herr auch bei Jakob Lorber der höchsteigenen Sprache des Mediums. Es darf uns daher nicht wundernehmen, wenn altertümelnde Ausdrucksweisen in Stil und Mentalität der damaligen Zeit vorherrschend sind. Daß es in der Hauptsache eine Herzenssprache ist, mit vielen volkstümlichen Beimengungen, erleichtert das Lesen. Wahrheitsgehalt und Weisheitstiefe der göttlichen Einsprache aber werden in keiner Weise beeinträchtigt.

Jakob Lorber hatte den Zeitpunkt seines Todes vorausgeschaut. Als er schließlich am 24. August 1864 nach Empfang der Sterbesakramente die Erdenbühne verließ, bat er zuletzt noch um eine Veränderung seiner Lage im Bett. Er wollte die letzten Stunden seines Lebens mit dem Blick zum Sonnenaufgang verbringen. –

Beinahe wurden die umfangreichen Manuskripte dieses Propheten ein Opfer der damaligen durch die Kirche veranlaßten Hausinquisition. Sie mußten an einem geheimen Ort aufbewahrt werden, und es kostete viel Mühe und Geduld, bis endlich die Mittel zur Drucklegung des gesamten Werkes aufgebracht werden konnten. Darüber gingen Jahrzehnte hin. –

Prof. Franz Deml

Zu den sieben Auflagen des »Großen Evangeliums Johannes«

Die Urschrift des »Großen Evangeliums Johannes« empfing Jakob Lorber in den Jahren von 1851 bis 1864.

Die erste siebenbändige Auflage des Werkes besorgte Johannes Busch in Dresden im Selbstverlag – dem aber die Urschrift nicht zur Verfügung stand – nach einer Abschrift, vermutlich aus dem Triestiner Freundeskreis um das Werk von Jakob Lorber ab dem Jahre 1871.

Die auf dieser Erstausgabe basierende, aber nicht mehr »in der fortfließenden Schreibart«, sondern in nummerierte Kapitel und in Verse eingeteilte zweite Auflage, jetzt in zehn Bänden, beendete nach wiederum sechseinhalb Jahren der Nachfolger von Johannes Busch, Christoph Friedrich Landbeck, in seinem Neutheosophischen Verlag, nun schon in Bietigheim, im Jahre 1891.

Landbecks zweiter Neudruck, jetzt auch mit bezifferten Versen – somit die dritte Auflage des gesamten Werkes – erschien in Bietigheim 1909.

Aber erst die vierte Auflage des Großen Evangeliums Johannes, die ab dem Jahre 1922 von Otto Zluhan als dem Erben von »Vater Landbeck« herausgebracht wurde, basiert auf der Urschrift, das heißt auf dem Originalmanuskript von Jakob Lorber, das auf bisher ungeklärte Weise nach Mediasch in Siebenbürgen gelangt war, von wo aus es der damals schon hochbetagte »Vater Landbeck« noch knapp vor seinem Heimgang persönlich nach Bietigheim »heimgeholt« hat. – Für Otto Zluhan ergab sich nun die Notwendigkeit einer gründlichen Bearbeitung des umfangreichen Werkes gemäß den Originalhandschriften Jakob Lorbers, welche Bearbeitung ein fachkundiger Mitarbeiterkreis im Verlaufe von mehreren Jahren überaus gründlich, gewissenhaft und verantwortungsbewußt durchgeführt hat.

»Abweichungen« oder »Unstimmigkeiten« gegenüber den früheren Auflagen ergeben sich also nicht durch ein Abweichen vom ursprünglichen Original, sondern im Gegenteil durch eine jetzt erst möglich gewordene Zurückführung der Texte auf das ursprüngliche Original.

Im Jahre 1930 wurde mit der Herausgabe der fünften Auflage begonnen.

Im Jahre 1937 wurde der Neu-Salems-Verlag durch die Gestapo verboten, konnte aber 1938 von Otto Zluhan unter dem neuen Namen Lorber-Verlag weitergeführt werden, allerdings mit der Einschränkung, nur das Ausland beliefern zu dürfen. 1941 erfolgte erneut die Schließung des Verlages durch die Gestapo und die Verhaftung von Otto Zluhan.

Die in den Nachkriegsjahren beendete fünfte und die sechste Auflage des Großen Evangeliums Johannes basierten auf der vierten Auflage aus den zwanziger Jahren.

Aus Anlaß der nunmehr herauskommenden siebenten Auflage des Großen Evangeliums Johannes – jetzt durch Friedrich Zluhan in der Nachfolge von Otto Zluhan –, die nicht mehr in der alten Frakturschrift, sondern in Antiqua neu gesetzt und gedruckt wird, entschloß sich der Lorber-Verlag zu einem Vergleich der nunmehr seit sechzig Jahren unverändert nachgedruckten Texte nochmals mit den Originalmanuskripten Jakob Lorbers. Dieser Vergleich, der wiederum durch eine Anzahl fachkundiger Mitarbeiter vorgenommen wird, hat die oben erwähnte »überaus gründliche, gewissenhafte und verantwortungsbewußte« Arbeit der »Vorgänger« in überzeugender Weise bestätigt.

Meran im Advent 1981. H. E. Sponder

Wer Meine Gebote hat und sie befolgt, der ist es, der Mich liebt. Wer aber Mich liebt, wird von Meinem Vater geliebt werden, und auch Ich werde ihn lieben und Mich ihm offenbaren.

Der Beistand aber, der Heilige Geist, den der Vater in Meinem Namen senden wird, der wird euch über alles Weitere belehren und euch an alles das erinnern, was Ich euch gesagt habe.

Joh. 14, 21.26

Erklärung
des biblischen Johannes-Evangeliums

1. Kapitel

1. Kurze Einführung in das geistige Verständnis der Evangeliumsworte Johannis, des Lieblingsapostels unseres Herrn und Heilandes Jesus Christus.
Ev. Joh. 1, 1–5.

1. Im Anfang war das Wort, und das Wort war bei Gott, und Gott war das Wort.

[1] Dieser Vers hat schon eine große Menge von allerleigestaltigen Irrdeutungen und Auslegungen zur Folge gehabt; ja, es bedienten sich sogar barste Gottesleugner eben dieses Textes, um mit dessen Hilfe Meine Gottheit um so sicherer zu bestreiten, da sie die Gottheit im allgemeinen verwarfen. Wir wollen aber nun solche Finten nicht wieder vorführen, wodurch die Verwirrung nur noch größer statt kleiner würde, sondern sogleich mit der möglich kürzesten Erklärung ans Tageslicht treten; diese, als selbst Licht im Lichte des Lichtes, wird von selbst die Irrtümer bekämpfen und besiegen.

[2] Ein Hauptgrund des Unverständnisses solcher Texte liegt freilich wohl leider in der sehr mangelhaften und unrichtigen Übersetzung der Schrift aus der Urzunge in die Zungen der gegenwärtigen Zeit; allein es ist gut also. Denn wäre der Geist solcher Texte nicht so wohl verborgen, als er es ist, so wäre das Heiligste darin schon lange allertiefst entheiligt worden, was da von größtem Übel wäre für die gesamte Erde; so aber hat man nur an der Rinde genagt und konnte zum lebendigen Heiligtume nicht gelangen.

[3] Nun aber ist es an der Zeit, den wahren innern Sinn solcher Texte zu zeigen allen, die da würdig sind, daran teilzunehmen; dem Unwürdigen aber soll es teuer zu stehen kommen, denn Ich lasse bei solcher Gelegenheit mit Mir durchaus keinen Scherz treiben und werde nie einen Handel annehmen.

[4] Nach dieser nötigen Vorerinnerung aber folge nun die Erläuterung; nur bemerke Ich noch das hinzu und sage, daß hier nur der innere, seelisch-geistige Sinn zu verstehen ist, nicht aber auch der allerinnerste, reinste Himmelssinn. Dieser ist zu heilig und kann für die Welt unschädlich nur solchen erteilt werden, die ihn suchen durch ihren Lebenswandel nach dem Worte des Evangeliums. Der bloß innere, seelisch-geistige Sinn aber läßt sich leicht finden, manchmal schon durch die richtige, zeitgemäß entsprechende Übersetzung, was nun sogleich bei der Erläuterung des ersten Verses sich zeigen soll.

[5] Sehr unrichtig und den innern Sinn sehr verhüllend ist der Ausdruck »Im Anfange«; denn dadurch könnte sogar der Gottheit ewiges Dasein bestritten und in Zweifel gezogen werden, was auch von einigen älteren Weltweisen geschehen ist, aus deren Schule die Gottesleugner dieser Zeit auch so ganz eigentlich hervorgegangen sind. So wir aber nun diesen Text recht geben werden, da wird die Hülle nur sehr dünn erscheinen, und es wird

nicht schwer sein, den inneren Sinn durch solche leichte Hülle recht wohl und manchmal sehr genau zu erspähen.

[6] Also aber laute die richtige Übersetzung: Im Urgrunde, oder auch in der Grundursache (alles Seins), war das Licht (der große heilige Schöpfungsgedanke, die wesenhafte Idee). Dieses Licht war nicht nur in, sondern auch bei Gott, das heißt, das Licht trat als wesenhaft beschaulich aus Gott und war somit nicht nur in, sondern auch bei Gott und umfloß gewisserart das urgöttliche Sein, wodurch schon der Grund zu der einstigen Menschwerdung Gottes gelegt erscheint, was im nächstfolgenden Texte auch schon von selbst ganz hell ersichtlich wird.

[7] Wer oder was war denn so ganz eigentlich dieses Licht, dieser große Gedanke, diese heiligste Grundidee alles künftigen, wesenhaften, freiesten Seins? – Es war unmöglich etwas anderes als eben Gott Selbst, weil in Gott, durch Gott und aus Gott unmöglich etwas anderes als Gott Selbst nur Sich in Seinem ewig vollkommensten Sein darstellte; und so mag dieser Text auch also lauten:

[8] In Gott war das Licht, das Licht durchfloß und umfloß Gott, und Gott Selbst war das Licht.

2. Dasselbe war im Anfange bei Gott.

[9] So nun der erste Vers zur Genüge erleuchtet, von jedermann einigen Lichtes leicht begriffen werden kann, so erklärt sich der zweite Vers von selbst und besagt nur zeugnisweise, daß das obbeschriebene Wort oder Licht oder der große Schöpfungsgedanke nicht ein in der Folge des Urgottseins entstandener, sondern ein mit Gott als Selbst Gott gleich ewiger ist und somit nimmer irgend einen einstigen Entstehungsprozeß in sich birgt, darum es denn auch gewisserart zeugnisweise erklärend heißt: Dasselbe war im Anfange oder im Urgrunde alles Seins und alles späteren Werdens als Urgrund selbst bei, in und aus Gott, also Selbst durch und durch Gott.

3. Alle Dinge sind durch Dasselbe gemacht, und ohne Dasselbe ist nichts gemacht, was gemacht ist.

[10] In diesem Verse bezeugt sich das nur gewisserart als betätigt und handgreiflich, was da schon im ersten Verse sich als das »Wort« oder »Licht« im Urgrunde alles Seins und Werdens völlig gegenwärtig, aber noch nicht als schon ausgegangen bewerkstelligt, klar dargestellt hatte.

[11] Es soll demnach dieser dritte Vers rein gegeben auch also lauten: Alles Sein ward aus diesem Ursein, welches in Sich Selbst ist der ewige Urgrund Seines Seins durch und durch. Dieses Seins Licht, Wort und Wille stellte Sein höchst eigen Licht, Seine urewige Schöpfungsidee aus Sich Selbst ins feste beschauliche Dasein, und nichts gibt es in der ganzen ewigen Unendlichkeit, was nicht aus demselben Urgrunde und auf demselben Wege ins erscheinliche und beschauliche Dasein getreten wäre.

[12] Wer nun diese drei ganz klar erläuterten Verse vollends aufgefaßt hat, dem ist der Vers 4 schon von selbst notwendig einleuchtend klar.

4. In Ihm war das Leben, und das Leben war das Licht der Menschen.

[13] Es versteht sich ja schon bei weitem von selbst, daß ein Urgrundsein alles Seins, das Licht alles Lichtes, der Urgedanke aller Gedanken und Ideen, die Urform als der ewige Urgrund aller Formen fürs erste nicht formlos und fürs zweite nicht Tod sein konnte, da dieser den vollsten Gegensatz alles wie immer gearteten Seins im Grunde des Grundes bezeichnet. In diesem Worte oder Lichte oder in diesem großen Gedanken Gottes in Gott, und im Grunde des Grundes Gott Selbst, war sonach ein vollkommenstes Leben. Gott war also das urewigste, vollkommenste Grundleben in und aus Sich Selbst durch und durch, und dieses Licht oder Leben rief aus Sich die Wesen, und dieses Licht oder dieses Leben war das Licht und also auch das Leben in den Wesen, in den aus Ihm hervorgegangenen Menschen; und diese Wesen und Menschen waren sonach völlig ein Ebenmaß des Urlichtes, das in ihnen das Sein, Licht und also auch ein dem ewigen Ursein völlig ähnliches Leben bedingte.

[14] Da aber das Urleben Gottes ein ganz vollkommen freies ist und sein muß, da es sonst so gut wie gar kein Leben wäre, dieses gleiche Leben aber in den geschaffenen Wesen ein und dasselbe Leben sein muß, ansonst es auch kein Leben und als sonach Nichtleben auch kein Sein wäre, so ist es ja nur zu handgreiflich klar, daß den geschaffenen Wesen, Menschen, nur ein vollkommen allerfreiestes Leben gegeben werden konnte, das sich selbst als ein vollständiges fühlen, aber aus eben diesem Gefühle auch ersehen mußte, daß es kein aus sich selbst hervorgehendes, sondern nur als ein völlig ebenmäßiges aus Gott nach Dessen ewig allmächtigem Willen hervorgegangen ist.

[15] Diese Wahrnehmung mußte in allen geschaffenen Wesen vorhanden sein gleich der, daß ihr Leben und Sein ein völlig Gott ebenmäßiges sein muß, ansonst sie wieder weder ein Leben noch irgend ein Sein hätten.

[16] So wir aber diesen Umstand näher betrachten, so ergibt es sich, daß sich in den geschaffenen Wesen notwendig zwei Gefühle begegnen müssen, und zwar erstens und zunächst das Gefühl der göttlichen Ebenmäßigkeit oder des Urlichtes Gottes in ihnen und zweitens aus eben diesem Lichte aber dann auch notwendig das Gefühl des zeitgemäßen Werdens durch den Urwillen des Schöpfers.

[17] Das erste Gefühl stellt das Geschöpf unbedingt dem Schöpfer gleich und wie aus sich hervorgehend völlig unabhängig von dem ewigen Urgrunde, als gleichsam solchen in sich selbst fassend und bergend; das zweite aus diesem ersten notwendig hervorgehende Lebensgefühl aber muß sich dennoch als ein vom eigentlichen Urgrunde aus sich hervorgerufenes und erst in der Zeitenfolge als in sich selbst als frei manifestiertes und somit vom Haupturgrunde sehr abhängiges ansehen und betrachten.

[18] Dieses demütigende Gefühl aber macht das erste Hoheitsgefühl ebenfalls zu einem Demutsgefühle, was fürs Hoheitsgefühl freilich wohl eine höchst und unumgänglich nötige Sache ist, wie es in der Folge ganz klar gezeigt wird.

[19] Das Hoheitsgefühl streitet ganz gewaltig gegen solch eine Erniedrigung und will das zweite Gefühl erdrücken.

[20] Durch solchen Kampf aber entsteht dann Groll und am Ende Haß gegen den Urgrund alles Seins und aus dem gegen das niedere Demuts- oder Abhängigkeitsgefühl; dadurch erlahmt und verfinstert sich aber dann das Hoheitsgefühl, und es wird aus dem Urlicht im geschaffenen Wesen Nacht und Finsternis. Diese Nacht und diese Finsternis erkennt dann kaum mehr das Urlicht in sich und entfernt sich also, als blind und dabei dennoch selbständig, vom Urgrunde seines Seins und Werdens und erkennt solchen nicht in seiner Verblendung.

5. Und das Licht scheinet in der Finsternis, und die Finsternis begreift es nicht.

[21] Daher mag dann dieses Urlicht leuchten in solcher Nacht, wie es auch leuchten mag; da aber die Nacht, die wohl auch aus dem Lichte entstanden ist, keine ordentliche Sehe mehr hat, so erkennt sie das Licht nicht, das da kommt in solche Nacht, um selbige wieder ins rechte Urlicht umzugestalten.

[22] Sogestaltig kam denn auch **Ich** als das ewige Ursein alles Seins und als das Urlicht alles Lichtes und Lebens in die Welt der Finsternis zu denen, die aus Mir waren; aber sie erkannten Mich nicht in der Nacht ihres ermatteten Hoheitsgefühls!

[23] Denn dieser 5. Vers deutet eben darauf hin, wie nach und in den ursprünglichen Maßen und Verhältnissen Ich als ganz Derselbe, Der Ich von Ewigkeit war, in diese von Mir und aus Mir geschaffene Welt komme und diese Mich nicht erkennt als ihr eigenstes Grundsein.

[24] Aber Ich als der Urgrund alles Seins mußte ja aus Meinem urewigen Allichte sehen, wie das Hoheitsgefühl als Urlicht in den Menschen durch den fortwährenden Kampf stets matter und schwächer und sonach als Lebenslicht auch dunkler und am Ende gar finster ward, und daß demnach die Menschen, so Ich zu ihnen in dem ihnen aus Mir gegebenen Ebenmaße käme, Mich nicht erkennen würden, wenigstens gar sehr viele nicht, besonders so Ich als ein reiner Deus ex machina *(plötzlich auftretender Gott)* ganz unerwartet und unvorbereitet in beschränkter Menschenform zu ihnen käme, und Ich es Mir dann Selbst zuzuschreiben hätte, daß Mich die Menschen als unvorbereitet auf solch Meine Ankunft unmöglich erkennen könnten.

[25] Ja, wohl sah Ich das von Ewigkeit ein und ließ daher den Menschen schon von ihrem ersten aus Mir geschiedenen Entstehen angefangen bis zu Meiner wirklichen Ankunft durch viele tausend Seher, die im Kampfe das Licht nicht verloren, eben solche Meine Ankunft vorhersagen und die Art und Weise und sogar den Ort und die Zeit Meiner Ankunft treulich bezeichnen, und bei Meiner wirklich erfolgten Ankunft ließ Ich große Zeichen geschehen und erweckte einen Mann, in dem ein hoher Urgeist Wohnung nahm, daß er den Blinden verkünde Meine Ankunft und volle Gegenwart auf der Erde.

2. Ein als Johannes (der Täufer) inkarnierter hoher Geist (Michael) zeugt vom Herrn. Die Grundlehren: Vom Wesen Gottes, des Menschen und seines Verhältnisses zu Gott. Vom Fall des Menschen und von den außerordentlichen Wegen Gottes zu dessen Erlösung.

Ev. Joh. 1, 6–13.

6. Es ward aber ein Mann von Gott gesandt, der hieß Johannes.

[1] Dieser Mann hieß Johannes, der am Jordan die Buße predigte und die Bekehrten mit dem Wasser taufte. In diesem Manne wohnte der Geist des Propheten Elias, und dieser war ebenderselbe Engelsgeist, der den Luzifer im Urbeginn besiegte und später auf dem bekannten Berge um den Leichnam Mosis mit ebendem Luzifer rang *(also Michael)*.

7. Dieser kam als ein Zeuge (von oben), auf daß er vom Lichte ein Zeugnis gäbe, damit sie alle (die lichtlosen Menschen) durch ihn glaubeten (d. h. durch sein Licht das zu ihnen gekommene Urlicht erkenneten).

[2] Dieser kam als ein alter und neuer Zeuge von oben, das heißt vom Urlichte als Licht, auf daß er zeugete vom Urlichte, vom Ursein Gottes, Das nun Selbst das Fleisch annahm und in vollgleicher Menschenform als Selbst Mensch zu Seinen Menschen, die aus Ihm sind, kam, um sie in ihrer Nacht neu zu erleuchten und sie sogestaltig Seinem Urlichte wieder zurückzugeben.

8. Er war nicht das Licht (aus sich), sondern er war nur ein Zeugnis des Lichtes (d. h. er zeugete dem verfinsterten Hoheitsgefühle der Menschen gegenüber, daß nun das Urlicht Selbst von Seiner ewigen Höhe herabkam als ein Lamm in der Demut zu den Menschen und nähme freiwillig alle ihre Schwächen (Sünden) auf Sich, um dadurch den Menschen das Urlicht wiederzugeben und sie Ihm gleichzumachen und -zustellen).

[3] Dieser Mann war freilich wohl das eigentliche Urlicht nicht Selbst, sondern gleich allen Wesen nur ein Teillicht aus dem Urlichte. Aber ihm ward es also gegeben, im Verbande mit dem Urlichte zu verbleiben durch seine überwiegende D e m u t.

[4] Da er aber also im steten Verbande mit dem Urlichte sich befand und Dieses wohl unterschied von seinem Lichte – da er wohl auch aus dem Urlichte hervorgegangen ist, aber dennoch nicht das Urlicht, sondern nur ein Ablicht Desselben war, auf daß er Dasselbe erkennete und Demselben ein rechtes Zeugnis gäbe –, so gab er denn auch ein vollgültiges Zeugnis dem Urlichte und erweckte dadurch so viel des rechten Lichtes in den Herzen der Menschen, daß diese dann, wenn schon anfangs nur sehr schwach, aber mit der Zeit doch stets stärker und heller erkennen konnten, daß das Urlicht, Das nun im Fleische eingehüllt, dennoch Dasselbe ist, Dem alle Wesen und Menschen ihr selbständiges Dasein verdanken und es als selbständig für ewig behalten können, so sie es wollen.

9. Das war das wahrhafte Licht, Das alle Menschen erleuchtet, die in diese Welt kommen.

[5] Nicht der Zeuge, sondern sein Zeugnis und Der, von Dem er zeugete, waren das rechte Urlicht, Das vom Urbeginn an alle Menschen, die in diese Welt kommen, erleuchtet und belebt hat und nun noch stets mehr belebt und erleuchtet; darum heißt es denn auch im 9. Verse, daß eben Das das wahre und rechte Licht ist und war, Das alle Menschen in ihrem Urbeginne zum freien Dasein gestaltete und nun kam, um dasselbe in aller Fülle zu erleuchten und es Ihm Selbst wieder ähnlich zu machen.

10. Es war in der Welt, und diese ist durch Dasselbe gemacht, aber sie erkannte Es nicht.

[6] Wiegestaltig Ich oder das Urlicht von dieser Welt, das heißt von den verfinsterten Menschen, die in allem ihrem Sein aus Mir oder, was Eines ist, aus dem Urlichte (Worte) hervorgegangen sind, habe verkannt werden können trotz all den Vorboten und Verkündern Meiner Ankunft, ist bereits schon im 5. Verse klar erörtert worden; nur ist noch ganz besonders zu erwähnen, daß hier unter »Welt« nicht die Erde als die Trägerin gerichteter Seelen, die eigentlich die Materie ausmachen, sondern bloß nur die Menschen, die zwar wohl zu einem Teile aus dieser Materie genommen sind, aber als einmal freigestellte Wesen nicht mehr dieser urgerichteten Seelenmaterie angehören oder angehören dürfen, zu verstehen sind; denn welch eine Zumutung wäre das auch, so Ich von dem noch im tiefsten Gerichte liegenden Steine verlangte, daß er Mich erkennete!? Solches kann nur von einer freigewordenen Seele, die Meinen Geist in sich hat, voll rechtlich verlangt werden.

11. Er kam in Sein Eigentum, und die Seinen nahmen Ihn nicht auf.

[7] Also nicht die Erde, wie vorerwähnt, sondern lediglich nur die Menschen ihrem seelisch-geistigen Wesen nach sind hier als das eigentliche Eigentum des Herrn anzusehen und zu betrachten, und darum Eigentum, weil sie sogestaltig selbst Urlicht aus Meinem ewigen Urlichte sind und somit mit Meinem Urgrundwesen in Eins zusammenfallen.

[8] Aber da sie in ebendiesem Wesen, das sich in ihnen als das Hoheitsgefühl ausspricht, geschwächt sind, welcher Schwäche halber Ich auch zu ihnen als in Mein Ureigentum kam und noch immer gleichwegs komme, so erkannten sie Mich nicht und somit auch nicht sich selbst und ihr höchsteigenes Urgrundsein, das da nimmer vernichtet werden kann, weil es im Grunde des Grundes Mein Wesen ist.

12. Wieviele Ihn aber aufnahmen, denen gab Er Macht, Kinder Gottes zu werden, da sie an Seinen Namen glauben.

[9] Es versteht sich aber so gut wie von selbst, daß bei allen jenen, die Mich nicht aufnahmen oder nicht erkannten, die Urordnung gestört blieb und mit dieser Störung ein leidender Zustand, das sogenannte »Übel« oder

die »Sünde« blieb; wogegen bei vielen andern aber, die Mich aufnahmen, das heißt, die Mich in ihren Herzen erkannten, sich dieses Übel notwendig verlieren mußte, da sie wieder mit Mir als mit der Urordnung und Urmacht alles Seins vereint wurden, sich darinnen selbst fanden und Mein Urlicht als das gestellte ihrige in ihnen und in diesem das ewige, unvertilgbare Leben.

[10] In solchem Leben aber fanden sie auch, daß sie dadurch notwendig nicht nur Meine Geschöpfe, was sich aus ihrem niederen Lebensgefühle nur herausstellt, sondern, weil sie Mein Selbst in sich bergen, was nur durch Meine Willensmacht aus Mir frei hinausgestellt ward, unfehlbar Meine höchsteigenen Kinder sind, da ihr Licht (ihr Glaube) gleich ist Meinem höchsteigenen Urlichte und daher in sich selbst die volle Macht und Kraft hat, die in Mir Selbst ist, und aus solcher Macht heraus auch das vollste Recht, Mein Kind nicht nur zu heißen, sondern auch in aller Fülle zu sein!

[11] Denn der Glaube ist eben ein solches Licht, und Mein Name, an den die mächtigen Strahlen dieses Lichtes gerichtet sind, ist die Kraft und die Macht und das eigentliche Wesen Meines Urseins, durch die jeder in sich selbst die vollrechtliche und vollgültige Kindschaft Gottes bewerkstelligt. Darum heißt es denn auch im 12. Verse, daß alle, die Mich aufnehmen und an Meinen Namen glauben werden, sage – die Macht in sich haben sollen, vollrechtlich »Kinder Gottes« zu heißen!

13. Welche nicht von dem Geblüte, noch von dem Willen des Fleisches, noch von dem Willen eines Mannes, sondern von Gott geboren sind.

[12] Dieser Vers ist nichts als eine nähere Bestimmung und Erläuterung des früheren Verses, und es könnten in einer mehr verbundenen Sprache die beiden Verse nebeneinander auch also lauten: Die Ihn aber aufnahmen und an Seinen Namen glaubten, denen gab Er die Macht, »Kinder Gottes« zu heißen, die nicht von dem Geblüte, noch vom Willen des Fleisches (Begierde des Fleisches), noch von dem Willen eines Mannes, sondern von Gott geboren sind.

[13] Es versteht sich aber schon von selbst, daß hier nicht von einer ersten Geburt als Fleisch aus dem Fleische, sondern lediglich nur von einer zweiten Geburt aus dem Geiste der Liebe zu Gott und aus der Wahrheit des lebendigen Glaubens an den lebendigen Namen Gottes, der da heißet Jesus-Jehova-Zebaoth, die Rede sein kann, welch zweite Geburt auch gut definiert »die Wiedergeburt des Geistes durch die Taufe aus den Himmeln« heißet.

[14] Die »Taufe aus den Himmeln« aber ist der volle Übergang des Geistes und der Seele samt allen ihren Begierden in den lebendigen Geist der Liebe zu Gott und der Liebe in Gott Selbst.

[15] Ist solcher Übergang einmal aus des Menschen freiestem Willen geschehen und befindet sich nun alle Liebe des Menschen in Gott, so befindet sich durch solche heilige Liebe auch der ganze Mensch in Gott und wird allda zu einem neuen Wesen ausgezeitigt, gekräftet und gestärkt und also nach Erlangung der gerechten Vollreife von Gott wiedergeboren; nach sol-

cher zweiten Geburt, der weder des Fleisches Begierde noch des Mannes Zeugungswille vorangeht, ist dann der Mensch erst ein wahres Gotteskind, das er geworden ist durch die Gnade, die da ist eine freie Macht der Gottesliebe im Herzen des Menschen.

[16] Diese Gnade aber ist auch eben der mächtige Zug Gottes im Geiste des Menschen, durch den er, als vom Vater gezogen zum Sohne, das heißt zum göttlichen Urlichte, oder, was eines ist, zu der rechten und lebendig mächtigen Weisheit Gottes gelangt.

3. Die Menschwerdung des Ewigen Wortes, und Johannes des Täufers Zeugnis von Ihm. Hauptlebenswinke zum neuen Sein durch die Wiedergeburt. Erste und zweite Gnade.

Ev. Joh. 1, 14–16.

14. Und das Wort ward Fleisch und wohnete unter uns, und wir sahen Seine Herrlichkeit, eine Herrlichkeit als des eingeborenen Sohnes vom Vater voll Gnade und Wahrheit.

[1] Wenn der Mensch alsogestaltig durch die Wiedergeburt zur wahren Kindschaft Gottes gelangt, in die er von Gott, dem Vater, oder von der Liebe in Gott förmlich eingeboren wird, so gelangt er zur Herrlichkeit des Urlichtes in Gott, das da eigentlich das göttliche Urgrundsein Selbst ist; dieses Sein ist der eigentliche, eingeborene Sohn des Vaters also, wie das Licht in der Wärme der Liebe inwendig verborgen ruht, solange die Liebe es nicht erregt und aus sich hinausstrahlen läßt. Dieses heilige Licht ist sonach aber auch die eigentliche Herrlichkeit des Sohnes vom Vater, zu der jeder Wiedergeborene gelangt und allda selbst gleich wird dieser Herrlichkeit, die da ist ewig voll Gnade (Gottes-Lichtes) und voll Wahrheit, die da ist die wahre Wirklichkeit oder das Fleisch gewordene Wort. – –

15. Johannes zeuget von Ihm, ruft und spricht: »Dieser war es, von Dem ich gesagt habe: Nach mir wird kommen, Der vor mir gewesen ist, denn Er war eher denn ich.«

[2] Davon gibt wieder Johannes ein rechtes Zeugnis und macht die Menschen gleich nach der Taufe im Flusse Jordan darauf aufmerksam, daß eben der Mensch, den er nun getauft hatte, Derjenige ist, von Dem er schon die ganze Zeit seiner Predigt zur Buße, um Ihn würdig aufzunehmen, zu dem Volke geredet hatte, daß Er, Der nach ihm (Johannes) kommen werde, vor ihm gewesen, also eher war denn er. Was im tieferen Sinne wieder soviel heißt als: Dies ist das Urgrundlicht und Urgrundsein alles Lichtes und Seins, Das allem Sein voran war, und alles Sein aus diesem Sein hervorging.

16. Von Seiner Fülle haben wir alle genommen Gnade um Gnade.

[3] Dieses Urlicht aber ist auch die ewig große Herrlichkeit in Gott, und Gott Selbst ist diese Herrlichkeit; diese Herrlichkeit war von Ewigkeit Gott

Selbst in Gott, und von der Fülle dieser Herrlichkeit haben alle Wesen ihr Sein und ihr Licht und freies Leben genommen.

[4] Alles Leben ist daher eine Gnade aus Gott und erfüllt die lebentragende Form durch und durch. Das Urleben in jedem Menschen ist daher, weil es in sich die gleiche Herrlichkeit Gottes ist, eine ERSTE GNADE Gottes; diese aber hatte Schaden gelitten durch die bekannte Schwächung des Hoheitsgefühles mit dem niederen Gefühle des Werdens und der dadurch erfolgten notwendigen Abhängigkeit von dem Urlichte und Urgrunde alles Seins.

[5] Da sonach diese erste Gnade im Menschen nahe völlig untergehen wollte, so kam das Urlicht Selbst in die Welt und lehrte die Menschen dahin, daß sie diese erste Gnade dem Urlichte wieder anheimstellen oder eigentlich in dies Ursein völlig zurücktreten sollen und allda nehmen für das alte Licht ein neues Leben; und dieser Umtausch ist das NEHMEN DER GNADE UM GNADE, oder gleichsam das Hingeben des alten, geschwächten, für nichts mehr tauglichen Lebens um ein neues, unvertilgbares Leben in und aus Gott in der Fülle.

[6] Die erste Gnade ist eine Notwendigkeit gewesen, in der keine Freiheit, daher auch keine Beständigkeit waltet; die ZWEITE GNADE aber ist eine volle Freiheit, jeder Nötigung ledig, und daher – weil durch nichts gedrängt und gezwängt – auch für ewig unverwüstbar. Denn wo es keinen Feind gibt, da gibt es auch keine Zerstörung; unter Feind aber wird alles verstanden, was auf ein freies Sein, wie immer gestaltig, hemmend einwirkt.

4. Von Gesetz und Gnade. Weitere Kämpfe der zur freien Gotteskindschaft berufenen Wesen. Der Erlöser erscheint. Vater und Sohn sind eins wie Flamme und Licht.
Ev. Joh. 1, 17–18.

17. Denn das Gesetz ist durch Moses gegeben; die Gnade und Wahrheit ist durch Christum geworden.

[1] So ist das Gesetz, das dem ersten Leben gegeben werden mußte, und zwar im Anfange schon dem ersten Menschen und im Verfolge der Dinge durch Moses, der hier in diesem Verse auch als ein Repräsentant des Gesetzes angeführt wird. Aus dem Gesetze aber konnte wohl niemand je die wahre Lebensfreiheit erlangen, da das Gesetz eine Hemmung, nicht aber eine Förderung des Lebens ist.

[2] Durch ein positives Muß aus der Urmacht unwandelbarem Wollen wurden die ersten Schöpfungsideen in ein isoliertes, wie selbständiges Sein hinausgestellt; was sonach die Trennung und das Formen des durch Raum und Zeit beschränkten Seins betrifft, so war dieses durch ein unwandelbares Muß bewerkstelligt.

[3] Nun war das Wesen, der Mensch, da, in sich gewisserart die Gottheit Selbst, oder was eines und dasselbe ist: das Ursein Gottes Selbst, nur getrennt von seinem Urgrunde, sich aber dennoch Dessen bewußt, nebst dem aber dennoch gebunden in begrenzter Form und gehalten durch ein unwandelbares Muß. Dieser Zustand wollte dem also gestellten Wesen nicht mun-

den, und sein Hoheitsgefühl kam in einen gewaltigen Kampf mit seiner notwendigen Beschränkung und Hinausstellung.*

[4] Da in der urersten Wesenreihe der Kampf immer heftiger ward, so mußte das große Grundgesetz verschärft werden und die Wesen in ein zeitweiliges, festes Gericht fassen; darin bestand die Darstellung der materiellen, festen Weltkörper und die dadurch bewirkte größere Teilung der Urwesen.

[5] In der zweiten Reihe der Wesen erscheint dann der Mensch ins Fleisch gehüllt, stehend auf dem Boden seines ersten Gerichtes. Trotz der nun dreifachen Trennung von seinem Urgrunde erkannte er in sich doch bald Denselben wieder und ward trotzig, hochmütig und ungehorsam einem leichten und nicht mehr mit »Muß«, sondern nur mit »Du sollst« gegebenen Gesetze.

[6] Weil er aber dies leichte Sollst sich nicht wollte gefallen lassen, so ward ihm dafür ein schwereres und gewaltig sanktioniertes gegeben und die Sanktion bei Nichtachtung dieses zweiten Sollst pünktlich ausgeführt (siehe die Sündflut und Weiteres der Art!).**

[7] Nach dieser Zucht begab sich das Gottwesen in Melchisedek zur Erde und führte die Menschen; aber die fingen bald wieder zu kämpfen an und mußten durch neue Gesetze gebunden und zur Ordnung geführt werden, so, daß ihnen nur eine maschinenartige Bewegung, nahe gegen alle ihre Neigungen stehend, übrigblieb.

[8] Durch das Gesetz war demnach eine weite Kluft gestellt, über die kein Geist und kein Wesen mehr einen Sprung machen konnte, wodurch denn auch die Aussicht und das innere Bewußtsein von einer ewigen Fortdauer des inneren, sogestaltig sehr eingeschränkten Lebens in eine sehr zweifelhafte Frage gestellt wurde.

[9] Auf solch eine Einschränkung erscheint dann das göttliche Ursein in Seiner eigenen Urfülle, und zwar in der Person Christi.

[10] Hier kommt also die Urgnade wieder, nimmt auf Sich alle Schwächen des Lebens der Menschen und gibt ihnen dafür eine neue Gnade, ein neues Leben, voll des wahren Lichtes und zeigt ihnen in diesem und durch Sich Selbst den rechten Weg und den rechten Zweck ihres Seins.

18. Niemand hat Gott je gesehen; der eingeborene Sohn, Der in des Vaters Schoß ist, Der hat es uns verkündiget.

[11] Jetzt erst bekamen, die Ihn erkannten, eine wahre Kenntnis von Gott und konnten nun zum ersten Male Gott, Den vorher nie ein Wesen in Seiner Fülle schauen konnte, neben sich und außer sich beschauen und erkennen und durch Ihn auch sich selbst und die eigene allerfreieste Lebensbestimmung.

[12] Und nun ist auch die unübersteigbare Kluft, die durch das Gesetz gestellt wurde, wieder aufgehoben worden, und jeder Mensch konnte und

---

* Vgl. »Jugend Jesu«, Kap. 196.

** Vgl. »Jugend Jesu«, Kap. 192–196.

kann nun immer aus dem Joche des Gesetzes treten, so er seinen alten Menschen gegen den neuen aus Christo umtauscht, darum es denn auch heißt, daß man den alten Menschen ausziehen und den neuen anlegen solle, oder: wer das alte Leben liebhat, der wird es verlieren; wer es aber fliehet, der wird es, als nämlich ein neues, erhalten. Das ist denn die Verkündigung aus dem Schoße des Vaters und das lebendige Evangelium Gottes.

[13] Der Ausdruck aber, wo es heißt: »Der in des Vaters Schoße ist«, besagt soviel als: Die Urweisheit Gottes oder das eigentliche innerste Gottwesen ist in der Liebe, gleichwie das Licht in der Wärme zu Hause ist, ursprünglich aus der Liebe mächtigen Wärme entsteht und entspringt und endlich durch sein Dasein abermals Wärme erzeugt, und diese allzeit wieder Licht. Ebenalso entsteht aus der Liebe, die gleich ist dem Vater und im Grunde des Grundes der Vater Selbst, das Licht der göttlichen Weisheit, das da gleich ist dem Sohne oder der eigentliche Sohn Selbst, der aber nicht Zwei, sondern völlig Eins ist mit Dem, das da »Vater« heißt, gleichwie da Licht und Wärme oder Wärme und Licht eines sind, indem die Wärme fortwährend das Licht und das Licht fortwährend die Wärme erzeugt.

5. Das Zeugnis Johannis des Täufers von sich. Grund der Verleugnung seines Eliasgeistes. Demütiges Bekenntnis des Vorläufers des Messias. Eitel falsche Idee der Templer vom Kommen Christi. Wiederholtes klares Zeugnis Johannis des Täufers vom Herrn.

Ev. Joh. 1, 19–30.

19. Und dies ist das Zeugnis Johannis an die Juden, als diese von Jerusalem an ihn sandten Priester und Leviten, daß sie ihn fragten: »Wer bist du?«

[1] Dieser Vers stellt eine pure äußere Tatsache dar und hat daher keinen inneren Sinn; nur das läßt sich aus dieser Mission leicht entnehmen, daß das Hoheitsgefühl der Juden in dieser Zeit schon zu ahnen begann, daß das Urlicht oder das Urleben Gottes sich den Erdenmenschen zu nahen beginne und schon auf der Erde sein müsse, und es mutmaßte, daß dieses Urleben alles Lebens sich in dem Johannes befinde und er etwa der verheißene Messias sei.

[2] Darum sandten sie denn auch, aus obbesprochener Ahnung mehr als durch den Predigerruf Johannis genötigt, Auskundschafter zu ihm, auf daß sie ihn fragten, wer er sei, ob Christus, ob Elias, oder ob ein anderer Prophet.

20. Und er bekannte und leugnete es nicht, sagend: »Ich bin nicht Christus, der verheißene Messias.«
21. Sie aber fragten ihn weiter: »Was bist du denn? Bist du Elias?« – Und er sprach: »Ich bin es nicht!« – Und weiter fragten sie: »Bist du ein Prophet?« – Er antwortete: »Nein!«

[3] Der Grund aber, warum sie den Johannes auch fragten, ob er entweder Elias oder ein anderer neuer Prophet sei, lag darin, weil es in ihren

prophetischen Schriften hieß, Elias werde vor dem verheißenen Messias kommen und ganz Israel auf die große Ankunft des Messias vorbereiten! – Also sollten in solcher Zeit auch noch andere Propheten erstehen, die gleichfalls auch als Herolde dem Messias vorangehen werden. Solches also wußten die der Schrift kundigen Abgesandten aus Jerusalem und fragten den Johannes also; dieser aber bekannte, daß er das alles nicht sei.

22. Und sie sprachen weiter zu ihm: »Was bist du denn, daß wir eine Antwort bringen denen, die uns gesandt haben?!« – »Was sagst du denn von dir selbst?«

[4] Und so mußten sie ihn denn natürlich weiter fragen, wer er alsonach denn wäre.

23. Johannes aber sprach: »Ich bin die Stimme eines Rufers in der Wüste und bereite dem Herrn den Weg, wie es der Prophet Jesajas geweissagt hat.«

[5] Worauf Johannes dann erst bekannte, daß er bloß nur ein Rufer in der Wüste sei und bereite – nach Jesajas' Vorhersage – dem Herrn den Weg!

[6] Man kann hier ganz füglich fragen, warum Johannes solches tue in der Wüste, von der man doch voraussetzen kann, daß in ihr sicher sehr wenig Menschen wohnen werden; daß es demnach wohl angezeigter wäre, an solchen Orten einen derartigen Vorläufer zu machen, die reichlich von Menschen bewohnt sind. Was kann in der toten Wüste ein solches, wenn auch noch so kräftiges Rufen nützen, wo des Rufes Schall lange eher verhallt, als bis er an irgend ein Ohr gelangt? Und gelangt er auch zufälligerweise an irgend ein Menschenohr, so genügt das ja doch lange nicht bei einer Sache, die für alle Menschen doch von der allerwichtigsten Art ist!

[7] Auf diese vorleitende Frage sei das gesagt, daß da unter dem Ausdruck »Wüste« nicht so sehr die kleine Wüste von Bethabara, jenseits des Jordans gelegen, zu verstehen sei, als vielmehr die geistige Wüste in den Herzen der Menschen. Die Wüste von Bethabara, allwo Johannes wirklich lebte, predigte und taufte, war daher nur darum gewählt worden, auf daß sie ein Vorbild dem Menschen wäre, wie es aussähe in seinem Herzen, nämlich ebenso öde, leer, ohne edle Früchte, nur voll Dornen und Disteln, allerlei Unkrautes und voll Nattern und anderen schmeißlichen Gewürms; und in solch einer Wüste der Menschen tritt Johannes wie ein erwachtes Gewissen, das er in rein geistiger Beziehung auch vorstellt, auf und predigt Buße zur Vergebung der Sünden und bereitet also dem Herrn den Weg zu den Herzen ganz wüste gewordener Menschen.

[8] Es bleibt hier nur noch die Frage übrig, warum sich Johannes nicht als Elias oder als ein Prophet bekannte, da er sowohl das eine wie sicher auch das andere nach Meinem höchst eigenen Zeugnisse war, denn Ich Selbst habe es ja bei einer wohl schicklichen Gelegenheit den Aposteln wie auch anderen Anhörern Meiner Lehre geradeheraus gesagt: Johannes war der Elias, der vor Mir kommen sollte, so ihr es annehmen wollt.

[9] Der Grund solch einer Negation *(Verneinung)* liegt darin, daß Johan-

nes sich hier nur nach der tätigen neuen Bestimmung und nicht nach der alten, so seinem Geiste im Elias gegeben ward zu seiner Erdzeit, benennet. Elias mußte strafen und zerstören den Moloch; Johannes aber rufen zur rechten Buße, erteilen der Sünde Vergebung durch die Wassertaufe und also Mir den Weg bereiten. Und nach solcher Tätigkeit gab er sich denn auch nur als das aus, was er nun der Tat nach war.

24. Und die gesandt waren, waren von den Pharisäern.
25. Und diese fragten ihn weiter noch und sprachen zu ihm: »Warum taufest du denn, so du nicht Christus, auch nicht Elias und sonst auch kein Prophet bist?«

[10] Da er aber dennoch taufte, was sonst nur den Priestern und den erwiesen dazu berufenen Propheten gestattet war, so fragten ihn die von den eifersüchtigen Pharisäern abgesandten Priester und Leviten, warum er denn hernach die Menschen taufe, da er weder das eine noch das andere sei.

26. Johannes aber antwortete ihnen und sprach: »Ich taufe nur mit Wasser; Er (der Christus, nach Dem ihr fraget) ist mitten unter euch getreten; aber ihr kennet Ihn nicht.«

[11] Johannes aber sagt: »Ich taufe nur mit Wasser, das heißt, ich wasche nur und bin ein Wäscher unrein gewordener Herzen zum würdigen Empfange des Einen, Der gewisserart schon lange in eurer Mitte sich aufhält, Den ihr aber eurer Blindheit wegen nicht erkennet!«

[12] Hier werden auch alle jene Mich, den Herrn, äußerlich wo Suchenden durch diese Forscher dargestellt, die Länder und Meere durchziehen und da alle Weisen fragen: »Wo ist Christus, wann und wo kommt Er?« – Den wahren, Der inmitten ihrer Herzen eine Wohnstätte für Sich erbaute, und Der nur da zu finden ist, (O – solcher Irrsucher!) Den suchen sie nicht, wenigstens dort nicht, wo Er einzig und allein zu suchen und zu finden ist!

27. »Der ist es, Der nach mir kommen wird, Der vor mir war, Des ich nicht wert bin, daß ich Seine Schuhriemen auflösete.«
28. Dies geschah zu Bethabara, jenseits des Jordans, allwo Johannes taufte.

[13] Wie sehr doch gibt Johannes ein allerdemutsvollstes Zeugnis vor den Priestern und Leviten, da er es wohl weiß, Wer in Christo die Erde betreten hat; aber was kümmert dies das hochweltweise Priestertum! Das allerwahrste Zeugnis des Johannes ließ sie unangefochten; denn sie wollten keinen demutsvollen, armen und glanzlosen Messias, sondern einen solchen, vor dem sogleich alles vor Furcht und Schreck hätte zusammenfahren sollen!

[14] Der Messias hätte gleich beim ersten Erscheinen – natürlich nirgends anders als in Jerusalem – und linea recta *(geradewegs)* sichtbarlich mit mehr denn Sonnenglanz feurig strahlend, von Myriaden Engeln begleitet vom Himmel herabkommend und nur im Tempel Wohnung nehmend, alle damaligen Potentaten aufheben und vernichten sollen, – und hätte darauf die Juden auch sogleich völlig unsterblich machen, ihnen alles Geld der Erde

verschaffen, wenigstens etliche Hunderte von überflüssig scheinenden Bergen mit starkem Gekrache ins Meer schleudern und dabei aber auch das arme schmutzige Gesindel sogleich hinrichten sollen! Dann hätten sie an Ihn geglaubt und auch gesagt: »Herr, Du bist gar entsetzlich stark und mächtig, alles muß sich vor Dir tiefst beugen und in den Staub werfen, und der Hohepriester ist nicht würdig, Dir die Schuhriemen zu lösen.«

[15] Aber Christus kam ganz arm und klein und anscheinend schwach zur Erde, gab nahe volle dreißig Jahre *(außer bis zu seinem zwölften)* kein Zeichen vor den Augen der Großen von Sich, sondern arbeitete schwere Arbeiten, war samt Josef ein Zimmermann und gab Sich nachher auch noch mit dem gemeinen Proletariat ab; wie konnte in den Augen der stolzen und hochweisen Juden das der so lange erwartete Messias sein? »Weg mit solch einem Gotteslästerer, mit solch einem Magier, der seine Taten nur mit der Hilfe des Obersten der Teufel ausführt! Solch ein allergemeinster, übers Eichenholz grober und roher Zimmermannsgeselle, der irgendwo mit der Satanshilfe zaubern gelernt hat, barfuß einhergeht und des allerhundsgemeinsten Gesindels Freund ist, mit ihm herumgeht, Huren annimmt und mit öffentlich zu bekannten Sündern ißt und trinkt und somit durch sein Tun und Lassen dem Gesetze offenbarlichst widerstrebt, der soll Christus, der verheißene Messias sein?! – Nein, nimmermehr sei eine solch gotteslästerliche Idee in uns!«

[16] Das war das Urteil der hohen und weisen Juden über Mich bei Meiner fleischlichen Vollgegenwart auf der Erde; und das haargleiche Urteil besteht noch zur Stunde über Mich unter Millionen, die durchaus von einem sanftmütigen, herablassenden und Sein Wort haltenden Gott nichts hören wollen!

[17] Ihr Gott muß erstens sehr hoch über allen Sternen wohnen und vor lauter endlosester Erhabenheit nahe gar nicht existieren; geringere Dinge als Sonnen darf Er gar nicht erschaffen, so Er ein würdiger Gott sein will! Zweitens darf Er Sich nicht unterstehen, irgend eine und schon am allerwenigsten die menschliche Gestalt zu haben, sondern muß bloß so irgend ein unbegreifliches Unding sein!

[18] Drittens darf, so doch Christus Gott sein könnte, Er Sich nur Menschen vom Fache, nur gewissen Sozietäten, Konzilien, außerordentlichen Pietisten, mit einem sogenannten Heiligenschein umgebenen Zeloten und vollendeten Tugendhelden durchs innere lebendige Wort mitteilen, und einem also Beglückten aber auch alsogleich die Macht, Berge zu versetzen, erteilen; sonst ist es rein nichts mit der göttlichen Mitteilung und Offenbarung Christi!

[19] Einem Laien oder etwa gar einem Sünder darf Sich der Herr Jesus nimmer mitteilen; denn in solchem Falle ist dann die Offenbarung schon verdächtig und wird nicht angenommen gleicherweise, wie auch Ich Selbst von den hohen Juden nicht angenommen ward, weil Ich vor ihren stolzen und ruhmsüchtigen Augen viel zu wenig göttlich nobel aufgetreten bin; aber – das tut nichts! Nur das Zeugnis Johannis ist gültig!

[20] Die Welt bleibt sich stets gleich und ist fort und fort die Wüste zu

Bethabara, allwo Johannes sein Zeugnis gab. – Aber auch Ich bleibe Mir stets gleich und erscheine allzeit bei den Menschen zur Unterdrückung ihres Hochmuts und zur Belebung der wahren Demut und Liebe stets so, wie Ich den Juden erschienen bin. Wohl allen, die Mich also erkennen und aufnehmen, wie Mich der Johannes erkannt und aufgenommen hat laut seines Zeugnisses, das er Mir vor den Augen und Ohren der stolzen Priester und Leviten aus Jerusalem gab zu ihrem großen Ärger!

29. Des andern Tages sieht Johannes Jesum zu sich kommen und spricht: »Siehe, Das ist Gottes Lamm, Das der Welt Sünde trägt!«

[21] Er zeuget ihnen des nächsten Tages darauf, als diese Forscher noch zu Bethabara sich aufhielten und allda Erkundigungen machten, was alles dieser Johannes tue und worin hauptsächlich seine Predigten beständen, noch einmal von Mir, und zwar gerade bei der bekannten Gelegenheit, als Ich aus der Wüste zu ihm komme und von ihm verlange, daß er Mich taufe mit dem Wasser des Stromes.

[22] Schon als Ich Mich ihm nähere, macht er den Führer dieser Forscher, der über die Nacht das, was er von Johannes tags vorher vernommen hatte, in eine beachtenswerte Erwägung zog, auf Mich aufmerksam und sagt: »Sieh', Der dorther Kommende ist das Gottes-Lamm, Das alle Schwäche der Menschen auf Seine Schultern gelegt hat, auf daß die Menschen, die Ihn aufnehmen werden, ein neues Leben aus Ihm nehmen und in sich die Macht haben werden, aus solchem neuen Leben Gottes Kinder zu heißen; denn weder im Sturme noch im Feuer kommt Jehova, sondern im sanftesten Wehen nur kommt er.«

30. »Dieser ist es, von Dem ich (gestern) gesagt habe: Nach mir kommt ein Mann, Der vor mir gewesen ist; denn Er war eher denn ich.«

[23] Johannes wiederholt hier noch einmal das, was er schon tags vorher zu den Forschern über Mich ausgesagt hatte, und zeugt einerseits von Mir, daß Ich gleichsam als ein Spiegel wahrer und notwendiger Demut des Menschen zu den Menschen komme und in solcher Demut zeuge, daß Ich den Menschen in ihrer Schwäche zu Hilfe komme, nicht aber in ihrer vermeintlichen Stärke, die sie freilich wohl nimmer besitzen; andererseits aber zeuget Johannes auch, daß das von ihm also benannte Gotteslamm dennoch Der ist, Der vor allem Sein war; denn der Ausdruck »Er war eher denn ich« besagt soviel als: Johannes – seinen hohen Geist auf einen Moment in sich selbst erkennend – gibt dies den Forschern also zu verstehen, daß, obschon auch in ihm der gleiche Urgeist wohne einer und derselben Art und Beschaffenheit, er aber dennoch nur aus dem Grundurgeiste, Der allein in diesem Lamme wohne, nicht aus eigener Macht, sondern aus der alleinigen Macht dieses Urgrundgeistes in ein freies und völlig selbständiges Dasein hinausgestellt wurde; mit solcher Hinausstellung, da sie eine wirkliche Werktat des Urgrundgeistes ist, beginne dann auch eine erste Zeitperiode, vor welcher nichts war in der ganzen Unendlichkeit denn allein der Urgrundgeist Jeho-

va, und zwar ganz also und Derselbe, als Der Er nun in diesem Gotteslamme vor ihnen sichtbar Sich befinde und von ihm (Johannes) getauft zu werden wünsche.

6. Johannes bekennt, den Herrn nun auch leiblich erkannt zu haben. Doppeltaufe: Johannes tauft den Herrn mit Wasser, und Dieser jenen mit Seinem Heiligen Geiste. Des hl. Vaters Zeugnis über Seinen Sohn. Winke über die damalige Schreibweise.

Ev. Joh. 1, 31–34.

31. »Ich aber kannte Ihn auch früher nicht; sondern um Ihn zu offenbaren in Israel bin ich gekommen, mit Wasser zu taufen (die Seiner Harrenden).«

[1] Natürlich fragten die Forscher darauf Johannes: »Seit wann kennst denn du diesen merkwürdigen Mann schon, und wie überkamst du das, was du nun von Ihm aussagst?« – Hier antwortete Johannes ganz naturgemäß, daß auch er als Mensch Ihn früher nicht gekannt habe, sondern Sein Geist habe ihm solches geoffenbart und ihn auch getrieben, die Menschen auf Diesen vorzubereiten und sie zu waschen von ihren groben Sündenflecken mit dem Wasser des Jordans.

32. Und Johannes zeugete und sprach (nach der Taufe) weiter: »(Als ich Ihn nun taufte,) sah ich, daß der Geist Gottes (zum Zeugnisse für mich) herabfuhr vom Himmel, gleichwie eine Taube sanft sich herabläßt, und dieser Geist blieb über Ihm.«

[2] Johannes gibt hier kund, daß auch er Mich zum ersten Male sieht leibhaftig vor ihm, und daß Mein Geist in ihm – ihm solches geoffenbart hat. Die Forscher sahen sich natürlich diesen Mann wohl an und beobachteten Ihn während der kurz dauernden Handlung der Wassertaufe, die an Mir zu begehen sich Johannes anfangs weigerte, und zwar mit dem wichtigen Bemerken: Ich solle wohl füglicher ihn taufen, denn er Mich; – aber auf Mein ausdrückliches Begehren, daß es also geschehen müsse, gab er nach und taufte Mich dennoch, sah aber, was Ich Selbst ihm durch Meinen Geist in seinem Geiste geoffenbart hatte, da Ich ihn nach Bethabara trieb, wie Gottes, das heißt Mein ewig ureigenster Geist Sich in der Erscheinlichkeit eines lichten Wölkchens, und zwar in der Art, wie eine Taube sich herabläßt, aus den lichtvollen Himmeln über Mich herabließ und also blieb über Meinem Haupte. Und dazu vernahm er zugleich die bekannten Worte:

[3] »Dies ist Mein geliebter Sohn, oder dies ist Mein Licht, Mein eigenes Urgrundsein, an Dem Ich als die urewige wesenhafte Liebe Mein Wohlgefallen habe, Diesen sollet ihr hören!«

33. »Ich hätte Ihn sonst auch nicht erkannt; aber – Der mich sandte, zu taufen mit dem Wasser, sprach zu mir: Über Den du sehen wirst den Geist Gottes herabfahren und auf Ihm bleiben, Der ist es, Der mit dem heiligen Geiste taufen wird.«

[4] Darum sagt Johannes: »Ich hätte Ihn sonst auch nicht erkannt!«

34. »Ich sah es und zeuge nun, daß Dieser ist wahrhaft Gottes Sohn.«

[5] Nach dieser Taufhandlung erzählte erst Johannes den Forschern, was er gesehen und gehört hatte, und behauptete auf Tod und Leben, daß der Getaufte, Den er schon bei Dessen Annäherung als das ihm geoffenbarte Gottes-Lamm angekündigt hatte, wahrhaftigst der von ganz Israel erwartete Messias ist; Dieser ist wahrhaft Gottes Sohn, das heißt, das urewige eigentliche Grundsein Gottes in Gott!

[6] Er, Johannes, habe selbst mit eigenen Augen Dessen Geist über Ihn Sich herablassen und über Ihm bleiben sehen, nicht als ob dieser Mann dadurch solchen Geist erst empfangen hätte, sondern die Erscheinung geschah nur ihm selbst zu einem Zeugnisse, da auch er Ihn eher nicht gekannt hatte.

[7] Es wirft sich hier aber von selbst die Frage auf, ob denn diese Boten aus Jerusalem von all dem mit ihren Augen und Ohren nichts bemerkt haben. Darauf diene zur stets und ewig gleichen Antwort: Nur den Unmündigen und Einfältigen wird es geoffenbart; den Weisen der Welt aber bleibt es verborgen und verhüllt.

[8] Also sahen hier die Boten aus Jerusalem auch nichts als nur die Wassertaufe allein und ärgerten sich nicht wenig, als ihnen Johannes kundgab, was er gesehen und vernommen hatte, sie aber von all dem nichts wahrnehmen konnten und daher den Johannes auch schmähten, daß er sie anlüge; aber da traten mehrere anwesende Jünger des Johannes hinzu und bezeugten, daß Johannes völlig die Wahrheit geredet hatte.

[9] Aber die Boten schüttelten die Köpfe und sprachen: »Johannes ist euer Meister, und ihr seid seine Jünger; darum bezeuget auch ihr seine Aussage. Wir aber sind gelehrt und weise in allen Dingen aus der Schrift, die von Gott ist durch Moses und durch die Propheten, und erkennen aus eurem Reden und Handeln, daß ihr samt eurem Meister Narren seid, nichts sehet und nichts wisset und mit eurer Narrheit viele Menschen verrückt machet, also, daß die Sache höchst mißfällig schon eine Zeitlang in den Ohren der Höchsten des Tempels liegt. Das Beste wird sein, euch mit Gewalt das Handwerk zu legen.«

[10] Johannes aber erregte sich und sprach: »Ihr Otterngezüchte, ihr Natternbrut! Meinet ihr dadurch dem Gerichte zu entgehen!? – Sehet, die Axt, mit der ihr uns vernichten möchtet, ist bereits an eure Wurzel gelegt; sehet zu, wie ihr dem Verderben entrinnen werdet! So ihr nicht in Sack und Asche Buße tut und euch nicht werdet taufen lassen, so werdet ihr zugrunde gerichtet werden!

[11] Denn wahrlich! Dieser war es, von Dem ich zu euch geredet habe: ›Nach mir wird kommen, Der vor mir gewesen; denn Er war eher denn ich. – Von Seiner Fülle haben wir alle genommen Gnade um Gnade.‹« (Dieses wird zum voraus schon im 15. und 16. Verse dieses Kapitels angeführt, aber noch nicht näher historisch beleuchtet.)

[12] Auf diese energischen Worte Johannis verbleiben einige und lassen sich von ihm taufen; der größte Teil aber zieht ganz ergrimmt von dannen.

[13] Diese Verse berichten ganz rein nur etwas Historisches und haben wenig inneren Sinn, der sich aber schon aus den vorhergehenden Erläuterungen gar leicht erkennen läßt. Nur muß hier erwähnt werden, daß solche Verse um so leichter gefaßt werden, wenn sie mit den damals von selbst sich verstehenden Umständen gegeben werden; denn in der Zeit, als der Evangelist das Evangelium niederschrieb, war es die Art und Weise, daß man alle möglichen Umstände, die sich irgend von selbst verstehen und annehmen ließen, als unnötige Sätze ausließ und bloß nur die Hauptsätze aufzeichnete und alle Nebenumstände, wie man heutzutage sagt, »zwischen den Zeilen lesen« ließ. Um diese für diese Zeit sehr zu beachtende Sache näher zu beleuchten, wollen wir eben die hiernach angesetzten drei Verse in dieser Art etwas näher betrachten, und es wird sich die damalige Schreibart (Syntax) ganz genau ersehen und wohl erkennen lassen.

7. Drei Verse als Beispiele der damaligen Schreibart.
Ev. Joh. 1, 35–37.

35. Des folgenden Tages stand abermals Johannes (am Flusse Jordan) und zwei seiner Jünger mit ihm.

[1] Ganz urtextlich lautet zum Beispiel der 35. Vers also: »Des andern Tages stand abermals Johannes und zween seiner Jünger.« Hier fragt es sich: Wo stand er, und waren die zwei Jünger bei ihm, oder standen sie irgendwo auf einem andern Platze, nur zu gleicher Zeit? – Es muß hier jedem sogleich in die Augen fallen, daß hier weder der Standpunkt und noch weniger die Handlung der beiden Jünger bezeichnet ist.

[2] Ja warum hat denn der Evangelist solches Umstandes nicht erwähnt?

[3] Der Grund ist schon oben angedeutet worden; denn es versteht sich ja von selbst und hat sich besonders für jene Zeit, in der also zu schreiben Regel war, ganz bestimmt von selbst verstehen lassen müssen, daß Johannes am Flusse Jordan und daselbst unter einer Weide stand und allda harrete, ob jemand käme und sich von ihm taufen ließe. Und da er mehrere Jünger hatte, die seine Lehre hörten und sie auch aufzeichneten, so waren gewöhnlich zwei, manchmal, so es viel zu tun gab, auch mehrere ihm zur Seite und waren ihm bei seinen vielen Taufhandlungen behilflich und tauften wohl auch in seinem Namen und in seiner Art.

[4] Da also für die damalige Zeit alle solche Umstände bei denen, die um Johannes waren, zu bekannt waren, so wurden sie auch nicht aufgezeichnet; es war in dieser Zeit Regel, also zu schreiben, und einesteils auch Notwendigkeit ob Mangels des Schreibmaterials, und man zeichnete daher nur die Hauptsache auf und gab durch das einem Satze vorgesetzte Bindewort »und« zu verstehen, ob die wie vereinzelt dastehenden Sätze zueinander in einer Beziehung stehen oder nicht. Aus dem Grunde hat man solche Bindewörter auch selten in Buchstaben, sondern in gewissen bekannten Zeichen den aufeinander Bezug habenden Hauptsätzen vorgesetzt.

[5] Diese hier gegebene Erklärung ist zwar keine an sich evangelische

Erklärung; aber sie ist dennoch sehr notwendig, indem ohne sie sowohl die Evangelien in ihrem äußeren historischen Sinne in dieser Zeit kaum zu verstehen sind und somit noch weniger in ihrem inneren geistigen Sinne, am allerwenigsten aber die prophetischen Bücher des alten Testamentes, in denen statt ausgeführter Sätze bloß nur entsprechende Bilder vorkommen und natürlich von wie immer gearteten Umständeangaben keine Rede sein kann. Da wir nun aber solche Regeln des Altertums kennen, so wird es uns für die Folge auch nicht schwerfallen können, alle nachfolgenden Verse und Texte leichter zu verbinden, richtiger zu lesen und wenigstens den natürlichen, historischen Teil in ein helleres Licht zu stellen. Wir wollen solch eine kurze Analyse noch mit dem 36. und 37. Verse vornehmen und die gegebene Regel wird dadurch klarwerden.

36. Und da er wieder Jesum (am Ufer des Jordan) wandeln sah, sprach er: »Siehe, Das ist Gottes Lamm!«

[6] Der 36. Vers heißt urtextlich: »Und als er sah Jesum wandeln, sprach er: ›Siehe, Das ist Gottes Lamm!‹« Das »Und« zeigt hier an, daß dieser Text mit dem vorhergehenden in irgendeiner Beziehung steht und historisch angibt, daß Jesus nach der erlangten Wassertaufe Sich noch einige Zeit in der Nähe des Johannes aufgehalten hat und daher sowohl von seinen zwei Jüngern wie von ihm selbst am Ufer des Jordans wandelnd gesehen ward.

[7] Als Johannes Seiner ansichtig wird, so faßt er sogleich alle seine Gedanken in eins zusammen und spricht in einer Art hoher Begeisterung wie für sich hin: »Siehe, Das ist Gottes Lamm!« In dieser Zeit würde er ungefähr sich also ausgedrückt haben: »Da sehet hin! Am Ufer des Flusses wandelt noch heute der allerhöchste Gottmensch so anspruchslos und so demütig wie ein Lamm.« Johannes aber übergeht alle diese näheren Bezeichnungen und sagt bloß, wie es im Verse steht.

37. Und als die zwei Jünger Johannes also reden hörten, (verließen sie alsbald Johannes) und folgten Jesu nach.

[8] Der 37. Vers, der eigentlich die Folge der beiden vorhergehenden darstellt, fängt aus oben gezeigter Ursache wieder mit »Und« an und zeigt nur ganz einfach das Geschehene an, nur höchst kurz den Grund berührend.

[9] Der Urtext heißt allereinfachst also: »Und zween seiner Jünger höreten ihn reden und folgten Jesu nach.« In dieser Zeit könnte der Vers unbeschadet seines Verständnisses und Sinnes also lauten: Als aber die beiden Jünger, die bei ihm (Johannes) waren, ihren Meister also reden hörten, verließen sie ihn sogleich und begaben sich zu Jesu hin, und da Jesus sich nun von diesem Ort zu entfernen begann, so folgten sie Ihm nach.

[10] Alles das in dieser Texterweiterung Angeführte muß bei dieser Begebenheit mitgeschehen sein, da sonst das Faktum nicht ausführbar wäre. Aber, wie gesagt, nach der damaligen Schreibart werden bloß die zwei Begriffe »Hören« und darauf das sogleiche »Nachfolgen« berührt, alle Übergangs- und Bindesätze aber als von selbst sich verstehend ausgelassen. Wer

diese gegebene Regel wohl auffaßt, der wird wenigstens den historischen Teil der Urschrift in einen verständlicheren Sinn zusammenfassen und dadurch auch den inneren Sinn sich leichter vorstellen können.

8. Die ersten Jünger des Herrn. Seine Hütte in der Wüste als Ursprung der Einsiedeleien. Andreas und Petrus, die zwei Brüder und Fischer. Bedeutsame Winke bei der Aufnahme Simons über das Entgegenkommen des Herrn und das innere Wahrheitszeugnis.

Ev. Joh. 1, 38–42.

38. Jesus aber wandte Sich um, sah die beiden nachfolgen und sprach zu ihnen: »Was suchet ihr?« Sie aber sprachen zu Ihm: »Rabbi (d. i. verdolmetscht: Meister), wo bist Du zur Herberge?«

[1] Auch dieser Text erscheint als eine Folge der vorhergehenden und ist mehr historisch als geistig; denn damit beginnt vorderhand die bekannte, in ihrer Art noch ganz materielle Aufnahme der Apostel, und zwar in derselben Gegend, wo Johannes sein Wesen hatte, und zwar zu Bethabara, einem allerarmseligsten Flecken, den arme Fischer bewohnten, aus welchem Grunde sich die beiden Jünger auch alsobald nach der Herberge erkundigen und gewisserart fragen, welche Hütte Ich bewohne.

[2] Denn da Ich Mich Selbst vor der Taufe bei vierzig Tage in dieser Gegend aufgehalten hatte und Mein menschliches Wesen durch Fasten und sonstige Übungen für das beginnende Lehramt vorbereitete, so ist es historisch auch klar und gewiß, daß Ich zu dem Behufe in diesem Flecken irgend eine Herberge haben mußte, die in ebenderselben wüsten und höchst unwirtlichen Gegend lag, die Ich für Mein Vorhaben als die tauglichste erkannte.

[3] Die beiden Jünger wußten das wohl, daß Ich schon einige Zeit in dieser Gegend zu Hause war; denn sie mochten Mich wohl schon etliche Male allda gesehen haben, ohne jedoch eine Ahnung zu haben, wer Ich sei; daher erkundigten sie sich auch alsbald nicht nach Meiner eigentlichen Geburtsheimat, sondern nur nach der Herberge im Orte zu Bethabara, der zumeist aus den allerdürftigsten Fischerhütten bestand, die aus Lehm und Schilf erbaut waren und oft kaum die Höhe hatten, daß ein Mann darin aufrecht stehen konnte.

[4] Und eine ähnliche Hütte, ziemlich tief in der Wüste, bewohnte denn auch Ich, die ein Werk Meiner Hände war. Von daher datieren sich noch heutzutage die fast in allen christlichen Landen vorkommenden Eremitagen *(Einsiedeleien)*.

39. Er sprach zu ihnen: »Kommet und sehet es!« Sie gingen mit Ihm und sahen es und blieben denselben Tag bei Ihm. Es war um die zehnte Stunde.

[5] Es war solche Herberge sonach nicht ferne von dem Orte, wo Johannes sein Wesen trieb; daher sagte Ich denn auch zu den beiden Jüngern: »Kommet und sehet!«, worauf die beiden Mir auch unbedingt folgten, mit

Mir bald Meine Herberge erreichten und sich allda nicht wenig wunderten, daß der Gesalbte Gottes beinahe die allerunansehnlichste Hütte bewohne, die dazu noch in einer allerunwirtlichsten Gegend dieser Wüste sich befinde!

[6] Es geschah aber dies nicht etwa in der Zeit, innerhalb der in der Gegenwart die christlichen Gemeinden gewöhnlich die 40tägigen Fasten halten, sondern um zwei Monde später, und nach des Tages Zeit, als wir die Herberge erreichten, war es um die zehnte Stunde, also nach gegenwärtiger Zeitrechnung ungefähr um die dritte Stunde nachmittags; denn damals bestimmte der Aufgang der Sonne die erste Stunde des Tages. Da aber dieser nicht stets um die gleiche Zeit erfolgt, so können die damals angegebenen Tagzeiten, Stunden genannt, mit der gegenwärtigen Tageszeiteneinteilung in keine genaue, sondern nur in eine ungefähre Übereinstimmung gebracht werden; darum Ich denn auch oben sagte: Es war ungefähr um die dritte Stunde nachmittags, als Ich mit den beiden Jüngern die Herberge erreichte. – Da diese beiden Jünger diesen Tag bis zum Sonnenuntergang bei Mir zubrachten, so wird gewiß in eines jeden forschenden Lesers Gemüte die Frage entstehen, was wir drei in und bei Meiner Herberge in der Zeit von drei bis gegen acht Uhr gemacht haben. Denn geschrieben steht davon nirgends etwas. Diese Sache läßt sich ganz einfach sozusagen schon von selbst verstehen: daß Ich diese beiden von ihrer künftigen Bestimmung unterwies und ihnen auch zeigte, wie und wo Ich Mein Lehramt zuerst beginnen und wie Ich in dieser Gegend noch mehrere ihres Geistes und Willens zu Meinen Jüngern auf- und annehmen werde. Zugleich erteilte Ich ihnen auch den Auftrag, daß sie sich unter ihren Kollegen, die zumeist auch Fischer waren, erkundigen und beraten sollten, ob nicht welche geneigt wären, sich Mir anzuschließen. Das war diese Zeit hindurch unsere Unterhaltung. Als aber der Abend kam, entließ Ich die beiden, und sie begaben sich, zum Teil sehr heiter, zum Teil aber auch sehr nachdenkend, zu den Ihrigen zurück; denn sie hatten Weiber und Kinder und wußten nicht, was sie mit denselben machen sollten.

40. Einer aus den zweien, die von Johannes (über Jesum) also reden hörten und darauf Jesus nachfolgten, war Andreas, ein Bruder Simon Petri.

[7] Einer aus den zweien mit Namen Andreas ist mit seinem Entschlusse bald fertig und will Mir um jeden Preis folgen; er sucht daher auch sogleich seinen Bruder Simon, der irgendwo noch mit seinen Fischnetzen zu tun hatte.

41. Derselbe findet am ersten eben diesen seinen Bruder Simon und sagt zu ihm: »Wir haben den Messias gefunden!« (Messias heißt soviel als: der Gesalbte.)

[8] Als er ihn nach einigem Suchen findet, so hat er nichts Wichtigeres zu tun, als dem Simon über Hals und Kopf zu erzählen anzufangen, daß er den verheißenen Messias gefunden habe mit noch einem Jünger, dessen Entschluß kein so fester war, Mir zu folgen.

42. (Simon wünscht Jesum zu sehen,) und Andreas führt ihn zu Jesus. Da ihn Jesus sah, sprach Er: »Du bist Simon, des Jonas Sohn; von nun an aber sollst du Kephas heißen (d. h. verdolmetscht: ein Fels)!«

[9] Als Simon von Mir also reden hört, äußert er lebhaft den Wunsch, Mich sobald als möglich zu sehen; denn er war bei der Taufe nicht zugegen gewesen. **Andreas** spricht: »Heute kann es nicht füglich mehr geschehen, aber morgen sollst du bei Tagesanbruch bei Ihm sein!«

[10] Spricht darauf **Simon,** der stets bei allem Tun vom Messias phantasierte und der Meinung war, daß der Messias der Armut helfen und die hartherzigen Reichen völlig vertilgen werde: »Bruder, da ist kein Augenblick zu verlieren; ich verlasse augenblicklich alles und folge Ihm bis ans Ende der Welt, so Er es verlangt. Führe mich daher nur sogleich zu Ihm hin; denn mich drängt es gewaltig, und ich muß Ihn heute noch sehen und sprechen. Die Nacht ist hell, und weit ist es bis zu Dessen Hütte nicht; daher machen wir uns nur sogleich auf den Weg zu Ihm hin! – Wer weiß es denn, ob wir Ihn morgen noch träfen?!«

[11] Auf solches Drängen führt ihn Andreas zu Mir hin. Als sich aber beide schon ziemlich spät in der Nacht Meiner Herberge nahen, bleibt **Petrus** vor süßer Entzückung bei dreißig Schritt vor derselben stehen und sagt zum Andreas: »Es wird mir sonderbar zumute! Mich ergreift ein erhaben süßes Bangen; kaum getraue ich mir noch einen Schritt fürbaß zu tun, und doch ist in mir, Ihn zu sehen, ein so heißes Verlangen!«

[12] Hier komme Ich aus Meiner Hütte den beiden Brüdern entgegen, was damit gesagt und gezeigt ist, daß Ich ihn s a h ; – es versteht sich von selbst, daß unter dem Von-Mir-Gesehen-Werden Mein Entgegenkommen bezeichnet ist, so jemand wie Simon vorzüglich im Herzen zu Mir kommt. Er wird deshalb von Mir auch sogleich erkannt, das heißt, angenommen, und ein neuer Name ist der erste Anteil für ihn an Meinem Reiche. Simon bekommt hier auch sogleich den Namen Kephas oder ein Fels im Glauben an Mich; denn Ich sah es schon lange, von welch einem Geiste Petrus belebt ist und war.

[13] Dem Petrus oder Simon war diese Meine Anrede ein hinreichender Beweis, daß Ich unfehlbar der verheißene Messias sei; er gab hinfort auch keinem Zweifel über Mich in seinem Herzen mehr Raum und fragte Mich auch mit keiner Silbe je, ob Ich wohl der Rechte wäre, denn sein Herz war ihm der allein sichere und gültige Bürge. – Beide blieben nun bis zum Morgen bei Mir und verließen Mich nachher nicht mehr.

9. Verleugnungsprobe der zwei ersten Jünger. Die Heimat des Petrus. Berufung des Philippus, eines armen Lehrers; dessen Vorahnung von der Person des Messias. Näheres über Nathanaels Berufung. Das Wesen dieser Erklärung als Wegweiser zum lebendigen Licht.

Ev. Joh. 1, 43–51.

43. Des andern Tages aber wollte Jesus wieder nach Galiläa ziehen, und findet Philippus und sagt zu ihm: »Folge Mir nach!«

[1] Am Morgen sage **Ich** zu den beiden: »Meine Zeit in dieser Wüste ist zu Ende; Ich werde nach Galiläa ziehen, von wo Ich hierher kam. Wollet ihr mitziehen? Ich stelle es euch frei; denn Ich weiß es, daß ihr Weib und Kind habt und diese nicht leicht verlasset. Doch niemand, der Meinetwegen etwas verläßt, wird das Verlassene verlieren, sondern es nur vielfach wieder gewinnen.«

[2] Spricht darauf **Petrus:** »Herr! Dir zuliebe verlasse ich mein Leben, geschweige denn mein Weib und Kind! – Die werden leben auch ohne mich; denn ich bin ein Bettler und kann ihnen wenig Brotes schaffen; unsere Fischerei trägt kaum für den halben Mund eines Menschen, geschweige für eine Familie eine ersprießliche Nahrung! Mein Bruder Andreas ist mir ein guter Zeuge. Zu Bethsaida sind wir wohl geboren; aber die Nahrung mußten wir hier an diesen wüsten, aber dennoch ziemlich fischreichen Ufern des Jordans suchen, allwo wir nun auch vom Johannes getauft wurden. Unser Vater Jonas aber ist wohl bei Kräften und unsere Weiber und Schwestern auch; dazu den Segen von oben, und sie werden sich schon durchbringen!« – Ich belobe darum beide, und wir machen uns auf den Weg.

44. Philippus aber war von Bethsaida, aus der Stadt des Andreas und Petrus.

[3] Auf dem Wege, der sich eine Zeitlang noch an den Ufern des Jordans hinzog, treffen wir Philippus, der, ebenfalls aus Bethsaida gebürtig, sich mit einem schlechten Netze schon in aller Frühe in den Wellen des Jordans ein Frühstück suchte. – **Petrus** machte Mich auf ihn aufmerksam und sprach: »O Herr! Dieser Mann leidet viel und ist sehr arm, aber dabei der ehrlichste und redlichste Mensch, voll wahrer Gottesfurcht in seinem Herzen! Wie wäre es denn, so Du ihn auch mitziehen ließest?«

[4] Auf solch lieblichen Antrag Petri aber sage **Ich** nichts als: »Philippus, folge Mir nach!« Dieser läßt sich die Sache nicht zweimal sagen, wirft sein Netzwerk vor sich hin und folgt Mir, ohne zu fragen wohin. Am Wege erst sagt zu ihm **Petrus:** »Dem wir folgen, ist – der Messias!« **Philippus** aber sagt: »Das hat mir schon mein Herz gesagt in dem Augenblick, als Er mich allerliebreichst berufen hat.«

[5] Philippus aber war ledig und bei den armen Fischern ein Lehrer, da er sich auf die Schrift so ziemlich verstand, und war mit Joseph von Nazareth persönlich bekannt, kannte somit auch Mich und wußte so manches, das sich bei Meiner Geburt und in Meiner Jugend zugetragen hatte. Er war auch einer von den wenigen, die in Meiner Person heimlich den Messias erhoff-

ten; aber da Ich von Meinem zwölften Jahre an nichts Wunderbares mehr verrichtete, sondern also lebte und arbeitete wie ein jeder andere ganz gewöhnliche Mensch, so verlor sich auch bei gar vielen Menschen der erste wunderbare Eindruck, den Meine Geburt bewirkte, ganz und gar; selbst die damals am meisten Erregten sagten, Meine Geburt sei bloß durch ein an sich selbst merkwürdiges Zusammentreffen aller möglichen Umstände und Erscheinungen also wunderlich berühmt geworden, mit denen aber Meine Geburt sicher in keinem Verbande stehe; auch habe sich das geniale Wesen Meiner Jugend derart gänzlich verloren, daß von selbem in Meinen männlicheren Jahren keine Spur irgend mehr anzutreffen sei! – Aber Philippus und noch einige wenige hielten bei sich eine gewisse Hoffnung auf Mich fest; denn sie wußten um die Weissagung Simeons und der Anna *(Hanna),* die bei Meiner Beschneidung im Tempel geschah, und hielten darauf große Stücke.

45. Philippus findet Nathanael und spricht zu ihm: »Wir haben Den gefunden, von Welchem Moses im Gesetze und die Propheten geschrieben haben; es ist Jesus, Josephs Sohn von Nazareth.«

[6] Als nun Philippus, der Mir folgte, auf dem Wege eigens suchend den Nathanael antrifft, als dieser unter einem Feigenbaume sitzend sein Fischergerät ausbessert, sagt er voll Inbrunst zu ihm: »Bruder, ich habe dich mit meinen Augen längs des schon ziemlich gestreckten Weges gesucht und bin nun von ganzem Herzen froh, dich gefunden zu haben; denn sieh', wir haben Den gefunden, von welchem Moses im Gesetze und die Propheten geschrieben haben; es ist dennoch Jesus, Josephs Sohn von Nazareth!«

46. Und Nathanael sprach zu ihm: »Was kann von Nazareth Gutes kommen?!« Spricht darauf Philippus: »Komm und schau es selbst!«

[7] **Nathanael** wird darauf fast ein wenig unwillig und sagt: »Wer kennt das schlechte Nest Nazareth nicht?! – Was Gutes kann wohl von diesem Neste kommen?! – Und (gewisserart von selbst verständlich) der Messias schon am allerwenigsten!« Philippus aber sagt: »Ich weiß wohl, daß du in dieser Hinsicht stets mein Gegner warst, obschon ich dir meine Gründe dafür hundertmal vorgestellt habe. Aber komme nun und überzeuge dich selbst, und du wirst es selbst sagen, daß ich vollends recht gehabt habe!«

[8] Nathanael erhebt sich nachdenkend und sagt: »Bruder, das wäre ein Wunder der Wunder! Denn das Gesindel von Nazareth ist doch sicher das schlechteste von der ganzen Welt! Kann man mit einem Stücke römischen Blechs aus einem Nazaräer nicht alles machen, was man nur will?! In diesem Neste ist ja lange schon kein Glaube mehr, weder an Moses noch an die Propheten! Kurz, aus einem Nazaräer kannst du machen, was du willst, und es ist ja schon zu einem alten Sprichwort geworden, daß man sagt: ›Dieser oder jener ist noch schlechter als ein Nazaräer!‹ Und du sagst, von dort ist der Messias, zu Dem du mich führen willst, daß ich Ihn sähe?! – Nun, nun, bei Gott ist wohl kein Ding unmöglich! Wir wollen es sehen!«

47. Als Jesus den Nathanael zu Ihm kommen sieht, spricht Er laut von ihm: »Sieh', ein rechter Israelite, in welchem kein Falsch ist!«

[9] Mit diesen Worten begibt sich Nathanael mit Philippus zu Jesus hin, Der unterdessen bei hundert Schritte dem Orte entlang ein wenig Ruhe genommen hatte. Als aber beide sich schon in der Nähe Jesu befinden, sagt Dieser laut: »Sehet, ein rechter Israelite, in welchem kein Falsch ist!«

48. Nathanael spricht zu Ihm: »Woher kennst du mich denn?« – Jesus antwortet und spricht zu ihm: »Ehe dich Philippus rief, da du unter dem Feigenbaume warst, sah Ich dich.«

[10] **Nathanael** verwundert sich höchlichst über diese höchst wahre Zumutung, die ihm aus Meinem Munde laut entgegenkommt, und fragt sogleich: »Woher kennst du mich denn, daß du solches von mir aussagen kannst? Denn mein Inneres kann nur Gott und ich allein kennen; ich aber war niemals ein Prahler und ein offener Lobredner meiner Tugenden. Woher alsonach weißt du denn, wie ich beschaffen bin?« – **Ich** aber sehe ihn an und sage: »Eher, als dich Philippus rief, da du unter dem Feigenbaume warst, sah Ich dich!«

49. Nathanael antwortet und spricht zu Jesus: »Rabbi! – Du bist wahrhaft Gottes Sohn! Du bist der König von Israel!«

[11] Diese Meine Aussage über ihn setzt den **Nathanael** ins höchste Erstaunen, und alsogleich sagt er, durch und durch erregt in seinem Herzen: »Meister! Ganz abgesehen von dem, daß Du ein Nazaräer bist, bist Du dennoch wahrhaftig Gottes Sohn! Ja, Du bist unfehlbar der lange sehnsüchtigst erwartete König Israels, Der Sein Volk aus den Klauen der Feinde befreien wird! O Nazareth, o Nazareth, wie klein warst du, und wie groß wirst du nun! Die Letzte wird zur Ersten erhoben werden! O Herr! Wie schnell gabst Du mir den Glauben! – Wie ist das nun, daß aus mir jeder Zweifel wich und ich nun glaube in der Fülle, daß Du der verheißene Messias bist!«

50. Jesus antwortet und spricht zum Nathanael: »Du glaubst, weil Ich dir gesagt habe: unter dem Feigenbaume (eher als dich Philippus rief) sah Ich dich. (Ich aber sage dir), du wirst noch Größeres denn das sehen!«

[12] Auf diese Frage Nathanaels antworte Ich erst also, wie es der vorliegende 50. Vers angibt, und zeige dadurch dem Nathanael, daß er zwar nun wohl glaubt, daß Ich der verheißene Messias bin; aber zu solchem Glauben ist er nun genötigt durch die in Mir entdeckte Allwissenheit, die nur in Gott sein kann, bemerke aber zu dem noch hinzu, wie er in der Folge noch Größeres sehen werde, womit Ich ihm aber soviel sagen will als: Du glaubst nun durch ein Wunder, in der Folge aber wirst du f r e i glauben!

51. Und Jesus spricht weiter zu ihm: »Wahrlich, wahrlich, Ich sage es euch, – von nun an werdet ihr die Himmel offen und die Engel Gottes hinauf- und herabfahren sehen auf des Menschen Sohn!«

[13] Und wahrlich, wahrlich, **Ich** sage es euch: Von nun an werdet ihr alle die Himmel offen sehen und die Engel Gottes hinauf- und herabfahren auf des Menschen Sohn, – was alles soviel sagen will als: In der Folge, so ihr aus Mir die Wiedergeburt eures Geistes werdet erlangen, dann werden die Pforten des Lebens aufgetan werden, und ihr werdet dann, als selbst Engel, eben die durch Mich in der Wiedergeburt zu Engeln und somit auch in diesen Engeln zu »Kindern Gottes« gemachten Menschen vom Tode zum ewigen Leben (hinauf-)wandeln sehen, im Gegensatze auch viele urgeschaffene Engelsgeister aus allen Himmeln herab zu Mir, dem Herrn alles Lebens, fahren sehen und allda treten in Meine, in des Menschensohnes Fußstapfen, – folgend Meinem Beispiel und Zeugnis.

[14] Das ist demnach nun ein rechtes Verständnis des ersten Kapitels; aber danach glaube ja niemand, als sei das Verständnis, das hier gegeben ist, ein schon alles erschöpfendes! Oh, das ist es nicht; wohl aber ist diese Gabe ein praktischer Wegweiser, nach dem ein jeder, der eines guten Willens ist, in allerlei Tiefen der göttlichen Weisheit eingeführt werden und allda ersehen und erkennen kann allerlei Lebenssinn in jedem einzelnen Verse. Zu allem dem aber ist, wie gesagt, diese Gabe eine wahre Hauptrichtschnur, nach der alles bemessen und gerichtet werden kann.

2. Kapitel
des biblischen Johannes-Evangeliums
Die Hochzeit zu Kana in Galiläa. Die Reinigung des Tempels.

10. Zusammenhang des ersten und zweiten Kapitels. Der Herr mit Seinen vier Jüngern im Elternhause. Joseph ist gestorben. Marias irrtümliche Ansichten über des Messias Wirken. Jakobus, Johannes und Thomas als Apostel angenommen. Winke über die geistige Entsprechung der Vorkommnisse bei der Hochzeit zu Kana. Die drei Stufen der Wiedergeburt.

Ev. Joh. 2, 1–5.

1. Und am dritten Tage ward eine Hochzeit zu Kana in Galiläa gehalten, und die Mutter Jesu war dabei.

[1] Durch das hier gleich im Anfange des ersten Verses vom zweiten Kapitel vorkommende »Und« wird beurkundet, daß die beiden Kapitel ganz untereinander verbunden sind; denn es erhellt dies schon aus dem Umstand, daß diese Hochzeit in einer dem Hause Josephs sehr befreundeten Familie schon am erwähnten dritten Tage stattfindet, und zwar vom Tage an gerechnet, als Ich mit Meinen – bis zu dieser Begebenheit nur vier Jüngern Bethabara verließ und darauf einen vollen Tag in Gesellschaft dieser Meiner vier Jünger im Hause Josephs, der aber nicht mehr lebte, bei der Mutter Meines

Leibes zubrachte, die sich mit Meinen andern Brüdern natürlich die größte Mühe und Sorgfalt nahm, uns nach Möglichkeit bestens zu bewirten.

[2] Denn Maria wußte es wohl in ihrem Herzen, daß nun Meine Zeit gekommen sei, als der verheißene Messias aufzutreten und zu wirken anzufangen; aber sie wußte die Art und Weise auch nicht, worin Mein Wirken bestehen werde. Auch sie glaubte vorderhand noch immer an die volle Vertreibung der Römer und an die Herstellung des mächtigen Thrones Davids und dessen darauf ruhenden, unverrückbaren und unbesiegbaren, göttlich herrlichen Ansehens, das von da an nimmer ein Ende nehmen werde.

[3] Die gute Maria und Meine ganze irdische Verwandtschaft stellte sich unter dem Messias auch noch gleichfort einen Besieger der Römer und anderer Feinde des gelobten Landes vor; ja, die Besten hatten von dem verheißenen Messias nahe dieselbe Vorstellung, wie in dieser Zeit viele aus der Zahl sonst ehrenhafter Menschen sich eine ganz verkehrte Vorstellung vom Tausendjährigen Reiche machen. Aber es war noch nicht an der Zeit, ihnen eine andere Vorstellung zu geben.

[4] Da alsonach Mein eigenes Haus, von der Maria angefangen, von solch einer Vorstellung vom künftigen Messias beseelt war, so ist es auch vollrechtlich anzunehmen, daß dann andere befreundete Familien keine bessere haben konnten.

[5] Aus eben dem Grunde aber ward Mir denn auch in vielen Familien die größte Aufmerksamkeit geschenkt, wie natürlich auch allen denen, die Ich als Meine Jünger bezeichnete, und es entschlossen sich daher auch Jakobus und Johannes, Meine Jünger zu werden, um dann mit Mir die Völker der Erde zu beherrschen! Denn sie hatten auch schon so manches vergessen, was Ich ihnen in Meiner Kindheit oft und so ziemlich deutlich vorausgesagt hatte.

2. Jesus aber und Seine Jünger wurden auch auf die Hochzeit geladen.

[6] Da Ich alsonach als ein bald auftretender Befreier vom römischen Joche in nahe allen besseren Häusern der ganzen Umgebung von Nazareth, ja in nahe ganz Galiläa, in solchem Rufe stand – obschon erst seit etlichen Monden, in denen Ich wieder einige dahin deutende Vorkehrungen zu treffen angefangen hatte, wodurch, wie so manches seit achtzehn Jahren Eingeschlafene und Vergessene, auch an Meiner Person hängende Verheißungen in den befreundeten Häusern wieder ein Leben zu gewinnen begannen, – so wurde Ich auch mit Meinen Jüngern, Meiner Mutter Maria und einer Menge von andern Verwandten und Bekannten sogar nach Kana, einem alten Städtchen in Galiläa, das eben nicht sehr ferne von Nazareth lag, zu einer sehr ansehnlichen Hochzeit geladen, bei der es recht heiter und fröhlich zuging, so daß **die vier Jünger** aus Bethabara zu Mir die Bemerkung machten:

[7] »Herr! Hier lebt es sich bedeutend besser als in Bethabara! Der arme Johannes wäre vielleicht auch sehr froh, wenn er an Stelle seiner ganz verzweifelt schlechten Kost, die zumeist in etwas überbrühten Heuschrecken und dem Honig wilder Bienen besteht, so ein Mahl einmal in seinem Leben

einnehmen könnte?!« (Es besteht in dieser Gegend wie auch in Arabien eine taubengroße Gattung von Heuschrecken, die so wie hierzulande die Krebse zubereitet und gegessen werden.)

[8] Worauf **Ich** ihnen antwortete: »Warum Johannes also leben muß, könnet ihr jetzt noch nicht fassen; denn er muß also leben, sonst würde die Schrift nicht erfüllt. Er wird aber bald in ein besseres Leben kommen. Jerusalem wird ihn nicht mehr lange in der Wüste sein Wesen treiben lassen; er wird von nun an abnehmen, damit dafür ein Anderer wachse!

[9] Was aber ist mit dem Jünger, der mit dir, Andreas, zuerst bei Mir war? Wird er nachkommen, oder wird er bleiben zu Bethabara?« Spricht Andreas: »Siehe, er kommt schon, er hatte noch manches zu ordnen.« – Sage **Ich:** »Also ist es gut! Denn wo es einen Kephas gibt, da muß es auch einen Thomas geben.« Spricht **Andreas:** »Ja, das ist sein Name! Eine ehrliche Seele, aber dabei stets voll Skrupel und Zweifel; was er aber einmal erfaßt, das läßt er auch nimmer fahren, obschon er von einem allerfreigebigsten Herzen ist. Wegen solcher seiner Freigebigkeit hat er auch diesen Beinamen bekommen. – Er kommt, Herr, soll ich ihn hereinrufen, diesen Zwieling *(Zwilling)*?« Sage **Ich:** »Ja, tue das! – Denn wer in Meinem Namen kommt, soll bei der Hochzeit zu Gaste geladen sein!«

3. Und da es am Weine gebrach, spricht die Maria zu Jesus: »Sie haben keinen Wein!«

[10] Nach der damaligen Sitte sollte ein ankommender neuer Gast mit einem Becher Weines bewillkommnet werden. **Maria** aber hatte schon einige Zeit bemerkt, daß der Weinvorrat bereits aufgezehrt war, und also auch sah sie, daß man den neuangekommenen Gast nach ordentlicher Sitte gar nicht werde bewillkommnen können; deshalb sagt sie insgeheim zu Mir: »Aber mein lieber Sohn, das wird gewisserart eine schöne Geschichte werden! Sie haben keinen Wein mehr! Du könntest wohl einen schaffen (wenigstens für diesen Neuangekommenen)?«

4. Jesus spricht zu ihr: »Weib, was hast du mit Mir zu schaffen? Meine Stunde ist noch nicht gekommen.«

[11] Worauf **Ich** der Maria eine sehr doppelsinnige Antwort vor allen Gästen, aber freilich in einer sehr sanften Sprache, gebe und ihr der damaligen, besonders um Nazareth üblichen Sitte wegen sage: »Weib (Mutter), was kümmert Mich und dich das?! – Ich als geladener Gast bin noch nicht an der Reihe, für den Wein Sorge zu tragen, Meine Zeit ist noch nicht gekommen!« – (In dieser Zeit und Gegend mußte nämlich ein jeder geladene männliche Gast der Hochzeit eine freiwillige Gabe von Wein zur Steuer bringen. Es war aber eine gewisse Ordnung darin zu beachten, dernach der ersten Anverwandten Gaben zuerst verzehrt wurden, und waren diese zu Ende, so wurden nach dem Range erst die Gaben der nicht blutsverwandten Geladenen hergenommen.) Maria aber wußte, daß bereits aller Weinvorrat aufgezehrt war; so wandte sie sich denn an Mich, besonders, da nun ein neuer Gast ankäme und zu dessen Bewillkommnung nun kein Tropfen Weines

mehr vorrätig sei, und forderte Mich gleichsam auf, diesmal die übliche Ordnung zu überspringen! Denn die Mutter hielt bei solchen Gelegenheiten viel auf die alte übliche gute Sitte. Obschon Ich Mich aber dazu nicht besonders geneigt zeigte, so kannte sie Mich aber dennoch, daß Ich ihr nie etwas unerfüllt gelassen habe, was sie einmal gewünscht hatte.

5. Seine Mutter spricht zu den Dienern: »Was Er euch sagen wird, das tuet!«

[12] Und so wandte sie sich denn auch an die Tafeldiener in gutem Vertrauen auf Mich und sagte zu ihnen: »Was mein Sohn euch sagen wird, das tuet!« –

[13] Soweit geht das eigentlich Historische dieser Verse des zweiten Kapitels; innerhalb dieser historischen Begebenheit oder – wie man sagt – über solche Historie hinaus aber erwahrt sich schon ein geistiger und deshalb prophetischer Sinn, der aber bei innerem Denkvermögen sich überaus leicht finden läßt.

[14] Wem kann es entgehen, daß zwischen dieser Hochzeit, die am dritten Tage nach Meiner Rückkunft aus der Wüste Bethabara geschah, und zwischen Meiner Auferstehung, die eben auch am dritten Tage nach Meiner Kreuzigung geschah, eine der auffallendsten Entsprechungen obwaltet?

[15] Es ward alsonach durch diese Hochzeit im prophetischen Geiste angezeigt, was nach drei Jahren sich mit Mir ereignen werde, und eben also auch, im etwas weiteren Sinne, daß Ich nach drei Jahren mit allen Meinen Bekennern und wahren Liebhabern als ein ewiger Bräutigam eine wahre Hochzeit in ihrer Wiedergeburt zum ewigen Leben gewiß und sicher halten werde!

[16] Im allgemeinen praktischen Sinn aber bezeugt diese Hochzeitsgeschichte, die – wohlverstanden – drei Tage nach Meiner Rückkunft aus der Wüste erfolgte, auch die drei Stadien, die ein jeder Mensch durchzumachen hat, um zur Wiedergeburt des Geistes oder zu der ewigen Lebenshochzeit im großen Kana des himmlischen Galiläa zu gelangen.

[17] Die drei Stadien aber sind: zuerst die Bezähmung des Fleisches, dann die Reinigung der Seele durch den lebendigen Glauben, der sich natürlich durch die Werke der Liebe als lebendig erweisen muß, ansonst er tot ist, und endlich die Erweckung des Geistes aus dem Grabe des Gerichtes, wozu in der Erweckung des Lazarus sicher das vollsinnigst entsprechende Bild gegeben ist. Wer über diese Beleuchtung ein wenig nachdenkt, der wird sich in allem folgenden leicht zurechtfinden.

[18] Da wir hier sonach den geistigen Sinn entwickelt haben, und zwar in dem, was diese Hochzeitsgeschichte im allgemeinen besagt, so wollen wir wieder zum weiteren Verlaufe dieser Hochzeit zurückkehren und am Ende dieser Geschichte die sonderheitlichen Entsprechungen durchgehen.

11. Vorgänge bei der Hochzeit zu Kana. Das Weinwunder. Petri Bekenntnis; des Herrn Zeugnis über Seine Mission. Petri bedeutsamer Trinkspruch. Entsprechungswinke.

Ev. Joh. 2, 6–11.

6. Es waren allda sechs steinerne Wasserkrüge, gesetzt nach der Weise der jüdischen Reinigung; es faßte aber ein jeder dieser Krüge 2 bis 3 Maß.

[1] Nachdem die Maria zu den Dienern gesagt hatte: »Was Er euch sagen wird, das tuet!«, so sagte Ich denn auch zu den Dienern, daß sie die sechs steinernen Wasserkrüge, die da zur Reinigung der Juden bestimmt waren, auf die aber eben die Nazaräer und Kanaiter *(Kanaaniter)* nicht mehr viel hielten, darum diese Krüge hier auch mehr zur Parade als zum bestimmten Gebrauch aufgestellt waren und je 2 bis 3 Maß hielten, mit Wasser voll anfüllen sollten.

7. Jesus spricht: »Füllet die Krüge mit Wasser!« – Und sie fülleten sie bis oben an.

[2] Die Diener taten das sogleich, aber mehr in der Meinung, daß sich der neuangekommene Gast nach altem Brauche waschen und reinigen könnte. – Der Gast trat ein und ward zur Tafel gesetzt, ohne sich vorher die Hände gereinigt zu haben. Solches fällt nun den **Dienern** auf, daß sie sich untereinander fragten: »Warum haben wir denn diese schweren Krüge mit Wasser füllen müssen? Dieser Gast macht keinen Gebrauch davon, und uns hat es eine unnötige Arbeit gemacht!« – Sage darauf **Ich** zu ihnen: »Warum fragtet ihr denn früher nicht, daß ihr nun murret ob solcher Arbeit?! Habt ihr denn nicht zuvor gehört, was Maria zu Mir geredet hatte, nämlich, daß die Gäste keinen Wein mehr haben? Obschon aber Meine Zeit, weder nach der Gebrauchsordnung noch geistig völlig da ist, so habe Ich aber doch, um die Herrlichkeit Dessen, von Dem sie sagen, daß Er ihr Gott sei, Ihn aber noch nie erkannt haben, zu offenbaren, das Wasser in den Krügen, nicht etwa durch eine Art Zauberei, sondern lediglich durch die Kraft Gottes, die in Mir ist, in Wein umgestaltet.«

8. Und Jesus spricht weiter zu den Dienern: »Schöpfet nun und bringet es dem Speisemeister!« Und die Diener taten dies sogleich.

[3] »Nehmet nun einen Becher voll und traget ihn zuvor zum Speisemeister (Koch) zum Verkosten; er solle darüber sein Urteil abgeben!« – Die Diener, ganz verblüfft über solche Umwandlung des Wassers, bringen diesen Wein sogleich dem Koche zum Verkosten.

9. Als der Speisemeister kostete den Wein, der Wasser gewesen war, und also nicht, wie die Diener, es wußte, von wannen er kam, rufet er den Bräutigam.

[4] Der Koch macht große Augen und läßt sogleich den Bräutigam zu sich kommen und sagt zu ihm: »Aber du weißt von der Ordnung wohl noch nichts!?«

10. Und sagt zu ihm: »Jedermann gibt zuerst den guten Wein, und so die Gäste trunken geworden sind, alsdann erst den geringeren; du aber hast den guten bisher behalten!«

[5] »Setzet denn nicht jedermann zuerst den guten Wein den Gästen vor und erst, wann sie etwas trunken geworden sind und ihr Gaumen schon mehr abgestumpft ist, einen geringen? – Du aber machst es gerade umgekehrt!«

[6] Der **Bräutigam** aber erwiderte: »Du redest hier wie ein Blinder von der Farbe! Sieh, dieser Wein ist nie irgendwo auf der Erde gekeltert worden, sondern kam, wie einst das Manna, aus den Himmeln auf unsern Tisch; und deshalb muß er freilich wohl besser sein als jeder irgendwo auf der Erde vorkommende Wein!«

[7] Sagt der **Koch:** »Hältst du mich für einen Narren, oder bist du selber einer?! Wie kann denn ein Wein aus den Himmeln auf deinen Tisch kommen?! Es müßte Jehova Selbst oder doch Sein Knecht Moses zu Tische sitzen!«

[8] Der **Bräutigam** aber sprach: »Komm und überzeuge dich von allem selbst!«

[9] Der **Koch** geht sogleich mit dem Bräutigam in den Speisesaal und beschaut die sechs Krüge, daß sie voll Weines bester Art waren. Als er sich also von dem Wunder überzeugt, spricht er: »Herr, vergib mir meine Sünden! So etwas kann nur Gott tun, und Gott muß hier unter uns sein! Denn so etwas ist keinem Menschen möglich.«

[10] Es wurde aber nun der Wein den Gästen vorgesetzt, und als diese ihn verkosteten, sprachen sie **alle:** »Solcher Wein wird in unseren Landen nicht gekeltert! – Das ist wahrhaft ein Himmelswein! Ehre dem, welchem Gott solche Macht gegeben hat!«

[11] Darauf tranken sie Mir und dem neuangekommenen Gaste Thomas Glück und Willkommen zu.

[12] Alle aber, die da waren bei dieser Hochzeit, glaubten nun vollends, daß Ich unfehlbar der verheißene Messias bin.

[13] **Petrus** aber sagte zu Mir insgeheim: »Herr, laß mich wieder von dannen ziehen! – Denn Du bist Jehova Selbst, wie Dein Knecht David von Dir geweissagt hat in seinen Psalmen; ich aber bin ein armer Sünder und Deiner durch und durch unwert!«

[14] Sage **Ich** zu ihm: »So du dich für unwürdig hältst, an Meiner Seite zu wandeln, wen hältst du dann für würdig? Sieh, Ich bin nicht gekommen zu den Starken, so sie irgendwo seien, sondern nur zu den Schwachen und Kranken kam Ich. So jemand gesund ist, bedarf er des Arztes wohl nicht; nur der Kranke und Schwache bedarf des Arztes. Bleibe du daher nur ganz guten Mutes bei Mir, denn Ich habe dir deine Sünden schon lange vergeben, und so du auch an Meiner Seite sündigen wirst, werde Ich dir es auch vergeben; denn nicht in deiner Stärke, sondern in deiner Schwäche, darum du Mich erkannt hast und nun schon ein Fels im Glauben bist, sollst du vollendet werden durch die alleinige Gnade von oben!«

[15] Auf solche Meine Belehrung kommen **Petrus** die Tränen, und er sagt mit großer Begeisterung: »Herr, – so Dich alle verlassen sollten, da werde ich Dich dennoch nicht verlassen; denn Deine heiligen Worte sind Wahrheit und Leben!«

[16] Nach diesen Worten erhebt sich **Petrus,** nimmt den Becher und spricht: »Heil dir, Israel, und dreimal Heil uns! Denn wir sind Zeugen der erfüllten Verheißung. Gott hat Sein Volk heimgesucht. Was schwer zu glauben war, ist nun vor unseren Sinnen erfüllt! Nun dürfen wir nicht mehr schreien aus der Tiefe zur Höhe; denn die Höhe der Höhe ist zu uns in die Tiefe der Tiefe unseres Elends gekommen! – Darum alle Ehre Dem, Der unter uns ist und uns aus Seiner Macht und Gnade diesen Wein gegeben hat, auf daß wir an Ihn glauben und von nun an in Ihm Gott die Ehre geben sollen!« – Darauf trinkt Petrus, und alle trinken ihm zu und sagen: »Dies ist ein rechter Mann!«

[17] **Ich** aber sage mehr insgeheim zu Petrus: »Dein Fleisch hat dir das nicht gegeben; sondern der Vater, Der in Mir ist, hat es deinem Geiste geoffenbart. Aber von nun an halte mit deiner Stimme noch zurück; es wird aber eine Zeit kommen, in der du also schreien sollst, daß dich alle Welt vernehmen möge!« – Darauf trat wieder Ruhe unter die Gäste, und durch diese Tat glaubten nun alle an Mich und sahen in Mir den wahren Messias, Der gekommen sei, um sie von allen Feinden loszumachen.

11. Das ist das erste Zeichen, das Jesus tat, und es also geschehen ist zu Kana in Galiläa, und Er Seine Herrlichkeit offenbarte. Und Seine Jünger glaubten nun fest an Ihn.

[18] Es war dies auch das erste außerordentliche Zeichen, das Ich beim Antritt des großen Erlösungswerkes vor den Augen vieler verrichtet hatte und zeigte in diesem Zeichen, wenn auch verhüllt, das folgende große Werk; aber das begriff von der ganzen Gesellschaft auch nicht einer. – Denn wie Mein Fasten in der Wüste die Verfolgung, die Mir in Jerusalem vom Tempel aus zuteil ward, und die Taufe Johannis Meinen Kreuzestod vorandeutete, also deutete diese Hochzeit Meine Auferstehung an, und das Zeichen ward ein Vorbild der Wiedergeburt des Geistes zum ewigen Leben.

[19] Denn also wie Ich das Wasser in den Wein verkehrte, wird auch des Menschen naturmäßig Sinnliches in den Geist verwandelt werden durch das Wort aus Meinem Munde, so er danach lebet!

[20] Aber es solle auch ein jeder den Rat in seinem Herzen genau befolgen, den Maria den Dienern gab, indem sie sagte: »Was Er sagen wird zu euch, das tuet!«, dann werde Ich auch an einem jeden das tun, was Ich zu Kana in Galiläa getan habe, nämlich ein rechtes Zeichen, an und aus dem nun ein jeder, der nach Meinem Worte lebt, die Wiedergeburt des Geistes in sich selbst leichter erkennen wird.

12. Der Herr mit den Seinen in und bei Kapernaum. Erfüllung einer Verheißung des Jesajas. Beginn der ordentlichen Lehrtätigkeit des Herrn und deren zweierlei Wirkung. Wink über den Krämergeist. Der Herr mit den Seinen auf dem Osterfest in Jerusalem. Wink über die damalige Osterzeit. Der Tempel Gottes als Vieh- und Geldmarkt.

Ev. Joh. 2, 12–13.

12. Danach zog Er hinab gen Kapernaum, und Seine Mutter, Seine Brüder und Seine Jünger zogen mit Ihm, blieben aber nicht lange daselbst.

[1] In sieben Tagen nach dieser Hochzeit verließ Ich Nazareth und zog mit Maria, Meinen fünf Brüdern, von denen zwei zu Meinen Jüngern gehörten, und mit den bis dahin aufgenommenen Jüngern hinab gen Kapernaum, einer damals ziemlich bedeutenden Handelsstadt, die an der Grenze von Zebulon und Naphthalim und also inmitten dieser zwei Provinzen am Galiläischen Meere liegt, und das nicht ferne von dem Orte, wo Johannes am jenseitigen Ufer des Jordans in der Gegend Bethabara taufte, solange dieser oft ganz wasserleere Fluß eine rechte Menge Wassers hatte.

[2] Man würde hier fragen, was Ich denn so ganz eigentlich in dieser schon nahe ganz heidnisch gewordenen Stadt suchte. – Man lese nur den Propheten Jesajas 9, 1 usw.; allda wird man finden, wie es also geschrieben stehet: »Das Land Zebulon und das Land Naphthalim am Wege des Meeres, jenseits des Jordans, und das heidnische Galiläa, dies Volk, das in der Finsternis saß, hat ein großes Licht gesehen, und allen, die da saßen am Orte und im Schatten des Todes, ist ein mächtig Licht aufgegangen.«

[3] Und so man das im Jesajas gefunden hat und weiß, daß Ich die Schrift von A bis Z erfüllen mußte, so wird man auch ganz leicht einsehen, warum Ich Mich von Nazareth gen Kapernaum begeben habe. Zudem waren in dieser Gegend auch noch zwei Jünger, ein Jakobus und ein Johannes, Söhne Zebedäi, aufzunehmen; diese waren auch Fischer und fischten im Galiläischen Meer, nicht ferne von der Mündung des Jordans und auch nicht ferne vom Fischerplatze Petri und Andreä, welche beide auch im Meere zu fischen berechtigt waren.

[4] Als diese Jünger auch aufgenommen waren und Mich erkannt hatten aus Meinen Worten und aus dem gewaltigen Zeugnisse derer, die mit Mir waren, so begann Ich denn auch alsobald ordentlich die Menschen zu lehren und ermahnte sie zur Buße, dieweil das Gottesreich nahe herbeigekommen sei. Ich ging in ihre Synagogen und lehrte darinnen. Mehrere glaubten, aber viele ärgerten sich und wollten ihre Hände an Mich legen und Mich von einem Berge ins Meer stürzen. Ich aber entging ihnen mit allen, die mit Mir waren, und besuchte einige kleine Orte am Galiläischen Meer, verkündigte das Gottesreich und machte viele Kranke gesund, und die Armen und Gemeinen glaubten und nahmen Mich wohlgefällig auf; und mehrere aus ihnen schlossen sich an Mich an und folgten Mir, wie die Lämmer ihrem Hirten, allerorts nach.

[5] In Kapernaum hielt Ich Mich daher nur kurze Zeit auf, indem allda nahe kein Glaube und noch weniger Liebe daheim war; denn diese Stadt

war ein Ort des Handels und des Krämertums. Wo aber Handel und Krämerei getrieben wird, da haben Glaube und Liebe den Abschied im Vollmaße erhalten. Wo aber diese beiden verabschiedet sind, da gibt es für Mich wenig oder nichts zu tun.

13. Und der Juden Ostern war nahe, und Jesus zog hinauf nach Jerusalem.

[6] Es war aber ohnehin das Osterfest der Juden herangekommen, und Ich zog dann mit allen, die bei Mir waren, hinauf nach Jerusalem. Aber man stelle sich das Osterfest der eigentlichen Juden nicht in der Zeit vor, wie sie nun in dieser Zeit in den verschiedenen christlichen Gemeinden für dies ähnliche Fest bestimmt wird, manchmal schon sogar im Monat März, sondern um nahe ein ganzes Vierteljahr später hinaus! Denn bei dem Osterfeste ward für des Jahres erste Fechsung *(Ernte)*, die in Gerste, Korn und Weizen bestand, dem Jehova gedankt, und man aß da schon das neue Brot, das aber nach dem Gesetze ungesäuert war, und niemand in dem Lande durfte in dieser Zeit ein gesäuertes Brot essen.

[7] Es konnte daher dieses Fest der ungesäuerten Brote erst dann stattfinden, wenn das neugeerntete Getreide schon zu Mehl gemacht werden konnte, nicht aber in einer Zeit, in der das Getreide sozusagen erst gesät wird. Es wird zwar das Getreide in Judäa wohl, wenn das Jahr gut dienet, um 14–20 Tage eher reif als hier; aber vor Ende des Monats Mai wird das Korn und der Weizen sogar in Ägypten selten ganz hereingebracht, geschweige in Judäa, allda es schon bedeutend kühler ist als in Ägypten.

[8] Es war aber die Zeit der ungesäuerten Brote alsonach da, und wie oben gezeigt, zog Ich denn mit allen, die bei Mir waren, hinauf nach der Hauptstadt der Juden, die auch »die Stadt Gottes« hieß; denn Jerusalem heißt eben verdolmetscht soviel als »die Stadt Gottes«.

[9] Da aber in der Zeit stets viel Volkes nach Jerusalem kam, auch viele Heiden, die da kauften und verkauften allerlei Waren, als Gerätschaften, Webereien, Vieh und Früchte aller Art, so hatte dieses Fest in der Zeit das geheiligte Ansehen ganz verloren, und die Gewinnsucht nötigte sogar das Priestertum, die Höfe und Vorhallen des Tempels für diese Zeit an die Kaufleute, ob Juden oder Heiden, um einen ganz bedeutenden Betrag zu vermieten, so daß solch eine Tempelmiete für die Festdauer über tausend Silberlinge ausmachte, was in der Zeit eine ungeheuer große und gewichtige Summe war und gegenüber den Sachen mehr galt, als in der gegenwärtigen Zeit hunderttausend Gulden.

[10] In der letzteren Zeit, unter dem Hohenpriester Kaiphas, zog Ich hinauf nach Jerusalem. – Der verstand es, diese Würde, die natürlich sehr einträglich war, auf mehr als ein Jahr an sich zu bringen; denn die Beachtung des Mosaischen Gesetzes war in der Zeit zu einer allerleersten Zeremonie herabgesunken, und kein Priester hielt in der Wahrheit mehr darauf als auf einen vor hundert Jahren gefallenen Schnee; aber was dafür die eitel leerste Zeremonie betrifft, so war diese, um das arme Volk so recht bergdick breitzuschlagen, auf den höchsten Kulminationspunkt gediehen.

[11] Er vermietete sogar im innern Teile des Tempels gewisse Plätze an

die Taubenkrämer und einige kleine Wechsler. Denn diese kleinen Wechsler hatten kleine Münzen, als Groschen und Stater, und gaben denen, die kleinerer Münzen bedurften, gegen ein gewisses Agio diese für die Silberlinge, für römische Goldstücke und fürs römische Viehgeld (pecunia); denn die Römer hatten, um das Vieh zu kaufen, ein eigenes Geld. Je nachdem ein oder das andere Tier auf einer solchen Münze geprägt war, mußte man dasselbe Tier auch um eine solche Münze zum Kaufe bekommen, vorausgesetzt, daß dem Inhaber das Vieh verkäuflich war. Für solches Viehgeld konnte man bei den großen und kleinen Wechslern aber auch ein anderes Kursgeld bekommen; nur war das Agio stärker als bei anderen Geldsorten.

13. Die Marktgreuel im Tempel am Osterfest. Petrus und Nathanaels Ärger. Des alten Juden Zeugnis vom Tempelgreuel. Die Reinigung des Tempels durch den Herrn.

Ev. Joh. 2, 14–17

14. Und Er fand im Tempel sitzen, die da Ochsen, Schafe und Tauben feil hatten, und die Wechsler.

[1] Als Ich sonach bei dieser Meiner Ankunft in Jerusalem die Sache also fand, daß die Menschen sich vor lauter Vieh und deren Verkäufern kaum mehr in den Tempel getrauten, da manchmal ein oder der andere Ochs wild wurde und dabei Menschen und gottgeweihte Sachen beschädigte, und weil fast jeder Mensch, der den Tempel besuchte, oft vor Gestank und Lärm es nicht aushalten konnte, dabei nicht selten um alle seine nötige Habe kam, so mußte solche Schändlichkeit Mich endlich denn doch nahe ordentlich zu verzehren beginnen, und **Petrus** und **Nathanael** sagten zu Mir: »Herr, hast Du denn keine Blitze und keine Donner mehr?! Da sieh hin! Die armen Menschen weinen vor dem Tempel; sie kommen weither, um Gott die Ehre zu geben, und können vor lauter Ochsen und Schafen, mit denen der Tempel angestopft ist, gar nicht hineinkommen, und viele klagen, die mit Mühe und Gefahr in den Tempel und wieder aus demselben kamen, daß sie darin völlig ausgeraubt worden und vor Gestank nahe erstickt wären! – Ah, das ist denn doch zu stark arg und schlecht! – Solch einem gar zu argen Unfuge muß um jeden Preis Einhalt gemacht werden; denn das ist ja bei weitem über Sodom und Gomorrha!«

[2] Solche Rede behorcht ein fremder **alter Jude,** tritt hinzu und spricht: »Liebe Freunde, ihr wißt nicht alles; ich aber war vor drei Jahren selbst ein gemeiner Knecht im Tempel und habe da Dinge erfahren, vor denen mir Haut und Bein erschauderte!«

[3] Sage **Ich:** »Freund, behalte es bei dir, denn Ich weiß um alles, was da vorgegangen ist. Aber sei versichert, das Maß ist voll geworden, und heute noch sollet ihr Gottes Macht und Zorn durch den Tempel walten sehen. Entfernet euch aber auf eine Weile von den Toren des Tempels, auf daß ihr nicht beschädigt werdet, wenn nun bald Gottes Macht die Frevler aus dem Tempel treiben wird; sie werden nachher solchen Frevel nicht mehr wagen.«

[4] Hierauf entfernte sich dieser Jude und lobte Gott; denn er hielt Mich nach solcher Rede für einen Propheten, ging zu seiner Schar und erzählte ihr das, was er von Mir vernommen hatte; und die Schar, aus etlichen hundert Menschen, jung und alt, bestehend, frohlockte und fing an, laut Gott zu preisen, daß Er wieder einen mächtigen Propheten erweckt habe.

15. Und Er machte eine Geißel aus Stricken und trieb sie alle aus dem Tempel hinaus, samt den Schafen und Ochsen, und verschüttete den Wechslern ihr Geld und stieß ihre Tische um.

[5] **Ich** aber sagte zum Petrus: »Gehe hin dort zu dem Seiler, kaufe ihm drei starke Stricke ab und bringe sie hierher!« – Petrus tat das sogleich und brachte Mir drei starke Stricke, die Ich schnell zusammenflocht und Mir sonach eine starke Geißel anfertigte. Mit dieser Geißel in Meiner Rechten sagte **Ich** zu allen, die mit Mir waren, und zu Meinen Jüngern: »Kommet nun mit Mir in den Tempel und seid Zeugen; denn es soll sich nun Gottes Macht und Herrlichkeit an Mir abermals vor euren Augen bewähren!«

[6] Nach diesen Worten ging Ich natürlich voran in den Tempel, und wie Ich ging, wich alles zurück, und die Mir folgten, hatten nach Mir einen guten Weg; freilich war der Boden voll Geflades und Unrats.

[7] In der letzten Vorhalle des Tempels angelangt, in der die vorzüglichsten Ochsen- und Schafhändler ihr Vieh zum Verkauf aufgestellt hatten, und zwar auf der linken Seite, während die rechte Seite durch alle drei Hallen die Wechsler im Beschlage hatten, stellte **Ich** Mich auf die Torstufen und sagte mit einer donnerähnlich starken Stimme: »Es stehet geschrieben: Mein Haus ist ein Bethaus; ihr aber machet es zu einer Mördergrube! – Wer hat euch dazu ein Recht erteilt, den Gottestempel also zu entheiligen!?«

[8] Sie aber schrieen: »Wir haben unser Recht vom Hohenpriester teuer erkauft und stehen unter seinem Schutze und unter dem Schutze Roms.«

[9] Sage **Ich:** »Unter solchem Schutze stehet ihr wohl; aber Gottes Arm ist wider euch und eure Schutzmeister. Wer wird euch vor Diesem in Schutz nehmen, so Er über euch und eure Schutzmeister ausgestreckt wird?!«

[10] Sagen die **Verkäufer und Wechsler:** »Im Tempel wohnet Gott, und die Priester sind Gottes; können diese wider Seinen Rat etwas tun? – Wen sie schützen, den schützt auch Gott!«

[11] Sage **Ich** mit einer sehr lauten Stimme: »Was redet ihr unsinnigen Frevler? Die Priester sitzen wohl noch auf den Stühlen Mosis und Aarons; aber sie dienen nicht mehr Gott, sondern dem Mammon, dem Teufel dienen sie, und ihr Recht und euer Recht ist ein Recht der Teufel und ewig nie ein Gottesrecht! Darum erhebet euch nun augenblicklich und räumet die Hallen, sonst soll es euch übel ergehen!«

[12] Da fingen sie an zu lachen und sagten: »Da seht einmal die Keckheit dieses gemeinsten Nazaräers an! – Werfet ihn doch geschwinde zum Tempel hinaus!« Darauf erhoben sie sich und wollten Hand an Mich legen.

[13] Hier erhob Ich Meine Rechte mit der Strickgeißel und fing an, sie über ihre Köpfe mit göttlicher Gewalt zu schwingen; wen die Geißel traf, der wurde augenblicklich von heftigsten, nahe unaushaltbaren Schmerzen

befallen, und eben also auch das Vieh. Es entstand im Augenblick ein fürchterliches Menschen- und Viehgeheul, und das Vieh floh gewaltig und stieß, was ihm in den Weg trat, nieder, und ebenalso flohen auch die Verkäufer und Käufer unter furchtbarem Schmerzgeschrei; Ich aber stieß alle Wechselbuden um und verschüttete alles Geld, das auf denselben lag, bei welcher Arbeit Mir auch die Jünger behilflich waren.

16. Und sprach zu denen, die Tauben feil hatten: »Traget das von dannen und machet nicht Meines Vaters Haus zu einem Kaufhaus!«

[14] Ich trat darauf in den Tempel, allwo noch eine Menge Taubenkrämer mit ihren Taubenkäfigen voll Tauben aller Art und Gattung auf die Käufer harrten. Weil diese Krämer gewöhnlich Arme waren und gerade auf keinen Gewinn ausgingen und der Taubenverkauf im Tempel schon eine alte Sache war, freilich in alter Zeit nur im ersten Vorhofe des Tempels üblich, so ermahnte **Ich** diese Armen bloß und sagte: »Traget das hinaus und machet Meines Vaters Haus nicht zu einem Kaufhause; im äußersten Vorhofe ist der Ort für dergleichen!« – Diese Armen entfernten sich darauf auch ohne Widerrede und nahmen im äußersten Vorhofe ihren alten Platz ein. – Auf diese Weise war nun der Tempel gereinigt.

17. Seine Jünger aber gedachten danach daran, daß es geschrieben stehet: »Der Eifer um Dein Haus hat Mich gefressen.«

[15] Aber die Reinigung machte ein großes Aufsehen, und die Jünger befürchteten heimlich, daß nun bald die Priesterschaft uns als Aufwiegler werde durch die römische Wache gefangennehmen lassen und wir der schmählichsten Verantwortung und Züchtigung kaum entgehen dürften; denn es stehe geschrieben: »Der Eifer um Dein Haus hat Mich gefressen.«

[16] **Ich** aber sagte zu ihnen: »Sorget euch nicht! Sehet hinaus in die Vorhallen, und ihr werdet es erschauen, wie die Diener und Priester allertätigst bemüht sind, das verschüttete viele Geld der Wechsler aufzulesen und in ihre Säckel zu schieben! Sie werden uns der Beschädigten wegen wohl befragen, aus welcher Macht wir das getan haben, aber heimlich wird es ihnen ganz recht sein; denn die Tat trägt ihnen bei 1000 Säckel Goldes und Silbers und eine große Menge anderen Geldes, das sie nimmer den Eigentümern zurückerstatten werden. Sie sind nun auch zu beschäftigt und haben keine Zeit, uns zur Verantwortung zu ziehen; auch werden sie in dieser Sache nicht leichtlich eine Klage anhören, so wie die Beschädigten, durch diese Lektion zu mächtig gewitzigt, auch nicht leichtlich so bald eine Klage wider Mich erheben werden. Seid daher nun nur ganz ruhig.

[17] Der Eifer um Mein Haus wird Mich vor diesen wohl fressen, aber jetzt noch lange nicht! Es werden Mich höchstens einige hier anwesende Juden befragen, wer Ich sei und aus welcher Macht Ich so etwas tat, und werden sich von Mir ein Beglaubigungszeichen erbitten. Ich aber weiß schon, daß es also geschehen muß, und das wird von keiner Gefahr für uns sein. Da sehet nur hin gegen den Vorhang, dort stehen schon einige, die sich

den Anwand nehmen, in ihrem höchsteigenen Interesse Mich darüber zu befragen; es soll ihnen aber auch sogleich eine rechte Antwort zuteil werden!«

14. Des Herrn prophetisches Wort vom Abbrechen und Aufbauen des Tempels in drei Tagen. Der Juden Unverständigkeit; sie werden zu den Jüngern beschieden. Deren Zeugnis und Bekenntnis. Des Herrn großes Zeugnislicht an die Juden; diese verlangen Zeichen.

Ev. Joh. 2, 18–22.

18. Da sprachen die Juden: »Was zeigest du uns für ein Zeichen, daß du solches tun mögest?«

[1] Als Ich noch also mit den furchtsamen Jüngern solches redete, da traten schon etliche **Juden** zu Mir hin und sprachen: »Du hast nun eine mächtige Tat verübt, Menschen und Vieh flogen vor deiner Hand wie Spreu im Sturme, und es kam keiner zurück, um sein verstreutes Geld zu holen! Wer bist du, und welch ein Zeichen (vom Kaiser meinten sie) kannst du uns vorzeigen, weshalb du solches tun magst?! – Kennst du denn nicht die eiserne Strenge der Gesetze, die dich darum verderben können?!«

19. Jesus antwortete und sprach zu ihnen: »Brechet diesen Tempel ab, und am dritten Tage will Ich ihn aufrichten!«

[2] Sage **Ich:** »So Ich sie nicht kennete und Mich vor ihnen fürchtete, würde Ich das nicht getan haben. – Ihr aber verlanget von Mir ein amtliches Zeichen, und Ich sage es euch, daß Ich ein solches nicht habe; aber brechet ab diesen Tempel, und am dritten Tage soll er wieder vollendet dastehen!«

20. Da sprachen die Juden: »Zur Erbauung dieses Tempels waren 46 Jahre vonnöten, und du willst das allein in drei Tagen tun!?«
21. Denn sie wußten nicht, daß Er vom Tempel Seines Leibes redete.

[3] Bei dieser Meiner entschiedenen Aussage machten die Juden ganz sonderbar große Augen und wußten sich nicht gleich zu fassen. Nach einer Weile erst fiel es einem von ihnen ein, daß zum Bau des Tempels volle 46 Jahre nötig waren und er vielen tausend Händen eine unausgesetzte Arbeit gab; daher wendet sich dieser historisch erfahrene **Jude** zu Mir und sagt: »Junger Mann! Bedachtest du wohl auch, was Dummes du nun geredet hast? Siehe, 46 volle Jahre waren zum Aufbau dieses Tempels erforderlich und gaben vielen tausend Händen vollste Arbeit, und du willst das ganz allein tun ohne Beihilfe anderer Hände in drei Tagen!? Oh, oh, oh, was hast du, und das dazu noch im Tempel, da man doch am meisten vernünftig reden sollte, von dir für ein Zeugnis ausgesprochen?!

[4] Deine frühere Tat hatte uns sehr überrascht, und schon fingen wir an, unter uns als Älteste von Jerusalem zu beraten, aus welcher Macht du diese an sich wirklich sehr lobenswerte Tat verübt hast, ob aus einer weltlichen oder ob aus einer prophetischen. Und wir befragten dich denn auch deshalb.

Und hättest du zu uns gesagt in weiser Rede, die wir wohl verstehen, daß du ein von Gott erweckter Prophet seiest und solches durch die Macht Gottes verübest, wir hätten es dir geglaubt; aber so gabst du uns statt einer weisen Rede wider alles Erwarten eine kaum beschreiblich frevelhaft prahlerische dumme Antwort, in der nicht eine wahre Silbe steckt, und wir sehen in dir nun einen Menschen, der allenfalls in irgend einer heidnischen Schule ein wenig das Zaubern erlernt hat und sich damit nun hier in der Stadt Davids ein wenig batzig machen will, entweder im Solde Roms oder geheim im Solde der Pharisäer, Priester und Leviten stehend; denn diese möchten heute die beste Tempelernte zufolge deiner Zaubertat gemacht haben! Es tut uns allen wahrhaft leid, daß wir uns an dir nun gar so verkannt haben.«

[5] Sagte **Ich** darauf: »Es tut auch Mir von ganzem Herzen leid, daß Ich euch gar so entsetzlich blind und taub antreffen mußte! Denn wer blind ist, der sieht nichts, und wer taub und stumm ist, der vernimmt nichts! Ich tue vor euren Augen ein Zeichen, das vor Mir keiner getan hat, und rede die vollste Wahrheit, und ihr saget, Ich sei entweder ein dummer, in der heidnischen Zauberei bewanderter Prahler und wolle Mich hier vor euch batzig machen, oder Ich sei als Zauberer im Solde Roms oder im schnöden Solde der Tempelpfaffen. O welch ein schmählich Ansinnen! – Da sehet hin, dort steht eine ganz bedeutende Schar, die Mir aus Galiläa hierher gefolgt ist! Sie hat Mich erkannt, obschon ihr saget, daß die Galiläer das glaubensloseste und schlechteste Judenvolk seien. Diese aber erkannten Mich dennoch und folgen Mir; wie ist es denn, daß ihr Mich nicht erkennen möget?«

[6] Sagen die **Juden:** »Wir wollten dich ja auch erkennen und forschten dich darum aus; denn wir sind weder blind noch taub, wie du meinst. Du aber gabst uns eine Antwort, aus der man natürlichen Verstandes denn doch nichts anderes machen kann, als was wir offen dir ins Gesicht bekannt haben! Wir haben einen guten Willen; warum, so du allenfalls ein Prophet bist, verkennst du diesen? Wir sind Ehrenmänner von Jerusalem und haben viele Güter. So du ein rechter Prophet wärest, da hättest du gut sein in unserer Mitte; du aber erkennst solches nicht und bist daher auch kein Prophet, sondern ein purer Magier, der den Tempel mehr entheiligt als jene, die von dir früher hinausgetrieben worden sind!«

[7] Sage **Ich:** »Gehet hin und beratet euch mit denen, die mit Mir gekommen sind; diese werden es euch sagen, Wer Ich bin!«

[8] Die Juden gehen nun zu den Jüngern und befragen sie; diese aber sagen, was sie von Mir am Jordan gehört, das Zeugnis Johannis, und was sie an Meiner Seite gesehen und erlebt haben, gestehen aber dabei auch, daß sie das nicht fassen, was Ich zu den Juden gesagt habe.

22. Da Er auferstanden war von den Toten, gedachten Seine Jünger daran, daß Er dies gesagt hatte, und glaubten der Schrift und der Rede, die Er gesprochen hatte.

[9] Denn sie selbst begriffen das erst nach Meiner, nach drei Jahren, erfolgten allerwunderbarsten Auferstehung und also auch die Schrift, die solches von Mir geweissagt hatte.

[10] Als die **Juden** alles das erfuhren von den Jüngern, kamen sie abermals zu Mir und sagten: »Nach allem dem, was wir nun von Deiner sehr treuherzigen Schar über Dich in Erfahrung gebracht haben, so wärest Du offenbar der Verheißene! – Das Zeugnis Johannis, den wir kennen, spricht gewaltig für Dich, und Deine Taten nicht minder; aber Deine Rede ist gerade das Gegenteil von all dem andern. – Wie kann der Messias in den Taten ein Gott und in der Rede ein Narr sein! – Erkläre uns das, und wir alle nehmen Dich an und wollen Dich mit allem Möglichen unterstützen!«

[11] Sage **Ich:** »Was möget ihr Mir geben, das ihr nicht zuvor empfangen hättet von Meinem Vater, Der im Himmel ist? So ihr es aber empfangen habt, wie möget ihr nun also reden, als ob ihr es nicht empfangen hättet?! Was wollt ihr Mir geben, das da nicht Mein wäre?! Denn was des Vaters ist, das ist auch Mein; denn Ich und der Vater sind nicht Zwei, sondern Eins! Ich sage euch: Nichts als der Wille allein ist euer, alles andere aber ist Mein. Gebet ihr Mir euren Willen in der rechten Liebe eures Herzens und glaubet ihr, daß Ich und der Vater vollkommen Eins sind, dann habt ihr Mir alles gegeben, was Ich von euch verlangen kann!«

[12] Sagen die **Juden:** »So verrichte ein Zeichen, und wir glauben, daß Du der Verheißene bist!«

[13] Sage **Ich:** »Warum wollt ihr denn Zeichen? O du verkehrte Art! Wisset ihr denn nicht, daß die Zeichen niemanden erwecken, sondern nur richten?! Ich aber kam nicht euch zum Gerichte, sondern auf daß ihr das ewige Leben empfangen sollet, so ihr an Mich glaubet in euren Herzen! Es werden zwar noch viele Zeichen geschehen, und ihr werdet deren etliche sehen; aber diese werden euch nicht beleben, sondern töten auf eine lange Zeit.«

15. Weitere Episode des Herrn mit den Juden. Einer von ihnen will Ihn und die Seinen zu Gaste laden; der Herr enthüllt ihm seine und seiner Genossen unlauteren Gedanken und das Böse der menschlichen Satzungen und verläßt dann den Tempel.

Ev. Joh. 2, 23–25.

23. Als Er aber zu Jerusalem war in den Ostern auf dem Feste, glaubten viele an Seinen Namen, da sie die Zeichen sahen, die Er tat.

[1] Ich sage es euch: »Es ist nun Ostern, und Ich werde Mich diese Zeit durch hier in Jerusalem aufhalten; gehet dahin, wo Ich sein werde, und ihr werdet der rechten Zeichen sehen in großer Menge! Aber sehet selbst zu, ob euch die Zeichen nicht töten werden!«

[2] Auf diese Rede machten die Juden große Augen; Ich aber verließ sie und ging mit Meinen Jüngern aus dem Tempel ins Freie. Die **Juden** aber folgten Mir ganz heimlich nach, denn gar zu offenbar getrauten sie sich nicht, Mir nachzufolgen, da Ich vom ›Töten durch Meine Zeichen‹ geredet hatte. Sie aber verstanden darunter nicht das Töten des geistigen Elements, sondern das Töten des Leibes, und sie waren, wie alle Reichen der Erde, große Freunde des irdischen Lebens.

[3] Einer jedoch ging außerhalb des Tempels zu Mir hin und sagte: »Meister, ich habe Dich erkannt und möchte um Dich sein; wo bist Du zur Herberge?«

24. Aber Jesus vertraute sich ihnen nicht; denn Er kannte sie alle.
25. Und bedurfte nicht, daß da jemand Zeugnis gäbe von einem Menschen; denn Er wußte es wohl, was im Menschen war.

[4] Ich aber sah, daß in ihm kein Ernst und seine Absicht, Meine Herberge auszukundschaften, keine redliche war, darum sagte **Ich** zu ihm, wie hernach noch zu manchen ähnlichen unlauteren Forschern den bekannten Aphorismus: »Die Vögel haben ihre Nester und die Füchse ihre Löcher; aber des Menschen Sohn hat nicht einen Stein, daß er darauf hinlege Sein Haupt, und hier in dieser Stadt schon am allerwenigsten. Gehe aber hin und mache zuvor rein dein Herz; dann komme mit einer redlichen, aber mit keiner verräterischen Absicht und magst dann zusehen, wie du an Meiner Seite bestehen wirst!«

[5] **Dieser** aber sagte: »Meister, Du irrest Dich an mir und Meinen Freunden; so Du keine Herberge hast, da komme zu uns, und wir wollen Dir und Deinen Jüngern und sonstigen Freunden Herberge schaffen und euch verpflegen, so lange ihr wollt!«

[6] **Ich** aber sah am besten, daß dieser keines redlichen Sinnes war, und sagte: »Euch können wir uns wohl nicht anvertrauen; denn ihr seid Herodis Freunde und seid samt ihm spektakelsüchtige Menschen, besonders so ihr Spektakel umsonst schauen könnt. Deshalb aber bin Ich nicht nach dieser Stadt gekommen, um die Herodianer durch Komödien zu unterhalten, sondern hier zu verkünden, daß das Gottesreich nahe herbeigekommen ist, und daß ihr deshalb eine wahre Buße tun sollet, auf daß ihr dieses Reiches teilhaftig werden möget! Sieh, das ist der Zweck Meines Hierseins in dieser Zeit, und dazu bedarf es eurer Herberge nicht! Denn wer in einem Hause wohnt, kann nicht aus demselben kommen denn durch die Türe, die mit Schloß und Riegel versehen ist, durch die man einen Gast auch zu einem Gefangenen machen kann. Wer aber in der Freie seine Herberge nimmt, der ist auch frei und kann ziehen, wohin er will!«

[7] Spricht **der Jude:** »Wie kannst Du uns also beschimpfen! Meinst denn Du, daß wir von der Heiligkeit des Gastrechtes keine Kenntnis mehr haben? So wir Dich zu Gaste laden und Du als Gast in unser Haus einziehest, so bist Du das Heiligste im Hause, und wehe dem, der sich vergriffe an Dir! Und also wird bei uns vor allem das Gastrecht gehalten und geehrt. Wie magst Du dann solche Einrichtung in unseren Häusern verdächtigen?!«

[8] Sage **Ich:** »Diese Einrichtung eures Hauswesens kenne Ich wohl; aber darum ist Mir die andere nicht fremd: Solange ein Gast in eurem Hause ist, genießt er wohl das Gastrecht; so er aber dann aus dem Hause ziehen will, da harren vor der Türe bestellte Schergen und Lanzenknechte, nehmen den Gast in Empfang und legen ihm Ketten und Fesseln an! Sage, gehört das auch in den Bereich der alten Gastfreundschaft?!«

[9] Spricht **der Jude** etwas verlegen: »Wer kann das unseren Häusern mit gutem Gewissen nachsagen?«

[10] Sage **Ich:** »Der, Der es weiß! Ist nicht vor etlichen Tagen also ein Mensch in die Hände des Gerichtes überliefert worden?«

[11] Spricht **der Jude** noch verlegener: »Meister, wer sagte Dir das? So es geschehen, sage, hat es jener Verbrecher nicht also verdient?«

[12] Sage **Ich:** »Bei euch aber ist vieles ein Verbrechen, was bei Gott und Mir kein Verbrechen ist; denn vor der Härte eurer Herzen gibt es viele Verbrechen, gegen die Moses kein Gesetz gegeben hat. Das sind e u r e Satzungen, und die machen vor Mir keinen Menschen zu einem Verbrecher! Denn eure Satzungen sind eine Sünde gegen die Gesetze Mosis; wie ist demnach der ein Verbrecher, so er sich an euren Satzungen versündigt, wenn er Mosis Gesetze hält?! O Ich sage es euch: Ihr alle seid voll Tücke und voll schmählicher Arglist!«

[13] Spricht **der Jude:** »Wie kann das sein? Moses hat uns ein Recht gegeben, für besondere Fälle Gesetze zu schaffen, und sonach sind unsere wohlberatenen Satzungen so gut wie Mosis Gesetze selbst! Wer sie sonach nicht beachtet, ist der nicht so gut ein Verbrecher als einer, der sich am unmittelbaren Gesetze Mosis versündigt?«

[14] Sage **Ich:** »Bei euch ja, aber bei Mir nicht! – Moses befahl, daß ihr eure Eltern lieben und ehren sollet; ihr aber saget, und die Priester gebieten es sogar: ›Wer dafür opfert im Tempel, dem ist es besser, da er sich dafür von diesem Gesetze loskauft.‹ So aber nun ein Mensch zu euch tritt und sagt: ›Ihr seid Gottesleugner und elende Betrüger, da ihr das Gesetz Mosis infolge eurer Habsucht aufhebt und dafür ein anderes Gesetz gebt und damit die arme Menschheit quälet!‹ – sieh', darin hatte sich auch jener Mensch gegen euch verbrochen, und ihr habt ihn an der Türschwelle dem Gericht überliefert –, sage, hat es dieser würdige Mensch also verdient, oder seid i h r gegen Moses nicht die bei weitem größeren Verbrecher?«

[15] Hier ward der Jude unwillig und ging von dannen zu seinen anderen Genossen, denen er alles erzählte, was er von Mir vernommen hatte. **Diese** aber schüttelten die Köpfe und sagten: »Sonderbar! Wie kann dieser Mensch das wissen?« – Ich aber verließ diese Stelle und begab Mich mit den Meinen in eine kleine Herberge außerhalb der Stadt und blieb daselbst etliche Tage.

16. Der geistige Sinn oder die Entsprechung der Tempelreinigung, enthüllt vom Herrn. Sehr beachtenswerte Lebens- und Führungswinke.

[1] Wie es hier erzählt ist, ist dies der freilich nicht sehr umständlich dargestellte historisch natürliche Verlauf der beiden im zweiten Kapitel vorkommenden Begebenheiten; denn es hatte sich noch hie und da so manches zugetragen und ereignet, was hier der Geringfügigkeit wegen nicht erzählt zu werden braucht, da es fürs erste eine ganz unnötige Verlängerung der Arbeit verursachen und fürs zweite der Wichtigkeit der Sache keinen höhe-

ren Wert und keine tiefere Erkenntnis geben würde. Es bleibt nur noch übrig, von der zweiten Begebenheit den geistigen Sinn ganz kurz darzutun, und dies zweite Kapitel ist insoweit als beendet anzusehen, als inwieweit es in sich abgeschlossen nur zwei Hauptbegebenheiten vor die Augen des Lesers und Hörers stellt.

[2] Von der ersten Begebenheit zu Kana in Galiläa ist der geistige Sinn bereits gegeben worden; somit haben wir nur noch den geistigen Sinn der zweiten Begebenheit darzutun, und dieser ist folgend also gestaltig:

[3] Der Tempel stellt den Menschen dar in seiner naturmäßig-weltlichen Sphäre. In dem Tempel aber wie im Menschen befindet sich ein Allerheiligstes; deshalb soll aber auch das Äußere des Tempels geheiligt und lauter gehalten werden, auf daß das Innerste als Allerheiligstes des Tempels wie des Menschen nicht entheiligt werde!

[4] Es ist das Allerheiligste des Tempels zwar wohl durch einen starken Vorhang bedeckt, und es darf nur zu gewissen Zeiten der oberste Priester allein in das Allerheiligste treten. Aber der Vorhang und ebensowenig der nur selten gestattete Besuch des Allerheiligsten ist ein Schutz vor der Entheiligung des Allerheiligsten; denn so da jemand mit seinem Leibe sündigt, da verunreinigt er nicht nur den Leib, sondern auch seine Seele und durch sie auch seinen Geist, der in jedem Menschen das Innerste und Allerheiligste darstellt und es auch wirklich ist. Es ist im Menschen dieses Allerheiligste, so wie ebendasselbe entsprechend im Tempel, tiefst hinter einen starken Vorhang gestellt, und nur der alleinigen Liebe zu Gott, die ein echtester Oberpriester Gottes in jeglichem Menschen ist, ist es gestattet, straflos in dies Allerheiligste zu dringen und zu lüften den Vorhang; so aber dieser einzige Oberpriester im Menschen selbst unrein wird, indem er sich an unreine weltliche Dinge hängt und mit ihnen eine gemeine Sache macht, wie soll da das Allerheiligste unentheiligt bleiben, so es von einem unreinen Oberpriester besucht wird?!

[5] Wenn sonach im Tempel wie im Menschen alles unrein geworden ist, dann kann es vom Menschen aus auch nicht mehr gereinigt werden; denn so der Besen voll Kot und Unflates ist, wie soll er taugen zur Reinigung eines Gemachs?! Da muß dann leider Ich Selbst die Hand ans Werk legen und mit Gewalt den Tempel reinigen, und zwar durch allerlei schmerzliche Dinge, als da sind Krankheiten aller Art und andere scheinbare Unglücksfälle, auf daß der Tempel rein werde.

[6] »Verkäufer« und »Käufer« sind die niederen, unreinen Leidenschaften im Menschen; das zum Verkauf gebotene Vieh stellt die unterste Stufe tierischer Sinnlichkeit dar und zugleich auch die dadurch erzeugte große Dummheit und Blindheit der Seele, deren Liebe gleich der eines Ochsen ist, dem sogar die sinnliche Zeugungs- und Geschlechtsliebe mangelt, und den allein noch die allergröbste polypenartige Freßliebe belebt, und dessen Erkenntnis gleich ist dem bekannten Erkenntnisvermögen der Schafe!

[7] Was besagen denn hernach die Wechsler und ihre Geldgeschäfte? – Diese besagen und bezeigen im Menschen alles das, was da hervorgeht aus der schon ganz tierisch gewordenen Eigenliebe des Menschen;

denn das Tier liebt nur sich, und ein Wolf frißt den andern auf, so er Hunger hat. Diese »Wechsler« oder solche tierische Eigenliebe muß sonach auch mit aller schmerzlichen Gewalt hinausgeschafft werden aus dem Menschen, und alles das, was diese Liebe belebt, muß umgeworfen und verschüttet werden!

[8] Ja, warum denn nicht ganz vernichtet? – Weil auch solcher Liebe nicht die Freiheit benommen werden darf; denn der edle Same oder das Weizenkorn wird in einem mit tierischem Unrat wohlgedüngten Acker am besten fortkommen und eine reiche Ernte geben. Würde man aber dem Acker den Dünger ganz nehmen, um ihn gleichsam von allem Unrat vollends rein zu machen, so würde dadurch das edle Weizenkorn nur schlecht fortkommen und sicher eine sehr mißliche Ernte abgeben.

[9] Der Unrat, der anfangs haufenweise auf den Acker gebracht wird, muß auseinandergeworfen und verschüttet werden, so wird er dann dem Acker dienen; würde man ihn aber im großen Haufen beisammen lassen, da würde er, wo er liegt, alles ersticken und den anderen Ackerteilen nichts nützen.

[10] Darinnen liegt daher der entsprechende Grund in der evangelischen Tempelreinigungsgeschichte, dem zufolge Ich der Wechsler Geld nur verschüttet und nicht völlig vernichtet habe, was Mir wohl auch sehr leicht möglich gewesen wäre.

[11] Was stellen aber dann die im Innern des Tempels befindlichen Taubenkrämer vor, die auch hinaus und auf ihre alten angewiesenen Plätze weichen müssen?

[12] Darunter wird begriffen die äußere Tugend, die da besteht in allerlei Zeremonie, Anstand, Höflichkeit, Artigkeit u. a. m. in rein weltlicher Beziehung, die aber die Blindheit der Menschen zu einem innern Lebenswert erheben und darin das wahre Leben des Menschen wurzeln machen will.

[13] Die Taube ist ein Lufttier, und da sie im Orient häufig als Briefbote, besonders in Sachen der Liebe, benutzt ward und daher auch entsprechend schon bei den alten Ägyptern als Hieroglyphe die zärtliche und zierliche Konversation bedeutete, so diente sie als Zeichen solcher Konversation im Tempel und war auch ein gewöhnliches und entsprechend sinnbildliches Opfertier, das gewöhnlich junge Eheleute bei der Erstgeburt im Tempel als ein Zeichen zum Opfer brachten, daß sie nun solcher äußerer Botschaften, Artigkeiten und zeremoniellen Ziererereien ledig geworden und nun in die wahre, innere, lebengebende Liebe eingegangen sind.

[14] Nun aber gehört – der Ordnung aller Dinge nach – das Äußerste ins Äußerste; die Rinde darf nie im Mark des Baumes sich befinden, da sie an und für sich etwas ganz Totes ist, sondern alles, was zur Rinde gehört, muß sich auch in der Rinde lagern. Die Rinde aber ist dem Baume von großem Nutzen, so sie auf ihrem Platze in gerechtem Maße vorkommt. So aber jemand wollte die Rinde ins Mark des Baumes schieben, indem er zuvor dem Baume das Mark nähme, da müßte dann der Baum ja auch sobald verdorren und sterben.

[15] Und also werden zum Zeichen, daß die Menschen alle die äußerlichen Tugenden nicht zur Sache des inneren Lebens machen sollen, wodurch

der edle Mensch bloß zu einer Konversationspuppe (Kaufhaus) wird, diese Taubenkrämer als im weiten Sinne alle Äußerlichkeiten, und im engeren Sinne alle die Meister dieser Äußerlichkeiten, die ihre Ware zur inneren Lebensware zu erheben bemüht sind, von Mir ebenfalls, nur etwas artiger, aus dem Tempel geschafft und auf ihren ordentlichen Platz verwiesen.

[16] Das ist demnach der geistige Sinn der vorliegenden Tempelreinigung; und aus der richtigen und unwandelbaren Entsprechung zwischen dem Menschen und Tempel läßt sich auch erkennen, daß derart nie ein Mensch, sondern nur Gott allein als die ewige Weisheit, die alles sieht und kennt, also handeln und reden kann.

[17] Warum aber bleibt nach solcher Fegung der Herr noch nicht im Tempel?

[18] Weil Er allein weiß, wie das Innere des Menschen bestellt sein muß, damit Er im Menschen eine bleibende Wohnstätte nehmen kann. Zugleich darf dem Menschen nach einer solchen Fegung die Freiheit nicht genommen werden, da er sonst zu einer Puppe würde.

[19] Der Herr darf Sich sonach dem gewaltsam gefegten inneren Menschen noch nicht anvertrauen; denn Er allein weiß es, was zur vollen Herstellung des inneren Menschen nötig ist. Daher geht der Feger wieder aus dem Tempel und fließt wie zufällig von außen herein in das Innere des Menschen ein und fügt sich nicht den Anforderungen des Menschen, daß Er bei und in ihm bliebe und ihn unterstützete in der Trägheit, sondern da muß der Mensch wieder zur vollen Selbsttätigkeit erwachen und durch sie erst ein vollkommener Mensch werden, wie solches im nächsten Kapitel auch näher dargestellt wird.

3. Kapitel
des biblischen Johannes-Evangeliums
Gespräch Jesu mit Nikodemus von der Wiedergeburt und des Johannes mit seinen Jüngern von Christus

17. Der Herr in der Herberge wirkt viel Gutes durch Lehre und Heilwunder. Gespräche mit den bei Nacht kommenden Reichen. »Was klein ist vor der Welt, das hat Gott erwählt.«

Ev. Joh. 3, 1

1. Es war aber ein Mensch unter den Pharisäern mit Namen Nikodemus, der war ein Oberster unter den Juden.

[1] Daß Ich Mich nach der Tempelreinigung mit allen denen, die Mir gefolgt sind, außerhalb der Stadt in einer kleinen Herberge aufhielt, ist schon im vorigen Kapitel gezeigt worden; aber jeder dürfte denn doch sicher mit der Frage kommen und sagen:

[2] »Was hast Du, Herr, denn allda getan? Denn Du hast diese Zeit von doch wenigstens acht Tagen sicher nicht müßig zugebracht?«

[3] Da sage Ich: Ganz gewiß nicht! Denn es kamen sozusagen bei Tag und

Nacht in Masse Menschen aller Klassen aus der Stadt zu Mir. Die Armen kamen gewöhnlich am Tage, die Großen, Vornehmen und Reichen aber gewöhnlich in der Nacht, denn sie wollten sich vor ihresgleichen nicht schwach und verfänglich zeigen.

[4] Da sie aber doch zum Teil ihre Neugierde und zum Teil eine Art gläubiger Ahnung für die Möglichkeit, daß Ich etwa doch der Messias sein könnte, antrieb, mit Mir eine nähere Bekanntschaft zu machen, so gingen sie in der Nacht hinaus und machten Mir Besuche, die gewöhnlich mit starkem Schmollen endigten; denn es rauchte diesen Vornehmen, Großen und Reichen ganz gewaltig in die Nase, daß Ich mit ihnen nicht wenigstens nur so gut und artig umging wie mit den vielen Armen, die Meine Güte und Freundlichkeit nicht genug rühmen konnten.

[5] Auch wirkte Ich als Arzt bei den Armen viele Wunder, befreite die Besessenen von ihren Plagegeistern, machte die Lahmen gehend, die Gichtbrüchigen gerade, die Aussätzigen rein, die Stummen hörend und redend, die Blinden sehend, und das alles zumeist durchs Wort.

[6] Das wußten die wohl, so in der Nacht zu Mir kamen, und verlangten von Mir auch ähnliche Zeichen, wogegen Ich ihnen stets bemerkte: »Der Tag hat zwölf Stunden und die Nacht ebenfalls zwölf. Der Tag ist bestimmt zur Arbeit, die Nacht aber zur Ruhe. Wer am Tage arbeitet, der stößt sich nirgends an, wer aber in der Nacht arbeitet, der stößt sich leicht an; denn er sieht es nicht, wohin er seinen Fuß setzt.«

[7] Es fragten Mich etliche, aus welcher Macht und Kraft Ich solche Wunder verrichte. Die Antwort war ganz kurz diese: »Aus Meiner höchst eigenen, und Ich benötige hierzu keines Menschen Hilfe!«

[8] Wieder fragten sie Mich, warum Ich nicht lieber in der Stadt eine Herberge nähme; denn zu so großen Taten gehöre ein großer Ort, nicht aber ein letztes Dörflein, das wohl in der Nähe der großen Weltstadt läge, aber von dieser ganz unbeachtet sei.

[9] **Ich** sagte darauf wieder: »In einem Orte, wo vor den Toren der sich großdünkenden Bewohner Lanzenknechte Wache halten und nur den Glänzenden Einlaß geben, die Armen aber ohne Gnade abweisen, und wo man in jeder Gasse, so man ein fremdes Gesicht hat und nicht genug prächtig gekleidet ist, wenigstens siebenmal angehalten und befragt wird, wer und woher man sei, und was man hier tue, bleibe Ich nicht. Zudem liebe Ich nur, was vor der Welt klein und von ihr verachtet ist, denn es steht geschrieben: ›Was vor der Welt groß ist, ist vor Gott ein Greuel!‹«

[10] Und sie fragten und sagten: »Ist der Tempel nicht groß und herrlich, in dem Jehova wohnt?« – Sagte **Ich:** »Er sollte drinnen wohnen; aber da ihr den Tempel entheiligt habt, verließ Er diesen und wohnt nicht mehr darin, und die Lade Mosis ist leer und tot!«

[11] Sagen **die Nachtwandler:** »Was redest Du hier für frevelhaftes Zeug zusammen? Weißt Du denn nicht, was Gott zu David und Salomon geredet hat? Kann das, was Gott geredet, je unwahr werden? Wer bist Du denn, daß Du Dich getrauest, solches vor uns zu reden?!«

[12] Sage **Ich:** »So gut Ich in und aus Mir Selbst die Macht und Kraft

habe, bloß durch Meinen Willen und durch Mein Wort alle Kranken zu heilen, die zu Mir kommen, ebenso habe Ich auch die Macht und die Kraft und das vollste Recht, solches vom Tempel vor euch zu reden, und sage euch nochmals, daß nun auch euer Tempel vor Gott ein Greuel ist!«

[13] Hier fingen einige an zu murren, **andere** aber sagten: »Das ist offenbar ein Prophet, und diese haben sich über den Tempel noch allezeit ungünstig geäußert! Lassen wir ihn gehen!« Und so zogen diese Nachtwandler wieder ab.

18. Szene mit Nikodemus, dem Bürgermeister von Jerusalem. Nikodemus als Weissagungsverständiger hat die Ankunft des Reiches Gottes richtig berechnet, erkennt letztere aber dennoch nicht. Wichtige Lebenswinke zur Wiedergeburt.
Ev. Joh. 3, 2–5.

[1] Es kam aber in der vorletzten Nacht Meines Aufenthaltes in der Nähe von Jerusalem ein gewisser Nikodemus ebenfalls in der Nacht zu Mir, weil er auch ein Vornehmer Jerusalems war; denn er war fürs erste ein Pharisäer, also ungefähr in Amt, Würde und Ansehen das, was gegenwärtig in Rom ein Kardinal ist, und fürs zweite war er als ein reichster Großbürger Jerusalems auch der Oberste der Juden in dieser Stadt; er war der oberste Bürgermeister über die ganze Stadt, von Rom aus dazu bestimmt.

2. Der kam zu Jesus in der Nacht und sagte zu Ihm: »Meister, wir wissen, daß Du als ein Lehrer (Prophet) von Gott gekommen bist, denn niemand kann die Zeichen tun, die Du tust, es sei denn Gott mit ihm.«

[2] Dieser, als der Chef Jerusalems in bürgerlicher Hinsicht, kam also selbst in der Nacht zu Mir hinaus und sprach sogleich zu Mir: »Meister! Vergib es mir, daß ich so spät in der Nacht zu Dir komme und Dich störe in Deiner Ruhe; da ich aber vernahm, daß Du diese Gegend verlassen wirst schon des morgigen Tages, so konnte ich nicht umhin, Dir meine gebührende Achtung zu bezeugen. Denn siehe, ich und mehrere meines Amtes wissen es nun, nachdem wir Deine Taten beobachtet haben, daß Du als ein ganz echter Prophet, von Gott gesandt, zu uns gekommen bist! Denn die Zeichen, die Du tust, kann niemand verrichten, außer es ist Jehova mit ihm! Da Du sonach ein offenbarer Prophet bist und sehen mußt, wie sehr wir im argen liegen, uns aber dennoch durch Deine Vorgänger das Gottesreich verheißen ist, so sage mir gefälligst, wann dieses kommen wird, und so es kommt, wie man beschaffen sein muß, um in dasselbe zu gelangen?«

3. Jesus antwortete und sprach zu ihm: »Wahrlich, wahrlich sage Ich dir: Es sei denn, daß jemand von neuem geboren werde, sonst kann er das Reich Gottes nicht sehen.«

[3] Auf diese Frage des Nikodemus antwortete **Ich** ebenso kurz, wie es der Vers angibt, nämlich: »Wahrlich, wahrlich sage Ich dir: Es sei denn, daß jemand von neuem geboren werde, sonst kann er das Reich Gottes weder

sehen und noch weniger in dasselbe kommen!«, was soviel sagen will als: »So du deinen Geist nicht durch Wege, die Ich dir mit Meiner Lehre und Tat zeige, erweckest, kannst du das göttlich Lebendige Meines Wortes nicht einmal erkennen, geschweige in dessen lebengebende Tiefen eindringen!«

[4] Daß der sonst biedere Nikodemus solche Meine Rede, wie der Verfolg es zeigen wird, nicht begriffen hat und sich an ihm alsogleich bewahrheitete, daß man nämlich das göttlich Lebendige Meines Wortes nicht von ferne hin fassen kann, so man nicht geweckten Geistes ist, zeigt klar und deutlich der nächste Vers, laut dem Mich **Nikodemus,** ganz verblüfft ob solcher Meiner Rede, fragt und sagt:

4. Nikodemus spricht zu Ihm: »Wie kann ein Mensch denn noch einmal geboren werden, so er alt geworden ist? Kann er wieder in seiner Mutter Leib gehen und daraus zum andern Male geboren werden?«

[5] »Aber, lieber Meister, was Sonderbares doch sprachst Du vor meinen Ohren? Wie möglich wohl kann ein Mensch noch einmal geboren werden? Kann denn ein Mensch, der groß, alt und steif geworden ist, durch das enge Pförtchen in seiner Mutter Leib steigen und sodann daraus zum zweiten Male geboren werden?! Sieh, sieh, lieber Meister, das ist eine völlig unmögliche Sache! Entweder weißt Du vom kommenden Gottesreiche nichts oder wenigstens nicht das Rechte, oder Du weißt darum und willst es aber mir nicht sagen aus Furcht, daß ich Dich aufgreifen und ins Gefängnis werfen ließe. Oh, des sei du völlig unbesorgt; denn ich habe noch nie jemanden seiner Freiheit beraubt, außer er war ein Mörder oder ein großer Dieb. – Du aber bist ein großer Wohltäter der armen Menschheit und hast nahe alle Kranken von Jerusalem geheilt, wunderbar durch die Kraft Gottes in Dir; wie sollte ich dann mich an Dir vergreifen können?!

[6] Aber glaub es mir, lieber Meister, mir ist es ernst um das kommen sollende Gottesreich! Darum, so Du davon etwas Näheres kennst, sage es mir auf eine Weise, daß ich's fassen kann! Gib Himmlisches mit himmlischen und Irdisches mit irdischen Worten, aber in wohlverständlichen Bildern, sonst nützt mir Deine Belehrung noch weniger als die altägyptische Vögelschrift (Hieroglyphen), die ich weder lesen und sonach noch weniger verstehen kann. Ich weiß es nur zu bestimmt aus meinen Berechnungen, daß das Reich Gottes schon da sein muß, nur weiß ich noch nicht, wo und wie man in dasselbe kommt und in dasselbe aufgenommen wird. Diese Frage möchte ich von Dir ganz verständlich und klar beantwortet haben.«

5. Jesus antwortete: »Wahrlich, wahrlich, Ich sage es dir: Es sei denn, daß jemand geboren werde aus dem Wasser und aus dem Geiste, sonst kann er nicht in das Reich Gottes kommen!«

[7] Auf diese abermalige Frage gab Ich dem Nikodemus genau wieder die Antwort, wie sie in vorstehendem 5. Verse vorkommt; sie ist von der ersten nur dadurch unterschieden, daß es hier näher bestimmt wird, woraus man eigentlich wiedergeboren werden muß, um ins Gottesreich zu kommen, nämlich aus dem Wasser und aus dem Geiste, was soviel sagen will als:

[8] Die Seele muß mit dem Wasser der Demut und Selbstverleugnung gereinigt werden (denn das Wasser ist das urälteste Symbol der Demut; es läßt alles aus sich machen, ist zu allem dienstfertig und sucht sich stets die niedersten Stellen der Erde aus und fliehet die Höhen) und dann erst aus dem Geiste der Wahrheit, die eine unreine Seele nie fassen kann, da eine unreine Seele gleich ist der Nacht, während die Wahrheit eine Sonne voll Lichtes ist, die allenthalben Tag um sich verbreitet.

[9] Wer demnach in seine durch die Demut gereinigte Seele die Wahrheit aufnimmt und diese tatsächlich als solche erkennt, den macht dann ebensolche Wahrheit im Geiste frei, und diese Freiheit des Geistes oder das Eingehen des Geistes in solche Freiheit ist dann auch das eigentliche Eingehen in das Reich Gottes.

[10] Aber eine solche Erklärung gab Ich freilich dem Nikodemus nicht, und das darum nicht, weil er sie in seiner Erkenntnissphäre noch weniger begriffen hätte als den kurzen verhüllten Grundsatz selbst. Er fragte Mich daher auch wieder, wie solches zu verstehen wäre.

19. Fortsetzung der Szene mit Nikodemus. Der Herr als Meister in allem, also auch in der wahren Weisheit. Das Wesen des Menschen. Das Geheimnis des Geistes. Köstliches Gleichnis vom neuen Wein als Entsprechung einer fürs geistige Licht noch unreifen Seele.

Ev. Joh. 3, 6–12.

6. »Was vom Fleische geboren wird, das ist Fleisch, und was vom Geiste geboren wird, das ist Geist.«

[1] **Ich** aber gab ihm zur Antwort, wie es im vorstehenden 6. Verse geschrieben steht, nämlich: »Es nehme dich nicht wunder, daß Ich also zu dir rede! Denn sieh, was aus dem Fleische kommt, das ist wieder Fleisch, also tote Materie oder äußerste Umhüllung des Lebens; was aber aus dem Geiste kommt, das ist auch Geist oder das ewige Leben und die Wahrheit in sich selbst!«

[2] Aber dem Nikodemus geht die Sache noch immer nicht ein. Er zuckt mit den Achseln und wundert sich immer mehr, weniger über die Sache, als vielmehr, daß er als ein weisester Pharisäer, der doch in aller Schrift bewandert ist, solcher Rede Sinn nicht zu fassen imstande sei; denn er hielt große Stücke auf seine Weisheit und war auch seiner großen Weisheit wegen zum Obersten der Juden erhoben worden.

[3] Darum wunderte es ihn um so gewaltiger, daß er nun in Mir ganz unerwartet einen Meister gefunden hatte, der ihm ganz sonderbare Weisheitsnüsse zum Aufknacken biete! Da er sich durchaus nicht zurechtfinden konnte, so fragte er Mich abermals: »Ja – wie ist das wieder zu nehmen? Kann denn auch ein Geist schwanger werden und dann gebären seinesgleichen?!«

7. »Laß dich's nicht wundern, daß Ich dir gesagt habe: Ihr müsset von neuem geboren werden!«

[4] Sage **Ich** zu ihm: »Ich habe zu dir schon gesagt, daß du dich dessen nicht gar so wundern sollst, so Ich zu dir gesagt habe: ›Ihr müsset alle von neuem geboren werden!‹«

8. »Der Wind wehet, wo er will, und du hörest sein Sausen wohl; aber du weißt es nicht, von wannen er kommt und wohin er fährt. Also ist ein jeglicher, der aus dem Geiste geboren ist.«

[5] »Denn sieh, der Wind wehet, wo er will, du hörest sein Sausen, aber du weißt es dennoch nicht, von wo er ursprünglich herkommt; also steht es auch mit einem jeden, der aus dem Geiste kommt und spricht dir gegenüber. Du siehst und hörest ihn wohl; aber da er in seiner geistigen Weise zu dir spricht, so fassest und verstehest du solches nicht, woher er's hat und was er damit sagt und bezeichnet. Da du aber ein redlicher Weiser bist, so wird es dir zur rechten Zeit schon auch gegeben werden, daß du solche Dinge fassen und verstehen wirst.«

9. Nikodemus antwortete und sprach zu Ihm: »Meister, wie mag solches zugehen?«

[6] Hier schüttelt **Nikodemus** bedenklich den Kopf und sagt nach einer Weile: »Da möchte ich es von Dir wohl erfahren, wie so etwas zugehen würde! Denn was ich weiß und verstehe, das weiß und verstehe ich in meinem Fleische; wird das Fleisch mir genommen, da werde ich wohl kaum mehr etwas fassen und verstehen! – – Wie, wie – werde ich als Fleisch zu einem Geist, und wie wird meinen Geist dann ein anderer Geist in sich aufnehmen und dann von neuem gebären?! – Wie, wie möglich wird das zugehen?!«

10. Jesus antwortete und sprach zu ihm: »Bist du doch ein Meister in Israel und weißt das nicht?!«

[7] Sage **Ich** zu ihm: »Aber – ein weisester Meister in Israel bist du und kannst solches nicht fassen und begreifen?! – Wenn aber du das nicht fassen kannst als ein Meister der Schrift, was soll dann erst mit vielen anderen werden, die von der Schrift kaum so viel wissen, daß es einst einen Abraham, Isaak und Jakob gegeben habe?«

11. »Wahrlich, wahrlich, Ich sage es dir: Wir (Geistigen) reden (ganz natürlich), das wir wissen, und zeugen (von dem), was wir gesehen haben, und ihr möget unser Zeugnis nicht (verstehen) und annehmen!«

[8] »Wahrlich, wahrlich glaube es Mir! Wir, d. i. Ich und Meine Jünger, die wir vom Geiste hergekommen sind, reden hier mit dir nicht etwa rein geistig, sondern ganz naturgemäß und geben dir in Naturbildern der Erde das kund, was wir wissen und gesehen haben im Geiste, und ihr könnet das nicht fassen und annehmen!«

12. »So ihr aber schon nicht glauben (annehmen) könnet, so Ich von irdischen Dingen mit euch rede, wie würdet ihr dann glauben, so Ich mit euch von rein himmlischen Dingen reden möchte?!«

[9] »So ihr aber schon so etwas Leichtes in faßlicher Rede nicht fassen und begreifen möget, da Ich doch in ganz irdischer Weise mit euch rede von geistigen Dingen, die dadurch ordentlich zu irdischen Dingen werden, nun so möchte Ich wissen, wie euer Glaube sich gebärden würde, so Ich von himmlischen Dingen rein himmlisch zu euch reden möchte!

[10] Ich sage dir: Der Geist, der in und aus sich selbst Geist ist, weiß es allein, was im Geiste ist und was sein Leben! Das Fleisch aber ist nur eine äußerste Rinde und weiß nichts vom Geiste, außer der Geist offenbart es der Hülle, der Rinde; dein Geist aber ist noch zu sehr von deinem Fleische beherrscht und verdeckt, und es weiß daher nichts von ihm. Es wird aber die Zeit kommen, in der dein Geist, wie Ich dir schon gesagt habe, frei wird; dann wirst du unser Zeugnis begreifen und annehmen!«

[11] Spricht **Nikodemus:** »Lieber Meister, Du Weiser der Weisesten! O sage es mir verständlich, wann, wann diese so sehnlichst erwünschte Zeit kommen wird!«

[12] Darauf antwortete **Ich** und sprach: »Mein Freund, daß Ich dir Zeit, Tag und Stunde geben soll, dazu bist du noch zu wenig reif! Sieh, solange der neue Wein nicht gehörig ausgegoren hat, bleibt er trübe, und so du ihn tust in einen kristallenen Becher und hältst dann den Becher auch gegen die Sonne, so wird ihr mächtigstes Licht aber dennoch nicht durch die Trübe des Neuweines zu dringen vermögen, und gerade also geht es auch mit dem Menschen. Bevor er nicht gehörig durchgegoren ist und durch den Gärungsprozeß alles Unreine aus sich geschafft hat, kann das Licht der Himmel sein Wesen nicht durchdringen. Ich werde dir aber nun etwas sagen; wirst du es verstehen, so wirst du über die Zeit im klaren sein! Und so höre Mich.«

20. Drei weitere bedeutsame Verse, welche dem Nikodemus unverständlich sind. Dessen pessimistische Rede. Kurzer Wink des Herrn an ihn.

Ev. Joh. 3, 13–15.

13. »Und niemand fährt gen Himmel, außer Der vom Himmel herniedergekommen ist, nämlich des Menschen Sohn, Der gleichfort im Himmel ist.

14. Und wie Moses in der Wüste eine Schlange erhöht hatte, also muß auch des Menschen Sohn erhöht werden,

15. auf daß alle, die an Ihn glauben, nicht verloren werden, sondern das ewige Leben haben!«

[1] **(Der Herr:)** »Sieh, niemand fährt gen Himmel als allein Der, Der vom Himmel herniedergekommen ist, nämlich des Menschen Sohn, Der gleichfort im Himmel ist. Und wie Moses in der Wüste eine Schlange erhöhet hat, also muß auch des Menschen Sohn erhöhet werden, auf daß alle, die an Ihn

glauben, nicht verloren werden, sondern das ewige Leben haben! Sage Mir, fassest du das?«

[2] Sagt **Nikodemus:** »Lieber Meister! Wie sollte, wie könnte ich das?! In Dir ist eine eigene Art Weisheit; wie ich Dir schon einmal bemerkt habe, so könnte ich leichter die alte ägyptische Vögelschrift lesen als verstehen Deine Weisheit! Ich muß es Dir nun offen bekennen, daß ich, so mich nicht Deine gewaltigen Taten an Dich fesselten, Dich für einen Narren oder Streichmacher halten müßte; denn in Deiner Weise hat doch nie ein vernünftiger Mensch geredet! Aber Deine Taten zeigen, daß Du als ein Lehrer von Gott zu uns gekommen bist und in Dir eine Fülle göttlicher Macht und Weisheit vorhanden sein muß, ohne die es niemand möglich ist, solche Taten zu vollführen.

[3] Wo aber das Eins rein göttlich ist, da muß auch das Zwei göttlich sein. Deine Taten, lieber Meister, sind göttlich, und so muß auch Deine Lehre vom Gottesreich auf Erden göttlich sein, ob ich sie fasse oder nicht! Betrachte ich aber nur ein wenig weltlich die Thesis ›Niemand fährt gen Himmel, außer Der vom Himmel herniedergekommen ist!‹ – das sei nämlich des Menschen Sohn, der gleichfort im Himmel ist –, so bin ich rein verloren! Lieber Meister, seit Henoch und Elias ist wohl noch keinem Menschen der Erde das Glück widerfahren, sichtbar aufzufahren in die Himmel; Du kannst vielleicht der dritte werden!? Und so Du vielleicht der dritte würdest, möchte das wohl etwas nützen allen anderen Menschen, die, weil sie nicht aus den Himmeln herabgekommen sind, somit auch nicht in die Himmel je gelangen können?!

[4] Zudem sagtest Du noch, daß Der, so vom Himmel herabgekommen, eigentlich nur zum Schein auf der Erde sich befindet, in der Wahrheit aber dennoch gleichfort in den Himmeln ist! Demnach hätten also an dem kommensollenden Gottesreiche vorderhand nur Henoch und Elias und nachderhand vielleicht auch Du teil, alle anderen millionenmal Millionen aber können sich ins feuchte finstere Grab für alle Ewigkeiten der Ewigkeiten legen und aus Gottes Gnade und Barmherzigkeit wieder zu Erde und endlich zu nichts werden!?

[5] Lieber Meister, für solch ein Gottesreich auf Erden bedanken sich die armen Erdenwürmer, die in jeder Hinsicht lächerlich genug ›Menschen‹ heißen! Wer weiß es nicht, daß es also ist und allzeit also war? Eine oder auch drei Schwalben machen den Sommer nicht aus! Was hatte Henoch und was Elias getan, daß sie von der Erde in den Himmel aufgenommen worden sind? Im Grunde nichts, als was ihrer himmlischen Natur eigen war! Sie hatten somit kein Verdienst und sind nach Deiner nunmaligen Erklärung rein nur deshalb in die Himmel von der Erde weg aufgenommen worden, weil sie gleich Dir von den Himmeln zur Erde herniedergekommen sind!

[6] Siehe, darin liegt ganz entsetzlich wenig Hoffnung und nahe gar kein Trost für die arme Menschheit dieser harten Erde! Aber wie ich Dir schon früher gesagt habe, es bleibt dabei, daß ich Deine Lehre dennoch für göttlich und überweise halte, obgleich sie, wie ich in einer Deiner Thesen bewies, mit

dem natürlichen Verstande betrachtet, eine barste Narrheit ist und sein muß, was Du ebensogut als ich einsehen wirst.

[7] Was Du aber mit der Erhöhung des Menschensohnes, die gleich jener der ehernen Schlange Mosis in der Wüste sein soll, meinst, und wie und warum alle das ewige Leben haben sollen, die an diesen schlangenartig erhöhten Menschensohn glauben, das geht schon ins Parabolische über, das heißt, in ein Etwas, das in sich der barste Unsinn ist! Wer ist dieser Menschensohn? – Wo ist Er nun? – Was macht Er? – Kommt auch Er gleich Henoch und Elias aus den Himmeln? – Wird Er erst geboren werden? – Was sollen die Menschen, die Ihn sicher ebensowenig als ich je gesehen haben, von diesem Menschensohne glauben? – Wie kann Er auf diese Erde kommen, so Er gleichfort im Himmel ist? – Wo wird Er erhöht werden und wann? – Wird Er dadurch zu einem unüberwindlich mächtigsten Könige der Juden?

[8] Siehe, lieber Meister, das klingt doch sicher sehr seltsam aus dem Munde eines Mannes, Der es durch Seine Taten zeigt, daß Er voll göttlicher Kraft und Macht sein müsse! Aber, wie gesagt, ich will mich von all dem nicht irreleiten lassen und halte Dich gleichfort für einen von Gott erweckten großen Propheten.

[9] Du siehst aus dem, daß ich keiner von denen bin, die eine Lehre alsobald verwerfen, so sie dieselbe nicht fassen; aber darum möchte ich Dich dennoch bitten, daß Du mir nur ein wenig Erklärung hinzutätest; denn sogestaltig kann ich Dich unmöglich fassen und verstehen. – Siehe, an mir liegt im Judenlande sehr viel, und ganz besonders in der Stadt Salems, allda ich der Oberste bin aller Juden! Führe ich Dich und Deine Lehre ein, so wird sie angenommen und eingeführt sein; wo ich sie aber fallen lasse, dann wird sie auch fallen und wird keine Annahme finden. Sei daher so gut und gib mir nur ein wenig mehr Licht!«

[10] Sage **Ich:** »Du hast nun viele Worte gemacht und hast geredet wie ein Mensch, der von himmlischen Dingen keine Ahnung hat; aber es kann auch nicht anders sein, denn du bist in der Nacht der Welt und magst nicht erschauen das Licht, das aus den Himmeln gekommen ist, um zu erleuchten die Finsternis der Nacht dieser Welt. Einen Dämmerschein hast du wohl, aber dennoch erschauest du das nicht, was dir sozusagen auf der Nase sitzt!«

21. Der Herr gibt dem Nikodemus faßlichere Winke über die Menschwerdung des Sohnes und über die Mission Desselben als Gottes- und Menschensohn. Was ist das Gericht? Wer den Herrn nicht erkennen will, der hat das Gericht schon in sich.
Ev. Joh. 3, 16–21.

16. »Also hat Gott die Welt geliebt, daß Er Seinen eingeborenen Sohn gab, auf daß alle, die an Ihn glauben, nicht verloren werden, sondern das ewige Leben haben sollen!«

[1] **(Der Herr:)** »Ich sage es dir: G o t t ist die L i e b e und der S o h n ist Dessen W e i s h e i t . Also aber liebte Gott die Welt, daß Er Seinen eingebo-

renen Sohn, d. h. Seine aus Ihm Selbst von Ewigkeit hervorgehende Weisheit, in diese Welt gab, auf daß alle, die an Ihn glauben, nicht verloren werden, sondern das ewige Leben haben sollen! – Sage Mir, verstehst du auch dieses nicht?!«

[2] Sagt **Nikodemus:** »Es kommt mir wohl vor, als sollte ich es verstehen, aber im Grunde verstehe ich es doch nicht. Wenn ich nur wüßte, was ich aus dem Menschensohn machen sollte, da wäre ich dann schon so ziemlich in der Ordnung! Du sprachst nun auch vom eingeborenen Sohne Gottes, Den die Liebe Gottes in die Welt gab. Ist der ›Menschensohn‹ und der ›eingeborene Gottessohn‹ eine und dieselbe Individualität?«

[3] Sage **Ich:** »Sieh her! Ich habe einen Kopf, einen Leib und Hände und Füße. Der Kopf, der Leib, die Hände und Füße sind Fleisch, und dieses Fleisch ist ein Sohn des Menschen; denn was da ist Fleisch, das kommt vom Fleische. Aber in diesem Menschensohne, Der Fleisch ist, wohnet Gottes Weisheit, und das ist der eingeborene Sohn Gottes. Aber nicht der eingeborene Sohn Gottes, sondern nur des Menschen Sohn wird gleich der ehernen Mosis-Schlange in der Wüste erhöhet werden, daran sich viele stoßen werden; die sich aber nicht stoßen, sondern glauben und sich halten werden an Seinen Namen, denen wird Er die Macht geben, Kinder Gottes zu heißen, und ihres Lebens und Reiches wird kein Ende sein fürder ewig.«

17. »Denn Gott hat Seinen Sohn nicht in die Welt gesandt, daß Er diese richte, sondern daß sie durch Ihn selig werde.«

[4] »Du mußt aber nun nicht irgend ein Gericht dieser Welt erwarten, als etwa Kriege, Wasserflut oder gar ein alle Heiden verzehrendes Feuer aus den Himmeln; denn sieh, Gott hat Seinen eingeborenen Sohn (die göttliche Weisheit) nicht in die Welt (in dieses Menschenfleisch) gesandt, daß Er diese Welt richte (verderbe), sondern daß sie durch Ihn vollauf selig werde, das heißt, daß auch alles Fleisch nicht verderbe, sondern mit dem Geiste auferstehe zum ewigen Leben. (Unter Fleisch wird hier nicht so sehr das eigentliche Leibfleisch als vielmehr die fleischlichen Gelüste der Seele verstanden.) Aber um das zu erreichen, muß der Glaube in dem Fleische die materiellen Hoheitsgelüste zunichte machen, und zwar der Glaube an den Menschensohn, daß dieser aus Gott von Ewigkeit her geboren in diese Welt gekommen ist, auf daß alle das ewige Leben haben sollen, die an Seinen Namen glauben und halten werden!«

18. »Wer an Ihn glaubt, der wird nicht gerichtet; wer aber nicht glaubt, der ist schon gerichtet; denn er glaubt nicht an den Namen des eingeborenen Sohnes Gottes.«

[5] »Wer immer, ob Jude oder Heide, an Ihn glauben wird, der wird ewig nimmer gerichtet und dadurch verdorben werden; wer sich aber an dem Menschensohne stoßen wird und wird nicht glauben an Ihn, der ist dann aber auch schon gerichtet. Denn eben das, daß er nicht glauben will und glauben kann, weil er sich zufolge seines Hoheitsgefühls an dem Namen und Wesen des Menschensohnes stößt, ist schon das Gericht eines solchen Men-

schen. Verstehst du nun das? Ich habe es dir nun überklar vor die Augen gestellt!«

[6] Sagt **Nikodemus:** »Ja, ja, ich verstehe so halbwegs den Sinn Deiner höchst mystisch gehaltenen Rede; aber sie erscheint für so lange wie in die Luft gesprochen, solange der von Dir so hoch gestellte Menschensohn, in Dem die Fülle der göttlichen Weisheit wohnt, nicht da ist, und Du auch die Zeit und den Ort entweder nicht näher bestimmen kannst oder willst, wann Er kommen wird und wo des Ortes.

[7] Also klingt auch Dein Gericht, das Du eigentlich lediglich in den Unglauben setzest, sehr rätselhaft! So das Gericht weder eine Flut, noch Krieg oder Pest und ebensowenig ein verzehrendes Feuer ist, sondern bloß nur der Unglaube an und in sich selbst, so muß ich Dir's, lieber Meister, offen gestehen, daß ich den Sinn Deiner Rede noch immer nicht fassen kann! Denn wer von einer Rede einen oder auch zwei Begriffe nicht faßt, der faßt im Grunde des Grundes die ganze Rede nicht. Was ist denn so ganz eigentlich Dein ›Gericht‹? Was für einen neuen Sinn verbindest Du mit diesem Begriff?«

[8] Sage **Ich:** »Mein Freund, bald könnte auch Ich zu dir sagen: Ich begreife es kaum mehr, worin es liegen mag, daß du den völlig klaren Sinn Meiner Rede nicht zu fassen imstande bist! Den Begriff ›Gericht‹ magst du nicht verstehen, und Ich habe ihn dir doch überklar und vollauf erörtert.«

19. »Das aber ist das Gericht, daß das Licht in die Welt gekommen ist; und die Menschen liebten die Finsternis mehr denn das Licht. Denn ihre Werke waren und sind böse.«

[9] »Siehe, das ist das Gericht, daß nun das Gottes-Licht aus den Himmeln in die Welt gekommen ist; die Menschen aber, da sie aus der Finsternis herausgenommen sind und gesetzt ins Licht, lieben aber dennoch die Finsternis bei weitem mehr als das nun volle Gotteslicht vor ihren Augen! Daß aber die Menschen das Licht nicht wollen, das beweisen ihre Werke, die durch und durch böse sind.

[10] Wo findest du den ersten Vollglauben, wo die gerechte Gottesfurcht? Wo liebt einer den andern, außer er weiß von ihm für sich etwas zu gewinnen? Wo sind die, die ihr Weib liebten der lebendigen Fruchtbarkeit wegen? Sie lieben die jungen Dirnen der Wollust wegen und treiben mit ihnen Unzucht und eine förmliche Hurerei! Denn wer mit dem andern Geschlecht eine förmliche Abgötterei der Wollust und Unzucht wegen treibt, der treibt eine wahre Hurerei, und diese ist ein Übel der Übel! – Wo ist ein Dieb, der sich ein Licht nähme und stehle offenbar?!«

20. »Wer Arges tut, der hasset das Licht und kommt darum auch nicht an das Licht, auf daß seine argen Werke nicht gestraft werden möchten.«

[11] »Sieh, alle aber, die also gesinnt sind und also handeln, was da arg ist und böse, die sind es, deren Werke böse sind; wer immer solche Werke liebt und tut, der ist ein Feind des Lichtes und hasset dasselbe und wird darum sicher alles aufbieten, daß es mit ihm nicht ans Licht kommen möchte, damit

seine argen Werke, von denen er es dennoch weiß, daß sie vom Lichte verpönt und gerichtet sind, nicht im Lichte in ihrer Häßlichkeit erkannt und bestraft werden möchten!

[12] Und sieh, darin besteht das eigentliche Gericht; was du aber unter dem Gerichte verstehst, ist nicht das Gericht, sondern nur eine Strafe, die dem Gerichte folgt.

[13] So du ein Liebhaber bist, in der Nacht zu wandeln, so ist schon das ein Gericht deiner Seele, daß du die Nacht mehr liebst als den Tag; so du darum aber leicht dich anstößest und dir gewaltig wehe tust oder gar in eine Grube oder in einen tiefen Graben fällst, so ist dann ein solcher Anstoß oder ein solcher Fall nicht das Gericht, sondern nur eine Folge des Gerichtes in dir, der du die Nacht liebst und den Tag hassest!«

21. »Wer aber die Wahrheit tut, der kommt an das Licht, daß seine Werke offenbar werden; denn sie sind in Gott getan!«

[14] »Bist du aber ein Freund des Lichtes, des Tages, der Wahrheit aus Gott, so wirst du auch der göttlichen Wahrheit gemäß handeln und wirst sicher sehnlichst wünschen, daß deine Werke ans Licht vor aller Augen kommen möchten und offenbar werden vor jedermann; denn du weißt es, daß deine Werke, weil im Lichte der Wahrheit aus Gott getan, gut und gerecht sind und sonach Anerkennung und offenbare Belohnung verdienen!

[15] Wer aber sonach ein Freund des Lichtes ist, der wird nicht in der Nacht, sondern am Tage wandeln und wird das Licht sogleich erkennen, weil er aus dem Lichte ist, und dieses Licht heißt – der Glaube des Herzens.

[16] Wer demnach glaubet an den Menschensohn, daß Dieser ist ein Licht aus Gott, der hat schon das Leben in sich; wer aber nicht glaubt, der hat das Gericht schon in sich, und das Gericht ist eben der Unglaube selbst.

[17] Ich meine, daß du Mich nun wohl begriffen haben wirst.«

22. Nikodemus kann den göttlichen Menschensohn noch immer nicht finden; der Herr bescheidet ihn deshalb zu Johannes. Endlich dämmert es im Gemüte des Nikodemus. »Folge dem Zuge deines Herzens!« Der Liebe Wert. Der Herr erbittet eine Wohltat von Nikodemus; dessen Liebeserklärung an den noch Unbekannten.

[1] Sagt **Nikodemus:** »Nun ist mir bis auf eines alles klar; aber das Eine fehlt noch immer, und dieses Eine ist eben der außerordentliche Menschensohn Selbst, ohne Den natürlich all Dein weisestes Gespräch mit allen den herrlichen Erörterungen ins bodenlose Nichts fällt! Was nützt mir der Glaube oder der beste und festeste Wille, an den Menschensohn zu glauben, so der Menschensohn Selbst nicht da ist? Aus der Luft oder aus einer puren Idee kann man sich keinen Menschensohn schaffen. Sage mir daher, wo ich diesen ewigen Gottessohn treffe, und sei versichert, daß ich Ihm mit dem vollsten Glauben entgegenkommen werde!«

[2] Sage **Ich:** »So Ich solches nicht gesehen hätte in dir, so hättest du von Mir nun eine solche Lehre nicht bekommen! Aber du kamst in der Nacht

und nicht am Tage zu Mir, obschon du viel von Meinen Taten gehört und gesehen hast! Weil du aber in der natürlichen Zeitnacht wie auch in der dieser entsprechenden Nacht deiner Seele zu Mir kamst, so ist es auch sehr begreiflich, daß du über den ›Menschensohn‹ noch nicht im klaren bist!

[3] Ich sage es dir: So jemand sucht den Menschensohn in der Zeitnacht, da er am Tage vor allen Menschen so etwas zu tun sich scheut, auf daß er bei ihnen nicht käme in einen Verruf, der wird das, was er sucht, nicht wohl finden. Denn das wirst du als Weisester der Juden wohl wissen, daß die Nacht, was immer für eine es auch sei, zum Suchen und Finden am wenigsten taugt. – Wer sonach den Menschensohn sucht, der muß Ihn am Tage und nicht in der Nacht suchen; dann wird sich Dieser schon finden lassen.

[4] Nur das sage Ich dir: Gehe hin zu Johannes, der nun doch des Wassers wegen zu Enon nahe bei Salim tauft, der wird es dir sagen, ob der eingeborene Sohn Gottes schon da ist oder nicht! Dort sollst du Ihn kennenlernen!«

[5] Sagt **Nikodemus:** »Ach, ach, lieber Meister, das wird schwerhalten! Denn ich habe tagtäglich Geschäfte über Hals und Kopf und kann davon nicht leichtlich abkommen! Bedenke, in der Stadt und in der nächsten Umgebung der Stadt leben samt den Fremden über achthunderttausend Menschen, für die ich als ihr Oberster viel und viel zu sorgen habe; dann harren nebst dem noch tägliche Tempelgeschäfte meiner, die ich nimmer zur Seite schieben kann. Wenn mir demnach die Gnade nicht zuteil wird hier in Jerusalem, so werde ich darauf schon leider Verzicht leisten müssen! Sieh, ich benötigte zu dieser Unternehmung allerwenigstens drei volle Tage, und das wäre für mein Geschäft soviel als für jemand anderen drei Jahre.

[6] Du mußt mich darum schon für entschuldigt halten, daß ich Deinem Rate nicht Folge leisten kann. Sooft Du aber mit Deinen Jüngern nach Jerusalem kommen solltest, da komme zu mir, und ich werde euch eine gute Herberge geben! An mir sollst Du samt allen, die mit Dir sind, stets einen aufrichtigen Freund und Gönner finden. Mein Haus, groß genug, um zehntausend Menschen zu beherbergen, steht am Davidsplatze, innerhalb des Salomon-Tores, auch das ›Goldene Tor‹ genannt; wann immer Du kommen willst, da soll es ganz zu Deiner Schaltung und Waltung bereitstehen! Was nur immer in meiner Gewalt steht, das soll stets Dir zu dienen bereit sein! So Du was immer benötigst, begehre es, und ich werde es Dir stellen!

[7] Denn siehe, in mir ist eine große Veränderung vorgegangen! Ich liebe Dich, Du lieber Meister, mehr denn alles, was mir je teuer war, und diese Liebe sagt mir gewisserart: Du Selbst seiest eben Derselbe, dessentwegen Du mich ehedem nach Enon zu Johannes beschieden hast!? Es mag auch nicht also sein, wie ich's in mir fühle; aber es sei da, wie ihm wolle, ich liebe Dich einmal aus meinem ganzen Herzen, indem ich in Dir einen großen Meister der echt göttlichen Weisheit erkenne. Haben auch Deine Taten, die vor Dir wohl niemand verrichtet hat, mich mit der tiefsten Verwunderung erfüllt, so hat mich aber Deine große Weisheit in meinem Herzen noch mehr gefangengenommen für Dich, Du lieber Meister! Ich liebe Dich! Sage es mir doch, spricht mein Herz ein rechtes Zeugnis über Dich aus?!«

[8] Sage **Ich:** »Gedulde dich noch eine kleine Zeit, und es soll dir alles klar

werden! In Kürze werde Ich wieder zu dir kommen und werde dein Gast sein; dann sollst du alles erfahren!

[9] Folge aber dem Zuge deines Herzens, das wird dir in einem Augenblick mehr sagen als alle fünf Bücher Mosis und alle Propheten! Denn siehe, nichts ist wahr im Menschen als allein die Liebe! Halte dich daher an sie, und du wirst am Tage wandeln! – Nun aber von etwas anderem!

[10] Ich werde nun ins jüdische Land Mich begeben und allda verkünden das Reich Gottes. Du aber bist gesetzt über dieses Land. Nicht Meinetwegen, sondern Meiner Jünger wegen gib Mir einen Sicherheitsschein, wie er nach dem Gesetze der Römer unter den Juden gang und gäbe ist, auf daß sie bei den Zöllen und Mauten keinen Anstand haben! Die Kinder sind zwar frei, aber sie müssen als solche beglaubigt sein. – Es wäre Mir wohl ein leichtes, überall mit Legionen frei und unbeanstandet durchzukommen; aber Ich will niemandem ein Ärgernis geben und füge Mich daher dem Gesetze Roms. Sei deshalb so gefällig und verschaffe Mir einen Sicherheitsschein.«

[11] Sagt **Nikodemus:** »Sogleich, lieber Meister, sollst Du ihn haben! Ich selbst werde ihn schreiben und ihn Dir überbringen in einer Stunde; denn es ist von hier gar nicht ferne in mein Haus.«

[12] Nikodemus eilt nun nach Hause und überbringt schon in einer halben Stunde den verlangten Sicherheitsschein. Nachdem wir das Zeugnis auf einem Stück Pergament in unseren Händen hatten, segnete Ich im Herzen den biederen Nikodemus. Er empfahl sich mit Tränen in den Augen und bat Mich noch einmal, bei Meiner Wiederkunft nach Jerusalem Mich seines Hauses bedienen zu wollen, was Ich ihm auch zusagte. Ich aber empfahl ihm die Reinhaltung des Tempels, was er Mir denn auch gelobte. Und so schieden wir am Morgen.

23. Des Herrn Wirken in Judäa. Die Wasser- und Feuertaufe. Die Lehre der Liebe und das begleitende Zeugnis wunderbarer Wohltaten. Das Eine, was not tut. Der Jünger Streitfrage über die gültige Taufe. »Bist Du Der?« Des Herrn Antwort.

Ev. Joh. 3, 22–26.

22. Danach kam Jesus und Seine Jünger in das jüdische Land, hatte daselbst Sein Wesen mit ihnen und taufte.

[1] Als es vollends Tag war, brachen wir auf und zogen in das Judenland, das, gewisserart zu Jerusalem gehörend, um Jerusalem ungefähr also lag, wie in dieser Zeit ein Kreis um seine Kreisstadt. In etlichen Tagen konnte man ganz leicht das ganze Land abgehen.

[2] Nun, was tat Ich denn in diesem Lande? Der Vers sagt, daß Ich mit ihnen Mein Wesen hatte und dann taufte; es fragt sich hier, wer so ganz eigentlich unter den »ihnen« verstanden werden solle, und worin das Wesen bestehe, das Ich mit ihnen hatte. Unter »ihnen« werden zuerst die Jünger, die zu Jerusalem abermals um einige Köpfe sich vermehrt hatten, verstan-

den, und dann aber auch alle jene, die an Meiner Lehre einen gläubigen Anteil nahmen.

[3] Alle aber, die vollgläubig Meine Lehre annahmen, wurden von Mir offen mit Wasser, insgeheim aber mit dem GEISTE MEINER EWIGEN LIEBE UND WEISHEIT getauft und erlangten dadurch die Macht, »Gottes Kinder« zu heißen. Darin bestand also das Wesen, das Ich mit ihnen hatte. Die Lehre und was Ich getan hatte, ist teilweise von den anderen drei Evangeliums-Schreibern aufgezeichnet worden und braucht hier nicht wieder angegeben zu werden; sie bestand auch in nichts anderem als hauptsächlich in der Darstellung aller der groben Gebrechen, mit denen die Juden und Pharisäer behaftet waren, und in der Anpreisung der Liebe zu Gott und dem Nächsten.

[4] Ich stellte einmal alle die Gebrechen dar, ermahnte die Sünder ernstlich zur Buße, warnte alle, die Meine Lehre annahmen, vor dem Rückfalle zum alten Sauerteige der Pharisäer, und wirkte zur für diese allermateriellste Zeit nötigen Bekräftigung Meiner sanftesten Lehre wunderbare Taten, heilte viele Kranke, reinigte die Besessenen von den unreinen Geistern und nahm stets mehr Jünger an.

23. Johannes aber taufte auch noch zu Enon, nahe bei Salim; denn es war viel Wassers daselbst, und sie kamen dahin und ließen sich taufen.
24. Denn Johannes war noch nicht ins Gefängnis gelegt.

[5] Auf diesem Meinem Zuge durch das jüdische Land kam Ich denn auch in die Nähe, allwo Johannes in der kleinen Wüste zu Enon in der Nähe von Salim taufte, weil er da Wasser hatte, während in der Gegend Bethabara der Jordan sehr wenig Wasser hatte, und was noch des Wassers da war, war trübe, unrein und voll übelriechenden Gewürms. Deshalb also hatte Johannes seinen Platz gewechselt, hielt zu Enon seine scharfen Bußpredigten und taufte auch daselbst die Menschen, die seine Lehre angenommen und eine rechte Buße getan hatten.

[6] Es waren aber auch unter denen viele, die schon Meine Lehre angenommen hatten, aber vom Johannes zuvor noch nicht getauft waren. Diese fragten Mich, ob es nötig sei, sich zuvor vom Johannes taufen zu lassen. Und **Ich** sagte zu ihnen: »Eines nur tut not, und das ist die tatsächliche Befolgung Meiner Lehre! Wer sich aber will vom Johannes zuvor reinigen lassen, solange dieser noch frei seine Werke verrichtet, dem wird solche Reinigung gut zustatten kommen.« Auf solche Meine Rede gingen dann viele hin und ließen sich taufen vom Johannes.

25. Da erhob sich eine Frage unter den Jüngern Johannis mit den Juden (die hingekommen waren) über die Reinigung (d. h. über Meine Wassertaufe im Vergleich zum Zeugnisse Johannis).

[7] Da entstand bald eine Streitfrage über die Reinigung Johannis und über Meine Taufe; denn die Jünger Johannis begriffen nicht, wie auch Ich mit Wasser taufte, da sie von ihm gehört hatten das Zeugnis, demnach Ich nicht mit Wasser, sondern mit dem heiligen Geiste taufen werde. Viele

Juden, die nun schon Meine Jünger waren, behaupteten und sagten: Meine Taufe sei eine wahre Taufe; denn obschon Ich mit Wasser taufe wie Johannes, so sei aber Meine Taufe die allein gültige, indem Ich nicht nur mit dem Wasser der Natur, sondern auch zugleich mit dem Wasser des Geistes Gottes taufe und den Getauften die wohlersichtliche Macht gäbe, Gottes Kinder zu heißen!

26. Und sie kamen zu Johannes und sprachen: »Meister! Der bei dir war jenseits des Jordans, von Dem du gezeugt hast (daß Er mit dem heiligen Geiste taufen werde), sieh, Der tauft nun auch (mit Wasser), und alles läuft Ihm zu!«

[8] Auf solche Erörterungen gingen dann **des Johannes Jünger** mit den Juden zu Johannes hin und sprachen: »Höre uns an, Meister! – Sieh, derselbe Mann, Der bei dir war jenseits des Jordans, von Dem du das Zeugnis gabst, daß Er mit dem heiligen Geiste taufen werde, tauft nun auch in der Nähe hier gleich wie du mit Wasser! Wie sollen wir das nehmen und verstehen? Ist dieser Täufer wohl Der, Dem du das große Zeugnis gabst?«

[9] **Johannes** aber sagte zu seinen Jüngern: »Gehet hin und fraget Ihn: ›Bist Du Der, Der da kommen soll, oder sollen wir auf einen andern warten?‹ Was Er euch darauf sagen wird, das merket euch und saget es dann mir! Darauf erst werde ich euch vollen Bescheid erteilen.«

[10] Darauf begeben sich dann mehrere Jünger Johannis zu Mir hin und fragen Mich also, wie es ihnen Johannes geraten hatte. Ich aber gebe ihnen die bekannte Antwort, daß sie nämlich dem Johannes sagen sollen, was sie sahen, wie nämlich die Blinden sehen, die Lahmen gehen, die Tauben hören, und wie den Armen das Evangelium vom Reiche Gottes gepredigt werde! Und wohl dem, der sich nicht ärgert an Mir! – Mit dem kehren die Jünger wieder zu Johannes zurück und erzählen ihm sogleich, was sie gesehen und gehört haben.

24. Des Täufers Johannes klarstes, größtes und letztes Zeugnis über den Herrn. Wer die Braut, und wer der Bräutigam ist. Johannis Demut. Das Geheimnis Gottes als Vater und Sohn. Bedingung zum ewigen Leben: Der Glaube an den Sohn.

Ev. Joh. 3, 27–36.

27. Johannes aber antwortete und sprach: »Ein Mensch kann nichts nehmen, es werde ihm denn gegeben vom Himmel.«

[1] **Johannes** aber fasset sich und spricht zu seinen Schülern: »Höret, mich bedünkt es also: Ein Mensch kann nichts nehmen, besonders in Dingen des Geistes, so es ihm zuvor nicht gegeben wird aus den Himmeln! Der seltene Mensch, Der Sich von mir taufen ließ jenseits am Jordan, über Den ich den Geist Gottes so sanft wie eine Taube, wann sie sich auf ihr Nest niederläßt, aus den Himmeln in der Gestalt eines Lichtwölkchens Sich niederlassen sah, und Dem ich das Zeugnis gab, hätte Sich als ein purer Mensch nicht nehmen können, was Er hat; aber Er ist mehr als ein purer Mensch und scheint wohl

die Macht zu haben, Sich Selbst nehmen zu können aus den Himmeln und das Genommene zu behalten oder zu geben, wem Er es will! Und ich meine, daß wir alle, was wir haben, von Seiner Gnade empfangen haben, und es ist dann ja unmöglich, daß wir Ihm vorschreiben sollen, was und wie Er tun soll! Er gibt, – wir aber sind, die es von Ihm nehmen. Er hat Seine Wurfschaufel in Seiner Hand; Er wird fegen Seine Tenne, wie Er will, und wird sammeln den Weizen in Seine Scheune, die Spreu aber verbrennen mit dem ewigen Feuer und aus der Asche machen, was Er will!«

28. »Ihr selbst seid meine Zeugen, daß ich gesagt habe, ich sei nicht Christus, sondern nur vor Ihm hergesandt.«

[2] »Ihr selbst seid mir Zeugen, daß ich vor den Priestern und Leviten, die aus Jerusalem zu mir gekommen sind, gesagt habe, ich sei nicht Christus, sondern vor Ihm hergesandt! Wie könnte ich mich dann über das aufhalten, was Der tut, Der die eigene Wurfschaufel in Seiner Hand hat? Feget Er Seine Tenne, wie Er will, wir mögen Ihm kein Gesetz geben! Denn der Acker (die Welt) ist Sein, also auch der Weizen (die Kinder Gottes) und die Spreu (Kinder der Welt oder des Teufels), und Sein ist die Scheune (der Himmel) und Sein das Feuer (die Hölle), das nimmer erlischt!«

29. »Wer die Braut hat, der ist der Bräutigam (Herr); der Freund des Bräutigams aber steht und hört ihm zu und freut sich hoch über des Bräutigams Stimme. Diese meine Freude ist nun erfüllt.«

[3] »Wer die Braut (Weisheit der Himmel) hat, der ist ein rechter Bräutigam; der Freund des Bräutigams aber steht und hört ihm zu und freut sich hoch über des Bräutigams Stimme! Und sehet, diese Freude ist nun an mir erfüllt! Wenn aber der Herr Selbst kommt, dann ist des Boten Amt zu Ende! Denn der Bote hat nichts zu tun, als allein zu verkünden die Ankunft des Herrn; ist der Herr da, so ist der Bote nichts mehr nütze!«

30. »Er muß wachsen, ich aber muß abnehmen.«

[4] »Deshalb muß ich nun abnehmen; Er als der Herr aber muß wachsen bei den Menschen dieser Erde! Ihr waret allzeitig meine Jünger, seit ich zu euch kam als ein gesandter Bote; wer aus euch hat je aus meinem Munde gehört, daß ich mich darum gerühmt hätte?! Allzeit behielt ich den gerechten Ruhm für Den, Dem er gebührt. So ich zeugte, daß ich nicht wert sei, Ihm die Riemen Seiner Schuhe zu lösen, so erhob ich mich doch sicher nicht, sondern gab Ihm allein alle Ehre, die der Menschen Blindheit mir erweisen wollte; und deshalb sage ich noch einmal: Nun ist mein Amt zu Ende! So der Herr Selbst kommt, da ist der Vorläufer nichts nütze mehr; darum muß der Bote (das Fleisch) nun abnehmen, und Er als der Herr (der Geist) muß wachsen über alles Fleisch hinaus! Es ist ein großer Unterschied zwischen dem Boten und Dem, Der den Boten aus höchst eigener Macht sendet, wohin Er will.«

31. »Der von oben her kommt, ist über alle. Wer von der Erde ist, der ist von der Erde. Der aber vom Himmel kommt, Der ist über alle.«

[5] »Der, Der die Macht hat, Gesetze zu geben, ist oben; und der, welcher gehorchen muß, ist unten. – Es kann aber füglichermaßen wohl niemand oben sein, so er nicht von oben her gekommen ist. Wer aber wahrhaft von oben kommt, ist über alle. Wer von der Erde ist, der kann nie von oben sein, sondern stets nur von der Erde und mag von nichts reden denn von der Erde. Der aber vom Himmel kommt, ist über alle; denn Er ist der Herr und kann sonach tun, was Er will, und kann taufen mit Wasser, Feuer und Geist, denn Sein ist alles!

[6] Ich aber meine, daß Er Selbst dennoch nicht mit dem Wasser tauft, sondern mit dem Feuer des Geistes nur; Seine Jünger aber werden die Menschen zuvor nach meiner Art taufen, das heißt, alle jene, die von mir die Wassertaufe nicht genommen haben. – Die Wassertaufe aber ist nichts nütze dem Menschen, so er darauf nicht getauft würde mit dem Geiste Gottes.«

32. »Und zeugt, was er gesehen und gehört hat; und dennoch will sein Zeugnis nahe niemand annehmen.«

[7] »Das Wasser zeugt von nichts als vom Wasser und macht rein die Haut vom Schmutz der Erde. Der Geist Gottes aber, mit dem der Herr allein nur taufen kann, da der Gottesgeist Sein Geist ist, zeugt von Gott und von dem, das Er allein allzeit in Gott schaut und vernimmt.

[8] Aber leider nimmt nun noch nahe niemand dies heilige Zeugnis an! Denn was Kot ist, das ist Kot und mag den Geist nicht annehmen, es müsse denn der Kot zuvor durchs Feuer gehen und allda selbst zum Geiste werden; denn ein rechtes Feuer verzehrt alles bis auf den Geist, der selbst ein gewaltiges Feuer ist. Darum wird die Geistestaufe des Herrn auch viele zerstören, und es werden sich darob viele scheuen, sie anzunehmen.«

33. »Wer es aber auch annimmt, der versiegelt es (in sich), daß Gott wahrhaft sei (natürlich in Dem, Der Ihm das Zeugnis gab durch die Taufe mit dem Geiste Gottes).«

[9] »Wer aber diese Taufe und in ihr das heilige Zeugnis annehmen wird, der wird es in sich versiegeln vor der Welt, daß Derjenige, Der ihn getauft hat mit dem Geiste, Selbst allerwahrhaftigst Gott sei und allein geben kann das ewige Leben. Ihr sagt nun gleichwohl in euch: ›Warum denn in sich versiegeln das Zeugnis der Himmel von Gott durch Gott?!‹ Ich habe es euch gesagt: Der Kot ist und bleibt Kot, und der Geist ist und bleibt Geist; so aber der Erdmensch, der vom Grunde aus Kot ist, in seinen Kot den Geist überkommt, wird ihm der Geist bleiben, so er ihn in sich, das heißt in seinem Herzen, nicht wohl verwahren wird?

[10] Oder gibt es irgend ein bestimmtes Maß, nach dem der Geist verteilt würde, auf daß ein jeder wüßte, wieviel des Geistes er überkommen hat? So aber ein solches Maß nicht bestimmt ist, so muß der irdische Kotmensch dem empfangenen Geiste in seinem Herzen ein Maß eröffnen; und so der

Geist in diesem Maße sich zur bleibenden Ruhe begeben und in solcher Ruhe erfüllt hat das neue Maß, dann auch erst wird der Kotmensch in ihm selbst gewahr, wieviel des Geistes er überkommen hat.

[11] Was würde es euch aber nützen, so ihr am Meere das Wasser schöpfet in ein durchlöchertes Faß? Könnt ihr je sagen und erkennen, soundso viel Wassers habt ihr aus dem für euch maßlosen Meere geschöpft? Wann aber das Faß wohl gebunden ist, so werdet ihr es dann auch ermessen, wieviel des Meerwassers ihr im Fasse habt! Das Wasser des Meeres aber ist durch und durch gleich; ob viel oder wenig, das ist einerlei. Das Meer selbst ist also durchgehends Meer, und wer wo immer aus dem Meere schöpft, ob viel oder wenig, der schöpft ein vollrechtes Meerwasser und wird nachher erst des Maßes gewahr.«

34. »Denn Welchen Gott gesandt hat, Der redet Gottes Wort. Gott gibt aber Seinen Geist (Dem, Der von Ihm gesandt ist) nicht nach dem Maße (wie einem Menschen, sondern in aller Seiner Fülle).«

[12] »Ebenalso aber ist es auch mit Dem, Der von Gott gekommen ist, zu zeugen von Gott und zu reden das reine Gotteswort. Er Selbst ist das maßlose Meer (Gottesgeist). So er jemandem sonach Seinen Geist gibt, so gibt Er ihn nicht nach dem endlosen Maße, das nur in Gott allein in aller endlosen Fülle dasein kann, sondern nach dem Maße, das im Menschen ist. So aber der Mensch den Geist erhalten will, darf sein eigen Maß nicht schadhaft sein und offen stehen bleiben; sondern es muß dies Maß wohl gebunden und gut versiegelt sein!

[13] Der aber, bei Dem ihr waret und gefragt habt, ob Er Christus sei, hat, als äußerlich wohl auch ein Menschensohn, den Geist Gottes nicht nach dem Maße eines Menschen, sondern nach dem endlosen Maße Gottes Selbst empfangen schon von Ewigkeit her; denn Er Selbst ist das maßlose Meer des Geistes Gottes in Sich! Seine Liebe ist Sein Vater von Ewigkeit, und diese ist nicht außer dem sichtbaren Menschensohne, sondern in Ihm Selbst, Der da ist das Feuer, die Flamme und das Licht von Ewigkeit in und aus dem Vater.«

35. »Der Vater hat den Sohn lieb und hat Ihm alles in Seine Hand gegeben.«

[14] »Dieser liebe Vater aber hat überlieb Seinen ewigen Sohn, und alle Macht und Gewalt liegt in den Händen des Sohnes, und alles, das wir haben nach dem gerechten Maße, haben wir geschöpft aus Seiner maßlosen Fülle. Er Selbst ist aus Seinem eignen Worte nun ein Fleischmensch unter uns, und Sein Wort ist Gott, Geist und Fleisch, das wir den ›Sohn‹ nennen. Der Sohn aber ist demnach auch in Sich das Leben alles Lebens ewig.«

36. »Wer an den Sohn glaubt, der hat das ewige Leben. Wer aber dem Sohne nicht glaubt, der wird das Leben nicht sehen, sondern der Zorn Gottes bleibt über ihm!«

[15] »Wer sonach den Sohn annimmt und an Ihn glaubt, der hat das ewige Leben schon in sich; denn so wie Gott Selbst in jedem Worte Sein eigenes

vollkommenstes ewiges Leben ist, also ist Er es auch in jedem Menschen, der Sein lebensvollstes Wort in sich aufnimmt und dasselbe behält. Wer aber dann im Gegenfalle das Gotteswort aus dem Munde des Sohnes nicht annimmt, also dem Sohne nicht glaubt, der wird und kann auch das Leben nicht überkommen, noch sehen und fühlen in sich, und der Zorn Gottes, welcher ist das Gericht der Dinge, die kein Leben haben außer das des ewig unwandelbaren Mußgesetzes, wird bleiben über ihm so lange, als er an den Sohn nicht glauben wird.

[16] Ich, Johannes, habe nun solches zu euch geredet und gab euch allen ein vollgültig Zeugnis. Ich habe euch gereinigt vom Schmutze der Erde durch meine eigenen Hände. Gehet nun hin, nehmet Sein Wort an, auf daß euch die Taufe Seines Geistes zuteil werde; denn ohne sie ist alle meine Mühe mit euch ohne Nutz und Wert! Ich möchte aber wohl auch selbst hinziehen zu Ihm! Aber Er will es nicht und offenbart es mir durch meinen Geist, daß ich bleiben soll, da ich das schon im Geiste empfangen habe, das euch noch mangelt.«

[17] Dies ist das letzte und größte Zeugnis des Johannes über Mich und bedarf keiner weiteren Erklärung, da es sich in und aus sich selbst erklärt.

[18] Der Grund aber, warum es im Evangelium nicht so vollständig gegeben ist, bleibt stets der gleiche: weil fürs erste damals also die notwendige Art zu schreiben war, dernach nur die Hauptpunkte aufgezeichnet wurden, alles andere aber, was ein geweckter Geist ohnehin von selbst leicht finden kann, weggelassen ward; fürs zweite aber, daß das lebendig Heilige im Worte nicht verunreinigt und entheiligt werden möchte. Und es ist demnach ein jeder solcher Vers ein tüchtig festbeschaltes Samenkorn, in dem der Keim zu einem endlosen Leben und seiner nie ermeßbaren Weisheitsfülle verborgen ruht.

4. Kapitel
des biblischen Johannes-Evangeliums
Bekehrung der Samariter. Gesundmachung des königlichen Sohnes

25. Die Gnadenerweisungen an denen, die an den Herrn glaubten, wirken sehr für Vermehrung Seines Anhanges. Entstehung falscher Evangelien. Eifersucht und Verfolgungswut der Templer. Der Herr zieht über Samaria nach Galiläa. Gesinnung der Samariter. Sichar. Der Herr macht mit den Seinen am Jakobsbrunnen Rast.

Ev. Joh. 4, 1–6.

1. Da nun der Herr inneward, daß es vor die Pharisäer gekommen war, wie Jesus mehr Jünger machte und taufte denn Johannes –,
2. Wiewohl Jesus Selber nicht taufte, sondern nur Seine Jünger –,
3. Verließ Er das Land Judäa und zog wieder nach Galiläa.

[1] Nach solcher Rede Johannis gingen seine Jünger alsbald zu Mir, und es mehrte sich die Zahl Meiner Jünger von Tag zu Tag, ja, oft von Stunde zu Stunde. Denn ein jeder, der an Mich zu glauben begann, und dem Ich nach dem Maße seines Glaubens und nach der Taufe mit dem Wasser, die von

Meinen ersteren Jüngern ausgeübt wurde, Meine Hände aufgelegt hatte, der ward voll Geistes der Kraft und des Mutes und aller Furcht vor dem Leibestode bar.

[2] Da das viele erfuhren, so machten sie es trotz Meines Verbotes dennoch allenthalben, wohin sie nur kamen, ruchbar; dazu wurden noch alle Meine Taten, nicht selten sogar mit manchen Zusätzen und Übertreibungen, in ganz Judäa herum verbreitet, was bei den wundersüchtigen Juden die ganz natürliche Folge hatte, daß sie sich von Tag zu Tag bei Mir mehr und immer mehr einfanden und vielfach auch sogleich bei Mir verblieben.

[3] Aber es hatte auch die unvermeidbar leidige Folge, daß alles das zu den weiten Ohren der Pharisäer kam, und, wie schon bemerkt, mit vielen Zusätzen und Übertreibungen, darunter einige so seltsam klangen, daß darob sogar einige Römer zu meinen begannen, Ich müßte entweder der Zeus selbst oder doch ein Sohn von ihm sein.

[4] Es wurden auch von römischer Seite Auskundschafter an Mich abgesandt, die jedoch das nicht fanden, weshalb sie zu Mir beschieden wurden. Ich tat da auch gewöhnlich keine Zeichen, damit dies abergläubische Volk nicht noch vernagelter würde, als es ohnehin schon war.

[5] Aus solchen Übertreibungen aber entstanden dann in der Folge eine Menge falscher Evangelien und entstellten dann das wahre.

[6] Die Pharisäer, diese argen und über alle Maßen eifersüchtigen Vorsteher des Tempels und der Schrift, fingen sogleich unter sich an, Beschlüsse zu fassen, Mir und dem Johannes das Handwerk zu legen und uns entweder auf eine ganz unschuldige Art aus der Welt zu befördern oder uns wenigstens in irgend einer lebenslänglichen Versorgungsanstalt – so hübsch unterirdisch gelegen – unterzubringen, wie sie es beim Herodes für den Johannes (*den Täufer*) später doch durchgesetzt haben.

[7] Daß Mir solche edlen Gesinnungen nicht fremd blieben, das bedarf wohl keiner weiteren Erläuterung; aber es blieb Mir auch nichts übrig, um Raufereien und lästige arge Spektakel zu vermeiden, als das ultramontanfinstere Judäa zu verlassen, um Mich in das mehr freisinnige Galiläa zu begeben.

4. Er mußte aber durch Samaria reisen.

[8] Es war sogar nicht ratsam, geraden Weges sich nach Galiläa zu begeben, sondern durch Samaria, das sich auch schon lange von den Pfaffen des Tempels mit Hilfe der Römer losgemacht hatte (eine leichte und wünschenswerte Arbeit für die Römer, deren Grundsatz es ohnehin war, alle Lande zu zerspalten, um sie dann leichter beherrschen zu können), den Weg nach Galiläa einzuschlagen.

[9] Die Samariter waren darum auch das verachtetste und allergotteslästerlichste Volk der Erde in den Augen der Pfaffen Jerusalems; dagegen die Pfaffen Jerusalems aber auch bei den Samaritern in einem solchen Ansehen standen, daß sie mit dem Namen eines Tempelpfaffen gewöhnlich das Allerschlechteste zu bezeichnen pflegten. Wenn zum Beispiel ein Samariter zu jemandem in irgend einer Aufregung, zu der er keinen hinreichenden

Grund hatte, sagte: »Du Pharisäer!«, so ging der also Bescholtene vors Gericht, verklagte den Beleidiger, und dieser mußte dann seine Unbesonnenheit oft mit einer starken Geldbuße und einem jahrelangen Gefängnisse büßen. Daß es natürlich keinem Pharisäer oder sonstigen Pfaffen geraten war, nach Samaria den Fuß zu setzen, versteht sich von selbst. Mir und allen denen, die Mir folgten, kam diese Sache gut zu statten, denn in Samaria waren wir vor der bösen Verfolgung der Tempeljuden sicher.

5. Da kam Er in eine Stadt in Samaria, die heißet Sichar, nahe bei dem Dörfchen, das Jakob seinem Sohne Joseph gab.

[10] Der Weg führte durch Sichar, eine Stadt nahe dem uralten Dörfchen, das Jakob seinem Sohne Joseph gab als ein Wiegengeschenk, samt den Bewohnern dieses Dörfchens, die gemeinhin aus lauter Hirten bestanden, die er mit der Rahel als Mitgift bekam. Es war aber die Stadt Sichar gerade keine Hauptstadt dieses Landes; aber dennoch hielten sich darin sehr viele und sehr wohlbemittelte Samariter auf und so manche reichen Römer, da diese Stadt eine sehr schöne Lage hatte und die Gegend sehr gesund war.

6. Es war aber daselbst der Brunnen Jakobs. Da nun Jesus müde war von der Reise, so setzte Er Sich auf das steinerne Geländer des Brunnens; und es war gerade um die sechste Stunde.

[11] Wir sind in Judäa nach der jetzigen Zeitrechnung schon gegen 4 Uhr morgens aufgebrochen, gingen stark vorwärts ohne Rast und erreichten Punkt 12 Uhr mittags, was damals die sechste Stunde war, den alten Jakobsbrunnen, der gerade vor dem Dörfchen, kaum etliche vierzig Schritte von eben dem Dörfchen entfernt, gegen Sichar hin lag. Dieser Brunnen hatte eine sehr gute Quelle, war mit einem nach alter Art zierlich gemeißelten Steingeländer umfaßt und war nebst dem mit schattigen Bäumen umwachsen.

[12] Der Tag, weil im hohen Sommer, war heiß, und Ich Selbst war dem Leibe nach von der starken Reise schon sehr müde geworden, und alle, die Mir aus Judäa und früher schon aus Galiläa gefolgt waren, suchten teils im Dörfchen, teils unter den schattenreichen Bäumen Unterkunft und vor großer Müde eine höchst erwünschte Rast.

[13] Selbst die ersten Jünger, als Petrus, Mein Johannes d. Ev., Andreas und Thomas, Philippus und Nathanael fielen wie nahe halbtot aufs reiche Gras unter den Bäumen nieder; nur Ich allein, obschon auch sehr müde, setzte Mich auf das steinerne Geländer des Brunnens, denn Ich wußte es ja voraus, daß sich an dem Brunnen bald eine gute Gelegenheit darbieten werde, mit den zwar halsstarrigen, aber sonst mehr vorurteilsfreien Samaritern in einen sehr nützlichen Konflikt *(Gespräch)* zu geraten. Zugleich war Ich auch schon sehr durstig und harrte auf ein Gefäß zum Wasserschöpfen, das ein Jünger im Dörfchen holen ging, aber damit nicht zu einem erwünschten Vorschein kommen wollte.

26. Der Herr und das Weib am Jakobsbrunnen. Des Herrn Worte über das Wesen Seines lebendigen Wassers.

Ev. Joh. 4, 7–16.

7. Da kommt ein Weib aus Samaria (eigentlich aus der Stadt Sichar; sie war nur aus der Hauptstadt dieses Landes Samaria gebürtig), aus dem Brunnen Wasser zu schöpfen. Jesus spricht zu ihr: »Weib! Gib Mir zu trinken!«
8. Denn Seine Jünger waren in die Stadt gegangen, daß sie Speise kauften.

[1] Als Ich noch immer vergeblich auf ein Gefäß aus dem Dörfchen harre, da kommt wie gerufen eine Samariterin aus Sichar mit einem Kruge, sich für den heißen Tag aus dem Jakobsbrunnen, dessen Wasser sehr frisch war, einen köstlichen Labetrunk zu holen. Als sie, auf Mich anfangs gar nicht achtend, ihren Krug voll Wassers aus dem Brunnen an einer Schnur gezogen hatte, da erst rede **Ich** sie an und sage: »Weib! Mich dürstet es sehr, gib Mir zu trinken aus deinem Kruge!«

9. Spricht nun das samaritische Weib zu Jesus: »Wie verlangst du von mir Wasser zu trinken, so du doch augensichtlich ein Jude bist – und ich ein samaritisches Weib? Denn die (stolzen) Juden haben keine Gemeinschaft mit uns (armen) Samaritern!«

[2] **Das Weib** macht große Augen, da es an Mir einen Juden erschaut, und sagt nach einer Weile: »Du bist doch auch einer von denen, die mir zur Stadt hinein begegneten und fragten, wo man darinnen Speise zu kaufen bekäme? Das waren stolze Juden; du bist sicher auch ein Jude, wie dich deine Tracht verrät, und ich bin ein samaritisches Weib! Wie verlangst du von mir, daß ich dir Wasser zu trinken gebe?! Gelt, ihr stolzen Juden, in der Not wäre ein armes samaritisches Weib euch auch gut genug, aber sonst habt ihr keine Augen und Ohren mehr für uns! Ja, so ich es vermöchte, mit diesem Kruge Wassers ganz Judäa zu ersäufen, so gäbe ich dir mit großem Vergnügen aus diesem Kruge das verlangte Wasser zu trinken; sonst aber möchte ich dich lieber sterben sehen vor Durst, als dir darreichen auch nur einen Tropfen Wassers aus diesem Kruge!«

10. Jesus antwortete und sprach zu ihr: »Wenn du erkenntest die Gabe Gottes, und Wer Der ist, Der zu dir sagt: ›Gib Mir zu trinken!‹, – du würdest Ihn bitten, und Er gäbe dir lebendiges Wasser zu trinken!«

[3] Sage **Ich:** »Weil du blind bist in deiner Erkenntnis, darum redest du also; wärest du offensehender Erkenntnis und erkenntest die Gabe Gottes und Den, der zu dir spricht und gesagt hat: ›Weib, gib Mir zu trinken!‹, da würdest du niederfallen vor Ihm und Ihn bitten um ein rechtes Wasser, und Er gäbe dir zu trinken lebendiges Wasser! Ich sage es dir, wer Mir aber glaubt, das Ich zu ihm sage, aus dessen Leibe werden Ströme des gleichen lebendigen Wassers fließen, wie solches geschrieben steht im Jesajas 44, 3 und im Joel 3, 1.«

11. Spricht das Weib: »Herr! Hast du doch nichts, womit du schöpfest, und der Brunnen ist tief! Woher sonst nähmest Du ein lebendiges Wasser?«

[4] Spricht **das Weib:** »Du scheinst in der Schrift wohl bewandert zu sein! Aber, wie ich es erkenne aus deiner Bitte um einen Trunk Wassers aus meinem Kruge, und wie du ganz sicher kein Gefäß hast, mit dem du dir ein Wasser aus diesem Brunnen schöpfen könntest, und mit der Hand das Wasser nicht erreichen kannst, da der Brunnen tief ist und niemand mit der Hand bis zum Wasser langen kann, so möchte ich wohl deine Kunst wissen, mit der du von irgendwoher es dir verschaffen könntest!? (Oder willst du etwa gar verdeckt mir zu verstehen geben, daß es dich gelüste, eine Sache mit mir zu haben? Jung wohl bin ich noch genug und reizend auch, denn ich zähle noch nicht dreißig Jahre! Solch ein Begehren aber würde von der Seite eines Juden an eine allerverachtetste Samariterin doch ein zu großes Wunder sein, indem euch die Tiere lieber sind als wir samaritische Menschen! Wahrlich, zu dem würdest du mich wohl nie bereden!)«

12. »Bist du denn mehr als unser Vater Jakob, der uns diesen köstlichen Brunnen gegeben hat, aus dem er, seine Kinder und sein Vieh getrunken haben?«

[5] »Wer und was bist du denn, daß du also mit mir zu reden dir getraust? – Bist du etwa gar mehr als unser Vater Jakob, der uns diesen Brunnen gegeben hat, aus dem er, seine Kinder und sein Vieh getrunken haben?! Was machst du aus dir? – Sieh, ich bin ein armes Weib; denn wäre ich reich, so käme ich in dieser Hitze nicht selbst, mir einen Labetrunk zu holen. Möchtest du als Jude mich wohl noch elender machen, als ich es ohnehin schon bin?! Siehe an meine Kleider, die kaum hinreichen, meine Scham zu bedekken, und dir wird es doch klar sein, daß ich sehr arm bin! Wie magst du von mir verlangen, daß ich als ein armes, elendes Weib dich sogar noch bitten solle, um dir, einem stolzen Juden, in der Lust dienen zu dürfen?! Pfui, wenn dahin dein Sinn gerichtet wäre! Aber du siehst mir dennoch nicht danach aus; darum will ich das auch nicht im vollsten Ernste zu dir gesagt haben! Aber da du schon mit mir zu reden begannst, so erkläre dich deutlich, was du mit deinem lebendigen Wasser meinst!«

13. Jesus antwortete und sprach zu ihr: »Wer immer dieses Brunnens Wasser trinkt, den dürstet es mit der Zeit wieder.«

[6] Sage **Ich:** »Ich sagte dir es ja, daß du in deiner Erkenntnis blind bist, und so ist es denn auch wohl begreiflich, daß du Mich nicht verstehen kannst und magst. Sieh, Ich sagte dir auch: Wer Meinem Worte glaubt, aus dessen Lenden werden Ströme des lebendigen Wassers fließen! Siehe, Ich bin schon dreißig Jahre in dieser Welt und habe noch nie ein Weib berührt; wie sollte Ich nun auf einmal dich begehren wollen?! O du blinde Törin! Und so Ich mit dir eine Sache machen würde, so würdest du doch sicher wieder durstig werden und trinken müssen, um dir zu löschen den Durst; so Ich dir aber ein lebendiges Wasser anbot, so ist es ja klar, daß Ich dir damit den Durst des

Lebens für ewig stillen wollte! Denn sieh, Mein Wort, Meine Lehre ist solch ein Wasser!«

14. »Wer aber das Wasser trinken wird, das Ich ihm gebe, den wird es ewig nimmer dürsten; denn das Wasser, das Ich ihm geben werde, wird in ihm ein Wasserbrunnen werden, dessen Wasser ins ewige Leben hinüberquellen wird!«

[7] »Denn wer das natürliche Wasser dieses, wie auch eines andern Brunnens trinkt, den dürstet es in kurzer Zeit wieder. Wer aber das geistige Wasser (Meine Lehre) trinkt (gläubig in sein Herz aufnimmt), das nur Ich allein geben kann, den dürstet es ewig nimmer wieder; denn das Wasser, das Ich jemandem gebe, wird in ihm zu einem Wasserbrunnen, dessen Wasser ins ewige Leben hinüberquillt.

[8] Sieh, du hältst Mich für einen stolzen, hochmütigen Juden; und sieh, Ich bin von ganzer Seele sanftmütig und durch und durch voll der tiefsten Demut. Mein lebendig Wasser aber ist eben diese Demut selbst; wer demnach nicht also demütig wird, wie Ich Selbst es bin, wird am Reiche Gottes, das nun zur Erde herabgekommen ist, keinen Teil haben.

[9] Zugleich aber ist das dir angebotene Lebenswasser auch die einzig wahre Erkenntnis Gottes und des ewigen Lebens aus Gott, quillt also aus Gott, dem Leben alles Lebens, in den Menschen als das ewige Leben, wird da zu einem unversiegbar ewig bleibenden Leben, das da in das Leben Gottes zurückquillt und in Gott ein und dasselbe freitätigste Leben bewirkt. Siehe, ein solches Wasser biete Ich dir; wie magst du Mich gar so falsch verstehen?!«

15. Spricht das Weib zu Ihm: »Herr! So gib mir solch ein Wasser, auf daß mich nimmer dürste und ich nicht mehr nötig hätte, hierher Wasser schöpfen zu kommen (was mir beschwerlich ist)!«

[10] Spricht **das Weib:** »So gib mir denn ein solches Wasser, auf daß es mich nimmer dürsten solle und ich nicht mehr nötig hätte, hierher zu kommen den beschwerlichen Weg, um mir ein Wasser aus diesem Brunnen zu schöpfen! Denn sieh, ich wohne am andern Ende der Stadt und habe sonach einen recht weiten Weg bis hierher!«

16. Jesus spricht zu ihr: »Gehe hin und rufe deinen Mann und komme (mit ihm) her!«

[11] Sage **Ich:** »O Weib, du bist überaus dumm, mit dir ist nichts zu reden, da du von geistigen Dingen keine Ahnung hast! – Gehe aber hin in die Stadt und rufe deinen Mann und komme mit ihm wieder hierher; mit ihm will Ich reden, der wird Mich sicher besser verstehen als du! Oder ist dein Mann auch also beschaffen wie du, daß er sich auch stillen möchte mit dem geistigen Wasser der Demut seines Leibes natürlichen Durst?«

27. Fortsetzung der Szene am Jakobsbrunnen. Des Herrn Gespräch mit dem Weibe wegen ihres Mannes. Das Weib erkennt den Herrn als Propheten und bittet um Auskunft, wo man Gott wirksam anbete, damit man geheilt werde. Über die wahre Anbetung Gottes im Geiste und in der Wahrheit. Lebenswinke.

Ev. Joh. 4, 17–24.

17. Das Weib antwortete und sprach zu Ihm: »Ich habe keinen Mann.« Spricht Jesus zu ihr: »Du hast recht gesagt: Ich habe keinen Mann.«

[1] **Das Weib** erwidert darauf ganz schnippisch: »Ich habe keinen Mann!«, worauf **Ich** dann mit einer etwas lächelnden Miene zu ihr sage: »Kurz, gut und richtig, also völlig recht hast du nun geredet.«

18. »Fünf Männer hast du gehabt, und den du nun hast, der ist nicht dein Mann! Da hast du freilich recht ausgesagt (wie es mit dir steht)!«

[2] »Denn sieh, Meine Liebe, fünf Männer hast du bereits gehabt, und da deine Natur ihrer Natur nicht entsprach, so wurden sie bald krank und starben; denn über ein Jahr hielt es keiner aus mit dir. In deinem Leibe ist ein arges Gewürm, und wer mit dir zu tun bekommt, der wird von deinem Gewürm bald getötet. Der Mann aber, den du nun hast, ist nicht dein Mann, sondern nur dein Buhlknecht – zu seinem und deinem Verderben! Ja, ja, also hast du vor Mir nun freilich wohl recht geredet.«

19. Das Weib spricht zu Ihm: »Herr, ich sehe nun, daß du ein Prophet bist!«

[3] Hier erschrickt **das Weib** in ihrem Gemüte, will sich jedoch nicht verraten, sagt aber nach einer Weile dennoch: »Herr, ich sehe, daß du ein Prophet bist! Da du so viel weißt, so weißt du vielleicht auch, was mir hülfe!?«

20. »Unsere Väter haben auf diesem Berge (Garizim) Gott angebetet; und ihr sagt, zu Jerusalem sei die Stätte, da man Gott anbeten solle! (Was davon ist gültig vor Gott?)«

[4] »Wohl weiß ich's, daß in derlei nur Gott allein helfen kann; aber wie und wo soll man Ihn darum anbeten? Unsere Väter sagen, auf dem Berge Garizim, allwo schon die ersten Erzväter Gott angebetet haben, müsse man Gott anbeten. Ihr aber saget, zu Jerusalem sei die rechte Stätte, da man Gott anbeten solle! So aber du sichtlich ein Prophet Gottes bist, da sage mir, wo man eigentlich wirksam Gott anbeten soll! Denn sieh, ich bin noch jung, und die Menschen sagen, ich sei ein wunderschönes Weib; es wäre ja doch etwas Entsetzliches, so mich meine Würmer bei lebendigem Leibe auffressen sollten! O ich armes, elendes Weib!«

21. Jesus spricht zu ihr: »Weib, glaube es Mir, es kommt die Zeit (und ist schon da), daß ihr weder auf dem Berge noch zu Jerusalem Gott den Vater anbeten werdet!«

[5] Sage **Ich:** »Weib, Ich kenne wohl deine Armut, deine Not und deinen schlechten Leib; aber Ich kenne auch dein Herz, das gerade nicht das beste, aber auch nicht schlecht zu nennen ist, und sieh, das ist der Grund, daß Ich

nun mit dir rede. Wo aber das Herz nur einigermaßen gut ist, da ist auch noch jegliche Hilfe möglich! – Aber da bist du ganz irrig daran, so du zweifelst, wo man Gott würdig und wirksam anbeten solle!

[6] Sieh, Ich sage es dir, glaube es Mir: es kommt die Zeit, und sie ist schon da, daß ihr weder auf dem Berge noch zu Jerusalem den Vater anbeten werdet!«

[7] Hier erschrickt **das Weib** und sagt: »Weh mir, wehe dem ganzen Volke! Was wird dann aus uns werden?! Also müssen wir so wie die Juden gräßlich gesündigt haben?! Aber warum sandte uns denn Jehova diesmal keinen Propheten, der uns ermahnt hätte? Du bist nun freilich zu uns gekommen als ein wahrer Prophet; aber was nützt uns nun das, so du mir sagst: Gott werde man in der Zukunft weder auf dem Berge noch zu Jerusalem anbeten? Will das nicht soviel heißen – was ich aus deinem auf einmal sehr bedenklich ernst gewordenen Gesichte las – als: Gott werde Sein altes Volk ganz verlassen und Seine Wohnstätte bei einem andern Volke nehmen? Wo des Orts auf der Erde wird das doch sein? O sage es mir, auf daß ich dann hinziehe und dort als eine rechte Büßerin Gott den Vater anbete, daß Er helfe mir Elenden und nicht ganz verlasse mein Volk!«

[8] Sage darauf **Ich:** »Höre Mich recht und verstehe, was Ich dir sage! – Was zweifelst und bebst du denn? Meinst du denn, Gott ist auch so ungetreu in der Haltung Seiner Verheißungen wie die Menschen gegeneinander?!«

22. »Ihr wisset es nicht, was ihr anbetet; wir wissen es aber, was wir anbeten, denn das Heil kommt dennoch von den Juden!«

[9] »Ihr besteiget wohl den Berg und betet daselbst, aber ihr wisset es nicht, was ihr da betet, und wen ihr anbetet. Desgleichen ist es auch bei denen, die zu Jerusalem anbeten; sie laufen wohl in den Tempel und machen da ein gräßliches Geplärre, aber sie wissen es auch nicht, was sie tun und was sie anbeten!

[10] Aber dennoch, wie Gott durch den Mund der Propheten geredet hat, kommt das Heil nicht von euch, sondern von den Juden! Lies nur den dritten Vers im zweiten Kapitel des Propheten Jesajas, und du wirst es finden!«

[11] Sagt **das Weib:** »Jawohl, ich weiß es wohl, daß es dort steht also, daß das Gesetz von Zion ausgeht, dieweil es auch dort verwahrt ist in der Lade; aber wie sagst du dann: ›Weder auf dem Berge noch zu Jerusalem‹?!«

23. »Aber es kommt die Zeit und ist schon jetzt da (vor deinen Augen), in der die wahren Anbeter Gott den Vater im Geiste und in der Wahrheit anbeten werden; denn der Vater Selbst will es, daß die Menschen Ihn also anbeten sollen.«

[12] **Sage Ich:** »Du hast Mich noch immer nicht verstanden. Sieh, Gott der Vater von Ewigkeit ist ja weder ein Berg, noch ein Tempel, noch die Lade, und ebenalso weder auf dem Berge, noch im Tempel und ebensowenig in der Lade zu Hause! Darum sagte Ich dir: Es kommt die Zeit und sie ist nun schon da vor deinen Augen, in der die rechten Anbeter (wie du sie hier unter den Bäumen in großer Anzahl ruhen siehst und dir schon einige in der

Stadt begegneten, Speise zu kaufen) Gott den Vater im Geiste und in der Wahrheit anbeten werden; denn also will es von nun an der Vater Selbst, daß Ihn die Menschen also anbeten sollen!«

24. »Denn Gott ist ein Geist, und die Ihn anbeten, müssen Ihn im Geiste und in der Wahrheit anbeten!«

[13] »Denn siehe, Gott ist ein Geist, und die Ihn anbeten, müssen Ihn im Geiste und in der Wahrheit anbeten!

[14] Und sieh, dazu braucht es weder einen Berg noch irgend einen Tempel, sondern lediglich ein möglichst reines, liebevolles, demütiges Herz! Ist das Herz das, was es sein soll, nämlich ein Gefäß der Liebe zu Gott, ein Gefäß voll Sanftmut und Demut, dann ist volle Wahrheit in solch einem Herzen; wo aber Wahrheit ist, da ist Licht und Freiheit, denn das Licht der Wahrheit macht jegliches Herz frei. Ist aber das Herz frei, so ist auch frei der ganze Mensch.

[15] Wer demnach mit solch einem Herzen Gott liebt, der ist ein rechter Anbeter Gottes des Vaters, und der Vater wird sein Gebet stets erhören und wird nicht sehen auf den Ort, an dem nichts gelegen ist, ob Berg oder Jerusalem, da die Erde überall gleich Gottes ist, sondern allein auf das Herz jegliches Menschen! Ich meine, daß du Mich nun wohl verstanden hast.«

28. Das Weib am Jakobsbrunnen ist nun bereit, den Herrn trinken zu lassen. Vom geistigen Durst des Herrn nach der Menschen Herzen. Des Geistes Heilkraft im gläubigen Menschen. Gespräch über den Messias. Der Herr offenbart Sich dem Weibe als Messias.

Ev. Joh. 4, 25–26.

[1] Sagt **das Weib:** »Ja, Herr, nun hast du klarer geredet! Aber sage mir: Hast du nun keinen Durst mehr und magst nicht trinken aus dem Kruge einer Sünderin?« Sage **Ich:** »Liebes Weib, laß das nur gut sein, denn sieh, du bist mir lieber als dein Krug und dein Wasser! Als Ich ehedem von dir zu trinken begehrte, meinte Ich nicht deinen Krug, sondern dein Herz, darin ein viel köstlicheres Wasser ist als in diesem Brunnen und in deinem Kruge. Mit dem Wasser deines Herzens kannst du auch heilen deinen ganzen Leib; denn was an dir Mir wohltut, das wird dich heilen, so du glauben kannst!«

[2] Sagt **das Weib:** »O Herr, wie soll ich das anstellen, wie meines Herzens Wasser bringen in meine Scham? Herr, vergib es mir, daß ich so frei rede mit dir; aber ich bin ein elendes Weib, und siehe, das Elend kennt die Scham nicht als Scham, sondern allenthalben sich selbst nur und löst die Zunge nach der Größe der Not. Wäre ich nicht so elend als ich bin, fürwahr, mein Herz würde ich dir bieten! Aber – o Gott, Du heiliger Vater, Der mir helfen möge! – so bin ich elend krank und darf zu meinen vielen Sünden keine neuen mehr hinzufügen; denn einem Reinen, wie du einer sein mußt, ein so unreines Herz zu bieten, wäre doch sicher der Sünden größte!«

[3] Sage **Ich:** »Mein liebes Weib, nicht daß du mir dein Herz bötest, sondern Ich Selbst habe es genommen, als Ich dich bat ums Wasser! Darum magst du dein Herz Mir immerhin bieten, denn Ich nehme auch die Herzen der Samariter an! Wenn du Mich liebst, so tust du wohl daran; denn Ich habe dich schon lange eher geliebt, als du noch Meiner gedenken mochtest!«

[4] Hier errötet das schöne **Weib** und sagt etwas verlegen: »Seit wann kennst du mich denn? Warst denn du schon je in dieser Stadt oder in Samaria? Wahrlich, ich habe dich nie irgendwo mit einem Auge gesehen! O ich bitte dich, wo und wann hast du mich gesehen? Sage es mir doch!«

[5] Sage **Ich:** »Weder hier noch in Samaria oder an irgend einem andern Orte, und dennoch kenne Ich dich schon seit deiner Geburt, auch sogar noch von viel früher her, und habe dich allzeit geliebt wie Mein Leben! Wie gefällt dir das, bist du zufrieden mit Meiner Liebe? Sieh, als du in deinem zwölften Jahre zu Samaria in eine Zisterne fielst, da war Ich es, Der dich herauszog; aber du konntest nicht sehen die Hand, die dich aus der Zisterne hob! Erinnerst du dich noch dessen?«

[6] Hier wird das Weib ganz verwirrt und weiß nicht, was sie darauf sagen soll; denn ihr Herz hat nun schon viel Feuers in sich, und ihre Liebe wuchs sichtlich.

[7] Nach einer Weile ihrer Herzensarbeit fragte Ich sie, ob sie vom Messias, Der da kommen solle, nicht etwas wisse.

25. Spricht das Weib: »Ich weiß, daß der Messias kommt, Der da Christus heißen soll! So Er kommen wird, da wird Er uns (doch auch) das alles verkündigen (was du nun zu mir geredet hast)?«

[8] Spricht **das Weib** darauf mit noch sehr geröteten Wangen und hoch wallender Brust: »Herr, du weisester Prophet Gottes, ich weiß es wohl, daß der verheißene Messias kommen soll und Christus Sein Name sein wird! Wenn Er aber kommen wird, da wird Er doch nur das uns verkündigen können, was du zu mir nun geredet hast?! Aber wer wird es uns sagen, wann und von woher der Messias kommen wird? Vielleicht weißt du, der du gar so grundweise bist, mir auch über des Messias Ankunft etwas Näheres kundzumachen? Denn sieh, wir warten schon lange, und es ist vom Messias nirgendwo eine Rede zu vernehmen! Du würdest mir daher einen überaus großen Wohlgefallen erweisen, so du mir kundtun möchtest, wann und wo der Messias bestimmt kommen wird, zu erlösen Sein Volk von allen seinen vielen Feinden! O sage es mir, so du es weißt! Vielleicht würde der Messias Sich auch meiner erbarmen und mir helfen, so ich Ihn darum anflehen würde?!«

26. Spricht Jesus zu ihr: »Ich bin es, Der nun mit dir redet.«

[9] Sage **Ich** zum Weibe ganz kurz, aber sehr liebeernst: »Ich bin es, Der nun mit dir redet!«

29. Die Unterredung des Herrn mit der Samariterin am Jakobsbrunnen wird gestört durch die Rückkunft einiger Jünger. Über die tätige Liebe als wahre Gottesehrung. Heilung des Weibes. Der Geheilten Freude und eifriges Werben für den gefundenen Messias. Der Sichariten Abordnung an den Messias.

Ev. Joh. 4, 27–30.

27. Und überdem kamen Seine Jünger (aus der Stadt mit den eingekauften Speisen), und es nahm sie wunder, daß Er mit dem Weibe redete. Doch sprach niemand: »Was fragst Du (sie), oder was redest Du mit ihr?«

[1] Bei dieser Erklärung erschrak das Weib sehr, und zwar darum um so mehr, da gerade in diesem Moment die speisebringenden Jünger aus der Stadt zurückkamen und ganz verwundert große Augen machten, als sie Mich mit diesem Weibe redend trafen, sich aber dennoch nicht getrauten, weder Mich noch das Weib zu fragen, was wir gemacht oder miteinander geredet hätten. Die anderen Mitreisenden aber schliefen samt Meiner Mutter, die hier auch noch zugegen war, derart fest, daß sie kaum zu erwecken waren; denn der weite Marsch hatte sie alle sehr müde gemacht. Es kam endlich auch der eine **Jünger** aus dem Dörflein zurück, der ein Gefäß zum Wasserschöpfen suchen gegangen war, aber keines gefunden hatte. Er entschuldigte sich und sagte: »Herr, das Dörfchen zählt doch bei etliche zwanzig Häuser, und sieh, es ist Dir aber auch nicht e i n Mensch daheim, und alle Türen sind fest verschlossen!«

[2] Worauf **Ich** ihm erwidere: »Mache dir nichts daraus! Denn sieh, das wird uns naturmäßig, und ganz besonders geistig, noch sehr oft und vielfach begegnen, daß wir vom Durste unserer Liebe getrieben an die Türen (Herzen) der Menschen pochen werden, zu suchen ein Gefäß zum Schöpfen des lebendigen Wassers; aber wir werden die Herzen verschlossen und leer finden! Verstehst du dies Bild?«

[3] Spricht **der Jünger** ganz gerührt und betroffen: »Herr, Du lieber Meister, leider habe ich Dich wohl verstanden! Aber wenn so, da werden wir keine großen Geschäfte machen!«

[4] Sage **Ich:** »Und doch, Mein Bruder! Sieh dies Weib an! – Ich sage dir: einen Verlorenen zu finden, ist mehr wert denn neunundneunzig Gerechte, die nach ihrem Gewissen der Buße nicht bedürfen, weil sie an jedem Sabbat auf Garizim Gott zu dienen wähnen, hier aber sogar am Vorsabbat alle Schöpfgefäße wegnehmen, auf daß sich am Sabbat ja niemand einen Trunk Wassers aus dem Brunnen schöpfe und lösche seinen Durst, wodurch nach der Meinung der Gerechten der Sabbat entheiligt würde. O der großen, blindesten Torheit solcher Gerechten! Hier aber steht eine Sünderin mit einem guten Kruge und dienet uns! Saget, was ist besser: diese oder die neunundneunzig Sabbatheiliger auf Garizim?!«

[5] **Das Weib** aber sagt ganz zerknirscht: »Herr! Du Sohn des Ewigen! Hier ist mein Krug, bedienet euch desselben; zu eurem Dienste lasse ich ihn hier stehen! Mich aber lasset schnell in die Stadt eilen, denn in einem eurer zu unwürdigen Kleide stehe ich vor euch!« – Sage **Ich:** »Weib, sei gesund und tue, wie es dir gut dünkt!«

28. Da ließ das Weib ihren Krug stehen und eilte in die Stadt und spricht zu den Leuten:

[6] Weinend vor Freude verläßt das Weib den Krug und Brunnen und eilt in die Stadt, sieht sich aber während des Gehens vielmals Mich grüßend um, denn sie liebt Mich mächtig. Das Weib kommt nahe außer Atem in die Stadt, und es begegnen ihr mehrere Männer in einer Schar, wie sie sabbats gewöhnlich in einer schattigen Gasse auf und ab zu lustwandeln pflegten. **Die Männer,** die das Weib wohl kannten, fragten sie scherzweise: »Nun, nun, wohin denn doch gar so eilig? Wo brennt es denn?« **Das Weib** sieht sie liebernst an und sagt: »O scherzet nicht, ihr lieben Herren, denn unsere Zeit ist ernster geworden als ihr es ahnen möget!«

29. »Kommet und sehet einen Menschen, Der mir (draußen am Brunnen Jakobs sitzend) alles gesagt hat, was ich je getan habe, ob Er nicht Christus (der verheißene Messias) sei?!«

[7] Hier unterbrechen sie **die Männer** und fragen sie voll banger Neugierde: »Nun, nun, was ist es denn, ziehen Feinde in unser Land, oder naht sich ein Heuschreckenschwarm unserer Gegend?«

[8] **Das Weib** spricht ganz erschöpft: »Nichts von all dem! Die Sache ist viel größer und viel außerordentlicher! Höret mich ruhig an!

[9] Schon vor einer Stunde ging ich hinaus zum Jakobsbrunnen, mir ein Mittagswasser zu holen, und seht, da fand ich einen Menschen, den ich anfangs fest für einen Juden hielt, am Geländer des Brunnens sitzen! Als ich mir, seiner kaum achtend, mein Wasser aus dem Brunnen geschöpft hatte, redete mich der Mensch an und verlangte, daß ich ihn aus meinem Krug solle trinken lassen. Ich verweigerte ihm solches, da ich vermeinte, daß er ein Jude sei.

[10] Er aber redete wieder, wie ein Elias weise, und tat mir alles kund, was ich je getan hatte. Am Ende leitete er selbst das Gespräch auf den Messias, und als ich ihn weiter fragte, wo, wie und wann der Messias kommen werde, da sah er mich liebeernst an und sagte mit einer Stimme, die mir durch Mark und Bein ging: ›Ich bin es, Der Ich nun mit dir rede!‹

[11] Ich aber hatte Ihn schon früher gebeten, da Er mir sagte, wie krank ich sei, ob ich nicht wieder gesund werden könnte. Und nun zuletzt sagte Er zu mir ›Werde gesund!‹, und sehet, mein Übel fuhr aus mir wie ein Wind, und ich bin nun vollauf gesund!

[12] Gehet denn hinaus und sehet selbst, ob das nicht wahrhaft Christus, der verheißene Messias, sei. Ich halte Ihn fest dafür, denn größere Zeichen, als dieser Mensch tut, wird Christus, so Dieser es nicht wäre, nimmer zu tun vermögen! Gehet also hinaus und überzeuget euch selbst! Ich aber eile nun nach Hause, um bessere Kleider anzulegen, denn also könnte ich vor Seiner Herrlichkeit nimmer bestehen! Mehr ist Er sicher als ein Prophet oder ein König des Volkes, so Er nicht Christus sein sollte!«

[13] Sagen **die Männer:** »Ja, wenn das, da wäre freilich diese Zeit vom höchsten Ernste und von der höchsten Bedeutung! Da müssen wir aber

schon in größerer Anzahl hinausgehen und müssen auch darunter sein etliche, die der Schrift wohl kundig sind; es ist nur schade, daß heute unsere Rabbiner sich alle auf dem Berge befinden! Aber vielleicht läßt Er Sich bereden, einige Tage in unserer Mitte zu verweilen, und da könnten Ihn schon auch diese prüfen.«

30. Da gingen sie aus der Stadt und kamen zu Ihm.

[14] Sie laden darauf noch mehrere, mit ihnen hinauszuziehen zum Jakobsbrunnen, und es geht nun ein Zug von nahe hundert Menschen beiderlei Geschlechts hinaus, um zu sehen den Messias.

30. Des Herrn Rede über Seine lebendige Speise. Von der großen Erntemission. »Bittet um mehr Mitarbeiter!« Von der Sabbattorheit und der Gott wohlgefälligen Sabbatfeier.

Ev. Joh. 4, 31–38.

31. Indes aber ermahnten Ihn die Jünger und sprachen: »Meister, iß nun!«

[1] Während sich aber die starke Schar aus der Stadt gegen den Brunnen hin bewegte, ermahnten Mich Meine Jünger, daß Ich nun zuvor essen solle! Denn sie wußten es schon, daß Ich, sobald irgend Menschen zu Mir kamen, keine Speise nahm; sie aber hatten Mich lieb und fürchteten, daß Ich schwach und krank werden könnte. Denn ob sie schon wußten, daß Ich Christus bin, so hielten sie aber Meinen Leib dennoch für schwach und gebrechlich und ermahnten Mich deshalb, daß Ich essen solle!

32. Er aber spricht zu ihnen: »Ich habe eine Speise zu essen, von der ihr nichts wisset.«

[2] **Ich** aber sehe sie liebernst an und sage: »Meine lieben Freunde, Ich habe nun eine Speise zu essen, von der ihr nichts wisset!«

33. Da sprachen die Jünger untereinander (sich befragend): »Hat Ihm denn jemand schon etwas zu essen gebracht?«

[3] Da sahen **die Jünger** einander an, befragten sich untereinander und sagten: »Hat Ihm denn schon jemand von irgendwoher etwas zu essen gebracht? Was wohl muß Er für Speise haben? Hat Er sie denn schon verzehrt? Es ist nirgends etwas zu sehen – außer der Krug noch ganz voll mit Wasser. Am Ende hat Er das Wasser in Wein verwandelt?«

34. Spricht Jesus zu ihnen: »(O ratet nicht so unsinnig!) Meine Speise ist, daß Ich den Willen Dessen tue, Der Mich gesandt hat, und vollende Sein Werk!«

[4] Sage **Ich** zu ihnen: »O ratet doch nicht gar so unsinnig, was Ich gegessen oder nicht gegessen habe! Ihr habt es ja schon zu öfteren Malen doch gesehen, daß Ich Mich an eurer Seite nie extra habe bedienen lassen. Ich rede zu euch aber nun von keiner Leibesspeise, sondern von einer viel höheren und

würdigeren Speise des Geistes rede Ich zu euch, und diese besteht darin, daß Ich den Willen Dessen tue, Der Mich gesandt hat, und Sein großes Werk vollende! Der aber, so Mich gesandt hat, ist der Vater, von Dem ihr saget, daß Er euer Gott sei, ihr Ihn aber dennoch nie erkannt habt. Ich aber kenne Ihn und tue darum Sein Wort, und das ist Meine rechte Speise, die ihr nicht kennet. Ich sage es euch: Nicht nur das Brot, sondern jede gute Tat oder Arbeit ist auch eine Speise, wennschon nicht für den Leib, so aber desto mehr für den Geist!«

35. »Saget ihr nicht selbst: ›Es sind noch vier Monate, dann kommt die Ernte‹? Siehe, Ich aber sage euch: Hebet eure Augen auf und sehet in das Feld; jetzt schon ist es weiß zur Ernte!«

[5] »Viele aus euch haben Äcker daheim, und ihr selbst saget es: ›Noch vier Monate, und die Zeit der Vollernte ist da, und wir werden müssen nach Hause ziehen und Ernte halten!‹ Ich aber sage euch: Hebet eure Augen besser auf! Jetzt schon sind alle Felder weiß zur Ernte. Aber nicht diese Naturfelder meine Ich, sondern das große Feld, das da ist die ganze Welt, auf der die Menschen als reif gewordener Weizen stehen, die in die Scheuern Gottes sollen eingeerntet werden!«

36. »Und wer da schneidet, der empfängt den Lohn und sammelt die Frucht zum ewigen Leben, auf daß dann eine gemeinschaftliche Freude werde dem, der da säet, und dem, der da schneidet!«

[6] »Und sehet, diese Ernte ist eine rechte Arbeit und diese Arbeit eine rechte Speise, die Ich, wie auch ihr, werde vollauf zu essen bekommen. Wer auf diesem Felde ein rechter Schnitter ist, der sammelt die wahre Frucht zum ewigen Leben, auf daß am Ende der Ernte eine gemeinschaftliche Freude werde Dem, Der da gesät hat, und gleich auch dem, der da geschnitten hat!«

37. »Denn hier ist der Spruch wahr: Dieser säet, und ein anderer schneidet.«

[7] »Denn es wird nach der Ernte essen der Sämann wie der Schnitter von einer und derselben Frucht und ein und dasselbe Brot des Lebens; und es wird dann der alte Spruch zur vollen Wahrheit: Der eine säet und ein anderer erntet; aber beide werden leben von ihrer Arbeit gleich und essen eine und dieselbe Speise!

[8] Sehet euch an die große Menge derer, die aus der Stadt zu uns gekommen sind, um zu sehen an Mir den Verheißenen, und wie ihr sehet, daß noch immer mehrere nachkommen! Sehet, das sind lauter schon vollreife Weizenähren, die da schon lange geschnitten hätten werden sollen! Ich sage es euch mit viel Freude: Die Ernte ist groß, aber der Schnitter gibt es noch viel zu wenig; bittet darob den Herrn der Ernte, daß Er mehr Schnitter in Seine Ernte sende!«

38. »Ich habe euch gesandt, zu schneiden, das ihr nicht gesäet habt; andere haben gesäet, und ihr seid nun in ihre Arbeit gekommen.«

[9] »Ich habe euch aufgenommen, und mit der Aufnahme habe Ich euch auch schon ausgesandt im Geiste, zu schneiden, das ihr nicht gesäet habt; denn andere haben gesäet, und ihr seid nun in ihre Arbeit gekommen, und darob möget ihr euch wohl über die Maßen glücklich preisen! – Denn der da säet, der ist noch fern von der Ernte; wer aber da schneidet, der erntet zugleich und hat schon vor ihm das neue Brot des Lebens! Darum seid nun eifrige Schnitter; denn eure Mühe ist seliger denn die des Sämanns!«

[10] Die meisten Jünger verstanden diese Lehre wohl und fingen sogleich an, Mein Wort von der Liebe zu Gott und von der Liebe zum Nächsten den Samaritern zu verkünden, und daß Ich wahrhaft Christus sei.

[11] Aber einige wenige noch so ziemlich **Blöde** im Verständnisse des Herzens traten zu Mir hin und fragten Mich so ganz geheim im Vertrauen: »Herr, woher werden wir Sicheln nehmen, und dazu ist heute Sabbat?!«

[12] Worauf **Ich** ihnen erwiderte: »Sagte Ich denn, daß ihr diese vor uns liegenden natürlichen Gerstenfelder schneiden sollet? O ihr Blöden, wie lange werde Ich euch denn noch also ertragen müssen?! – Verstehet ihr denn noch nichts?! – So höret denn und fasset es:

[13] Mein Wort vom Reiche Gottes, zuerst in euren eigenen Herzen, und von da heraus über eure Zungen zu den Ohren und in die Herzen eurer Mitmenschen und Brüder gehend, ist die geistige Schnittersichel, die Ich euch gebe, einzuernten die Menschen, eure Brüder, in das Reich Gottes, in das Reich der wahren Erkenntnis Gottes und des ewigen Lebens in Gott.

[14] Es ist heute freilich wohl Sabbat; aber der Sabbat ist dumm und unsinnig wie euer Herz, und ihr schauet darob auf den Sabbat, weil es in euren Herzen noch sehr stark sabbatmäßig aussieht. Ich aber sage es euch, da Ich ein Herr auch über den Sabbat bin:

[15] Verbannet den Sabbat ehestens aus euren Herzen, so ihr Meine wahrhaftigen Jünger sein und bleiben wollt! Wir sind an jeglichem Tage gleich da zur Arbeit; wo der Herr des Sabbats arbeitet, da sollen Seine Knechte die Hände nicht in die Taschen stecken!

[16] Muß nicht die Sonne am Sabbat so gut auf- und untergehen wie an einem Werktage? So aber der Herr der Sonne wie des Sabbats am Sabbate feierte, wäret ihr wohl zufrieden mit einem stockfinsteren Sabbat? Sehet, sehet, wie blöde ihr noch seid! Darum tuet euch auf und tuet, was Ich nun tue und was eure Brüder tun, so werdet ihr eine Mir wohlgefällige, wahrhaftig lebendige Sabbatfeier begehen!«

[17] Nach diesen Worten begaben sich auch die schwächeren Jünger zu den Samaritern, die da nun schon in einer großen Anzahl aus der Stadt zu Mir gekommen waren, und lehrten sie, was sie von Mir wußten.

31. Der Herr wird von den Samaritern erkannt und gläubig aufgenommen. Szene zwischen den Bürgern von Sichar und dem Weibe vom Jakobsbrunnen. Des Weibes Rede über das wahre Ehrenzeichen: Die Liebe zum Herrn.
Ev. Joh. 4, 39–42.

39. Es glaubten aber an Ihn viele der Samariter aus selbiger Stadt, (anfangs) um des Weibes willen, das da zeugte: »Er hat mir alles gesagt, was ich getan habe.«

[1] Und so ging es bis an den Abend, und sehr viele von denen, die aus der Stadt zu Mir gekommen waren, glaubten nun an Mich, anfangs um des Zeugnisses des Weibes willen, das da dem Stadtvolke mit glühenden Worten zu erzählen wußte, wie Ich ihr alles gesagt habe, was sie je getan hatte; dann aber glaubten viele aus dem, was die Jünger von Mir ausgesagt haben. Am festesten aber glaubten jene Samariter, die so nahe bei Mir waren, daß sie Meine eigenen Worte vernehmen konnten.

[2] Denn es waren **einige** darunter, die in der Schrift wohl bewandert waren; diese sagten: »Dieser redet wie David, der da sagt: ›Die Befehle des Herrn sind richtig und erfreuen das Herz; die Gebote des Herrn sind pur und erleuchten die Augen! Die Furcht des Herrn ist rein und bleibet ewiglich, und die Rechte des Herrn sind wahrhaft und allesamt gerecht. Sie sind köstlicher denn Gold und viel feines Gold; sie sind süßer denn Honig und Honigseim. Deinen Willen, Herr, tue ich gerne, und Dein Gesetz habe ich in meinem Herzen; ich will predigen Deine Gerechtigkeit in der großen Gemeinde. Siehe, ich will mir meinen Mund nicht stopfen lassen, Herr, das weißt Du. Deine Gerechtigkeit verberge ich nicht in meinem Herzen; von Deiner Wahrheit und von Deinem Heile rede ich. Ich verhehle Deine Güte und Deine Treue nicht vor der großen Gemeinde.‹ – Wir aber wissen, und das ist unser Zeugnis voll Wahrheit und Kraft, daß Der, Der also spricht und handelt, wie David vor Ihm und zwar in Seinem Namen geredet und gehandelt hat, wahrhaft der verheißene Messias ist. Bis auf Diesen aber hat nach David keiner mehr geredet und gehandelt wie David; sonach ist Dieser unfehlbar Christus, der von Ewigkeit Gesalbte Gottes! Diesen wollen wir darum vollends annehmen!«

40. Als nun die Samariter (vollends) zu Ihm hinkamen, baten sie Ihn, daß Er bei ihnen bleibe! Und Er blieb darauf zwei volle Tage allda.

[3] Nachdem diese **Samariter** also untereinander sich ein Zeugnis gaben über Mich, traten sie ganz zu Mir hin in aller Ehrfurcht und baten Mich, daß Ich bei ihnen bleiben möchte. Denn sie sagten: »Herr, Der Du wahrhaftig Christus bist, wie wir Dich nun wohl erkannt haben, bleibe bei uns; denn in Jerusalem wirst Du wenig Aufnahme, wohl aber dafür desto mehr Unglauben und Verfolgung aller Art finden! Denn etwas Schlechteres denn einen Pharisäer trägt die weite Erde nicht, weder zu Lande noch zu Wasser. Hier aber sollst Du gehalten werden, wie es Dir als Dem gebührt, Den uns Moses, David und die Propheten verheißen haben!«

[4] **Ich** aber sagte zu ihnen: »Liebe Männer aus Sichar! Mir macht es eine

rechte Freude, daß Ich auf eurem Acker eine so gute Ernte gemacht habe; aber es wäre nicht fein von Mir, so Ich da, wo Ich die Kranken geheilt habe und sie nun gesund sind, verbliebe und achtete nimmer der vielen anderwärtigen Kranken! Ich werde aber dennoch zwei Tage bei euch verbleiben, und am dritten Tage erst weiter nach Galiläa hinabziehen.«

41. Und viel mehrere noch glaubten an Ihn Seines Wortes wegen.

[5] Es traten aber darauf noch viele hinzu, die ehedem noch nicht gar fest glaubten, und bekannten ihren nun unerschütterlich festen Glauben. Es war aber auch **das Weib** da in gutem Anzuge und sagte zu denen, die nun glaubten: »Liebe Freunde, ihr werdet mich doch nun in eure Ehre aufnehmen? Denn ich habe euch zuerst den Weg hierher gezeigt, als ihr mich scherzweise fragtet, wo es brenne!«

42. Und sprachen zum Weibe: »Wir glauben fortan nicht mehr deiner Rede willen; wir haben Ihn selbst gehört und erkannt, daß Dieser ist wahrlich Christus, der Welt Heiland!«

[6] Da sprachen **die Samariter:** »So dich der Herr angenommen hat zuvor denn uns, da bist du auch bei uns aufgenommen in Ehren, wie es in Sichar der Brauch ist. Aber wir glauben von nun und fort an nicht mehr deiner Worte wegen; denn wir haben Ihn nun selbst gehört und erkannt, daß Dieser wahrlich ist Christus, der Welt Heiland! Und du wirst uns nun nimmer gläubiger machen als wir nun sind! Aber von nun an sollst du auch bei uns eine rechte Ehre haben, so du hinfort nicht mehr sündigen wirst!«

[7] Sagt **das Weib:** »Ich aber habe von jeher nicht alsoviel gesündigt, als ihr es leider noch immer meinet. Vor dem, als ich eines Mannes ordentliches Weib wurde, ist mein Leib nie von dem eines Mannes berührt worden; als ich aber nachher eines Mannes Weib ward, da lebte ich ganz ordnungsgemäß, wie es sich für ein Weib gebührt. Daß ich nicht fruchtbar werden konnte, und daß jeder meiner fünf rechten Männer, so er mit mir seine Sache verrichtet hatte, bald darauf sterben mußte, dafür konnte ja doch ich nicht, wohl aber höchstens die, von denen ich ein solches Fleisch erhielt, das da nicht geheuer war einem Manne. Nachdem mir fünf Männer starben und mir ein kaum erträgliches Herzleiden verursachten, da beschloß ich, mich nimmer mit einem Manne zu verbinden; aber nach einem Jahre, wie ihr es wißt, kam ein Arzt nach Sichar mit Kräutern, Ölen und Salben und machte viele Leute gesund; da ging auch ich hin zu ihm, getrieben von meiner sehr fühlbaren Not, ob er mir hülfe.

[8] Er aber besah mich und sprach: ›Weib, eine Welt gäbe ich darum, so ich dir helfen könnte; denn wohl nie noch sah mein Auge ein schöneres Weib denn du bist! Kann ich dir aber schon nicht helfen vollends, so kann ich dein Übel aber dennoch lindern!‹ Er aber zog sich dann in meine ärmliche Behausung, gab mir darauf alle Tage lindernde Mittel und sorgte für mich; aber er hat meinen kranken Leib noch nie in einer schlechten Absicht, wie ihr es fälschlich zu meinen scheinet, berührt!

[9] Und so bin ich wohl vor Gott, wie sicher auch ihr, allezeit eine Sünde-

rin; aber vor euren Augen glaube ich eben keine so große und grobe Sünderin zu sein, als für wie groß ihr mich zu halten beliebet. Der aber hier sitzt am Brunnen Jakobs, Der mir zuvor alles gesagt hat, was ich getan habe, Den fraget, und Er wird es euch Selbst sagen, inwieweit ich den Namen einer öffentlichen Sünderin verdiene oder nicht.«

[10] Hier schauen sich **die Samariter** groß an und sagen zum Weibe: »Nun, nun, sei nur wieder gut, wir haben es geradewegs ja so arg nicht gemeint; dafür sollst du nun eine Ehrenbürgerin in Sichar werden. Sage, bist du nun zufrieden mit uns?«

[11] Spricht **das Weib:** »O sorget euch nicht um die Ehre eines armen Weibes! Ich habe mir bereits den größten Teil der Ehre genommen!«

[12] Sagen **die Samariter:** »Wie wohl hast du das angefangen? Wir wissen nichts von einem Ehrenzeichen, das dir die Stadt erteilt hätte! Woher nahmst du dann solches?«

[13] Sagt **das Weib,** mit Tränen wahrer Liebe und des rechten Dankes auf Mich hinweisend: »Hier ruht Er noch! Er allein ist nun meine höchste Ehre, eine Ehre, die weder ihr noch die ganze Welt mir also geben und ebensowenig nehmen könnet! Denn Er Selbst hat sie mir gegeben, und von Ihm habe ich sie genommen! Ich weiß es wohl, daß ich nicht im geringsten wie in all meinem Sein irgend wert bin, von Ihm, dem Herrn der Herrlichkeit, eine Ehre zu nehmen; aber Er gab sie mir vor euch, und ich habe sie genommen vor euch und gab euch Kunde von Ihm, da ihr nichts wußtet von Ihm ehedem. Sehet, das habe ich vor euch allen, das ihr mir nicht gegeben habt, und, da ich es einmal habe, mir es nicht nehmen könnet, und das ist ein Ehrenzeichen rechter Art und Weise und hat seine Geltung in Ewigkeit; euer Ehrenzeichen aber gilt nur zeitlich und das für Sichar allein, und dessen kann ich entraten, so man das ewige hat. Ich hoffe, daß ihr nun einsehen möchtet, wie und woher ich meinen größten Teil der rechten Ehre genommen habe.«

[14] Sagen **die Samariter:** »Ist denn das irgend ein Vorzug, daß du zufällig zuerst herauskamst und trafst hier Christum? Wir haben Ihn nun auch gefunden und loben und preisen Ihn nun in unseren Herzen gleich dir, und Er verhieß uns auch wie dir, zwei Tage zu verweilen in unserer Stadt. Wenn aber also, wie sprichst du denn von einer Vorehre, die dir zuteil ward vor uns?«

[15] Sagt **das Weib:** »Ihr lieben Männer von Sichar, so ich mit euch rechten wollte, da würden wir nie zu einem Ende kommen. Ich habe es euch aber nun gesagt, wie es ist der vollen Wahrheit gemäß; zum zweiten Male aber sage ich's euch nicht mehr! Mehrere aus euch aber haben das römische Gesetz studiert und sind nun Richter nach diesem Gesetze und sagen, das sei ein weises Gesetz! Nun steht aber in diesem Gesetze, das auch ich gelesen habe, da ich römisch verstehe: Primo occupanti jus! Ich aber war hier die Erste, und ihr könnt mir daher mein gutes Recht nicht nehmen.«

[16] Hier schwiegen die Samariter und wußten nichts dem Weibe zu entgegnen; denn sie hatte nun ihre schwache Seite getroffen, und sie konnten ihr darauf nichts erwidern. Denn sie waren wegen der Juden große Freunde

der Römer und schätzten hoch die Weisheit und Ordnung des römischen Gesetzes; darum schwiegen sie nun, da das Weib sie aufs Gesetz der Römer verwies.

[17] Daß aber das Weib in der römischen Sprache wohl bewandert war, ist nicht zu verwundern; denn die Samariter redeten nahe durchgängig römisch und teilweise auch griechisch, um auch durch die Sprache jede Gemeinschaft mit den Juden zu vermeiden.

32. Liebliche Szene zwischen dem Herrn und dem Weibe, in dessen Haus Er Herberge nehmen will. Des Herrn Rede an die Samariter. Der Herr sieht das Herz an, und der Mensch sieht, was äußerlich ist. Die Ehre des Weibes vom Jakobsbrunnen.

[1] Es war aber nun Abend geworden, und alle, die aus Judäa mit Mir kamen und den ganzen Nachmittag hindurch geschlafen hatten, da sie sehr müde waren, wurden einer nach dem andern wach und erstaunten, wie da so geschwinde der Abend gekommen sei! Und sie fragten Mich, was nun geschehen solle, ob sie eine Herberge suchen sollten, oder ob Ich nun in der kühleren Zeit der Nacht weiterzöge.

[2] **Ich** aber sagte: »So die Menschen schlafen, da wachet dennoch der Herr, und der Herr sorget für alles, und die mit Ihm sind, haben nicht zu sorgen, außer daß sie bei Ihm verbleiben. Darum machet euch nun auf, auf daß wir ziehen in diese Stadt der Samariter! Dort wird sich für uns alle eine gute Herberge finden. Dies Weib hier, das Mir heute mittag das Wasser verweigerte, hat ein geräumiges Haus, und Ich meine, sie wird uns die Herberge auf zwei Tage nicht verweigern.«

[3] Da fällt **das Weib** schluchzend vor Mir nieder aus Liebe und Freude und spricht: »O Herr, Du mein Heiland, wie komme ich arme Sünderin zu dieser Gnade?«

[4] Sage **Ich:** »Du nahmst Mich auf in dein Herz, das viel köstlicher ist denn dein Haus; also wirst du Mich wohl auch aufnehmen in dein Haus, das Jakob gleichwie diesen Brunnen seinem Sohne Joseph erbaute. Aber wir sind unser viele. Du wirst sonach für zwei Tage viel zu tun und zu sorgen bekommen; aber es soll dir darob ein tüchtiger Gewinn werden!«

[5] Spricht **das Weib:** »Herr, und so ihr euer noch zehnmal so viel wäret, so sollet ihr bei mir, insoweit meine Mittel reichen, alle bestens beherberget werden! Denn mein freilich hier und da schon sehr baufälliges Haus hat viele und reine Gemächer und ist nach meiner Möglichkeit auch so ziemlich wohl eingerichtet und ist nur von mir, meinem Arzte und einiger Dienerschaft desselben bewohnt. Ich aber sage Dir, o Herr, das Haus ist Dein, Du allein bist der rechtmäßige Besitzer meines Hauses; denn Du hast das älteste Recht darauf. Daher komm, o Herr, und ziehe ein in Dein Haus! Denn von nun an ist es vollends Dein, und soll es Dein verbleiben fürder und alles, was darinnen ist!«

[6] Sage **Ich:** »O Weib, dein Glaube ist groß und lieblich dein Herz; darum

sollst auch du Meine Jüngerin sein und bleiben. Und wo immer dies Evangelium verkündet wird, soll deiner erwähnt werden in Ewigkeit!«

[7] Das nahm die Samariter etwas ärgerlich wunder, und es traten mehrere hin zu Mir und sprachen: »Herr, wir haben ja auch Häuser, und es hätte sich besser geschickt, daß Du bei uns Herberge genommen! Denn siehe, dieses Weibes Haus ist bei uns sehr verrufen und ist mehr eine Ruine denn ein Haus!«

[8] Sage **Ich:** »Ihr seid bereits drei Stunden bei Mir, habt Mich wohl erkannt, und es ist bereits Abend geworden; aber keiner aus euch hat Mir und Meinen Jüngern eine Herberge angeboten, obschon Ich eurer Bitte Gehör gab und euch zwei Tage in eurer Stadt zu verbleiben verhieß!

[9] Ich aber besah das Herz dieses Weibes, und es dürstete gewaltig danach, ob Ich gewillt wäre, bei ihm Herberge zu nehmen! Nicht Ich also verlangte Herberge in ihrem Hause, sondern ihr Herz verlangte es. Da es sich aber vor euch nicht laut zu äußern getraute, so kam Ich diesem Herzen entgegen und verlangte das von ihm, das es Mir so heißliebend voll lebendiger Sehnsucht und Bereitwilligkeit zu geben wünschte!

[10] Aus diesem höchst triftigen Grunde nehme Ich denn nun auch auf zwei volle Tage Herberge in dieses Weibes Hause. Wohl dem, der sich darob an Mir nicht ärgert!

[11] Ich aber sage es euch: Wie jemand säet, also wird er auch ernten; wer da sparsam säet, der wird auch also spärlich ernten, wer aber reichlich säet, der wird auch reichlich ernten. Von euch allen hat noch niemand weder Mir noch Meinen Jüngern etwas geboten; diese aber gibt Mir sogleich alle ihre Habe zu Meinem Eigentume! Wer aus euch hat Mir das getan? Ist es dann unbillig, daß Ich ihr vor euch allen eine gerechte Ehre gebe? Ich sage euch aber: Wer darob mit diesem Weibe rechten wird, dem soll es übel ergehen zeitlich!«

[12] Hier sehen sich die Samariter groß an, da ihnen die Sache sichtlich in die Nase raucht, ermannen sich aber dennoch und bitten Mich, daß Ich ihnen erlauben möchte, Mich des nächsten Tages besuchen zu dürfen.

[13] **Ich** aber antworte ihnen: »Ich lade euch nicht und lege euch keine Not an; wer aus euch aber frei zu Mir kommen will, soll keine Tür verschlossen finden, sondern einen ganz freien Eintritt zu Mir haben. Wer also kommen will, der komme, wer aber daheim verbleiben will, der verbleibe, denn Ich zwinge und richte niemanden!«

[14] Hierauf erhoben sich die Samariter und gingen in die Stadt. Ich aber verweilte noch eine kleine Weile an dem Brunnen, und das Weib tränkte mit ihrem Kruge alle die Durstigen, die mit Mir waren.

33. Wunderbare Vorgänge im Hause des Weibes. Der Arzt und die Samariter-Mosaisten. Deren freche Lästerung Jesu und gerechte Strafe. Des Arztes Bericht und des Herrn Wink hierüber.

[1] Ihr Arzt aber, der auch vorher mit ihr herausgekommen war, eilte voraus, um mit seiner Dienerschaft für Mich eine beste Herberge und ein möglichst reichliches Abendmahl zu bereiten. Als er aber ins Haus trat, konnte er sich nicht genug verwundern, daß seine Leute schon nahe mit allem fertig waren, was er erst anordnen wollte. Er aber fragte sie ganz mit dem besten Mute, wer denn wohl sie das zu tun geheißen habe. **Sie** aber sagten: »Ein Jüngling herrlichster Gestalt kam und sprach mit sanfternster Stimme: ›Tuet das, denn der Herr, Der bald in dieses Haus kommen wird, bedarf alles dessen!‹ Da wir solches wunderbar vernommen hatten, ließen wir alles liegen und stehen, und taten und tun es noch, was uns der seltene Jüngling gebot.«

[2] **Der Arzt** erstaunte und fragte: »Wo ist denn dieser seltene Jüngling?« **Die Diener** aber antworteten: »Wir wissen es nicht; denn als er uns solches zu tun hieß, verließ er schnell dies Haus, und wir wissen es nicht, wohin er gekommen ist.« **Der Arzt** aber sprach: »Also seid denn unverdrossen; denn diesem Hause widerfährt ein großes Heil, und ihr alle werdet desselben teilhaft werden!«

[3] Darauf eilte der Arzt schnell wieder zur Stadt hinaus, um Mir zu berichten, wie nun alles schon bereitet sei.

[4] Da begegneten ihm aber einige **Ultramosaisten**, hielten ihn auf und sagten: »Freund, es geziemt sich nicht, an einem Sabbat also zu rennen; weißt du denn nicht, wodurch allerlei man den Tag Jehovas entheiligen kann?«

[5] Sagt **der Arzt:** »Ihr Buchstabenreiter Mosis! Hurtig gehen an einem Sabbat, der nunmehr, da die Sonne schon untergegangen ist, nur noch ein Nachsabbat ist, haltet ihr für Sünde; aber so ihr am Sabbat eure Weiber und Mägde schändet und mit ihnen die barste Unzucht, Hurerei und Ehebruch treibet, wofür haltet ihr denn das? Hat das Moses geboten zu tun an einem Feiertage Jehovas?« Sagen **die Samariter:** »So es heute nicht Sabbat wäre, da würden wir dich solcher Rede wegen steinigen, aber für diesmal sei's dir nachgesehen!« Sagt **der Arzt:** »Nun, nun, eure Rede und euer Sinn macht sich, besonders zu einer Zeit, in der der lange verheißene Messias gerade vor den Toren Sichars weilet und ich Ihm nun entgegeneile, Ihm zu sagen, daß in Seinem Hause schon alles zu Seinem Empfange bereitet sei! Habt ihr denn noch nicht vernommen, was sich heute vor dem Tore unserer Stadt ereignet hat?«

[6] Sagen **die Samariter:** »Wir haben es wohl vernommen, daß draußen am Brunnen eine Judenkarawane Lager gemacht hat, und daß ein Jude, wahrscheinlich der Anführer dieser Karawane, vorgäbe, er sei Christus. Du bist ein Arzt doch und begreifst nicht, daß uns die Juden einen Streich zu spielen in dieser Weise ausgesonnen haben und nun diesen Streich an uns vermeintlichen Trotteln soeben ausführen wollen?! Das wäre uns ein saube-

rer Messias! Meinest du, daß wir ihn nicht kennen?! Sind wir nicht auch aus Galiläa und sind nun eure Glaubensgenossen, strenge nach Mosis Satzungen?! Da wir aber aus Galiläa sind, so kennen wir diesen Nazaräer, der eines Zimmermanns Sohn ist. Dieser, da ihm das Arbeiten nicht mehr schmeckt, läßt sich nun als ein schnödes Werkzeug der Pharisäer gebrauchen, macht einige erlernte Zauberkünste und gibt sich auf deren Unkosten für den Messias aus! Und Esel und Ochsen deiner Art sitzen ihm auf und glauben seinen verlockenden Worten! Aufgreifen sollte man sie alle, dann mit Ruten tüchtig durchstäupen und sie also über die Grenze schmeißen wie Kot und Unflat!«

[7] Sagt **der Arzt:** »O ihr Blinden! In meinem Wohnhause harren Engel Gottes Seiner und brachten Speise, Trank und Lager aus den Himmeln für Ihn, und ihr führet eine solche Rede! Der Herr züchtige euch darum!«

[8] Als der Arzt solches ausspricht, werden zehn augenblicklich stumm, und keiner kann mehr ein Wort reden, und sie bleiben stumm durch die zwei Tage Meines Aufenthaltes in Sichar. **Der Arzt** aber verläßt sie und eilt zu Mir.

[9] Als er zu Mir kommt, sagt er: »Herr! Dein Haus ist wohlbestellt! Es geht daselbst wunderbar zu; aber am Wege heraus zu Dir, o Herr, geriet ich unter eine Anzahl Frevler, die Dir vor mir ein übles Zeugnis zu geben sich bemühten. Aber es währte ihr Geschrei nicht lange! Dein Engel schlug sie auf den Mund, und sie wurden bis auf zwei völlig stumm; die zwei aber erschraken gewaltig und flohen. Das, o Herr, ist alles nun in einer halben Stunde geschehen!« – Sage **Ich:** »Sei ruhig, das mußte also kommen, auf daß nicht die, so schon glauben an Meinen Namen, abgewendet würden von uns! Nun aber gehen wir, und du, Mein liebes Weib aus Samaria, vergiß deinen Krug nicht!« Sogleich schöpft das Weib ein frisches Wasser und nimmt es mit nach Hause. – Also ward ein Halbtag vor Sichar am Jakobsbrunnen zugebracht und in dieser Stadt eine ziemlich reichliche Ernte gehalten.

34. Die Aufzeichnungen der Lehren und Taten des Herrn durch den Evangelisten Johannes. Der Herr mit den Seinen im alten Hause Josephs zu Sichar. Der Engel Vorbereitungen für die hl. Gesellschaft. Von dem Verhältnis zwischen Gott-Vater und Gott-Sohn.

[1] Mein Jünger **Johannes** aber fragte Mich und sagte: »Herr! Wie Du es willst, so möchte ich wohl alles aufzeichnen noch in dieser Nacht, was sich hier zutrug!«

[2] Sage **Ich:** »Nicht alles, Mein Bruder, sondern das nur, was Ich dir sagte, daß du es dir notieren sollst! Denn solltest du alles zeichnen, was da geschah und was hier die zwei Tage hindurch noch geschehen wird, so würdest du viele Häute voll anzeichnen müssen; wer aber würde das Viele dann lesen und fassen? So du aber nur die Hauptmomente richtig in rechter Entsprechung, wie sie dir gegeben ist, zeichnest, so werden die rechtschaffenen Weisen in Meinem Namen schon ohnehin alles herausfinden, was hier

alles geschah und weshalb, und du ersparst dir eine große, unnötige Mühe. So denn, Mein geliebtester Bruder, mache dir deine Arbeit bequem, und du wirst dennoch der erste Zeichner Meiner Lehren und Taten verbleiben immerdar.«

[3] Johannes küßt Mich auf die Brust, und wir begeben uns an der Seite des Weibes und des Arztes in die Stadt und da in das Haus Josephs, da es schon recht dunkel ist.

[4] Als wir in das wirklich große Haus kommen, findet das Weib in ihrem Hause eine Zubereitung für Meine Beherbergung, wie sie von einer ähnlichen noch nie eine Ahnung hatte! Denn es stehen eine rechte Menge wohlbesetzter Tische und um die Tische eine rechte Anzahl Stühle; auf jedem Tische stehen wohlleuchtende Lampen aus edlen Metallen; die Fußböden sind durchaus mit den schönsten Teppichen überzogen, die Wände selbst symmetrisch mit Blumenteppichen behangen, und aus den schönsten Kristallbechern blinket ein köstlicher Wein den Gästen entgegen!

[5] **Das Weib** kann sich gar nicht fassen und sagt erst nach einer Weile ihres nimmer enden wollenden Staunens: »Aber Herr, was hast Du getan?! Hast Du das durch Deine Jünger, die Du vielleicht heimlich hierher sandtest, herrichten lassen? Woher nahmen sie denn das alles? Ich weiß ja, was ich habe, von Gold und Silber sicher nichts, und hier strotzt alles von diesen Metallen! Einen kristallenen Becher wie diesen hier habe ich noch nie gesehen, und hier stehen hunderte, von denen jeder 30 Silberlinge wert ist. Dieser Wein, diese Speisen und Früchte, das schöne Brot und die vielen teuersten Teppiche, von denen einer sicher 100 schwere Silbergroschen kostet! O Herr! sage es mir Armen doch, ob Du solches alles mitgebracht hast, oder ob es hier in der Stadt irgendwo ausgeborgt wurde?«

[6] Sage **Ich:** »Siehe, liebes Weib! Du sagtest draußen am Brunnen ja, daß dies Haus Mir gehöre. Ich nahm solch eine Schenkung von dir an, und da nun dies Haus Mein ist, so wäre es ja doch von Mir nicht fein gewesen, so Ich dich als die Schenkerin in ein unzierliches Gemach geführt hätte! Sieh, wie da eine Hand die andere wäscht, also ist es denn auch hier; eine Ehre erfordert die andere! Du schenktest es Mir vollends aus deinem ganzen Herzen, wie es ehedem war; Ich aber gebe es dir nun wieder also, wie es jetzt eingerichtet ist. Ich meine, daß du mit diesem Umtausche der Sache ganz zufrieden wirst sein können?! Denn sieh, Ich verstehe Mich auch so ein wenig auf rechte Zierde und feinen Geschmack!

[7] Und Ich sage es dir: Solches alles habe Ich, so wie alles, auch von Meinem Vater gelernt! Denn die endlos vielen Wohnungen im Hause Meines Vaters sind eben auch voll des höchstbesten Geschmacks und voll der höchsten Zierden, was du aus dem schon recht wohl entnehmen kannst, so du aufmerksam betrachtest die Blumen der Felder, deren einfachste herrlicher geschmückt ist als Salomo in aller seiner Königspracht!

[8] Wenn der Vater aber schon die Blumen, die nur kurz dauern, also zieret und schmückt, um wie viel mehr wird Er erst Sein Wohnhaus, das im Himmel ist, zieren und schmücken?! Was aber der Vater tut, das tue auch Ich; denn Ich und der Vater sind im Grunde des Grundes völlig Eins! Wer

Mich annimmt, der nimmt auch den Vater an; denn der Vater ist in Mir, wie Ich im Vater! Wer Mir was tut, der tut es also auch dem Vater; und du kannst Mir darum nichts geben, das du nicht sobald hundertfältig wieder zurückbekämst! Jetzt weißt du alles Nötige.

[9] Jetzt aber setzen wir uns und nehmen das Abendmahl zu uns; denn es gibt viele Hungrige und Durstige unter uns. Haben wir unsere Glieder gestärkt, dann erst wollen wir weiter sprechen über diesen Punkt.«

[10] Alle setzen sich nun an die Tische, danken und stärken sich dann mit Speise und Trank.

35. In Sichar. – Des Dieners Bericht über die wunderbare Bestellung des Hauses. Des Weibes staunende Ehrfurcht und Erkenntnis vor dem Herrn. Sein Gebot an sie zu schweigen, und Seine Liebsorge für Maria. Die Jünger schauen die Himmel. Nathanaels gutes Bekenntnis. Des Herrn Wink zum Schweigen vom gottseligen Geheimnis.

[1] Nach dem Mahle nähert sich Mir wieder das Weib, getrauet sich aber kaum zu reden; denn sie besprach sich während des Mahles mit der Dienerschaft des Arztes, wie solches alles herbeigeschafft worden sei. Und **die Dienerschaft** sagte: »Liebe Frau, das weiß Gott, wie das hergegangen ist! Wir haben dabei das wenigste getan; der Arzt tat gar nichts; denn als er kam, da war schon alles getan. Wir waren vordem, und lange bevor der Arzt kam, mit seinen Sachen beschäftigt, da kam auf einmal ein Jüngling von blendender Schönheit und sagte uns, daß wir dies und jenes tun sollen, da der Herr dessen bedürfe, und wir taten alles sogleich, was uns der seltene Jüngling geboten hatte. Aber siehe, es ging das sonderbar zu! Wie wir etwas tun wollten, da war es schon getan, und wir können dir daher nichts anderes sagen als: hier waltete offenbar Gottes Allkraft, und der weiße Jüngling muß ein Engel Gottes gewesen sein! Sonst läßt sich die Sache gar nicht erklären! Der Mensch, der ehedem an deiner Seite zuerst in den großen Speisesaal trat, muß ein großer Prophet sein, daß ihm die Mächte der Himmel dienen!«

[2] Da also **das Weib** solches von den Dienern vernahm, war sie um desto mutloser und getraute sich kaum zu reden. Nach einer ziemlich geraumen Weile erst sagte sie mit einer ganz schwachen Stimme: »Herr! Du bist mehr denn allein der verheißene Messias! Du warst es sicher, Der den Pharao züchtigte, die Israeliten aus Ägypten führte und ihnen vom hohen Sinai die Gesetze donnerte!«

[3] **Ich** aber sage zu ihr: »Weib! Die Stunde ist noch nicht da, daß solches den Menschen kundgetan würde; darum behalte es vorderhand in deinem Herzen! Mache aber nun, daß die große Schar, die aus Judäa mit Mir kam, in die Schlafgemächer verteilt werde; du, der Arzt und Meine Jünger, nun zehn an der Zahl, aber bleibet hier! Dem Weibe aber, das an Meiner Seite saß und Meines Leibes Mutter ist, weise das reinste Bett an, daß es wohl ruhe; denn sieh, die schon ältliche Mutter hat heute einen starken Weg gemacht und bedarf zu ihrer Stärkung einer guten Ruhe!«

[4] Das Weib erfreut sich über die Maßen, in diesem ganz unansehnlichen Weibe Meine Mutter zu erkennen, und versorgt sie bestens. Und die Maria belobt sie solcher Zärtlichkeit wegen, empfiehlt ihr aber zugleich, ja alles zu tun, was Ich sagen würde.

[5] Als nun alles zur Ruhe gebracht ist und das Weib und der Arzt nebst den zehn Jüngern allein bei Mir im großen Speisesaale sich befinden, sage **Ich** zu den Jüngern: »Ihr wisset es, wie Ich zu Bethabara in Galiläa, da Ich euch aufnahm, zu euch sagte: Von nun an werdet ihr die Himmel offen sehen und die Engel Gottes herniedersteigen zur Erde; und sehet, das geht nun vor euren Augen buchstäblich in Erfüllung! Das alles, was ihr hier sehet und was ihr gegessen und getrunken habt, ist nicht von dieser Erde, sondern durch die Engel Gottes aus den Himmeln hierher geschafft. Nun aber machet auf eure Augen und sehet, wie viele Engel allda bereit stehen, um Mir zu dienen!«

[6] Da gingen allen die Augen auf, und sie sahen die Massen der Engel, zu Meinen Diensten bereit, aus den Himmeln niederschweben. – Denn als ihnen die Augen aufgetan wurden, verschwanden des Hauses Wände, und alle sahen die Himmel offenstehen!

[7] Spricht darauf **Nathanael:** »Ja, Herr, Du bist wahrhaft und getreu! Was Du geredet hast, das geht nun wunderbar in Erfüllung! Wahrlich, wahrlich, Du bist der Sohn des lebendigen Gottes! Mit Abraham sprach Gott durch Seine Engel; Jakob sah im Traume eine Leiter, über der die Engel auf- und niederstiegen, aber Jehova sah er nicht, außer einen Engel, der Jehovas Namen hatte gezeichnet in seine Rechte. Und da Jakob mit ihm stritt, ob er Jehova sei, ward er hinkend durch einen starken Rippenstoß. Moses sprach mit Jehova; aber er sah nichts denn Feuer und Rauch, und da er sich verbergen mußte in einer Höhle, weil daselbst Jehova vorüberzöge, durfte er nicht schauen, als bis Jehova vorübergezogen war. Und als er da nachsah, da ersah er nur noch den Rücken Jehovas; aber darauf mußte er sein Gesicht bedecken mit dreifacher Decke, da es leuchtete mehr denn die Sonne und es niemand ansehen konnte, ohne zu sterben! Dann war nur noch Elias, der Jehova gewahrte im sanften Säuseln! Und hier bist Du Selbst nun!«

[8] Hier falle **Ich** dem Nathanael in die Rede und sage: »Genug, Mein Bruder, die Stunde ist noch nicht da! Nur einer so reinen Seele, wie da ist die deine, ganz ohne Falsch und Hinterhalt, ist solches zu erschauen möglich. Aber behalte es in dir bis zur rechten Stunde! Denn siehe, nicht ein jeder, der Mir folgt, ist wie du.

[9] Dies Weib aber war nicht wie du, nun aber ist sie auch wie du, darum ahnte sie auch, was du nun sagen wolltest. Aber die Stunde ist noch nicht da. Erst, wann im Tempel der Vorhang wird entzweigerissen werden, dann erst ziehet dem Moses seine Decke vollends von seinem strahlenden Angesichte!«

36. In Sichar. – Der Herr bedeutet Johannes dem Evangelisten, daß nicht alles zur Aufzeichnung sich eignet. Verheißung der jetzigen Offenbarung. »Es genügt, daß du glaubst und Mich liebst!« Über den Messias und Sein Reich. Segensworte an den Arzt und das Weib. Joram und Irhael vom Herrn ehelich verbunden. Der Herr schläft nicht.

[1] Fragt mich darauf **Johannes:** »Herr, aber dieses muß ich mir doch aufzeichnen! Das ist mehr als das Zeichen zu Kana! Das ist einmal ein rechtes Zeichen, von wannen Du gekommen bist!«

[2] Sage **Ich:** »Auch das laß du; denn was du zeichnest, ist ein Zeugnis für die Welt; diese aber hat das Verständnis nicht, daß sie es fassete! Wozu wäre dann solche deine Mühe? Meinst du, die Welt werde so etwas glauben? Sieh, die hier sind, die glauben es, weil sie es schauen; die Welt aber, die im Finstern wandelt, würde es nimmer glauben, daß hier solches geschehen; denn die Nacht kann sich unmöglich vorstellen die Werke des Lichtes. Möchtest du ihr aber erzählen von den Werken des Lichtes, so wird sie dich belachen und dich am Ende zu verspotten anfangen. Also sei es also, daß du in der Zukunft nur das aufzeichnest, was Ich offen vor aller Welt tue; was Ich aber im geheimen tue, und sei es noch so groß, das zeichne du bloß in dein Herz, aber nicht auf die glatte Tierhaut!

[3] Es wird aber schon einmal eine Zeit kommen, in der alle diese geheimen Dinge sollen der Welt geoffenbart werden, aber es werden vorher noch gar viele Bäume ihr unreifes Obst von ihren Zweigen müssen fallen lassen! Denn siehe, die Bäume haben viel angesetzt, und es wird von dem wohl kaum ein Drittel zur Reife gelangen! Aber die zwei abgefallenen Drittel werden eher zertreten werden müssen und verfaulen und verdorren, daß ein Regen sie dann auflöse und in den Stamm treibe ein mächtiger Wind zur zweiten Geburt!«

[4] Sagt **Johannes:** »Herr, das ist zu tief, wer kann es fassen?«

[5] Sage **Ich:** »Es ist dies auch gar nicht nötig, es ist genug, daß du glaubst und Mich liebst, das tiefere Verständnis alles dessen wird schon kommen, so der Geist der Wahrheit über euch wird ausgegossen werden. Bevor aber das geschehen wird, werden aus euch trotz aller dieser Zeichen sich noch manche stoßen an Mir und an Meinem Namen!

[6] Denn ihr habt alle noch einen ganz unrichtigen Begriff vom Messias und Seinem Reiche, und es wird viel brauchen, bis ihr da ins klare kommen werdet.

[7] Denn des Messias Reich wird nicht sein ein Reich dieser Welt, sondern ein Reich des Geistes und der Wahrheit im Reiche Meines Vaters ewig, und es wird dessen nimmer ein Ende sein fürder und fürder! Wer in dieses Reich aufgenommen wird, der wird haben das ewige Leben und dieses Leben wird sein eine Seligkeit, von der noch nie jemand etwas gesehen, gehört und in seinem Herzen empfunden hat!«

[8] Sagt **Petrus,** der lange geschwiegen hatte: »Herr, wer wohl wird dann solch einer Seligkeit fähig werden?«

[9] Sage **Ich:** »Lieber Freund, siehe, heute ist es schon spät, und unsere

Leiber bedürfen der Ruhe, auf daß sie morgen stark seien zur Arbeit! Deshalb wollen wir den heutigen Tag beschließen und morgen im guten Lichte wandeln. Suche sich daher ein jeder seinen Ruheplatz und ruhe sich darauf vollends aus; denn morgen werden wir viel zu tun bekommen!«

[10] Auf das kommt ein jeder wieder in seinen Naturzustand und sieht wieder des Saales Wände, neben denen sehr gute Ruhelager, eine Art Diwane, zierlich gestellt sind. Die Jünger, von denen einige sehr müde sind, danken und legen sich sogleich nieder.

[11] Nur Ich, der Arzt und das Weib bleiben noch wach. Als die Jünger bald fest schlafen, da fallen beide vor Mir auf ihre Knie nieder und danken Mir inbrünstigst für solche unaussprechlich große Gnaden, die Ich ihnen und ihrem ganzen Hause erwiesen habe. Zugleich aber bitten sie Mich, ob Ich es nicht gestattete, daß sie sich Mir anschlössen und Mir folgen dürften.

[12] **Ich** aber sage zu ihnen: »Es ist dies nicht nötig um eurer Seligkeit willen. So ihr Mir aber schon folgen wollt, da ist es genug, daß ihr Mir folget in euren Herzen! Ihr sollet aber hier in diesem Lande als Meine Zeugen verbleiben! Denn es werden da in kurzer Zeit gar viele Zweifler aufstehen und zu euch kommen; diesen sollet ihr dann ein gutes Zeugnis geben von Mir.

[13] Und du, Mein lieber Joram, sollst von nun an ein vollkommener Arzt sein! Dem du deine Hände auflegen wirst in Meinem Namen, mit dem soll es sogleich besser werden, wie krank er auch immer sei. Zugleich aber müßt ihr miteinander in eine vollkommene und unauflösliche Ehe treten; denn also wäre euer Beisammenleben ein Ärgernis den Blinden, die nur aufs Äußere sehen und vom Inneren keine Ahnung haben.

[14] Du, Joram, brauchst dich nun nicht mehr zu fürchten vor Irhael; denn sie ist nun vollkommen gesund an Leib und Seele. Und du, Irhael, hast an Joram einen Mann aus den Himmeln und sollst mit ihm vollends glücklich sein; denn er ist nicht ein Geist aus der Erde, sondern ein Geist von oben herab.«

[15] Sagt **das Weib:** »O Jehova, wie gut bist Du! Wann aber wäre es Dein Wille, daß wir uns öffentlich verbänden vor den Augen der Welt?«

[16] Sage **Ich:** »Ich habe euch schon verbunden, und dies Bündnis ist allein gültig im Himmel wie auf Erden, und Ich sage es euch: Seit Adam gab es auf dieser Erde kein vollkommeneres Ehebündnis denn da nun ist das eurige; denn Ich Selbst habe euer Bündnis gesegnet.

[17] Morgen früh aber werden hierher kommen eine Menge Priester und andere Leute und Bürger dieser Stadt; denen zeiget das an, auf daß sie es wissen, daß ihr nun vollends rechte Eheleute seid vor Gott und aller Welt! So euch aber Kinder werden, da erziehet sie in Meiner Lehre und taufet sie dann also in Meinem Namen, wie ihr morgen von Meinen Jüngern viele werdet taufen sehen in der Weise, wie da taufet ein Johannes im Jordan, von dem ihr werdet gehöret haben; also werde Ich dir, du Mein Joram, morgen die Macht geben, nachderhand jedermann zu taufen, der an Meinen Namen glauben wird.«

[18] Nun aber begebet ihr euch auch zur Ruhe! Doch solange Ich in

diesem Hause verweilen werde, sollet ihr euch nicht berühren, der Zucht wegen! Sorget euch aber nicht diese Zeit hindurch für den Tisch und Keller; denn solange Ich in diesem Hause verweilen werde, wird Tisch und Keller so wie heute von oben versorgt werden. Saget es aber vor der Zeit niemand, daß solches also geschehe; denn die Menschen würden dies nicht fassen. So Ich aber fort sein werde, da könnet ihr es immerhin den Helleren kundgeben. Und so denn begebet euch zur Ruhe, Ich aber werde nun hier allein wachen! Denn der Herr darf nicht schlafen noch ruhen; denn der Schlaf und die volle Ruhe wäre der Wesen Tod und Verderben! Denn so auch alle Welt schliefe, da wachet dennoch der Herr und erhält alle Wesen.«

[19] Auf diese Worte danken die beiden und begeben sich, jedes in ein anderes Gemach, zur nötigen Ruhe. Ich aber bleibe auf Meinem Stuhle sitzen bis zum Morgen.

Erster der zwei Tage in Sichar, einer Stadt Samarias

37. Der Priester Gesang am Morgen in Sichar. Diese werden vom Herrn auf den Berg beschieden. Berufung des Matthäus zum Evangelisten und Apostel. Über das Wesen der Träume.

[1] Am frühen Morgen, als die Sonne noch kaum eine halbe Spanne über dem Horizonte stand, kamen schon **eine Menge Priester,** die in Sichar wegen der Nähe des heiligen Berges (Garizim) wohnten, vor das Haus der Irhael und fingen sogleich ein großes Geplärr an und schrieen: »Hosianna über Hosianna und Heil Dem, der da kam im Namen der Herrlichkeit Gottes! Weile, Sonne, und stehe still, du Mond, bis der Herr aller Herrlichkeit mit Seiner gewaltigen Rechten schlage und vernichte alle Seine Feinde, die auch unsere Feinde sind! Nur die Römer verschone, o Herr, denn sie sind unsere Freunde, da sie uns schützten vor den Juden, die schon nicht mehr Kinder Gottes, sondern Kinder Beelzebubs sind und opfern diesem ihrem Vater im Tempel, den Salomo Dir, o Herr, erbaut hatte. Du hast wohlgetan, o Herr, daß Du kamst zu Deinen rechten Kindern, die Deinen Verheißungen glaubten und Dich bis zur Stunde sehnsüchtigst erwarteten. Wohl kommst Du von den Juden – denn es heißt ja, daß das Heil komme von den Juden –, aber wir haben es vernommen, wie Du nun warst zu Jerusalem und im Tempel und schlugst die Juden mit Stricken und warfst ihre Stühle um! O Herr, daran hast Du sehr wohlgetan, und alle Himmel sollen Dich darob loben mit Psalmen, Harfen und Posaunen! Wir sagten es ja immer, so Du kommst, da wirst Du nicht vorübergehen an der heiligen Stätte, auf der Daniel, Dein Prophet, den Greuel der Verwüstung Jerusalems verkündete! Und von dieser Stätte wirst Du, o Herr, verkünden das Heil Deinen Völkern! Gepriesen sei Dein Name, Hosianna Dir in der Höhe, und Heil allen Kindern, die eines guten Willens sind!«

[2] Dies zum Teil sinnige, zum Teil aber auch sehr unsinnige Geplärre zog natürlich eine Menge Menschen herbei und ganz sicher alle, die tags vorher

am Brunnen bei Mir waren und Mich nun abermals sehen und hören wollten. Der Lärm und die Menge mehrte sich von Sekunde zu Sekunde, und alles im Hause mußte sich erheben und nachsehen, was es da gäbe. Die Jünger erhoben sich zuerst und fragten Mich, was denn das für ein Tumult wäre, und ob es ratsam sei, zu bleiben, oder vielleicht doch besser, dem zu entfliehen.

[3] **Ich** aber sagte: »O ihr Kleinmütigen! So höret es doch, wie sie Hosianna rufen! Wo man aber Hosianna ruft, da ist es gar so gefährlich nicht, zu verbleiben.«

[4] Mit dem waren die Jünger beruhigt, und **Ich** sagte weiter zu ihnen: »Gehet aber nun hinab und saget ihnen, sie sollen nun schweigen und sollen sich hinaus auf den Berg begeben; denn Ich werde nach der sechsten Stunde (d. i. nach zwölf Uhr mittags) mit euch allen hinauskommen und werde euch und ihnen das Heil verkünden vom Berge herab. Sie sollen aber auch Schreiber mitnehmen, damit diese aufzeichnen, was Ich allda vom Berge lehren werde.

[5] Du, Johannes, aber brauchst es nicht zu schreiben, da solche Meine Lehre ohnehin mehrfach wird gezeichnet werden. Es befindet sich aber hier ein Schreiber, auch ein Galiläer, mit Namen Matthäus; dieser hat sich schon so manches aus Meiner Jugend aufgezeichnet, und da er schnellen Griffels ist, so wird er sich sicher alles aufzeichnen, was er hören und sehen wird. Diesen bringet herauf, rufet ihn beim Namen, und er wird euch sogleich folgen! Saget aber auch den ersten Priestern, daß sie heraufkommen mögen, wie auch einigen ersteren, die ihr gestern am Brunnen werdet gesehen haben. Aber zuerst rufet Mir den Matthäus; denn von diesem will Ich, daß er uns auch folge!«

[6] Die Jünger begaben sich nun schnell herab und taten, wie Ich ihnen geboten hatte.

[7] Während aber die Jünger unten auf der Gasse ihr Wesen hatten, kamen alle andern Gäste samt der Maria zu Mir in den Speisesaal und begrüßten Mich allerfreundlichst, dankten und erzählten Mir ganz kurz wunderbare Träume, die sie in dieser Nacht gehabt hätten, und fragten Mich, ob man auf solche Träume etwas halten solle.

[8] **Ich** aber sagte: »Was die Seele im Traume schauet, das ist alles ihrer Art. Ist die Seele im Wahren und Guten aus dem, was Ich euch lehre zu glauben und zu tun, so sieht sie auch im Traume Wahres und kann sich daraus Gutes fürs Leben schaffen; ist aber die Seele im Falschen und daraus im Bösen, so wird sie im Traume Falsches sehen und daraus Böses bilden.

[9] Da ihr aber nun nach Meiner Lehre im Wahren seid, darob ihr Mir auch folgtet, so kann eure Seele auch im Traume nur Wahres geschaut haben, daraus sie viel Gutes zeugen kann.

[10] Ob aber die Seele das auch fasset, was sie schauet im Traume, das ist freilich eine ganz andere Sache. Denn gleich wie ihr das nicht fasset und begreifet, was alles ihr schauet in der Außenwelt, in der ihr am Tage lebet, also fasset die Seele auch nicht, was sie schauet in ihrer Welt.

[11] Wann aber in euch der Geist wiedergeboren wird, wie Ich solches zu Jerusalem dem Nikodemus verkündet habe, als er zu Mir kam in der Nacht, dann werdet ihr alles fassen und begreifen und vollends einsehen.« Damit geben sich alle zufrieden und treten zurück.

38. In Sichar. Matthäus, der vormalige Zollschreiber, zur Aufzeichnung der Bergpredigt vom Herrn angewiesen. Begrüßungsrede des Oberpriesters an den Herrn. Dessen Antwort. Lebenswinke. »Nicht das Hören, sondern das Tun nach Meiner Lehre bringt das Heil!« Ländliches Frühstück.

[1] Es kommt aber nun die Wirtin mit ihrem neuen Gemahl, grüßt Mich auf das allergefühlvollste und fragt Mich und auch alle die andern Gäste, ob wir geneigt wären, das Morgenmahl zu nehmen, da es schon vollends bereitet sei.

[2] **Ich** aber sage: »Liebe Irhael, warte noch ein wenig; die Jünger werden sogleich noch mehrere Gäste heraufbringen, diese sollen auch teil am Frühmahle nehmen und zugleich erfahren aus Meinem Munde, daß ihr beide, du und Joram, nun ein rechtes Ehepaar geworden seid; und sie sollen es auch sehen, daß euer Haus nicht ein letztes, sondern nun in allem, äußerlich und innerlich, ein vollends erstes Haus dieser Stadt sei, und Ich darum in diesem Hause eine Herberge nahm.«

[3] Als Ich solches sage dem Ehepaare, da öffnen auch schon Petrus und Mein Johannes die Tür, und zwischen ihnen tritt **Matthäus** herein, verneigt sich tief und sagt: »Herr, ich bin hier vollends bereit, Dir allein zu dienen! Ich habe hier wohl ein Schreiberamt und kann dabei leben und erhalten meine kleine Familie; aber so Du, o Herr, meiner bedarfst, da laß ich augenblicklich mein Amt fahren, und Du, o Herr, wirst meine kleine Familie nicht zugrunde gehen lassen!«

[4] Sage **Ich:** »Wer Mir nachfolget, der sorge sich um nichts, als daß er bei Mir bleibe zeitlich und ewig. Hier aber siehe dies Haus an; diese beiden Besitzer, diese werden deine Familie in Meinem Namen aufnehmen und bestens versorgen, so wie dich, wann du hierher kämest bei Tage oder bei der Nacht.«

[5] **Matthäus**, der dies Haus von früher schon kannte, wie es mehr eine Ruine denn ein Haus war, aber konnte sich nicht genug verwundern und sprach: »Herr, da muß ein großes Wunder vor sich gegangen sein! Denn das Haus war eine Ruine, und nun ist es ein Palast, wie es in Jerusalem wenige seinesgleichen geben dürfte! Und diese echt königliche Einrichtung! Das muß ja unendlich viel gekostet haben!«

[6] Sage **Ich:** »Denke du das nur so recht fest und klar, daß bei Gott gar viele Dinge möglich sind, die bei den Menschen unmöglich scheinen, dann wirst du leicht begreifen, wie diese frühere Ruine nun in einen Palast hat umgewandelt werden können! – Hast du aber ein hinreichendes Schreibmaterial?«

[7] Sagt **Matthäus:** »Für zwei Tage bin ich versehen; soll ich mehr haben, so will ich's mir sogleich beschaffen.«

[8] Sage **Ich:** »Es genügt für zehn Tage; danach werden wir des Materials schon anderwärtig habhaft werden. Bleibe nur hier und halte mit uns das Morgenmahl; nach 6 Uhr aber werden wir uns auf den Berg begeben. Dort werde Ich diesen Völkern das Heil verkünden; du aber schreibe Mir nach dem Munde all das Gesagte in drei Kapiteln und unterteile diese in kleine Verse nach der Art Davids. Sehe dich aber noch um ein paar andere Schreiber um, die es dir nachschreiben sollen, damit auch diesem Orte ein geschriebenes Zeugnis verbleibe!«

[9] Spricht **Matthäus:** »Herr, Dein Wille soll genauest befolgt werden!«

[10] Nach dieser nötigen Unterredung mit Matthäus treten die andern Jünger ein, und ihnen folgen die Priester und die andern Notabilitäten dieser Stadt und begrüßen Mich auf das zerknirschteste. Und der erste **Priester** tritt etwas hervor und sagt: »Herr, wohl zubereitet hast Du Dir dies Haus, auf daß es würdig sei, Dich zu beherbergen. Salomo baute den Tempel mit viel Pracht, auf daß er würdig wäre, dem Jehova zu einer Wohnstätte unter den Menschen zu dienen; aber die Menschen haben diese Wohnstätte durch ihre vielen himmelschreienden Laster entheiligt, und Jehova verließ den Tempel und die Lade und kam zu uns auf den Berg, wie auch Du, o Herr, zuerst in Jerusalem warst, wenig Aufnahme fandest und darob zu uns, Deinen altechten Verehrern, kamst. Und so wird es nun geschehen, wie es geschrieben steht:

[11] ›Es wird in der letzten Zeit der Berg, da des Herrn Haus ist, gewiß höher sein denn alle Berge und wird über alle Hügel erhaben werden, und es werden hinzulaufen alle Heiden. Und es werden auch hingehen viele Völker und sagen: Kommt, lasset uns auf den Berg des Herrn gehen, zum Hause des Gottes Jakobs, daß Er uns lehre Seine Wege und wir wandeln auf Seinen Steigen! Aber dennoch wird von Zion ausgehen Sein Gesetz und des Herrn Wort von Jerusalem.‹ (Jesajas 2, 2 u. 3)

[12] Wir alle aber sind über die Maßen froh wie eine Braut, so ihr Bräutigam kommt und ihr zum ersten Male bietet sein Herz, seine Hand und seinen Gruß! Denn wahrlich, Herr, Jerusalem, die erwählte Stadt des großen Königs, ist schlecht geworden zum Anpissen und Anpfeifen und ist Deiner nicht wert! Wir halten uns wohl auch nicht gerade für wert – denn was gehört dazu, um vor Gott als wert befunden zu werden?! –, aber das ist dennoch gewiß, daß, so der Herr nunmehr nur zwischen zwei Übeln zu wählen hat, Er uns, als offenbar das kleinere, erwählen werde! Und das geht nun wunderbar in Erfüllung vor unsern Augen! Du bist es, den wir so lange schon erwarteten; darum Hosianna Dir, der Du zu uns kommst im Namen des Herrn!«

[13] Sage **Ich** zum Redner: »Ja, du hast nun vollends recht geredet; aber Ich sage euch auch: So ihr Meine Lehre vernehmen werdet, da nehmet sie auf und bleibet tätig in ihr, sodann erst werdet ihr des Heiles wahrhaft teilhaftig werden, das Ich euch heute verkünden werde von des Berges Höhe. Denn kommt auch die Gnade frei von oben her zu euch, so genügt

das aber dennoch nicht; denn sie bleibt nicht, wenn sie nicht tätigst ergriffen wird, – gleich also, als so du stündest hungrig unter einem obstreichen Baume: so ihn der Wind schüttelt und reife Feigen herabfallen, du sie aber nicht aufklaubest und issest, werden sie dich wohl sättigen?!

[14] Also nicht das Hören allein, sondern das Tun nach Meiner Lehre wird euch erst des Heils, das aus Jerusalem zu euch gekommen ist, teilhaftig machen! Hast du das verstanden?«

[15] Spricht **der Redner:** »Ja, Herr, denn so wie Du kann nur Gott reden!«

[16] »Nun denn«, sage **Ich** darauf, »da du solches gefaßt hast, so lasset uns das Morgenmahl zu uns nehmen! Nach dem Mahle aber zeichne dir's auf, daß Ich gestern in der Nacht die Irhael mit dem Arzte Joram ehelich verbunden und gesegnet habe und soll hinfort niemand mehr an ihnen ein Ärgernis nehmen! Nun aber setzet euch zum Morgenmahle! Es sei!«

[17] Alle setzen sich nun, und ihrer sind viele, zu nehmen das Morgenmahl, das in bester Milch und Honigbrot bestand.

39. In Sichar. Das Morgenmahl bei Irhael. Tischreden. Milch und Honig des Gelobten Landes sind die besten der Erde! Des Weisen Rede zum Lobe des Schöpfers. Des Herrn Rede über die Bestimmung des Menschen zur Vollkommenheit. »Mein Joch ist sanft und Meine Bürde leicht!« Lebenswinke. »Wer Meinem Rat folgt, der wird gut tun!« Das rechte Haus Gottes: Die freie Natur und die Menschenseele. Die Bergpredigt (Matthäus 5, 6, 7).

[1] Hierzulande wäre diese Art Frühstück eben nicht sehr köstlich zu nennen; aber in dem Lande, das da sprichwörtlich von Milch und Honig überfloß, war das wohl das köstlichste Frühmahl, besonders da der Honig des Gelobten Landes wohl in der Welt der beste war und noch jetzt ist, und ebenso auch die Milch von keiner auf der Erde übertroffen ward.

[2] Nach dem Mahle wurde köstliches Obst aufgestellt, und viele ergötzten sich daran und lobten Gott, Der den Früchten einen so köstlichen Geschmack und den Bienen die Fähigkeit verlieh, aus den Blumen der Felder den so überaus süßen Honig zu saugen und ihn zu tragen in ihre kunstvoll erbauten Zellen!

[3] Einer aus der Gesellschaft der Samariter, der **ein Weiser** war, sagte: »Gottes Weisheit, Allmacht und Güte kann nie genug gerühmt werden! Der Regen fällt zur Erde, tausendmal tausend Gattungen und Arten der Pflanzen, Bäume und Gesträuche saugen den gleichen Regen ein und stecken in gleicher Erde, und doch hat jede Art einen andern Geschmack, Geruch und eine andere Form! Jede Form ist schön und gefällig anzusehen, und ohne Nutzen wächst nichts, und ohne Zweck wächst sogar die dürrste Moospflanze auf einem Steine nicht!

[4] Und dann erst alle die Tiere des Erdbodens, des Wassers und der Luft! Welch eine Vielheit und welch eine Verschiedenheit von der Mücke bis zum Elefanten, von der Blattmilbe bis zum allerunbändigsten Leviathan, der

Berge auf seinem Rücken tragen könnte und spielen mit den Zedern des Libanon! O Herr, welche Macht, welche Kraft, und welch eine endlose Tiefe der Weisheit muß in Gott sein, Der dort die Sonne, den Mond und die zahllos vielen Sterne führt und leitet, das Meer in seinen Tiefen hält, die Berge gebaut hat auf der Erde und die Erde selbst gegründet hat durch Sein allmächtiges Wort!«

[5] Sage **Ich:** »Ja, ja, du hast recht geredet nun, also ist es: Gott ist höchst gut, höchst weise, höchst gerecht und braucht niemands Rat und Lehre, so Er etwas tun will; aber Ich sage es euch: Der Mensch dieser Erde ist nicht minder berufen, vollkommen zu werden, wie der Vater im Himmel vollkommen ist!

[6] Bis auf diese Zeit war das zwar unmöglich, da auf dieser Erde der Tod das Zepter führte; aber von nun an soll es jedermann möglich sein, der es sich ernstlich angelegen wird sein lassen, zu leben nach Meiner Lehre!

[7] Ich meine aber, daß, so dies von Gott aus dem Menschen geboten wird für etwas Geringes, fürs leichte Handeln nämlich nach Meiner Lehre, so soll der Mensch aber dann wohl auch keine Mühe und Arbeit scheuen, sich dieses Höchste zu erringen!«

[8] Sagt **der Oberpriester:** »Ja, Herr, für das Höchste soll der Mensch auch das Höchste wagen! Wer die Aussicht von einem hohen Berge genießen will, der muß sich zuvor das mühevolle und beschwerliche Steigen gefallen lassen. Wer ernten will, muß pflügen und säen zuvor, und wer irgend weiß, daß er etwas gewinnen kann, der muß zuvor etwas daran wagen; wer aber nichts wagt, in der Furcht, daß der Gewinn nicht kommen möchte, der wird auch unmöglich je etwas gewinnen! Daher, so uns einmal die Wege von Dir, o Herr, bekannt gegeben werden, wird es für uns auch gar nicht schwer sein, das zu erreichen, was Du uns ehedem verkündet hast, nämlich – also vollkommen zu werden, wie der Vater im Himmel vollkommen ist!«

[9] Sage **Ich:** »Allerdings, und Ich setze noch hinzu: Mein Joch ist sanft und Meine Bürde ist leicht! Aber die Menschen haben bisher starke Lasten zu tragen gehabt und haben nichts damit erreichen können; es fragt sich nun, wie ihr Glaube sich gestalten wird, so sie das angewohnte schwerfällige Alte für ein ungewohntes leichtes Neues umtauschen sollen. Werden sie am Ende nicht sagen: ›Haben wir auf dem Wege schwerer Mühe und Arbeit nichts erreicht, was werden wir dann erreichen mit der Mühe der Kinder, die sie mit ihren Spielereien haben?‹

[10] Ich sage euch: Ihr werdet den alten Menschen wie einen alten Rock ausziehen müssen und dafür anziehen einen ganz neuen! Dieser wird anfangs freilich unbequem sein; aber wer sich von einer solchen Kleinigkeit nicht wird zum angewohnten Alten zurücktreiben lassen, sondern wird sich gefallen lassen eine kleine Unbehaglichkeit, der wird zu solcher Vollkommenheit gelangen, von der Ich ehedem geredet habe.

[11] Nun aber machet euch alle bereit, Ich werde nun sogleich die kleine Reise auf den Berg antreten. Wer mit Mir ziehen will, der mache sich auf die

Beine; und du, Matthäus, gehe und hole dein Schreibzeug! Komme aber bald, denn du siehst, daß Ich schon zum Gehen bereit bin!«

[12] Sagt **Matthäus:** »Herr, Du weißt es, wie sehr bereit ich nun bin, Dir zu folgen! Gehe ich aber nun nach Hause, und zwar dahin, wo ich als ein Zöllner und Schreiber im römischen Sold und Amte stehe und mein Geschäft habe an den Hauptschranken vor der Stadt, so werde ich sicher wie allzeit viele Arbeit finden, und die römischen Wachen werden mich nicht eher fortlassen, als bis ich die Arbeit werde verrichtet haben. Darum wäre es mir lieber, so ich für heute hier ein genügend Schreibzeug bekäme und holte mir dann am Abende das meine, mit dem ich dann, wie schon ehedem bemerkt, volle zwei Tage auslangen könnte; denn für mehr als drei Tage bekomme ich von den Römern kein Schreibmaterial im voraus, das ich auch fast immer verbrauche.«

[13] Sage **Ich:** »Mein Freund, tue du nur stets, was Ich dir sage, und du wirst stets wohl daraus kommen! Gehe nun nur, wie Ich zu dir gesagt habe, und du wirst heute keine Arbeit finden und niemanden wartend an der Schranke! Nimm aber auch noch deine anderen Schreiber mit, auf daß hier Mein Wort mehrfach geschrieben werde!« – Sagt **Matthäus:** »Ja wenn so, da mag ich wohl gehen!«

[14] Auf das geht Matthäus, der Zöllner, und findet es daheim aber auch also, wie Ich es ihm vorhergesagt habe. In aller Bälde kommt er mit noch drei Schreibern zurück, und wir machen uns mit allen, die im Hause sind, auf den Weg nach dem Berge Garizim. Und als wir nach einer Stunde Weges bei dem Berge anlangen, fragt Mich der Oberpriester, ob er hinaufgehen solle und öffnen das alte Gotteshaus.

[15] **Ich** aber zeige ihm die Gegend und die vielen Menschen, die uns gefolgt sind, und sage zu ihm: »Siehe Freund, das ist das älteste und allerrechteste Haus Gottes; aber es ist sehr verwahrlost, darum will Ich es nun wieder aufrichten, wie Ich das der Irhael aufgerichtet habe! Dazu aber bedarf es des alten Hauses nicht, und es genügt diese Gegend am Fuße des Berges. Zugleich sind hier mehrere Bänke und Tische, die den Schreibern gut dienen werden. Öffnet sonach eure Ohren, Augen und Herzen und bereitet euch; denn nun geschieht das vor euren Augen, wovon der Prophet Jesajas geweissagt hat!«

[16] Sagt **Matthäus:** »Herr, wir sind bereit, Dich zu vernehmen!«

[17] Nun beginnt die bekannte Bergpredigt, die im Matthäus Kap. 5, 6 und 7 ganz wohl zu lesen ist. – Es dauerte aber diese Predigt bei drei Stunden; denn Ich redete diesmal langsam der Schreiber wegen.

40. In Sichar. – Kritik der Bergpredigt durch die damaligen Priester. Der offenherzige Oberpriester wendet sich mit Fortsetzung seiner Kritik der Bergpredigt an den Herrn. Dessen Wink, daß man nicht die Bilder, sondern den Geist Seiner Rede erfassen soll!

[1] Als aber die Predigt zu Ende war, da entsetzten sich viele, und vorzüglich die Priester, und **einige** aus ihnen sagten: »Wer kann da selig werden?! Wir Schriftgelehrten predigen doch auch recht und gerecht, so wie einst Moses vom Berge herab die Gesetze dem Volke verkündete! Aber alles das ist Tau und ein sanfter Abendhauch gegen diese strenge Lehre und allergewaltigste Predigt! Man kann da freilich wohl kaum etwas Haltbares erwidern auf solch eine Lehre; aber sie ist einmal zu scharf, und es wird sie schwer je ein Mensch bei sich in die Ausübung zu bringen imstande sein.

[2] Wer kann seinen Feind lieben, wer dem Gutes tun, der einem Böses tut, und wer kann jene segnen, die einen hassen und nichts als nur Übles über ihn reden?! Und so jemand von mir etwas borgen will, so soll ich mich nicht abwenden von ihm und mein Ohr und Herz nicht verschließen vor seiner Rede, wenn ich auch klar sehe, daß der Borger mir das Geborgte nie wieder wird erstatten können?! Ah, das ist ja eine alberne Sache! So das die Trägen und Arbeitsscheuen erfahren werden, werden sie nicht alsbald zu den Wohlhabenden kommen und von ihnen so lange borgen, als diese etwas haben werden?! Haben diese auf die Art, und zwar nichts leichter denn das, alles an die Armen, die das Geborgte nie wieder erstatten können, verborgt und haben am Ende selbst nichts mehr, so fragt sich's, wer in der Zukunft denn etwas arbeiten wird, und von wem dann die Armen etwas zur Leihe erhalten werden!

[3] Es ist nur zu klar, daß mit der Beachtung solch einer Lehre, die wider alle Natur der menschlichen Einrichtungen gestellt ist, die Welt in kurzer Zeit zu einer barsten Wüste werden müßte. Ist aber die Welt eine Wüste, woher werden dann die Menschen irgend eine Bildung nehmen, so alle Bildungsanstalten notwendig werden eingehen müssen, wenn niemand ein Vermögen hat, diese zu gründen und zu unterhalten?!

[4] Mit dieser Lehre tut es sich daher auf keinen Fall! Die schlechten Menschen und Feinde der guten Menschen und ihrer guten Sache müssen gezüchtigt werden, und wer mir eine Ohrfeige gibt, der muß wenigstens zwei wohlgemessen wieder zurückerhalten, auf daß ihm in der Folge die Lust vergehe, mich abermals mit einer Ohrfeige zu bedienen! Der liederliche Borger werde in einen Arbeitsturm gesperrt, auf daß er arbeiten lerne und fürder als ein arbeitsamer Mensch sich mit dem Fleiße seiner Hände sein Brot erwerbe, und der ganz Arme aber flehe um ein Almosen, und es wird ihm nicht vorenthalten werden! Das ist ein altes, aber gutes Gesetz, unter dem eine Menschengesellschaft bestehen kann. Aber diese Gesetze, die dieser sein sollende Christus nun gegeben hat, sind fürs menschliche Leben zu unpraktisch und können daher unmöglich angenommen werden.

[5] Ich wollte aber noch von allem andern nichts sagen, so unsinnig es auch klang, aber die gebotene Selbstverstümmelung bei möglichen Ärger-

nissen durch höchst eigene Glieder, und dazu aber auch der augenscheinlich anbefohlene Müßiggang, laut dem sich niemand um etwas sorgen, sondern allein fort und fort suchen solle das Gottesreich, alles andere werde gegeben von oben!? – Lassen wir die Sache nur auf eine kleine Probe von ein paar Monaten ankommen, die Menschen sollen solche Zeit hindurch nichts anrühren und arbeiten, und es soll sich zeigen, ob ihnen gebratene Fische in den Mund hineinschwimmen werden!

[6] Und wie blöde ist endlich die anbefohlene Selbstverstümmelung bei Ärgerungen der Glieder! Lassen wir jemanden mit einer scharfen Axt in seiner rechten Hand sich seine Linke abhauen und wegwerfen; was wird er aber tun, so ihn nachher seine Rechte ärgern würde, – wie wird er sich diese dann abhauen, und wie die Augen ausreißen und am Ende ohne Hände die ihn möglich noch ärgernden Füße abhauen?! – Ah, geht mir heim mit solch einer Lehre! Die wäre für ein Krokodil zu schlecht, geschweige für den Menschen! – Nur ein wenig die Folgen kombiniert, und ihr müßt es mit Händen greifen, daß solch eine Lehre nichts als eine Folge eines altjüdischen Fanatismus sein kann!

[7] Und kämen alle Engel aus den Himmeln und lehrten die Menschen solche Wege zur Erreichung des ewigen Lebens und den Gebrauch solcher Mittel zur Gewinnung des Himmels, so sollen solch dumme Lehrer aus der Welt hinausgeprügelt werden und ihren dummen Himmel selbst fressen! – Nur die Inkonsequenz! – ›Zahn um Zahn‹ und ›Aug' um Aug'‹ findet Er ungerecht und grausam, predigt die größte Sanftmut und Duldsamkeit, öffnet sogar allen Dieben das Tor, indem Er sagt: ›Wer von dir einen Rock verlangt, dem gib auch noch den Mantel hinzu!‹ Schöne Lehre! – Aber dafür sollen die Menschen sich selbst die Augen ausreißen und Hände und Füße abhauen! – Wer aus euch hat je schon einen größeren Unsinn vernommen?!«

[8] Hier tritt **der Priester** näher zu Mir hin und sagt: »Meister! Deine Taten bezeugen, daß Du mehr vermagst als ein gewöhnlicher Mensch. Aber wenn Du irgend richtig zu denken vermagst, woran ich nicht zweifle, da ich Dich im Hause der Irhael ganz weise reden gehört habe, so widerrufe gewisse höchst unpraktische Lehrsätze dieser Deiner Predigt! Sonst sind wir, trotz aller Deiner sonst ganz eines Messias würdigen Taten, genötigt, Dich offenbar für einen in irgend einer altägyptischen Schule fanatisch gebildeten Magier anzusehen und Dich als einen barsten Messiasfrevler von uns hinauszuweisen!

[9] Betrachte Deine gewaltige Lehre nur Selbst ein wenig genauer, und Du mußt es einsehen, daß Deine Lehre zur Gewinnung des ewigen Lebens völlig unbrauchbar ist und von niemandem je befolgt werden kann! Denn so jemand den Himmel sich also verdienen soll, da wird er wohl den Himmel stehen lassen! Denn da wäre es ja besser, nie geboren zu werden denn sich also zu verdienen einen Himmel, in den er nur als ein Verstümmelter eingehen kann! Sage mir aber vollends aufrichtig, ob Du das einsiehst, oder ob Deine Lehre Dir wirklich ernst ist!«

[10] Sage **Ich:** »Du bist doch ein Oberpriester und bist blinder denn ein

Maulwurf unter der Erde; was läßt sich von den anderen denken und erwarten?! Ich gab euch hier Bilder, und ihr verschlinget bloß nur ihre Materie, die euch zu ersticken droht; aber von dem Geiste, den Ich in diese Bilder gelegt habe, scheinet ihr keine Ahnung zu haben.

[11] Glaube es Mir: So weise ihr euch dünkt, so weise sind auch wir und wissen es sehr wohl, ob sich ein Mensch verstümmeln könne und solle, um das ewige Leben zu erhalten! Aber wir wissen es auch, daß ihr den Geist dieser Lehre nicht fasset und noch lange nicht fassen werdet! Wir aber werden darum unsere Worte nicht zurücknehmen. Du hast wohl auch Ohren, aber diese hören das Rechte nicht; also hast du auch Augen, die aber gleichfort geistig blind sind, und du hörst und siehst dennoch mit offenen Ohren und Augen nichts!«

41. In Sichar. – Des Oberpriesters weitere Verstandeskritik über die harte Lehre des Herrn; sein gutes Gleichnis vom verschlossenen Wasserkrug und dem Durstigen. Praktische Lebensklugheit des Verstandesmenschen. Des Herrn Geduld mit dem redlichen Priester, der nochmals Kritik übt an dem ihm unsinnig erscheinenden Punkte der Bergpredigt. Der Herr weist ihn zu dessen Erläuterung an den Nathanael.

[1] Sagt **der Oberpriester:** »Ja, ja, Du sollst auch darin recht haben, und ich will und kann es vorderhand auch nicht bekämpfen, ob, wie und was für Geistiges sich innerhalb Deiner aufgestellten Lehrbilder birgt; aber das mußt Du mir denn doch gelten lassen, daß, so zum Beispiel ich jemandem eine Lehre gebe, von der ich wünsche, daß sie von ihm als meinem Jünger verstanden und ausgeübt werden solle, ich die Lehre doch notwendig also stellen muß, daß sie von meinem Jünger ihrem wahren Geiste nach verstanden werde. Weiß ich nun, daß mein Jünger meine Lehre dem Geiste der inneren Wahrheit nach vollends aufgefaßt hat, so kann ich dann an meinen Jünger auch vollrechtlich die Forderung stellen, daß er ein Täter meiner Lehre werde.

[2] So ich aber jemandem eine Lehre gebe in solchen Bildern, die an und für sich unmöglich zu beachten sind, und so mich dann der Jünger fragte und sagte: ›Was soll das? Wie soll ich mir das Leben nehmen, um das Leben zu gewinnen? Wie soll ich mich töten und dann als ein Toter aus dem Tode ein neues, ja ein ewiges Leben nehmen?‹, – da werde ich zu ihm sagen: ›Sieh, Freund, dieses mußt du so und so verstehen und nehmen! Denn sieh, zwischen dem dir gegebenen Lehrbild und der in ihm enthaltenen Wahrheit besteht diese und diese geistige Entsprechung; und dieser Entsprechung, aber nicht dem äußern Bilde zufolge mußt du dein Leben einrichten!‹

[3] Siehe, Meister, dann wird es der Jünger verstehen, und ich kann, wie schon früher bemerkt, dann vollrechtlich von ihm verlangen, daß er nach dem Geiste der Wahrheit meiner Lehre tätig werde! Kann ich aber das auch verlangen, ohne ein Narr zu sein, daß er mein hartes Lehrbild zur Tat erhebe? Und forderte ich das im Ernste von meinem Jünger, da müßte ich

doch vor allen denkenden Menschen mich also ausnehmen als wie einer, der in einem wohlverschlossenen Kruge Wasser trüge; ein Durstiger aber käme zu ihm und bäte ihn, daß er ihm gäbe zu trinken, der Wasserträger aber reichete ihm wohl sogleich den verschlossenen Krug und spräche: ›Da hast du den Krug, – trinke!‹; der versuchte aber nun zu trinken, fände aber keine Öffnung und fragte den Träger: ›Wie kann ich daraus trinken? Ist doch der Krug von allen Seiten verschlossen!‹; der Träger aber zu ihm sagte: ›So du blind bist und die Öffnung nicht finden magst, da verschlinge den ganzen Krug, und du wirst also schon auch das Wasser mitverschlingen!‹

[4] Sage mir, Du sonst lieber und weiser Meister, was wohl müßte der Durstige solch einem Wasserträger sagen?! Ich meine, daß der Durstige hier wohl das vollste Recht hätte, solch einen Wasserträger einen Narren zu schelten.

[5] Ich will Dich darob aber geradewegs keinen Narren schelten; aber so Du sagst, daß wir den Geist Deiner Lehre ob unserer geistigen Blind- und Taubheit nicht sehen und fassen können, so ist Deine Lehre dennoch gleich dem Wasser im verschlossenen Kruge, den der Durstige im Ernste samt dem Wasser verschlingen solle, ein Verlangen, das nur ein einem Tollhause entlaufener Prophet aufstellen könnte! – Nimm Du nun die Sache wie Du willst! Solange Du Deiner Lehre, die in manchen Einzelsätzen viel Gutes und Wahres enthält, keine genügende Erklärung beifügest, bleibe ich und viele heller Denkende bei diesem gemachten Ausspruche! Denn das wirst Du nie erleben, daß wir nun sogleich Deiner Lehre wegen werden anfangen, uns Hände und Füße abzuhauen und die Augen auszureißen! – Auch werden wir arbeiten wie zuvor und verdienen im Schweiße unseres Angesichtes unser Brot, und der sich arglistigerweise an uns vergreifen wird, der wird der gerechten Züchtigung nicht entgehen!

[6] Also werden wir auch dem Diebe, der uns einen Rock stiehlt, den Mantel nicht gratis hinzugeben, sondern den Dieb ergreifen und ins Gefängnis werfen, allwo ihm eine hinreichende Zeit belassen werden soll, seine schlechte Tat zu bereuen und sein Leben zu bessern! Wenn Du ein wahrhaft aus Gott hervorgegangener Weiser bist, so mußt Du auch von der heiligen Notwendigkeit der Aufrechterhaltung des Mosaischen Gesetzes, das Gott Selbst unter Blitz und Donner den Israeliten in der Wüste verkündet hat, durchdrungen sein! Willst Du aber mit Deiner Lehre das Gesetz brechen, dann magst Du zusehen, wie Du dabei mit Jehova auskommen wirst!«

[7] Sage **Ich:** »Ich aber bin der Meinung, daß es dem Gesetzgeber freistehe, das Gesetz zu belassen und es selbst dem Geiste und der Wahrheit nach zu erfüllen, oder es aber auch ganz aufzuheben unter gewissen Bedingungen!«

[8] Sagt **der Oberpriester:** »Das klingt sehr sonderbar aus Deinem Munde nun! Heute morgen hätte ich solch ein Wort aus Deinem Munde geehrt, denn da kam es mir wahrlich stark vor, daß Du im Ernste der Verheißene wärest! Aber nach dieser Deiner nun an uns ergangenen Lehre bist Du in meinen Augen zu einem Tollhäusler geworden, dem es beliebt, uns seine fixen Ideen als eine Weisheit des verheißenen Messias aufzutischen. Darum

rede nun lieber erklärend über Deine harte Lehre, die ohne genügende Erklärung wohl kein Mensch je fassen und danach tätig werden kann!«

[9] Sage **Ich:** »So rede denn, was dich so sehr beirret in Meiner Lehre, und Ich will es dir lösen!«

[10] Spricht **der Oberpriester:** »Ich habe es Dir zwar wohl schon etliche Male gesagt; aber damit Du siehst, daß ich gewiß sehr billig und mäßig bin, so sage ich Dir nun, daß ich alle anderen Punkte Deiner Lehre als gute und weise Stücke zum Danachhandeln annehme, aber das Augenausreißen und Hand- und Fußabhauen kann ich doch unmöglich annehmen! Bedenke doch nur Selbst, ob es wohl in der Möglichkeit liege, sich ein Auge auszureißen! Wird derjenige, der sich selbst eine Hand oder einen Fuß abhaut, nicht alsbald sich verbluten und sterben?! Und so er tot ist, welche Früchte der Besserung wird er dann bringen können?!

[11] Sieh, das ist der unpraktischeste Punkt Deiner Lehre, der unmöglich je vernünftigerweise befolgt werden kann! Und sollten sich wirklich je irgend Narren vorfinden, die solche Lehre an sich ausübten, so werden sie darob sicher nicht besser werden; denn so dabei jemand mit dem Leben davonkommt, so wird er Gott nicht loben des Elends wegen, in das ihn solche Gottes sein sollende Lehre gestürzt hat. Stirbt er aber, was am sichersten anzunehmen ist, so frage ich mit David: ›Herr, wer wird Dich im Tode loben und wer Dich preisen im Grabe?!‹ Also diesen Punkt wenigstens erkläre uns deutlicher, alles andere wollen wir als eine – freilich wohl auch auf die höchste Spitze getriebene – Humanitätslehre annehmen!«

[12] Sage **Ich:** »Nun gut; dein Begehren ist billig, und Ich sage es dir: Unter allen Priestern nach Samuel bist du der weiseste, da du eines guten Herzens bist, Meine Lehre im Grunde nicht verwirfst, sondern sie nur beleuchtet haben willst; und Ich will dir darum auch ein Licht geben! Aber nicht aus Meinem Munde, sondern aus dem Munde eines Meiner Jünger soll dir Licht werden! Wende dich daher an einen Meiner Jünger, auf daß dir daraus klar wird, daß Meine Lehre schon jetzt ohne Meine Erklärung den Menschen klar geworden!«

42. In Sichar. – Nathanaels klare, derbe Beleuchtung der dem Verstandesmenschen anstößigen Punkte der Bergpredigt. Des Messias Beruf, in Gleichnissen zu reden. Entsprechung des Natürlichen mit dem Geistigen. Der Weg zum Verständnis des Geistigen. Unterschied des göttlichen Wortes vom menschlichen. Zweck des Fleischprobelebens. Erläuterte Lebenswinke. Gefahr der Weltliebe. Ermahnung an den Kritiker.

[1] Hier wendet sich **der Oberpriester** an den Nathanael und sagt zu ihm: »Nach der Weisung eures Meisters wende ich mich zufällig an dich; erkläre mir daher wenigstens nur den härtesten Punkt der Lehre eures Meisters! Aber ich bitte dich, nur klare, reine Worte! Denn mit Dunst über Dunst wird kein Gemach erleuchtet! Und so wolle denn reden!«

[2] Spricht **Nathanael:** »Seid ihr denn wohl gar so verschlagenen Gemü-

tes, daß ihr eine so klar gegebene Lehre nicht in ihrem wahren Sinne fassen möget? Haben denn nicht die Propheten nahe samt und sämtlich von Christus vorhergesagt, daß Er nur in Gleichnissen Seinen Mund auftun und nicht ohne Gleichnisse reden werde mit den Menschen?«

[3] Sagt **der Oberpriester:** »Jawohl, da hast du recht; denn also steht es geschrieben.«

[4] Spricht weiter **Nathanael:** »Nun gut, so du das als ein Schriftkundiger weißt, warum schiltst du dann den Herrn einen Narren, so Er nach der Schrift Seinen Mund auftut in Gleichnissen, zu deren Verständnis du den Herrn wohl um ein Licht anflehen kannst, aber deshalb nicht den Herrn einen Narren schelten sollst, so dir Seine gleichnisweise Rede unverständlich ist, indem du selbst voll Unverstandes bist in solchen Dingen Gottes?!

[5] Siehe, die Dinge der Natur haben ihre Ordnung und können nur in dieser ihrer eigentümlichen Ordnung bestehen; und so haben auch die Dinge des Geistes ihre höchst eigentümliche Ordnung und können außer solcher Ordnung nicht bestehen, nicht gedacht und nicht ausgesprochen werden. Aber zwischen den Naturdingen und den geistigen Dingen, weil jene aus diesen hervorgegangen sind, ist und besteht eine genaue Entsprechung, die freilich wohl nur der Herr allein am allerbesten kennt.

[6] Wenn nun der Herr uns rein Geistiges verkündet, die wir noch sämtlich in der starren Ordnung der Naturmäßigkeit uns befinden, so kann Er solches ja nur auf dem Wege der gleichnisweisen Entsprechungsbilder geschehen lassen. Um diese aber recht zu verstehen, müssen wir trachten, unsern Geist durch die Beachtung der Gottesgebote zu wecken. Erst in solcher Gewecktheit werden wir darüber ins klare kommen, was der Herr unter einem solchen entsprechenden Gleichnisbilde alles gesagt und geoffenbart hat, und eben darin wird sich Sein göttlich Wort ewig von unserem menschlichen unterscheiden.

[7] Nun aber habe wohl acht! Was bei dem Naturmenschen das Auge ist, das ist beim Geiste das Schauvermögen in göttlichen und himmlischen Dingen, die allein dem Wesen des Geistes für seine glückseligste ewige Existenz zusagen.

[8] Da aber der Geist zufolge notwendigster göttlicher Ordnung eine bestimmte Zeit in die Materie des Fleisches dieser Welt versenkt werden muß, auf daß er fest werde in seiner Freiheit und nahe völligen Unabhängigkeit von Gott, ohne die er Gott nie schauen könnte und noch weniger bestehen in, neben und bei Gott – (So der Geist aber eben in der Materie reift und sich festet in der Freiheit und Unabhängigkeit von Gott, steht er aber in der unmöglich vermeidbaren Gefahr, von der Materie selbst verschlungen und mit getötet zu werden, aus welchem Tode eine Erweckung zum Leben in Gott eine höchst schwere und leidende ist und sein muß) –, so sagte der Herr, wohl verstanden nicht zum Fleischmenschen, sondern zum Geistmenschen: ›So dich das Auge ärgert, da reiße es aus und wirf es von dir; denn es ist besser, mit e i n e m Auge in die Himmel zu gehen – als mit beiden in die Hölle!‹, was soviel sagen will als: Wenn dich das Licht der Welt zu sehr verlockt, so tue dir Gewalt an und kehre dich ab von solchem Lichte,

das dich in den Tod der Materie zöge! Benimm also dir selbst als Geist den leeren Genuß der Weltanschauung und wende dich mit deiner Sehe den rein himmlischen Dingen zu! Denn es ist dir besser, ohne alle Weltkunde in das Reich des ewigen Lebens einzugehen, als wie zu weltkundig einerseits und zu wenig geistkundig anderseits von dem Tode der Materie verschlungen zu werden!

[9] So der Herr hier von zwei Augen, Händen und Füßen sprach, da bezeichnete Er damit ja nicht die zwei Augen und die zwei Hände und Füße des Leibes, sondern nur das offenbar doppelte Seh-, Tätigkeits- und Fortschrittsvermögen des Geistes und warnt nicht das Fleisch, das kein Leben hat, sondern den Geist, sich mit der Welt lieber nicht zu befassen, so er merke, daß ihn diese zu sehr anzöge, da es in dem Falle besser sei, ohne alle Weltkundigkeit in das ewige Leben einzugehen, als durch zu viel Weltkenntnis am Ende von dem notwendigen Gerichte der Welt verschlungen zu werden.

[10] Der Geist aber soll ja wohl die Welt auch schauen und weltkundig werden, aber er soll an ihr kein Wohlgefallen finden! Fängt er aber an, zu verspüren, daß ihn die Welt anreizet, so soll er sich sogleich von ihr abwenden, weil ihm da schon Gefahr droht! Und siehe, dieses nötige Abwenden drückt das entsprechende Bild des Augausreißens aus; und Der uns ein so treffend Bild geben kann, Der muß sicher wohlbewandert sein in allen geistigen und materiellen Verhältnissen des Menschen, was nach meiner Überzeugung nur Dem möglich sein kann, durch Dessen Kraft, Liebe und Weisheit alle Dinge geistig und materiell geschaffen worden sind! Ich meine nun, du wirst mich denn doch verstanden haben und nun einsehen, wie grob du dich an Dem versündigt hast, Der dein wie unser aller Leben in Seiner allmächtigen Hand trägt!?«

43. In Sichar. – Nathanaels Begründung der Gleichnisrede des Herrn. Weitere Erklärung der Bergpredigt. Bedeutsame Lebenswinke.

[1] Hier stutzt **der Oberpriester** und auch viele andere ganz gewaltig und sagt nach einer Weile: »Ja, ja, nun verstehe ich es freilich wohl! – Aber warum redete der Herr denn nicht sogleich also verständlich, wie du nun geredet hast, so hätte ich mich an Ihm sicher nicht versündigt!?«

[2] Sagt **Nathanael:** »So mich also ein siebenjähriger Knabe fragen würde, da nähme mich's nicht wunder, daß ein siebenjähriger Knabe also fragt; aber bei dir nimmt es mich hoch wunder, da du doch einer der ersten Weisen dieses Ortes bist!

[3] Möchtest du dem Herrn nicht auch die weise Preisfrage stellen, warum Er in die Samenkörner, die doch gar nichts gleichsehen, die Gestaltungs- und Entwicklungsfähigkeit des daraus hervorgehenden Baumes bis ins Endloseste hineingelegt hat? Hätte er nicht lieber sollen alsogleich alle Früchte reif aus der Luft in den Schoß der Menschen regnen lassen?! Wozu die langweilige Entwicklung eines Baumes aus dem Samenkorne und hernach

noch ein langes Warten auf die reife Frucht?! Sieh, sieh, wie blöde du noch bist!

[4] Des Herrn Wort und Lehre ist gleich wie alle Seine Werke. Er gibt uns Seine Lehre in Samenkapseln; diese müssen wir erst säen ins Erdreich unseres Geistes, welches Erdreich da heißet Liebe, da wird der Same dann aufgehen und zu einem Baume der wahren Erkenntnis Gottes und unserer selbst werden, und wir werden von diesem Baume dann zur rechten Zeit vollreife Früchte zum ewigen Leben sammeln können.

[5] Liebe aber ist das Erste; ohne diese gedeiht keine Frucht des Geistes! Säe in die Luft den Weizen; siehe, ob er wachsen und dir eine Frucht bringen wird! So du aber das Weizenkorn legest in ein gutes Erdreich, da wird es wachsen und dir vielfache Frucht bringen. Die rechte Liebe aber ist ein rechtes Erdreich für das geistige Weizenkorn, das uns aus des Herrn Munde erteilt wird.

[6] Deshalb aber hob der Herr vor euch allen nunmehr das harte Mosaische Gesetz der Strafe auf, auf daß ihr in aller Bälde reicher werden sollet an gutem Erdreich in euren Herzen. Denn der da strafet nach dem Gesetz, hat wenig oder oft wohl auch gar keine Liebe; bei ihm wird der göttliche Wortsame sonach ganz schlecht gedeihen! Der aber gestraft wird, der befindet sich ohnehin im Gerichte, in dem keine Liebe ist, da das Gericht der Tod der Liebe ist.

[7] Daher sollet ihr lieber an euren Nächsten die Fehler gar nicht sogleich ersehen, sondern mit ihnen nachsichtig und geduldig sein! Und so sie in ihrer Schwäche etwas von euch verlangen, so sollet ihr ihnen nichts vorenthalten, auf daß sich die Liebe in euch selbst und gleicherweise in euren schwachen Brüdern mehre! Wird diese einmal reichlich in euch wie in euren Brüdern vorhanden sein, so wird der göttliche Same wohl gedeihen in euch, und der Schwache wird dann in seiner Stärke euch wohl ansehen und euch vielfach vergelten, was ihr ihm in seiner Schwäche erwiesen habt.

[8] So ihr aber karg seid und hart gegen eure schwachen Brüder, so werdet ihr selbst nie zu einer Gottesfrucht in euch gelangen, und das Gericht der Schwachen wird am Ende auch euch ins Verderben ziehen.

[9] So der Herr sagte: ›Wer von dir verlangt den Rock, dem gib auch den Mantel hinzu!‹, da wollte Er bloß andeuten, daß ihr, die ihr reich seid und viel besitzet, den Armen, so sie zu euch kommen, auch reichlich und viel geben sollet! Denn dadurch werdet ihr dann auch sobald zu vielem Erdreich in euren Herzen kommen und sonach selig sein im Besitze solch wahren Erdreiches, und die Armen werden euch wahrhaft segnen; denn aus euren Herzen werden sie die tatkräftigste Predigt des wahren Evangeliums Gottes vernehmen und aus ihr selbst stark werden euch zur ewigen Stütze! Wann ihr aber karg gebet und rechnet, wann und wieviel ihr gebet, da nützet ihr damit weder euch noch den armen Brüdern, und diese werden euch darum nie zur Stütze werden.«

44. In Sichar. – Weitere Fragen des Priesters über die Entsprechung der Redebilder in der Bergpredigt. »Rechtes Auge« und »linke Hand«, erläutert durch Nathanael. Dank des Belehrten.

[1] Sagt **der Oberpriester,** der diese Rede mit großer Aufmerksamkeit anhörte: »Es ist nun schon alles wohl und gut, und ich verstehe nun nach meinem Dafürhalten alles so ziemlich; nur eines muß ich dir noch bemerken, und das besteht darin, daß der Meister eigentlich nur vom Ausreißen des rechten Auges und vom Abhauen der rechten Hand geredet hat. Ich habe dann in meinem forschenden Eifer so per Bausch und Bogen gleich auch die Füße dazugenommen, und sieh, du aber hast mir das Abhauen der Füße nun ebenso erklärt wie von Auge und Hand, von denen allein meines Wissens der Herr geredet hat. Du aber sagtest, es bestehe Entsprechung nur im Worte des Herrn, der zum Geiste des Menschen spricht; wie kommt es denn, daß du auch in meinem Zusatz Entsprechung fandest?«

[2] Sagt **Nathanael:** »Du irrst dich! Der Herr sprach auch vom rechten Fuße; nur den Schreibern gab er einen Wink, das vom Fuße auszulassen, weil bei denen, die einmal ihre innere Sehe dem Himmel zugewandt haben und ihren Liebewillen, der entsprechend unter dem linken Arm als der Hand des Herzens verstanden wird, nach dem Willen Gottes tätig machten, nachdem sie den rechten Arm oder die rechte Hand, unter der der rein weltliche Handlungstrieb verstanden wird, von sich geschafft haben, es nicht mehr nötig ist, auch den rechten Fuß eigens von sich zu schaffen. Denn so einmal das Auge im rechten Lichte und die Hand, oder besser der Wille, im rechten Handeln sich befinden, so ist der Fortschritt in die Regionen des ewigen Lebens schon von selbst da, oder der rechte Fuß, der da bezeichnet den Fortschritt in der Welt, schon von selbst abgelöst, und es bedarf da keiner besonderen Mühe mehr.

[3] Ihr Samariter aber könntet füglich beim Fuße anfangen; denn obschon eure Sehe nun dem Göttlichen zugewandt ist und eure Hände eine rechte Tat verrichten, so ist aber dennoch euer Fuß, oder eure Fortschrittsgier, rein in die Welt hinausgerichtet! Denn ihr erwartet vom Messias ganz etwas anderes, als was ihr nach der Voraussage aller Propheten von Ihm erwarten sollt! Und das ist, geistig genommen, euer rechter Fuß, den ihr abhauen sollt, um den rechten Weg zum Reiche Gottes einschlagen zu können. Und darum hatte der Herr bloß nur euretwegen auch vom rechten Fuße gesprochen, aber solches nicht niederschreiben lassen, weil die späteren Anhänger der Lehre des Herrn wohl wissen werden, wo und worin das Reich des Messias besteht, und was man tun muß, um in dasselbe zu gelangen. Hast du nun noch irgend einen Anstand?«

[4] Sagt **der Oberpriester:** »Nun ist mir wohl alles klar bis insoweit, als es mir überhaupt klar sein kann. Nur muß ich trotz allem meinem nunmaligen Verständnis hinzufügen, daß eure Lehre in der Art, wie sie gegeben wird, eine harte und schwer verständliche Lehre ist, und ihr werdet es erleben, daß sich an ihr gar viele stoßen werden!

[5] Ich will euch zwar keinen schlechten Propheten machen; aber das sage

ich euch dennoch, daß ihr damit bei den hochtrabenden Juden nicht das bewirken werdet, was ihr bei uns trotz unserer mannigfachen Dummheit bewirkt habt. Wir glauben nun, wenn auch noch wie in einem Traume; die großen Juden aber werden euch nicht also glauben! Sie werden Zeichen verlangen und werden euch am Ende noch der Zeichen wegen verfolgen; wir aber verlangten keine Zeichen von euch; ihr wirktet sie aber dennoch freiwillig.

[6] Wir aber glauben euch nun nicht der Zeichen wegen, die auch die Menschen teilweise verrichten können, sondern rein der Lehre wegen, da ihr sie uns erläutert habt! Ihr sollt daher auch bei uns verbleiben, denn bei den hohen Juden und Griechen werdet ihr schlechte Geschäfte machen!«

45. In Sichar. – Nathanaels Bescheidenheit, ein herrliches Apostelbekenntnis. »Wer aus Liebe zum Herrn nicht alles darangeben kann, der ist Seiner nicht wert!« Des Oberpriesters Wunsch, dem Herrn nachzufolgen und seine Sorge um das Wohl seiner Herde.

[1] Sagt **Nathanael:** »Bis hierher habe ich zu reden gehabt mit dir; von da weiter liegt alles in der Hand des Herrn. Was Er will, das werden auch wir wollen und tun. Denn wir alle sind geistig noch sehr arm; darum müssen wir bei Ihm verweilen, auf daß das Himmelreich unser werde. Wir wollen mit dem Herrn auch jedes Leid und jede Verfolgung tragen, auf daß wir an und in Ihm den rechten Trost haben. In Seinem Namen wollen wir sanftmütig sein in allen unseren Gedanken, Urteilen, Wünschen und Begierden und in allem unserm Tun und Lassen, auf daß wir rechte Besitzer des wahren Erdreichs werden, das da ist DIE REINE GOTTESLIEBE IN UNSEREN HERZEN.

[2] Wir wollen auch das Land nicht scheuen, wo es hart und ungerecht zugeht, es soll uns hungern und dürsten nach der rechten Gerechtigkeit; haben wir ja Den bei uns, Der darin wahrhaft für ewig sättigen kann!

[3] Wir selbst aber wollen gegen jedermann, ob er gerecht oder ungerecht an uns handle, voll Barmherzigkeit sein, auf daß wir der großen Erbarmung Gottes vor den Augen des Herrn als würdiger erachtet werden mögen!

[4] Also auch wollen wir, soviel es nur möglich ist, allerorts, so wie hier vor euch, unsere Herzen vor jeglicher Unlauterkeit verwahren, auf daß der Herr nicht von uns ziehe, so wir Ihn anschauen; denn mit einem unreinen Herzen kann man sich Gott nicht nahen und anschauen im Geiste und in aller Wahrheit Sein Angesicht und die Fülle der Wunder Seiner Werke!

[5] Sind wir aber reinen Herzens, so müssen wir friedsam, geduldig und sanft gegen jedermann sein, da ein zornig Herz nie rein sein kann, weil der Zorn stets dem Boden des Hochmutes entstammt. Sind wir aber eines friedsamen Herzens, so können wir dann auch ganz getrost uns Dem als Kinder nahen, Der uns die KINDSCHAFT GOTTES brachte und uns zu Gott als unserem Vater Selbst beten lehrte.

[6] Wenn wir nach eurer Meinung auch in andern Landen und Orten verfolgt werden unserer sicher allergerechtesten Sache wegen, so macht das,

mein Freund, nichts; denn wir haben dafür ja Ihn und durch Ihn den Himmel der Himmel! Und so sind wir schon hier selig, überselig, ob uns die Menschen lieben oder verachten und verfolgen Seinetwegen, denn Er ist ein Herr über alle und über alles! Denn Dem alle Himmel gehorchen und zu Seinem Dienste stets bereit sind, wie wir uns gestern und schon frühere Male überzeugt haben, Dem zuallernächst dienen auch wir, und dies allein schon ist uns der höchste Lohn und die höchste Ehre! Darum sorge du dich nicht um uns, denn wir wissen und erkennen es, woran wir sind!«

[7] Über diese Rede voll Entschlossenheit erstaunte **der Oberpriester** sehr und sagte: »Wahrlich, so ich nicht hier notwendig wäre und ich nicht hätte Weib und Kinder und manches andere, ich zöge selbst mit euch!«

[8] Sagt **Nathanael:** »Wir aber haben Weiber, Kinder und Sachen verlassen und sind Ihm gefolgt, und unsere Weiber und Kinder leben dennoch! Ich sage dir nach meinem Dafürhalten: Wer in dieser Welt aus Liebe zu Ihm nicht verlassen kann, sei es was es wolle, der ist Seiner Gnade nicht wert! Ob dich das beleidigt oder nicht, es ist einmal also! Denn mein Herz sagt es mir, und im Herzen ist alles Wahrheit, so in selbem einmal der Geist zum lebendigen Denken in Gott erwacht ist. Er bedarf unser nicht; aber wir bedürfen Seiner.

[9] Hast du Ihm schon je geholfen die große Sonne über den weiten Horizont emporheben und ausbreiten ihr Himmelslicht über die weite Erde? Oder hast du die Fesseln je gesehen, und noch weniger geschmiedet, die der Herr den Winden anlegt, wie Er die Blitze hält und den gewaltigen Donner und das Meer in seinen Tiefen?! Wer kann sagen, daß er dem Herrn je in irgend etwas geholfen habe?! Wenn aber also, w e r , zu dem der Herr spricht, daß er Ihm folge, kann da noch gedenken seines Weibes, seiner Kinder, seiner Sachen und nicht ganz unbedingt folgen Ihm, dem Herrn alles Lebens, aller Himmel und aller Welten, auf Den wir so lange gehofft haben, daß Er kommen werde und nun gekommen ist, genau in der Art und Weise, wie da alle Propheten und Erzväter von Ihm geweissagt haben?!«

[10] Spricht nun **der Oberpriester:** »Wenn ich nur nicht Oberpriester wäre, wahrlich, ich täte, was ihr alle getan habt! Aber ich bin Oberpriester; und nachdem ihr nunmehr, wie ich es vernommen habe, nur noch einen Tag bei uns verweilen werdet, so bin ich hier diesen noch Schwachgläubigen so notwendig wie das Auge zum Sehen. Daher wirst du wohl einsehen, daß ich nicht so sehr meines Weibes, meiner Kinder und meiner Sachen wegen hier verbleiben muß, als vielmehr dieser Schwachgläubigen wegen, die sich von der alteingepflanzten Idee über die Beschaffenheit des Messias und über den Zweck Dessen Auftretens noch lange nicht völlig zu trennen werden imstande sein. Es wird mir die Mühe sauer werden; aber was kann ich tun?!

[11] Ich glaube nun einmal fest, daß euer Meister der verheißene Messias ist; aber meine Gemeinde?! Du hast es gesehen, wie sich schon während der Predigt eine Menge davonmachten! Diese sind voll ärgerlichen Unglaubens, und werden solchen nun fleißig ausbreiten, und viele, die noch hier geblieben und gestern voll Glaubens waren, sind nun auch voller Zweifel und wissen nicht, was sie glauben sollen!

[12] Denke dir aber nun mich, der ich allen diesen ein Orakel bin, – was ich nun für eine Arbeit haben werde! Bekehre ich sie aber nicht, so bleiben sie alles, was du willst, nur das nicht, was sie sein sollen, bis ans Ende der Welt! Und siehe, darin liegt der Hauptgrund, warum ich hauptsächlich hier verbleiben muß! Und ich glaube, der Herr wird mir darum nicht ungnädig sein! Denn bin ich auch nicht in Seiner Gesellschaft leiblich, so werde ich es doch geistlich verbleiben immerdar und werde Ihm als ein getreuer Knecht und Hirte Seiner Herde allergetreuest zu dienen mich bemühen, vollkommen nach Seiner hier vernommenen Lehre, und ich meine, daß es Ihm also auch recht sein werde!«

[13] Sage **Ich:** »Ja, also ist es mir vollends recht und lieb! Denn du sollst Mir in dieser Gemeinde ein tüchtiges Rüstzeug sein, und dein Lohn im Himmel soll dereinst groß heißen! Nun aber ist es Abend geworden; daher lasset uns wieder nach Hause ziehen! Es sei!«

[14] Nach diesen Worten machten wir uns vom Berge herab auf den Weg nach Hause. Es war aber noch viel Volkes da, obgleich sich viele früher, als Ich die Predigt beendigte, voll Unglaubens und Ärgers davonmachten.

46. In Sichar. – Heilung des Aussätzigen auf seine Bitte: »Herr, willst Du, so kannst Du mich wohl reinigen!« Gute Wirkung dieses Wunders. Tateifer und Begeisterung des Oberpriesters. Des Herrn Lebenswinke zum rechten Maßhalten in allem.

[1] Wie schon früher einmal berührt ward, befanden wir uns gerade nicht auf des Berges höchster Höhe, sondern mehr unten auf den ersten Ansteigungen des größeren und bequemeren Raumes wegen, weil Mir aus der Stadt viel Volkes folgte, und auch darum, weil es darunter viele alte und schon sehr schwache Menschen gab, die bei der bedeutenden Hitze des Tages die Spitze des Berges kaum erreicht haben würden. Aber dennoch waren wir so ziemlich hoch oben, und es bewegte sich der Zug darob etwas langsam, indem die Dämmerung für manche schwachsehende Menschen den Pfad nicht sehr wohl erkennen ließ.

[2] Als wir aber also behutsamen Schrittes vom Berge vollends in die Ebene kamen, da lag am Wege **ein Mensch** voll bösen Aussatzes. Dieser Mensch richtete sich alsbald auf, ging zu Mir hin und sprach mit einer klagenden Stimme: »O Herr, so Du wolltest, könntest Du mich wohl rein machen!« **Ich** aber streckte sogleich Meine Hand über ihn aus und sprach: »Also will Ich es, daß du rein seiest!« Und der Kranke war im Augenblick rein von seinem Aussatz; alle Wülste, Rauden und Schuppen verschwanden plötzlich. Es war aber das ein gar böser Aussatz, den kein Arzt heilen konnte; daher nahm es denn auch alles Volk überhoch wunder, da es sah, wie dieser Mensch so plötzlich von seinem Aussatz rein ward.

[3] Der Gereinigte aber wollte Mich nun überlaut zu rühmen anfangen; **Ich** aber bedrohte ihn und sprach: »Ich sage es dir, daß du es vorderhand niemandem sagest, außer allein dem Oberpriester! Zu dem gehe hin; er geht hinter uns mit Meinen Jüngern einher! So er dich als gereinigt erkannt

haben wird, dann geh in dein Haus, nimm daselbst und opfere auf dem Altar die Gabe, die Moses angeordnet hat!«

[4] Der Gereinigte tat sogleich, was Ich ihm anbefohlen hatte. **Der Oberpriester** verwunderte sich auch über die Maßen und sprach: »So mir ein Arzt gesagt hätte: ›Sieh, diesen Menschen werde ich gesund machen!‹, da hätte ich weidlichst gelacht und gesagt: ›Ei du Narr, gehe hin an den Euphrat und versuche, ihn auszuschöpfen! Wann du einen Eimer davon schöpfen wirst, da wird er dir hunderttausende an die Stelle schicken; aber es soll dir dennoch leichter sein, den Euphrat trockenzulegen, als gesundzumachen diesen Menschen, dessen Fleisch schon nahe ganz in Verwesung übergegangen ist!‹ Und diesem Menschen, Den wir nun als den Messias anerkannt haben, gelang es durch ein einziges Wort! – Wahrlich, das genügt uns! – Er ist vollauf Christus! – Wir bedürfen nun keiner weiteren Zeugnisse mehr.

[5] Wahrlich, wer mich heute um einen Rock anredet, dem gebe ich sogleich nicht nur den Mantel, sondern meinen ganzen Kleidervorrat hinzu! Wahrlich, um den Preis gebe ich nun bis aufs Hemd alles her und sehe nun ein, daß Seine Lehre eine rein göttliche ist! Ja, Er Selbst ist als Jehova nun leibhaftig bei uns! Was wollen wir nun noch mehr?! Die ganze Nacht will ich einen Herold machen und Seine Gegenwart verkünden in allen Straßen und Gassen!«

[6] Nach solchen Worten läuft er zu Mir hin, und zwar in der Nähe des Brunnens, fällt vor Mir nieder und sagt: »Herr, halte nur ein wenig still, daß ich Dich anbeten kann; denn Du bist nicht nur Christus, ein Sohn Gottes, sondern Du bist als Gott Selbst, im Fleische verhüllt, bei uns!«

[7] Sage **Ich:** »Freund, laß all das gut sein! Ich habe euch ja gezeigt, wie ihr beten sollet; bete also im stillen, und es genügt! Tue heute nicht zu viel und morgen darob leicht zu wenig! Ein rechtes Maß in allem ist stets zu beachten! So du zum Rocke noch den Mantel hinzutust, so genügt das, dir den Armen zum vollen Freunde für immer zu machen; wo du ihm aber, da er nur einen Rock von dir verlangte, deinen ganzen Kleidervorrat hinzutätest, da wird er verlegen werden und wird bei sich meinen, du wollest ihn dadurch entweder beschämen, oder du seiest selbst von Sinnen. Und sieh, da geschähe damit dann nicht Gutes!

[8] Aber so dich jemand um einen Silberling bittet, du aber gibst ihm dann zwei, auch drei, so wirst du des Borgers Herz freudig machen und dein eigenes selig; so du aber dem, der zu dir kam, sich einen Silberling zu erborgen, gleich tausend gäbest, da wird er erschrecken und meinen bei sich: ›Was soll das bedeuten? Ich bat ihn um einen Silberling nur und er will mir geben all seine Habe!? Hält er mich denn für einen Nimmersatt, will er mich beschämen, oder ist er gar ein Narr geworden?‹ Und sieh, solch ein Mensch wird dadurch kein Gewinn für d e i n Herz und solch dein Gebaren auch ebensowenig ein Gewinn für s e i n Herz sein! Also nur ein rechtes volles Maß in allem, und es genügt vollauf!«

[9] Mit dieser Belehrung ist der **Oberpriester** auch vollauf zufrieden und sagt zu sich selbst: »Ja, ja, Er hat recht in allen Dingen! Gerade also tun, wie Er es gesagt hat, ist vollauf recht; was darunter oder darüber ist, ist entweder

schlecht oder dumm. Denn so ich heute alles hergäbe und morgen ein vielleicht noch Dürftigerer käme vor meine Türe, was möchte ich dann diesem geben? Wie hart und schwer wäre es mir dann ums Herz; denn ich könnte ja also dem noch Ärmeren keine Hilfe mehr leisten.

[10] Der Herr hat vollauf recht in allen Dingen und weiß überall das beste Maß anzuordnen; Ihm allein daher alle Ehre, aller Preis und Ruhm und die vollste Anbetung aus allen Herzen!«

47. In Sichar. – Das wunderbare Abendmahl bei der Irhael in Gesellschaft der Engel. Des Herrn Winke über diese Seine himmlischen Diener. Ärger und Unglauben seitens der galiläischen Landsleute des Heilands.

[1] Währenddem aber langen wir auch beim Hause der Irhael und des Joram an, allwo schon alles auf dieselbe Weise wie tags vorher, nur um sehr vieles reichlicher, fürs Abendmahl vorbereitet ist. An der Flur des Hauses wollen sich nun die vielen Sicharier, die am Berge waren, empfehlen; aber es treten sogleich eine Menge weißgekleideter Jünglinge unter sie und nötigen sie alle zum Abendmahle.

[2] **Der Oberpriester**, ganz erstaunt über die große Menge der herrlichsten Jünglinge und ganz besonders über ihre große Leutseligkeit, Freundlichkeit und Humanität, tritt sogleich zu Mir hin und fragt nun voll Demut: »Herr, aber ich bitte Dich, wer sind diese herrlichen Jünglinge? Es kann keiner mehr als sechzehn Jahre haben, und doch verraten sie mit jedem Wort und mit jeder Bewegung, daß sie außerordentlich gebildet sind! O sage es mir, woher sie wohl gekommen sind, und welcher Schule sie angehören! Wie schön von Gestalt und wie gut genährt sie nur sind! Wie höchst angenehm und dem Herzen gar so überaus wohltuend nur ihre Stimme klingt! Also Herr, sage, sage es mir, wer und woher diese Jünglinge sind!«

[3] Sage **Ich:** »Hast du denn niemals gehört, da es doch schon von alters her heißt: ›Ein jeglicher, der ein Herr ist, hat seine Diener und Knechte!‹ Du heißest Mich nun Herr, und es ist also ja füglich, daß auch Ich habe Meine Diener und Knechte! Daß sie sehr gebildet sind, zeugt, daß ihr Herr ein sehr weiser und liebevoller Herr sein muß. Die Herren der Welt aber sind harte und lieblose Menschen, und also sind es auch ihre Diener; der Herr aber, Der ein Herr ist im Himmel und nun kam zur Erde in die harte Welt der Menschen, der hat denn auch Seine Diener von daher, von wannen Er gekommen ist, und die Diener gleichen Ihm, da sie nicht nur Seine Diener, sondern auch Kinder Seiner Weisheit und Liebe sind. Hast du Mich wohl verstanden?«

[4] Sagt der **Oberpriester:** »Ja, Herr, insoweit man überhaupt Deine denkwürdigste Bilderrede verstehen kann. Es gäbe da freilich noch eine Menge zu fragen, um in dieser Sache so recht ins klare zu kommen, aber ich lasse das für jetzt und hoffe, daß sich für heute darum noch viel Gelegenheit finden lassen wird.«

[5] Sage **Ich:** »O allerdings! Gehen wir aber nun zum Abendmahle; denn es ist alles in der Bereitschaft!«

[6] Alles Volk, das gläubig war, ging zum Mahle; nur ein noch ungläubiger Teil ging nach Hause, denn er hielt das alles für ein Fangnetz. Die Ursache dessen aber war, da das zumeist ausgewanderte **Galiläer** waren, darunter viele aus Nazareth, die Mich und auch Meine Jünger, die sie oft am Fischmarkte gesehen hatten, kannten. Diese sagten auch zu den eigentlichen Samaritern: »Wir kennen ihn und seine Jünger; er ist ein Zimmermann von Profession, und seine Jünger sind Fischer. Er war bei den Essäern in der Schule, die da wohlbewandert sind in allerlei Künsten, in der Heilkunde und in seltener Zauberei. Solches hat er allda gelernt und übt nun seine wohlerlernte Kunst aus, um den Essäern einen großen Anhang und viel Einkommen zu verschaffen. Diese Jünglinge aber sind verkleidete und von denselben Essäern vom Kaukasus her angekaufte und wohlerzogene Mädchen; diese dürften am meisten ziehen! Wir aber lassen uns nicht so leicht betören; denn wir wissen es, daß da mit dem Gott Abrahams, Isaaks und Jakobs durchaus nicht zu scherzen ist. Den Essäern aber, die etwa der Meinung seien, daß ihre Vorfahren die Welt erschaffen haben, ist das ein leichtes, sich mit dem einen Scherz zu machen, was für sie nicht da ist. Solange wir an einen Gott Abrahams, Isaaks und Jakobs glauben, bedürfen wir solcher essäischen Blendwerke nicht; und sollten wir solchen unsern Glauben je verlieren, so werden uns die Essäer und ihre pfiffigen Boten sicher keinen Ersatz zu bieten imstande sein, sondern uns am Ende zu lauter Sadduzäern machen, die an keine Auferstehung und an kein ewiges Leben glauben. Davor aber möge uns Jehova schützen!« Mit solchen Äußerungen kehren sie heim.

[7] Ich und ein großer Teil, zu allermeist aus Samaritern bestehend, setzen uns zum Mahle und lassen uns nach getaner Arbeit wohl geschehen und lassen uns bedienen von den Engeln; denn auch da arbeitete Ich in einer Wüste, und es heißt: »Als der Satan zu weichen genötigt war, traten Engel zu Ihm und dienten Ihm.«

48. In Sichar. – Die Gäste und die himmlischen Diener. Des Oberpriesters Bedenken ob seiner Bekehrungsmission am ungläubigen Volke. Des Herrn Missionswinke an ihn und Voraussage über Sein Leiden, Sterben und Auferstehen. Über den Missionserfolg der Märtyrer nach ihrem Tode. Geistererscheinungen. Herrliche Endesverheißung an die tatsächlichen Nachfolger.

[1] Es wußten aber nur wenige, die da zu Tische saßen, daß sie von Engeln mit der Kost aus den Himmeln bedient wurden. Sie meinten, daß Ich im Ernste solche Dienerschaft in Meinem Gefolge habe und Mir solche aus Kleinasien ums Geld angekauft habe. Nur begriffen sie die große Munterkeit, Freundlichkeit und die feine Bildung nicht; denn derart Leibeigene machten gewöhnlich saure Gesichter und verrichteten ihre Dienste rein sklavisch wie Maschinen, und von irgend einer Bildung und Humanität war

da keine Rede. Kurz, die Gäste vergnügten sich sehr und **der Oberpriester**, der nun stets mehr und mehr einzusehen begann, daß diese vielen Diener überirdische Wesen seien, fing immer mehr an, wie man sagt, auf Dornen zu sitzen, da es ihn genierte, daß das Volk, obschon sittsam, aber nach seiner Meinung dennoch zu ungebunden, sich mit diesen herrlichen Dienern unterhielt.

[2] Am meisten genierte ihn aber derjenige Teil, der trotz aller Zeichen aus den weit geöffneten Himmeln ungläubig nach Hause lief. Mit beklommenem Herzen sprach er: »Mein Herr und mein Gott! Was soll solche Menschen denn doch noch zum Glauben zu bewegen imstande sein, wenn solche Zeichen fruchtlos bleiben! Du Selbst, o Herr, und die vielen Engel aus den offenen Himmeln waren außerstande, diese Brut zu bekehren; was soll nun ich armer Tropf mit ihnen machen? Werden sie mir nicht ins Angesicht zu spucken beginnen, so ich es wagte, sie von Dir zu belehren anzufangen?«

[3] Sage **Ich:** »Hast du doch auch der Gläubigen in großer Menge um dich; mache sie zu deinen Helfern, und dir wird die Mühe leicht werden. Denn so irgend ein Mensch eine große Last heben soll, hat aber nicht hinreichende Kraft dazu, da nimmt er sich einen Gehilfen. Tut es sich mit dem einen noch nicht, so nimmt er noch einen zweiten und dritten hinzu und wird sodann Meister der Last. Wo einmal eine gleichgroße Anzahl Gläubiger sich vorfindet, ja hier leicht größer denn die der Ungläubigen, da ist die Arbeit leicht.

[4] Ganz anders verhält es sich mit solchen Ortschaften, wo gar keine Gläubigen zu Hause sind! Da mache man zwar einen Versuch, auf daß sich dereinst niemand entschuldigen und sagen könne: ›Ich habe davon nie ein Wort vernommen.‹

[5] Findet sich ein Gläubiger vor, so bleibe man bei ihm und offenbare ihm das Reich der Gnade Gottes! Nimmt aber auch nicht einer das Wort an, so gehe man weiter und schüttle auch den Staub von seinen Füßen über eine solche Ortschaft; denn solch eine Ortschaft ist dann fürder auch keiner Gnade wert, außer derjenigen, die den Tieren des Feldes und der Wälder erteilt wird. Da hast du nun die Instruktion, wie du dich fürder zu benehmen hast mit all den Ungläubigen!

[6] Ich sage dir aber, daß du selbst festbleibest in deinem Glauben, sonst wirst du wenig Ersprießliches zu wirken vermögen für Mein Reich! Laß dich nicht irreleiten durch verschiedene Kunden, die du über Mich aus Jerusalem bekommen wirst in ein paar Jahren! Denn Ich werde dort den Gerichten überliefert werden, und sie werden diesen Meinen Leib töten, aber am dritten Tage werde Ich ihn wieder beleben und sodann bleiben bei und unter euch allen bis ans Ende der Welt! Denn jene Brut zu Jerusalem wird erst glauben in der Überzeugung, daß Ich durchaus nicht zu töten sei!

[7] Und es wird dann auch in den verschiedenen Orten der Erde also sein, daß die halsstarrigen Menschen die Überbringer des Evangeliums dem Leibe nach töten werden. Aber eben solch ein Tod wird sie dann erst gläubig machen, da sie daraus ersehen werden, daß alle jene, die aus Meinen Wor-

ten leben ein geistiges Leben, nimmer zu töten sind! Denn die Getöteten werden zu ihren Schülern unterschiedlich wiederkommen und werden sie lehren Meine Wege!

[8] Aber zu den harten Weltmenschen, die entweder keinen Glauben haben oder, ob sie schon Glauben haben, dennoch nicht handeln danach, wie sie der Glaube lehrt, werden weder Ich noch Meine Jünger kommen und ihnen nehmen völlig der Zweifel Nacht aus ihren Herzen. Wann aber über ihr Fleisch das Ende kommen wird, so sollen sie das Übel ihres Unglaubens und die Folgen der Nichtbeachtung Meiner Lehre in der Tat fühlen, während jene, die an Mich tatkräftig glauben werden, des Fleisches Tod weder fühlen noch schmecken sollen!

[9] Denn wann Ich diesen die Türe ihres Fleisches öffnen werde, werden sie aus ihrem Fleische wie die Gefangenen aus ihren Kerkern heraustreten, so sie ihnen die Milde ihres Herrn geöffnet hat.

[10] Laß dich also nimmer beirren, wenn du dies und jenes über Mich vernehmen wirst! Denn wer bis ans Ende treu und unerschüttert verharret im Glauben und in der Liebe, wie Ich es lehre und gelehrt habe und fort und fort lehren werde, der wird selig werden in Meinem ewigen Reiche in den Himmeln, die du nun offen siehst über dir, und Meine Engel steigen auf und ab!«

49. In Sichar. – Winke über das Wie und Wo der wahren Gottesverehrung. Gute Rede der Irhael. »Nicht Bethäuser, sondern Herbergen und Krankenhäuser für Arme sollt ihr Mir bauen!« Hinweis auf den Tempel der Schöpfung.

[1] Sagt **der Oberpriester:** »Ich bin nun ganz in der Ordnung und hoffe, daß es in kurzer Zeit auch diese ganze Ortschaft werden wird. Aber eine Frage noch erlaube mir, und diese eine Frage bestehe darin: Sollen wir nun noch den Berg und Dein altes Haus ehren und dort Deinen Sabbat heiligen, oder sollen wir von nun an uns hier ein Haus erbauen, in dem wir uns versammeln möchten in Deinem Namen? Wenn letzteres Dein Wille wäre, so möchtest Du uns etwa morgen wohl eine passende, Dir am meisten wohlgefällige Stätte anweisen, und wir würden dann alles aufbieten, Deinem Wunsche auch darin zu genügen!«

[2] Sage **Ich:** »Freund, was euch und allen Menschen not tut, das habe Ich euch heute am Berge kundgetan.

[3] Zur Beachtung dessen aber bedarf es weder des alten Hauses auf dem Berge und noch weniger eines neuen in der Stadt, sondern allein eures gläubigen Herzens und eures festen guten Willens.

[4] Als Ich gestern hierher kam und eine Rast nahm am Jakobsbrunnen, und zusammentraf mit der Irhael, da auch fragte sie Mich, als sie Mich näher erkannte, wo man Gott anbeten solle, ob auf Garizim oder zu Jerusalem im Tempel. Sie soll es dir sagen, was Ich darauf ihr zur Antwort gab!«

[5] Hier wendet sich der Oberpriester an die **Irhael**, und die sagt: »Also aber redete dann mit mir der Herr:

[6] ›Es kommt die Stunde, und ist schon da, daß die wahren Anbeter Gott weder auf Garizim noch in dem Tempel zu Jerusalem anbeten werden! Denn Gott ist ein Geist, und die Ihn anbeten, müssen Ihn im Geiste und in der Wahrheit anbeten!‹ Das sprach der Herr; du bist ein Oberpriester und wirst nun wohl wissen, was nun zu tun sein dürfte!

[7] Ich bin der Meinung: So der Herr schon einmal uns allen die übergroße Gnade erwies und Herberge nahm in diesem Hause, das nicht mein, sondern Sein Haus ist und bleiben soll, so soll dieses Haus für immer ein denkwürdigstes bleiben, und wir wollen darin uns allzeit versammeln in Seinem Namen und Ihm zu Ehren heiligen den Sabbat!«

[8] Sagt **der Oberpriester:** »Ja, ja, du hast wohl recht, so wir schon lauter Gläubige wären; aber man muß dennoch auch für die Schwachen irgend eine Rücksicht nehmen! Diese würden sich daran noch mehr stoßen.«

[9] Sage **Ich:** »Irhael hat recht! Wer sich stößt, nun, der soll sich stoßen und soll seinen Berg besteigen! Wann er dort nichts mehr finden wird, da wird er sich dann schon von selbst eines Bessern zu bedenken anfangen.

[10] Nicht Bethäuser sollet ihr Mir fürder erbauen, sondern Gasthäuser und Herbergen für Arme, die euch nichts zu entgelten haben!

[11] In der Liebe zu den armen Brüdern und Schwestern werdet ihr Meine rechten Anbeter sein, und Ich werde in solchen Bethäusern häufig unter euch sein, ohne daß ihr es sogleich merken werdet; aber in eigens zu Meiner Anbetung mit den Lippen, wie es bis jetzt der Fall war, erbauten Tempeln werde Ich ebensowenig von nun an wohnen, als des Menschen Verstand in seiner kleinen Zehe.

[12] Wollt ihr aber schon in einem erhabenen Tempel eure Herzen zu Mir erwecken und vor Mir in eine rechte Demut eingehen, da gehet hinaus in den weiten Tempel Meiner Schöpfungen, und Sonne, Mond und die Sterne alle und das Meer, die Berge, die Bäume und die Vögel in der Luft, wie die Fische im Wasser und die zahllos vielen Blumen auf den Feldern werden euch Meine Ehre verkünden!

[13] Saget, ist der Baum nicht herrlicher denn alle Pracht des Tempels zu Jerusalem?! Der Baum ist ein reines Gotteswerk, hat sein Leben und bringt nährende Frucht. Was aber ist und bringet der Tempel? Ich sage es euch allen: nichts als Hochmut, Zorn, Neid, die bellendste Eifer- und Herrschsucht; denn er ist nicht Gottes, sondern nur ein eitles Menschenwerk!

[14] Wahrlich, wahrlich sage Ich es euch allen: Wer Mich ehren, lieben und dadurch anbeten wird, daß er in Meinem Namen Gutes tut seinen Brüdern und Schwestern, der soll seinen ewigen Lohn haben im Himmel; wer Mich aber fürder durch allerlei Zeremonie verehren wird in einem eigens dazu erbauten Tempel, der soll auch seinen Lohn zeitlich aus dem Tempel haben! So er aber nach des Fleisches Tode zu Mir kommen und sagen wird: ›Herr, Herr, sei mir, Deinem Diener, gnädig!‹, da werde Ich dann zu ihm sagen: ›Ich kenne dich nicht; daher weiche von Mir und suche dir den Lohn bei dem, bei welchem du gedient hast!‹ Aus diesem Grunde sollet denn auch ihr fürder mit keinem Tempel etwas mehr zu tun haben!

[15] Aber in diesem Hause möget ihr zu Meinem Gedächtnisse immer

zusammenkommen, ob an einem Sabbate oder an einem andern Tage; denn ein jeder Tag ist des Herrn, nicht allein der Sabbat, an dem ihr in der Folge ebenso Gutes tun möget wie an einem andern Tage.«

50. In Sichar. – Über Sabbatheiligung. Was Gott will, daß die Menschen tun sollen! Werktag und Sabbat. Gottes immerwährende Tätigkeit. Die Sabbatlehre Mosis. »Ihr sollt vollkommen werden wie der Vater im Himmel!« Gebetserfüllung verheißen.

[1] **(Der Herr:)** »Das aber ist des Sabbats vorzüglichste Heiligung, daß ihr an selbem mehr in allem Guten tätig sein sollet denn an einem andern Tage!

[2] Nur der Knechte Arbeit, die da ist eine Arbeit um Sold und Lohn der Welt, sollet ihr fortan weder an einem gewöhnlichen Wochentage und ebensowenig an einem Sabbate verrichten! Denn von nun an soll euch ein jeder Tag ein Sabbat und ein jeder Sabbat ein voller Werktag sein! In dem habe du, Mein Freund, nun die vollständige Regel, wie ihr Gott in der Zukunft zu dienen haben sollet! – Und bei dem bleibe es!«

[3] Sagt **der Oberpriester:** »Ich erkenne nun klarst die heilige Wahrheit in dieser Regel, die ich gern für ein Gesetz annehme; aber es wird bei den begründeten Juden viel brauchen, bis ihnen diese Regel, aus dem rein göttlichen Willen hervorgehend, klar und der vollsten Wahrheit nach verständlich wird! Ich bin der Meinung, daß gar viele diese Regel bis ans Ende der Welt nicht annehmen werden. Denn die Menschen sind schon seit den Urzeiten an den Sabbat zu sehr gewöhnt und werden sich solchen nicht nehmen lassen. O das, das erst wird so eine recht große Mühe und Arbeit geben!«

[4] Sage **Ich:** »Es ist aber ja auch gar nicht nötig, daß der Sabbat gänzlich aufgehoben werden soll, sondern nur das Törichte des Sabbats! Gott der Herr bedarf eures Dienstes und eurer Ehre nicht; denn Er hat die Welt und den Menschen ohne alle fremde Hilfe erschaffen und verlangt von den Menschen nichts als das nur, daß sie Ihn erkennen und aus allen ihren Kräften lieben möchten, und das nicht nur am Sabbate allein, sondern an jedem Tage gleich ohne Unterlaß!

[5] Was aber ist das dann für ein Gottesdienst, so ihr nur des Sabbats Gottes gedenkt, unter der Woche aber nie?! Ist denn Gott nicht an jedem Tage der gleiche unveränderliche Gott? Läßt Er nicht an jedem Tage, ob er ein Sabbat oder Werktag sei, Seine Sonne aufgehen und ihr Licht spenden über Gerechte und Ungerechte, deren es stets bei weitem mehr gibt als der Gerechten?

[6] Arbeitet Gott nicht Selbst an jedem Tage gleich? Wenn aber der Herr Sich keinen Feiertag nimmt, warum sollen dann die Menschen sich Feiertage bloß des Müßigganges wegen stellen? Denn etwas anderes beachten sie auch nicht so pünktlich an einem Sabbate als den Müßiggang! Mit dem aber erweisen sie Gott gewiß den schlechtesten Dienst!

[7] Denn Gott will, daß sich die Menschen gleichfort und stets mehr und mehr die Liebetätigkeit angewöhnen sollen, um dereinst im andern Leben aller Arbeit und Mühe fähig zu sein und in solcher Tätigkeit auch allein die

wahre und höchste Seligkeit zu suchen und zu finden! Sollten die Menschen aber in sich das zu bewirken wohl je durch den Müßiggang imstande sein?! Ich sage es dir: Nimmermehr!

[8] Am Werktage übt sich der Mensch, ob er gleich arbeitet, nur in der Selbstsucht; denn da arbeitet er für sein Fleisch und nennt das sein, was er sich erarbeitet hat. Wer das Erarbeitete von ihm haben will, muß es ihm entweder durch Arbeit oder Geld abkaufen, ansonst er von niemandem etwas von irgend einer Bedeutung bekommen dürfte. So nun die Menschen an den Werktagen nur ihre Selbstsucht pflegen und am Sabbat aber, als dem einzigen Tage, an dem sie sich in der Liebetätigkeit üben sollen, nur dem starrsten Müßiggang obliegen, so fragt es sich großernstlich, wann sich dann die Menschen in dem allein wahren Gottesdienste üben sollen oder üben mögen, welcher Dienst lediglich in der liebevollen Bedienung des Nächsten besteht!

[9] Gott Selbst aber feiert keinen Augenblick, sondern ist gleichfort tätig für die Menschen und nie für Sich; denn Er bedarf für Sich weder einer Erde, noch einer Sonne, des Mondes und all der Sterne und alles dessen, was darinnen ist und daraus hervorgeht. Gott bedarf alles dessen nicht; aber alle die erschaffenen Geister und Menschen bedürfen alles dessen, und der Herr ist also allein ihretwegen fort und fort unausgesetzt tätig.

[10] So aber der Herr, Dessen Werk ein Tag wie der andere ist, für die Menschen fort und fort tätig ist und will, daß die Menschen Ihm als Seine Kinder in allem gleichen sollen, wie möglich wohl kann Er je gewollt haben, daß die Menschen nach sechs Selbstsuchtstagen Gott an dem siebenten durch den starren Müßiggang etwa gar wohlgefällig dienen sollen und Ihn, Der ewig tätig ist, ehren durch die Trägheit?!

[11] Ich sage dir als dem Oberpriester solches in handgreiflicher Klarheit nun, auf daß du in der Folge – wohlwissend, wer Der ist, Der nun solches zu dir geredet hat – deiner Gemeinde den Sabbat in einem bessern Lichte zeigen sollst, als es seit Moses bis zu dieser Stunde der Fall war! Denn gerade also, wie Ich dir nun den Sabbat enthüllte, ist er auch dem Moses gegeben worden; aber das Volk hat ihn nur zu bald verkehrt in einen heidnischen Müßiggangstag und meinte, Gott einen angenehmen Dienst zu erweisen durchs Nichtstun und durch die Bestrafung derer, die es doch zuzeiten gewagt haben, auch am Sabbat eine kleine Arbeit zu verrichten oder einem Kranken eine heilsame Hilfe zu leisten. O der großen Blindheit, o der gröbsten Torheit!«

[12] Sagt **der Oberpriester**, ganz zerknirscht von dieser Wahrheit: »O der heiligen reinsten Wahrheit Deines Mundes! Ja, nun ist mir alles klar! Nun erst hast Du, o Herr, mir die dreifache Decke Mosis von meinen Augen vollkommen abgenommen! Nun, o Herr, bedarf es wohl keiner Zeichen mehr; denn hier genügt Dein heilig wahres Wort allein! Und ich behaupte es nun fest mit vollster Überzeugung, daß in der Folge wie jetzt alle jene, die an Dich, o Herr, der Zeichen und nicht des überwahren Wortes wegen glauben werden, keinen wahren, lebendigen Glauben haben und nur träge und maschinenartige Befolger Deiner Lehre und Deines heiligen Willens

sein werden; bei uns aber soll es anders sein! Nicht die Zeichen, die Deine Gegenwart uns gab, sondern allein Dein heilig wahrstes Wort soll in unseren Herzen den wahren lebendigen Glauben bedingen und erwecken die vollste Liebe zu Dir, und aus Dir und allein Deinetwegen auch zu allen Menschen im rechten Maße. Und alsofort geschehe allein Dein heiliger Wille, den Du, o Herr, uns nun so überklar und für ewig wahr kundgetan hast!«

[13] Sage **Ich:** »Amen! Ja, lieber Freund und Bruder, also ist es recht und gut! Denn nur also möget ihr vollkommen werden, wie der Vater im Himmel vollkommen ist. Seid ihr aber also vollkommen, dann seid ihr auch wahrhaftige Kinder Gottes und könnt zu Ihm stets rufen: »Abba, lieber Vater!« Und um was ihr Ihn bitten werdet als Seine wahren Kinder, das wird Er euch geben; denn der Vater ist übergut und gibt Seinen Kindern alles, was Er hat! Nun aber esset und trinket; denn die Kost hier ist nicht von dieser Erde, sondern der Vater sendet sie euch aus den Himmeln und ist Selbst unter euch nun!«

51. In Sichar. – Rede der Engel an die ängstlichen Tischgäste. Das »Evangelium von Sichar«. Nathanaels Bekehrungsgeschichte. Des Herrn Gebot, über Sein Göttliches zu schweigen bis zu Seiner Erhöhung am Kreuz.

[1] Sagt **der Oberpriester:** »Herr, sollen wir denn nun abermals zu essen beginnen? Haben wir ja doch anfangs des Abendmahles uns sogleich gestärkt mit Speise und Trank, obschon wir während des Essens fort und fort uns über so manches besprochen haben! Ich bin ein für allemal vollauf gestärkt und kann nicht mehr essen noch trinken.«

[2] Sage **Ich:** »Du hast recht geantwortet, denn du bist voll Speise und köstlichen Weines aus den Himmeln. Aber es gibt noch viele hier, die sich weder zu essen noch zu trinken getraut haben; denn sie hielten noch nichts auf Meinen Namen und auf Mein Wort und hatten Furcht als vor einer Hexerei. Da sie aber nun unsere Reden angehört hatten und begriffen haben deren helle Wahrheit, verging ihnen die törichte Furcht, und Hunger und Durst traten an deren Stelle. Nun möchten sie essen und trinken, aber getrauen sich nun wieder vor lauter Ehrfurcht nicht. Meinst du, daß man sie nun also solle gehen lassen? O das sei ferne! Sie sollen nun recht nach Herzenslust essen und trinken! Denn fortan werden sie von dieser Küche nicht essen und trinken, außer dereinst in Meinem Reiche in den Himmeln!«

[3] Nach dieser Berichtigung behieß Ich abermals die Menge, daß sie essen und trinken solle, und sagte auch zu den Jünglingen: »Lasset ihnen nichts abgehen!« – Und die Jünglinge brachten von neuem eine rechte Menge Brotes und Weines und allerlei köstliche Früchte.

[4] Es trugen aber einige Bedenken, ob sie die Früchte, die sie nicht kannten, essen sollten. Da sprachen **die Jünglinge:** »Liebe Brüder! Esset nur ganz ohne Furcht alle diese Früchte; denn sie sind rein und voll köstlichen Geschmacks! Auf dieser Erde wohl gibt es manche Früchte und manches

Gras und manche Tiere, an deren Gestaltung unreine Geister arbeiten, weil es also in der Ordnung des Herrn geschrieben steht; denn auch die Teufel müssen da dem Herrn dienen, ob sie es auch frei nimmer wollen oder mögen! Denn gleichwie ein Sklave in Ketten seinem Herrn dienen muß, also müssen auch die Teufel dienen; aber in der Arbeit ruht der Segen nicht!

[5] Und so gibt es auf der Erde, auf welcher Menschen, Tiere und Teufel nicht selten unter einem Dache wohnen und nach ihrer Art tätig sind, nicht selten allerlei Taten, Werke und Früchte schlechter und unreiner Art und Gattung, deren sich die Menschen, so sie von all den möglichen Übeln dieser Erde verschont bleiben wollen, nicht bedienen sollen; und der Herr hat darob durch Seinen Knecht Moses alle die Dinge bestimmen lassen, die da rein sind und gut, und hat den Gebrauch der unreinen Dinge, an denen auch böse Geister arbeiten, den Menschen widerraten, – und das ist eine herrliche Ordnung. Aber alles das, was euch hier zum Genusse geboten wird, ist höchst rein, weil es aus den Himmeln hierher gebracht wurde für euch wunderbar; daher möget ihr alles ohne Scheu genießen! Denn was der Vater gibt aus den Himmeln, das ist höchst rein und gut und fördert das Leben der Seele und des Geistes für ewig.«

[6] Diese Belehrung von seiten der weisen Jünglinge erfreute alle Gemüter, und alle lobten Gott ob solch freundlicher Weisheit in diesen Jünglingen. Diese Lehre war auch von einigen nachderhand aus dem Gedächtnisse aufgezeichnet worden und erhielt sich in dieser Stadt und Gegend viele Jahre.

[7] Als aber nachher allerlei Feinde auch diese Stadt und Gegend stark mitnahmen, ging vieles zugrunde und somit auch diese Belehrung, davon einmal mit etwas mystisch gestellten Worten Paulus in seinen Briefen eine Erwähnung macht und zwar, da er von allerlei Geistern redet.

[8] Die ganze große Gesellschaft war nun voll guter Dinge und besprach sich unter sich bald über Mich, über Meine Lehre und über dieses Mahl aus den Himmeln, und die Jünglinge besprachen sich auch über vieles mit den Gästen.

[9] **Nathanael** aber erhob sich und sagte zu den Gästen: »Liebe Freunde und Brüder! Vor wenig Monden noch war ich ein Fischer in der Gegend von Bethabara am Flusse Jordan, unweit von dessen Einmündung ins Meer; da kam ein ganz anspruchsloser Mann zum Johannes und ließ sich taufen von ihm, und Johannes zeugte sogleich von Ihm, ohne Ihn jemals auf der Erde gesehen zu haben körperlich, und sprach: ›Sehet das Gotteslamm, das da hinwegnimmt die Sünden der Welt!‹ Und weiter zeugte Johannes und sprach: ›Dieser ist es, von Dem ich gesagt habe: ‚Der vor mir war und nach mir kommt, Dem ich nicht wert bin aufzulösen die Schuhriemen.‘‹

[10] Ich vernahm solches Zeugnis von dem Prediger in der Wüste und ward tiefsinnig, begab mich von dannen und erzählte es daheim meinem Weibe und meinen Kindern, und diese verwunderten sich gar sehr ob dem, daß der strenge Prediger solches Zeugnis einem Menschen gab!

[11] Denn es war schwer, den Prediger zu sprechen, und wann er sprach, so waren rauh seine Worte, und er schonte niemanden, ob Pharisäer, Prie-

ster oder Levite; alles mußte bei ihm auf Leben oder Tod über das scharfe Schwert seiner Zunge springen!

[12] Als aber Der kam, Der nun ist ein Herr unter uns, da sank Johannes zu einem Lamm der Lämmer herab und redete also zart, wie da singt eine Lerche ihr Frühlingsliedchen! Kurz, meine Familie glaubte meiner Erzählung kaum; denn sie kannte nur zu gut die Art, wie Johannes sonst zu reden pflegte.

[13] Nach zwei Tagen aber, recht früh, ging ich an mein Tagewerk, saß unter einem Baume und besserte mein Fischergeräte aus. Da kam Derselbe, Dem Johannes das sanfte Zeugnis gab, zu mir in Gesellschaft schon einiger, die Ihm folgten, rief mich beim Namen und hieß mich Ihm folgen. Und als ich mich ob dem wunderte, wie Er mich also kenne, da ich Ihn vorher doch nie gesehen habe, da sprach Er: ›Wundere dich dessen nicht so sehr, denn du wirst noch Größeres sehen! Von nun an wirst du die Himmel offen und die Engel auf- und absteigen sehen über dem Sohne des Menschen!‹

[14] Und sehet, was der Herr damals zu mir geredet hat, geht nun hier in die herrlichste Erfüllung! Alle Himmel stehen offen, und die Engel steigen herab und dienen Ihm und uns allen. Welch eines größeren Beweises bedürfen wir noch über Ihn, daß Er allein Derjenige ist, Der da kommen soll nach der Verheißung, die von Adam angefangen bis zu uns herab allen Kindern Israels bekannt gemacht worden ist?! Ich halte Ihn aber darum auch für mehr noch als für den Messias allein! Er ist –«

[15] Hier falle **Ich** ihm in die Rede und sage: »Mein lieber Freund und Bruder, nur bis daher vorderhand, und nicht weiter! Erst wenn dies Fleisch wird von den Juden erhöhet werden, dann rede du alles ganz ohne Hinterhalt, was du von Mir weißt, aber eher ja nicht; denn die Menschen sind dazu noch nicht fähig!«

[16] Nathanael begnügte sich mit dem, verstand aber dennoch nicht klar, was Ich unter der Erhöhung Meines Fleisches verstand, und viele meinten, daß Ich in Jerusalem den Thron Davids besteigen werde. Aber der Oberpriester verstand es wohl, was Ich unter der Erhöhung Meines Fleisches sagen wollte; aber er schwieg und ward traurigen Antlitzes! Ich aber vertröstete ihn darob und machte ihn aufmerksam darauf, was Ich in dieser Hinsicht mit ihm schon früher geredet hatte, und er ward wieder heiter und lobte Mich in seinem Herzen.

[17] Es ward aber bei dieser Gelegenheit auch der Morgen des nächsten Tages ersichtlich. Aber niemand verspürte irgend eine Müdigkeit oder einen Schlaf; denn alle waren so gestärkt, als sie es irgend vorher nie, auch nach einem besten Schlafe, waren. Es baten Mich daher auch alle, ob sie diesen Tag nicht völlig bei Mir zubringen dürften. Und Ich gestattete ihnen solch ihren frommen Wunsch.

Herr! ich armer Sünder danke Dir für diesen ersten Tag in Sichar, die da war eine Stadt gleichend meinem Innern. *J. Lorber*

Der andere Tag in Sichar

52. Der Herr bespricht mit dem Oberpriester dessen häusliche Verhältnisse. Die Kleidung der Mutter Maria. Verleumdung der oberpriesterlichen Familie. Jonaels Betrübnis. Des Herrn gutes Trostwort und Zeugnis über die Welt.

[1] **Der Oberpriester** aber erhob sich und bat Mich, sagend: »Herr, da Du uns noch die hohe Gnade erweisest, bei uns zu bleiben auch diesen Tag hindurch, wie wäre es denn, so Du mit Deinen Jüngern, wie auch mit allen andern, die an Dich glauben, an meiner Seite die nahen Ortschaften, deren wir nur drei zählen, besuchen möchtest? Vielleicht fänden sich darinnen doch auch einige Leute, die an Dich glauben würden, so sie Dich sähen und hörten.«

[2] Sage **Ich:** »Dererwegen nicht, aber deinetwegen ja! Dir macht es eine Freude, und Ich will dir solche Freude gerne machen. Aber du hast auch Weib und Kinder; willst du Mir diese nicht auch vorstellen? Wo sind sie, und wieviel sind ihrer?«

[3] Sagt **der Oberpriester** etwas verlegen: »Herr, ich habe ein liebes Weib, das samt mir schon etwas bei Jahren ist, und habe auch sieben Kinder, aber leider lauter Mägdlein von 12–21 Jahren. Du weißt es aber, daß es einem Israeliten eben nicht zur Ehre gereicht, keine männlichen Nachkömmlinge zu haben, und so – habe, o Herr, Geduld mit meiner Schwäche! – habe ich mich nicht getraut, mit meiner puren Weiberschaft zum Vorscheine zu kommen!

[4] Wenn es Dir, o Herr, aber dennoch genehm wäre, so möchte ich Dich wohl bitten, bei der Gelegenheit auch an meinem Hause vorüberzuziehen, allwo ich Dir dann meine Weiberschaft vorführen würde. Hierher aber schickte es sich kaum; denn sieh, ich habe zwar wohl von allem etwas und kann mäßig hier leben mit meiner Familie, aber mit der Bekleidung sieht es etwas ärmlich aus. Fürs Haus und desselben Geschäfte sind sie hinlänglich bekleidet; aber um in einer Gesellschaft, wie diese hier, zu erscheinen, wären sie denn doch als Familie eines Oberpriesters viel zu ärmlich! Und also meine ich, ist es dennoch besser in jeder Hinsicht, daß sie fein zu Hause verbleiben, allwo sie der Welt nicht zum Bespötteln und der Nahrung ihrer angebornen Eitelkeit ausgesetzt sind. Und es ist für sie auch gut, mit der Welt so wenig als möglich in Berührung zu kommen; denn die Welt ist und bleibt allzeit schlecht!«

[5] Sage **Ich:** »Ich will es tun, wie du es wünschest; aber dann laß sie nur alle mit uns ziehen! Für eine etwas bessere Bekleidung ihres Leibes aber wird schon gesorgt sein also, daß sie sich in unserem Kreise gut genug ausnehmen werden! Daß du sie aber von der Welt soviel als möglich abziehest, ist sehr gut und weise von dir, aber für unsere doch sicher nicht weltliche Gesellschaft hätten sie also auch völlig getaugt.

[6] Sieh an die Maria, die Mutter Meines Fleisches! Sie ist rein mit weißer Wäsche angetan und trägt darüber eine ganz ordinäre (*einfache*) blaue Schürze, und sie ist gut genug bekleidet! Am Haupte trägt sie gewöhnlich einen viereckigen Sonnenschirm, so wie alle andern Weiber, die Mir aus

Galiläa und Judäa gefolgt sind, und sie taugen also gerade am besten für unsere Gesellschaft. Aber das macht nun nichts; dein Weib und deine sieben Töchter sollen heute auch in unserer Gesellschaft sich befinden!«

[7] Sagt **einer** aus den Samaritern: »Es wäre alles wohl und gut! Ich für mich wohl habe kein Zeugnis; aber was ich so von verschiedenen Menschen dieser Gegend gehört habe, das sage ich nun, – ihr aber könnt dennoch tun, was ihr wollt. Die Sage aber lautet, daß die älteren vier Töchter, sooft der Oberpriester nicht daheim wäre, nächtlicherweile auf der Gasse gesehen würden, und da sie sehr schön seien, so nähmen sie Geld von geilen Knechten und ließen sich beschlafen! Also geht im geheimen das Gerede. Ich für meinen Teil aber habe kein Zeugnis dafür! Aber nur so viel meine ich: Wenn diese neue Lehre hierorts einen allgemeinen Eingang finden solle bei den noch sehr vielen Ungläubigen, so würde es des unsinnigen Pöbels wegen geratener sein, wenigstens die vier älteren nicht in die Gesellschaft aufzunehmen! Denn du, Bruder Jonael, weißt es, wie spießredig und arg unsinnig und hartgläubig unser Volk ist. Kommt nun so etwas ihm zu Gesicht und zu Ohren, dann richtet Jehova Selbst nichts mehr aus mit solch einem Volke! Es sei das aber bloß nur mein unmaßgeblicher Rat der nur zu evidenten Bosheit unseres Volkes willen, damit die gute Sache zu keinem Schaden kommen solle!«

[8] **Der Oberpriester** wird darauf ganz traurig und sagt: »Herr! So ich in der Erziehung meiner Töchter nur ein wenig lauer und nachlässiger gewesen wäre, da würde es mich kaum traurig machen, so was anhören zu müssen; aber so weiß ich, daß bei meinen Töchtern nichts verabsäumt ward, was zur Bildung ihres Verstandes und Herzens nötig ist, und ich getraue es mir, den heiligsten Eid abzulegen, daß jede meiner Töchter noch sicher so rein ist wie eine Blume am Berge Jehovas! Woher dann solch eine schändlichste Verunglimpfung?!«

[9] Sage **Ich:** »Mein lieber Bruder Jonael, mache dir da gar nichts daraus! So deine Töchter vor Mir rein sind, so genüge dir das vollkommen! Denn die Welt ist einmal vollends des Teufels, und somit durch und durch schlecht! Hast du je gehört, daß man von Dornen Trauben und von den Disteln Feigen geerntet hat?! Ich wußte das schon seit lange her und habe darum solches auch am Berge bei dem Bilde vom Splitter im Auge des Nächsten sehr bemerkbar gemacht! Und siehe, es trieb dies Bild viele vom Berge; denn sie gewahrten es, daß Ich sie im Auge hatte.

[10] Ich aber sage dir: Nun erst gehen deine Töchter ganz bestimmt mit uns, und Ich werde gehen in ihrer Mitte! Denn was da einmal des Teufels ist, das soll auch des Teufels bleiben, so es sich nimmer bekehren lassen will! Nun aber machen wir uns alsogleich auf! Ich habe deinem Weibe und deinen Töchtern schon alles kundgemacht; sie werden uns schon erwarten.«

53. In Sichar. – Des Petrus begeistertes Zeugnis vom Sohne Gottes und derbes Urteil über die ungläubigen Galiläer. Des Galiläers Urteil über Jesus und Seine Jünger. Des Petrus biedere Antwort. Der Engel und der Herr richten den Lügner und argen Verleumder. Der Plagegeist als Büttel. Des Bösen Sühne.

[1] Auf dem Wege sagt einmal Simon **Petrus:** »Jetzt fängt's bei mir vor lauter Wunder über Wunder an ordentlich schwindlig zu werden! Nein, wer jetzt es noch nicht einsieht, daß dieser Jesus aus Nazareth der leibhaftige wahre Sohn Jehovas ist, der muß entweder mit einer zehnfachen pharaonischen Blindheit geschlagen sein, oder er ist völlig tot! Kranke werden bloß durchs Wort plötzlich geheilt, die Blinden sehend, die Taubstummen hörend und die Lahmen gehend gemacht, und die voll des unheilbarsten Aussatzes sind, werden also rein, als hätten sie nie gesündigt!

[2] Zu all dem öffnen sich noch die Himmel, und Scharen von den allerherrlichsten Engeln schweben eiligst hernieder, dienen uns und tun mit uns, als ob sie schon seit der Entstehung des ersten Menschen die Erde nie verlassen hätten; und schön sind sie, daß man bei ihrem Anblicke gerade vor lauter Wonne vergehen könnte! Und wenn Er spricht in früher nie gehörter Weisheit, wie sind diese schönsten Diener Jehovas dann voll der süßest zerknirschtesten Aufmerksamkeit und heiliger Andacht und dabei dennoch so munter als wie die Schwalben an den schönsten Sommertagen! Wahrlich, wer da noch sagen kann: ›Dieser Jesus ist ein purer Magier und sonst nichts!‹, der sollte gleich wie ein Ochse geschlachtet werden! Denn so ein Mensch kann kein Mensch sein, sondern nur ein des Redens fähiges Tier, und sollte darum auch nicht sterben wie ein Mensch, sondern wie ein Haustier!«

[3] Während Simon Petrus also vor sich hin phantasiert und nicht merkt, was um ihn vorgeht, klopft ihm ein ungläubiger **Bürger** dieser Stadt hübsch stark auf die Achsel und sagt: »Wenn so, da möchte ich dir pflichtgemäß als ein redlicher Mensch prophezeien, daß du als ein barster Ochse sterben wirst! Denn so du es in deinem Leben noch nicht so weit gebracht hast, einzusehen, was ein rechter Magier alles zu leisten imstande ist, da solltest du dein Maul auch gar nicht öffnen auf einem Platze, wo erfahrungs- und kenntnisreiche Menschen wohnen!«

[4] Sagt **Petrus:** »Sage mir, du grober, finsterer Geist! Können deine Magier auch alle Kranken durchs Wort plötzlich heilen und öffnen die hohen Himmel, dahin keines Magiers Hand und Verstand reicht?!«

[5] Sagt **der Bürger:** »O du dummer, blinder Galiläer! Weißt du denn nicht, daß ein rechter Magier aus jedem Holzstocke einen Fisch oder eine Schlange machen kann?! Erst unlängst war einer aus Ägypten da, warf Stöcke ins Wasser, und es wurden sogleich Fische daraus; warf er die Stöcke aber aufs Land hin, so wurden Schlangen und Nattern daraus; dann hauchte er in die Luft, und diese ward voll Heuschrecken und andern fliegenden Geschmeißes; darauf nahm er weiße Steine und warf sie in die Luft, und es wurden Tauben daraus, die davonflogen; sodann nahm er von der Straße eine Handvoll Staub und schleuderte ihn gegen den Wind, und siehe, im

Augenblick war die Luft voll Mücken, so daß man kaum die Sonne hindurch sehen konnte; als er aber darauf in diese Mücken blies, entstand ein starker Wind und trieb die Mücken gleich einer Wolke von dannen! Er führte uns darauf zu einem Teiche nach dem Bache, wo er zuvor Fische aus Stöcken zog; da berührte er mit dem Stabe das Wasser, und sieh, es ward sogleich zu Blut, und er berührte es darauf abermals, und es ward wieder zu Wasser! Am Abend aber rief er zu den Sternen, und sie flohen wie zahme Tauben in seine Hände! Und er gebot ihnen, und sie flohen wieder an das hohe Firmament zurück! Du aber sagst: ›Wo ist ein Mensch, dessen Hände an die Himmel reicheten?‹ Daß dieses alles hier geschehen, kann ich dir mit hundert Zeugen bestätigen lassen. – Was sagst du aber nun zu deinem Gottes-Sohn aus Nazareth, den ich wohl kenne, wessen Sohn er ist, und wo er das alles erlernt hat?«

[6] Sagt **Petrus:** »So du nun nicht gelogen hast wie ein Krokodil mit seinem Kindergewimmer und hast dir für deine Lüge hundert Zeugen für etliche Groschen erkauft, so müssen diese vielen, die in Jesus von Nazareth Christum nun wohl erkannt haben, von diesem Magier, dessen Wundertaten du mir nun kundgemacht hast, auch etwas wissen! Ich werde sofort den Jonael fragen! Wehe aber dir, so du mich angelogen hast!«

[7] Sagt **der Bürger:** »Diese werden dir darüber keinen Aufschluß zu erteilen imstande sein, weil sie solchen Vorstellungen nicht beigewohnt haben aus eitler Furcht, daß der Magier solches alles mit der Hilfe des Teufels zuwege bringe und der Teufel ihnen Übles zufügen könnte! Nur wir wenigen Herzhaften gingen hinaus, die wir an keinen Teufel glauben, da wir die Kräfte der Natur etwas näher kennen, und überzeugten uns hochverwundert darüber, was alles einem Menschen möglich sei!«

[8] Sagt **Petrus:** »Du bist mir eine feine Kundschaft zwar; aber ich sage es dir: du wirst mir fürder nimmer auskommen und nicht entgehen deiner Züchtigung! Komme nun nur mit zum Oberpriester dieser Stadt; vor ihm werden wir unsere Sachen aus- und gleichmachen!«

[9] Sagt **der Bürger:** »Was geht mich dieser Oberpriester an? Ich bin ein Galiläer, und zwar mehr Grieche als Jude; dieser Oberpriester aber ist ein dummer Eiferer, während seine vier älteren Töchter nächtlicherweile mit Einverständnis der Mutter, wie man sagt, schändliche Geschäfte machen und sich der Unzucht ergeben. Was soll ich mit solch einem Dummkopfe machen? Kunst und Wissenschaft gehen bei mir über alles, und ich ehre alle echten Gelehrten und Künstler über alles; aber nur dürfen sie nicht mehr aus sich machen als sie sind!

[10] So euer wirklich sehr geschickter und gelehrter Meister in allerlei Kunst und Wissenschaft bei dem bliebe, was er ist, so wäre er einer der angesehensten Menschen unter den Juden, Griechen und Römern! Aber er macht einen Gott aus sich, und das ist sehr dumm und gehört in die alten finsteren Zeiten zurück!

[11] Ihr aber seid Leute, zwar in eurer Art ehrliche und biedere Seelen; aber übers Fischefangen hinaus scheint ihr keine großen Kenntnisse und Erfahrungen zu haben. Darum lassen wir unsern weitern Streit beiseite! Ihr

möget glauben, was ihr wollt, aber uns werdet ihr schwerlich etwas weismachen; denn wir besitzen Kenntnisse und allerlei Wissenschaften, sind in der Magie nicht ganz unbewandert und wissen somit, was wir von eurem Meister zu halten haben!«

[12] Sagt **Petrus:** »Freund, du bemühst dich umsonst, deinen Mohren in dir weiß zu waschen! Es handelt sich hier durchaus nicht darum, ob du meinen Meister als dies oder jenes ansiehst und nun durch eine vernünftig scheinende Rede mich dessen vergessen machen willst, daß du mich vorhin weidlichst angelogen hast! Mag für dich der Oberpriester ein Eiferer sein, wie er will; aber das muß er als eine öffentliche Person dieser kleinen Stadt doch wissen, ob sich vor kurzem ein solcher Magier hier produziert hat, wie du ihn mir beschrieben hast! Denn daran liegt mir alles, da ich daraus entnehmen will, was ich demnach von meinem Meister zu halten habe!

[13] Sieh, ich und wir viele haben alles, ja sogar Weib und Kinder verlassen und sind Ihm unbedingt gefolgt, weil wir von Ihm Taten verrichten sahen, die wohl keinem Menschen je möglich sein dürften, und Ihn dabei aber auch also weise reden hörten, wie vor Ihm noch nie ein Mensch geredet hat und nach Ihm auch schwerlich je einer reden wird!

[14] Du führtest mir aber meinem Meister gegenüber einen andern in deiner Rede vor, der, obwohl meinen Meister auch gerade nicht übertreffend, aber demselben doch gleichkommend, Taten verrichtete, vor denen jeder Mensch den tiefsten Respekt haben muß! Es handelt sich nun ganz einfach darum, ob es vor mir gültig und ersichtlich erwiesen werden kann, daß ein solcher Magier im vollen Ernste die von dir mir kundgemachten Taten verrichtet hat!

[15] Ist deine Aussage Wahrheit, so gebe ich dir mein heiliges Wort, daß ich meinen Meister, Dem ich vollends die rein göttliche Kraft beilege, augenblicklich verlasse und ziehe zu meiner Familie nach Hause! Denn einem vagen Magier folge ich keinen Schritt weiter, indem ich noch ein echter Jude bin und Moses mehr glaube als Hunderttausenden der allerbewährtesten Magier. Hast du aber – wie ich's ganz ungezweifelt vermute – gelogen, um mir meinen erhabensten Meister aus einem rein bösen Willen zu verdächtigen, dann – wie ich es dir schon früher angedroht habe – wehe dir! Du sollst es erfahren, daß auch ich, der Gnade meines göttlichen Meisters zufolge, schon so manches zu bewirken imstande bin, ohne mich deshalb je irgend einem Menschen als Wundertäter vorzuführen!

[16] Komme daher nur ganz gutwillig mit mir zum Oberpriester, der nun soeben mit eurem Zöllner Matthäus etwas verhandelt, der von deinem Magier wohl auch etwas wissen wird; denn auch er war beständig hier in der Stadt und muß etwas davon wissen. Komm also nur ganz gutwillig, sonst werde ich dir Gewalt antun!«

[17] Sagt **der Bürger:** »Warum denn, so ich's nicht will, Gewalt? Da sieh hin, hinter mir stehen etliche Hunderte! Wie du es wagst, Hand an mich zu legen, so soll es dir wahrlich übel bekommen!«

[18] Sagt **Petrus:** »Ich werde meine Hand an deinen Leib nicht legen, wie du die deine ehedem ziemlich unsanft an den meinigen legtest; aber du wirst

dennoch hingezogen werden! Es gehen Scharen der Engel Gottes mit uns, die du nicht zu sehen scheinst! Es bedarf bloß eines Winkes, und sie werden dich gleich dort haben, wo ich dich haben will und muß!«

[19] Sagt **der Bürger:** »Sollen etwa gar diese euch begleitenden weißgekleideten Buben eure Engel sein? Ha, ha, ha! Nun, wenn diese eure Schutztruppe sind, da brauchen wir höchstens ein paar Dutzend Nasenstüber auszuteilen, und ihr liegt vor den Mauern der Stadt mitsamt euren weißen Schutzbuben!«

[20] Diese Äußerung bringt den Petrus ganz in Harnisch, und er beruft sogleich einen Jüngling, daß er den Bürger züchtige! **Der Jüngling** aber sagt: »Ich möchte es wohl, so es des Herrn Wille wäre; aber der Herr hat mir noch keinen Wink gegeben, und so kann ich deinem Begehren noch nicht nachkommen. Gehe aber zuvor zum Herrn hin und sage Ihm das! So Er es will, werde ich handeln.«

[21] Petrus ging sogleich etwas vorwärts zu Mir hin und erzählte Mir seine Not. **Ich** aber sagte, indem Ich gerade vor dem Hause des Jonael stehenblieb: »Gehe hin und bringe Mir den Menschen her!«

[22] Dem Petrus fiel sogleich ein Stein vom Herzen, und er eilte zurück und sagte zum Jünglinge: »Es ist Sein Wille!«

[23] Hier sah der Jüngling den Bürger an, und dieser fing an zu beben und folgte ohne Widerrede dem Petrus, vom Jünglinge getrieben, zu Mir hin. Ich aber sah ihn an, und der Bürger bekannte, daß er gelogen habe, und daß nie ein solcher Magier von ihm gesehen ward, sondern er hätte nur von einem solchen Magier reden gehört und habe diesen Jünger nur versuchen wollen, ob er wohl fest in seinem Glauben sei, habe aber übrigens durchaus keine böse Absicht gehabt.

[24] Sage **Ich:** »Du bist einer, der sich mit einer zweiten Lüge der ersten wegen helfen will, und bist somit des Teufels! Gehe hin, und er soll dir den Lohn geben, da du ihm ein so getreuer Knecht bist!«

[25] Sogleich trat ein arger Geist zum Bürger und fing an, ihn jämmerlich zu quälen. **Der Bürger** aber schrie überlaut: »Herr, hilf mir! Ich bekenne es ja laut, daß ich gesündigt habe!«

[26] **Ich** aber sage: »Von wem hast du gehört, daß des Jonaels vier älteste Töchter Huren wären? Bekenne es laut, sonst lasse Ich dich quälen bis ans Ende der Welt!«

[27] Sagt **der Bürger:** »O Herr, ich habe es von niemandem je vernommen, sondern ich selbst begegnete einmal in der Nacht den vier Töchtern, wie sie Wasser trugen vom Jakobsbrunnen, und redete sie an, um eine schlechte Sache mit ihnen zu haben. Die Töchter aber verwiesen mir mein Vorhaben auf eine Art, daß ich sie gerne stehen ließ; aber ich schwur ihnen darob meine Rache, dichtete solche Schändlichkeit ihnen aus meinem bösen Herzen an und streute selbst ein solches Gerücht allerorts über sie aus! Die Töchter sind ganz völlig Jungfrauen! O Herr, ich allein bin schlecht; alle andern sind gut und rein!«

[28] Hier gebiete Ich dem argen Geiste, daß er vom Bürger weiche; aber dafür muß dieser dem Jonael genugtun! Er aber ist ein Kaufmann, geht

zurück und bringt den Töchtern zehnmal soviel, als Ich ihm vorschrieb, und bittet den Jonael und die Töchter um Vergebung.

[29] **Ich** aber sage ihm: »Die Gabe allein genügt nicht zur Sühne solcher Unbill! Gehe hin und widerrufe alles, was du irgendwo Arges über sie geredet hast, alsonach erst sollen dir deine Sünden vergeben sein! Also sei und geschehe es!«

[30] Der Bürger verspricht, das alles sogleich zu tun; nur meint er, so solches irgend ein Fremder erfahren hätte, den er nicht kennte, und von dem er auch nicht wüßte, wo er wohnte, da möchte ich es ihm nachsehen, so er an solch einen Menschen keinen Widerruf erlassen könnte!

[31] **Ich** aber sage: »Was dir möglich ist, das tue; alles andere werde Ich tun, und dir bleibt keine Sünde weiterhin!«

[32] Damit ist der Bürger zufrieden und geht gutzumachen alles, was er Übles angerichtet hatte.

54. In Sichar. – Der Herr und Jonaels edle Familie. Der Jünger Ärger über die herrliche Szene mit den Töchtern Jonaels auf der Straße. Des Herrn bedeutsame Rüge. Wo das Reich Gottes ist. »Bleibet in der Liebe!«

[1] Als der Bürger fort ist, berufe Ich Jonaels Weib und Töchter, die, als sie den Bürger bei Mir ersahen, aus Furcht wieder von des Hauses Flur ins Haus zurückgewichen sind.

[2] Auf Meinen Ruf kommen sie alle eiligst hervor, gehen behende auf Mich zu mit den freundlichst heiter-frommen Mienen und danken Mir mit Tränen in den Augen, daß Ich ihnen ihre durch den schlimmen Menschen verunglimpfte Unschuld wiedergegeben habe!

[3] Ich aber lege Meine Hände auf ihre Häupter, segne sie und sage, daß sie den ganzen Tag über an Meiner Seite wandeln sollen! **Sie** aber entschuldigen sich und sagen: «O Herr, solcher zu großen Gnade sind wir nimmer wert! Wir sind schon überselig, Dir als die letzten dieser großen Schar folgen zu dürfen!«

[4] **Ich** aber sage: »Ich kenne eure rechte Demut wohl und berufe euch eben deshalb, in Meiner nächsten Nähe zu wandeln den Weg, dahin an diesem Tage Ich in dieser Gegend wandeln werde!«

[5] Die Töchter danken Mir für solche für sie kaum begreiflich höchste Auszeichnung. **Jonael** aber fragt die Töchter, sagend: »Meine lieben Töchter! Wo habt ihr denn diese herrlichen Kleider, die euch wahrhaft himmlisch schön stehen, bekommen?«

[6] Nun erst bemerken die Töchter, daß sie Kleider vom feinsten, gediegensten Byssus anhaben, und daß ihre Häupter mit den kostbarsten Diademen geschmückt sind, daß sie aussehen, als wären sie die Töchter eines Königs.

[7] Als die sieben solcher Pracht an sich gewahr werden, da ist es vollends aus bei ihnen! Ihre Herzen fangen an, zu flammen vor Liebe und Bewunderung, und in süßester Verwirrung wissen sie gar nicht, was da mit ihnen

vorgefallen ist. Nach einer Weile des Staunens erst fragen sie den Jonael, wie denn das zugegangen sei, denn sie wüßten nichts von dem, ob ihnen jemand solche königlich herrlichsten Kleider und Diademe überbracht hätte.

[8] **Jonael** aber sagt, selbst ganz entzückt über die große Anmut seiner Töchter: »Bei Dem, Der euch gesegnet hat, bedanket euch! Er hat es euch gegeben wunderbar!«

[9] Hier fallen die Kinder auf Mich hin, weinen vor Liebe und Freude und sind nicht imstande zu reden. **Die Jünger** aber sagen hinter Mir: »Wenn so was nur in einem Hause geschähe! Aber hier auf offener Straße im Angesichte von etlichen tausend Zuschauern macht die Sache denn doch zu viel Aufsehen!«

[10] **Ich** aber vernahm es wohl, daß sie also redeten, wendete Mich um und sagte zu ihnen: »Ich bin schon lange bei euch, aber ihr habt Meinem Herzen noch nie solch eine Freude bereitet als wie diese sieben Töchter hier! Ich sage euch, diese sind schon am rechten Wege und haben den besten Teil sich erkoren; so ihr nicht solchen Weges wandeln werdet, da werdet ihr kaum Eingang finden in Mein Reich! Denn die Kinder, die also zu Mir kommen, werden auch bei Mir bleiben; die aber nur kommen mit purem Lob und Preise, die werden nur Meinen Abglanz, aber nicht Mich Selbst haben in ihrer Mitte!

[11] Mein wahres Reich aber ist nur dort, wo Ich Selbst bin in aller Wirklichkeit unmittelbar! Solches fasset auch! Der Herr aber ist auch ein Herr vollkommen über alle Welt und hat nicht zu bedenken, was sich vor der dummen Welt schicke oder nicht! Habt ihr das verstanden?«

[12] Sagt **Petrus:** »Herr, habe Geduld mit unserer großen Torheit! Du weißt es ja, daß wir nicht aus dem Himmel, sondern von dieser Welt unsere Bildung haben. Es wird schon alles wieder gut werden; denn wir lieben Dich ja auch über alles, ansonst wir Dir nicht gefolgt wären!«

[13] Sage **Ich:** »Also bleibet denn in der Liebe und nehmet nicht Kenntnis von dieser Welt, sondern von Mir aus den Himmeln!« Damit sind die Jünger zufrieden und preisen Mich in ihren Herzen.

55. In Sichar. – Der Spaziergang durch den lieblichen Hain. Das alte Schloß Esaus. Szene zwischen dem Schloßherrn, seinen Dienern und dem Herrn. Der kluge Kaufmann als Freund der Wahrheit in Verlegenheit. Der Herr als Gedankenleser. Der poetische Kaufmann. Die kitzlige Frage.

[1] Wir aber beginnen nun unsern Weg weiter fortzusetzen und kommen nach einer Stunde in einen reinen, schattigen Hain, der einem reichen Kaufmanne von Sichar gehörte. In diesem Haine sind allerlei Verzierungen angebracht, kleine Gärtchen, Bäche, Teiche mit allerlei Fischen und Vögeln; und am Ende des sehr gedehnten Hains befindet sich ein altes Schloß von großer Ausdehnung und hat starke Schutzmauern. Dieses Schloß hatte Esau erbaut, und er lebte daselbst, als Jakob in der Fremde war. In den Stürmen der Zeit hatte es natürlich viel gelitten; aber dieser Kaufmann hatte große Sum-

men darauf verwendet und es wieder ganz bewohnbar hergestellt, und er wohnte mit all den Seinen auch häufig in diesem Schlosse und war auch diesmal allda wohnend. Er war zwar ein wohltätiger Mensch und hatte noch viele andere Güter, aber auf diese Besitzung hielt er viel und sah es ungern, so sein großer Hain von zu vielen Menschen betreten ward; denn er verwendete viel auf die Kultur desselben.

[2] Als er nun aus seinem Schlosse ersah, daß eine große Volksmenge durch den Hain gegen die Schloßmauern sich bewegte, sandte er schnell seine vielen Diener und Knechte, daß sie uns aus dem Haine schaffen sollten, und ließ uns auch fragen, was wir da wollten.

[3] **Ich** aber sagte zu den Knechten: »Gehet hin zu eurem Herrn und saget ihm: sein und euer Herr lasse ihm sagen, daß Er mit allen, die mit Ihm sind, bei ihm einkehren und Mittag halten werde!«

[4] Da kehren die Knechte und die Diener sogleich um und hinterbringen das ihrem Herrn. Dieser aber fragt sie, ob sie nicht wüßten, wer Ich, Der solches von ihm verlange, wäre. **Die Knechte** und Diener aber antworten und sagen: »Wir haben es dir ja ohnehin gesagt, wie er also zu uns geredet hat, daß er dein und unser Herr ist; was fragst du uns abermals?! Sieben königlich geschmückte Töchter begleiten ihn zunächst, und hinter diesen begleitet ihn eine unübersehbar große Schar! Am Ende ist er ein Fürst aus Rom, und es wird daher sehr geraten sein, ihm entgegenzueilen und ihn am großen Mauertore mit allen Ehren zu empfangen!«

[5] Als **der Kaufmann** solches vernimmt, sagt er: »So bringet sogleich meine teuersten Festkleider, und das ganze Haus schmücke sich auf das festlichste! Denn ein solcher Fürst muß auf das glänzendste empfangen werden!«

[6] Nun rennt alles sogleich durcheinander im ganzen Schloß, die Köche und Köchinnen rennen in die Speisekammern und bringen sogleich Massen von allerlei Speisen in die Küchen, und die Gärtner laufen in die großen Gärten, zu sammeln allerlei köstliches Obst.

[7] Nach einer Weile kommt des Schlosses Herr, umgeben von hundert seiner vorzüglichsten Diener im glänzendsten Anzuge, verneigt sich, als er zu Mir kommt, nahe bis zur Erde dreimal und heißt Mich mit allen, die Mich begleiten, willkommen und dankt für die ihm erwiesene allerhöchste Gnade; denn er ist der Meinung, daß Ich im Ernste ein Fürst aus Rom sei.

[8] **Ich** aber sehe ihn an und frage ihn: »Freund, was hältst du fürs Höchste, das ein Mensch auf der Erde bekleiden kann?«

[9] Sagt der reiche **Kaufmann:** »Herr, vergib mir, deinem gehorsamsten Sklaven, ich war so dumm, nicht zu verstehen deine allererhabenst weiseste Frage; darum steige herab von der unermeßlichen Weisheitshöhe und wolle die Frage allergnädigst also stellen, daß sie meiner unbegrenzten Dummheit verständlich werde!» (Er hatte jedoch die Frage gar wohl verstanden; aber es war damals eine läppische Höflichkeitssitte, auch die leichteste Frage nicht sogleich zu verstehen, so man von einer hohen Person um etwas gefragt worden ist, um dadurch die Weisheit der hohen Person zu erhöhen.)

[10] **Ich** aber sage zu ihm: »Freund, du hast Mich recht wohl verstanden und tuest also, als hättest du Mich nicht verstanden, nur der alten, jetzt aber schon gänzlich aus dem Kurs gekommenen Höflichkeit wegen. Laß sonach diese alte Läpperei beiseite und gib Mir Antwort auf Meine Frage!«

[11] Sagt **der Kaufmann:** »Ja, so ich es wagen darf, auf deine hohe Frage, hoher Herr, sogleich zu antworten, so glaube ich mit deiner hohen Erlaubnis die hohe Frage wohl verstanden zu haben, und meine Antwort wäre demnach diese: daß ich als das Höchste ganz natürlich den Kaiser und dessen Amt als das allerhöchste ansehe und halte, das ein Mensch auf dieser Erde bekleidet.«

[12] Sage **Ich:** »Aber Freund, warum widersprichst du dir denn gar so sehr in deinem Herzen gegen deinen eigenen Wahlspruch, der da sagt: ›Die Wahrheit ist das Höchste und Heiligste auf dieser Erde, und ein Beamter, der getreu das Amt der Wahrheit und des Rechtes versieht, bekleidet das höchste und erhabenste Amt auf Erden!‹ Siehe, das ist dein Wahlspruch! Wie magst du das Amt eines Kaisers, der nur das Amt der rohen Gewalt als höchster Befehlshaber versieht, das sich sicher nicht allzeit auf Wahrheit und Recht stützt, deiner inneren Überzeugung widersprechend, als das Höchste bekennen?!«

[13] Hier macht der reiche **Kaufmann** große Augen und sagt nach einer Weile: »Herr, du Hoher! Wer verriet dir meinen Wahlspruch? Ich habe ihn noch nie ganz laut ausgesprochen, gedacht freilich tausend und abermals tausend Male! Denn wir wissen es nur zu gut, daß man mit der nackten Wahrheit nicht immer am besten darauskommt, und man muß mit derselben aus allerlei politischen Gründen schön fein zu Hause bleiben, so man unter Menschen mit heiler Haut herumgehen will!

[14] Aber wie ich's nun merke, so scheinst du, hoher Fürstensohn, selbst ein großer Wahrheits- und Rechtsfreund zu sein, und so dürfte es vor dir doch geheuer sein, dir mit der lieben Wahrheit entgegenzutreten; denn recht große Herren wollen die Wahrheit niemals hören, halten darum die Schmeichelei in Ehren, die allein sie nur begehren, und alles Menschenrecht ist bei ihnen schlecht. Was sie wollen, sie sich's holen – mit Gewalt nur zu bald. Ob die Armen übers Unrecht klagen, jetzt wie einst in alten Tagen, das ist eins den großen Herren, die da stehn in hohen Ehren. Darum muß man wohl politisch sein und muß mit ihnen reden fein, sonsten gibt es Kerker und Galeeren, die der Menschen Qual und Pein vermehren.«

[15] Sage **Ich:** »Hast gut und wahr geredet! Ich bin darin ganz deiner Ansicht; aber nun sage es Mir, für wen du Mich so ganz eigentlich hältst!«

[16] Sagt **der Kaufmann:** »Herr! Das ist eine sehr kitzlige Frage. Sage ich zuviel, so werde ich offenbar ausgelacht; sage ich aber zuwenig, dann komme ich ins Loch! Daher wird es besser sein, schön fein hier die Antwort schuldig zu bleiben, als sich für die Antwort nachher im Kerker mit Qual und Pein die Zeit zu vertreiben!«

[17] Sage **Ich:** »So Ich dir aber die Versicherung gebe, daß du weder das eine noch das andere zu befürchten haben sollst, so wirst du Mir wohl antworten können?! Sage es daher gerade heraus, für wen du Mich hältst!«

[18] Sagt **der Kaufmann:** »Für einen Fürsten aus Rom, – so ich schon reden muß!«

[19] Sagt hinter Mir **der Jonael:** »Das dürfte wohl viel zu wenig sein! Wirst schon einmal etwas höher raten müssen; mit dem Fürsten wird es sich nicht tun!«

[20] **Der Kaufmann** erschrickt und sagt: »Am Ende ist es der Kaiser selbst?!«

[21] Sagt **Jonael:** »Noch immer viel zu wenig; daher rate höher!«

[22] Sagt **der Kaufmann:** »Das werde ich wohl bleibenlassen; denn über einem Kaiser von Rom gibt es nichts Höheres mehr!«

[23] Sagt **Jonael:** »Und doch! Noch gar viel Höheres gibt es; denke nach und sage es nur rund heraus! Denn ich sehe dir ja ins Herz, das bei dir dem Kaiser von Rom den niedersten Platz anweist; warum sprichst du denn anders, als wie du denkst und fühlst in deinem Herzen? Rede also die Wahrheit!«

56. In Sichar. – Des vorsichtigen Kaufmanns gedehnte Antwort auf die Frage, wer der Herr der Welt ist. Über die üblen Erfahrungen der Wahrheitszeugen auf Erden. Beispiele vom Dieb und vom Betrüger. Jonaels Beweisführung über die Lüge als Ursache des Übels auf Erden.

[1] Sagt der reiche **Kaufmann** nach einer kleinen Weile: »Liebe hohe Gäste! Da ist nichts besser, als nur schön fleißig dem Munde die Sperre anzulegen und so wenig zu reden als nur immer möglich! Denn niemals darf man, und vor hohen Personen schon am allerwenigsten, das ganz offen kundgeben, was man im Herzen denkt und fühlt; denn die hohen Menschen haben eine sehr feine Haut, die den scharfen Hieb der Wahrheit nicht verträgt. Daher ist es also auch besonders in Gegenwart solcher höchsten Herrschaften gefährlich, mit der Wahrheit zum Vorschein zu kommen. Denn solche Herrschaften haben etwas, das Versuchung heißt, und vor solcher muß man sich mehr in acht nehmen, als vor Schlangen, Nattern und Basilisken; denn man hat Exempel, – ja, man hat ganz kuriose Exempel! Jeder denke, was er will; im Handeln aber sei er ein guter Patriot, so wird er mit allen Menschen gut auskommen! Aber nur so wenig als möglich reden; sonst könnte man sehr leicht mit den entsetzlichen Bütteln in eine höchst unangenehme Berührung kommen!

[2] Ich habe eigentlich so schon viel zu viel der Wahrheit geredet! Darum bleibe ich nun fest beim Kaiser stehen und sage noch einmal: Auf der Erde gibt es außer dem Kaiser Roms nichts Höheres mehr; CAESAREM CUM JOVE UNAM ESSE PERSONAM. Was ein Cäsar will, übt die Gottheit still!

[3] Darum hinweg von der Erde mit der Wahrheit, so es irgend eine Wahrheit gibt; sie taugt nichts fürs Menschengeschlecht! Wie viel Unheil hat die Wahrheit schon angerichtet, und ihre Lehrer haben entweder am Kreuzpflocke oder unter dem Schwerte ihren Wahrheitsgeist ausgehaucht! Wer sich aber recht aufs Lügen verlegt hat, der ist noch stets mit der heilen Haut

davongekommen, – höchstens, daß sie hie und da, wenn sie zu dumm gelogen haben, zu den Füßen haben ihre Augen richten müssen; aber geschehen ist ihnen weiter nicht viel, während aber, mit geringer Ausnahme, noch fast alle großen Freunde der Wahrheit eines gewaltsamen Todes von der Erde abgefahren sind.

[4] So aber der Wahrheit ein solcher ‚Lohn' folgt, welcher Esel oder Ochse wird noch fürder wollen ihr Freund sein?! Man behalte sie wie einen Arrestanten lieber in der eigenen Brust verriegelt und wandle frei unter den Menschen, statt daß man durch ihre Freilassung selbst zum Arrestanten an Leib und Seele wird; denn so der Leib im Kerker schmachtet, kann die Seele für sich in keinen Lusthain wandeln gehen.

[5] Ich habe auch noch nie gehört, daß die Wahrheit irgend etwas Gutes gestiftet hätte. Einige Beispiele sollen euch die Sache ins hellere Licht stellen:

[6] Ein Dieb ist wegen starken Verdachtes verhaftet worden und steht vor den strengen Richtern. Versteht er sich aufs Lügen, so wird er entlassen aus Mangel an hinreichenden Beweisen; spricht der Esel aber die Wahrheit, so wird er mit aller Schärfe gezüchtigt. Da hole der Beelzebub die Wahrheit!

[7] So ist jemand, wie es nur zu oft geschieht, von einem Pfiffikus bei irgend einem Handel um ein bedeutendes hinters Licht geführt worden. Der Betrogene, der ohnehin viele Geschäfte und Vermögen besitzt, merkt diesen Betrug nicht und ist dabei ganz guter Dinge. Nun kommt aber ein Wahrheitsfreund, der den Betrug gemerkt hat, und entdeckt dem Betrogenen, wie er von seinem Geschäftsmanne um soundso viel ist betrogen worden! Von dem Augenblick an wird der Betrogene erst unglücklich, geht zum Richter und läßt sich's viel kosten, um den Betrüger zu züchtigen. Hat ihm diese Wahrheit etwas Gutes gebracht?! Nein, Zorn und Rache nur hat sie in ihm erweckt und ihn zu noch größeren Auslagen seines Vermögens verleitet! Dem Betrüger aber, der zu lügen verstand, schadete die Wahrheit des Verräters nicht nur nicht, da ihm die Lüge half, aber gerade den verräterischen Wahrheitsfreund brachte sie als einen böswilligen Verleumder ins Gefängnis! Frage: Welchen Lohn zollte hier abermals die Wahrheit ihrem Freunde?!

[8] Darum hinweg von der Erde mit der Wahrheit! Sie allein ist an allem Unglück der Menschen schuld, wie auch Moses spricht im ersten Buche: ›Sobald du vom Baume der Erkenntnis, als vom Baume der mannigfachen Wahrheit, essen wirst, da auch wirst du sterben!‹ Und also ist es und bleibt es noch bis zur Stunde! Mit der Lüge kommt man auf den Thron und mit der Wahrheit ins Gefängnis! Schöne Bescherung den Freunden der Wahrheit!

[9] Suchet daher die Wahrheit, wo ihr wollt; nur mich lasset ungeschoren! Was meine Speisekammern fassen, und was in meinen Gärten wächst, stehet euch zu Gebote; das Heiligtum meines Herzens aber gehört mir allein, als eine Gabe Jehovas! Euch und aller Welt aber gebe ich, was ich von der Welt habe, und das ist der Welt Heil! Gottes Heil aber behalte ich allein für mich!«

[10] Sagt **der Oberpriester:** »Ich bekenne es dir offen, daß du nun, wie es

eigentlich weltlich in der Welt ist, ganz richtig geurteilt hast. Aber, weil du schon von Moses geredet hast, so wirst du es ja auch wissen, daß da Moses ein Gesetz von Gott erhielt für sein Volk, in welchem Gesetze die Lüge oder das falsche Zeugnis verboten ist und allen Menschen nur die Wahrheit zur Pflicht gemacht wird!? Wenn dieses Gesetz alle Menschen beachten würden, sage selbst, wäre es da nicht herrlich zu leben auf der Erde?!

[11] Ich sage es dir, und du mußt es einsehen: Nicht die Wahrheit, sondern allein die Lüge ist es, von der alles Unheil auf der Erde unter die Menschen kommt, und das darum, weil die Menschen mit seltener Ausnahme herrschsüchtig und hochmütig sich gegenseitig begegnen. Ein jeder will mehr sein als sein Nebenmensch, und so greift der blinde Mensch nach allen Mitteln, die ihn befähigen können, sich seinen Nebenmenschen in einem wie nur immer möglich größeren Vorrange zu zeigen und dem Schwächeren glauben zu machen, er sei bei weitem mehr und viel vorzüglicher als irgend ein anderer Mensch.

[12] Diese Ranggier verleitet dann mit der Weile die Menschen zu allerlei Lastern, zum Mord und Totschlag sogar, so es ihnen auf anderen Wegen der Lüge und des Betrugs nicht gelingen will, zu großem Rang und Ansehen vor anderen Menschen zu gelangen.

[13] Weil demnach die Menschen nahe allesamt besser und vorzüglicher sein wollen als sie sind, so bleibt ihnen freilich nichts anderes übrig, als sich kreuz und quer in einem fort so viel nur immer möglich anzulügen, und die Wahrheit hat in der Mitte solcher Menschen einen überaus schweren Stand.

[14] Möchten aber die Menschen den endlosen Vorzug der Wahrheit vor der Lüge erkennen, was sehr leicht möglich wäre, so sie Gott und dessen heilige Gesetze in der wahrhaftigen Tat respektierten, dann würden sie die Lüge fliehen ärger denn die Pest, und die wahre Gerechtigkeit Gottes würde dann einen Lügner strafen mit dem Tod. Aber weil die Menschen hochmütig und herrschsüchtig sind allzumal, so lieben sie die Lüge und reden ihr das Wort.

[15] Aber die Menschen, wie es die etlich tausendjährige Erfahrung zeigt, leben nicht ewig auf dieser Erde, sondern sie müssen alle in kurzer Zeit sterben dem Leibe nach, der am Ende den Würmern zur Speise gegeben wird; die Seele aber wird dann treten müssen vor Gottes Gericht! Da frage ich, wie sie mit ihrer hochgepriesenen Lüge vor Gott bestehen wird!

[16] Ich aber meine und halte es lebendig dafür, daß es in dieser Welt besser sei, um der Wahrheit willen ans Kreuz zu kommen, als dereinst vor Gott zuschanden zu werden und von Ihm den Ruf: ›Weiche von Mir!‹ für ewig zu vernehmen!

[17] So du mich ordentlich verstanden und daraus entnommen hast, daß wir wahre Freunde der Wahrheit sind, da rede also die Wahrheit und fürchte dich nicht töricht, daß wir dich der Wahrheit wegen strafen werden, und sage uns offen und wahr, was du von uns und namentlich von Dem hältst, Der nun mit meinen Töchtern spricht!«

57. In Sichar. – Die Antwort auf die »kitzlige Frage«. »Also der Messias bist Du? Willkommen! Für Den hab ich mein Lebtag gearbeitet!« Der Herr nimmt des Kaufmanns Einladung zum Mahle an.

[1] Sagt **der Kaufmann:** »Freund, du hast nun in voller und rechter Weisheit mit mir geredet und mir das gesagt, was ich in mir nur zu oft schon empfunden habe; aber ich begreife es nicht, warum du nun gar so darauf dringst, daß ich euch kundtun solle, für was ich euch und besonders ihn hielte. Für was ich ihn gleich anfangs hielt, da sagtest du, daß er das nicht sei, sondern viel mehr! Wie man aber, ohne ein Gott zu sein, mehr sein kann als ein Gott der Menschheit irdisch, das heißt, als ein Kaiser, das begreife ich nicht! Jehova allein nur ist irdisch und geistig mehr denn der irdische Gott Kaiser! Das wird er aber doch nicht sein?«

[2] Sagt **der Jonael:** »Ich sage es dir: Betrachte unsere Gesellschaft ein wenig schärfer; vielleicht wird dir doch an ihr etwas auffallen! Was hältst du von den vielen herrlichen Jünglingen, die du in unserer Gesellschaft ersiehst? Betrachte sie und rede dann!«

[3] **Der Kaufmann** sagt: »Ich habe sie bis jetzt für Edelknaben des Kaisers und für Söhne der Patrizier Roms gehalten, obschon sie ihrer feinen und weißen Haut und Farbe halber eher verkleidete Mädchen aus Hinterkleinasien sein könnten. Denn wahrlich, obwohl ich viel Schönes derart gesehen habe, da ich in früherer Zeit mit derlei Ware Handel trieb nach Ägypten und nach Europa, und zwar zumeist nach Sizilien für die großen und aller Lebensüppigkeit sehr ergebenen Römer; aber Gestalten von so unaussprechbar herrlicher Art sind mir noch niemals untergekommen! Sage mir doch, woher und wer sie sind! Es sind wohl deine Töchter auch sehr herrliche Gestalten; aber im Vergleiche mit diesen – man könnte füglich sagen – strahlenden Gestalten stehen sie dennoch bei weitem zurück. So du sie sicher näher kennst denn ich, da sage du es mir, wer und woher sie sind!«

[4] Sagt **Jonael:** »Das dir zu sagen kommt mir nicht zu, sondern allein Dem, Der hier steht in der Mitte meiner Töchter. Wende dich daher an Ihn! Er wird dir den rechten Aufschluß geben!«

[5] Hier wendet sich **der Kaufmann** vollends an mich und sagt: »Herr dieser Scharen, die dir nach meiner Ansicht wie die Lämmer ihrem Hirten folgen, sage mir doch, mit wem ich in deiner Person zu reden die hohe Ehre habe! Denn ich ward gefragt und riet auf den irdisch höchsten Stand; aber es ward mir bedeutet, daß ich mich geirrt habe. Nun weiß ich nichts mehr zu reden; daher halte du mich für würdig, etwas Näheres über deinen Stand mir kundzutun!«

[6] Sage **Ich:** »Du bist auch einer von denen, die nicht glauben, so sie keine Zeichen sehen. Sehen sie aber solche, dann sagen sie: ›Siehe, das ist entweder ein Jünger der Essäer, oder er ist ein Magier aus Ägypten oder gar aus dem Lande, das der Strom Ganges bewässert, oder er ist ein Knecht des Beelzebub!‹ Was kann man aber dann tun? Sage Ich dir aber geradeheraus, Wer Ich bin, so wirst du es Mir nicht glauben!

[7] Du hast deine Meinung ausgesprochen, und sie war falsch. Als Jonael

dir sagte, Ich sei aber mehr denn dein irdischer Gott, da sagtest du: ›Nur Jehova allein ist größer denn ein Kaiser!‹ und verwahrest dich stillschweigend vor einer Annahme, daß Ich mehr sein könnte, als da ist ein Kaiser Roms, den du im Grunde bloß aus Furcht vor dessen irdischer Macht als das Höchste auf Erden bekennst, in deinem Herzen ihn aber verachtest mehr denn eine Pest und seine Macht mehr denn Heuschreckenzüge.

[8] Es ist aber heute bereits der dritte Tag, daß Ich Mich in Sichar aufhalte, und es ist von da in die Stadt nur ein Lustwandelweg von einigen Feldwegen; es sollte Mich sehr wundernehmen, daß du von deinen Kollegen in der Stadt keine Kunde von Mir solltest erhalten haben!«

[9] Sagt **der Kaufmann:** »Ah, du bist also derjenige, von dem man mir erzählt hat schon gestern und heute, daß er der Messias sei und solches bezeuge durch wundervolle Taten! Das alte Haus der schönen Irhael habest du neu umgestaltet und wunderbar königlich eingerichtet?! Und man erzählte mir auch von einer scharfen Predigt am Berge, die du gehalten habest, an der sich aber viele stießen, da sie ganz antimosaisch gewesen sein solle! – Nun, nun, also der bist du!?

[10] Nun, mich freut es, daß du mich besucht hast, und ich hoffe, dich noch näher kennenzulernen! Weißt du, ich bin dieser Idee nicht abhold und glaube fest, daß der Messias kommen werde und müsse! Die Zeit wäre so ungefähr, nach meiner Rechnung gerade zu reden, eine ganz geeignete, denn der Druck der Römer ist nahe nicht mehr zu ertragen! Und warum solltest du nicht der erwartete Messias sein können?! O das nehme ich bald und leicht an!

[11] Wenn du deiner Kraft dir bewußt bist und es gehörig verstehst, dich als solcher allenthalben zu präsentieren, so stehe ich dir sogleich mit meinem ganzen großen Vermögen zu Diensten. Es sollen diese Schweine aus den heidnischen Abendlanden bald das Land unserer Väter räumen! Denn sieh, ich habe alle meine Kräfte von meiner Jugend an lediglich darauf verwendet, mir möglichst große Reichtümer zu sammeln des zu erwartenden Messias wegen, auf daß sich damit eine Großmacht von den tapfersten und verwegensten schlauen Kriegern durch guten Sold erkaufen lassen solle! Ich habe schon mit so manchen tapfersten Völkern von Hinterasien mich in die Korrespondenz gesetzt, und es bedürfte da nur einiger Boten, und in einer Zeit von etlichen Monden steht in diesen Gauen eine furchtbare Macht! Aber nun nichts mehr weiter davon; in meinem sehr geräumigen Hause werden wir darüber das Weitere verhandeln!

[12] Nun aber wird das Mittagsmahl für euch alle auch schon bereitet sein; kommet daher alle und esset und trinket nach Herzenslust!«

[13] Sage **Ich:** »Nun denn, sei bis dahin auch alles ganz wohl und gut; alles andere werden wir dann vollends besprechen und ausmachen! Und so denn führe uns alle in den großen Saal. Aber jene Männer dort ganz rückwärts lasse hier; diese gehören nicht zu den Meinen, sondern rein nur der Welt an!«

58. In Sichar. – Lebens- und Verhaltungswinke. »Geben ist seliger denn Nehmen.« »Was die Liebe tut, bleibt ewig gut.« Jenseitiges Elend der Weltfreunde. Des Herrn Rat über gute Vermögensverwendung. Wie man den Segen Gottes erlangt.

[1] Sagt **der Kaufmann:** »Ich kenne sie, es sind harte Sichariten, die mit ihrem Glauben und Denken mehr Heiden denn Kinder Israels sind. Aber die Miserabelsten darunter sind dennoch die aus der Gegend des Galiläischen Meeres; das sind pure Materiediener und haben von etwas Höherem und Göttlichem gar keinen Wind mehr! Pure Spektakelhelden! Ein Magier aus Persien ist ihnen lieber als Moses und alle Propheten, und eine üppige Hure aus Oberasien lieber als Gold und Edelsteine! Ich kenne sie nur zu gut; aber um ihnen ihr loses Maul zu stopfen, will ich sie in meinem großen Gartensaale bewirten lassen. Denn so sie nichts bekämen, da wäre es aus!«

[2] Sage **Ich:** »Tue, was du magst und kannst; denn Geben ist seliger als Nehmen! Aber in der Folge gib du nur den Dürftigen und Armen, und so jemand von dir ein Geld würde borgen wollen, ist aber reich, und du es sehen kannst, daß er es dir reichlichst zurückzahlen wird, dem borge nicht! Denn so du ihm wirst geborgt haben, wird er dir alsbald im geheimen zum Feinde werden, und du wirst deine Not haben, dein Geld samt den Zinsen wieder zurückzuerhalten.

[3] Kommt aber einer zu dir, der arm ist, und du es sehen kannst, daß er nicht vermögen wird, dir je dein Geld zurückzuzahlen, so borge ihm, und der Vater im Himmel wird es dir ersetzen hundertfältig auf anderen Wegen schon auf Erden und wird dir dein dem Armen geborgtes Geld im Himmel selbst zu einem großen Schatze machen, der dich nach diesem Erdenleben jenseits hoch über dem Grabe erwarten wird.

[4] Ich sage es dir: Was die Liebe tut auf Erden, das ist auch im Himmel getan und bleibet ewig; was aber die pure Weltklugheit tut, das verschlingt der Boden der Erde, und für den ewigen Himmel bleibt nichts übrig. Was kann aber auch all das irdische Schatzwerk nützen dem Menschen, so dabei seine Seele Schaden leidet?!

[5] Wer für die Erde und fürs Fleisch sorget, ist ein Tor; denn so wie des Menschen Fleisch sein Ende hat, also wird es auch die Erde haben! Wann aber dereinst sicher das Ende der Erde herbeikommen wird, auf welchem Boden wird dann die arme Seele sich eine Wohnung nehmen?!

[6] Ich sage dir aber, daß da jeder Mensch, so ihm der Leib genommen wird, auch gleichzeitig die Erde für ewig verliert. Und hat er sich in seinem Herzen durch die Liebe nicht eine neue Erde geschaffen, so wird seine Seele sich selbst den Winden und Wolken und Nebeln preisgeben müssen und wird in der ewigen Unendlichkeit herumgetrieben und nimmer irgend eine Rast und Ruhe finden, außer im falschen und nichtigen Gebilde der eigenen Phantasie, die, je länger sie andauern wird, auch stets schwächer, finsterer und am Ende zur dicksten Nacht und Finsternis wird, aus der die Seele aus sich selbst schwerlich je einen Ausweg finden wird! Daher magst du auch in der Zukunft also tun, wie Ich dir es nun gezeigt habe; aber für jetzt tue du, wie du es magst und kannst!«

[7] Sagt **der Kaufmann:** »Du bist überaus weise und magst recht haben in allen Dingen, aber mit dem Geldborgen bin ich nicht so ganz einverstanden. Denn so man sich schon vieles Geld erworben und es doch nicht gerne tot liegen hat, so leiht man es doch besser auf mäßige Zinsen aus, als man vergrübe es, auf daß es einem die Diebe nicht nehmen könnten, so sie kämen zur Nacht und erbrächen Schränke und Kästen. Man kann ja daneben von dem Überflusse noch immer den Armen geben, was recht ist; denn gebe ich auf einmal alles her und wirtschafte nicht gut mit dem Vermögen, so werde ich bald nichts mehr haben und den vielen Armen werde ich nichts mehr zu geben imstande sein.«

[8] Sage **Ich:** »Laß du die rechte Wirtschaft Gott dem Herrn über und gib dem, den dir der Herr zuführen wird, und du wirst an deinem Vermögen keine Einbuße erleiden! Hast du denn nicht viele und große Äcker und Wiesen und Gärten voll Obst und Trauben, und sind deine gedehnten Stallungen nicht voll Ochsen, Kühen, Kälbern und Schafen? Siehe, ein Handel damit wird dir unter dem Segen Gottes stets das wieder ersetzen im Vollmaße, was du im Jahre hindurch an die wahrhaft Armen verteilt hast; aber was du in die Zinskassen der Reichen gibst, das wird dir von oben her nimmer ersetzt werden, und du wirst viele Sorgen haben und dich stets fragen, ob die Zinskassen dein Geld wohl ordentlich verwalten. Tue daher, wie Ich dir's ehedem gesagt habe, so wirst du ein gutes und sorgloses Leben haben, und alle Armen werden dich lieben und dir wo nur möglich, dich segnend, dienen und der Vater im Himmel wird stets segnen dein Tun und Lassen; und siehe, das wird besser sein denn die stets größeren Zinskassensorgen!«

59. In Sichar. – Des Kaufmanns schwaches Vertrauen auf Gottes Fürsorge in alltäglichen Dingen. Seine Ehrfurcht vor Jehova und seine wohlwollende Fürsorge für die Armen. Gott soll man mehr lieben als fürchten!

[1] Sagt **der Kaufmann** im Gehen in das Schloß: »Mein Herr und mein Freund, ich sehe es, daß aus dir eine rein göttlich-fromme Weisheit spricht, und zwar in einer so sanften Weise, wie ich sie noch nie aus einem menschlichen Munde vernommen habe; aber es gehört zur Beachtung solcher deiner Lehre ein starkes Vertrauen auf Jehova, was mir trotz meines sichern Glaubens mangelt. Ich weiß, daß Er es ist, Der alles erschaffen hat und nun alles leitet, regiert und erhält, aber ich kann es mir nicht lebendig genug vorstellen, daß Er als der allerhöchste Geist Sich in die Privatverhältnisse einlassen könnte, möchte und wollte! Denn Er ist für mich zu allerhöchstheilig, so, daß ich mir kaum getraue, auszusprechen Seinen allerheiligsten Namen, geschweige daß ich dann erst von Ihm erwarten sollte, Er werde mir in meinen schmutzigen Geldgeschäften Seine allmächtig heilige Hand zur Hilfe bieten!

[2] Ich aber gebe auch den Armen, die zu mir kommen, und halte keinen Hund, daß er anbelle einen Bettler, und dieser sich fürchte, meine Tür-

schwellen zu betreten. Nur diesen Hain, der mein Liebling ist, sehe ich ungern betreten werden von Fremden und Armen, weil sie die Anlagen und neuen Pflanzungen oft mutwillig verderben und darin als Hungrige und Durstige auch nichts finden, womit sie sich sättigen und ihren Durst stillen könnten. Ich habe aber dafür bei zwanzig Feldweges von hier einen großen Feigen- und Pflaumenwald gezogen; der steht allen Fremden und Armen zu Diensten, nur dürfen sie die Bäume nicht beschädigen, weshalb ich auch mehrere Aufseher dahin aufgestellt habe.

[3] Du siehst aus dem, daß ich der Armen wohl gedenke; aber daß ich deshalb dem erhabensten Geiste mit einer Bitte kommen sollte, daß Er mir entweder irdisch oder nur pur himmlisch meine Geldsummen verwalten möchte, das sei ferne von mir! So Er etwas tun will und auch wirklich schon etwas getan hat, woran ich nicht zweifle, so steht das in Seinem freien heiligsten Willen! Ich aber habe vor Ihm eine also unbegrenzte Ehrfurcht, daß ich es mir kaum getraue, Ihm dafür zu danken; denn mir kommt es vor, daß ich durch solch einen rein materiellen Dank, durch den ich Ihm gewisserart zeigte, daß ich glaube, Er könnte mir als ein Handlanger gedient haben, Ihm eine übergroße Unehre antun würde. Ich lebe und handle daher als ein möglichst rechtlicher Mensch aus meinen mir von Gott verliehenen Kräften nach dem Gesetze und verbinde dem Ochsen und Esel das Maul nicht, so sie mein Getreide austreten; doch den großen Geist ehre ich nur an Seinem Tage! Denn es steht geschrieben: ›Den Namen deines Gottes sollst du nimmerdar eitel aussprechen!‹«

[4] Sage **Ich:** »Wüßte Ich nicht schon lange, daß du ein rechtlicher und über die Maßen gottesfürchtiger Mann bist, Ich wäre nicht zu dir gekommen. Aber siehe, daß du Den fürchtest, Den du eigentlich über alles l i e b e n solltest, das ist nicht völlig recht von dir, und Ich kam darum zu dir, um dir zu zeigen, wie du G o t t m e h r l i e b e n a l s f ü r c h t e n sollst in der Zukunft. So wird Sich Gott dann schon herabwürdigen zu dir und wird dir in allem ein sicherster, kräftigster und verläßlichster Handlanger sein!«

60. In Sichar. – Eine Überraschung über die andere, Wunder über Wunder. Der Herr als Gast des Kaufmanns bewirtet diesen im alten Schlosse Esaus mit himmlischer Kost durch himmlische Diener im neu erschaffenen Saale. »Ich bin reicher als du!«

[1] Nach dieser Meiner Anmerkung aber haben wir auch weilenden Schrittes den großen Hofraum des Schlosses erreicht, und es kommt alle Dienerschaft dem Kaufmann über alle Maßen erstaunt und verlegen entgegen, und der Oberdiener, der Vogt der Dienerschaft, führt das Wort und spricht: »Herr, Herr, das ist nun eine saubere Wirtschaft! Unsere Köche und Köchinnen bringen gar keine Speise zurecht; alles mißlingt! Wir wollten die Tische doch wenigstens mit Obst und Wein besetzen und mit einer rechten Menge Brotes; aber die Zimmer sind alle derart versperrt, daß wir aber auch

nicht eine Tür mit aller Gewalt zu öffnen imstande waren! Was werden wir nun tun?«

[2] **Der Kaufmann,** zum Teil selbst über die Maßen erstaunt und zum Teil ganz ärgerlich, sagt: »So ist es, wenn ich nur den Fuß über die Schwelle setze; nichts als Unordnung über Unordnung! Was treiben denn die Köche und Köchinnen? Sind bei mir nicht schon oft zehntausend Gäste bewirtet worden, und es ging alles ordentlich vor sich; nun sind ihrer in allem kaum tausend, und allenthalben sieht die größte Unordnung heraus! Aber, was sehe ich?! Bei allen Fenstern schauen Jünglinge heraus; mein Schloß ist also voll Menschen, und du und deine dir untergebenen Knechte sagen, daß da alle Türen in meinem Schlosse verschlossen seien?! Wie geht das zu? Lüget ihr und wollt vor mir eure Trägheit beschönigen, oder, so die Zimmer verschlossen sind, wer hat sie verschlossen?«

[3] Der Vogt weiß nicht, was er seinem Herrn darauf erwidern soll, und die ganze große Dienerschaft des Herrn dieses Schlosses ist ob dessen sichtbaren Ärgers in großer Verlegenheit und Bestürzung; keiner weiß sich zu raten und zu helfen.

[4] **Ich** aber sage zu diesem Kaufmann: »Lieber Freund, laß es also gut sein, wie es nun ist und steht! Siehe, als deine Diener und Wächter ehedem zu Mir in den Hain kamen, von dir abgesandt, um Mich zu fragen, wer Ich sei, und was Ich mit solch großer Gesellschaft hier suche, da begehrte Ich als ein Herr von dir, daß du uns allen ein gutes Mittagsmahl geben solltest! Da warst du schnell dazu entschlossen, obschon du nicht wußtest, wer Derjenige ist, Der von dir ein Mittagsmahl für so viele Gäste zu verlangen sich ein Recht nimmt.

[5] Deine Diener wie auch du hielten Mich anfangs für einen Fürsten Roms und warst deshalb um so tätiger, Meinem Begehren nachzukommen; als du aber in der Folge unseres vielseitig belehrenden Gespräches dahin gebracht wurdest in deiner Erkenntnis, daß Ich der Messias sei, so warst du in deinem Herzen glücklich und dachtest bei dir um so mehr daran, Mich und die ganze Gesellschaft bestens zu bewirten, auf daß es Mir gefallen solle, bei dir zu verbleiben, bis du deine vermeinte Streitmacht gegen die Römer aus Ober- und Hinterasien zusammengebracht haben würdest, um unter Meiner Leitung aus dem Lande Gottes zu vertreiben alle Feinde, die da pur Heiden sind und nicht glauben an den lebendigen wahren Gott!

[6] Als du solches in deinem Gemüte beschlossen hattest, da habe auch Ich im geheimen etwas beschlossen, und zwar, daß du nun Mein Gast, wennschon in deinem Hause, und nicht Ich der deine sein solle! Ich gebot daher Meinen trefflichen Dienern, und siehe, es ist nun schon alles in bester Bereitschaft, und du sollst heute an Meiner Seite mit der echtesten Himmelskost gespeist werden!

[7] Deiner Gärten Frucht und was deine Küche geliefert hat aber setze du jenen schmählüsternen Weitmäulern aus Sichar vor, die sich noch dort im Haine herumtreiben und sich vor Ärger gar nicht zu helfen wissen, daß sie nicht auch zu den Geladenen gehören! Ich meine, es wird dir das keinen Kummer machen; denn sieh, so Ich bei jemandem einen rechten Willen

sehe, so nehme Ich solch einen Willen auch schon sogleich fürs volle Werk an! Bei dir aber habe Ich einen rechten Willen gemerkt und befreite dich daher von dem für dich kostspieligen Werke. Denn Ich bin reicher denn du und will Mich daher nicht von dir sättigen, sondern Ich will, daß du von Mir sollst gesättigt werden!«

[8] Hier macht **der Kaufmann** große Augen und sagt nach einer Weile tiefen Nachdenkens: »Herr, das ist für einen armen sündigen Menschen zu viel auf einmal! Ich vermag das Wunder nicht zu fassen in all seiner Größe und Tiefe! So du nur ein Mensch wärest, gleich wie ich ein Mensch nur bin, wäre dir das unmöglich; denn ich sah keine Kostträger *(Lastträger)* in deiner Gesellschaft. Woher allersonderbarst aber solltest du dann nun Speisen genommen haben auf einem natürlichen Wege?! Ich habe ehedem wohl auch einige solche schönsten Diener – oder vielleicht auch Dienerinnen darunter? – in deiner Gesellschaft bemerkt und bemerke sie, und zwar dieselben, noch; woher aber sind dann diese gekommen? Meines Schlosses Gemächer sind viele, und die meistens überaus geräumig; zehntausend Menschen haben darin ganz leicht Raum genug. Ich sehe aber nun diese schönsten Diener aus allen Fenstern nach uns herabblicken! Ich frage sonach abermals: Woher und von wannen sind d i e s e gekommen?«

[9] Sage **Ich:** »Freund, so du ausziehest aus deinem Hause in irgend ein anderes Land, um dort zu kaufen oder zu verkaufen, da nimmst auch du dir nach deinem Bedarfe Diener mit und lässest dir dienen; und siehe, also tue es auch Ich! Ich habe deren überaus viele; ihre Zahl könntest du schwerlich je fassen. Wenn Ich nun ausziehe, warum sollen Meine Diener und Knechte bei solcher Gelegenheit daheim verbleiben?!«

[10] Sagt **der Kaufmann:** »Herr, das ist alles ganz vollkommen in aller Ordnung; ich aber möchte nur wissen, von wannen du und alle diese deine herrlichsten Diener gekommen seid. Das, das drängt mich's zu erfahren.«

[11] Sage **Ich:** »Laß uns zuvor das Mittagsmahl nehmen, und es wird sich dann schon noch eine Zeit finden, in der du darüber nähere Belehrung erhalten wirst. Für jetzt aber haben wir schon zur Genüge geredet, und es ist nun vollends an der Zeit, Ruhe und Stärkung zu nehmen. Gehen wir alsonach in den großen Saal, der in diesem Schlosse gegen Morgen liegt und von uns jetzt nicht gesehen werden kann, indem wir uns gerade an der abendlichen Seite des Schlosses befinden, da man den großen Flügel dieses Schlosses nicht sehen kann!«

[12] Hier fällt **der Kaufmann** vor lauter Bewunderung nahe in eine Ohnmacht und sagt nach einer Weile voll des höchsten Staunens: »Herr, jetzt wird mir die Sache wahrlich nahe schon zu dick wunderbar! Es gab einst wohl einen Morgenflügel dieses Esau-Schlosses, aber es dürften bereits zwei Jahrhunderte in die unwiederbringliche Vergangenheit hinabgerollt sein, seit dieser Morgenflügel bestanden hatte; ich und meine Vorfahren wissen aber kaum mehr was davon. Wie sprichst du hernach vom großen Saale im Morgenflügel dieses Schlosses?«

[13] Sage **Ich:** »Erst wenn du in diesem deinem Schlosse keinen Morgenflügel finden wirst, magst du reden; wirst du aber einen finden, dann denke

und fasse es in dir, daß bei Gott alle Dinge möglich sind! Sei aber darob stille und rede zu Meiner Gesellschaft nichts davon; denn für derlei Taten ist Meine Umgebung noch nicht reif!«

[14] Sagt **der Kaufmann:** »Wahrlich, nun brenne ich im Ernste vor Begierde, diesen Morgenflügel meines Schlosses zu sehen, von dem meine Urvorfahren kaum etwas reden gehört haben! Die Grundmauern sind wohl noch hie und da ersichtlich, das aber ist auch alles, was auf mich von dem einst so prachtvoll gewesen sein sollenden Flügel dieses Schlosses überkommen ist.« – Nun erst geht der Kaufmann behende voran, und wir folgen ihm.

61. In Sichar. – Fortsetzung der wunderbaren Überraschungen. Die Engel als Erbauer des Prachtsaales. Der höchsterstaunte Kaufmann ahnt in Jesus den »Sohn Gottes«.

[1] Als er in das erste Stockwerk gelangt, so ersieht er sogleich diesen vorbesagten Flügel, läuft voll Entzückung in die offene große Türe, beschaut den großen Saal und fällt vor Verwunderung zusammen. Es treten aber sogleich mehrere der weißen Jünglinge zu ihm, helfen ihm auf und stärken ihn. Als er sich ein wenig erholt, geht er wieder auf Mich zu und fragt Mich mit einer vor höchster Verwunderung bebenden Stimme: »O Herr, ich bitte dich, sage mir doch für ganz bestimmt, ob ich wohl wach bin, oder ob ich etwa schlafe und nun ganz festweg träume!«

[2] Sage **Ich:** »Also wie du nun fragtest, scheinst du zwar wohl mehr zu träumen denn wach zu sein; aber du bist dennoch wach, und was du da schauest, ist feste Wirklichkeit! Du selbst sagtest Mir draußen im Haine, wie du vernommen habest, daß Ich das alte Haus Josephs, das in dieser Zeit von der Irhael bewohnt und als eigentümlich besessen ist, in aller Kürze vollends neu wiederhergestellt habe. Nun, konnte Ich das Haus Josephs wieder aufrichten, so werde Ich doch auch die alte Feste Esaus zu erneuern imstande sein?!«

[3] Sagt **der Kaufmann:** »Ja, ja, das ist nun sichtbar und wahr; aber es ist dennoch unglaublich, daß ein Mensch solche Dinge verrichten kann! Höre, Herr! So du nicht ein Prophet wie ein Elias bist, so mußt du entweder ein Erzengel in menschlicher Gestalt oder am Ende etwa gar Jehova Selbst sein! Denn solche Dinge sind nur Gott allein möglich!«

[4] Sage **Ich:** »Ja, ja, wenn du kein Zeichen gesehen hättest, so hättest du Mir auch nicht geglaubt! Nun glaubst du freilich, aber in solchem Glauben bist du nicht freien Geistes! Auf daß du aber dennoch freier werdest in deinem Herzen, so sage Ich zu dir: Nicht Ich, sondern diese vielen Jünglinge haben das gemacht; sie haben solche Macht von Gott dem Vater. Diese magst du fragen, wie sie solches angestellt haben!«

[5] Sagt **der Kaufmann:** »Richtig! Ich habe schon draußen den Jonael gefragt, wer und woher diese wunderherrlich schönsten jungen Wesen seien, bekam aber keine Antwort, sondern ward ganz einfach an dich gewiesen. Als ich zu dir kam, vergaß ich es sonderbarerweise ganz; meine Frage be-

schäftigte sich da bloß mit dir, und unser Diskurs nahm eine ganz andere Wendung. Nun erst erinnere ich mich wieder dessen und möchte nun von dir eine rechte Auskunft überkommen, wer, was und woher so ganz eigentlich diese allerholdesten Jünglinge sind.«

[6] Sage **Ich:** »Um dich nicht lange hinzuhalten, so sind das Gottes Engel, so du es annehmen willst. Willst du aber das nicht annehmen, so halte sie für was du willst, nur für Teufel oder dessen Diener nicht!«

[7] Sagt **der Kaufmann:** »O Herr, o Herr, wohin, wohin ist es denn mit mir gekommen?! Ehedem fragte ich dich, ob ich wohl wach sei, oder ob ich schlafe und träume; nun aber frage ich dich, ob ich noch lebe. Denn solche Dinge können sich ja doch auf der wirklichen Erde nicht zutragen!«

[8] Sage **Ich:** »Oh, – und ob du auf der Erde lebest! Ich habe dir deine innere Sehe erschlossen, und so magst du nun auch die Geister der Himmel schauen! Aber nun frage nicht weiter, denn es ist Zeit zum Mittagsmahle! Bereitet ist alles, und somit begeben wir uns zu den Tischen!«

[9] Sagt **der Kaufmann:** »Ja, ja, recht also! Aber ich werde vor Staunen über Staunen nicht viel zu essen imstande sein, denn es ist hier alles Wunder über Wunder! Nein, heute morgen hätte ich so was gar nicht zu ahnen vermocht! Diese Sache kam mir viel zu schnell und viel zu unerwartet. Es sind noch kaum drei Stunden, seit ihr von Sichar her in meinen großen Hain eingedrungen seid, und was ist alles in diesen drei Stunden geschehen?! – Das Unglaublichste! – Und doch ist es da! Aber wer anders als die Zeugen des Geschehenen wird es glauben, und wenn tausend Zeugnisse dafür sprächen?! Herr, Herr, du großer Meister, von Gott Selbst gelehrt und geleitet, ich glaube es, weil ich's nun mit meinen Augen schaue. Aber so ihr es Tausenden erzählet, so werden sie es euch nicht nur nicht glauben, sondern sich ärgern und den Erzähler einen unverschämten Lügner schelten! Daher erzählet es ja nirgends weiter, denn diese Sache ist zu wunderbar groß! Wer hat so eine Herrlichkeit, wie die da ist dieses Saales, je geschaut?! Die Wände wie aus puren Edelsteinen, die Decke Gold, der Fußboden Silber, die vielen Tische aus Jaspis, Hyazinth und Smaragd, die Gestelle aus Gold und Silber, die Trinkgefäße wie aus reinstem Diamant und die Speiseschüsseln wie aus feinstem und feurigstem Rubin; die Bänke um die Tische abermals aus edlen Metallen und die Polsterung aus hochroter Seide, und der Geruch der Speisen und Getränke wie aus den Himmeln! Und das alles in – sage – drei Stunden! Nein, das ist unglaublich über unglaublich!

[10] Herr! Du mußt Gott entweder Selbst sein oder Du bist allerunfehlbarst doch wenigstens Gottes Sohn!«

[11] Sage **Ich:** »Ganz wohl, ganz wohl! Aber jetzt zum Mahle! Nach dem Mahle sollst du noch so manches erfahren; aber jetzt rede Ich vor dem Mahle nichts mehr. Sieh nur an die vielen, die es bereits hungert und dürstet, da es eben heute sehr warm ist! Daher sollen sie nun erst erquickt werden und vollauf gestärkt sein, dann wird sich schon alles andere geistig auch wieder geben!«

62. In Sichar. – Das Himmelsmahl im Engelssaal. Gutes Gelübde des Kaufmanns. Jairuths pessimistische, aber leider wahre Tischrede über die damaligen Zustände. Des Herrn klare Rede über das Reich Gottes und die Mission des Messias. Vom Aufenthalt der verstorbenen Menschenseelen vor der Himmelfahrt des Herrn.

[1] Nun redet der Kaufmann nichts mehr, dankt mit Mir dem Vater und setzt sich dann an einen großen Tisch, der in der Mitte des Saales steht. Ich und alle Meine Jünger, Jonael mit dessen Weibe und Töchtern, die Irhael mit ihrem Gemahle Joram und in deren Mitte Meines Leibes Mutter Maria aber setzen uns dann auch zum selben Tische.

[2] Den **Kaufmann** freut das über die Maßen, so daß er sagt: »Herr, weil Du mich gewürdigt hast, Dich an diesen Tisch zu setzen, an den ich mich gesetzt habe, so will ich von nun an einen zehnten Teil von allem, was meine Güter tragen, den Armen geben und alle die Steuern, die sie an die Römer zu entrichten haben, volle zehn Jahre hindurch im voraus entrichten! Nach dieser Zeit aber hoffe ich zu Gott, Deinem und unserem Vater, daß Er uns von dieser Plage durch Dich, o Herr, freimachen wird, zu welch tätigster Mithilfe ich mich durch und durch mit allem, was ich habe, schon draußen Dir treu und wahr angeboten habe.

[3] O Herr, nur von dieser Plage mache uns frei, und daß die Juden von Jerusalem mit uns wieder in eine Gemeinschaft treten möchten; denn sie haben sich von der alten Wahrheit himmelweit entfernt! Bei ihnen herrscht nichts als Selbstsucht, Herrschgier und Glanz; Gottes gedenken sie nimmer, und von der Nächstenliebe ist keine Spur mehr! Garizim verachten sie; aber den Tempel Jehovas zu Jerusalem haben sie in eine Wechsler- und Krämerbude verwandelt! Und sagt man zu ihnen, daß sie Frevler sind im Heiligtume Gottes, dann verfluchen und verwünschen sie den, der sie beim rechten Namen zu nennen wagt! Herr, das muß anders werden; also kann es nicht mehr verbleiben! Und verbleibt es, dann ist bald eine erneuerte Sündflut zu befürchten! Rings herum in der ganzen Welt Heiden über Heiden, und zu Jerusalem und in Judäa leben Juden, Priester, Leviten, Schriftgelehrte, Pharisäer und Wechsler und Krämer, die allesamt zehnmal ärger sind als alle Heiden! Kurz, die Welt ist nun ärger um vieles denn zu Zeiten Noahs! Wenn da nicht Abhilfe kommt und der Messias nicht zur Hand nimmt ein flammendes Schwert, so kommen wir offenbarst wieder zum Baue einer neuen Arche! Herr, tue also, was nur immer in Deiner Macht steht! Ich will Dir allzeit Hilfe leisten!«

[4] Sage darauf **Ich:** »Lieber Jairuth! Sieh an Meine Jünglinge! Ich sage dir: Ich habe deren so viele, daß sie auf tausendmal tausend Erden nicht Platz hätten, und einer genügte vollkommen, das ganze römische Reich in drei Augenblicken zu vernichten. Aber obschon ihr besser seid im Glauben als die Juden, so habt ihr aber dennoch mit den Juden gleich einen völlig falschen Begriff vom Messias und Seinem Reiche.

[5] Wohl wird der Messias ein neues Reich gründen auf dieser Erde, aber – merke es wohl! – kein materielles unter Krone und Zepter, sondern EIN

Reich des Geistes, der Wahrheit, der rechten Freiheit aus der Wahrheit, unter der alleinigen Herrschaft der Liebe!

[6] Die Welt aber wird berufen werden, in dies Reich einzugehen. Wird sie dem Rufe folgen, so wird das ewige Leben ihr Lohn sein; wo sie aber dem Rufe nicht folgen wird, so wird sie zwar bleiben, wie sie ist, aber am Ende wird sie überkommen den ewigen Tod!

[7] Der Messias als nun ein Menschensohn ist nicht gekommen zu richten diese Welt, sondern nur, um zu berufen alle, die nun wandeln in der Finsternis des Todes, zum Reiche der Liebe, des Lichtes und der Wahrheit!

[8] Er kam nicht in diese Welt, um euch das wiederzugewinnen, was eure Väter und Könige an die Heiden verloren haben, sondern nur, um euch das wiederzubringen, was Adam verloren hatte für alle Menschen, die je auf dieser Erde gelebt haben und noch je leben werden!

[9] Bis jetzt ist noch keine Seele, die den Leib verließ, der Erde entrückt worden; zahllos viele, von Adam angefangen bis zur Stunde, schmachten sie noch alle in der Nacht der Erde. Aber von nun an erst werden sie frei! Und wann Ich in die Höhe fahren werde, werde Ich allen den Weg von der Erde in die Himmel öffnen, und sie werden alle eingehen auf diesem Wege zum ewigen Leben!

[10] Siehe, das ist das zu vollbringende Werk des Messias, und nicht irgend etwas anderes! Und du brauchst deine Hinterasiaten-Streiter nicht zu rufen, indem Ich ihrer nie bedürfen werde. Aber geistige Arbeiter werde Ich viele brauchen für Mein Reich, und die werde Ich Mir Selbst zubereiten. Hier an diesem Tische sitzen schon einige; aber es werden ihrer schon noch mehrere dafür zubereitet werden in aller Liebe und Wahrheit.

[11] Siehe nun, das zu bewerkstelligen, ist Meine Aufgabe! Du aber urteile nun und sage es Mir dann, wie dir solch ein Messias behagt!«

[12] Sagt der Kaufmann **Jairuth:** »Herr, darüber muß ich wohl sehr nachdenken! Denn von der Art eines Messias hat noch nie ein Mensch etwas vernommen! Ich aber meine, also wird der Messias der Welt wenig nützen! Denn solange die Welt belassen wird, wie sie ist, wird sie stets ein ärgerlichster Feind alles dessen sein, was da ist des Geistes! Ich aber will nun weiterdenken.«

63. In Sichar. – Gute Wirkung der himmlischen Kost und besonders des himmlischen Liebeweins. Tischreden. Jairuths Rede über den Unterschied von Gesetz und gutem Rat. Von der verschiedenen Wirkung des Weins auf verschiedene Menschen.

[1] Alles ißt und trinkt nun; selbst der Jairuth fängt ganz in Gedanken an, zu essen und daneben auch recht wacker zu zechen. Als er von dem glühendsten Liebeweine aus den Himmeln selbst ganz zu Liebe umgewandelt wird, sagt er zu Mir: »Herr, mir kam jetzt ein herrlicher Gedanke! So es möglich ist, da möchte ich Reben haben von der Art, daß ich aus ihren Trauben einen derartigen Wein keltern könnte! Denn so ich einen solchen Wein habe in meinen Kellern, da mache ich die ganze Welt voll von nichts

anderem als von Liebe über Liebe! Ich habe es nun an mir erfahren. Ich bin zwar wohl sonst auch ein Mensch, der irgend eine Vorliebe zu allem, was gut, recht und schön ist, hat; aber daß ich je irgend eine besondere Liebe zu den Menschen in mir verspürt hätte, wüßte ich wahrlich nicht zu sagen.

[2] Ich tat bis jetzt alles, das ich tat, aus einem gewissen Rechtszwange, den ich mir nach der Kenntnis der Gesetze selbst vorschrieb. Mir lag wenig daran, ob ein Gesetz gut oder schlecht war; in solch ein Grübeln habe ich mich eigentlich nie eingelassen. Mein Wahlspruch war: Gesetz ist Gesetz, ob von Gott oder vom Cäsar! So es hinter dem Rücken Strafe nach sich zieht, so muß man es beachten aus Eigenliebe, auf daß man sich durch die Nichtbeachtung des Gesetzes keine bösen Folgen zuziehe! Hat ein Gesetz aber keine Sanktion, dann ist es auch kein Gesetz, sondern bloß ein guter Rat, den man tun kann, aber dazu dennoch keine sanktionierte Verpflichtung hat.

[3] Es kann zwar auch ein Schaden aus der Nichtbefolgung eines guten Rates hervorgehen, der nahe ganz das traurige Gesicht von einer gesetzlichen Strafe hat, aber die Nichtbefolgung eines guten Rates ist dennoch keine Sünde derart, daß dabei mehrere beteiligt werden könnten, als hauptsächlich derjenige nur, der den guten Rat nicht befolgte. Ist aber ein Rat schlecht, so begehe ich offenbar eine grobe Sünde, wenn ich ihn befolge.

[4] Beim Gesetze aber ist es anders. Ob dasselbe gut oder total schlecht ist, so muß ich es befolgen, weil es ein Gesetz ist. Befolge ich es nicht, etwa deshalb, weil ich es als schlecht erkenne, so sündige ich entweder gegen Gott oder gegen den Landesherrn, und ich werde darob von beiden gezüchtigt werden! Aus dem aber geht hell und klar hervor, daß ich das gewisse gesetzliche Gute nie aus Liebe, sondern nur aus dem mir innerlich stets widerwärtigen gesetzlichen Muß beachte. Nun aber, da ich diesen herrlichsten Rebensaft aus den Himmeln getrunken habe, sehe ich nichts als Liebe um Liebe, und ich möchte nun schon die ganze Erde umarmen und küssen!

[5] Zudem sehe ich auch den gleichen Effekt bei allen, die von diesem ganz echt himmlischen Weine getrunken haben. Daher möchte ich mir einen großen Garten voll solcher Reben ziehen und dann von dem Weine allen Menschen zu trinken geben, und sie würden dann, so wie ich nun, sicher in kürzester Zeit ganz zu Liebe werden! Wenn es also möglich wäre, mir solche Reben zu verschaffen, da wäre ich der glücklichste Mensch auf der lieben und schönen Erde Gottes!«

[6] Sage **Ich:** »Reben, die dir einen gleichen Saft geben werden, kann Ich dir wohl verschaffen; aber du wirst damit dennoch nicht die vermeinte Wirkung bei den Menschen zuwege bringen. Denn dieser Wein belebt wohl die Liebe, wenn sie ohnedies schon im Menschen ist; hat aber der Mensch die Liebe nicht, sondern nur Böses in seinem Herzen, so wird sein Böses ebenso belebt in ihm wie in dir nun die Liebe, und er wird dann erst zu einem vollendeten Teufel umgewandelt werden und wird mit einem großen Enthusiasmus das Böse ebenso ins Werk setzen, als wie du nun alles Gute ins Werk setzen möchtest.

[7] Daher ist es bei diesem Safte sehr wohl zu berücksichtigen, wem man

ihn zum Genusse vorsetzt! Aber Ich will dir dennoch einen Weinberg voll solcher Reben zukommen lassen; aber habe dabei wohl acht, wem du solch einen Saft zu trinken geben wirst! Die belebte Liebe mag wohl viel Gutes stiften; aber besser ist es, so sie durch Gottes Wort belebt wird, weil sie dableibt, während sie beim Genusse dieses Saftes nur eine Zeitlang anhält, dann aber wieder verraucht wie dieser Saft selbst. Das beachte du demnach auch wohl, sonst wirst du Übles statt Gutes stiften!«

[8] Sagt darauf der Kaufmann **Jairuth:** »Herr, da wäre es sonach nicht gut, solch einen Wein zu bauen! Denn man kann es ja doch nicht wissen, ob ein Mensch, dem man so einen Saft zu trinken gäbe, Liebe oder Böses in seinem Herzen berge. Und wenn man dann mit dem besten Willen, nur dessen Liebe zu beleben, sein Böses belebte, da wäre man dadurch in eine schöne Verlegenheit und Gefahr obendrauf versetzt! Nein, nein, da ließe ich das Bauen solch eines Weines denn doch eher stehen!«

[9] Sage **Ich:** »Mir ist es ganz gleich; Ich tue dir, was du willst! Aber Ich sage dir: Mehr oder weniger liegt wohl in jeder Weingattung, die auf der Erde gebaut wird, die gleiche Eigenschaft. Laß du von deinen Eigenbauweinen verschiedene Menschen ungefähr nur soviel trinken, als wie du nun schon von Meinem rein himmlischen Weine getrunken hast, und du wirst sehen, wie einige ganz in die Liebe übergehen werden; andere dagegen werden zu wüten und zu toben anfangen, daß du sie wirst müssen mit Strikken binden lassen! So aber schon die irdischen Weine solche Wirkungen hervorbringen, um wieviel mehr himmlische!«

64. In Sichar. – Jairuth entsagt dem Wein, tut dafür den Armen Gutes und erhält zwei Schutzengel. Der Engel Wesen und Aufgabe. Gute Rede Jairuths über den Segen der menschlichen Schwäche.

[1] Sagt **Jairuth:** »Herr, wenn so, wie ich mich schon einige Male in allem Ernste selbst überzeugt habe, da werde ich im Grunde des Grundes am Ende noch allen Weinbau aufgeben und dessen Genuß in meinem Hause ganz abschaffen. Denn die rechte Liebe kann auch durch rechte Worte nach Deiner Behauptung, die ich sehr wahr und gut finde, und zwar für bleibend, belebt werden, und das Böse muß daneben im tiefen Hintergrunde verbleiben. Wenn so, da laß ich sogleich allen Weinbau beiseite und verpflichte mich selbst, nach diesem Himmelsweine nie mehr einen irdischen zu trinken! Was sagst Du zu diesem meinem Vorsatze?«

[2] Sage **Ich:** »Ich kann ihn weder loben noch tadeln. Tue du, was dir bestens dünkt! Wenn es deiner Seele gut dient, so tue alles nach deiner bessern Ansicht! Im übrigen kannst du alles Gute von Mir haben, so es dir darum zu tun ist, weil du ein im Guten sehr strenger und rechtlicher Mann bist, und weil Ich es dir zugesagt habe.«

[3] Sagt **Jairuth:** »Herr, so bleibe Du bei mir samt Deinem Anhange, oder laß mir wenigstens einen oder zwei solcher Deiner Jünglinge, auf daß sie mich unterweisen möchten in der rechten Liebe und Weisheit!«

[4] Sage **Ich:** »Ich kann vorderhand mit Meinem Anhange wohl deinem guten Begehren nicht nachkommen, da Ich nun in dieser Welt noch sehr viel zu tun habe; aber zwei solcher Jünglinge, die du dir auswählen kannst, will Ich dir wohl belassen! Habe aber ja acht, daß du nicht in irgend eine Sünde verfällst, noch jemand deiner Familie; denn da würden sie dir zu fürchterlichen Zuchtmeistern werden und dein Haus verlassen in der Bälde! Denn wisse, diese Jünglinge sind Engel Gottes und können allzeit Dessen Antlitz schauen!«

[5] Sagt **Jairuth:** »O Herr, das ist schon wieder etwas Bitteres! Denn wer kann gutstehen dafür, daß er nicht sündige einmal im Jahre durch Gedanken, Worte und Taten?! Daneben so ein paar Zuchtmeister, vor denen nichts verborgen bleiben kann, das wäre eine eben nicht sehr erfreuliche Bescherung! Deshalb möchte ich auch wieder von dieser Bitte abstehen, und es soll bleiben wie es ist, und wie es war.«

[6] Sage **Ich:** »Alles gut; wie du es willst, also soll es dir werden! Du bist frei, und es soll dir nirgends ein Zwang angetan werden; dessen sei du versichert!«

[7] Sagt **Jairuth:** »Nein, die Jünglinge, also diese echten Gottesengel, sehen doch gar zu hold und lieb aus! In ihrer Gegenwart eine Sünde zu begehen deucht mich eine Unmöglichkeit zu sein. Darum gehe es nun schon, wie es wolle; zwei behalte ich in jedem Falle!«

[8] Sage **Ich:** »Nun – gut, – also sollen dir auch zwei verbleiben und in deinem Hause sichtbar verweilen, solange sie sich wohl befinden werden! Mein Freund Jonael wird dich Meine Wege nachderhand allergetreuest kennen lehren. Solange du auf diesen Wegen wandeln wirst mit deinem Hause, werden sie bei dir verbleiben und dir dienen in allem und schützen dein Haus vor jeglichem Übel; so du aber Meine Wege verlassen wirst, dann auch werden sie dich und dein Haus verlassen.«

[9] Sagt **Jairuth:** »Wohl denn, es bleibe dabei! Wein wird in meinem Hause keiner mehr genossen werden, und mit dem Vorrate will ich den Römern den ausgesprochenen zehnjährigen Zins für die Armen dieser Umgegend bezahlen; die Trauben aber, die in meinen Gärten wachsen, werde ich trocknen und sie als eine liebliche süße Frucht also verzehren und den Überfluß verkaufen! Ist es recht also?«

[10] Sage **Ich:** »Vollkommen! Was du immer aus Liebe zu Mir und deinen Nebenmenschen, die deine Brüder sind, tun wirst, das wird wohl und recht getan sein!«

[11] Nach dem berufe **Ich** sogleich zwei der Jünglinge, stelle sie dem Jairuth vor und sage: »Taugen dir diese beiden?« **Jairuth,** über deren Anblick bis in alle Himmel entzückt, sagt: »Herr, wenn Du mich der Gnade wert hältst, so bin ich damit bis in die tiefste Tiefe meines Herzens über alle Maßen zufrieden; aber nur zu sehr fühle ich meinen Unwert für den Besitz solch einer Gnade aus den Himmeln. Aber ich werde mich von nun an schon über alle Maßen befleißen, solcher Gnade nach und nach würdiger zu werden; und so denn geschehe Dein mir stets heiliger werdender Wille!«

[12] Die beiden **Jünglinge** aber sagen: »Des Herrn Wille ist unser Sein

und Leben. So dieser tätig in allem gehandhabt wird, da sind wir die tätigsten Mitarbeiter und haben dazu Kraft und Stärke in Überfülle; denn unsere Macht reicht über alle sichtbare Schöpfung hinaus, die Erde ist uns ein Sandkörnchen und die Sonne wie eine Erbse in der Hand eines Riesen, und all das Gewässer der Erde reicht nicht hin, um ein Haar unseres Hauptes feucht zu machen, und vor dem Hauche unseres Mundes bebet das Heer der Sterne! Aber wir haben die Kraft nicht, um uns damit zu brüsten vor der großen Schwäche der Menschen, sondern um ihnen zu dienen nach dem Willen des Herrn. Daher können und wollen wir dir auch dienen recht nach dem Willen des Herrn, solange du solchen erkennen, annehmen und respektieren wirst in aller Tat. Hast du aber solchen verlassen, dann hast du auch uns verlassen, indem wir nichts sind als der personifizierte Wille Gottes des Herrn. Der aber uns verläßt, den verlassen dann auch wir. Das sagen wir dir hier in der vollen Gegenwart des Herrn, Dessen Antlitz wir allzeit schauen und horchen auf Seine leisen Winke, die uns zu einer neuen Tat rufen und kräftigst ziehen.«

[13] Sagt darauf **Jairuth:** »Ihr holdesten Jünglinge! Daß euch eine für uns Sterbliche unberechenbare Kraft eigen ist, das begreife und fasse ich recht wohl und klar; aber ich vermag auch vieles, das vielleicht ihr selbst nicht vermöget, und das ist, daß ich mich vor euch rühme meiner Schwäche, in der weder Macht noch irgend eine Kraft zu Hause ist. Aber in dieser meiner großen Schwäche vor euch liegt dennoch auch eine Kraft, vermöge welcher ich des Herrn Willen erkennen, annehmen und erfüllen kann!

[14] Freilich nicht in dem Maße als ihr, aber der Herr wird mir auch sicher nicht mehr aufbürden, als was ich zu ertragen imstande bin! Und in dieser Hinsicht ist mir meine Schwäche sehr ehrenwert; denn es ist sicher einer vorzüglichen Berücksichtigung wert, daß die Schwäche des Menschen am Ende dennoch denselben Willen des Herrn tut als eure ungemessene Kraft und Macht.

[15] Und so ich nun bisher den Herrn recht verstanden habe, da dürfte es sich am Ende noch also dartun, daß dem Herrn die Tat der Schwäche der Kinder lieber sein wird, und die Kraft und Taten der großen und mächtigen Geister der Himmel sich am Ende selbst werden von der Schwäche der kleinen Kindlein dieser Erde müssen leiten lassen, um zum Tische der Kindlein zu gelangen! Denn so der Herr Selbst zu den Schwachen kommt, so scheint es wenigstens mir, daß Er da die Schwachen stark machen werde!«

[16] Sagen **die Jünglinge:** »Ja, ja, also ist es wohl sicher und richtig! Erkenne also des Herrn Willen und tue danach, so hast du schon unsere Kraft und Macht in dir, die nichts ist als der pure Wille Gottes des Herrn! Wir selbst haben weder eine Kraft noch irgend eine Macht, sondern alle unsere Kraft und Macht ist nichts als der erfüllte Wille Gottes in und durch uns!«

[17] Sage **Ich:** »Nun gut von jeder Seite! Gestärkt haben wir uns, und somit, ihr Lieben alle, wollen wir uns wieder erheben von den Tischen und uns auf einen weiterführenden Weg machen!« Auf dies Wort erhebt sich alles, dankt und begibt sich mit Mir ins Freie.

65. In Sichar. – Jairuth begleitet den Herrn. Dienst der Schutzengel. Szene mit römischen Söldnern.

[1] Jairuth wünscht zwar, daß Ich den ganzen Tag über bei ihm zubringen möchte; Ich aber zeige ihm, wie es noch mehrere Kranke in dieser Gegend gibt, die Ich am Wege besuchen will. Dafür aber bittet Mich dann Jairuth, ob er Mich nicht wenigstens bis zur Stadt zurückgeleiten dürfe, und Ich gestatte ihm solches. Da macht er sich sogleich auf den Weg, bittet aber die beiden Jünglinge auch zugleich, daß sie ihn begleiten möchten!

[2] **Die Jünglinge** aber sagen: »Es ist dir besser, daß wir hier verbleiben; denn die Gäste im Gartensaale haben dich als einen Meuterer bei den Römern angezeigt, und es ginge deinem Hause ohne uns schlecht! Verstehst du solches?«

[3] **Jairuth** wird über solch eine Nachricht nahe unsinnig und fragt über alle Maßen aufgeregt: »Welcher Satan von einem Menschen hat solches den Römern hinterbracht, und was mag ihn dazu bewogen haben?«

[4] Spricht ein **Jüngling:** »Sieh, in Sichar leben Kaufleute, die nicht so glücklich sind als du; sie können sich keine Schlösser erbauen und noch weniger ein ganzes großes Land käuflich an sich bringen, wie du dir in Arabien es angekauft hast, ein tüchtig Land am Roten Meer. Solche Kaufleute werden dir alsonach neidisch um dein irdisch Glück und haben die größte Sehnsucht, dich zu verderben. Es würde ihnen diesmal auch gelingen, so wir nicht bei dir wären; aber da wir dich schützen im Namen des Herrn, so wird dir bei dieser Gelegenheit kein Haar gekrümmt werden. Sieh aber, daß du wenigstens drei Tage lang vom Hause abwesend bleibst!«

[5] Dies beruhigt den Jairuth, und er begibt sich schnell mit Mir weiter zu ziehen aus dem Schlosse.

[6] Als wir eben über den Hofraum des Schlosses ziehen, kommt uns eine gemessene Schar römischer Söldlinge und Schergen entgegen, macht halt vor uns und bedroht uns, nicht weiterzuziehen! Ich Selbst aber trete vor und zeige ihnen das Zeugnis des Nikodemus. Der **Anführer** aber sagt: »Das nützt nichts, wo ein begründeter Verdacht von Meuterei gegen Rom vorhanden ist!«

[7] Sage **Ich:** »Was willst du denn von uns? Dich hat eine freche und unverschämte Lüge eines Haufens von Neidern zu diesem Schritte genötigt; Ich aber sage es dir, daß daran kein wahres Wort haftet! Mochtest du aber der L ü g e dein Ohr so willfährig leihen, so leihe es nun um so willfähriger der offensten W a h r h e i t auch, für die du hier mehr Zeugen findest als in der Stadt für die unverschämteste Lüge von etlichen argen Neidern!«

[8] Sagt **der Anführer:** »Das sind leere Ausflüchte und gelten bei mir nichts. Vor dem Gerichte konfrontaliter *(dem Ankläger gegenübergestellt)* erst läßt sich die Wahrheit ermitteln; daher begebet euch nun nur sogleich ganz willig mit uns vors Gericht, sonst gebrauchen wir Gewalt!«

[9] Sage **Ich:** »Dort ist das Schloß; der Herr allein ist euch als Meuterer angezeigt, dort gehet hin und untersuchet, ob ihr was von einer Meuterei entdecken möget! – Wollt ihr uns aber mit Gewalt zwingen, euch zu folgen

vor euer ungerechtestes Gericht, so werden wir euch auch eine rechte Gewalt entgegenzusetzen imstande sein, und es wird sich zeigen, wer dabei den kürzeren ziehen wird! Tuet alsonach was ihr wollt! Meine Zeit ist noch nicht da; Ich habe es euch gesagt, daß hier keine Schuld waltet! Wer aber im Rechte ist, der soll das Recht auch schützen durch allerlei Kampf mit Wort und Tat!«

[10] Der Anführer überschaut Meine zahlreiche Gesellschaft und befiehlt, uns alle sogleich zu fangen und zu binden. Zuerst fallen seine Söldlinge und Schergen über die Jünglinge her und versuchen sie zu fangen; die Jünglinge aber entwischen ihnen stets so geschickt, daß sie auch nicht einen zu fangen vermögen. Als die Söldlinge und Schergen sich also mit dem Fangen der Jünglinge abmühen und sehr zerstreuen, weil die Jünglinge zum Scheine nach allen Seiten hin flüchtig werden, so sage **Ich** zum Anführer: »Mich deucht es, daß es dir schwer wird, uns zu fangen.« Der Anführer will mit seinem Schwerte nach Mir hauen; aber in dem Augenblick entreißt ihm ein Jüngling das Schwert und schleudert es unsichtbar weit in die Höhe und vernichtet es also.

[11] Sage **Ich** zum Anführer: »Nun, womit wirst du nun nach Mir hauen oder stechen?« **Der Anführer,** ganz wütend vor Zorn, spricht: »So also wird hier Roms Macht respektiert?! Gut, ich werde solches nach Rom zu berichten wissen, und nach kurzer Zeit seht euch diese Gegend wieder an und sagt dann, ob sie noch dieselbe sein wird! Kein Stein soll auf dem andern gelassen werden!«

[12] Ich aber zeige ihm, wie soeben die Jünglinge alle die Söldlinge und Schergen vor sich hertreiben, mit Stricken gebunden! Als der Anführer solches ersieht, fängt er an, den Zeus und Mars und sogar die Furien anzurufen, daß sie ihn vor solcher Schmach in den Schutz nehmen möchten!

[13] Ich aber sage den Jünglingen, daß sie die Söldlinge und Schergen wieder freigeben sollen; diese tun das sogleich. Darauf sage **Ich** zum Anführer: »Nun, hast du noch Lust, weiter deine Gewalt an uns zu versuchen?« Sagt **der Anführer,** diese Jünglinge müßten Götter sein, ansonst es nicht möglich wäre, diese seine ausgezeichnetsten Krieger also gänzlich mit nackten Händen zu besiegen.

[14] Sage **Ich:** »Ja, ja, sie werden für dich und deinesgleichen wohl Götter sein; daher laß uns nun weiterziehen und führe deine Untersuchung im Schlosse, sonst wird dir Ärgeres widerfahren!«

[15] Sagt **der Anführer:** »Ich erkenne euch alsonach für unschuldig und gestatte euch, eures Weges weiterzuziehen. Ihr, meine Truppen, aber begebet euch ins Schloß, untersuchet alles und lasset niemand eher aus dem Schlosse entweichen, als bis ihr alles werdet untersucht haben; ich aber werde euch hier erwarten!« Sagt **ein Unteranführer:** »Warum willst du denn nicht selbst im Schlosse die Untersuchung leiten?« Sagt der **Anführer:** »Du siehst doch, daß ich um mein Schwert gekommen bin; ohne Schwert aber ist so eine Untersuchung ungültig!« Sagt der **Unteranführer:** »Uns geht es um kein Haar besser; wie wird es hernach mit der Gültigkeit unserer schwertlosen Untersuchung aussehen?!« Sagt der **Oberanführer:** »So, – also auch ihr

waffenlos?! Das ist schlimm! – Ohne Waffen können wir nichts tun. – Hm, was tun wir aber jetzt?«

[16] Sage **Ich:** »Dort gen Mittag unter der hohen Zeder liegen eure Waffen; gehet hin und holet sie, denn wir fürchten euch mit Waffen ebensowenig als ohne dieselben!« Nach diesen Worten ziehen sie hin, wo ihre Waffen ruhen.

66. In Sichar. – Heilung des Gichtbrüchigen beim Dörflein. Dessen freudiger Dank mit Singen und Springen. Der römischen Soldaten Flucht und Rückkehr.

[1] Wir aber ziehen auch weiter gen Morgen und kommen bald zu einem kleinen Dörfchen, ungefähr zwanzig Feldweges vom Schlosse entfernt. Die ganze Einwohnerschaft eilt uns freudig entgegen und befragt uns sanft, womit sie uns dienen könnte. **Ich** aber sage zu ihnen: »Habt ihr niemand, der krank wäre in eurer Mitte?« Sie bejahen es und sagen: »Ja, wir haben einen, der völlig gichtbrüchig ist!«

[2] Sage **Ich:** »Also bringet ihn her, auf daß ihm die Gesundheit wieder werde!« Sagt **einer:** »Herr, das wird schwer gehen! Dieser Gichtbrüchige ist derart kontrakt *(gelähmt),* daß er nun bei volle drei Jahre das Bett nicht mehr verlassen kann, und das Bett, darin er liegt, ist schwer zum Weitertragen, da es mit dem Boden befestigt ist. Möchtest du dich denn nicht zum Kranken bemühen?« Sage **Ich:** »So das Bett schwer zu übertragen ist, so hüllet den Kranken denn in eine Matte ein und bringet ihn hierher!« Auf diese Beheißung eilen etliche schnell in das Haus, in dem der Gichtbrüchige liegt, wickeln ihn in eine Matte ein und bringen ihn zu Mir hinaus auf die Straße und sagen: »Herr, hier ist der arme Kranke!«

[3] **Ich** aber frage den Kranken, ob er es glaube, daß Ich ihn heilen könne. Da besieht Mich der **Kranke** und sagt: »Lieber Freund, du siehst wohl danach aus; du scheinst schon ein rechter Heiland zu sein! Ja, ja, ich glaube es!«

[4] Sage darauf **Ich:** »Nun denn, – so stehe auf und wandle! Dein Glaube kam dir zu Hilfe; aber vor deinen gewissen Sünden hüte dich in der Folge, auf daß du nicht wieder in die Gicht verfällst, die ein zweites Mal ärger wäre denn nun!«

[5] Und alsbald erhebt sich der Kranke, hebt die Matte auf und fängt an zu gehen. Als er dadurch erst merkt, daß er vollkommen geheilt ist, so fällt er vor Mir nieder, dankt und sagt am Ende: »Herr, in Dir ist mehr denn Menschenkraft; gelobt sei die Kraft Gottes in Dir! O selig der Leib, der Dich getragen, und überselig die Brust, die Du gesogen!«

[6] **Ich** aber sage zu ihm: »Und selig alle, die Meine Worte hören, sie in ihrem Herzen behalten und danach leben!« Sagt **der Kranke:** »Herr, wo kann man Dich reden hören?«

[7] Sage **Ich:** »Kennst du doch den Oberpriester Jonael von Sichar, der auf Garizim opferte! Siehe, der hat Mein Wort; gehe hin und lerne es von ihm!« Sagt **der Geheilte:** »Herr, wann ist er zu treffen daheim?« Sage **Ich:** »Hier neben Mir steht er; frage ihn selbst, er wird es dir sagen!«

[8] Hier wendet sich **der Geheilte** an den Jonael und sagt: »Würdiger Oberpriester des Jehova auf Garizim, in welcher Zeit dürfte ich in dein Haus treten?«

[9] Sagt **Jonael:** »Bis jetzt bestand deine Arbeit im Liegen und im geduldigen Ertragen deines Leidens; du hast demnach daheim nicht viel zu versäumen. Gehe mit uns den heutigen Tag über und höre; es wird noch so manches vorkommen, und morgen sollst du alles andere erfahren!«

[10] Sagt **der Geheilte:** »So ich als würdig erachtet werden mag, zu wandeln in solch einer Gesellschaft, da folge ich euch mit allen Freuden! Denn, lieber Freund, wenn man durch drei volle Jahre unter oft unsäglichen Schmerzen im harten Bette hat dahinschmachten müssen und nun durch ein reines Gotteswunder auf einmal von dem bösen Übel geheilt wird, da fühlt man erst so recht den Wert der Gesundheit! Und welch eine Freude ist es, mit geraden Beinen wandeln zu können! Deshalb möchte ich nun, gleich einem David, tanzend und springend vor euch einhergehen und mit großem Jauchzen loben die große Güte des Herrn!«

[11] Sagt **Jonael:** »Gehe und tue desgleichen, auf daß vor unsern Augen erfüllet werde, wie es vom Herrn geschrieben steht: ›Und der Lahme wird springen wie ein Hirsch!‹«

[12] Da wirft der Geheilte die Matte von sich, begibt sich schnell vor die Gesellschaft, fängt an zu springen und zu jauchzen und läßt sich in seiner Freude nicht stören. Denn es kommen ihm nach zwei bis drei Feldweges die vom Schlosse des Jairuth durch die zwei Jünglinge auf einen Seitenweg versprengten römischen Söldlinge und Schergen samt ihren Führern entgegen und fragen, ihn in seiner Freude störend, was er da tue. Er aber läßt sich dadurch nicht beirren und sagt, während er noch hüpft und springt, als achtete er der Frage des Oberanführers nicht: »Wenn die Menschen lustig werden, da wird das Vieh traurig; denn der Menschen Freude bringt Tod dem Viehe! Darum nur Jurahel! Jurahel! – Die Menschen voll Freude, das Vieh traurig auf der Heide! – Jurahel, Jurahel!« Der Geheilte fährt so fort. Das ärgert den Oberanführer, und er verbietet ihm solchen Lärm.

[13] **Der Genesene** aber sagt: »Was verbietest du mir meine Freude!? Ich lag drei volle Jahre als Gichtbrüchiger im Bett! Wärest du zu mir gekommen und hättest zu mir gesagt: ›Stehe auf und wandle!‹, und ich wäre auf solch eine Sentenz also gesund geworden, als wie ich's nun bin, da hätte ich dich und jeglich Wort aus deinem Munde göttlich hoch verehrt; aber da du kein solcher bist und deine Macht gegen die meines neuen Herrn ein barstes Nichts ist, da gehorche ich dem mächtigen Herrn, – und darum nur wieder Jurahel, Jurahel, Jurahel!«

[14] Der Oberanführer verbietet ihm nun ganz ernstlich das Spektakelmachen und bedroht ihn mit Strafe; aber in dem Augenblick kommen **zwei der Jünglinge** zum Lustigen und sagen ihm: »Laß dich nicht stören in deiner Freude!«

[15] Als **der Anführer** die ihm schon bekannten Jünglinge ersieht, so schreit er im Augenblick zu seiner gänzlich waffenlosen Truppe: »Zur Flucht! Seht, schon wieder zwei Diener Plutos!«

[16] Als der Oberanführer solchen Kommandoruf tut, so nimmt diese ganze römische Fanglegion aber ein derartiges Fersengeld, wie man zuvor noch nichts Ähnliches gesehen hatte. **Der Genesene** aber springt und jauchzt nun noch mehr und schreit den Flüchtigen nach: »Jurahel, Jurahel! Wenn die Menschen fröhlich sind, ist das Vieh traurig!« – Darauf wird er ruhiger, kehrt zum Jonael zurück und sagt zu ihm: »Freund, so dir im Gehen das Reden nicht zuwider ist, da könntest du mir wohl etwas von dem kundtun, was du als ein neues Wort von diesem Herrn hast, der mir die Gesundheit gegeben hat!? Denn so ich solch ein Wort mir zum Gesetze machen soll, da muß ich's zuvor kennen!«

[17] Sagt **Jonael:** »Sieh, wir nähern uns abermals einem Dorfe, das nun nach der neuen römischen Verfassung ein Flecken ist; da wird der Herr sicher wieder etwas unternehmen! Du aber folgst uns ohnehin in die Stadt; in meinem Hause oder in dem der Irhael findest du Herberge auf solange, als es dich freut. Daselbst sollst du mit allem bekannt gemacht werden! Wir haben nun auch gar nicht mehr weit in die Stadt. Diese Ortschaft, zu der wir nun kommen, gehört nach einer neuen Ordnung der Römer eigentlich schon zur Stadt; aber da sie vorzüglich den Römern als eine Feste dient, so haben sie sie von Sichar getrennt, sie mit einem Walle umfaßt und sie zu einem Flecken eigenen Namens erhoben. Diese Ortschaft ist nicht groß; mit tausend Schritten haben wir sie hinter dem Rücken. Darauf wenden wir uns links und haben dann kaum sieben Feldwegs bis zu den ersten Häusern von Sichar; daher gedulde dich nur ein wenig noch, und es wird dir dann schon sogleich dein Wunsch erfüllt werden!«

[18] Sagt **der Genesene:** »O bei Abraham, Isaak und Jakob! Wenn dieser Flecken ein römischer Besatzungsposten ist, da wird es uns bitter ergehen! Denn der römische Feldherr wird uns übel aufnehmen, indem er erst vor wenigen Augenblicken vor uns das allerschimpflichste Fersengeld genommen hat.«

[19] Sagt **Jonael:** »Das überlassen wir alles dem Herrn, Der nun mit uns ist; Er wird alles wohl und recht machen! Ich sehe aber nun schon eine Schar Krieger mit einer weißen Fahne aus dem Flecken uns entgegenziehen; das scheint mir ein gutes Vorzeichen zu sein!«

[20] Sagt **der Genesene:** »O ja, wenn es kein gewöhnlicher Kriegskniff der Römer ist!? Denn in derlei sind der Römer und Griechen Kriegsscharen überaus ausgezeichnet!«

67. In Sichar. – Bedeutsame Reden über den Messias, Satan und die Gottesordnung. Der Herr als Verkünder des neuen Gesetzes der Liebe. Die Gegenwart Jehovas im sanften Säuseln.

[1] Sagt **Jonael:** »Gegen die Macht der Menschen mögen derlei Kniffe von Erfolg sein; aber gegen die Macht Gottes nützt kein solcher Kniff etwas. Mit der Gottesmacht richtet nur die reine und wahre Liebe etwas aus; alles

andere ist Spreu gegen des starken Windes Sturmmacht! Daher besorge du nichts; denn mit uns ist Gott! Wer sollte da wider uns sein können?!«

[2] Sagt der **Genesene:** »Jawohl, jawohl, du hast recht! Aber mit Adam war auch ohne allen Zweifel Gott, und dennoch hatte Satan durch die schlaueste List es verstanden, den Adam zu kapern! Und Michael hatte nach einem dreitägigen Kampfe Mosis Leib dennoch dem Satan überlassen müssen! Gott ist allmächtig wohl, daran ist kein Zweifel; aber der Satan ist voll der ärgsten List, und diese hat dem Volke Gottes schon manchen Schaden bereitet. Daher ist Vorsicht im Angesicht eines Tigers solange gleichfort nötig, als dieser lebt; nur so er einmal tot ist, dann erst kann man ohne Vorsicht und Sorge ganz frei atmen!«

[3] Sagt **Jonael:** »Auch du hast recht in deiner Art, aber du mußt nun das wohl bedenken, daß der Herr in der früheren Zeit es dem Satan zuließ, so oder so zu wirken; denn dem erstgeschaffenen Geiste *(Luzifer)* mußte eine große Zeit zur Probung seiner Freiheit belassen werden, da er nicht nur der erste, sondern auch der größte der geschaffenen Geister war.

[4] Aber diese Zeit ist nun zu Ende, und dem Fürsten der Nacht werden nun sehr enge Fesseln angelegt werden, in denen er sich nimmer so frei als wie bisher wird zu bewegen imstande sein.

[5] Aus dem Grunde denn, so in uns die rechte Liebe zu Gott waltet, wir wohl sorgenfreier auf der Erde wandeln können, als wie dies früher unter des Gesetzes hartem Joche der Fall war.

[6] Von Adam bis auf uns herrschte das Gesetz der Weisheit, und es gehörte viel Weisheit und der kräftigste und unbedingteste Wille dazu, um solch ein Gesetz in sich zu erfüllen.

[7] Gott aber sah, daß die Menschen das Gesetz der Weisheit nimmer erfüllen mochten, und kam nun Selbst in die Welt, um ihnen ein neues Gesetz der Liebe zu geben, das sie leicht werden erfüllen können. Denn in dem Gesetze der Weisheit ließ Jehova unter die Menschen nur Sein Licht strahlen; das Licht aber war nicht Er Selbst, sondern es ging nur aus Ihm unter die Menschen, gleichwie auch die Menschen aus Ihm hervorgegangen sind, aber dennoch nicht Jehova Selbst sind. Aber durch und in der Liebe kommt Jehova Selbst zum Menschen und nimmt geistig in aller Fülle der Wahrheit Wohnung im Menschen und macht dadurch den geschaffenen Menschen Sich völlig ähnlich in allem. Und da ist es dann dem Satan nicht mehr möglich, den also gewaffneten Menschen anzutasten mit seiner Schlauheit; denn Jehovas Geist im Menschen durchschaut allzeit des Satans noch so verborgen gehaltene Tücke und hat stets Macht in Übergenüge, des Satans völlige Ohnmacht zu zerstäuben.

[8] Der Prophet Elias bezeichnete diesen nunmaligen Zustand der Menschen, wo Jehova unmittelbar in der Liebe zu den Menschen kommt, mit dem sanften Gesäusel, das vor der Grotte vorüberzog; aber im großen Sturm und im Feuer war Jehova nicht!

[9] Das sanfte Gesäusel ist alsonach die Liebe der Menschen zu Gott und ihren Brüdern, in der Jehova Selbst ist, während Er im Sturme der Weisheit und im flammenden Schwerte des Gesetzes nicht ist!

[10] Und da nun Jehova Selbst also bei uns, mit uns und unter uns ist, so haben wir des Satans Kniffe durchaus nicht mehr alsosehr zu fürchten, als wie dies in der Urzeit und Vorzeit leider traurig genug der Fall war, und du darfst darob dem blutdürstigen Tiger Roms nun schon mutiger und sorgloser in sein tückevolles Antlitz schauen! Sahst du vorhin nicht, wie die ganze Legion vor den zwei Jünglingen das allerschmählichste Fersengeld nahm?! Uns begleiten aber solche Jünglinge in einer großen Anzahl, und wir sollen Furcht vor den uns mit einer weißen Fahne entgegenkommenden Römern haben?! Ich sage dir: nicht einmal in einem Traume, geschweige in der Wirklichkeit!«

[11] Auf diese Rede macht **der Genesene** große Augen und sagt nach einer kurzen Weile: »Was sagst du? Jehova wäre nun unter uns? Ich meinte, daß dieser Mann, der mir half, bloß nur der erwartete Messias sei!? Wie, ist denn bei dir Jehova und der Messias Eins?

[12] Daß im Messias Jehovas Kraft in viel größerer Fülle walten wird, als sie in allen Propheten zusammengenommen gewaltet hat, das mag ich recht wohl begreifen; aber daß der Messias und Jehova vollends Eins sein würden, das hätte ich mir nicht einmal zu denken, geschweige auszusprechen getraut! Es steht dazu auch geschrieben, daß man sich Jehova unter gar keinem Bilde vorstellen solle, und nun soll dieser Mensch, der für den Messias wahrlich alle Eigenschaften besitzt, Je–ho–va Selbst sein?! Ja, mir ist es vollkommen recht, wenn es dir als unserm Oberpriester nichts macht!

[13] Daß der Messias ein besonderer Gott sein dürfte, das habe ich mir wohl gleich nach meiner Heilung gedacht; denn Götter sind wir nach der Schrift alle mehr oder weniger, je nach der Haltung des Gesetzes Jehovas. Aber daß Er Jehova Selbst wäre!? – Ja – wenn so, da heißt es nun anders sich verhalten! Ich bin von Ihm Selbst geheilt worden, – und da heißt es nun zu einem ganz andern Danke schreiten!«

[14] Hier will er sogleich zu Mir gehen. Aber Jonael hindert ihn daran und bescheidet ihn, das zu tun, so sie in Sichar sein werden, und der Genesene stellt sich damit vollkommen zufrieden.

68. In Sichar. – Die römische Militär-Deputation. Zwiegespräch über die Wahrheit zwischen dem Herrn und dem römischen Obersten. Menschen und Menschenlarven. Von der Vollkommenheit. Von der Nachfolge des Herrn.

[1] Es kam aber nun auch die römisch-militärische Deputation bei uns an, und deren Anführer überreichte Mir ein Bittschreiben von seiten des Oberanführers und Kommandanten dieses Forts, worin dieser Mich um alles Menschenheiles willen bittet, von dem Vorgefallenen keine Notiz zu nehmen und die Gesellschaft dahin zu stimmen, daß sie es niemandem erzähle, was da vor sich gegangen sei, da ihm solches Schaden und daneben aber dennoch niemandem einen Nutzen brächte! Es werde aber allen mehr von Nutzen sein als zum Schaden, so sie sich ihn als den Oberbefehlshaber Roms lieber zum Freunde als zum Feinde machen! Auch Jairuth soll schweigen,

und er soll die Versicherung haben, daß er künftighin Ruhe in seinem Hause haben wird. Im übrigen aber bitte er Mich, daß Ich ihn in seiner Residenz besuchen möchte; denn er hätte mit Mir gar heimliche und wichtige Dinge zu besprechen!

[2] **Ich** erwidere darauf dem Überbringer des Schreibens: »Sage du deinem Gebieter, daß es ihm werden solle, um was er gebeten hat. Aber in seine Residenz werde Ich dennoch nicht kommen; wolle er aber mit Mir reden über geheime wichtige Dinge, so solle er Mich am Eingangstore dieses Fleckens erwarten, und Ich werde es ihm kundtun, um was es sich handelt, darüber er mit Mir sprechen möchte.«

[3] Auf solche Worte entfernt sich der Deputierte mit dessen Begleitung und hinterbringt seinem Gebieter alles, was er von Mir vernommen hat, und dieser begibt sich sogleich mit seinen auserlesensten Unterbefehlshabern an das Tor des Fleckens und erwartet Mich.

[4] Jairuth aber fragt Mich, ob der Einladung wohl zu trauen wäre; denn er kenne die große Schlauheit dieses Oberbefehlshabers, der ein Oberster sei. Dieser habe schon viele auf diese Art und Weise in die andere Welt befördert!

[5] Sage **Ich:** »Lieber Freund, Ich kenne ihn auch, wie er war und wie er nun ist. Die Jünglinge haben ihm einen unvertilgbaren Respekt eingeflößt, er hält sie für Genien und Mich für einen Sohn seines Gottes Jupiter und möchte nun von Mir erfahren, was da an der Sache ist. Ich aber weiß es schon, was Ich ihm sagen werde!«

[6] Damit begnügt sich Jairuth, und wir kommen an das Tor, an dem uns der Oberste mit seinen Offizieren schon erwartet. Er tritt sogleich hervor, grüßt Mich freundlich und will Mich sogleich befragen über sein Anliegen.

[7] **Ich** aber komme ihm zuvor und sage zu ihm: »Freund! Meine Diener sind keine Genien und Ich durchaus kein Sohn deines Zeus! Und nun weißt du alles, was zu wissen und von Mir zu erfragen du dir vorgenommen hast.«

[8] **Der Oberste** erstaunt darüber gewaltigst, daß Ich ihm das sogleich offen zu erzählen wußte, was er in sich bloß gedacht, doch davon niemanden in Kenntnis gesetzt hatte.

[9] Als er also sich eine Weile wundert, da fragt er Mich noch einmal und sagt: »So du das nicht bist, so sage mir denn, wer und was du und deine Diener denn so ganz eigentlich sind! Denn mehr als bloß gewöhnliche Alltagsmenschen seid ihr in jedem Falle, und es wäre mir angenehm, euch die gebührende Ehre erweisen zu können.«

[10] Sage **Ich:** »Ein jeder Mensch, der redlich und ehrlich fragt, ist auch einer gleichen Antwort wert. Du hast Mich nun ehrlich und redlich gefragt und sollst darob auch eine gleiche Antwort erhalten, und so höre denn: Ich bin fürs erste das und der, Der Ich nun vor dir stehe, nämlich ein Mensch! Es gibt nun zwar viele auf der Erde, die also aussehen wie Ich; aber Menschen sind sie darum doch nicht, sondern bloß nur Menschenlarven. Je vollendeter aber ein wahrer Mensch ist, desto mehr Macht und Kraft liegt in seinem Erkennen und wirkungsreichen Wollen!«

[11] Sagt **der Oberste:** »Kann ein jeder Mensch also vollkommen werden wie du?«

[12] Sage **Ich:** »O ja, so er das tut zu seiner Vollendung, was Ich lehre!«

[13] Fragt **der Oberste:** »So laß hören deine Lehre, und ich will danach tun und leben!«

[14] Sage **Ich:** »Die Lehre wohl könnte Ich dir geben; aber sie würde dir wenig nützen, weil du nicht danach leben würdest. Denn solange du das bist, als was du hier von Rom aus bestellt bist, kann dir Meine Lehre nichts nützen, – du müßtest denn alles verlassen und Mir nachfolgen, ansonst es dir unmöglich wäre, Meiner Lehre nachzuleben!«

[15] Sagt **der Oberste:** »Ja, das ginge wohl sehr schwer! Aber dessenungeachtet könntest du mir ja doch einige Hauptgrundsätze deiner Lehre kundtun!? Denn ich besitze schon mancherlei Kenntnisse in verschiedenen Dingen und bin darin wohl verständig; warum sollte ich nicht auch von deiner Lehre irgend eine Kenntnis erhalten? Vielleicht kann ich sie doch in irgend eine Ausübung bringen!?«

[16] Sage **Ich:** »Mein Freund, wenn aber Meine Lehre eben darin besteht, daß Mir jemand folge, ansonst er in das Reich Meiner Vollendung nicht eingehen kann, wie wirst du sie dann bei dir in Anwendung bringen?!«

[17] Sagt **der Oberste:** »Das klingt zwar sehr seltsam; aber doch mag daran etwas gelegen sein! Laß mich darum ein wenig darüber nachdenken!«

[18] **Der Oberste** denkt eine Weile nach und sagt dann: »Meinst du da eine persönliche oder im Grunde des Grundes nur eine moralische Nachfolge?«

[19] Sage **Ich:** »Die persönliche Nachfolge, wo sie möglich ist, im steten Verbande mit der moralischen ist ganz natürlich die um vieles vorzüglichere; so aber die persönliche Nachfolge vermöge einer Amtsstellung, die auch sein muß, unmöglich ist, dann genügt auch eine gewissenhaft moralische. Aber das Gewissen muß M i c h in der Liebe zu Mir und allen Menschen und daraus die reinste Wahrheit zum Grunde des Grundes haben, ansonst die allein moralische Nachfolge geistig tot wäre. – Verstehst du das?«

[20] Sagt **der Oberste:** »Das ist dunkel! Wenn aber also, was soll ich dann mit allen meinen schönen Göttern machen? Meine Urahnen haben an sie geglaubt; ist es recht, daß ich dem Glauben solch meiner Ahnen treu bleibe, oder soll ich an den Gott der Juden zu glauben anfangen?«

69. In Sichar. – Vom Nichts der Götter. Vom Wert und Wesen der Wahrheit und vom Weg zu ihr. Der eigentliche gordische Knoten. Das Geheimnis der Liebe. Kopf und Herz. Der Schlüssel und Sitz der Wahrheit.

[1] Sage **Ich:** »Lieber Freund, es liegt an allen deinen Ahnen nichts und noch weniger an ihren Göttern, die sie verehrten; denn deine Ahnen sind lange schon tot, und ihre Götter haben außer in der Phantasie poetischer Menschen niemals eine Existenz gehabt. Hinter ihren Namen und Abbildern barg sich nie eine reelle Wirklichkeit. Wenn du demnach den leersten

Glauben an deine Götter fahren läßt, so liegt wahrlich nichts daran; denn sie können deine Seele ebensowenig stärken, als gemalte Speisen deinen Leib sättigen! An all dem, wie gesagt, liegt sonach durchaus nichts; aber alles liegt an der einen reinen Wahrheit und an dem Leben in, aus und durch diese eine reine Wahrheit!

[2] Denn so du lebst aus der Lüge, dann ist dein Leben in sich selbst nichts als Lüge und kann ewig zu keiner Realität gelangen; ist aber dein Leben, aus der Wahrheit hervorgehend, in sich selbst Wahrheit, dann ist auch alles Realität und Wirklichkeit, was immer dein Leben aus sich ziehet! Niemand aber kann aus der Lüge die Wahrheit ersehen und erkennen, denn der Lüge ist alles eine Lüge. Nur wer aus dem Geiste der Wahrheit neu geboren wird und selbst in sich zur Wahrheit, ja zur vollen Wahrheit wird, für den wird sogar die Lüge zur Wahrheit!

[3] Denn wer die Lüge als Lüge erkennen kann, der ist in allem selbst Wahrheit, weil er die Lüge alsogleich als das erkennt, was sie ist; und das ist auch Wahrheit! Fassest du solches?«

[4] Sagt **der Oberste:** »Freund! Du redest recht und in dir ist eine tiefe Weisheit! Aber die große herrliche Wahrheit, wo ist sie, und was ist sie? Sind die Dinge also wahr, wie wir sie sehen, oder sieht sie etwa das Auge des Negers nicht anders als wir? Dem einen schmeckt eine Frucht süß und angenehm, einem andern dieselbe Frucht bitter und ekelerregend! Also sprechen verschiedene Menschenstämme verschiedene Sprachen; welche darunter ist wahr und gut?! Im speziellen, auf jedes einzelne Individuum für sich gerechnet, mag vieles wahr sein; aber eine allgemeine, alles umfassende Wahrheit kann es nach meiner Einsicht nimmer geben, – und gibt es eine, so zeige mir, wo und was diese ist, und worin sie besteht!«

[5] Sage **Ich:** »Mein Freund, siehe, darin liegt der alte, dir bekannte gordische Knoten, den bis auf den dir bekannten Helden von Mazedonien niemand lösen konnte!

[6] Was du mit den Mitteln des Fleisches schauest und empfindest, ist dem Fleische und dessen Mitteln gleich; es ist wie dieses unbeständig und vergänglich. Was aber unbeständig und vergänglich ist, wie möglich könnte es dir Stoff für die ewig gleichfort beständige und unvergängliche Wahrheit bieten?!

[7] Nur Eines ist im Menschen, und dieses große und heilige E i n e ist die Liebe, die da ist ein rechtes Feuer aus Gott und im Herzen wohnet; und nirgends denn allein in dieser Liebe ist Wahrheit, weil die Liebe selbst der Urgrund aller Wahrheit in Gott und aus Gott in jedem Menschen ist!

[8] Willst du die Dinge wie dich selbst in der vollen Wahrheit erschauen und erkennen, so mußt du sie auch aus diesem allein wahren Urgrunde deines Seins erschauen und erkennen; alles andere ist Täuschung, und der Kopf jedes Menschen, und was im Kopfe ist, gehört in das Gebiet des dir bekannten gordischen Knotens, den mit Bedachtsamkeit niemand lösen kann.

[9] Mit schneidender Gewalt nur kann der Mensch mit dem Geiste der Liebe im eigenen Herzen diesen Knoten zerhauen und sodann im Herzen zu

denken, zu schauen und zu erkennen beginnen, und wird auf solcher neuen Bahn dann erst zur Wahrheit seines, wie jedes andern Seins und Lebens gelangen!

[10] Dein Kopf kann dir zahllose Götter schaffen; aber was sind sie? Ich sage dir, nichts als eitle, leblose Gebilde, im Gehirne erzeugt durch dessen lockeren Mechanismus; im Herzen aber wirst du nur e i n e n Gott finden, und dieser ist wahr, weil die Liebe, in der du einen allein wahren Gott gefunden hast, selbst Wahrheit ist.

[11] Die Wahrheit läßt sich alsonach nur in der Wahrheit suchen und finden; der Kopf aber hat genug getan, so er dir den Schlüssel zur Wahrheit geliefert hat. Alles aber kann ein Schlüssel zur Wahrheit sein, was dich zur Liebe mahnt und zieht; folge danach solchem Zuge und solcher Mahnung und gehe ein in die Liebe deines Herzens, und du wirst die Wahrheit finden, die dich von jedem Truge frei machen wird!

70. In Sichar. – Beispiel vom Wesen des Kopfes und des Herzens. »Verkehre mit dem Sünder nicht als Richter, sondern als liebender Bruder, so wirst du Wahrheit und Heil finden!« Zorn ist Gericht. Wo Liebe fehlt, ist Wahrheit nicht. Die allgemeine Wahrheit der Unendlichkeit. Winke über das persönliche Sein jenseits. »Wer bist du?« »Folge Mir!«

[1] **(Der Herr):** »Ein Beispiel soll dir diese Sache noch heller machen.

[2] Siehe, du hast unter deinen Untergebenen einige, die sich gegen deine Gesetze versündigt haben, und sie sollen darum gezüchtigt werden. Du hältst wohl die vorgeschriebenen Untersuchungen mit ihnen und möchtest also durch allerlei pfiffige Fragen ihr eigenes Geständnis aus ihnen holen; aber sie leugnen aus ihrem Kopfe ebenso pfiffig dir alles vom Munde weg, als wie pfiffig und klug du sie aus deinem Kopfe befragst. Es macht auf diese Weise stets eine Lüge der andern Luft, und du kommst mit ihnen zu keinem andern Ziele, als daß du sie am Ende ohne ihr Geständnis, bloß nach der Aussage oft feindlich gesinnter Zeugen, in denen auch keine Wahrheit ist, zur Strafe verurteilen mußt und dabei stets annehmen kannst, daß aus zehn kaum einer ein rechtliches Urteil erhielt und der Schuldlose mit dem Schuldigen ein gleiches Los überkommt!

[3] Stelle dich aber einmal nicht als Richter, sondern als ein Mensch voll Liebe deinen armen Brüdern gegenüber, die sich an dir versündigt haben, und erwecke in ihren Herzen Gegenliebe, und diese Sünder werden dir mit Reue und vielen Tränen treu und wahr bekennen, wie, wann und was sie gegen dich gesündigt haben! Aber dann falle auch die Strafe hinweg! Denn jegliche Strafe selbst ist keine Wahrheit, sondern das Gegenteil, weil sie nicht aus der Liebe, sondern aus dem Zorne des Gesetzes und dessen Gebers kommt. Der Zorn aber ist selbst ein Gericht; im Gerichte aber ist die Liebe nicht. Wo aber die Liebe fehlt, da ist auch die Wahrheit nicht.

[4] Halte dich daher an die reine Liebe und handle in ihrer Wahrheit und Kraft, und du wirst dann auch allenthalben die Wahrheit finden und wirst

gar sehr ersichtlich gewahr werden, daß es gar wohl eine allgemeine Wahrheit gibt, die nicht nur diese Erde, sondern die ganze Unendlichkeit durchdringt!

[5] Wenn du unter den Menschen also handeln möchtest, da würdest du Mir moralisch ganz gültig nachfolgen und dir durch solche Nachfolge das ewige Leben erkämpfen. So du aber bleibst, wie du nun bist, da wird dir über dem Grabe nichts als Nacht und ein leeres, lügenvolles Sein, das da ist des Geistes der Liebe und Wahrheit Tod, übrigbleiben!

[6] Denn sieh, nur sehr kurz dauert dieses Erdenleben; dann kommt die endlose Ewigkeit! Wie du fallen wirst, so wirst du auch liegenbleiben, so in dir die echte Wahrheit nicht lebendig geworden ist!

[7] Nun weißt du alles, was dir vorderhand zu wissen nötig ist. Willst du aber mehr, da gehe gelegentlich zum Oberpriester Jonael nach Sichar hin; der wird dir alles kundtun, was er von Mir gelernt, gesehen und erfahren hat! Handle danach, so wirst du selig werden!«

[8] Sagt **der Oberste,** ganz durchdrungen von der Wahrheit Meiner Rede: »Freund, ich habe aus deiner Rede nun entnommen, daß du ein Weisester der Weisen dieser Erde bist, und ich werde daher auch alles tun, was du mir angeraten hast; aber nur möchte ich jetzt das von dir selbst erfahren, wer du so ganz eigentlich bist! Denn sieh, abgesehen von dem, daß mir von deinen dich begleitenden Jünglingen eine volle, allerschmählichste Niederlage bereitet worden ist, die ich mir nicht auf eine andere Art erklären kann, als daß ich notwendig annehme, daß diese Jünglinge Götter oder Genien aus den Himmeln sind und mich daher wunderbar in die Flucht zu schlagen vermocht haben, erkenne ich nun dennoch bloß aus deiner übergroßen Weisheit allein, daß du offenbar mehr sein mußt denn allein ein ganz einfacher Mensch! Du hast es sicher schon vielen deiner Jünger gesagt und gezeigt, wer du seiest; du aber siehst, daß es mir nun selbst ganz vollkommen ernst ist, wenigstens im Geiste ein Jünger von dir zu werden! Sage es also auch mir, was ich von dir selbst halten soll! Wer und was und von woher bist du im Grunde des Grundes?«

[9] Sage **Ich:** »Fürs erste habe Ich es dir im Grunde des Grundes schon gesagt und zwar also, daß du es leicht fassen könntest, so du darüber recht nachdächtest, und fürs zweite habe Ich dich soeben darum an den Jonael gewiesen. So du zu ihm kommen wirst, da wirst du dann schon alles erfahren, was dir nun noch abgeht. Nun aber halte uns nicht länger auf; denn der Tag fängt an, seinem Ende sich zu nahen, und Ich muß heute noch so manches verrichten!«

[10] Sagt **der Oberste:** »So erlaube mir denn, daß ich dich geleite bis zur Stadt!«

[11] Sage **Ich:** »Der Weg ist frei, und so du Mich in guter Absicht begleiten willst, da tue es! Ist aber in dir noch so geheim irgend ein höllischer Grund vorhanden, so bleibe daheim; denn es würde dir solch eine Begleitung durchaus zu keinem Segen gereichen! Meine Macht hast du bereits erprobt.«

[12] Sagt **der Oberste:** »Das sei ferne von mir, obschon ich in diesen

kritischen Zeiten Grund dazu hätte, in denen die Mythenzeit stets näher und näher rückt, in der die Juden von ihrem Gotte aus einen gewaltigen Retter aus der Herrschaft Roms erwarten, und man nun hin und wieder sich von jüdischer Seite in die Ohren zu raunen vernimmt, daß solch ein Retter bereits auf der Erde sich befinden solle! Ich könnte es mir also wohl sehr leicht denken, daß eben du dieser Retter seiest, – ja, ich habe es mir heimlich auch schon also gedacht. Aber es sei ihm nun, wie ihm wolle, – ich erkenne dich als einen Weisesten der Weisen und liebe dich darum als einen wahren Freund der Menschen; und so sollen solche meine Gedanken mich auch durchaus nimmer hindern, dir der Wahrheit willen zu folgen, persönlich nun bis nach Sichar und geistig durch mein ganzes Leben, obschon ich wohl weiß, daß ich als Römer mir dadurch keinen Triumphbogen errichten werde! Nun habe ich mich dir ganz enthüllt und frage dich daher noch einmal, ob ich dich begleiten darf. Sagst du ja, so werde ich dich begleiten; sagst du aber nein, so werde ich hier verbleiben!«

[13] Sage **Ich:** »Nun denn, so begleite Mich mit all denen, die hier an deiner Seite stehen, auf daß dir gültige Zeugen zur Seite stehen!«

71. In Sichar. – Der Herr heilt des Obersten Weib. Wichtige Lebenswinke, zur vollen Wahrheit und Tatmacht zu kommen. Der Herr zeugt vom Vater. Kennzeichen der Lehre.

[1] Nach diesem Bescheide frage Ich den Obersten, ob in diesem Orte es keine Kranken gäbe. Und **der Oberste** spricht: »Freund, so du dich auch etwa auf die Heilkunde verstehst, so heile mein Weib! Denn sie leidet bereits ein volles Jahr an einem geheimen Leiden, das kein Arzt erkennt. Vielleicht wäre es der Tiefe deiner Weisheit möglich, das Übel zu erkennen und dem Weibe davon zu helfen!?«

[2] Sage **Ich:** »Ich sage es dir: Dein Weib ist gesund! Sende nach ihr!«

[3] **Der Oberste** sendet sogleich einen Diener dahin, und diesem kommt des Obersten Weib schon an der Schwelle ganz heiter und gesund entgegen und begibt sich mit ihm sogleich zum Obersten hin. Dieser aber erstaunt sich darob über alle Maßen und sagt zu Mir: »Freund! Du bist ein Gott!«

[4] Sage **Ich:** »So seid denn ihr Menschen doch alle gleich! Wenn ihr nicht Zeichen seht, da glaubt ihr nicht. Aber ihr seid nun dennoch selig, so ihr doch noch glaubt der Zeichen wegen; so aber jemand auch der Zeichen wegen, die Ich verrichte, nicht glauben sollte, der ist dem Tode verfallen.

[5] Aber in der Folge werden nur jene Menschen selig werden, die ohne Zeichen bloß der Wahrheit Meines Wortes glauben werden und werden leben danach! Diese werden dann in sich erst das wahre lebendige Zeichen finden, welches da heißt das ewige Leben, und das wird ihnen dann niemand mehr nehmen können.

[6] Du hast nun eine Freude, daß Ich dein Weib gesund gemacht habe bloß durch den Willen Meines Herzens, und fragst dich in einem fort: ›Wie ist das möglich?‹ Ich aber sage dir: So ein Mensch lebte nach der inneren

reinen Wahrheit und käme dann selbst in solche Wahrheit und hätte keinen Zweifel mehr in seiner Wahrheit, so könnte er zu einem dieser die Gegend umlagernden Berge sagen: ›Hebe dich und falle ins Meer!‹ – und der Berg würde sich heben und fallen ins Meer!

[7] Aber da in dir wie in gar vielen solche Wahrheit nicht wohnt, so könnt ihr nicht nur keine solchen Taten verrichten, sondern ihr müßt euch obendrauf noch über Hals und Kopf verwundern, so Ich, Der Ich solche Wahrheit in aller Fülle in Mir habe, vor euren Augen Taten verrichte, die allein durch die Macht der innersten lebendigen Wahrheit verrichtet werden können!

[8] In solcher Wahrheit wird erst der Glaube, welcher da ist im Menschen des Geistes rechte Hand, lebendig und tatkräftig; und des Geistes Arm reicht weit und verrichtet große Dinge!

[9] Werdet ihr durch solche Wahrheit in euch eures Geistes Arme hinreichend gestärkt haben, so werdet ihr das tun, was Ich nun vor euch getan habe, und werdet nebst dem ganz klar einsehen, wie solches noch um vieles leichter möglich ist, als mit den Leibeshänden vom Boden heben einen Stein und ihn schleudern mehrere Schritte vor sich hin!

[10] Lebet daher nach solcher Meiner Lehre! Seid Täter und nicht bloß eitle Hörer und Bewunderer Meiner Worte, Lehren und Taten, so werdet auch ihr das in euch selbst überkommen, was ihr nun an Mir so hoch bewundert!

[11] Ich aber zeige euch das nicht von Mir Selbst, sondern aus Dem, Der solches Mich gelehrt hat vor der Welt. Und Dieser ist es, von Dem ihr saget, daß Er euer Vater sei, – ihr Ihn aber nicht kennet und noch nie erkannt habt! Der aber, von Dem ihr saget, daß Er euer Vater sei, ist es, von Dem alle Dinge sind, als: Engel, Sonne, Mond und Sterne und diese Erde mit allem, was in ihr und was auf ihr ist!

[12] Wie dieser Vater aber Mich gelehrt hat vor aller Welt, so lehre nun auch Ich euch, auf daß der Vater, Der nun in Mir lebet, auch in euch Wohnung nehmen und in euch, so wie in Mir, zeugen möchte die urewige reine Wahrheit aus dem ewigen Urfundamente, das da heißt und ist d i e L i e b e in Gott, die aber da wieder ist das eigentliche Wesen Gottes Selbst!

[13] Lasset euch sonach nicht so sehr hinreißen von den Zeichen, die Ich vor euren Augen verrichte, auf daß ihr nicht in einen toten, gerichteten Glauben kommt, der nichts nütze ist, sondern lebet und handelt nach dem, was Ich euch lehre, so werdet ihr es in euch selbst überkommen, darob ihr euch nun über die Maßen verwundert über Mich; denn ihr seid alle berufen, ebenso vollkommen zu sein, wie der Vater im Himmel Selbst vollkommen ist! Nun wisset ihr alles; tut danach, und ihr werdet es in euch gewahr werden, ob Ich euch die Wahrheit gesagt habe oder nicht! Prüfet sonach durch die Tat Meine Lehre, aber mit allem Eifer, weit entfernt von jeglicher Lauheit, und ihr werdet erst dadurch erfahren, ob diese Lehre von einem Menschen oder ob sie von Gott ist!«

[14] Nach dieser wichtigen Belehrung sagt **der Oberste:** »Nun fängt es an zu dämmern in mir! Es liegt zwar in allem dem eine unberechenbar tiefe Weisheit, die für uns ganz gewöhnliche Menschen im ersten Moment schwer

zu fassen ist; aber es liegt daran eben nicht gar viel. Denn so man erst durchs Handeln danach zur rechten Einsicht gelangen kann, so lasse ich nun alles weitere Grübeln und werde, nachdem ich durch Jonael in die ganze Lehre werde eingeweiht sein, mich sogleich aufs volle, ganz ernste Tun verlegen. Und bei diesem Vorsatze verbleibe es!«

[15] Sage **Ich:** »Gut so, Mein Freund; so du aber auf diese Weise zum Lichte gelangen wirst, da laß dies dein Licht auch deinen Brüdern leuchten, so wirst du dir damit einen Lohn im Himmel bereiten! – Nun aber begeben wir uns nach Sichar; denn Ich habe dort auch noch einiges zu verrichten. Und so gehen wir weiter!«

72. Gang nach Sichar. Bedeutsame Voraussagen über die Zukunft. Über das Weltende und das allgemeine Gericht. Von der großen Trübsal. Verheißung der Posaunenengel vor der Wiederkunft Christi. Die Erde als Paradies. Satans letzte Probe. Vom Leiden und Auferstehen des Herrn.

[1] Es wird nun der Weg angetreten, und der Oberste samt dessen geheiltem Weibe und zweien seiner ersten Unterkommandanten begleiten Mich. Der Oberste und dessen Weib aber nehmen den Jonael in ihre Mitte, besprechen sich mit ihm und befragen ihn über verschiedenes der jüdischen Religion, und was darin auf Mich Bezug hätte; und der im ersten Dörflein geheilte Gichtbrüchige nimmt einen alleraufmerksamsten Teil an solcher Unterredung. Ich aber gehe unter den sieben Töchtern Jonaels und dessen Weibe. Diese befragen Mich auch um so manches, was da etwa in Kürze über die Welt, über Jerusalem und über Rom kommen werde. Und Ich gebe ihnen gültige Antworten und zeige ihnen, wie in Kürze der geheime Fürst der Welt gerichtet werde und kurz darauf alles, was seines Anhanges ist. Zugleich zeige Ich ihnen auch das Ende der Welt und ein allgemeines Gericht gleich dem zu den Zeiten Noahs, und sie fragen Mich voll tiefen Staunens, wann und wie solches geschehen werde.

[2] **Ich** aber sage zu ihnen: »Meine lieben Töchter! So wie es zu Noahs Zeiten war, so wird es auch dann sein; die Liebe wird abnehmen und völlig erkalten, der Glaube an eine aus den Himmeln an die Menschen geoffenbarte reine Lebenslehre und Gotteserkenntnis wird in einen finstersten toten Aberglauben voll Lug und Trug verwandelt werden, und die Machthaber werden sich der Menschen abermals wie der Tiere bedienen und werden sie ganz kaltblütig und gewissenlosest hinschlachten lassen, so sie sich nicht ohne alle Widerrede dem Willen der glänzenden Macht fügen werden! Die Mächtigen werden die Armen plagen mit allerlei Druck und werden jeden freieren Geist mit allen Mitteln verfolgen und unterdrücken, und dadurch wird eine Trübsal unter die Menschen kommen, wie auf der Erde noch nie eine war! Aber dann werden die Tage verkürzt werden der vielen Auserwählten wegen, die unter den Armen sich vorfinden werden; denn wo dies nicht geschähe, könnten sogar die Auserwählten zugrunde gehen!

[3] Es werden aber bis dahin von nun an noch tausend und nicht noch

einmal wieder tausend Jahre vergehen! Alsdann aber werde Ich dieselben Engel, so wie ihr sie nun hier sehet, mit großen Aufrufsposaunen unter die armen Menschen senden! Diese werden die im Geiste totgemachten Menschen der Erde gleichsam aus den Gräbern ihrer Nacht erwecken; und wie eine Feuersäule sich wälzt von einem Ende der Welt zum andern hin, werden diese vielen Millionen Geweckten sich hinstürzen über alle die Weltmächte, und nicht wird ihnen jemand mehr einen Widerstand zu leisten vermögen!

[4] Von da an wird die Erde wieder zum Paradiese werden, und **Ich** werde leiten Meine Kinder rechten Weges immerdar.

[5] Aber von da an nach einem Verlaufe von tausend Jahren wird der Fürst der Nacht einmal auf eine nur sehr kurze Zeit von sieben Jahren und etlichen Monden und Tagen der Zeit nach f r e i seiner selbst willen, entweder zum gänzlichen Falle oder zur möglichen Wiederkehr.

[6] Im ersten Falle wird dann die Erde zu einem ewigen Kerker ihrem innersten Teile nach umgewandelt werden; aber die Außenerde wird ein Paradies verbleiben. Im zweiten Falle aber würde die Erde zum Himmel umgestaltet werden, und der Tod des Fleisches und der Seele würde für ewig verschwinden! – Wie aber das, und ob?! – Das darf voraushin auch nicht einmal der erste Engel der Himmel wissen; das weiß allein der Vater. Was Ich euch aber nun veroffenbart habe, das saget vorher niemandem, als bis ihr nach ein paar Erdjahren werdet vernommen haben, daß Ich von der Erde erhöhet worden sei!«

[7] Da fragten aber die Töchter, worin solche Erhöhung bestehen werde.

[8] **Ich** aber sage zu ihnen: »So ihr davon hören werdet, werden eure Herzen wohl sehr traurig werden! Aber dann tröstet euch mit dem, daß Ich darauf nach drei Tagen wieder in eurer Mitte Mich befinden und euch Selbst überbringen werde die große Bestätigung des neuen Testaments und die Schlüssel zu Meinem ewigen Reiche! Sehet aber zu, daß Ich euch dann so rein, wie ihr jetzt seid, antreffe, ansonst ihr nicht Meine Bräute für ewig werden könnet!« – Auf das geloben Mir die Töchter samt ihrer Mutter, alles auf das genaueste zu beachten, was Ich ihnen geboten und geraten habe.

73. In Sichar. – Der Herr mit den Seinen bei Irhael. Johannes, der Geheilte, und Jonael. Ihr gutes Verständnis vom Herrn belobt und gesegnet. Der Herr und Jairuth.

[1] Bei dieser Gelegenheit aber erreichen wir auch die Stadt, und zwar gerade das Haus der Irhael und nun auch des Arztes Joram. Jairuth und der Oberste sowie dessen Weib und die beiden Unterkommandanten können sich nicht genug erstaunen über dessen neue Schönheit, und **der genesene Gichtbrüchige** verwundert sich auch über alle Maßen und sagt am Ende ganz laut: »So was ist nur Gott allein möglich! Ich habe als Knabe oft in dem zumeist verfallenen Gemäuer dieses Schlosses oder Hauses, das Jakob seinem Sohne Josef erbauen ließ, mutwilligerweise Eidechsen gefangen; und

nun steht es also vollendet da, wie es sicher vom Jakob nicht vollendeter erbaut ward! Oh, das bringt keine menschliche Macht über die Nacht zuwege! Ich weiß es nun schon, wie ich daran bin, und weiß es auch, was ich tun werde! Mein Name ist Johannes; merket euch diesen Namen!« –

[2] (Es ist dies derselbe Johannes, den später einmal Meine Apostel, als Ich sie im zweiten Jahre das Volk zu lehren aussandte, bedrohten, weil auch er, ohne ein ausdrückliches Gebot von Mir, in Meinem Namen die Menschen heilte und die bösen Geister austrieb.) *(Mark. 9, 38–40)*

[3] Sagt **Jonael:** »Freund, dein Wille, dein Sinn und deine Worte sind gut; aber es fehlt dir noch eins, und das ist eine reine Erkenntnis des göttlichen Willens! Daher komme nächster Tage zu mir, oder bleibe nun sogleich hier, und ich werde dich mit dem Willen Gottes des Herrn näher bekannt machen! Dann erst kannst du das alles in guter Ordnung ins Werk zu setzen beginnen, was du im guten Sinne hast.«

[4] Sagt **der Geheilte:** »Gott der Herr erleuchte dich darum! Ich werde tun, wie du es mir raten wirst; denn ich sehe, daß du ein rechter Freund dieses großen Propheten bist und wirst daher auch ein rechtes Licht von Ihm haben. Dieser Prophet aber ist über alle, und ich meine, daß gerade Er es ist, von Dem David also sang und weissagte:

[5] ›Die Erde ist des Herrn und was darinnen, und der Erdboden und was darauf wohnt; denn Er hat ihn an die Meere gegründet und bereitet an den Wassern. Wer mag auf des Herrn Berg gehen, und wer wird stehen an Seiner heiligen Stätte? Der unschuldige Hände hat und reinen Herzens ist, und nicht Lust hat zu loser Lehre und nicht fälschlich schwört, der wird Segen vom Herrn empfangen und Gerechtigkeit von dem Gott seines Heils. Das aber ist das Geschlecht, das nach Ihm fragt, das da sucht dein Antlitz, Jakob!

[6] Machet die Tore weit und die Türen der Welt hoch, daß der König der Ehren einziehe! Wer ist der König der Ehren? Es ist der Herr stark und mächtig, der Herr mächtig im Streit. Machet die Tore weit und die Türen der Welt hoch, daß der König der Ehren einziehe! Wer ist der König der Ehren? Es ist der Herr Zebaoth; Er ist der König der Ehren!‹ *(Psalm 24)*

[7] Und ich, Johannes, der ich geheilt ward von Ihm, bezeuge hier offen, daß Dieser leibhaftig derselbe König der Ehren ist, von dem David also gesungen und geweissagt hat! Ihm daher alle Ehre in Ewigkeit!«

[8] Sagt **Jonael:** »Freund, du stehst nun schon auf rechtem Boden! Aber, vorderhand unter uns gesprochen, jetzt ist es noch nicht an der Zeit, unsern Mund also aufzutun. Aber wann Er, wie Er es Selbst bestimmt hat, von hier abgehen wird, etwa nach Galiläa, da erst wollen wir das Volk von Ihm zu lehren anfangen, und so Er dann in Kürze wieder zu uns kommen wird, da soll Er unsere Tore gehörig weit und die Türen der Welt gehörig hoch zu Seinem Einzuge finden, das heißt, unsere Herzen sollen zu Seiner Aufnahme so weit als möglich und unsere Liebe zu Ihm über die Sterne hinaus erhöht sein; denn unsere Herzen sind das Tor, das weit zu machen ist, und die reine Liebe zu Ihm ist die Tür, die über alles erhöht werden soll!«

[9] Hier trete **Ich** unter die beiden, lege ihnen Meine Hände auf ihre Schultern und sage: »So ist es recht, Meine lieben Freunde! Wo immer ihr

also in Meinem Namen versammelt sein werdet, da werde Ich, wenn schon nicht sichtbar, aber dennoch allkräftig euch stärkend, unter euch sein! – Nun aber vernehme Ich einen Rumor in den Gassen der Stadt; daher verhaltet euch alle ruhig! Wir wollen sehen, von welch einem Geiste die Gemüter behaftet und geleitet sind!«

[10] **Jairuth** tritt sogleich zu Mir hin und sagt: »Herr, es ist dies ein böser Lärm und deutet auf nichts Gutes! So Du willst, lasse ich sogleich zwei Legionen hierher beordern, und die Ruhe wird sogleich hergestellt sein!«

[11] Sage **Ich:** »Laß das gut sein! Sollte es not tun, da habe Ich schon die rechte Wache hier bei der Hand; nur du selbst magst dich ein wenig verbergen ins Haus, auf daß dich niemand sehe und erkenne. Denn in dieser Stadt wohnt nun kein guter Geist unter den Weltmenschen, und sie könnten dir später in deinen Besitzungen großen Schaden anrichten!«

[12] Sagt **Jairuth:** »Ich habe ja noch die zwei Jünglinge; die werden meine Besitzungen schon schützen!«

[13] Sage **Ich:** »Wenn auch, so laß nun aber die Sache dennoch gut sein; denn so Ich der menschlichen Hilfe bedürfte, so erbäte Ich Mir solche vom Obersten, der auch hier ist! Aber Ich bedarf solcher Hilfe nicht, darum sei ruhig und laß die Sache gut sein!« Mit dem gibt sich Jairuth zufrieden und begibt sich ins Haus der Irhael.

74. In Sichar. – Die frechen Stummen und ihre lügnerischen Genossen in drohender Haltung. Jorams Ernst und der Jünger Eifer gegen die Lügner. Des Herrn Tadel und Verhaltungswinke gegen die Argheit der Menschen. »Vergeltet nicht Böses mit Bösem!« Gleichnis vom Herrn und Knecht. Beispiel vom Übel der Rechthaberei und Wiedervergeltung.

[1] Gleich darauf kommt ein ziemlich großer Haufe mit Knitteln versehen zu uns hin und in seiner Mitte zehn Stumme, die durch den Arzt am ersten Abende wegen ihres Schmähens stumm gemacht worden sind; und der Haufe begehrt drohend, daß diesen Stummen die Zunge wieder gelöst werde!

[2] **Joram,** der Arzt, aber tritt sogleich vor und sagt mit einer festen männlichen Stimme: »O ihr Kinder des Bösen! Ist das die neue Art, zu Gott zu kommen und Ihn um eine Gnade anzuflehen?!«

[3] Da tritt **der Haufe** ein wenig zurück und schreit: »Wer ist hier Gott, und wo ist Er?! Hältst du am Ende etwa gar dich für Gott, oder jenen Zauberer aus Galiläa, du breitschultriger Gotteslästerer?!«

[4] Sagt **Joram** noch heftiger: »Wer ist euer ›Zauberer aus Galiläa‹, ihr elenden Wichte?!« Schreit **der Haufe:** »Jener Zimmermann aus Nazareth namens Jesus ist es, den wir gar wohl kennen, sowie seine Mutter, die auch hier nun ist, und seine Brüder und Schwestern, die auch hier sind! Wir kannten auch seinen Vater, der vor einem Jahre gestorben sein soll, und wie wir hörten, aus Gram, weil ihm sein Weib und seine Kinder nicht folgen wollten und ihn betrogen haben sollen nach allen Seiten!«

[5] Hier wird **Joram** ganz toll vor Zorn über solch eine schmählichste

Verunglimpfung. Er tritt sogleich hastig vor Mich hin, auch **Jakobus** und **Johannes** treten hinzu und sagen mit Joram: »Herr, Herr, Herr! So laß doch nun schnell Feuer vom Himmel unter diese Kerle fallen, daß sie verzehrt werden! Das ist ja doch himmelschreiend, was für allerfrechste Lügen sich diese getrauen vor uns auszusprechen!«

[6] Sage **Ich:** »Ei denn, ihr Kinder des Donners, lasset sie lügen! Gibt es ein Feuer, das ärger brennete denn das der Lüge?! Tut ihnen dafür noch Gutes hinzu, und sie werden mit glühenden Kohlen auf ihren Häuptern davonrennen! – Merkt euch das! Nie vergeltet Schlechtes mit Schlechtem und Böses mit Bösem!« Darauf ermahnen sich die drei, und Joram fragt, was er diesen Frevlern denn nun tun solle.

[7] **Ich** sage: »Tue ihnen, was sie verlangen, in Meinem Namen und heiße sie dann abziehen!« Und **Joram** spricht darauf zu dem Haufen: »Im Namen des Herrn! So rede denn nun ein jeder, der unter euch stumm ist, und gehe dann seines Weges nach Hause und gebe Gott die Ehre!«

[8] Auf dies Wort Jorams wird allen die Zunge gelöst, die stumm waren; aber sie gaben Gott die Ehre nicht bis auf einen, der die andern wenigstens ermahnte. Als aber **diese** darauf sagten: »Du Tor, hat uns denn Jehova stumm gemacht?! Ein Zauberkundiger hat uns diesen Schaden zugefügt, und wir sollen darob etwa dem heidnischen Zaubergotte Ehre antun?! So wir das täten, was hätten wir dann von dem allmächtigen wahren Gott Abrahams, Isaaks und Jakobs zu gewärtigen?!« Da ging auch der e i n e, etwas Bessere mit den andern neun davon und getraute sich nicht, Mir zu geben die gebührende Ehre.

[9] **Joram** und alle die Meinen ärgerten sich darob, und Simon **Petrus** trat zu Mir eben auch voll Ärgers und sprach: »Herr, es ist wohl gut also, wie es Dir wohlgefällig ist; aber so ich nur einen Funken Deiner geistigen Kraft und Macht hätte, da wüßte ich, was ich diesen dummen und bösen Lästerern Deines mir so überheiligen Namens zugefügt hätte!«

[10] Sage **Ich:** »Simon, hast du denn Meine Lehre, die Ich am Berge gab, schon vergessen? Was wohl kannst du damit Gutes bewirken, so du Böses mit Bösem vergeltest?! Wenn du eine Speise kochst, die in sich selbst unschmackhaft ist, wirst du wohl weise handeln, so du darob, weil die gekochte Speise an und für sich unschmackhaft ist, statt sie mit gutem Salze, Milch und Honig wohlschmeckend zu machen, dieselbe Speise mit Galle und Aloesaft begießen wirst?! Wenn du zu einer schon ohnehin guten Speise noch etwas Besseres hinzutust, so wird dich darob sicher niemand einer Torheit zeihen; aber so du die schlechte Speise durch noch schlechtere Zugaben schlechter machen willst, als sie ohnehin vom Grunde aus ist, sage, wo ist da ein Mensch von einiger Einsicht, der nicht alsbald zu dir sagen wird: ›Siehe da, was tut da dieser Tor?!‹

[11] Siehe, also ist es um so mehr unter den Menschen! So du ihr Böses mit noch mehr Bösem vergeltest, frage dich selbst, ob dadurch je ihr Böses besser wird! Vergiltst du aber das dir angetane Böse mit Gutem, so wirst du dadurch das Böse in deinem Bruder sänften und aus ihm am Ende einen guten Bruder ziehen!

[12] Wenn ein Herr einen Knecht hat, dem er vieles anvertraut, der Knecht aber, da er die Güte seines Herrn kennt, sich an seinem Herrn versündigt und sonach eine Züchtigung verdient, – so der Herr den Knecht ruft und ihm vorhält seine Untreue und der Knecht wird dagegen erbost und begegnet seinem Herrn mit schmählicher Gegenrede, wird dadurch der Herr besser und sanfter gegen seinen Knecht werden? Nein, sage Ich; da wird des Knechtes Herr erst *(recht)* zornig über den treulosen Knecht, wird ihn lassen binden und werfen ins Gefängnis!

[13] So aber der Knecht, da er sieht, daß ihm sein Herr für die Untreue Übles tun will, vor seinem Herrn niederfällt, demselben sein Vergehen reumütig bekennt und ihn voll Sanftmut und Liebe um Vergebung seiner Schuld bittet, wird darauf der Herr dem Knechte auch tun wie zuvor?! Nein, sage Ich! Durch die reuige Sanftmut des Knechtes wird der Herr selbst sanft und nachgiebig und wird dem Knechte nicht nur alles vergeben, sondern ihm noch obendrauf Gutes tun.

[14] Darum also vergeltet nie Böses mit Bösem, so ihr alle gut werden wollet! So ihr aber d i e richten und strafen werdet, die sich an euch versündigten, da werdet ihr am Ende alle böse, und wird in keinem mehr sein eine rechte Liebe und irgend etwas Gutes!

[15] Der Mächtige wird sich ein Recht nehmen, die zu strafen, die sich gegen seine Gesetze versündigen; die Sünder aber werden dagegen in Rache erglühen und werden suchen, den Mächtigen zu verderben. Frage: Was für Gutes wohl wird am Ende daraus hervorgehen?!

[16] Darum r i c h t e t und v e r d a m m e t n i e m a n d e n, auf daß ihr nicht wieder gerichtet und verdammt werdet! Habt ihr alle diese allerwichtigste Lehre begriffen, ohne die Mein Reich nie in euch Platz fassen kann?«

75. In Sichar. – Von der Schattenseite des Gutseins. Beispiel vom Tiergarten. Über die Erlösung vom Übel. Der neue Weg zur Freiheit der Kinder Gottes. Über die Behandlung der Verbrecher. Gleichnis vom Löwen. Ein Missions- und Apostelevangelium.

[1] Sagt Simon **Petrus:** »Ja, Herr, wohl haben wir es verstanden aus dem Grunde; aber es hat diese Sache dennoch eine Schattenseite, und die besteht meines Dafürhaltens darin, daß, so wir nach Deiner Lehre die Strafen auf Übeltaten ganz aufheben, so werden sich in Kürze die Übeltäter mehren wie das Gras auf der Erde und der Sand im Meere. Wo irgend ein Gesetz gegeben ist, da muß es mit einer angemessenen Strafe sanktioniert sein, ansonst es so gut als gar kein Gesetz ist. – Oder kann ein Gesetz auch ohne eine Sanktion bestehen?«

[2] Sage **Ich:** »Mein Lieber, du urteilst hier wie ein Blinder von der Farbe des Lichtes! Gehe hin und beschaue dir die Tiergärten der Großen; allda wirst du sehen allerlei wildes Getier, als: Tiger, Löwen, Panther, Hyänen, Wölfe und Bären. Wenn solche Bestien nicht in starken Zwingern sich befänden, wer wäre in ihrer Nähe seines Leiblebens sicher?! Welch eine Tor-

heit aber wäre es, auch die zarten Lämmer und Tauben in Zwingern zu halten!

[3] Die Hölle bedarf freilich wohl der strengsten Gesetze, versehen mit der peinlichsten Sanktion; aber Mein Reich, das der Himmel ist, bedarf weder eines Gesetzes und noch weniger irgend einer Sanktion!

[4] Ich aber bin nicht gekommen, euch durch die sanktionierte Schärfe der Gesetze für die Hölle, sondern durch Liebe, Sanftmut und Wahrheit für den Himmel nur zu erziehen. So Ich nun euch von dem Gesetz durch Meine neue Lehre aus dem Himmel frei mache und euch zeige den neuen Weg durchs Herz zum wahren, ewigen, freiesten Leben, warum wollt ihr dann stets gerichtet und verdammt unter dem Gesetze leben und bedenket nicht, daß es besser ist, in der freien Liebe dem Leibe nach tausend Male zu sterben, als einen Tag im Tode des Gesetzes zu wandeln?!

[5] Es versteht sich von selbst, daß man die Diebe, Räuber und Mörder einfangen und in die Zwinger tun muß; denn diese sind gleich den wilden, reißenden Bestien, die als Ebenbilder der Hölle in Löchern der Erde hausen und Tag und Nacht auf den Raub lauern. Auf solche eine gerechte Jagd zu machen ist sogar eine Pflicht der Engel im Himmel; aber vernichten soll sie niemand, sondern sie in die Zwinger tun und sie allda sänften und zähmen! Nur bei einer gewaltsamen Gegenwehr sollen sie verstümmelt und beim hartnäckigen Widerstande auch getötet werden dem Leibe nach! Denn da ist eine tote Hölle besser als eine mit einem Leben versehene.

[6] Aber wer immer einen Dieb, Räuber und Mörder im Zwinger noch weiter richtet und tötet, der wird von Mir einst mit zornigen Augen angesehen werden. Denn je schärfer die Menschen ihre Übeltäter richten und strafen, desto grausamer, vorsichtiger, heimlicher und hartnäckiger werden die noch in der Freiheit befindlichen Übeltäter sich gestalten; und wenn sie dann in ein Haus bei der Nacht einbrechen, so werden sie nicht nur alles nehmen, was sie finden, sondern sie werden auch alles ermorden und alles vertilgen, was sie irgend verraten könnte.

[7] Nimm du aber hinweg das scharfe Gericht und gib allen Menschen den weisen Rat, daß sie dem, der von jemandem einen Rock verlangt, auch den Mantel hinzugeben sollen, so werden zwar die Diebe noch kommen und von euch verlangen dieses und jenes, aber rauben und morden werden sie nicht!

[8] So aber die Menschen aus wahrer Liebe zu ihren Brüdern und Schwestern aus der Liebe zu Mir nicht mehr die vergänglichen Güter dieser Erde zusammenhäufen werden und werden einhergehen wie Ich, dann wird es auch alsbald weder Diebe und noch weniger Räuber und Mörder geben!

[9] Wer da meint, durch strenge Gesetze und stets verschärfte Gerichte werden am Ende die Übeltäter ausgerottet werden, der irrt sich gewaltig! Die Hölle hat daran noch nie einen Mangel gehabt. Was nützt es dir, zu töten einen Teufel, so darauf die Hölle an die Stelle des getöteten einen zehn schickt, von denen einer ärger ist, als es zehn der ersten Art gewesen wären?! Wenn der Böse, so er kommt, sich gegenüber wieder Böses findet, so ergrimmt er und wird zum Satan im Vollmaße; so er aber kommt

und findet nichts denn Liebe, Sanftmut und Geduld, da steht er von seiner Bosheit ab und zieht weiter.

[10] Ein Löwe, so er sieht einen Tiger sich ihm nahen oder einen andern Feind, da wird er bald voll Grimm, springt hin mit aller Gewalt und vernichtet seinen Gegner; aber ein schwaches Hündchen läßt er mit sich spielen und wird sanft. Kommt ihm aber gar eine Fliege entgegen und setzt sich sogar auf seine starken Pfoten, so würdigt er sie kaum eines Blickes und läßt sie ungehindert von dannen fliegen; denn der Löwe gibt sich mit dem Mücken- und Fliegenfange nicht ab. Also aber wird sich jeder mächtige Feind gegen euch benehmen, so ihr ihm nicht mit einer Gewalt entgegentretet.

[11] Segnet daher lieber eure Feinde, als daß ihr sie fanget, richtet und in die Zwinger sperret, so werdet ihr glühende Kohlen über ihren Häuptern sammeln und sie unschädlich machen für euch!

[12] Mit der Liebe, Sanftmut und Geduld kommet ihr überall fort; so ihr aber die Menschen, die trotz ihrer Blindheit am Ende dennoch eure Brüder sind, richtet und verurteilt, so werdet ihr statt des Segens des Evangeliums nur Fluch und Zwietracht streuen unter die Menschen auf dem Erdboden!

[13] Ihr müßt daher in allem ganz Meine Jünger sein in Wort, Lehre und Tat, so ihr Mir Diener zur Ausbreitung Meines Reiches auf Erden werden und sein wollt! Wollt ihr aber das nicht, oder kommt euch das zu beschwerlich und zu unrichtig vor, so tut ihr alle besser, heimzukehren; Ich aber kann Mir auch aus Steinen Jünger ziehen!«

76. In Sichar. – Des Petrus gute Rede und Bitte (Vaterunser). Des Herrn bester Rat zur Erhaltung der Ordnung und Ruhe im Staat. »Mit Liebe erreicht ihr alles!« Mit Gewalt werden die Teufel geweckt – zum Übel. Des Petrus menschlicher Vorschlag zur Verbreitung der Wahrheit. Des Herrn Worte über die Arbeit der Schutzengel und das Wesen der Übeltäter.

[1] Sagt Simon **Petrus:** »Herr! Wer wird Dich verlassen, wer Dir nicht dienen wollen?! Denn Du allein hast ja Worte des Lebens, wie sie vor Dir nie aus dem Munde eines Menschen gekommen sind! Verlange von uns alles, und wir werden es tun; aber nur verlange Du nimmer, daß wir Dich verlassen sollen! Habe aber Geduld mit unserer großen Schwäche und stärke uns mit der Gnade des Vaters im Himmel, die auch Dich also wundersam gestärkt hat, daß Du nun als vollends Eins mit Deinem Vater im Himmel dastehst, lehrst und wirkst!

[2] Also aber, wie Du uns gelehrt hast auf dem Berge, wollen wir in Deinem Namen den Vater auch allzeit bitten und sagen: Vater im Himmel! Dein Reich komme, und Dein allein heiliger Wille geschehe! Und wie wir vergeben denen, die Übles an uns getan haben, also vergib auch Du uns unsere Schwächen und Sünden!«

[3] Sage **Ich:** »Simon! Siehe, diese Sprache gefällt Mir besser denn deine frühere Verteidigung des Gesetzes und dessen Sanktion! Was nützt einem

Lande oder Reiche eine Ruhe und Ordnung durch den schärfsten Zwang erzielt?! Eine Zeitlang wird es sich wohl tun; aber wenn es dann den zu sehr gedrückten Teufeln zu stark wird, so werden sie aufspringen und werden mit gräßlichem Hohne Gesetze und Gesetzgeber zertreten. Denn wer noch mit Gewalt gehalten und geleitet werden muß, ist noch ein Teufel; nur wer sich von der Liebe, Sanftmut und Geduld leiten läßt, ist gleich einem Engel Gottes und ist wert, ein Kind des Allerhöchsten zu sein!

[4] Mit Liebe erreichet ihr alles, mit Gewalt aber wird der Teufel nur aus seinem Schlafe geweckt! Was für Gutes kann dann wohl vom Wachsein der Teufel über die Erde kommen?!

[5] Es ist also besser um endlos vieles, daß da unter den Menschen wachse die Liebe und Sanftmut und wachbleibe zu aller Zeit und dadurch die Teufel zum Schlafe und zur Ruhe nötige, daß sie der Erde nicht schaden, als daß man mit dem dröhnenden Gepolter der Gewalt die Teufel wecke und sie dann verderben die Erde und alles, was darauf ist! Sage Mir, was du darüber einwenden kannst und magst!«

[6] Sagt Simon **Petrus:** »Herr, hier ist nichts mehr einzuwenden; denn das ist alles klar und wohl verständlich! Aber wie viele der Menschen, die auf Erden leben, wissen etwas von dieser heiligen Wahrheit?! Herr, siehe, da gibt es Legionen Engel aus den Himmeln; sende sie zu allen Menschen über die ganze Erde hin und laß allen verkünden solch eine Wahrheit! Wenn solches geschähe, da meine ich, wird es einmal lichter und besser werden auf dem sündigen Boden der Erde!«

[7] Sage **Ich:** »Du meinst da also, wie du es verstehst; aber Ich muß da einer andern Meinung sein! Sieh, tausendmal soviel der Engel, als du sie hier erschaust, sind stets bei den Menschen und wirken auf die inneren Gefühle und Sinne der Menschen ein, so, daß der Mensch dadurch in keine Nötigung wissentlich gerät und daher unbeschadet seiner Freiheit solche Gedanken, Wünsche und Triebe ganz als die seinigen annehmen und befolgen könnte! Was geschieht aber?!

[8] Die Menschen denken heimlich wohl gut, haben gute Wünsche und machen sich lobenswerte Vorsätze; aber so es zum Handeln danach kommen soll, da blicken sie auf die Welt, ihre Güter und auf die trügerischen Bedürfnisse ihres Fleisches und tun und handeln danach arg und voll Selbstsucht!

[9] Ich will dir viele Tausende herführen, die pur Übeltäter sind, und will sie fragen, ob sie nicht wüßten, daß sie Übles tun, – und sie werden es dir alle sagen, daß sie das wissen! Fragst du sie aber, warum sie denn Böses täten, da werden viele sagen: ›Weil es uns ein Vergnügen macht!‹, und andere werden sagen: ›Wir möchten wohl Gutes tun; aber da andere Böses tun, so tun auch wir desgleichen!‹ Und noch andere werden sagen: ›Wir kennen wohl das Gute, aber wir sind nicht vermögend, es auszuüben; denn unsere Natur sträubt sich dawider, und wir müssen den hassen, der uns beleidigt hat!‹

[10] Siehe, solche Antworten mehr noch werden dir entgegenkommen, und du wirst daraus sicher nur zu bald ersehen, daß selbst die allerärgst

ausgezeichnetsten Übeltäter nicht ohne Kenntnis des Guten und Wahren sind, dabei aber dennoch das Böse tun!

[11] So aber die Menschen wider ihre innerste Erkenntnis Böses tun, was läßt sich von einer von außen her in sie gekommenen Erkenntnis erwarten?! Ja, es werden von nun an auch von außen her Erkenntnisse des Guten und Wahren aus den Himmeln den Menschen gegeben werden, und sie werden Mich und euch darum töten und viele, die sie lehren werden, das Gute zu tun und das Böse zu lassen und zu meiden!«

[12] Sagt **Simon:** »Herr, wenn das, da solle lieber die ganze Welt rein des Teufels werden! Was liegt auch an einer solchen Menschenwelt, die das Gute nimmer erkennen und annehmen will?!«

[13] Sage **Ich:** »Wer wie du in einem großen Affekte *(Aufregung)* redet, der ist noch ferne von Meinem Reiche! Wann Ich aber werde aufgefahren sein, dann wirst du anders reden! – Nun aber ist es Abend geworden, und so lasset uns ins Haus treten und allda eine Stärkung unseren ermüdeten Gliedern reichen!«

77. In Sichar. – Der Herr und die frechen Schreier. Des Obersten finstere Gedanken über die Verworfenheit der Menschen. Jonaels weiser Hinweis auf das Vertrauen zum Herrn. »Er wird's wohl machen – zu Seiner Zeit!«

[1] Nach diesen Worten aber drängen sich **viele,** die während der Besprechung mit Simon Petrus sich auf diesen Platz begeben haben, zu Mir hin und verlangen Zeichen von Mir. Sie sagen: »Kannst du vor den Blinden, die keine Kenntnisse und keinen Verstand haben und darum nichts beurteilen können, Zeichen tun, so tue sie auch vor uns! Sind die Zeichen echt, so wollen auch wir an dich glauben; sind sie aber blind und schlecht, so werden wir auch wissen, was uns darum zu tun übrig bleiben wird! Denn wir sind in allen Dingen bewandert!«

[2] Sage **Ich:** »Gut, so ihr in allen Dingen bewandert seid, wozu bedürfet ihr dann der Zeichen? Wenn ihr also weise seid, daß ihr Gott gleich in allen Dingen bewandert zu sein vorgebt, da werdet ihr es ja ohnehin erkennen, ob Ich die Wahrheit lehre oder nicht! Wozu dann die Zeichen?! Es sind aber hier nun schon in einem Verlaufe von nahe dritthalb Tagen ohnehin eine Menge Zeichen der außerordentlichsten Art geschehen, für deren Echtheit hier Hunderte der vollgültigsten Zeugen stehen; genügen euch diese nicht, so werden euren boshaften Herzen auch die neuen nicht genügen! Daher entfernet euch von hier von selbst, wollt ihr nicht mit Gewalt entfernt werden!«

[3] Schreien **die also Beschiedenen:** »Wer wird, wer kann und darf uns hier mit Gewalt entfernen?! Sind nicht wir die Herren dieses Ortes, indem wir als Bürger Roms hier wohnen, handeln und schaffen und walten?! Wir können wohl dich hinausschaffen und -treiben im Augenblick; aber nicht, daß du einfältiger Galiläer uns von hier schafftest, wie es dir beliebig wäre!

Und wir gebieten dir auch nun sogleich kraft unserer Machtvollkommenheit, daß du noch vor Mitternacht diese Stadt verlassest; denn wir sind deines Umgeilens *(Herumtreiben)* unter uns satt geworden!«

[4] Sage **Ich:** »O ihr blinden Toren! Wie lange wollt ihr noch leben in eurer Machtvollkommenheit? Es kostete Mich nur eines Gedankens, und ihr wäret samt eurer Machtvollkommenheit in einem Augenblicke Staub! Daher kehret euch nach euren Wohnungen, sonst wird euch der Platz, auf dem ihr stehet, verschlingen!«

[5] In diesem Augenblick spaltet sich die Erde knapp vor ihren Füßen, und Rauch und Feuer schlagen aus der Spalte empor. Als **die Schmäher** solches erblicken, heulen sie: »Weh uns! Wir sind verloren! Denn wir haben uns am Elias versündigt!« Mit solchem Geheul eilen sie von dannen, und die Spalte schließt sich. Wir aber begeben uns ruhig in das Haus Jorams.

[6] Als wir alle nun in die Gemächer des Hauses der Irhael und des Joram kommen, so ist allda alles zum Abendmahle bereitet. Ich segne es, und alle setzen sich an die Tische, in allem nun bei tausend an der Zahl. Alle essen und trinken und loben den großen Wohlgeschmack der Speisen und des Weines und sind fröhlichen und heiteren Mutes. Nur der Oberste, der uns mit seinem genesenen Weibe und einigen Unterkommandanten aus dem vorerwähnten Orte hierher begleitet hatte, war düster und aß und trank wenig. Jonael setzte sich neben ihn und fragte ihn um den Grund seiner düsteren Stimmung.

[7] **Der Oberste** seufzte tief auf und sagte: »Edler, weiser Freund! Wie kann man da wohl heitern Mutes sein, wo man nahe alle Menschheit sogar für den untersten Tartarus, so es irgend einen gäbe, für tausendmal zu schlecht findet?! Wenn zwei heißhungrige Wölfe einen Knochen finden und dabei des hungerstillenden Besitzes wegen miteinander in einen wütenden Kampf geraten, so ist das begreiflich! Denn fürs erste sind das Wölfe, Tiere ohne Vernunft, naturbelebte Maschinen, die von dem sie drückenden Bedürfnisse ihrer Natur getrieben werden, sich zu sättigen, und fürs zweite darum an und für sich gänzlich unzurechnungsfähig sind gleichwie ein angeschwollener Bach, der durch seine große und schwere Wassermasse alles verheert, was sich in seiner Nähe befindet. Aber hier sind es Menschen, die von sich selbst aussagen, daß ihnen gewisserart jeder Grad von Bildung und Weisheit eigen sei, sind aber dabei ärger in ihrem Herzen als alle Wölfe, Tiger, Hyänen, Löwen und Bären! Sie verlangen für sich jede erdenkliche Rücksichtnahme, während sie gegen ihre Nebenmenschen nicht die kleinste beachten wollen! – Sage, Freund, sind das auch Menschen?! Verdienen sie nur irgend eine Erbarmung?! Nein, sage ich, und noch tausend Male nein! O warte, du ungeschlachtes Volk! Ich werde dir ein Licht anzünden, daß dir darob das Hören und Sehen für immer vergehen soll!«

[8] Sagt **Jonael:** »Was willst du aber tun? Lässest du sie samt und sämtlich über die Klinge springen, so wirst du dir anderorts Feinde sammeln; diese werden dich verraten in Rom, und du kannst dort in ein schlechtes Gerücht kommen, und das Ende davon wird sein, daß du darob irgendwohin nach der Skythen Lande verwiesen wirst! Überlaß du daher die Rache dem Herrn

allein und sei versichert, daß Er für dieses Volk das haargenauest rechte Maß nehmen wird!

[9] Lies die Geschichte meines Volkes, und sie wird es dir haarklein zeigen, wie der Herr zu allen Zeiten dem Volke jede Sünde, die es beging, auf das strengste und oft nahe unerbittlichste geahndet hat, und ich sage dir: Der Herr Himmels und der Erde ist noch gleichfort und unverändert Derselbe, wie Er war von Ewigkeit her! Er ist langmütig, voll der größten Geduld und läßt das Volk nie ganz ohne Lehrer und Zeichen von oben; aber wehe dem Volke, so dem Herrn einmal die Geduld zu kurz wird! Wenn Er einmal die große Zuchtrute schwingt, dann gibt Er aber auch nicht eher nach, als bis alle Glieder des Volkes zerhauen sind und dessen Knochen so mürbe werden wie ein leichter und dünner Brei!

[10] Was du hier mit vieler und gefährlicher Mühe tun würdest, das vermag der Herr mit dem schwächsten Gedanken. Solange aber der Herr Selbst solche Menschen ertragen will, so lange wollen auch wir unsere Hände nicht an sie legen.

[11] Du hast doch gesehen, ein wie leichtes es dem Herrn war, die Erde vor den Frevlern bersten und dann Rauch und Feuer aus der gähnenden Kluft emporgehen zu machen?! Ihm wäre es ja ein ebenso leichtes gewesen, diese Schmäher in Staub und Asche zu verwandeln! Aber es genügte Ihm, sie bloß nur zu schrecken und in die Flucht zu treiben.

[12] Genügt so was dem Herrn, so genüge das auch uns; denn Er allein weiß allzeit ein rechtes Maß zu treffen! Ist aber der Herr unter uns sichtlich guter Dinge und zeigt, daß Er doch einige Freude über uns wenige hat, warum sollen wir da düster und traurig sein?! Sei fröhlich und heiter und freue dich der Gnade Gottes; alles andere überlasse ganz Ihm!«

78. In Sichar. – Fortsetzung des Zwiegesprächs zwischen dem römischen Obersten und Jonael über die Toleranz. Des Obersten gutes Zeugnis über Jesus und sein Ärger über die blinden und argen Juden. Ein Streiflicht auf die Allopathie. Die Folgen der Sünde – ein Heilmittel gegen dieselbe. Sanftmut und Geduld wirksamer als Zorn. Beispiele als Erfahrungsbelege. Dem Herrn nachfolgen ist besser als Ihm vorgreifen!

[1] Sagt **der Oberste:** »Lieber weiser Freund! Du hast wohl richtig und gut gesprochen; aber was soll ich als ein Fremdling zu dieser Sache sagen?! Ich glaube nun und bin bis in mein Innerstes überzeugt, daß dieser Jesus aus Nazareth niemand anders ist als der allerwahrhaftigste Gott in menschlicher Gestalt. Und das sagen mir nicht so sehr die großen Zeichen, die Er verrichtete, sondern vielmehr Seine unbegrenzte Weisheit! Denn wer eine Welt erschaffen will, muß so weise sein, wie Er es ist in jedem Seiner Worte!

[2] Aber diese Schurken hier nennen sich frevelhaftigst Gottes Kinder, zu denen Gott in allen Zeiten entweder mittelbar oder unmittelbar geredet hat, und nun kommt Er Selbst leibhaftig zu ihnen, und sie verschmähen Ihn gleich einem Gassengauner und wollen Ihn dazu noch aus der Stadt schaffen

(verweisen)! Freund, ich bin ein Römer, meiner Religion nach ein verkrüppelter Pantheist, also ein blinder Heide, und ich glaube und stehe für solchen meinen neuen Glauben mit meinem Leben ein!

[3] Wenn dahier Heiden wären, so hätte ich Nachsicht mit ihnen; weil sie sich aber Gottes Kinder nennen und Gott, Der ihr ewiger Vater sei, also schmähen, da kann ich als ein Fremdling keine Nachsicht mit ihnen haben!

[4] Sie wollten Gott den Herrn ausweisen; nun sollen sie ausgewiesen werden! Das Geschmeiß und Unkraut muß hinaus, auf daß hier auf diesem Acker, den nun der Herr Selbst bestellt hat, eine reine Frucht gedeihe! Denn bleibt das Unkraut hier, so verdirbt es in kurzer Frist alles, was der Herr Selbst hier so herrlich gesäet hat! Sage mir, aber vollends aufrichtig, – habe ich recht oder nicht? Was muß mir mehr sein, – der Herr oder dies elende Gassengesindel?!«

[5] Sagt **Jonael:** »Daß du unter solchen Ansichten völlig recht hast, kann und wird dir wohl niemand in Abrede stellen; aber ob so was nun alsogleich notwendig ist, das ist wieder eine ganz andere Frage. Es kann ja sein, daß diese Frevler nun, so ganz über alle Maßen erschreckt, in sich gehen werden und werden ihren Frevel bereuen und sich völlig bessern; und da wäre es denn doch nicht in der Ordnung, sie alle auszuweisen! Denn eine Sünde bleibt bei dem Menschen nur so lange strafbar, als derselbe in der Sünde verharrt; legt der Mensch aber die Sünde völlig ab und begibt sich in die von Gott gestellte Ordnung, so hat die Sünde und deren Strafe bei und mit dem Menschen nichts mehr zu tun!

[6] Einen völlig gebesserten Menschen aber darum zu strafen, weil er früher ein oder auch mehrere Male in seiner blinden Torheit und Schwäche gesündigt hat, wäre des Unsinns Krone, eines wahren Menschen völlig unwürdig, wider alle göttliche Ordnung, und es gliche solch eine Strafhandlung jener eines dummen Arztes auf ein Haar, der, nachdem seine Kranken gesund geworden sind, herginge und zu ihnen sagte: ›Ihr seid jetzt zwar vollkommen gesund geworden; aber ihr sehet auch ein, daß euer Fleisch und zwar dieses und jenes Glied an euch gesündigt hat und daher nach dem Verhältnisse, als es euch mehr oder weniger geplagt hat, nun auch gezüchtigt werden muß!‹ Wenn nun die Genesenen ihr Fleisch, das kaum wieder gesund geworden ist, mit allerlei Marter werden züchtigen lassen oder mit Gewalt gemartert werden, was wird dadurch aus ihrer Genesung werden?! Sieh, sie werden darauf noch zehnmal kränker werden, als sie ehedem waren! Frage: Wozu war demnach eine solche unzeitige Züchtigung des Fleisches gut? – Ist denn nicht die Kur selbst schon eine hinreichende Züchtigung des Fleisches? Wozu dann eine Nachzüchtigung, die das gesunde Fleisch wieder krank macht?! Ist aber eine solche Handlung schon in der Materie überdumm zu nennen, um wie vieles mehr, wenn sie am geistigen Menschen ohne alle Schonung ausgeübt wird?!

[7] Unsere Pflicht ist es wohl, die Menschen, die gesündigt und sich dann völlig gebessert haben, auf die großen Gefahren der Sünde brüderlich aufmerksam zu machen, sie aber dagegen auch in ihrem gebesserten Zustande mit allem, was uns nur immer zu Gebote steht, zu stärken und zu kräftigen,

damit sie nimmer wieder einen Rückfall in die Knechtschaft der Sünde machen möchten; aber sie als Gebesserte zur Verantwortung und Strafe zu ziehen, hieße doch nichts anderes, als die gebesserten Sünder in zehnfach größere und schlimmere Sünden zurückziehen!

[8] Und da fragt es sich, ob eine solche Handlung von Gott aus nicht hundertfach strafbarer wäre als alle von dem Sträflinge früher begangenen Sünden! – Die Strafe, die jede Sünde schon mit sich führt, glaube es mir, ist eine Arznei gegen das Seelenübel, das da ›Sünde‹ heißt; ist das Übel aber durch die schon in dasselbe gelegte Arznei behoben, wozu dann noch eine weitere Arznei, wo kein Übel mehr vorhanden?!« Sagt **der Oberste:** »Als Präservativ *(Vorbeugungsmittel)* gegen den möglichen Wiederausbruch des Übels!«

[9] Sagt **Jonael:** »Ja, ja, Präservative sind wohl gut und nötig; aber sie müssen, wie ich früher erwähnt habe, stärkender und kräftigender Art, nicht aber schwächender und gar tötender Art sein! Durch Zorn sänftet man Zorn nie, sondern nur durch die Liebe, Sanftmut und Geduld!

[10] Wer da brennt, über den muß man Wasser gießen, nicht aber siedendes Pech oder gar glühfließendes Erz! Wer sich ein Bein zerbrach, den trage man und richte ihm das gebrochene Bein ein, verbinde ihm dasselbe und lege ihn in ein rechtes Bett, auf daß sein Beinbruch wieder heil werde; aber man schlage ihn nicht mit Knitteln, darum er so ungeschickt war im Gehen, daß er fiel und sich das Bein brach!

[11] Ich habe mir erst vor nicht gar langer Zeit von einem aus Skythien zurückgekommenen Gesandten, der ausging, diesen Menschen den Gott Abrahams, Isaaks und Jakobs zu verkündigen, erzählen lassen, daß diese wilden, stets herumziehenden Völker einen Menschen, wenn er gestorben ist, darum strafen, weil er gestorben ist! Sie zögen ihn etwa ganz aus, bänden ihn dann nackt an einen Pfahl und geißelten ihn einen ganzen Tag hindurch; auch dann werde diese Handlung an dem Toten verübt, so er von einem andern sei getötet worden. Denn es trage bloß er die Schuld, indem er sich habe überwältigen und am Ende gar töten lassen! Der Totschläger hingegen werde belobt, daß er über den andern gesiegt und erhalten habe sein Leben!

[12] So dumm aber diese Sache auch immer klingt, so gleicht sie doch völlig uns, so wir durch eine Handlung den, der durch die Sünde, die da ist eine rechte Krankheit der Seele, schon ohnehin geistig tot ist, noch mehr tot machen wollen, als er es ohnehin schon ist!

[13] Ein Kranker bedarf wohl des Arztes und der rechten Arznei; aber ihn darum strafen, weil er das Unglück hatte, krank geworden zu sein, das, lieber Freund, gehörte ins tiefste Skythien! Ich meine, du wirst es nun einsehen, daß es stets besser ist, dem Herrn des Lebens nachzufolgen in allem, als Ihm mit groben, ungeschickten Händen in was immer vorzugreifen und dadurch die große göttliche Pflanzschule, entweder den Teufeln ähnlich mutwillig oder doch sicher aus purer Dummheit, zu verderben!«

79. In Sichar. – Jonaels Worte über die Behandlung von Seelenkrankheiten. Arge Folgen der Überstrenge – im großen und im kleinen. Über die Todesstrafe. Die Rache der Getöteten. Guter Rat zur Versöhnung mit sterbenden Feinden. Beispiel von Davids getötetem Feinde. Segen von Frieden und Freundschaft. Jenseitiger Feinde Rache.

[1] Sagt **der Oberste,** ganz durchdrungen von der schlagenden Wahrheitsrede Jonaels: »Ja, nun bin ich ganz im klaren, und ich stehe von meinem Vorhaben ab! Ich werde so was erst dann ausführen, so du mich dazu auffordern wirst, und so sollst du als von Gott bestellter Vorsteher dieser Gemeinde bei mir in allem den Vortritt haben; ohne deinen Rat werde ich nichts tun fürder.«

[2] Sagt darauf **Jonael:** »Ganz gut also und des Wohlgefallens des Herrn würdig! So jemand krank ist am Leibe, dem soll leibliche Hilfe dargereicht werden; ist aber jemand krank an der Seele, dem soll auch eine seelische Hilfe erteilt werden in der Art, wie die Krankheit beschaffen ist!

[3] Die Seelenkrankheiten der Kinder können am besten durch eine gut geordnete Zucht, bei der die Rute nicht fehlen soll, geheilt werden, die Seelenkrankheiten der erwachsenen Menschen aber werden geheilt durch weisen und liebevollen Rat, durch gediegene Lehre und Unterricht und durch aus der reinen Liebe hervorgehende Ermahnungen und Aufmerksammachungen auf die notwendigen schlimmen Folgen, die aus der freien Beibehaltung der Seelenschwächen in der nächsten Zeitfolge entstehen müssen. Fruchtet das alles bei sehr verstockten, das heißt blinden und tauben Seelen nicht mehr, dann erst ist es an der Zeit, solche Wesen einer ernsteren und schärferen Behandlung zu unterziehen, hinter der aber dennoch die Nächstenliebe im Vollmaße vorhanden sein soll, aus der allein der Segen einer schärferen Behandlung hervorgehen kann!

[4] Handeln da die Leiter aber aus Zorn und höllischer Rachelust, dann ist alle ihre Mühe vergeblich! Anstatt die Seelenkranken zu wahren Menschen zu heilen, werden aus ihnen Teufel gezeugt, deren Rachedurst fürder keine Macht mehr zu stillen vermag.

[5] Eine Zeitlang kann der Satan wohl gehalten werden durch Macht und Gewalt von oben; aber so der Herr der hochmütigen Menschen wegen, die am Ende meinen, daß sie durch ihre Macht und Weisheit, die in einer unerbittlich tyrannischen Schärfe besteht, die ihnen beliebige Ordnung aufrecht zu halten imstande seien, Seine Macht zurückzieht und dem Satan die Fesseln abnimmt, da ist es dann mit der Macht der sich mächtig Dünkenden über die Nacht aus! Denn die durch solch verkehrte Behandlung zu puren Teufeln gemachten Menschen werden wie ein angeschwollener Strom über sie herfallen und sie vernichten, als wären sie nie dagewesen!

[6] Am schlechtesten aber wirkt die Todesstrafe! Denn was nützt es, jemandes Leib töten, so man seine Seele und Geist nicht gefangenhalten kann, in der die eigentliche Kraft zum Handeln und Wirken vorhanden ist?!

[7] Wer da glaubt, daß er sich seines Feindes entledigt hätte, so er dessen

Leib tötete, der ist mit einer zehnfachen Blindheit geschlagen! Denn erst dadurch hat er sich aus einem schwachen Feinde, den er sehen konnte, tausend unsichtbare gemacht, die ihn dann verfolgen Tag und Nacht und ihm Schaden zufügen an Leib, Seele und Geist!

[8] Siehe an einen Krieg, durch den nicht selten viele Tausende dem Leibe nach getötet werden! Der Sieger meint nun, er habe sich seiner Feinde entledigt, so er sie seiner blinden Idee nach leiblich vernichtet hat. Aber wie ungeheuer groß irrt er sich da! Die Seelen und Geister der Getöteten verheeren dann mehrere Jahre hindurch zufolge ihres unmittelbaren Einflusses auf die Witterung der Erde die Fruchtsaaten jeder Art und Gattung, rufen dadurch die unvermeidliche Teuerung der Nährmittel hervor, diese verursacht Hungersnot und diese allerlei tödliche Seuchen und Pestilenz! Diese rafft dann in kurzer Zeit mehr Menschen hinweg, als er seinem Feinde Krieger getötet hat. Dadurch in seiner Macht geschwächt, die ihm sein Land geben soll, muß er, um zu bestehen, fremder Lande Krieger um einen teuern Sold anwerben. Dadurch verschuldet er sich und sein Land; und wenn er nach etlichen Jahren sein Land und Volk ganz ausgesogen hat und seine Schulden und Soldaten nicht mehr bezahlen kann, so wird er bald unter vielen Verwünschungen von allen Seiten her verfolgt werden. Sein Volk, das er eroberte, wird sich, von zu großer Not gedrückt, wider ihn erheben, und die äußeren Feinde werden diese Gelegenheit auch nicht ungenutzt vorübergehen lassen und werden sich aufmachen wider ihn, und er, der gefeierte Sieger, wird in einem solchen Kampfe nimmer als Sieger gekrönt werden, sondern die Verzweiflung wird ihn mit den Klauen eines Tigers erfassen und ihn geistig zerfleischen bis in seine innerste Lebensfiber!

[9] Und siehe, das alles ist eine Wirkung der dem Leibe nach getöteten Feinde!

[10] Darum ist es eine uralte Regel und Sitte, daß sich mit einem dem Leibe nach Sterbenden alle ihm Nächststehenden versöhnen und sich von ihm segnen lassen. Denn stirbt er als jemandes Feind, so ist der zu beklagen, der ihn als Gegenfeind überlebt. Denn fürs erste wird die freigewordene Seele des Überlebenden Gemüt ohne Unterbrechung in der Gestalt unausstehlich quälender Gewissensbisse martern, und fürs zweite wird sie alle auf den Überlebenden Bezug habenden irdischen Umstände so leiten, daß dieser nicht leichtlich wieder auf einen grünen Zweig kommen wird!

[11] Der Herr aber läßt solches alles darum zu, auf daß den beleidigten Seelen die verlangte Genugtuung geschehe, und dazu für den Überlebenden es aber auch ums unberechenbare besser ist, daß er auf dieser Materienwelt für seine Hochmutstaten gepeinigt wird, als so er nach seines Leibes Tode sogleich in hunderttausend Hände feindlicher Geister geriete, die mit ihm als einem in jener Welt noch gänzlich Unerfahrenen sicher nicht freundlich umgehen würden!

[12] Darum ist es aber auch eben so überaus nötig, auf dieser Welt Liebe und wahre Freundschaft zu üben und irgend einem Feinde lieber Gutes als Böses zuzufügen und den zu segnen, der mir fluchet; denn ich kann nicht wissen, wann der Herr ihn von dieser Welt abrufen wird! War er auf der Welt

mir so ganz einfach in gewisserart kleinen Dingen ein Feind, so wird er es mir nachher als Geist hundertfach in großen Dingen werden.

[13] David war doch von seiner Kindheit an ein Mensch und Mann nach dem Herzen Jehovas, aber er hatte nur e i n e n Menschen, den Urias nämlich, sich zum Feinde wider den Willen des Herrn gemacht, und wie schwer hat sich dann mit der Zulassung des Herrn des Urias Geist an David gerächt! Und das ist und bleibt stets die unausbleibliche Folge einer feindlichen Handlung an einem Menschen wider den Willen Gottes!

[14] Ja ganz was anderes ist es, so dich der Herr Selbst dazu beheißet, wie Er den David gegen die Philister beheißen hat, irgend schon des Satans gewordene Gottes- und Menschenfeinde mit kriegerischer Gewalt zu schlagen und irdisch zu vernichten! Diese fallen jenseits sogleich in ein hartes Gericht und können sich wider den Gottesarm nicht und nimmer erheben; denn sie werden von des Herrn Macht gedemütigt.

[15] Ganz anders aber ist es mit jenen Feinden, die du dir in der Welt ohne Gottes Geheiß durch deine Unfreundlichkeit, durch deinen allfälligen Hochmut oder durch die höchst mangelhafte von den Menschen ersonnene Gerechtigkeitspflege, von der es schon sprichwörtlich heißt, daß das höchste Recht zugleich das höchste Unrecht sei, zugezogen hast; diese werden nach der Ablegung ihrer Leiber erst deine unversöhnbarsten Feinde werden!

[16] Ich gäbe dir tausend Leben, so ich sie hätte, darum, wenn du mir einen auf der Welt Glücklichen aufweisen kannst, dem ein Feind in die andere Welt vorangegangen ist! Mir ist noch keiner vorgekommen! Wohl aber kenne ich Fälle, wo die Rache eines einem Hause feindlich gewordenen Geistes sich bis ins zehnte Glied erstreckt hat, wie auch, daß in einem Lande oder in irgend einer Gegend gröbst beleidigte Menschen dann als Geister ein solches Land oder eine solche Gegend auf viele Jahre, oder manchmal auch für immer, verwüstet haben, daß nimmer ein Mensch darinnen bestehen konnte! Freund, so unglaublich dir diese meine bestgemeinte Lehre auch immer vorkommen möchte, so unumstößlich wahr ist sie aber dennoch! Und so sie nicht wahr wäre, wie möglich hätte ich es je wagen können, nun vor dem Angesichte des Herrn und Dessen Engeln sie dir zu geben?! Solltest du aber daran dennoch irgend einen Zweifel haben, so wende dich an den Herrn, den ewigen Urheber aller Dinge, und Er wird dir ein vollgültiges Zeugnis geben darüber, ob ich dir nur mit einer Silbe eine Unwahrheit kundgetan habe!«

80. In Sichar. – »Lebet in Frieden und Einigkeit!« Über Schutzgeister. Wink über die göttliche Haushaltungsordnung. Eine menschlich berechtigte Frage: W i e und w a n n kann es denn besser werden auf Erden? Wann kommt das Reich Gottes zur Herrschaft?

[1] Hier macht **der Oberste** große Augen, wie auch viele andere hier anwesende Gäste, und sagt: »Ja, wenn so, da ist das irdische Leben eine überaus gefahrvolle Sache; wer kann da bestehen?«

[2] Sage **Ich:** »Ein jeder, der nach Meiner Lehre lebt! Wer aber lebt nach seinem eigenen, zumeist von der Eigenliebe und vom Hochmute gesättigten Eigendünkel und kann dem nicht von ganzem Herzen vergeben und ihn segnen zehnfach mehr, der ihn durch irgend etwas beleidigt hat, der soll aber dann auch früher oder später die unausbleiblichen Folgen der Feindschaft verkosten, gegen die er von Mir durchaus keinen Schutz zu erwarten hat, außer er hat seine Schuld an dem Feinde bis auf den letzten Heller bezahlt! Darum lebet mit jedermann im Frieden und in Einigkeit! Es ist euch besser, ein Unrecht zu erdulden als jemandem auch nur ein Scheinunrecht zuzufügen. Dadurch werdet ihr euch keine Rächer ziehen, und die Geister, die sonst eure Feinde geworden wären, werden dann eure Schutzgeister werden und abwenden vieles Unheil von euren Häuptern!

[3] Warum aber all das also ist und sein muß? Da sage Ich: Weil es also sein muß nach Meinem Willen und nach Meiner unwandelbaren Ordnung!«

[4] Sagt **der Oberste:** »Ja, Herr, ich erkenne nun nur zu klar Deine endloseste und durch nichts beschränkte Liebe und Weisheit und sage: So möglicherweise einmal alle Menschen von Deiner Lehre durchdrungen sein werden, da wird die Erde in ein vollstes Himmelreich umgewandelt sein! Aber – und das ist ein ungeheuer großes Aber! – wann wird das geschehen?!

[5] Wenn ich nun bedenke die große Erde, da noch kein Forscher entdeckt hat, wo sie anfängt und wo sie aufhört, und bedenke die Unzahl von allerlei Menschen, die den ungemessenen weiten Erdkreis bewohnen, da fängt's an, mich ganz schwindelnd zu erfassen in allen meinen Lebenszweigen! Die ungebildetste und roheste Bosheit scheint bei den vielen Bewohnern der großen Erde der durchgängige Hauptzug ihres Lebenscharakters zu sein!

[6] Von der tierischen Selbstsucht und von dem furienartigen Hochmute ist die allergrößte Überzahl der Menschen ganz durchsäuert!

[7] Wo sich nur immer ein friedliebendes Völklein auf der weiten Erde ansiedelte und durch gemeinsames Zusammenwirken sich zu irgendeinem Wohlstande erhob, da ward es von der feinen Nase der Wolfs- und Tigermenschen bald aufgespürt und feindlich überfallen; die Armen wurden besiegt und dadurch tausendmal unglücklicher gemacht, als sie ehedem in ihrem Naturzustande es waren!

[8] Wenn aber solche friedliche und gebildete Völklein dennoch durch Mut, Weisheitskraft und Energie ihres Geistes sich gegen die Feinde als Sieger behaupteten, die sie natürlich mit Waffen in der Hand zum größten Teile vernichten mußten, die Geister der getöteten Feinde aber dann erst ihre größten und schädlichsten Feinde werden, so frage ich nach meiner Meinung ganz unverhohlen: Wie, wann und unter welchen Umständen wird Deine heilsamste Lehre auf der Erde je volle Wurzeln schlagen und alle Menschen der Erde in ihrem Handel und Wandel bestimmen?

[9] Werden nur einzelne Völkerschaften sich in den milden Strahlen Deiner unübertrefflichen Lehre glücklichst sonnen, so werden sie von Tag zu Tag von stets mehr und mehr Feinden umlagert werden; werden sie sich ganz gutwillig den Feinden ergeben, so werden sie dann nichts als Sklaven

ihrer Eroberer werden und werden sich jeden noch so unmenschlichen Druck, ja endlich sogar das Verbot der Befolgung und Ausübung dieser Deiner Lehre, müssen gefallen lassen.

[10] Werden sie aber durch was immer für ein Machtmittel Meister ihrer Feinde, so werden dann erst die Geister und Seelen der im Kampfe getöteten Feinde so recht in aller Fülle ihre allerunbesiegbarsten Feinde werden, und mit dem Himmelreiche auf Erden wird es da wohl nach meinem freilich unmaßgeblichen Dafürhalten seine guten Wege haben!

[11] Ob man gerade – ich sage, auch selbst der besten Sache wegen – jedem Feinde für sein Böses Gutes erweisen solle, lasse ich daher noch sehr dahingestellt sein! Daß man dadurch wohl aus manchem blinden Feinde einen sehenden Freund sich machen werde, ziehe ich in gar keinen Zweifel; ob aber solch eine Regel auch auf große Massen von Feinden der guten Sache wird in eine segensvolle Anwendung gebracht werden können, das, Herr, vergib es meinem schwachen Verstande, möchte ich denn doch aus früher angeführten Gründen ein wenig bezweifeln!

[12] Mir fällt da immer die unselige Szylla und Charybdis ein, wo, wenn man der ersten glücklich ausweicht, man dann desto sicherer von der zweiten verschlungen wird! – Herr, nur darüber noch ein kleines Lichtlein, und ich will alle meine Feinde brüderlich umarmen und alle die Gefangenen aus den Kerkern losgeben, – auch alle Diebe, Räuber und Mörder, wenn sie auch noch so böse sein sollten!«

81. In Sichar. – Des Herrn Belehrung über die Behandlung der Verbrecher. Die Todesstrafe und ihre Wirkung. Ein Wink für Richter. Vom Hauptzweck der Menschwerdung des Herrn. Die Errichtung der Brücke zwischen Dies- und Jenseits. Jenseitige Führer für Unwissende. Gute Bitte.

[1] Sage **Ich:** »Freund, du bist noch sehr kurzsichtig, wenn du Meine Lehre also auslegst und verstehst! Es hatte aber dir ja auch Jonael schon gesagt, daß entweder ein Kampf mit einem bösen Feinde auf ein göttliches Geheiß, wie auch eine unausweichliche Notwehr von Mir aus also geordnet ist, daß in derlei Kämpfen getötete Menschen, respektive ihre Seelen, alsogleich in ein hartes Gericht gesetzt werden und weder auf ihre gerechten Sieger noch irgend auf den Boden der Erde eine böse Rückwirkung auszuüben vermögen. Wenn aber das eine unwandelbare Wahrheit ist, aus der du klar ersehen kannst, wie diese Sache im Grunde des Grundes beschaffen ist, wie kannst du da so zweifelhafte Sätze Meiner Lehre entgegenstellen?!

[2] Wer sagte denn dir, daß man wirkliche Verbrecher, die oft ärger denn alle wilden Waldbestien sind, nicht einfangen und in irgend ein festes Gewahrsam bringen solle?! Im Gegenteil gebietet dir das die wahre Nächstenliebe; denn wie du sicher, so du dazukämest, wo eine Hyäne einen Menschen anfällt, die Bestie mit scharfer Waffe erlegen würdest, also wirst du auch sicher einem ehrlichen Menschen zu Hilfe springen, so dieser auf offener Straße oder in einem Hause von einem Raubmörder angefallen würde.

[3] Da aber solche Menschenhyänen, so sie sich sehr anhäufen, nicht nur einzelnen Wanderern, sondern auch am Ende ganzen Ortschaften gefährlich werden können, so ist es sogar eine unerläßliche Pflicht der machthabenden Obrigkeit, auf solche gefährliche Menschen Jagd zu machen und sie in feste Zwinger zu setzen.

[4] Aber die Todesstrafe soll dann nur über jene verhängt werden, bei denen jedes Mittel durch einen Zeitraum von zehn Jahren fruchtlos bleibt, in irgend eine wahre Besserung des Lebens einzugehen. Verspricht der Verbrecher auf dem Blutgerüste Besserung, so soll ihm noch eine Jahresfrist hinzugefügt werden! Ist aber auch da noch keine Besserung erfolgt, so soll die Tötung vollzogen werden; denn da ist von der Besserung eines solchen Menschen auf der Erde nichts mehr zu erwarten, und es ist besser, ihn von dieser Erde zu schaffen!

[5] Will aber die rechtmäßig machthabende Obrigkeit mit Einstimmung der Gemeinde solch eines Verbrechens wohlverdiente Todesstrafe in einen lebenslänglichen Zwinger verwandeln und die Besserungsversuche fortsetzen, so steht ihr das frei, und Ich werde sie darum nicht zur einstigen Verantwortung ziehen.

[6] Solcherart Feinde derjenigen Menschen, die nach Meiner Lehre leben werden, haben nach ihrem Leibestode keine Rückwirkungsmacht. Diese ist nur solchen Geistern zuständig, die als nach dem Bessern strebende Menschen auf dieser Welt von tyrannischen, über alle Maßen hochmütigen, selbst- und herrschsüchtigen und somit auch völlig unrechtmäßigen Herrschern auf eine grausamste Weise getötet worden sind!

[7] Wenn die alles edleren Gefühls baren Richter sich durch solche ungerechtesten Gerichte Feinde zeugen, so werden diese Feinde dann als Geister sich an den ungerechten Richtern rächen; denn diesen ist von Mir aus die Rückwirkung gestattet, aber wirklich vom Grunde aus bösen Geistern nie! – Ich meine nun, daß du nun über deine Zweifel im klaren sein wirst!?«

[8] Sagt **der Oberste:** »Ja, nun ist die Szylla samt der Charybdis hinweggeräumt; in dieser Beziehung bin ich nun ganz in der Ordnung.

[9] Wie aber Deine wahrlich heilige Lehre sich auf einem möglichst hindernisreichen Wege die Bahn brechen wird in d e r Nacht, in der nun die Menschheit begraben liegt, das ist mir noch so unklar wie ehedem! Auf einem rein wunderbaren Wege würde sie nach Deiner eigenen Aussage den Menschen nicht viel nützen, weil sie auf diese Weise aus den frei werden und sein sollenden Menschen nur Maschinen machen würde; auf dem ganz natürlichen Wege aber wird sie viel Blut kosten und eine überlange Zeit brauchen! Ja, ich möchte nahe mit Gewißheit behaupten, wenn ich auch keine prophetische Gabe besitze, daß, wie ich die Menschheit so ziemlich weit und breit in Asien, Afrika und Europa herum kenne, von nun an gerechnet, in 2000 Jahren noch lange nicht die Hälfte der Erdenmenschen sich im Lichte dieser Deiner Lehre sonnen wird! – Habe ich recht oder nicht?«

[10] Sage **Ich:** »Da hast du im Grunde durchaus nicht unrecht. Aber es liegt im allgemeinen auch nicht soviel daran als du meinst; denn es handelt sich hier nicht so sehr um die allgemeinste Annahme Meiner Lehre auf

dieser Erde, als vielmehr um die durch Meine gegenwärtige Darniederkunft und durch Mein Wort und Meine Lehre endlich einmal errichtete Brücke zwischen dieser materiellen und jener geistigen Welt, deren ewige Gefilde jenseits des Grabes liegen!

[11] Wer Meine Lehre diesseits vollernstlich annehmen wird, der wird diese Brücke schon im Leibe überschreiten; wer aber auf der Erde Meine Lehre entweder lau, unvollständig oder auch gar nicht annehmen wird, der wird in großer Nacht in jener Welt anlangen, und es wird ihm sehr schwer werden, diese Brücke zu finden!

[12] Den Menschen aber, die nie in den Stand kommen sollten, noch diesseits von Meiner Lehre etwas zu erfahren, werden jenseits Führer gegeben werden, die sie zu dieser Brücke leiten werden. Werden die von Meiner Lehre noch nichts wissenden Geister den Leitern folgen, so werden sie auch über diese Brücke kommen zum wahren ewigen Leben; werden sie aber hartnäckig bei ihrer Lehre verbleiben, so werden sie aus ihrem Lebenswandel nach ihrer Lehre bloß geschöpflich gerichtet werden und werden zur Kindschaft Gottes nicht gelangen! – Siehe, also verhält sich die Sache! Denke darüber nach und sage es Mir, wie sie dir gefällt, – aber bald; denn siehe, Meine Zeit in diesem Orte naht sich ihrem Ende!«

[13] Sagt nach einer Weile **der Oberste:** »Herr, nun ist mir alles klar und einleuchtend, und sollte mir mit der Zeit irgendein Zweifel kommen, nun, so hast Du uns hier ja einen Mann erweckt, der uns alle über alles belehren kann! Darum werde von mir und uns allen Dein Name allzeit über alles hoch gelobt und über alle Maßen gepriesen! – Nur eine Bitte noch nimm von mir huldvoll auf, und diese besteht darin, daß, so Du nun von uns ziehest, Du bald wieder zu uns zurückkehren möchtest! Denn es soll hier meine Hauptsorge sein, daß Du, so Du wiederkommst, Deiner würdigere Herzen antreffen werdest, als es diesmal der Fall war!«

82. In Sichar. – Verheißung eines geheimen Besuches des Herrn. Der Prophet wirkt besser in der Fremde. Matthäus begleitet den Herrn als Schreiber. Des Obersten Dank. Jonael wird als Lehrer bestellt; ihm wird Wundermacht verliehen und ein Engel als Lehrer beigegeben. Irhaels und Jorams tiefer Abschiedsschmerz. Des Herrn Trost.

Ev. Joh. 4, 43–44.

43. Aber nach zwei Tagen zog Er von dannen und zog nach Galiläa.

[1] Sage **Ich:** »Ich werde im geheimen schon noch einmal zu euch kommen; aber es soll dann nicht der ganze Ort in Kenntnis von Meiner Anwesenheit gesetzt werden, indem *(da)* hier wegen der großen Steuerbedrükkung in Judäa und Galiläa sich stets mehr Menschen ansiedeln werden, weil dies Land am wenigsten bedrückt ist und Mein Jairuth für die Armen nahe alle Steuern bezahlt.«

44. Denn Er selbst, Jesus, zeugete, daß ein Prophet daheim nichts gilt.

[2] »Wo aber so viele heimische Menschen sich befinden, da hat ein Prophet einen kleinen Wert, er müßte denn ein Greis sein! Nur was ein Greis sagt, das halten die Narren für Gottes Wort und halten die Weisheit eines jungen Mannes für ein Spiel der hitzigen Phantasie, die zeitweilig mit etwas Vernunft gemengt sei. Was aber die Wunderzeichen betrifft, und mögen sie von noch so außerordentlicher Art sein, so werden sie dennoch samt und sämtlich in das Gebiet der Magie verwiesen, die leider in dieser Zeit sehr gang und gäbe ist. Die Menschen aber sind nun blind genug, können das Falsche vom Wahren nicht unterscheiden und verwerfen daher gleichweg alles.

[3] Es ist daher besser, daß ein Prophet wandelt in die Fremde; denn dort, wo man ihn nicht kennt, richtet er noch am meisten etwas aus bei den Menschen. Und darum werde Ich euch nun mit Meinen Jüngern verlassen, werde aber, wie Ich es dir verheißen habe, in Kürze euch wieder besuchen.

[4] Einen Mann aber, der hier als Zöllner angestellt war, namens Matthäus, nehme Ich von hier mit wegen seiner schnellen und guten Schrift, auf daß er aufzeichne Meine Lehren und Taten; gib du ihm der Welt wegen einen Reiseschein!«

[5] Der Oberste tut das sogleich und dankt Mir für alles aus aller Tiefe seines Herzens. Alle übrigen Gäste, durch das Beispiel des Obersten aufgeweckt, tun dasselbe; aber mehrere, von der Tagesreise etwas mehr ermüdet, sind bei den Tischen und Bänken eingeschlafen. Die Wachenden wollen sie aufwecken. **Ich** aber sage: »Lasset sie ruhen bis zum Tage! Mir aber ist es lieber nun, in der Mitternacht in aller Stille fortzukommen, damit der Abzug kein Aufsehen mache. Bleibet auch ihr alle hier bis zum Tage, und keiner gebe weder Mir noch denen, die mit Mir ziehen, ein Geleite, außer in euren Herzen.

[6] Du, Mein Jonael, aber sorge, daß Meine Lehre hier Wurzel fasse und dann als ein neuer Lebensbaum viele und gute Früchte trage! Ich gebe dir aber auch durch Meinen Namen eine übersinnliche Macht aus den Himmeln; laß dich jedoch in deinem Eifer nicht dahin reißen, von ihr einen unzeitigen und dadurch unweisen Gebrauch zu machen, denn dann würdest du damit mehr schaden als nützen! Einen Engel werde Ich dir auf eine Zeit in dein Haus geben; von dem sollst du den weisen Gebrauch der himmlischen Macht lernen! Saget es aber keinem Fremden, daß im Hause Jonaels ein Engel aus den Himmeln wohne!«

[7] Hier kommt auch die Irhael mit Joram weinend zu Mir, und beide können vor Liebe und Dankbarkeit nicht reden! **Ich** aber segne sie und sage: »Seid getröstet! Ich komme in Kürze wieder zu euch!«

[8] Beide aber umfassen Meine Füße, benetzen sie mit ihren Tränen, und **Joram** ruft: »O du heilige Zeit, eile und bringe den Herrn der Herrlichkeit für immer zu uns in Sein Haus! – O Herr, gedenke unser, die wir Dich lieben aus der Fülle unserer Herzen, und komme bald und bleibe dann gleichfort bei uns!«

[9] Sage **Ich:** »Ja, Ich werde wiederkommen, aber, wie gesagt, ganz im geheimen nur; denn es darf fürder durch Meine Gegenwart niemand genötigt werden zum Glauben an Meine Sendung von oben her und darum an Mein Wort.«

83. In Sichar. – Wichtige Missionswinke. Der Wahrheit Macht. Vom Wesen des Wortes des Herrn. Die Gnade der Berufung des Menschen zur Gotteskindschaft. Der Herr will keine Kopfhänger noch Verdammer der Welt. Lebenswinke. Was die Welt ist, und wie sie benutzt werden soll! Abreise von Sichar.

[1] **(Der Herr:)** »Die Lehre selbst muß die Wahrheit rechtfertigen. Wer in der Folge nicht leben wird aus dem Worte, der wird sterben im Gerichte desselben Wortes, das zu ihm gesprochen ward und er ihm nicht geglaubt und getraut hatte!

[2] Denn gleichwie Ich aus Mir vom Vater aus die Gewalt habe, jedermann, der *(zur Aufnahme)* fähig ist durch seinen Willen, das ewige Leben zu geben oder zu nehmen, ebendasselbe zu tun vermag auch Mein Wort; denn Mein Wort ist stets gleich der allmächtige und für alle Ewigkeit dauernde Ausdruck Meines Willens!

[3] Wer demnach Mein Wort vollends in sich aufnimmt und unabweichbar danach handelt und lebt, der nimmt dadurch Mich Selbst mit aller Meiner Liebe, Weisheit, Macht und Kraft auf und ist dadurch zu einem wahren Kinde Gottes geworden, dem der Vater im Himmel nicht Eines vorenthalten wird, was Er hat!

[4] Mehr kann der heilige Vater nicht tun, als daß Er Sich in Mir, Seinem Sohne, Selbst leibhaftig offenbart, aus euch gerichteten Geschöpfen freieste Götter zeugt und euch sonach Seine Freunde und Brüder nennt!

[5] Bedenket allzeit, Wer Der ist, Der euch nun das offenbart und was ihr mit dieser Offenbarung überkommet, so wird euch die materielle Welt nicht mehr anfechten, und ihr werdet über sie leicht Sieger werden, was um so notwendiger ist, als ihr, ohne die Welt in euch vollends besiegt zu haben, nicht Kinder des Vaters im Himmel werden könnt!

[6] Ich will damit aber aus euch keine Kopfhänger und Verflucher der Welt machen, sondern weise Benützer derselben nur!

[7] Wäre der nicht ein Tor zu nennen, der sich in irgendein gut brauchbares Werkzeug, das er zum Betriebe seiner Kunst benötigt, also verliebte, daß er es gar nicht zu dem bestimmten Zwecke gebrauchen möchte, sondern dasselbe nur wollüstig angaffte und verwahrte in einem Schreine, daß es nicht rostig und dadurch weniger schön würde und ihn somit an seinem eitel leeren Vergnügen beeinträchtigte?!

[8] Die Welt ist für euch auch ein Werkzeug, mit dem ihr, recht zwecklich angewendet, überaus viel Gutes und Herrliches schaffen könnet! Aber ihr müßt als nun Meine Jünger dies Werkzeug also gebrauchen, wie Ich als euer einziger wahrster Meister es euch nun durch dritthalb Tage gelehrt habe!

[9] Also gebraucht und angewendet wird euch dies Werkzeug das ewige

Leben bereiten und festigen. Werdet ihr es aber anders gebrauchen, so wird dies Werkzeug gleich einem überscharfen Messer in den Händen der unmündigen Kinder, die sich damit nur zu leicht und bald eine tödliche Wunde versetzen werden, die schwerlich ein Arzt mehr zu heilen imstande sein wird!

[10] Nehmet mit diesen Worten auch Meinen vollen Segen hin und teilet diese Worte auch allen denen mit, die sie jetzt nicht haben vernehmen können, damit sich am Ende der Dinge niemand mit der Unwissenheit entschuldigen kann!

[11] Und nun, ihr Meine wenigen Jünger und ihr alle, die ihr Mir von Galiläa und Jerusalem hierher gefolgt seid, machet euch fertig zur Reise und zwar nach Galiläa, allwo ihr wieder zur Bewirtschaftung eurer Felder eure Sorge verwenden möget!«

[12] Nach diesem Bescheide erhebe Ich Mich, gebe den noch harrenden Engeln einen Wink, den nur sie verstehen, worauf sie aber auch bis auf den des Jonael alle verschwinden. Auch die sichtbar offenen Pforten der Himmel schließen sich; aber das Haus der Irhael und Jorams bleibt mit all der Einrichtung aus den Himmeln, so wie das Schloß des Jairuth. Alle Anwesenden und Wachenden begleiten uns bis zum Haustore. Der Oberste aber läßt es sich nicht nehmen und geleitet Mich bis zur Grenze des Weichbildes der Stadt und kehrt von da nach Sichar zurück.

Ende des zweiten Tages in Sichar.

Die Reise nach Galiläa

84. Des Matthäus Vorwurf an den Herrn. Vom Wesen Gottes und dem Schöpfungsvorgang. Von der Schönheit, Entfernung und Größe der Sonne. Eine Sonnenfinsternis. »Ein bißchen Angst schadet den sinnlichen Menschen niemals!«

[1] Wir aber ziehen unseres Weges weiter, gelangen bis zum Aufgange der Sonne an die Grenze vom Lande der Samariter und betreten das Galiläerland, allwo wir auf einer freien Anhöhe, und zwar auf einem schönen üppigen Rasen, eine nötige Ruhe nehmen.

[2] Alle können auf dieser Höhe die herrliche Aussicht nicht genug loben, und der Schreiber **Matthäus** sagt: »Herr, so die Menschen von Deiner Lehre durchdrungen wären in allem und jedem, so wäre solch ein Land wirklich schön genug, um den Menschen ein Himmel zu sein! Aber wenn ich bedenke, daß die Menschen zum größten Teile noch ärger als die reißendsten und blutdürstigsten Bestien sind, so möchte ich hier gerade Gott dem Herrn einen Vorwurf machen deshalb, daß Er diese Erde gar so herrlich gestaltet hat für solch ein schlechtes Gesinde!«

[3] Sage **Ich:** »Der Vorwurf trifft sonach Mich; denn der Vater und Ich sind Eins! Denn des ewigen Sohnes Weisheit, die eigentlichst die Weisheit des Vaters ist, machte den großen Schöpfungsplan, und des Vaters Liebe setzte das große ›Werde‹ hinzu, und also entstand diese Erde, Sonne, Mond und Sterne!

[4] Die Menschen aber, die diese Erde bewohnen, sind ebenfalls von Mir erschaffen und sollen und werden nun umgestaltet werden!

[5] Wenn diese Sachen sich aber also verhalten, wie magst du Mir einen Vorwurf machen? Und – zudem ist diese Erde eben auch nicht gar so schön, als sie dir vorkommt; alle die Gegenden, die du hier erschauest, geben nur in einer gewissen Ferne ein lieblich Bild. Gehe hin, und du wirst wenig oder auch gar nichts Schönes und Reizendes an und in diesen Gegenden finden, außer hie und da einen Baum oder gar einen von Menschenhänden angelegten Garten und im selben etwa einen Palast eines reichen Menschen! Wirst du solche Dinge wohl auch schön und herrlich nennen?

[6] Da siehe empor zur Sonne; dort gibt es andere Gegenden! Eine Wüste ist dort herrlicher als hier ein Paradies! Denn so das Licht der Sonne die Gegenden dieser Erde einzig und allein schön, herrlich und freundlich aussehend macht, da ohne das Licht der Sonne die Erde ein pures Jammer- und Schreckenstal wäre, um wieviel herrlicher müssen dann erst die Gegenden der großen Sonne selbst sein, von deren Glanz- und Prachtüberfülle diese Erde ihren matten Schimmer borgt!«

[7] Sagt **Matthäus:** »Herr, was sagst Du? Die Sonne sei eine ganze große Welt auch, und unaussprechlich herrlicher schon eine Wüste dort denn hier ein Paradies?! Besieh die große Erde doch und dagegen die winzige Glanzscheibe der Sonne! Wieviel Male hätte sie wohl auf der Fläche Platz, die wir nun überschauen, die sicher ein kleinster Teil der ganzen Erde ist, und wieviel Male dann erst auf der ganzen Erde?!«

[8] Sage **Ich:** »Siehe, das ist also: Wenn Ich von irdischen Dingen mit euch rede, so verstehet ihr sie nicht; wie möglich möchtet ihr Mich verstehen, so Ich mit euch rede von himmlischen Dingen?! – Sieh und fasse es!

[9] Siehe dort gen Mittag einen Zedernbaum am fernsten Rande der Bergreihe, vergleiche dessen kleine Scheinhöhe mit der Höhe einer Grasstaude hier, die kaum eine Spanne mißt, und du wirst sehen, daß diese Grasstaude, so du sie vor dein Gesicht hältst, scheinbar sehr viele Male höher in die Luft emporragen wird als jene ferne Zeder, die an und für sich mehrere hundert Male höher ist denn diese Grasstaude! Und sieh, das bewirkt die Ferne! Wenn du gut bei Füßen bist, so erreichst du jene Zeder in zehn Stunden. Was bewirken alsonach schon zehn Stunden fürs Maß des Auges!?

[10] Nun denke dir aber die Entfernung der Sonne von dieser Erde! Sieh, so ein Vogel im schnellsten Fluge in der Zeit der Schöpfung Adams von der Erde gegen die Sonne hin abgeflogen wäre, so wäre er jetzt noch nicht dort, sondern hätte noch etliche Jahre zu fliegen! Wenn du das fassen kannst, dann möchtest du wohl begreifen, wie die über tausend mal tausend Male größere Sonne denn diese Erde dir hier so klein vorkommt!«

[11] **Matthäus,** ganz außer sich über solche Ferne und solch eine Größe, sagt: »O Herr, wenn also, wie magst Du nun von dieser Erde aus solch eine Welt lenken und erhalten?!«

[12] Sage **Ich:** »Ja sieh, was dir auch noch so unmöglich dünkt, das ist – vorderhand bloß unter uns gesagt – Mir ganz überleicht möglich! Jetzt

kannst du solches freilich nicht einsehen; aber es wird schon eine Zeit kommen, wo du solches alles einsehen wirst.

[13] Damit du aber ersehen kannst, daß Ich auch, durch die Macht des Vaters in Mir, im Augenblick bis zur Sonne hinreiche, so habe nun acht! Ich werde die Sonne nun auf ein paar Augenblicke lang verdecken, daß sie auf der ganzen Erde kein Auge sehen soll; und dir soll es daraus klar werden, daß Ich auch von dieser Erde aus nach der Sonne hinlangen kann!«

[14] Sagt **Matthäus:** »O Herr, tue das doch nicht; denn da werden die Menschen verschmachten vor Angst!« – Sage **Ich:** »Sorge dich um was anderes! Die Menschen werden meinen, daß das eine gewöhnliche Sonnenfinsternis ist, die sich auf eine ganz natürliche Weise öfter ereignet, – und in wenig Augenblicken haben sie die Sonne wieder. Gib nun acht!« – Sagt **Matthäus** etwas ängstlich: »Herr, sollen darauf nicht alle hier Anwesenden aufmerksam gemacht werden?« Sage **Ich:** »Lassen wir sie schlafen und ruhen! Es ist genug, daß du allein solches erfährst; denn ein Schreiber muß mehr wissen als jene, die vorderhand nicht zum Schreiben bestimmt sind! – Und siehe, Ich sage nun: ›Sonne, verdecke nun dein Angesicht auf sieben Augenblicke vor der ganzen Erde!‹« – In diesem Augenblick wird es stockfinster; nur einige erste Sterne sind schwach ersichtlich.

[15] **Matthäus** bebt vor Angst und sagt: »Herr, Du Allmächtiger! Wer kann neben Dir bestehen, wenn Dein Gottesarm im Augenblicke so endlos weit reicht?!« – Als Matthäus diese wenigen Worte noch kaum ausgesprochen hatte, scheint die Sonne schon wieder in ihrem Vollglanze, und Mein Matthäus atmet wieder freier, – kann aber vor Staunen kein Wort von sich geben. Nach einer geraumen Weile erst bekommt er etwas Mut und sagt: »Nein, Herr, das geht mir nicht ein! Deine Macht muß unendlich sein! Aber mit derlei schrecklichen Beweisen von Deiner Allmacht verschone uns, o Herr, in der Zukunft; denn dabei müßte in Kürze alle Welt verschmachten und zugrunde gehen!«

[16] Sage **Ich:** »Sorge dich um was anderes! Ist denn nun schon jemand zugrunde gegangen?! Ein bißchen Angst aber schadet dem sinnlichen Menschen niemals. Nun aber wecke die Schlafenden! Denn wir werden uns nun sogleich weiterbegeben! Aber erzähle du ja niemandem auch nur von ferne hin etwas von diesem Gesichte und Zeichen!« – Darauf weckte Matthäus die Schlafenden, und wir machten uns auf die Weiterreise, die von nun an bedeutend bergab und daher auch schneller denn eher *(vormals)* bergauf vonstatten ging.

85. Weiterreise. Ankunft in Galiläa. Verschiedene Ansichten über den Messias. Winke über das Reich Gottes. Weiterreise nach Kana in Galiläa.

Ev. Joh. 4, 45.

45. Da Er nun nach Galiläa kam, nahmen Ihn die Galiläer auf; die gesehen hatten alles, was Er zu Jerusalem auf dem Feste getan hatte. Denn sie waren auch zum Feste gekommen.

[1] Als wir im Tale ankamen, erreichten wir bald ein galiläisches Dorf, in welchem viele von jenen Galiläern wohnten, die in Jerusalem auf dem Feste waren, als Ich den Tempel reinigte. Es war auch eben nicht eine gar lange Zeit seit der Geschichte in Jerusalem, und so war ihnen noch alles ganz frisch im Gedächtnisse.

[2] Als Mich diese Galiläer sahen wandeln durch ihr Dorf, da kamen sie sogleich aus allen Häusern auf die Straße, begrüßten Mich überaus freundlich und konnten Mich nicht genug loben wegen Meiner nach ihrer Meinung überaus gewagten Tat im Tempel. Und ihre Freude, Mich wiederzusehen, war um so größer, als sie nahe alle der Meinung waren, daß Mich die Pharisäer in Jerusalem heimlich aus dieser Welt möchten befördert haben! Denn diese Galiläer wußten noch nicht viel anderes von Mir, als daß Ich des frommen Josephs Sohn sei und Gott mit Mir sei wie mit Joseph. Ich mußte mit Meiner Gesellschaft den Tag über und am Ende auch die ganze Nacht bei ihnen verbleiben. Sie bewirteten uns nach ihren Kräften, und es war da viel Fragens und Beratens, und es kam auch die Frage über den Messias; und viele sahen und erkannten in Mir Denselben.

[3] Denn **sie** sagten: »Wer einen solchen Mut im Tempel vor vielen tausend Menschen aus sich entwickelt, muß sich einer großen Macht bewußt sein, die ihm von oben gegeben ist! Denn würde das ein gewöhnlicher Mensch tun, so ginge es ihm schlecht bei solch einem Unternehmen; auch würde er gegen die verrosteten Mißbräuche, die schon lange im Tempel gang und gäbe sind, nichts ausgerichtet haben! Aber bei Dir war es anders! Als wenn ein gewaltigster Sturm unter sie gekommen wäre, rannten sie alle zum Tempel hinaus, – und seitdem ist im Tempel kein Markt mehr gehalten worden!« Und **Ich** sagte: »Und wird fürder auch keiner mehr gehalten werden; denn sein Ende ist nahe gekommen!«

[4] Da erstaunten **die Galiläer** und antworteten: »Wenn so, da wird es schlimm aussehen mit uns! Was ist dann mit der ewigen Herrschaft der Nachkommen Davids, die verheißen ist durch die Propheten, und die der Messias wieder errichten werde?!«

[5] Sage **Ich:** »Der wird wohl den wahren Kindern und Nachkommen Davids und dadurch für alle Menschen der Erde ein neues und ewig dauerndes Reich gründen; aber nicht auf dieser Erde, sondern über der Erde im Himmel! Wer die Propheten anders deutet, der wird im Finstern wandeln.«

[6] Auf dies Wort entfernen sich mehrere, denn sie glaubten an einen irdischen Messias; aber viele bitten Mich um eine nähere Belehrung.

[7] **Ich** aber sage: »Ihr müßt auch Zeichen sehen, sonst glaubt ihr nicht!

Folget Mir daher gen Kana, und von dort in der Gegend herum; allda sollt ihr Lehre und Zeichen bekommen!«

[8] Es waren aber in Meiner Gesellschaft viele aus Kana, die Mich von der Hochzeit weg auf dieser ganzen Lehrreise getreuest begleitet haben. Diese wollten von all den Lehren und Zeichen, die sie von Mir gehört und gesehen haben, zu reden anfangen.

[9] **Ich** aber sage: »Für diese ist es noch nicht an der Zeit. Lasset sie uns aber folgen nach Kana; dort wollen wir davon einiges erwähnen, und mehreres sollen sie selbst sehen und erfahren! Und so denn setzen wir unsere Reise wieder weiter fort! Unterwegs aber soll niemand was reden; denn es gibt hier pharisäische Wegelagerer!«

[10] Als Ich solches bemerkte, gaben Mir die Galiläer recht und erzählten selbst, wie nun allenthalben pharisäische Spione lauern und die Wanderer auf der Straße anhalten, sie um allerlei befragen und mitunter auch, ob der gewisse Jesus aus Nazareth sich nicht irgendwo aufhalte und lehre unter ihnen. Und **Ich** sagte: »Eben darum wollen wir bis gen Kana hin ganz still wandeln; an unsere zahlreiche Gesellschaft werden sie wohlweislich keine Fragen stellen!«

86. Der Herr wieder in Kana in Galiläa. Die Unzüchtler verraten sich unbewußt. Der Herr über den Schaden der Unzucht im Diesseits und Jenseits. Der Wollustkitzel ist des Satans Kunstgriff.

Ev. Joh. 4, 46.

46. Und Jesus kam abermals gen Kana in Galiläa, da Er das Wasser hatte zu Wein gemacht.

[1] Auf diese Worte beginnt die Weiterreise, und wir erreichen ohne allen Anstand das Städtchen Kana. Allda angelangt, begeben wir uns schnell in das Haus, allwo Ich das erste öffentliche Wunder gewirkt habe. Es vergeht aber keine Stunde, so weiß es schon nahe der ganze Ort, daß Ich und alle, die mit Mir gezogen sind, nun ganz glücklich und wohlbehalten angekommen sind; und alles eilt hin, um die Angekommenen zu sehen, zu begrüßen und zu bewillkommnen. Und als sie Mich ersehen, finden sie nicht genug Worte des Lobes und des Rühmens darob, daß Ich zu Jerusalem den Tempel auf eine so entschiedene Weise gereinigt habe! Denn es waren von Kana aus auch viele auf das Fest gekommen und haben da gesehen, was Ich zu Jerusalem gewirkt habe, und haben es auch erfahren, wie Ich daselbst viele Kranke gesund gemacht habe, und lobten Mich ungemein.

[2] Ich fragte sie, ob es hier keine Kranken gäbe.Sie sagten aber, daß merkwürdigerweise in dieser Zeit im ganzen Orte nicht ein Mensch krank sei.

[3] **Ich** aber sagte: dem Leibe nach seien sie wohl gesund, aber nicht so der Seele nach. »Denn wer da treibt Unzucht und Hurerei, der ist sehr krank in seiner Seele! Denn durch diese Sünde wird das Herz des Menschen von Tag zu Tag härter, gefühlloser und unbarmherziger gegen die Nebenmenschen und liebt am Ende nichts als sich selbst und den Gegenstand, mit dem es

geilen kann, – aber nicht des Gegenstandes selbst willen, sondern des Geilens willen. Ein solches Herz fliehet dann das Gotteswort, das ihn abmahnt von seiner bösen Begierde, und wird am Ende sogar ein Feind derer, die das Wort Gottes im Herzen bewahren und danach leben. Viele von euch leiden an dieser Krankheit, und Ich bin darum wieder zu euch gekommen, um euch von dieser sehr bösen und tödlichen Krankheit zu heilen. Wer aus euch sich von dieser bösesten Krankheit befallen weiß, der vertraue sich Mir an, und Ich werde ihn heilen!«

[4] Als Ich solches ankündige, da verlassen sogleich eine Menge das Haus; denn es überfällt die Schuldigen eine Furcht, daß Ich sie öffentlich verraten werde, und so machen sie sich davon. Darunter aber waren auch einige Ehebrecher und Blutschänder und viele beiderlei Geschlechts, die sich selbst beflecken, und waren am Ende froh, sich weit von Meinen Augen zu befinden.

[5] Es war aber vielen nicht so sehr darum, daß sie etwa nicht möchten von solcher Leidenschaft geheilt werden, sondern es war ihnen vielmehr nur der Schande wegen! Denn sie galten sonst für ehrenhafte, angesehene Menschen, und es wäre ihnen sehr unangenehm gewesen, daß es also ihre Nachbarn erfahren hätten, daß sie ein schwaches Fleisch haben. Aber sie bedachten nicht, daß sie sich dadurch selbst verrieten, als sie auf Mein bestes Begehren sich aus dem Staube machten.

[6] **Viele,** die geblieben sind, sagten: »Nein, von dem und diesem hätte ich das nie geglaubt!« **Andere** wieder konnten sich des Lachens nicht erwehren und sagten: »Aber wie pfiffig hast Du es doch angestellt! Diese hätte jemand zehn Jahre lang fragen dürfen, so hätten sie ihm in dieser Hinsicht sicher keine Antwort gegeben; Du aber hast sie bloß in aller Liebfreundlichkeit aufgefordert, daß sie sich in dieser Hinsicht von Dir sollen heilen lassen, – und siehe, sie nahmen alle den Läufersold! Sie waren sicher der Meinung: Dir, Dem es möglich war, das Wasser in Wein zu verwandeln, könnte es am Ende auch möglich sein, sie beim Namen zu rufen und zu sagen: ›Du hast also gesündigt und soundso oft Male, – und du aber also und soundso oft Male!‹, – und das hätten sie natürlich nicht ertragen und nahmen darum den Läufersold! Aber das haben sie im Augenblick doch nicht bedacht, daß sie sich durch solches Davonrennen am meisten verraten haben! Wir wollen sie darob zwar nicht richten – denn uns sind unsere eigenen Schwächen nicht unbekannt, und wir wissen auch, daß es allzeit am klügsten ist, so man vor der eigenen Haustür fegt und kehrt –, aber lächerlich bleibt die Sache immer, indem diese glaubten, daß sie durch ihr Sich-aus-dem-Staube-Machen etwa als solche Sünder, wie Du sie ehedem anführtest, nicht erkannt werden möchten! Nein, die sind etwa doch dümmer als ein Rhinozeros aus Persien!«

[7] Sage **Ich:** »Lassen wir sie gehen, die blinden Narren! Vor den Menschen schämen sie sich; aber vor Gott, Der das Herz und die Nieren der Menschen allzeit durchschaut und prüft, schämen sie sich nicht! – Ich sage euch allen: Dieses weltliche Schamgefühl ist eitel! Wie lange wird's denn noch dauern auf dieser Welt?! Bald wird ihnen der Leib genommen werden, dessen Fleisch ihnen so viele süße Stunden bereitet hatte! Dann werden sie

in der andern Welt nackt anlangen, in der man ihnen haarklein alles von den Dächern herab verkünden wird, was sie auf dieser Welt noch so geheim verübt haben! Da erst wird eine rechte und bleibende Schande ihr Anteil werden, die sie dort nicht so leicht wie hier loswerden!

[8] Wahrlich, sage Ich euch allen: Geiler, Unzüchtler und Huren werden ins Reich Gottes nicht eingehen; es müßte denn geschehen, daß sie sich gewaltig bekehrten von ihrem schlechtesten Lebenswandel! Denn sehet, alle anderen Sünden begeht der Mensch außer dem Leibe und kann sie daher auch leichter ablegen – denn was da äußerlich geschieht, verdirbt den Menschen nicht so sehr, als was da in ihm geschieht! –; die Hurerei aber geschieht im Menschen, verdirbt die Seele und den Geist und ist daher auch das gefährlichste aller Übel! Darum meidet es vor allem und fliehet es wie die Pestilenz; denn der Wollustkitzel ist des Satans Kunstgriff! Wehe, wer sich vom Satan also hat ergreifen lassen! Jeder wird am Ende die große Not finden, sich aus den Krallen des Satans loszumachen! Unsägliche Leiden und Schmerzen werden sein Anteil sein! Beachtet dieses alle wohl; denn sonst kommt die Zeit und die Tage, die euch nimmer gefallen werden! Lasset uns aber nun zur Ruhe gehen!«

[9] Mehrere, die mit Mir gezogen sind, begaben sich in ihre Wohnhäuser; Meine Jünger aber und die Mutter Maria und Meine Brüder, das heißt die fünf Söhne Josephs, blieben bei Mir.

87. Die wahre Heimat ist beim Herrn. Die jüdischen Zweifler. Ihr Abzug und ihre Festnahme durch römische Krieger. Kornelius beim Herrn.

[1] Als sich alle andern entfernt hatten, kam der junge **Hauswirt,** bei dessen Hochzeit Ich das Wasser in Wein verwandelt hatte, und sagte: »Herr! Die uns aus Judäa und Jerusalem gefolgt sind und sich nun draußen im großen Gastzimmer mit Speise und Trank gestärkt haben, möchten nun noch ein Wörtlein mit Dir reden. Denn, wie ich es merke, so sind mehrere willens, sich auf den Weg in ihre Heimat zu begeben und alldort ihre Wirtschaften zu bestellen. So Du es also erlauben möchtest, da würde ich ihnen solches hinterbringen!«

[2] Sage **Ich:** »Ich meine, daß solches unnötig sei! Wer bei Mir ist und bleibt, der ist wahrhaft in seiner wahren Heimat, und wer sich nicht diese allein wahre und ewig bleibende Heimat erwerben wird, der wird stets in wüster Fremde herumirren gleich einem verscheuchten Wild, das in der Wüste Fraß und Heimat sucht, aber nicht findet weder das eine noch das andere und endlich verschmachtet vor Hunger, Durst und Kälte und wird am Ende zur Beute der reißenden Tiere, deren Heimat die leere Wüste ist!

[3] Wem aber ist bei Mir etwas abgegangen?! Ist nicht jeder täglich gesättigt worden leiblich und geistig aus den Himmeln? Hat jemand Hunger und Durst gelitten, oder ist etwa jemandem sonst was Leids geschehen? Ist jemand von einem weltlichen Gerichte belangt worden darum, daß er mit Mir zog?! Ich sage dir: Wer gehen will, der gehe; wer aber bleiben will, der

bleibe! Denn Ich bedarf der Menschen nicht; aber die Menschen bedürfen Meiner! Wer Mich verläßt, der wird auch von Mir verlassen sein, und wer Mich nicht sucht, den werde auch Ich nicht suchen mit großem Eifer! – Gehe nun hinaus und hinterbringe ihnen das!«

[4] Sagt **der Wirt:** »Herr, es geschieht mir schwer; demnach wirst Du auch über diese Bürger von Kana ungehalten sein, daß sie nun in ihre Häuser sich zur Ruhe begeben haben!?«

[5] Sage **Ich:** »Du hast Mich nicht verstanden! Sieh, diese Bürger haben Mich vollends schon aufgenommen in ihre Herzen, und Meine Lehre ist ihnen heilig geworden; diesen Juden aber ist Meine Lehre, die Ich in Sichar gab, nicht anständig in der Fülle, und sie sehnen sich wieder nach ihrem Sauerteige mehr denn nach ihrer Hauswirtschaft und wollen deshalb nun heimziehen! Sie möchten Mir aber ehrenhalber einen Dank abstatten, um von euch nicht als rohe ungeschlachte Klötze angesehen zu werden. Darum gehe du nur hinaus und hinterbringe ihnen unverhohlen alles, was Ich zu dir nun geredet habe!«

[6] Mit diesem Bescheid begibt sich der Wirt hinaus zu den Judäern und hinterbringt ihnen wörtlich, was Ich zu ihm geredet habe. Alle stutzen darauf gewaltig, da sie sich einer nach dem andern sehr getroffen fühlen. Einige verdrießt das; **anderen** aber geht die Sache zu Gemüte, und sie denken darüber nach in ihren Herzen und sagen: »Er hat uns getroffen, und es ist leider also; Er möge es uns vergeben, und wir wollen bleiben!«

[7] Die dadurch **Beleidigten** aber sagen: »Wir aber werden gehen! Es ist uns zwar bei Ihm wahrlich nichts abgegangen, aber uns ist nun dieses müßige Skythenleben überdrüssig geworden; und zudem muß man bei Ihm immer auf der Hut sein, sich mit irgend einem Wörtchen zu verstoßen! Denn da hat man das Urteil sogleich an den Rücken geklebt und kann sehen, wie man mit heiler Haut wieder auf einen guten Fuß kommt; denn von irgend einer Nachsicht ist bei Ihm gar keine Rede! Was Er einmal ausspricht, davon läßt Er aber auch nicht ein Jota mehr handeln! Darum wollen wir auch nicht länger mehr bei Ihm verharren!«

[8] Sagen **die Reuigen:** »Das ist zwar wohl wahr. Die Priester zu Jerusalem lassen wohl sehr mit sich handeln, besonders so die Opfer dafür ihnen zur Genüge entsprechen! Aber E r läßt mit Sich um kein Haar handeln, und könnte man Ihm dafür auch die ganze Erde zum Opfer bringen! Es ist darum mit Ihm freilich wohl etwas hart und schwer auszukommen; aber Er ist einmal unmöglich was anderes als zum allerwenigsten ein größter Prophet, und jedes Seiner Worte ist, genau betrachtet, voll Wahrheit, voll Kraft und Leben, und die noch so stumme Natur gehorcht Seinem Winke! Was wollen wir da anderes tun als bleiben, solange Er uns Selbst nicht von Sich schaffen wird?! Denn die Taten, die Er vor unseren Augen verrichtet hat, hat vor Ihm nie ein Mensch verrichtet, und wir bleiben darum um jeden Preis bei Ihm!«

[9] **Die Beleidigten** aber sagen: »Tut, was ihr wollt; wir aber gehen! So wir dem Wirte was schulden, so mache er uns die Rechnung!«

[10] **Der Wirt** aber sagt: »Ich habe keine Herberge für Fremde, sondern

für die einheimischen Kinder Jakobs, und diese sind bei mir zechfrei wie überall in Kanaan, dem Lande, da Milch und Honig in Bächen fließt.«

[11] Nach solchem Bescheide erheben sie sich, begeben sich auf den Weg und eilen von dannen. Als sie aber schon mehrere Stunden Weges von Kana entfernt sind und vor Müdigkeit ihre Füße nicht mehr heben können, fallen sie auf der Straße nieder und nehmen da bei etlich hundert an der Zahl die nächtliche Ruhe.

[12] Es kommt aber dieselbe Straße von Jerusalem herabgezogen eine starke römische Soldatenlegion und stößt auf diese Karawane. Da die Müden aber nicht zu erwecken sind, so werden sie bis zum Morgen des kommenden Tages bewacht. Und als sie am Morgen erwachen, sind sie an Händen gebunden, und da sie sich nicht mit legitimen Reisebewilligungen ausweisen können, so werden sie samt und sämtlich als Gefangene nach Jerusalem vors Gericht geführt und werden daselbst eine Woche lang verhört, bis sie als erwiesene Juden gegen Straftaxen in die Freiheit gelassen und gegeben werden.

[13] Ein Teil dieser römischen Soldaten aber kommt desselben Morgens auch nach Kana. Als sie unser Haus untersuchen und wir uns mit dem Reiseschein aus Jerusalem ausweisen, so machen sie weiter keinen Anstand mehr und ziehen nach Kapernaum weiter, nachdem sich zuvor **der Oberste** dieser Legion, da er Mich erkannte, noch über manches mit Mir besprach und Mir zugleich eröffnete, daß er nun für längere Zeit in Kapernaum residieren werde, wohin seine Familie schon ein paar Tage vorher sich begeben habe, und er sie daselbst treffen werde. Mit dem ladet er Mich auch ein, nach Kapernaum zu kommen und bei ihm einzusprechen, was Ich ihm nach etlichen Tagen zu tun auch zusage.

[14] Zugleich fragt er Mich, ob Ich wüßte, wer die starke Karawane sein mochte, die ihm in der Nacht unterkam, das heißt auf der Straße gen Jerusalem in tiefem Schlaf versunken liegend.

[15] Ich sage ihm, wer sie war, und er erwidert Mir freundlich lächelnd: »Habe ich mir's aber auch alsogleich gedacht, daß ich da mit derart Kerlen zusammengekommen bin, die im Grunde des Grundes nichts als pharisäische Spione sind, und es sollte mich sehr wundernehmen, wenn Du sie nicht auf den ersten Blick als solche erkannt haben solltest!«

[16] Worauf **Ich** ihm erwiderte: »Nicht ganz unrecht hast du, so du sie als das ansiehst. Aber als sie aus Jerusalem und Judäa Mir folgten, waren sie das noch nicht; nun aber können und werden einige aus ihnen es werden zu ihrem eigenen größten Nachteile. Denn die Tempelbrut liebt den Verrat wohl, fürchtet aber den Verräter mehr als den verratenen Feind und läßt daher keinem Verräter mehr die Freiheit. Nahe jeder bekommt das verfluchte Wasser zu trinken, und aus zehn kommt kaum einer mit dem Leben davon; die Zerplatzten aber werden dann gewöhnlich des falschen Verrats beschuldigt und werden in Josaphat, allwo eine Stelle verflucht ist, in die verfluchte Erde verscharrt. Und das wird auch das Los einiger sein, die an Mir zu der Tempelbrut einen Verräter machen werden! Denn noch ist Meine Zeit nicht da!«

88. Des Herrn Gespräch mit Kornelius über die Templer zu Jerusalem und über die Reinigung des Tempels durch den Herrn. Des Nikodemus guter Einfluß. Vorhersage des Gerichtes über Jerusalem.

[1] Sagt der Oberste, namens **Kornelius,** der auch ein Bruder des Kaisers Augustus ist: »Nun, wohl bekomme es ihnen! Denn ich kann Dir nicht genug sagen, wie sehr mir alle diese Tempelbrut im Magen liegt! Ich sage es Dir, liebster erhabenster Freund: Das Schlechteste des Schlechtesten auf dem ganzen Erdkreise ist ein jüdischer Tempelpfaffe! Unsere quasi *(gewissermaßen)* ägyptischen Priester sind schlecht, aber es schaut doch hie und da ein bißchen etwas von einem Menschen heraus; man hört wenig von irgendeiner Grausamkeit, und ihre Sache ist, mit wenigen mystischen Ausnahmen, die Menschheit zur Humanität und zum kriegerischen Mute anzueifern.

[2] Aber diese Kerls sind Heuchler durch und durch! Äußerlich tun sie so streng und fromm, als wenn sie alle Säcke voll lebendiger Götter bei sich trügen; innerlich aber wären sie nach unserer Mythe für den alleruntersten Tartarus zu schlecht. Wahrlich, so unsere fabelhaften drei Hauptfurien, vor deren Gräßlichkeit alles vor Angst und Schreck zu Stein werden soll, eines solchen Jerusalemischen Tempelkerls ansichtig würden, so müßten auch sie selbst am Ende vor zu großer Angst und Furcht zum Diamantstein werden! Ich sage es Dir: Zur endlichen Lösung dieses allerbösartigst verworrensten Tempel- und dessen Priesterknäuels muß ehestens ein schärfstes Schwert des Königs von Mazedonien hinzukommen, sonst wird ehestens noch die ganze Erde in diesen unheilvollsten Knäuel hineinverwickelt werden! – O Freund! Ich könnte Dir von diesen Kerlen Dinge erzählen, daß darob schon die ganze Erde ein Fieber bekommen könnte! Aber genug, begnüge Dich einstweilen mit dem; wann Du zu mir kommst, wollen wir viel miteinander davon reden!«

[3] Sage **Ich:** »O lasse das, Ich kenne die Brut aus der untersten Wurzelfaser! Aber Ich habe auch schon aus deinem Stamme in Rom einen ›König von Mazedonien‹ dazu ausersehen; dem soll der Preis bestimmt werden, diesen dichtverwirrtesten aller Knäule mit glühendem Schwerte zu zerhauen! Jedoch will Ich vorher noch so manches tun zur möglichen Besserung so mancher aus ihnen!«

[4] Sagt **der Oberste:** »Tue es nicht! Denn wenn Du auch nach Menschenweise und -art sterben kannst, und so Du auch ein wahrer Gottessohn bist, so werden sie Dich zu töten wissen! Denn wie ich Dir's sage, so ist vor diesen Kerlen auch nicht einmal ein Gott Seines Lebens sicher! – Glaube es mir, liebster junger Freund!«

[5] Sage **Ich:** »Lassen wir das! Was der Vater will, das wird geschehen! Es genügte ein Hauch aus Meinem Munde, und sie wären nicht mehr! Aber es ist also nicht der Wille des Vaters, und so lassen wir sie noch eine Zeitlang!«

[6] Sagt **der Oberste:** »Wenn die Kerls es noch zehn Jahre also treiben wie jetzt, so werden in Judäa nicht viele Menschen am Leben bleiben. Wenn nicht ein Gemäßigter in ihrem hohen Rate säße, so hätte es bald nachdem, als Du kühnstermaßen den Tempel gereinigt hast von dem Geschmeiße,

schon ganz ungeheuern Spektakel gegeben! Aber ein wahrer Biedermann, namens Nikodemus, hat es verstanden, diesen Kerlen, deren es nun schon nahe so viele gibt als des Grases auf der Erde, die Stange zu halten. Es war gerade zum Totlachen, wie er mit großer Schlauheit ihnen das begreiflich zu machen gewußt hat, daß diese Tempelreinigung eigens dazu von Gott aus zugelassen ward, daß dadurch Seine Diener zu sehr viel Geld haben kommen müssen, indem eben die Verkäufer, Wechsler und Taubenkrämer es wären, die außer ihrem kleinen Platzzins nie ein Opfer in den Gotteskasten legten, während sie doch das meiste Geld in ganz Jerusalem besäßen! Damit waren die meisten einverstanden, und einige sagten: ›Nun, der soll auf das nächste Fest nur wiederkommen mit seiner Zauberkraft; er ist zu brauchen!‹ Aber einige, die selbst im Tempel so nebenbei auch durch vertraute Agenten das Wechselgeschäft betrieben hatten, waren natürlich mit diesem Wunsche eben nicht gar zu sehr einverstanden. Aber dessenungeachtet stehe ich Dir dennoch dafür, daß Dir wegen einer allfälligen Tempelreinigung bei einem nächsten Fest von dem Geschmeiße kein Haar gekrümmt wird; denn Du hast ihnen bei der letzten zu einer ansehnlichen Summe verholfen. Wann Du daher wieder einmal in gleicher Angelegenheit nach Jerusalem gehen solltest, da schleiche Dich nur ganz geheim hinein, sonst wirst Du den Tempel schon von selbst gereinigt finden; denn diese Krämer, Wechsler und Viehhändler haben nach allen Richtungen Spione ausgesandt, die Dich beobachten sollen auf Deinen Wegen, gleichwie auch die gewissen gar ausgezeichnet schlechten Tempeldiener. Bei denen, die ich auf dem Wege verhaften ließ, waren lauter solche Kerls; ich glaube nicht, daß darunter zwei ehrliche staken!«

[7] Sage **Ich:** »Nun, den Gefallen kann Ich ihnen schon noch einmal erweisen; aber darauf, sei vollends versichert, wird kein Wechsler und kein Verkäufer mehr im Tempel seine Geschäfte unternehmen! So Ich Meinen letzten Einzug in Jerusalem halten werde, da werde Ich auch noch einmal den Tempel also zu reinigen bekommen, als wie Ich ihn jüngst gereinigt habe!«

[8] Nach dieser Vorversicherung kommt ein Rottenführer und meldet dem Obersten, daß die Truppen zum Abmarsch fertig seien. Der Oberste empfiehlt sich nun bei Mir und erinnert Mich nochmals, ihn ja gewiß in Kapernaum zu besuchen! Nachdem bringt der Hauswirt ein gutes Morgenmahl, und alle Gäste nehmen daran teil.

89. Jesus betet für alle die Seinen, entläßt Seine Brüder zur Bestellung ihres Hauswesens und gibt Winke über die Zinsordnung der Seinen. Über Thomas und Ischariot. Petrus und der Herr. »Wo der Glaube mangelt, da gibt's für uns wenig Arbeit!« Die beste Würze des Mahles. Krankenheilungen durch Handauflegen. Heilkräuter. Rückkehr der Jünger. Der junge Markus, des Petrus Sohn. Des Thomas guter Fischfang. Ischariots Wesen.

[1] Nach dem eingenommenen Morgenmahle sage **Ich** zu allen Anwesenden: »So jemand in seiner Behausung etwas zu ordnen und zu verrichten hat, der kann nun auf ein paar Tage sich von hier zu dem Zwecke entfernen; aber am dritten Tage muß er wieder hier sich einfinden! Denn Ich werde nun hier in Kana ein paar Tage weilen und Mir Selbst eine kleine Ruhe gönnen. Die aber zu weit nach Hause haben, können hier verbleiben wie auch jene, die Mich nicht verlassen wollen! Aber Ich werde hier die zwei Tage durch weder etwas lehren noch tun, sondern – wie gesagt – bloß ausruhen und zum Vater beten für euch alle.«

[2] Es treten denn auch die Maria und Meine fünf Brüder zu Mir und fragen Mich, ob auch sie dürften auf ein paar Tage sich nach Nazareth begeben und dort in Ordnung bringen das häusliche Wesen.

[3] Und **Ich** sage: »Ja, gehet und tuet das; denn Meine Jünger müssen auch in ihrem Haushalte auf der Welt in Ordnung sein! Bestellet aber das Hauswesen für euch auf ein paar Jahre und vermietet es an jemand Armen, aber, wohlgemerkt, ohne Zins! Denn ihr als Meine Brüder und Jünger sollet in aller Zukunft von niemandem einen Zins oder Lohn begehren, sondern bloß nur das nehmen, was man euch freiwillig geben wird!« – Die Brüder samt der Maria geloben das und begeben sich nach Nazareth.

[4] Von den Jüngern aber, die Mir von Bethabara, da Johannes taufte, gefolgt sind, ging bloß der Thomas nach Hause mit der Vornahme, dort noch mehrere Jünger für Mich zu werben, was er denn auch tat. Aber es war darunter auch ein gewisser Jude, der kein eigentlicher Galiläer war, namens Ischariot, der Mich hernach verriet. Dieser war bis zur gewissen Zeit der eifrigste aller Meiner Jünger. Er machte den Zechmeister, bezahlte überall alles und machte gewisserart einen Vorläufer und Direktor allenthalben, wo Ich nachher hinzog. Aber er verstand es auch, sich von Meinen Handlungen und Lehren geheim Geld zu machen, und diese Geldgier machte aus ihm am Ende auch das, was er geworden ist, nämlich ein – Verräter an Mir! Petrus und die andern Jünger, die Mir eben auch von Bethabara gefolgt sind, aber blieben.

[5] **Petrus** sagte, als Ich ihn fragte, ob er nicht auch nach Hause ziehen wolle auf ein paar Tage: »Herr, nur der Tod kann mich von Dir trennen oder ein Gebot aus Deinem Munde! Für meinen Sohn Markus habe ich dem Thomas den Auftrag gegeben, daß er hierher kommen solle; denn er wäre zu brauchen, indem er des Schreibens nahe so gut wie der Matthäus kundig ist! Das ist aber auch alles, was ich nun bei meinem Hauswesen zu bestellen habe; für alles andere sorgest ohnehin Du, mein Herr und mein Gott!« – Sage **Ich:** »Nicht so laut, Mein Simon Petrus; denn hier sind wir nicht in

Sichar! Es sind aber nun etliche hier, die noch nicht so weit sind als du; diese könnten sich ärgern. Darum genügt es, daß du Mich in der Zukunft ›Herr‹ nennst; das andere behalte einstweilen allein nur in deinem Herzen, das Ich wohl kenne!«

[6] Petrus ist mit diesem Bescheide zufrieden und fragt Mich, ob wir durch die zwei Tage in Kana ganz und gar nichts tun sollen. **Ich** aber sage: »Das sei ferne von uns; aber also angestrengt wie in Sichar werden wir hier nicht arbeiten! Wir sind hier irdisch im eigentlichen Vaterlande, und du weißt es, wieviel ein Prophet im Vaterlande gilt! Daher werden wir hier auch in unserer eigentlichen Sphäre nicht viel tun und lehren; denn wo der Glaube mangelt, da gibt's für uns wenig Arbeit. Wir wollen uns daher hier, wie man sagt, so ein paar Tage hindurch recht gut geschehen lassen und uns für das Künftige ein wenig weiter hinaus vorbereiten!«

[7] Nach diesen Worten kommt Matthäus und fragt Mich, ob er durch die zwei Tage etwa hier so manches aufzeichnen solle, was er in Sichar mit gesehen und vernommen habe.

[8] **Ich** aber sage: »So du schon durchaus etwas tun willst, so schreibe die Bergpredigt noch ein paar Male ab, und es soll davon hier in Kana, und zwar hier beim Wirte, ein Stück verbleiben, und ein Stück wollen wir in Kapernaum lassen; denn auch dort werden wir sonst nicht viel zu tun bekommen!«

[9] **Der Wirt** aber kommt nun und fragt Mich, was Ich zu Mittag speisen möchte. Und **Ich** sage zu ihm: »Freund, wozu eine so eitle Frage?! Hast du Mich doch vor dem Morgenmahle nicht gefragt, und sieh, es hat Mir recht wohl gemundet! Also wird Mir auch das Mittagsmahl munden! Ich sage dir, jede Speise, die mit des Gebers edlem und liebevollem Herzen gewürzt ist, schmeckt am besten, besser denn die kostbarsten Dinge, die an den Tischen selbstsüchtiger Prasser prangen und mit ihren Ambradüften die Säle füllen!« Mit diesem Bescheide war unser junger Wirt vollends zufrieden und bot dann mit dem fröhlichsten Herzen alles mögliche auf, um uns am Mittage so gut als nur immer möglich zu bewirten.

[10] Und so gingen die zwei Tage unter manchen guten Besprechungen und vielseitigen Besuchen von seiten der Bürger dieser kleinen Stadt vorüber.

[11] Auch einige Kranke wurden durch die bloße Auflegung der Hände geheilt; und Ich zeigte einem redlichen Arzte daselbst, der die Heilkraft durch das Auflegen der Hände nicht begreifen konnte, eine Menge heilsamer Kräuter und anderer Dinge, mit denen er dann die besten Kuren machte und sich dadurch einen rühmlichen Namen erwarb.

[12] Am dritten Tage aber kamen bis auf die Mutter Maria und die vier älteren Brüder alle, die durch die zwei Tage in ihre Heimat abgegangen waren, wieder zurück und brachten von allen Seiten neue Jünger mit. Namentlich hatte Thomas in dieser Hinsicht einen recht reichen Fischfang getan und brachte auch so eine Menge gebratener Fische mit; denn er wußte, daß Ich solche Fische gerne aß.

[13] Also brachte auch der junge Markus seinem Vater Simon viele Grüße und auch eine Menge bester gebratener Fische mit, und der Ischariot brach-

te viel Geld und recht viel Leben in die Gesellschaft; denn er war sehr lebhaft und regsam und ordnete alles, fand an Mir ein ungemeines Wohlgefallen und wußte viel zu erzählen von den mannigfachsten Begebnissen, die sich hie und da im weiten Reiche der Römer zugetragen hatten.

[14] Als wir nun so beisammen waren, wollte Ich aufbrechen zur Weiterreise. Aber der Wirt bat Mich, nur noch bis zum Abend zu verweilen, da es draußen sehr heiß sei. Und Ich blieb bis zum Abend. Als aber die Sonne sich dem Untergange sehr zu nahen begann, so erinnerte Ich die Gesellschaft, sich reisefertig zu halten, indem Ich willens sei, mit dem Untergange die Weiterreise anzutreten.

90. Die Heilung des Sohnes des Königlichen. Des letzteren Dank und Bekehrung. Des Kornelius Rede über die allein wohlgefällige Verehrung des Herrn. Wink über die damalige Zeitbezeichnung.

Ev. Joh. 4, 47–53.

47. Und es war ein Königischer, dessen Sohn zu Kapernaum krank lag. Dieser (des kranken Sohnes Vater) vernahm, daß Jesus kam aus Judäa in Galiläa und ging hin zu Ihm (nach Kana) und bat Ihn, daß Er hinab (nach Kapernaum) käme und helfe seinem Sohne; denn dieser war todkrank.

[1] Als wir den Weg antreten wollten, da eilte nahe außer Atem ein Mann königlicher Abkunft und ein naher Verwandter des Obersten, der ein paar Tage vorher nach Kapernaum zog, auf Mich zu; denn er hatte durch den Obersten erfahren, daß Ich von Judäa wieder nach Galiläa zurückgekommen bin. Dieser königliche Mann hatte einen einzigen Sohn, der auf einmal von einem bösen Fieber befallen ward, und der Arzt in Kapernaum erkannte alsobald, als er den Kranken ersah, daß es um denselben unfehlbar geschehen sei. Des Sohnes Vater verzweifelte und wußte sich vor Schmerz nicht zu helfen. Da kam zu ihm **Kornelius,** der Oberste, und sagte: »Bruder, da ist Rat zu schaffen! Von hier bis Kana ist für einen guten Geher kaum eine volle Stunde Weges. Alldort weilt der berühmte Heiland Jesus aus Nazareth! Ich selbst habe Ihn bei meiner Herreise dort getroffen und gesprochen! Er wird sicher noch dort sein; denn Er hat mir's versprochen, von dort geraden Weges zu mir nach Kapernaum zu kommen und mich zu besuchen! Was Er verspricht, das hält Er auch unwandelbar! Da Er aber bisher noch nicht zu mir gekommen ist, so ist Er ganz unfehlbar noch in Kana! Eile daher persönlich hin und bitte Ihn, daß Er zu deinem Sohne kommen und ihm helfen möchte! Und ich stehe dir dafür, daß Er sogleich kommen und deinem Sohne helfen wird!«

[2] Als der Königische solches von seinem Bruder Kornelius erfährt, so rennt er eiligst nach Kana und kommt also auch, wie oben bemeldet, ganz außer Atem nach Kana, als Ich schon den ersten Schritt zur Weiterreise machte. Kaum bei Mir angelangt, fällt er vor Mir nieder und bittet Mich, daß Ich ja so eilig als möglich mit ihm hinab nach Kapernaum eilen möchte, indem sein einziger Sohn, der sein alles sei, schon mit dem Tode ringe und

ihm in Kapernaum kein Arzt mehr helfen könne, und so Ich nicht eiligst mit ihm ginge, sein Sohn sicher eher sterben werde, als bis Ich nach Kapernaum kommen werde, wenn er, der Sohn nämlich, nicht schon in dieser Zeit gestorben sei!

48. Und Jesus sprach zu ihm: »Wenn ihr nicht Zeichen und Wunder sehet, so glaubet ihr nicht!«

[3] Sage **Ich:** »Sieh, du Mein Freund, es ist eine schwere Sache bei euch! Denn so ihr nicht Zeichen und Wunder sehet schon im voraus, so glaubet ihr's nicht! Ich helfe nur denen vor allem, die da glauben, wenn sie auch keine Zeichen und Wunder vorher geschaut haben! Denn wo der unbedingte Glaube Mir entgegenkommt, da heile Ich auch sicher und gewiß!«

49. Der Königische sprach zu Ihm: »Herr! Komme hinab, ehe denn mein Sohn stirbt!«

[4] Da schreit **der königische Mann:** »O Herr, rede hier nicht so lange mit mir Armem; Du siehst ja, daß ich glaube, ansonst ich nicht zu Dir gekommen wäre! Ich bitte Dich, o Herr, komme Du nur unter meines Hauses Dach, und mein Sohn wird leben! So Du aber verweilest, da wird er eher sterben, als Du hinkommen wirst! – Siehe, ich habe viele Knechte unter mir; und so ich zu einem oder dem andern sage: Tue das, oder tue jenes, so wird er es tun. Hätte ich den vollsten Glauben nicht an Dich, o Herr, so hätte ich einen oder den andern Knecht zu Dir gesandt! Aber da ich voll des stärksten Glaubens bin, so kam ich selbst; denn mein Herz sagte mir: »So ich Dich nur finde und erschaue, so wird gesund mein Sohn!« Herr, ich bekenne es auch, daß ich gar nicht wert bin, daß Du eingingest unter meines Hauses Dach, – sondern, so Du nur wolltest sprechen ein Wort, so wird gesund und lebendig mein Sohn!«

50. Jesus spricht zu ihm: »Gehe hin, dein Sohn lebt!« Der Mensch glaubte dem Worte, das Jesus zu ihm sagte, und ging hin.

[5] Sage **Ich:** »Freund, solch einen Glauben habe Ich in ganz Israel nicht gefunden! Gehe getrost heim; dir geschehe nach deinem Glauben! Dein Sohn lebt!« – Und der Königische ging unter einem Strom von Dank- und Freudentränen nach Hause; denn er glaubte ungezweifelt Meinem Worte. Ich aber blieb nun diesen Abend und den nächsten Tag noch in Kana, was dem Wirt eine größte Freude machte.

51. Und indem er hinabging (gen Kapernaum), begegneten ihm seine Knechte, verkündigten ihm und sprachen: »Dein Kind lebt!«

[6] Als der Königische, der in Kapernaum in großem Ansehen stand, da er fürs erste gleich dem Obersten Kornelius mit dem Herrscherhause Roms verwandt und fürs zweite als ein hoher Staatsbeamter allda von Rom aus angestellt war, sich der Stadt näherte, da kamen ihm schon seine vielen **Knechte** entgegen und verkündigten ihm laut: »Herr, dein Sohn lebt und ist vollkommen gesund!«

52. Da forschte er von ihnen die Stunde, in welcher es besser mit ihm (dem Sohne) geworden war. Und sie sprachen zu ihm: »Gestern um die siebente Stunde verließ ihn das Fieber!«

[7] Da ward der Mann nahe ohnmächtig vor Freuden und erkundigte sich alsogleich, um welche Zeit es mit ihm besser geworden sei. Und die **Knechte** antworteten einstimmig: »Gestern um die siebente Tagesstunde verließ ihn das böse Fieber!«

53. Da merkte der Vater, daß es um dieselbe Stunde wäre, in der Jesus zu ihm gesagt hatte: »Dein Sohn lebt!« Und er glaubte mit seinem ganzen Hause.

[8] Als er solches von seinen Knechten erfuhr, da fing er an nachzurechnen und fand, daß es genau um dieselbe Zeit sein mochte, in der Ich zu ihm gesagt hatte: »Dein Sohn lebt!« Er ging dann gemächlichen Schrittes nach Hause. Und als er da ankam, führte ihm schon der Oberste **Kornelius** den ganz gesunden und heitern Sohn entgegen und sagte zu ihm: »Nun, Bruder, habe ich dich an den rechten Heiland gesandt oder nicht?!«

[9] **Der Königische** aber sprach: »Bruder, ja, durch deinen Rat hast du mir mein Leben zehnfach wiedergegeben! Aber dieser Heiland Jesus aus Nazareth ist offenbarst mehr als ein gewöhnlicher Heiland, der noch so geschickt die Krankheiten mittels heilsamer Kräuter zu heilen versteht! – Denke dir's! Er sprach, ohne meinen Sohn je gesehen zu haben, bloß ganz einfach nur: ›Dein Sohn lebt!‹, und der Sohn ward zur selben Stunde gesund! – Höre, das will etwas ganz Kurioses gesagt haben! Ich sage dir: Das kann keinem Menschen, sondern allein nur einem Gott möglich sein! Und von nun an glaube ich und sicher mein ganzes Haus, daß dieser Jesus über alle Zweifel himmelhoch hinaus ein wahrer Gott ist und nun zum Heile aller Menschen in menschlicher Gestalt unter den Menschen wandelt und sie heilt und belehrt. – So Er hierher kommt, muß Ihm hier göttliche Verehrung erwiesen werden!«

[10] Sagt **Kornelius:** »Ich kenne Ihn schon als Das und lasse mir es auch nicht nehmen; aber Er duldet es nicht, daß man Ihm mit so etwas entgegenkäme!«

[11] Sagt **der Vater** des geheilten Sohnes: »Bruder, wo man einen solchen Beweis in seiner Hand hat, da – meine ich – läßt sich wohl nie ein Zuviel tun!«

[12] Sagt **Kornelius:** »Bin ganz einverstanden mit dir; aber wie ich dir's gesagt habe, so ist es und bleibt es auch dabei, daß Er ein abgesagter Feind von öffentlichen und äußerlichen Ehrenbezeigungen ist. Soviel ich aus Seiner sogar frühesten Jugendzeit weiß, so hält Er bloß auf die stille innerste Ehrenbezeigung, die sich in der Liebe des Herzens ausspricht. Aber alles Äußere ist Ihm sogar überaus lästig, und so Er hierher käme, wie Er mir's versprochen hat, so könntest du Ihn mit einer öffentlichen Vergötterung nur von diesem Orte für immer vertreiben! Daher tue du im Herzen alles, was du willst; aber nur vermeide dabei alle öffentliche Zeremonie! Denn ich

kenne Ihn seit Seiner Geburt schon von Bethlehem aus und habe seit der Zeit vieles von Ihm gehört und vieles selbst gesehen!«

[13] Sagt **der Königische:** »Nun gut, ich habe dir gestern gefolgt am Tage und will dich darum auch heute in der Nacht hören und folgen deinem Rate.«

[14] (Es muß hier wegen des Wortes »gestern«, damit es zu keiner *(Wort-)* klauberei Anlaß geben soll, eine kleine Erläuterung dahin angefügt werden, daß, besonders in Galiläa, der Tag nur bis zum jeweiligen Sonnenuntergange währte; nach dem Sonnenuntergange fing dann schon so ganz eigentlich der nächste Tag an, und man sagte in einigen Minuten nach dem Untergange zum vergangenen Tage schon »gestern«. Mit dem Untergange fing dann schon die erste Nachtwache für den kommenden Tag an; eine Nachtwache aber war ein Zeitraum von drei heutigen Stunden, und eine Tagesstunde war im Sommer wohl nahe zwei heutige Stunden lang und im Winter kaum eine, denn die sonnenlichte Zeit mußte immer zwölf Stunden haben, ob der Sonnentag kurz oder lang war. So denn hier in der Erklärung es heißt, daß der Königische in einer Stunde von Kapernaum nach Kana ging, so würde das heutzutage soviel als nahe zwei volle Stunden ausmachen. – Diese kurze Zwischenerläuterung ist hier um so nötiger, als man sonst so manches in diesem Evangelium kaum richtig verstehen würde, weil die entsprechenden Zeitbilder nur aus der damaligen und nicht aus der jetzigen Zeitrechnung genommen sind.)

91. Anweisungen des Herrn an Seine damaligen zwei Schreiber Johannes und Matthäus. Einiges zum richtigen Verständnis der Verschiedenheit dieser zwei Evangelien. Des Herrn Anstalten von alters her zwecks Reinigung und Klärung Seiner Lehre. Des Herrn Zeugnis über Seine neue jetzige Offenbarung.

Ev. Joh. 4, 54.

54. Das war das andere Zeichen, das Jesus tat, da Er aus Judäa nach Galiläa kam.

[1] Ich aber sage zu Kana am nächsten Tage dem Johannes, der das erste Zeichen bei der Hochzeit aufzeichnete, daß er nun auch dieses zweite Zeichen am selben Orte aufzeichnen solle; und Johannes tat dies auch mit wenig Worten in acht Versen, wie es geschrieben steht.

[2] Es fragte Mich aber auch Matthäus, ob auch er diese Tat aufzeichnen solle. – **Ich** aber sage zu ihm: »Laß es! So wir morgen nach Kapernaum kommen werden und Ich alldort auch wieder lehren und Zeichen verrichten werde, – diese sollst dann du aufzeichnen! Setze aber zu Meiner Bergrede noch die Heilung des Aussätzigen zu Sichar, den Ich heilte, als Ich vom Berge herabkam!«

[3] Sagt **Matthäus:** »Herr, meines Wissens sind zu Sichar z w e i Aussätzige von Dir geheilt worden; welchen soll ich aufzeichnen?«

[4] Sage **Ich:** »Es sind wohl mehr denn zwei geheilt worden; aber es genügt der eine, den Ich heilte am Fuße des Berges und dann beschied, daß

er sich dem Priester Jonael, dessen Namen du nicht anzusetzen brauchst, zeigen solle und opfere die Gabe, die Moses geboten hat zu einem Zeugnisse über sie! Denn wer Mir nicht glaubt des einen Zeichens wegen, der wird Mir auch nicht glauben, so Ich vor ihm wirkete hundert Zeichen! Daher setze aus den vielen Zeichen nur das von Mir dir nun angezeigte!«

[5] Sagt **Matthäus:** »Ach ja, Herr, nun weiß ich schon, welches Zeichen Du meinst! Angemerkt habe ich mir's wohl, aber nicht vollends schriftmäßig aufgezeichnet, und das werde ich nun sogleich tun und werde damit sogleich ein neues Kapitel anfangen. Denn die Bergpredigt habe ich in drei Kapitel abgeteilt, und das wird nun das vierte Kapitel.«

[6] Sage **Ich:** »Es ist einstweilen solche deine Einteilung gut; aber du wirst, nachdem Ich aufgehoben sein werde von dieser Erde in Mein himmlisches ewiges Reich, noch vier Vorkapitel zu schreiben genötigt sein; deshalb kannst du nun schon die drei Bergpredigtkapitel statt mit I, II und III sogleich mit den Zahlen V, VI und VII, und das neue alsonach mit VIII bezeichnen und beordnen!«

[7] Und Matthäus traf mit seinen Aufzeichnungen sogleich eine solche Einrichtung, und es stehet heutzutage die Bergrede, obschon sie das erste war, was Matthäus geschrieben hatte, nicht im ersten, sondern erst im fünften, sechsten und siebenten Kapitel.

[8] – Dies zu wissen ist ebenfalls zum besseren Verständnisse der beiden Evangelien des Johannes und des Matthäus nötig; denn die beiden sind unter Meiner persönlichen Leitung geschrieben worden, und es handelt sich hier auch vorzüglich darum, daß durch solche Kenntnis die beiden sich äußerlich sehr unähnlich scheinenden Urkunden unter ein Dach und somit in eine rechte Harmonie gebracht werden, weil es sonst nahe immer also geschah, daß selbst gute Schriftkenner die Wundertaten, die sich im Matthäus und Johannes ähnlich sehen, als die gleichen betrachteten und sich aber dennoch fragten: »Wie möglich sagt Matthäus das und Johannes das, da das Faktum völlig ein und dasselbe zu sein scheint?!«

[9] Es gingen daraus denn auch viele Irrtümer und nicht selten ein völliger Abfall von Meiner Lehre, wie sie in den Evangelien geschrieben steht, hervor.

[10] Man könnte hier freilich wohl sagen: ›Ja, warum, o Herr, ließest Du denn das durch so viele Jahrhunderte geschehen und wolltest darüber niemandem ein Licht geben?‹ Da sage Ich:

[11] Es verrann kein Jahrhundert, in dem Ich nicht allenthalben, wo Meine Lehre nur einigermaßen bekennet wird, Männer erwählt und geweckt hätte, damit diese den Sachverhalt und die nötige Erklärung der Evangelien genügend den Menschen dartäten. Die Erwählten haben das wohl allzeit getan und haben auch historisch an den Urkunden das ergänzt, was teils durch die Fahrlässigkeit der Menschen, teils durch den starren Sinn und nicht selten bösen Willen der verschiedenen sektischen Aufseher und Priester des Evangeliums, respektive Meiner Lehre, verlorengegangen ist; aber nur sehr wenige nahmen das an.

[12] Die sich mit der Zeit systematisch ausgebildet habenden Kirchen verwarfen es ganz natürlich und erklärten es als »Ketzerei« und »Teufelsspuk«, weil es nicht für ihren gewinn- und herrschsüchtigen Kram taugte!

[13] Die Gelehrten und Künstler erklärten dagegen solche Erscheinungen für »Hirngespinste« und »träumerische Faseleien« eines armen Tropfs, der auch etwas sein möchte, ohne sich dazu die erforderlichen Eigenschaften durch Mühe, Fleiß und gründliches Studium erworben zu haben!

[14] In dem Orte aber, wo der erwählte und erweckte Prophet lebte und bekannt war, galt er auch sicher am wenigsten und konnte daher auch wenig ausrichten. Denn nach den Begriffen der Menschen, wie sie allgemein also sind, sollte ein Prophet eigentlich gar nicht auf der Erde wohnen und auch gar keine Menschengestalt haben, auch nichts essen und trinken und keine Kleider tragen, sondern er sollte zum wenigsten wie ein Elias in einem feurigen Wagen in den Lüften herumfahren, vom feurigen Wagen aber für jeden Menschen bloß nur das verkünden, was einer oder der andere eigenliebig gerne hört und was ihm schmeichelt! Das wäre dann ein rechter Prophet, auf den sicher alle Augen und Ohren gerichtet wären, besonders so er dazu noch wunderbarerweise bei seinen Luftfahrten gleich metzenweise Gold- und Silbermünzen unter die Reichen, kleine Scheidemünzen aus Kupfer aber unter die Proletarier schleudern würde und möchte dabei beloben die Großen, Reichen und Mächtigen, aber dafür zu öfteren Malen scharf züchtigen die armen Teufel (Proletarier), besonders so sie es wagten, gegen die Reichen, Großen und Mächtigen zu murren! Freilich würde dann ein solcher Prophet für die Armen eben keine gar zu angenehme Erscheinung sein, und sie würden ihn nicht loben!

[15] Aber so der Prophet ein Mensch ist wie jeder andere, wenn er ißt und trinkt, am Ende sogar eine Wohnstube hat und dabei etwa gar irgend ein weltlich Handwerk betreibt*, oh, da ist es schon aus mit seiner Propheterei! Er wird entweder als ein Halbnarr oder als ein Gleisner *(Heuchler)* deklariert, und in seiner Heimat wird er sicher am wenigsten irgend etwas ausrichten!

[16] Ich habe alsonach durch die nahe 2000 Jahre stets das Fehlende ergänzt; aber wer nahm es an? Ich sage: Allzeit nur sehr wenige, und diese selten lebendig genug! Man nahm sich davon wohl Kenntnisse und Notabene *(Merkzeichen);* aber daß danach etwa jemand seinen Lebenswandel eingerichtet und dann im Geiste sich selbst überzeugt hätte, daß der sonst natürliche Mensch im Ernste von Mir erwählt war, den Menschen in der so nach und nach finster gewordenen Welt wieder ein frisches Licht aus den Himmeln zu überbringen, das hatte man noch allzeit aus allerlei nichtigen Gründen bleiben lassen!

[17] Der eine hat sich ein paar neue Ochsen gekauft und muß sie nun zum Pflügen abrichten, der hat natürlich keine Zeit; der andere hat einen neuen Acker zu bestellen und kann daher auch nicht kommen! Ein dritter hat sich ein Weib genommen und hat darum schon gar keine Zeit und Gelegenheit

---

* Wie J. Böhme, J. Tennhardt, H. Engelbrecht und andere Mystiker.

mehr! Ein vierter hat ein großes Haus zu bauen und kennt vor lauter Sorgen sich nicht aus; der kann schon gar unmöglich eine Zeit haben! Und so hat am Ende ein jeder eine Ausrede, und ein neues Licht aus den Himmeln brennt dann wieder in irgend einem verborgenen Winkel der Erde vergeblich durch ein ganzes Säkulum *(Jahrhundert)*. Und gebe Ich im nächsten Säkulum wieder ein neues Licht zur Erleuchtung der alten Urkunden, so wird ihm dasselbe Los zuteil!

[18] Wenn man das aber nur zu sicher nach aller Zeiten Erfahrung zugeben muß, so fragt es sich, ob da wohl an Mir die Schuld ist, so an den alten Urkunden noch bis zur Stunde dieselben Lücken zu entdecken sind, wie sie von eitlen Verstandesforschern und Grüblern schon vor tausend Jahren entdeckt worden sind, woraus dann auch allzeit die vielen Zweifler und endlich Verwerfer Meiner Lehre, Meiner und ihrer (der Lehre) vollsten Göttlichkeit wie die Pilze aus der Erde hervorgegangen sind.

[19] Ich gebe aber darum n u n ein vollstes Licht in dieser Sache, auf daß sich dann am Ende niemand damit wird entschuldigen können, als hätte Ich Mich seit der Zeit Meiner leiblichen Gegenwart auf der Erde weder um die Reinheit und Vollständigkeit Meiner Lehre, noch um die sie angenommen habenden Menschen mehr bekümmert!

[20] So Ich jüngst wieder zur Erde kommen werde, so werde Ich eine starke Sichtung vornehmen; und keinen werde Ich annehmen, der Mir mit was immer für Entschuldigungen kommen wird! Denn jeder, der da ernstlich sucht, kann und muß es finden! Die kranken Schafe und Esel an dem Futterbaren aber sollen eine Arznei bekommen, nach der sie sicher gefräßig werden nach dem Futter aus den Himmeln; aber dann werden sie als Rekonvaleszenten langehin sehr homöopathisch gespeist werden! Und nun wieder zu dem Evangelium!« –

92. Der Herr und Matthäus. Eine rechte Ordnung ist immer gut und nützlich. Einige Beispiele hierzu: vom Waschen; vom Steineklauben auf dem Acker. Über die Allwissenheit Gottes. Die Führung der Menschen. Vom Schutzgeist. »Gott ist Liebe!« Vom Verhältnis zwischen Gott als der reinsten Liebe und den Menschen. Mahnung zur Abreise nach Kapernaum.

[1] Als Matthäus mit seinen etlichen Versen fertig ward am Tage darauf, als Ich am vorhergehenden Tage den Sohn des Königischen aus Kapernaum von Kana aus geheilt habe, da zeigte er Mir die Arbeit, die Ich belobte, da sie in aller Kürze ganz gut und alles bezeichnend war. Nachdem er aber sein Schreibmaterial eingepackt hatte, so kommt er wieder zu Mir und fragt Mich, wieviel Schreibmaterial er etwa in Kapernaum brauchen werde; denn er habe vorderhand nur vier Tafeln außer dem Packe frei zum Gebrauche in Kapernaum behalten. Solle er etwa mehrere Tafeln freihalten, so könnte er sie hier leichter als in Kapernaum aus dem Hauptpacke nehmen!

[2] Sage **Ich:** »Es genügen die vier; aber Ich muß dich dabei dennoch auf einen kleinen Fehler in der Ordnung deiner eigenen Sache aufmerksam

machen! Es liegt zwar im Grunde nichts daran; aber da bei Mir schon einmal alles in einer sicheren Ordnung zu geschehen hat, so ist das unklug von dir, daß du deinen Schreiberpack eher zusammenbindest und Mich erst nachher fragst, wieviel Tafeln du brauchen wirst. Wenn Ich nun gesagt hätte: ›Du wirst in Kapernaum fünf Tafeln brauchen!‹, so hättest du nun deinen ganzen Pack auflösen müssen der einen Tafel wegen, was dir offenbar eine ganz unnötige Mühe gemacht hätte. Aber du hast, durch Mein geheimes Einfließen genötigt, gerade die rechte Zahl freibehalten und hast dir dadurch die Mühe des Wiederauflösens deines Packes erspart. Wie Ich dir aber schon früher bemerkte, so liegt im Grunde gar nichts daran; aber das Gute der rechten Ordnung ist in allen Dingen, wenn sie auch oft noch so kleinlich scheinen, nicht selten von großem Nutzen.

[3] Siehe, so sich jemand wäscht am Morgen, Mittag oder Abend und wäscht zuvor das Gesicht und dann am Ende erst die Hände, so wird er das Gesicht nicht so bald rein haben, da er mit beschmutzten Händen über dasselbe fährt; so er aber zuerst die Hände reinigt, da wird auch sein Gesicht, mit den reinen Händen berieben, bald und leicht rein werden.

[4] Ein Mensch hatte irgend einen steinigen Acker und reinigte diesen mit viel Mühe und Fleiß von den Steinen; aber er beachtete dabei folgende gute Ordnung: Zuerst sammelte er die größten Steine vom Acker und legte sie außerhalb des Ackers in einen regelmäßigen und winkelrechten Haufen. Darauf sammelte er die weniger großen und legte sie in einen zweiten ebenso winkelrechten Haufen. Und also verfuhr er mit den übrigen, natürlich stets kleineren Steingattungen und erzeugte sonach zehn Steinhaufen, von denen jeder ganz gleichgroße Steine enthielt.

[5] Nun sagten die nachbarlichen Leute, die das sahen und ihre Äcker nicht auf solche Weise von den Steinen reinigten, sondern die Steine groß und klein nur in ganz ungeschickte Haufen untereinander zusammenwarfen: ›Da sehet den Narren an, was er mit den Steinen für ein Spiel hat!‹

[6] Es zog aber in Kürze dieselbe Straße, die an diesem Acker vorbeiführte, ein Baumeister, der zu einem Gebäude Steine suchte. Als dieser hier die zehn geordneten Haufen sah, ging er hin und kaufte sie alle dem von seinen Nachbarn erklärten Narren um vierzig Silbergroschen ab; denn er konnte sie also geordnet sogleich recht gut brauchen. Als die Nachbarn das merkten, so kamen sie auch herbei und sprachen: ›Herr, warum kamst du denn nicht zu uns? Sieh, wir haben dieselben Steine und gäben sie dir um wenige Groschen, während du hier die gleichen Steine um vierzig Silbergroschen gekauft hast!‹ Der Baumeister aber sprach: ›Eure Steine müßte ich erst ordnen, was mir viel Arbeit, Zeit und Mühe machen würde; diese aber sind schon also geordnet, wie ich sie gerade jetzt brauche, und so überzahle ich diese lieber, als daß ich die eurigen umsonst annähme!‹ Nun fingen freilich die Nachbarn an, auch ihre Steinhaufen zu ordnen; aber es war zu spät! Denn der Baumeister hatte an denen genug, die er vom ersten gekauft hatte, und die Nachbarn hatten sich nichts als eine vergebliche Mühe gemacht!

[7] Darum seid allzeit und in allem in der besten Ordnung! Wenn dann ein Gewinnbringer kommt, so wird er sicher allda zuerst zugreifen, wo er die

beste Ordnung antreffen wird! Eine spätere Mühe ist oft und vielmals vergeblich! Begreifst du dies Bild?«

[8] Sagt **Matthäus:** »O Herr, wie soll ich's nicht verstehen?! Ist es ja doch so hell und klar als wie die Sonne am Mittage!

[9] Aber nun möchte ich von Dir nur das einzige noch erfahren: wie es Dir möglich war zu wissen, daß ich gerade nur vier Tafeln in Kapernaum brauchen werde! Denn die göttliche Allwissenheit ist mir noch gleichfort ein größtes Rätsel! Manchmal weißt Du, ohne jemanden darum zu fragen, alles und ordnest danach Deine Wege; ein anderes Mal fragst Du wieder wie unsereins und tust, als wüßtest Du nicht, was dort oder da geschehen ist oder geschehen wird! Wie kommt das? Herr, ich bitte Dich, gib mir darüber irgend ein kleines Lichtlein!«

[10] Sage **Ich:** »Freund! Ich möchte dir diese Sache wohl recht gerne enthüllen, aber du würdest sie nicht fassen; darum lassen wir das nun! Es wird in der Kürze aber schon eine Zeit kommen, in der du solche Geheimnisse leicht fassen und klar begreifen wirst.

[11] Soviel aber kann Ich dir vorderhand sagen, daß Gott der Willensfreiheit der Menschen wegen wohl alles wissen kann, was Er will; was Er aber nicht wissen will, damit der Mensch frei handle, das weiß Er dann auch nicht! Verstehst du das?!«

[12] Sagt **Matthäus:** »Herr, wenn so, dann ist es wohl eine höchst gefährliche Sache um das Menschenleben auf dieser Erde! Welcher nur einigermaßen gebildete Mensch kennt nicht die zahllos vielen Feinde, die der armen Menschheit mit allen möglichen Übeln sich entgegenstellen und dadurch dem Menschen den Untergang bereiten?! Wenn Du das ohne Kenntnisnahme gleich so mir und dir nichts angehen lässest, da wird's mit dem Seelenheile einmal wohl ganz verzweifelt schlecht aussehen!«

[13] Sage **Ich:** »Nicht so schlecht, als du es nun meinst! Denn fürs erste wird jeder seines Glaubens und hauptsächlich seiner Liebe leben; und fürs zweite steht es einem jeden Menschen frei, sich in jedem Augenblick an Gott zu wenden und Ihn um Beistand anzuflehen, und Gott wird Sein Antlitz zu dem Flehenden wenden und wird ihm helfen aus jeglicher Not!

[14] Übrigens ist aber ohnehin einem jeden Menschen ein unsichtbarer Schutzgeist hinzugegeben, der den Menschen von seiner Geburt an bis zum Grabe hin zu geleiten hat! Solch ein Schutzgeist wirkt stets auf das Gewissen des Menschen ein und fängt erst dann an, sich ferner und ferner von dem ihm anvertrauten Menschen zu halten, so dieser, durch seine Eigenliebe geleitet, allen Glauben und alle Liebe zum Nächsten freiwillig verlassen hat.

[15] Der Mensch auf dieser Erde ist demnach durchaus nicht also verlassen, als du es meinst; denn es hängt alles von dessen freiestem Wollen und Handeln ab, ob er von Gott beaufsichtigt und geführt sein will oder nicht! Will es der Mensch, so wird es auch Gott wollen; will es aber der Mensch nicht, so ist er völlig frei von Gott aus, und Gott kümmert Sich weiter auch nicht um ihn, außer was aus der allgemeinsten Ordnung dem Naturmenschen zuzukommen bestimmt ist, als da ist das Naturleben und alles, was als Bedingung für dasselbe nötig ist. Aber weiter läßt Sich Gott mit dem Men-

schen nicht ein und darf Sich wegen desselben unantastbarer Freiheit nicht einlassen! Nur wenn ein Mensch Gott aus dem freien Willen des Herzens sucht und Ihn bittet, so wird Gott auch dem Bitten und Suchen des Menschen allzeit auf dem kürzesten Wege entgegenkommen, vorausgesetzt, daß es dem Menschen mit seinem Suchen und Bitten ein vollkommener Ernst ist.

[16] Sucht und bittet aber der Mensch nur versuchsweise, um sich zu überzeugen, ob an Gott und an dessen Verheißungen wohl etwas sei, so wird er von Gott auch nicht angesehen und erhört werden! Denn Gott in Sich Selbst ist die reinste Liebe und kehrt Sein Antlitz nur denen zu, die ebenfalls in der reinen Liebe ihres Herzens zu Ihm kommen und Gott Seiner Selbst willen suchen, Ihn als ihren Schöpfer dankbarst wollen kennenlernen und den heißen Wunsch haben, von Ihm selbst beschützt und geführt zu werden.

[17] Oh, die also kommen, für die weiß Gott in jedem Augenblick nur zu gut, wie es mit ihnen steht, und Er Selbst lehrt und leitet sie alle Wege: aber die von Ihm nichts wissen wollen, für die weiß dann auch Gott im vollsten Ernste nichts!

[18] Und wann sie dereinst jenseits vor Gott hingestellt und noch so sehr rufen und sagen werden: »Herr, Herr!«, so wird Gott ihnen antworten: »Weichet von Mir, ihr Fremden; denn Ich habe euch noch nie erkannt!« Und solche Seelen werden dann viel zu dulden und zu kämpfen bekommen, bis sie sich als von Gott erkannt Ihm werden nähern können. Verstehst du nun solches?«

[19] Sagt **Matthäus:** »Ja, Herr, das verstehe ich nun alles ganz wohl, rein und klar. Aber soll ich diese herrliche Lehre, die die Menschen doch sehr ansporinen sollte und müßte, Gott unablässig zu suchen und Ihn zu bitten, daß Er sie führe und leite auf den rechten Wegen, nicht alsogleich aufzeichnen?«

[20] Sage **Ich:** »Nein, Mein lieber Freund und Bruder; denn solche Lehre würde nahe kein Mensch fassen in der rechten und lebendigen Fülle! Darum brauchst du sie auch gar nicht aufzuzeichnen, außer so du das späterhin einmal tun willst – für dich nur und für wenige Brüder.

[21] Nun aber, so ihr zur Weiterreise nach Kapernaum bereitet seid, so wollen wir den Weg antreten! Wer da mit will, der folge uns; wer aber bleiben will, der bleibe! Ich muß dahin; denn es ist viel Elends daselbst und in den kleinen Städten, die um den See, der da ist ein Meer von Galiläa, liegen.«

93. Der Herr und der Wirt Koban zu Kana. Von der freien Selbstbestimmung. Beispiel vom Kunstwerk. »Wer da hat, dem wird gegeben werden!« Das rechte Leben kommt aus dem Herzen. Frei von allem, – so reist der Pilger leicht!

[1] Wir machen uns nun auf den Weg. Der junge Wirt aber kommt abermals, Mich zu bitten, daß Ich den Abend bei ihm zubringen möchte.

[2] **Ich** aber sage: »Ich komme bald wieder; denn bevor Ich aufs nächste Fest nach Jerusalem ziehe, muß Ich Nazareth besuchen, und werde wieder auf dem Hin- und Herwege bei dir einkehren.«

[3] Sagt der **Wirt:** »Herr, das wird meine größte Seligkeit sein! So Du schon aber heute durchaus nicht länger hier verweilen willst, so erlaube mir aber dennoch gütigst, daß auch ich Dich abermals begleiten darf!«

[4] Sage **Ich:** »Das steht dir ganz frei; denn von Mir aus soll nie jemand zu was immer gezwungen werden! Wer Mich annehmen will, der nehme Mich an, und wer Mir und Meiner Lehre folgen will, der folge! Denn Ich und Mein Reich sind frei und wollen daher auch in aller Freiheit errungen sein!

[5] Vor Mir gilt nur die freieste Selbstbestimmung. Alles, was darüber oder darunter ist, hat vor Mir und Meinem Vater, Der in Mir ist, wie Ich in Ihm, keinen Wert!

[6] Denn jeder Zwang von irgendwo anders her als aus dem höchst eigenen Herzen ist fremd und kann für jedes Menschen ebenfalls nicht fremdes, sondern allein nur höchst eigenes Leben unmöglich irgendeine Geltung haben in Meiner ewigen, also allerfreiest dastehenden Ordnung.

[7] Was nützte dir's im Grunde, so du von einem Kunstwerke, das eine fremde Hand gebildet hat, aussagtest, es sei deiner Hände Werk? So aber dann jemand käme und verlangte von dir gegen großen Lohn, ein gleiches Werk nachzubilden, da würdest du zuschanden stehen und dir's müssen gefallen lassen, so dich der Besteller vor aller Welt einen Lügner, Betrüger und Prahler mit fremder Berühmtheit schelten wird.

[8] Also ist auch die volle Ausbildung des eigenen Lebens jedem Menschen in die höchst eigenen Hände gelegt.

[9] Was als Fremdes bei der einstigen großen Lebensprüfung jedes einzelnen Menschen vor den Augen Gottes an dem Menschen erkannt wird, das wird für ihn auch keinen Wert haben und wird ihm genommen werden, und es wird da heißen: Wer da hat, dem wird's belassen und noch vieles hinzugegeben werden; der aber nicht hat das Eigene, dem wird's genommen werden, das er hat, dieweil es nicht sein Eigenes, sondern nur Fremdes ist!

[10] Ich sage dir, daß es nun sogar nicht nötig ist, daß du mitziehest; aber so du es rein aus dir selbst tun willst aus Liebe zu Mir, so wirst du dadurch nicht nur nichts verlieren, sondern zehnfach gewinnen in allem! Denn wer immer aus wahrer Liebe zu Mir etwas tut, dem wird es vergolten werden hier zehnfach und einst in Meinem Reiche hundertfältig, auch tausend- und endlosfältig!«

[11] Sagt **der Wirt:** »Herr, wenn so, da gehe ich schon ganz bestimmt mit Dir; denn mein eigenes Herz treibt mich dazu an, und ich will alsonach meinem Herzen die pünktlichste Folge leisten!«

[12] Sage **Ich:** »Gut, so tue das, da wirst du leben aus deinem Herzen, was allein das rechte Leben ist. Denn jedes andere Leben, das nicht aus dem Herzen kommt, ist kein Leben, sondern ein Tod des eigenen Lebens bei jedem Menschen! Denn Ich allein als ein Herr alles Lebens sage dir das!«

[13] Der Wirt ist darob ganz selig, nimmt sogleich sein Ränzchen und etwas Geld und macht sich reisefertig.

[14] **Ich** aber sage zu ihm: »Mache dich frei von allem, so wirst du um vieles leichter wandeln; denn die Diebe fallen nur jene an, von denen sie wissen, daß sie etwas bei sich tragen! Hast du aber nichts, so werden sie auch nichts wegnehmen können!«

[15] Der Wirt übergibt darauf sein Geld und Ränzchen seinem Weibe und folgt Mir also ohne Geld und Ränzchen.

94. Vom Geld. Judas Ischariots weltsorgliche Verstandeseinwürfe. Gottvertrauen – der größte Schatz. Warum Moses nicht ins Gelobte Land kam. Des Herrn Zeugnis von Sich. Vom Fluch und von den Gefahren des Geldes einst und jetzt. Das erlösende Feuer von oben. Des Judas freche Lobrede über das Geld. Eine ernste Antwort. »Was man liebt, weiß man zu loben!«

[1] Aber der nebenstehende **Judas Ischariot** sagt: »Ich meine aber, daß etwas Geld auf einer Reise dem Menschen niemals schaden könne!?«

[2] **Ich** aber sage: »Wer Mich kennt wie dieser Wirt, der auch in Sichar mit Mir war, der weiß auch, daß man bei Mir auch ohne Geld ganz gut auskommen kann! Siehe, Ich habe weder irgend einen Sack in Meinem Rocke und noch weniger irgend etwas von einem Gelde; und doch führte Ich viele Hunderte durch Judäa und Samaria bis hierher! Frage sie, wieviel jeden diese Reise gekostet hat!

[3] Ich sage dir aber noch obendrauf, daß es in jüngster Zeit geschehen wird, wo Ich viele Tausende speisen werde, ohne mehr Geldes bei Mir zu haben denn jetzt.

[4] Ich sage dir: Ein rechtes und volles Vertrauen auf Gott ist mehr wert denn alle Schätze der Erde, mit denen du wohl deinem Fleische auf eine kurze Zeit, aber deiner Seele nimmer helfen kannst! Hast du aber die Seele verdorben und somit verloren, was kannst du nachher geben zur Löse deiner Seele?!«

[5] Sagt **Judas:** »Ja, ja, Du hast wohl recht; aber zu gewissen Dingen muß der Mensch dennoch ein Geld haben!«

[6] Sage **Ich:** »Wieviel Geld hatte denn Moses, als er ausführte die Israeliten?« – Sagt **Judas:** »Er hatte des Goldes, des Silbers und der Edelsteine in großer Menge!«

[7] Sage **Ich:** »Das hatte er zwar; aber das hielt ihn auch zurück, daß er nicht kommen mochte in das verheißene Gelobte Land! Magst du solches wohl fassen?!«

[8] Sagt **Judas:** »Da möchte ich denn doch meinen, daß beim Moses, dem Propheten aller Propheten Jehovas, darum nicht das Gold und Silber, das er

aus Ägypten auf Gottes Geheiß mitnehmen mußte, schuld war, sondern vielmehr, daß er in einer schwachen Stunde in seinem Glauben auf die Treue Jehovas zu wenig baute!«

[9] Sage **Ich:** »Und was war der Grund, daß er einen Tag schwach ward? Der damals den Moses eben des Gedankens an das Gold und an das Silber wegen schwach werden ließ, Derselbe steht hier und sagt dir das! Geschrieben zwar steht es in einem Bilde; wie Ich dir's aber verkündet habe, also ist und war es in der Wirklichkeit!«

[10] Sagt **Judas:** »Gut, ich glaube Dir's, daß es damals also war! Aber nun ist von seiten des Königs Roms und der halben Erde das Geld einmal als ein gesetzliches Tauschmittel zur Erleichterung des nötigen Verkehrs unter den Menschen eingeführt worden, und wir sind verpflichtet, uns desselben zu bedienen; und dazu meine ich, daß, so es nicht Sünde ist, Geld in den Gotteskasten zu opfern, es auch keine Sünde sein wird, dasselbe Geld irgend einem Armen zu geben, daß er sich damit versorge auf etliche Tage, und so ist es schon der Armen wegen gut, ein Geld, da es einmal vom Staate gesetzlich eingeführt ist, auf einer Reise mitzunehmen, und so hätte der Wirt Koban wohl seine etlichen Silbergroschen bei sich behalten können!«

[11] Sage **Ich:** »Du führst zwar eine reichlich besetzte Börse mit dir und gabst gestern dennoch den drei Armen nichts, die dich um ein Almosen angefleht haben; und da meine Ich, daß du selbst von dem Gelde nicht jenen löblichen Gebrauch machst, als dessentwegen du Mir es angerühmt hast!

[12] Was aber das Geld in dem Gotteskasten betrifft, so sage Ich dir's ganz offen: Das ist ein Greuel der Verwüstung, wenn schon nicht so sehr für einige wenige Arme im Geiste, die der Meinung sind, sich dadurch den Himmel zu sichern, aber um desto mehr für die, die das Geld aus dem Kasten nehmen und es zur Nachtzeit mit feilen Dirnen vergeuden! Solange es kein Geld gab, gab es auch keine öffentlichen Buhldirnen also wie jetzt! Da man nun aber das Geld hat und allerlei Scheidemünze, so gibt es zu Jerusalem wie nahe in allen andern Städten feile Dirnen in die schwere Menge, und die Männer sündigen mit ihnen Tag und Nacht! Und so denen die viel Geld besitzen, die Einheimischen nicht mehr schmecken, so lassen sie aus den Oberlanden Mägde kommen, kaufen diese in Griechenland und treiben hernach in Judäa mit ihnen die schmählichste Hurerei! Und sieh, solches alles und noch tausendfältig mehr ist der Segen deines so hoch gepriesenen Geldes!

[13] Aber das ist nur noch der Anfang des Fluches, der an dem Gelde liegt.

[14] Es werden aber Zeiten kommen, die schlechter sein werden als jene, da Noah die Arche baute, und sie werden dem Golde und Silber ihr Elend zu verdanken haben, – und nichts als ein Feuer aus den Himmeln, das da verzehren wird all den Unrat der Hölle, wird die Menschen erlösen von dem Elende des Elends!«

[15] Sagt **Judas:** »Ja, ja, Du bist ein Prophet ohnegleichen und kannst solches wissen; aber so man das Geld gut anwendet, da kann es ja doch nicht gefehlt sein!?«

[16] Sage **Ich:** »Ich sage es dir: Ja, so man es gut anwendete, da wäre es ebenso gut als alles andere auf der Erde, das man ebenfalls gut und schlecht benützen kann! Aber der große Unterschied besteht darin: So du in eine Stadt gehst, so mußt du auf deinen Schultern hineintragen allerlei, entweder Gerätschaften oder Eßwaren, und du bekommst dafür etwas anderes, das dir not tut, und bereitete Speise und Trank. Das ist freilich etwas unbequem, – aber auch unbequem, damit zur Sünde verleitet zu werden! Denn so du kommst mit Kram und Pack oder ziehest einen Karren voll Gerätschaften, kommst damit zu einer Dirne und willst mit ihr sündigen um einige Töpfe oder Schüsseln, so wird sie dich verspotten und auslachen, und du bist von der Sünde verschont! Kommst du zu ihr aber mit Gold- und Silberstücken, da wird sie dich nicht verspotten und auslachen, sondern dich führen in ihr Lottergemach und wird dich mit allerlei reizen zur Sünde, um dir dadurch desto mehr Goldes und Silbers zu entlocken! Also ist das Geld wohl eine bequeme Sache, aber auch überaus lockend und bequem zur Sünde!

[17] Und darum hat es der S a t a n in diese Welt gebracht, damit durch dasselbe leichter und mehr gesündigt werden solle in der Welt! – Kennst du dich noch nicht aus, wie die gute Gelegenheit das beste Mittel ist, Diebe zu ziehen?!«

[18] Sagt **Judas:** »Ja, ja, das ist richtig! Aber so man dadurch allerlei Diebe hintanhalten möchte, daß diese bei den Menschen nichts finden sollen, danach es sie gelüsten sollte, so müßte bei den Menschen ungeheuer vieles verändert werden! Fürs erste müßten die Menschen durchaus gleich arm an allen diesirdischen Gütern sein, fürs zweite müßten sie sich gleichschauen wie die Sperlingsmännchen und -weibchen, und fürs dritte dürfte keiner weiser sein als alle andern! Solange aber das nicht der Fall ist, ist alles Reden, Lehren und Zeichentun umsonst! Es werden sich wohl viele daran kehren; aber zehnmal so viele werden bei aller Lehre und bei allen Zeichen bleiben wie sie sind, wo sie nicht allenfalls – und zwar ebensoleicht, wo nicht leichter – noch zehnmal ärger werden, als sie früher waren. Denn etwas Eigenliebe hat doch jeder Mensch und will eine mäßige Versorgung haben; daher denkt jeder Mensch doch ganz natürlich zuerst für sich und dann erst für die andern! Und das kann man ihm doch unmöglich verargen! Haus und Grund kann nicht ein jeder haben; denn da müßte für jeden Neugeborenen sogleich von Gott aus auch ein Grund samt Haus mit ihm in die Welt geboren werden und aufwachsen mit ihm. Da aber solches nicht der Fall ist und sich die früher Geborenen schon lange jeden Fleck der Erde zugeeignet haben, daß darob nun die meisten Neugeborenen auch nicht einen Fußbreit Erdreichs besitzen können, so bleibt ihnen am Ende nichts übrig, als sich entweder durch allerlei Kenntnisse den trägen Besitzern unentbehrlich zu machen und also in einer oder der andern Art Dienste zu nehmen bei den reichen Besitzern der Erde, oder man muß sich auf die Dieberei verlegen, um nicht den schweren Bettelstab ergreifen zu müssen. Wenn dann der bessere Teil derer, die keinen Grund und kein Haus besitzen, für ihre Dienste nichts als Geld bekommen und das Geld möglichst zusammensparen, damit sie für ihre alten Tage etwas haben, so finde ich darin durchaus nichts

Schlechtes, und ich finde im Gelde eine neue Schöpfung von Grund und Boden für alle jene, die auf diese armselige Erde ohne allen auch nur je zu erhoffenden Besitz gekommen sind durch Zeugung und Geburt. Und ich muß offen bekennen, daß Gott Selbst, Der nicht gleich für jeden Neugeborenen auch ein neues Stück Landes erschaffen mag oder will, den Herrschern die gute Idee eingegeben hat, Geld zu kreieren *(erschaffen)*, wodurch auch Kinder der Nichtbesitzer zu einer nötigen Versorgung gelangen können, die oft besser ist als jene, die im Grunde und Boden besteht. Und das kann Gott doch nicht wollen, daß die Kinder der Nichtbesitzer zugrunde gehen sollen!? Denn sie können doch offenbar nicht dafür, daß sie zur Welt geboren worden sind, und zwar mit denselben Lebensbedürfnissen wie die Kinder der Besitzer!

[19] Wenn ich Dir, der Du vielleicht auch der größte Prophet bist, der je diese Erde betrat, auch alles gelten lasse, was Du schon gelehrt hast und noch lehren wirst, so lasse ich Dir doch die mir erklärte Schädlichkeit des Geldes nicht gelten! Denn so gut das Geld unter Deiner Ansicht schädlich werden kann, ebensogut kann auch alles andere schädlich werden! Hätte ich die Schafe, Ochsen, Kühe, Kälber, Esel, Hühner und Tauben und all die Früchte und all das Brot, was in unserem Lande nur seit David her gestohlen worden ist, so wäre ich in ganz Israel der reichste Mensch! Und die Hurerei ist ehedem, wo es kein Geld gab, wie zum Beispiel in Sodom und Gomorra und zu Babylon, ebenso und noch großartiger getrieben worden als wie heutzutage!

[20] Ich will gerade nicht behaupten, daß Du unrecht habest mit dem, was Du vom Gelde sagst; aber wo gibt es denn auf dieser armseligen Erde irgend etwas, womit nicht schon tausendfache Schlechtigkeiten wären verübt worden?! So Gott aber derlei Dinge der schlechten Verwendung wegen gerade nicht gar so über alle Maßen verflucht, wie sollte Er denn nun auf das Geld gerade also zornig und fluchwillig sein?!«

[21] Sage **Ich:** »Was jemand lieb hat, dazu hat er auch Verstand genug, es zu loben; du aber liebst das Geld übermäßig und verstehst dich daher sehr wohl auf das Lob des Geldes. Ich will dir darum auch weiterhin nichts mehr sagen; denn was man liebt, das weiß man auch zu loben! Du aber wirst in einer eben nicht zu fernen Zeit den Fluch des Geldes schon noch kennenlernen! – Nun aber nichts mehr davon! Der Weg nach Kapernaum ist zügig, und wir müssen doch vor dem Untergang dahin kommen und uns alldort eine Herberge suchen!«

95. Thomas und Judas. Des Judas Wesen und des Thomas Vorhersage. Lästernde Rede des Judas.

[1] Es trat nun **Thomas** zum Judas Ischariot hin und machte ihm Vorwürfe, wie er es wagen könne, Mir seine dummen Geldideen vorzutragen, indem Ich doch im Geiste Jehova Selbst wäre und Taten verrichte, die nur Gott allein möglich seien!

[2] Sagt zu ihm **Judas:** »Du bist noch so blöde, als wie du es allzeit warst! Denn entweder glaubst du jede Altweibermäre, oder du glaubst, so es dir gerade in den Sinn kommt, gar nichts! Du denkst nichts und rechnest nichts! So du Fische auf den Markt trugst, so verkauftest du nicht selten die kleinen wie die großen, daß dir die Käufer darob ins Gesicht lachten! Wie du aber noch allzeit warst, so bist du auch noch jetzt und denkst nichts und rechnest nichts, sondern lebst so hübsch dumm gleichfort in den Tag hinein nach deiner alten Gewohnheit.

[3] Ich bin nun erst einige Stunden hier in der Gesellschaft dieses großen Propheten, und es ist mir eine heilige Pflicht, Ihn zu erforschen und soviel als nur möglich kennenzulernen in Seiner Gesinnung wie in der Tendenz Seines Auftretens! Du bist beiläufig nun schon ein halbes Jahr um Ihn und mußt Ihn daher auch besser kennen als ich! Sollte ich aber deshalb, weil du Ihn schon kennst, mir gar keine Mühe nehmen, Ihn auch wenigstens insoweit zu erkennen, als du Ihn bis jetzt erkannt hast?!«

[4] Sagt **Thomas:** »Du wirst ja doch hoffentlich nicht schon morgen wieder nach Hause dich begeben, weil du heute schon alles erfahren willst!? Es ist gut, daß der Herr endlich einmal wieder zu gehen begonnen hat, sonst wäret ihr wohl bis morgen über dein dummes Geld noch lange nicht ins reine gekommen! Der Herr hat recht; das verfluchte Geld wird dir den Tod geben, weil du gar soviel Herrliches darin erschaust! Der Herr hat dir doch klar genug gesagt, was am Gelde für ein Wert liegt, und wie es dem Menschen zum größten Nachteil für das geistige Leben gereicht; aber du bist ja schon lange weiser als Gott Selbst und kannst darum ja auch vor Gott deiner Weisheit die Krone aufsetzen! Siehe aber zu, daß du einmal nicht erstickst vor lauter Weisheit!

[5] Was hast du mir aber hier meinen Fischhandel vorzurupfen?! Habe ich doch allzeit zuerst alle meine Fische verkauft, während du bei deinen guten Lehren die Hälfte von den deinen wieder nach Hause tragen mußtest! Ich verkaufte die großen wie die kleinen zehn Stück um zwei Pfennige und hätte allzeit noch fünfmal soviel verkaufen können, wenn ich soviel hätte auf den Markt gebracht! Und da meine ich, daß ich offenbar besser gerechnet habe als du, der du dich über Gott hinaus weise dünkst, dabei aber ein Geizhals bist und dein ganzes Heil im Gelde suchst! Wahrlich, für diese Weisheit gebe ich keinen Stater!«

[6] Sagt **Judas** etwas verdutzt: »Ein jeder redet, wie er's versteht!« Sagt **Thomas:** »Das ist wahr; du verstehst die Sache aus deiner Dummheit dumm und redest daher auch also! Sieh aber lieber dorthin, wie am Wege ein Armer lagert! Gib ihm deine Börse, so wirst du das erste Mal in deinem Leben völlig weise handeln!«

[7] Sagt **Judas:** »Das werde ich ganz fein bleiben lassen; denn mir hat noch nie jemand im eigentlichsten Sinne des Wortes und der Bedeutung nach etwas geschenkt, und so schenke auch ich niemandem etwas!«

[8] Sagt **Thomas:** »Das ist ein sehr löblicher Grundsatz; der verdient schon von vornherein verflucht zu werden! Ich sage dir, mit solchen Grundsätzen wirst du bei diesem unserm Heiland und Meister nicht gar zu weit

kommen; dafür stehe ich dir! Er ist die höchste Freigebigkeit selbst – und du ein Geizhals ohnegleichen! Das taugt so hübsch zusammen!«

[9] Sagt **Judas:** »Wenn ich Ihn erst so recht werde bearbeitet haben und Er es erkennen wird, wie man in der Welt leben muß, um ein angesehener Mensch zu sein, so wird Er dann von Seiner Freigebigkeit schon etwas nachlassen! Im übrigen ist es auch durchaus keine Kunst, auf Kosten derjenigen, die was haben, freigebig zu sein und seinen Jüngern gute Mahlzeiten zu bereiten! Höre, so ich irgend solche Narren finde, wie dieser junge Wirt da einer ist, da will ich auf seine Kosten auch so freigebig sein, als nur irgend jemand freigebig sein kann! – Es soll aber eben dieser Jesus, Der von Geburt aus ein blutarmer Mensch ist, nur aus Seinen Mitteln die Menge Seiner Jünger erhalten und ernähren; da wird es sich sogleich zeigen, wie freigebig Er sein wird, und ob Er nicht sobald als möglich alle diese Nachfolger verabschieden wird!«

[10] Sagt **Thomas:** »Ich sage dir nichts anderes, als daß du ganz vollkommen des Teufels bist; denn so wie du nun geredet hast, kann nur der Teufel reden! Es klingt wohl, als wäre darin irgendein Verstand; dem aber ist nicht also, sondern ganz anders, und deine Rede ist eine allerunverschämteste Lüge von aller Welt. Mich reut es, daß ich dir den Weg hierher gezeigt habe. So viele Hunderte von Menschen waren in Sichar, und alle wurden gespeist aus den Himmeln! Und der Irhael verfallenes Haus hat Er in wenigen Augenblicken also aufgebaut, daß es nun wohl bei weitem das allerkostbarste Haus in dieser Stadt ist! Und du über alle irdischen Grenzen hinaus anmaßend dümmster Mensch willst hier mir, der ich mit diesen meinen leiblichen Augen die Himmel offen und zahllose Scharen der Engel Gottes auf- und niederfahren sah, gewisserart wie ein Weiser der Weisen beweisen, daß Jesus ein armer Schlucker sei, der sich auf Kosten der anderen wohlgeschehen ließe!? O du armer Tropf du! Er, Dem Himmel und Erde allein nur zu eigen gehören, da Er sie gegründet hat durch Seine Allmacht, wird etwa meiner oder deiner Schätze bedürfen, um auf dieser Welt, auf der Er die Früchte wachsen und reif werden läßt, leben zu können?! O du blindester Tor du! Ziehe hin nach Sichar, überzeuge dich von allem und komme dann, und wir werden es sehen, ob du noch so dumm in den Tag hinein reden wirst als jetzt!«

[11] Hier schmutzt *(schmutzige Reden führen)* **Judas** und sagt ganz lakonisch: »Hast du das alles mit deinen Augen gesehen? Oder hast du vielleicht auch noch ein paar Ochsen- und ein paar Eselsaugen zur Leihe genommen, daß du so vieles und so Außerordentliches auf einmal hast übersehen können? – Im übrigen freut es mich, daß dieser Nazaräer-Weise auch die schöne Irhael hat kennengelernt, die bereits, wie ich's erst unlängst vernommen habe, schon mit dem sechsten Manne leben soll, weil ihr alle die fünf früheren sozusagen am Leibe gestorben seien! Da, bei solch einer schönen Holden, mag dann für euch alle der Himmel so hübsch weit offengestanden sein! Ja, ja, die Irhael hat schon so manchen in alle Himmel versetzt; warum sollte sie bei euch eine Ausnahme gemacht haben?! Aber ich werde ihretwegen dennoch nicht nach Sichar wandeln; denn ich halte das Gesetz Mosis und will mich darob mit derlei sündhaften Dingen nicht befassen!«

96. Der Herr beruhigt den ärgerlichen Thomas und weist ihn zum Vergeben, damit er frei sei in sich. Thomas erzählt von des Judas Wortstreitereien mit dem Täufer Johannes und von seinem geistigen Dünkel. Des Herrn Winke über den Judas. Ankunft in Kapernaum.

[1] Auf diese Spitzworte des Judas wird Thomas nahe außer sich vor Ärger und Zorn und will sich am Judas förmlich mit aller Energie vergreifen. **Ich** aber trete, schon nahe am halben Wege nach Kapernaum, zum Thomas hin und sage: »Bruder, solange du Mich ruhig und gelassen ersiehst, da bleibe auch du also, wie du Mich ersehen kannst, so du nur oft genug nach Mir hinschaust! Ja, wenn du einmal Mich wirst dreinschlagen sehen, dann spring schnell herbei und schlage, was du nur kannst, nach allen deinen Kräften drein! Aber jetzt ist es durchaus noch lange nicht nötig. Die Nacht bleibt Nacht, da kannst du tun, was du willst, und Judas wird Judas bleiben! Er ist zwar nicht dazu verdammt wie die Nacht, die der Erde natürlicher Schatten ist, aber so er Judas bleiben will, so bleibe er's; wir aber bleiben das, was wir sind! Die Folge aber wird es lehren, wieweit er es mit seinem Judas*(geist)* bringen wird!«

[2] Sagt **Thomas:** »Aber das könntest Du, Herr, wohl tun, daß Du ihn hinwegschafftest von Dir, sonst wird er uns noch allerlei Spektakel machen; denn er hat einen säuischen und bösen Mund!«

[3] Sage **Ich:** »Ich hieß ihn nicht kommen und werde ihn darum auch nicht gehen heißen; so er aber gehen will, wie er gekommen ist, da werden wir nicht weinen um ihn! Du aber halte dich ferne von ihm; denn ihr beide werdet nicht guttun miteinander. Vergib ihm aber alles, wie Ich ihm vergebe, so wirst du ein freies Herz haben!«

[4] Sagt **Thomas:** »Was das Vergeben von meiner Seite betrifft, so hat das sicher seine guten Wege; denn ich habe sicher keinen Groll je auf ihn gehabt, obschon ich ihn stets als einen Menschen gekannt habe, mit dem nicht leichtlich ein Mensch auszukommen imstande war, – nicht einmal der Prophet Johannes, mit dem er zu öfteren Malen gehadert hat! Aber daß es mir ums unvergleichliche lieber wäre, wenn er nicht zu unserer Gesellschaft gehörte, das muß ich ganz offen gestehen!

[5] Als ich vorgestern daheim war, da habe ich natürlich doch so manches von Deinen Taten meinen Bekannten erzählt, die sich darob nicht genug erstaunen konnten. Solches aber kam auch zu den Ohren des Judas; und wer entschloß sich eher als er, ein Jünger von Dir zu werden?! Denn des Johannes Lehre hatte ihn nicht befriedigt, weil dieser nichts als die strengste Buße predigte und verkündete allen ein allerstrengstes Gottesgericht, die nicht zur wahren Buße sich bekennen möchten, aus welchem Grunde es denn auch öfter zum Hader zwischen ihm und dem Johannes gekommen ist.

[6] Johannes war ganz Buße, und Judas das schnurgeradeste Gegenteil! Er erklärte dem Johannes ganz ernstlich ins Gesicht, daß eine sogenannte Buße in Sack und Asche die größte Dummheit des menschlichen Lebens sei; der Mensch solle sich in der Tat bessern, aber nicht in Sack und Asche!

[7] Johannes hat zwar auch nicht gerade Sack und Asche als zur wahren

Buße unumgänglich notwendige Dinge anbefohlen, er hat es nur gewisserart gleichnisweise in seinen Reden dargestellt und wollte damit eine vollernstliche Besserung des Menschen, der ein Knecht der Sünden geworden, anzeigen; aber der alles besser wissen und verstehen wollende Judas wollte das nicht gelten lassen, daß man auch durch Bilder und Gleichnisse lehren könne, sondern man müsse sich bei so wichtigen Dingen, von denen das Heil der Menschen abhinge, allzeit mit klaren, verständlichen Worten ausdrücken!

[8] Die Propheten waren nach seiner Idee lauter Esel, weil sie in Bildern geredet hätten, die man auslegen könne, wie man wolle; sie allein hätten dadurch die Priester, die Könige und das ganze Volk verdorben! Kurz, bei ihm ist ein jeder Mensch, hoch oder nieder, ein Esel, der nicht so denkt und handelt wie er; und darum meine ich, daß es sich mit ihm für unsere Gesellschaft nicht tun werde.«

[9] Sage **Ich:** »Mein lieber Thomas! Was du Mir gesagt hast, habe Ich schon lange gewußt; aber dennoch sage Ich dir: So er gehen will, da gehe er; so er aber bleiben will, so bleibe er! Ich weiß noch viel mehr von ihm und weiß sogar, was er an Mir Selbst tun wird; aber dennoch soll er bleiben, so er bleiben will! Denn seine Seele ist ein Teufel und will von Gott die Weisheit erlernen; aber solcher Sinn wird dieser Seele einen schlechten Gewinn geben! Doch nun nichts mehr davon! Es wird sich schon ehestens eine Gelegenheit darbieten, wo wir ihm den Finger auf den Zahn legen werden! – Nun aber sind wir bei dieser Gelegenheit auch vor die Mauern Kapernaums gekommen, und Ich sehe aus dem Stadttor einen römischen Hauptmann uns in Gesellschaft des Obersten Kornelius und des Königischen entgegeneilen; da gibt es wieder einen Kranken zu heilen.«

97. Szene mit dem Hauptmann von Kapernaum. Heilung des kranken Knechtes auf die gläubige Bitte seines Herrn. »Wer da glaubt und liebt – ob Heide oder Jude – wird selig werden!« Verschiedene Wirkung der Wunder in Kapernaum.
Ev. Matth. 8, 5–13.*

Ev. Matth. Kapitel 8. Hier fängt Matthäus an, und zwar vom 5. Vers im 8. Kapitel, die Geschichte gedrängt aufzuschreiben; Matthäus schreibt jetzt bis dahin, als Ich wieder auf ein Fest nach Jerusalem ziehe. –

[1] Wir gehen nun ganz ruhig noch die etlichen hundert Schritte, und als Ich das Weichbild der Stadt betrete, da tritt sogleich **der Hauptmann** zu Mir hin, bittet Mich und spricht: »Herr! Mein Knecht liegt zu Hause, ist gichtbrüchig und hat also eine große Qual und kann nichts tun.« *(Matth. 8, 6)*

[2] Sage **Ich** zum Hauptmann: »Ich will kommen und ihn gesund machen.« *(Matth. 8, 7)*

[3] **Der Hauptmann** aber erwidert: »Herr! Ich bin gar nicht wert, daß Du

---

* Anmerkung: Die Einschaltung der Stellen des biblischen Matthäus- und Johannes-Evangeliums in den folgenden Text ist vom Herausgeber vorgenommen.

unter mein Dach gehest, sondern sprich Du nur ein Wort, so wird mein Knecht gesund! *(Matth. 8, 8)* Denn sieh, ich bin auch ein Mensch, dazu – wie viele – der höheren Obrigkeit untertan, habe aber dennoch unter mir viele Kriegsknechte, die mir gehorchen. Und so ich zu einem sage: tue das, so tut er es, oder ich heiße ihn gehen, so geht er. Und so ich zu einem andern Knechte sage: komme, so kommt er; und so ich sage zu meinem Knechte: tue mir dies oder jenes, so tut er es alsogleich! *(Matth. 8, 9)*

[4] Dir aber sind alle Geister untertan, und Du bist ein Herr in aller Fülle über alles, was im Himmel und was auf Erden und in der Erde ist; Du darfst also nur Deinen für uns Menschen unsichtbaren Mächten einen Wink geben, und sie werden sofort ausrichten Deinen Willen!«

[5] Daß dieser Hauptmann also vertrauend Mir sein Anliegen des Knechtes wegen vorträgt, liegt darin, weil er sich von der schnellen Genesung des Sohnes des königlichen Beamten, wie durch so manche Erzählung des Obersten überzeugt hatte, daß Ich wunderbar auch in die Ferne hin bloß allein durchs Wort heilen kann; und das machte denn auch, daß er gleich dem königlichen Beamten zu Mir kam, als er vernahm, daß Ich Mich der Stadt nahe.

[6] Als **Ich** sonach solch eine höchst vertrauensvolle Rede von dem Hauptmanne vernahm, so verwunderte Ich Mich – freilich nicht Meinet-, sondern der Jünger wegen – und sagte, nicht so eigentlich zum Hauptmann, sondern vielmehr zu denen, die mit Mir waren: »Wahrlich, solch einen Glauben habe Ich in ganz Israel nicht gefunden! *(Matth. 8, 10)* Aber Ich sage euch auch: Viele werden kommen vom Morgen und vom Abend und werden mit Abraham, Isaak und Jakob im Himmelreiche sitzen [d. h., die Herrlichkeit des Vaters haben] *(Matth. 8, 11);* aber die Kinder des Reichs werden hinausgestoßen werden in die äußerste Finsternis, allda sein wird ein großes Geheul und ein jämmerliches Zähneklappern!« *(Matth. 8, 12)*

[7] Bei dieser Vorrede klopften sich **viele** auf die Brust und sprachen: »Herr, wirst Du denn die Kinder verwerfen und annehmen an ihrer Stelle die Heiden?«

[8] Und **Ich** sage: »Weder die Kinder, noch die Heiden! Wer da glaubet und die Liebe hat, ob Jude, Grieche oder Römer, der wird angenommen werden!«

[9] Darauf wende **Ich** Mich zum Hauptmanne und sage zu ihm: »Gehe hin; dir geschehe, wie du geglaubt hast!«

[10] Der Hauptmann dankte Mir aus aller Fülle seines Herzens, begab sich darauf in sein Haus und fand daselbst, daß alles erfüllt war, um das er gebeten hatte aus seinem Glauben, in dem kein Zweifel war, weder vor- noch nachher; denn der Knecht ward zur selben Stunde gesund, als Ich zum Hauptmanne gesagt habe: »Dir geschehe, wie du geglaubt hast!« *(Matth. 8, 13)*

[11] Dieses Zeichen in Kapernaum selbst, sowie das frühere am Sohne des königlichen Beamten, der zu Kapernaum ein Statthalter war, machten in dieser Stadt ein ungemeines Aufsehen zumeist unter den Römern und Griechen, die sich in dieser Stadt aufhielten; aber unter den Juden und den in

dieser Stadt von Jerusalem aus stationierten und gleichsam für bleibend angestellten Priestern und Schriftgelehrten erweckte das nur Ärger, Grimm und Wut!

98. Des Volkes gute List gegen die jüdische Priesterschaft: Es ersucht diese, ebenfalls Kranke durch Gottes Gnade zu heilen. Der Priester Ausrede. Des Volkes drohende Antwort und gutes Zeugnis über Jesus.

[1] Denn **das gemeine Volk,** das die Zeichen gesehen hatte, sich aber vor den Priestern und Schriftgelehrten zu sehr fürchtete, um sich zu Meiner Lehre und Nachfolge zu bekennen, ersann sich eine gute List: Es brachte sogleich mehrere Kranke zu den Priestern und sagte: »Höret uns, ihr hohen Priester und Schriftgelehrten, die ihr nach eurer eigenen Aussage in alle Geheimnisse Gottes eingeweiht seid! Der Mensch Jesus aus Nazareth tut große Wunderdinge also, wie sie nie jemand vor ihm getan hat, und seine Rede und Lehre gleicht einem Feuerstrom, der alles, was sich ihm entgegenstellt, allgewaltigst verzehrt oder mit sich unaufhaltsam fortreißt! Ohne Arznei, bloß durchs Wort allein, einem Gott gleich, heilt er jede Krankheit und soll sogar Tote bloß durch das nackte Wort wieder lebendig machen!

[2] Als wir uns von der Wahrheit alles dessen überzeugt hatten, da kam uns der gute Sinn in unser Gemüt, und wir gedachten euer und sagten unter uns zu uns: ›Was wundern wir uns denn dessen gar so mächtig?! Haben wir ja doch auch in alle Gottesgeheimnisse eingeweihte Priester und Schriftgelehrte, die sicher so gut wie dieser Jesus bloß durchs Wort einen Kranken heilen können, wenn sie es nur wollen!‹ Wir waren schon auf dem Wege, unsere Kranken hinzuführen zu dem Nazaräer; aber wir gedachten der Beschneidung und des Bundes, dem wir nicht abhold werden wollen, solange er uns das in der Wahrheit geben kann, was uns leiblich und geistig not tut. Da aber nun dieser Jesus gar so ungeheure Zeichen tut, so droht uns Gefahr, wenn wir ihm nicht mit gleicher Zeichenkraft entgegentreten!

[3] Wir haben daher mehrere Kranke mit uns hierhergebracht und bitten euch um eures und unseres Heiles willen, daß ihr durch eure geistige Macht, die ihr nach eurer Aussage unmittelbar von Gott habt, diese Kranken, die eben nicht zu den Schwerkranken gehören, bloß durchs Wort heilen möchtet!

[4] Wir werden mit diesen von euch wunderbar geheilten Kranken die ganze Stadt durchziehen und werden vor jedem Hause Gottes Ehre und euren großen Ruhm mit starker Stimme verkünden. Der Nazaräer wird dann hier wenig Anklang finden und wird, wie man zu sagen pflegt, am Ende mit Schande, Spott und aller Schmach das Weite zu suchen genötigt sein!«

[5] **Die Priester** und Schriftgelehrten, ihrer totalsten Ohnmacht sich nur zu sehr bewußt, sagen gravitätisch, um ihre Ohnmacht zu verbergen: »Ihr Toren! Was verlangt ihr von uns, das Gott allein geziemt?! Wann hat noch je ein Priester oder ein Schriftgelehrter Wunder gewirkt?! Solches kann nur allein Gott und der eine Hohepriester im Tempel zu Jerusalem, wann er ins

Allerheiligste tritt! Führet also eure Kranken nach Jerusalem; dort wird ihnen, so ihr euch auf ein rechtes Opfer verstehet (!), schon die Heilung werden, so es natürlich Gott will! Will es aber Gott nicht, so werdet ihr es euch dann schon auch müssen gefallen lassen, eure Kranken wieder als Kranke mit euch nach Hause zu nehmen!

[6] Wir sind wohl in die verschiedensten Geheimnisse Gottes eingeweiht, aber nicht in die Macht Gottes, die heilig ist, und die Er keinem Sterblichen zukommen läßt!

[7] Wer aber dennoch, wie dieser Jesus, von dem wir auch schon gehört haben, Taten verrichtet entweder durch die Zauberei oder mit Hilfe des Beelzebub, der ist ein Scheusal der Hölle, die da die ewig fluchwürdigste Wohnung des Feindes Gottes ist. Und wer sich kehrt an seine Lehre und an seine Zeichen, ist dann auch eben d a s Gott und Seinen Dienern gegenüber, als was solch ein Diener des Teufels selbst ist! Das ist die vollste Wahrheit; wehe euch, so ihr zu Jesus gehet und nehmet Lehre und Hilfe von ihm!«

[8] Sagen **die,** die die Kranken zu den Priestern und Schriftgelehrten gebracht haben: »Ihr seid Lügner allzumal, wenn ihr also redet! Wie kann der des Teufels sein und ein Diener des Beelzebub, der Übergutes den Menschen tut und den Jüngern, die mit ihm ziehen, nichts als die Liebe, Sanftmut und Geduld lehrt und alles, was er lehrt, im vollsten Maße selbst ausübet?!

[9] Ihr wohl seid des Teufels, so ihr solches Zeugnis ihm gebt; er aber ist Gottes, indem er den Willen Gottes tut, wie er solchen lehrt!

[10] Ihr habt uns zuvor ›Toren‹ gescholten, da wir von euch das begehrten zu eurem Wohle, was ihr doch tausend Male von euch selbst ausgesagt habt, daß ihr solches alles vermöget durchs Gebet und durch das göttliche Wort; nun aber, wo es sich, wie nie vorher, darum handelt, eure alte stets gleiche Lehre zu bewerktätigen, scheltet ihr uns ›Toren‹, so wir euch beim Worte nehmen! – O ihr argen Diener Beelzebubs! Euch wollen wir ein Licht anzünden, an dessen Glanze ihr alle sterben sollet!«

99. Der Templer Ärger und Rachsucht gegen den Herrn. Der Herr in des Petrus Fischerhütte. Jesu Lieblingsgegend: das Galiläische Meer. Wunderheilung der Schwiegertochter Petri.

Ev. Matth. 8, 14–15.

[1] Als die Priester und Schriftgelehrten solche Sprache von ihren Glaubensgenossen vernehmen, da ziehen sie sich schnell zurück. Denn es waren derer, die zu ihnen kamen, bei hundert an der Zahl, und aus ihren Augen sprühte der vollste Ernst; denn diese merkten es schon lange, wer da hinter den jüdischen Priestern und Schriftgelehrten stäke und haßten sie schon lange mehr als alle Pestilenz!

[2] Aber da die Priester, Pharisäer und Schriftgelehrten eben das merkten, wie die Juden sie nur auf eine feine Probe stellten, um eine Sache wider sie zu überkommen, auf daß sie dann desto mehr Grund hätten, Mir nachzu-

folgen (denn es war damals noch schwerer, aus der jüdischen in eine andere Kirche zu treten als in dieser gegenwärtigen Zeit aus der römisch-katholischen in eine reformierte), so warfen sie nun ein scharfes Auge auf Mich und fingen unter sich schon so ganz heimlich an zu beraten, wie sie Mich verderben könnten.

[3] Der Oberste aber, in dessen Hause Ich nun zu Kapernaum ein paar Tage hindurch verweilte, steckte es Mir im geheimen, was da vorging, wie nun die jüdische Priesterschaft über Mich aufgebracht sei und Mir heimlich sogar nach dem Leben strebe!

[4] Da sagte **Ich:** »Sie werden an Mir ihr arges Ziel wohl noch erreichen, aber jetzt ist es noch nicht an der Zeit. Auf daß sie aber nun nicht gar zu viel Gelegenheit zur Ausübung ihrer Rache haben sollen, so werde Ich Mich auf eine kurze Zeit aus dieser Stadt in eine andere begeben und werde dann später, so diese Gottesleugner in ihrer Wut sich mehr werden abgekühlt haben, wieder hierher kommen.«

[5] Der Oberste, obwohl er Mich unendlich gerne bei sich behalten hätte, billigte Mein Vorhaben, da auch er selbst vor diesen Priestern, Schriftgelehrten und Pharisäern eine nicht unbedeutende Furcht hatte, indem er nur zu gut wußte, wie sich diese Natternbrut aufs geheime Denunzieren nach Rom verstand.

[6] Ich verließ dann am kommenden Morgen sehr früh mit der ganzen Mir folgenden Gesellschaft das überaus gastfreundliche Haus des Obersten und begab Mich in das Haus des Simon Petrus, das da in der Nähe von Bethabara gelegen war, wo früher Johannes sein Wesen hatte. Als Ich aber in das schlichte, aber eben nicht ungeräumige Haus Petri trat, da lag dessen Schwieger, ein gutes und sonst sehr arbeitsames und züchtiges Mädchen von etlichen zwanzig Jahren, an einem starken Fieber danieder im Bette und litt große Angst und Schmerzen. Da trat Petrus zu Mir und bat Mich, daß Ich ihr hülfe! *(Matth. 8, 14)*

[7] **Ich** aber trat sogleich an ihr Bett hin, nahm sie bei der Hand und sagte zu ihr: »Töchterchen, stehe auf und bereite uns lieber ein Mittagsmahl, anstatt daß du hier leiden sollst im Bette!«

[8] Augenblicklich verließ sie das Fieber, und das Mädchen stand sogleich auf und diente uns mit großem Fleiße und großer Aufmerksamkeit. *(Matth. 8, 15)*

100. Des Herrn Weisungen an den Schreiber Matthäus. Die Verschiedenheit der Sphären der Evangelien des Matthäus und Johannes. Das Evangelium des Matthäus berichtet Tatsachen; das Evangelium des Johannes gibt tiefe Entsprechungen. Das Mahl in Petri Hütte. Der wunderbare Fischzug. Des Petrus demütiges Zeugnis von des Herrn Göttlichkeit. Hinweis auf den Verräter.

[1] Hier tritt Matthäus zu Mir hin und fragt Mich, ob er auch dieses Zeichen aufschreiben solle und so manche Lehren und Reden, die Ich die paar Tage hindurch im Hause des Obersten gegeben habe.

[2] **Ich** sage: »Das Zeichen mit dem Hauptmann vor Kapernaum, und was Ich allda geredet habe, und dieses Zeichen im Hause Petri auch, aber mit Weglassung der gesprochenen Worte, die da nicht zur öffentlichen Lehre gehören! Die Beredungen im Hause des Obersten aber, und daß Ich zwei Tage hindurch Mich bei ihm aufhielt, laß ganz hinweg!

[3] Wir werden aber schon noch in Kürze wieder in das Haus dieses Obersten kommen, und zwar zur Zeit, da ihm seine liebste Tochter sterben wird, die Ich dann erwecken und sie ihm wiedergeben werde. Dann magst du seiner sowie des Zeichens Meldung also niederschreiben, daß du weder ihn noch den Ort näher zu bestimmen brauchst, – sonst würden wir ihm weltlich schaden, da die Priesterschaft auch auf ihn ein obachtsames Auge geworfen hat, was wir aber durchaus nicht tun wollen und werden.

[4] Ich werde aber nun bis zum nächsten Fest in Jerusalem in dieser Seegegend herum, die Mir am besten gefällt, noch viele Zeichen tun und werde viele Lehren geben; diese wirst du aber alle vollständig aufzuschreiben haben!«

[5] Matthäus richtet sich nun zum Schreiben ein. Aber der **Johannes** wird bei der Gelegenheit ganz traurig und sagt: »Aber Herr, Du meine Liebe der Liebe! Werde ich denn gar nichts mehr zum Schreiben bekommen?«

[6] Sage **Ich:** »Mein liebster Bruder, sei darob nur du nicht traurig! Du wirst noch sehr vieles zu schreiben bekommen! Denn dich habe Ich nur für die wichtigsten und tiefsten Dinge bestimmt!«

[7] Sagt der **Johannes:** »Aber das Zeichen zu Kana, das Du tatest dem Sohne des königlichen Beamten, kommt mir doch um nichts größer und wichtiger vor als das, welches Du vor Kapernaum für den Hauptmann gewirkt hast!?«

[8] Sage **Ich:** »Da irrst du dich sehr, wenn du solcher Meinung bist! Denn unter dem Sohne des königlichen Beamten wird die ganze überarg verdorbene Welt verstanden, und wie ihr nun von fernehin Hilfe gereicht wird durch Meine Lehre und durch Mein geistiges Einfließen. Durch den Knecht des Hauptmanns aber wird vorderhand bloß nur der gichtische Knecht, den Ich geheilt habe, verstanden, nachderhand aber wohl auch eine Gemeinde oder irgend ein Verein in Meinem Namen, dem aber durch allerlei politische Besorgnisse die Tätigkeit nach Meiner Lehre in einem oder dem andern Punkte völlig mangelt, und der dadurch auch nach und nach in die Untätigkeit der anderen Punkte Meiner Lehre übergeht; und das ist dann auch eine Gichtbrüchigkeit der Seele, der dann nur durch den festen Glauben an Mein Wort wieder geholfen werden kann!

[9] Siehe nun, du Mein lieber Bruder Johannes, das ist darum ein gar großer Unterschied zwischen den beiden Zeichen! Das erste stellt das geistige Krankheitsverhältnis der ganzen Welt vor, und Ich sage dir, noch tiefer genommen, auch der ganzen Unendlichkeit! Das zweite Zeichen aber nur das, was Ich dir soeben erläutert habe. Mit dem aber weißt du denn nun auch, was du und was der Matthäus zu beschreiben hat.

[10] Nun aber hat das Mädchen samt der andern Dienerschaft Petri schon das Mittagsmahl fertig, und wir wollen darum uns nun sogleich über das

Mittagsmahl machen und wollen dann nachmittags ein wenig dem Petrus einige gute Fische fangen helfen. Gegen den Abend hin aber werden wir genug zu tun bekommen.«

[11] Wir nahmen nun ein für die ganze große Gesellschaft hinreichend reichliches Mahl ein und begaben uns darauf zum See, der auch das »Meer von Galiläa« genannt ward, und haben da in wenigen Stunden eine große Menge der besten Fische gefangen, so zwar, daß sie kaum mochten in den Fischbehältern untergebracht werden.

[12] Dem **Petrus** ward es bange, daß er darob in einer Art von frommer Betäubung ausrief: »Herr, ich bitte Dich, verlaß mich; denn ich fühle es nun zu sehr, daß ich ein sündiger Mensch bin! Schon einmal erschrecktest Du mich, als Du, mir vorher noch ganz unbekannt, von irgendwoher kamst und mich und meine Gehilfen hier fischend trafst! Schon damals erkannte ich sogleich Deine Göttlichkeit; nun aber wird es mir noch banger, weil ich es nun nur zu klar einsehe, was und wer Du im Grunde des Grundes bist! Damals wie jetzt wurde die ganze Nacht gefischt und sozusagen nichts gewonnen; auf Dein Wort aber und in Deiner Gegenwart rissen die Netze vor zu großer Menge der gefangenen Fische! Mir wird es nun darob ganz ernstlich bange vor Dir, denn Du bist –«

[13] Sage **Ich:** »Sei stille und verrate Mich nicht! Denn du kennst den e i n e n unter uns! Dieser aber ist und bleibt ein Verräter.«

[14] Petrus ist nun stille und macht Anstalten zur Unterbringung der Fische. Da es aber Abend wird, begeben wir uns nach Hause, allwo durch den Fleiß der gesund gemachten Schwieger Petri ein gutes und reichliches Abendmahl uns erwartet. Alles ist nun voll Freude und Heiterkeit; und Petrus stimmt den Lobgesang an, und alle respondieren *(im Wechselgesang antworten)* ihm einstimmig.

101. Des Petrus feierliche gute Zeugnisrede vom Herrn unterbrochen. Das Abendmahl bei Petrus. Szene zwischen Petrus und dem prahlerischen Judas. Ein besonderes Weinwunder. Ischariot betrunken. Große Heilwunder.

[1] Als **Petrus** den Gesang beendet hatte, sprach er in einem sehr feierlichen Ton: »Meine Freunde und Brüder! Welch ein Unterschied zwischen uns nun und dem David einst, da er dem Volke gab diesen herrlichen Lobgesang! Als er sang, erhob er seine Augen über die Sterne hinauf! Denn damals wohnte Jehova im unzugänglichen Lichte über allen Sternen nach den menschlichen Begriffen. Was möchte aber David nun hier tun, da Der, zu Dem er seine Augen erhob über alle Sterne hinauf, –« Sage **Ich:** »Halt! Freund Petrus! Es ist schon wieder gut also; bedenke nur, wer alles sich unter uns befindet!«

[2] Petrus ermahnt sich sogleich und beruft die Gäste alle zur Einnahme des Abendmahles, das zumeist in Brot und wohlzubereiteten Fischen besteht.

[3] Judas aber fragt den Petrus, ob in der Nähe nirgends ein Wein zu

haben wäre ums Geld. Und **Petrus** antwortet und sagt: »Ein paar Feldwege weit ist eine Herberge; alldort wird Wein ums Geld hergegeben.« Als **Judas** solches vernimmt, fragt er Petrus abermals, ob er niemanden zu schicken hätte, um einen ganzen Schlauch voll zu holen.

[4] Sagt **Petrus:** »Du kennst und siehst doch mein ganzes Hauswesen; ich habe niemanden zu schicken! Willst du aber Wein, so gehe selbst hin und mache darum mit dem Wirte einen Handel, und du wirst also am besten daraus kommen!« Sagt **Judas:** »Ah, ehe ich selbst hingehe, verzichte ich auf den Wein!« – Sagt **Petrus:** »Tue, was du willst, ich kann dir keine Dienerschaft geben, denn meine Fischerknechte haben noch am See vollauf zu tun; mein Weib aber und meine Kinder und meine Schwieger haben, wie du es selbst sehen kannst, ohnehin alle Hände vollauf zu tun, und von mir selbst wirst du ja etwa doch nicht verlangen wollen, daß ich nun am Abende dir soll einen ganzen Schlauch voll Weines hierher schaffen gehen!?« – Sagt **Judas** etwas ärgerlich: »Nun, nun, ich habe es mit dir ja nur gut gemeint, weil ich sehe, daß du keinen Wein hast; denn bezahlt hätte ja ohnehin nur ich, was auch der Schlauch gekostet hätte!«

[5] Sagt **Petrus:** »Es ist Einer unter uns, Der zu Kana auf der Hochzeit des Simon, der auch hier unter uns ist, Wasser in Wein verwandelt hat. Dieser Eine könnte auch nun, so es nötig wäre, das gleiche tun. Da es aber sicher nun nicht nötig ist, so können wir uns auch mit dem besonders guten Wasser behelfen, das uns mein reiner Hausbrunnen bietet.«

[6] Sagt **Judas:** »Ganz gut, ganz gut, – ich bin damit wohl auch zufrieden, da ich selbst auf ein gutes Wasser große Stücke halte; aber gerade bei solch einer Gelegenheit wäre der Wein auch nicht zu verachten! So aber der gewisse Eine, Den ich nun wohl auch zu kennen glaube, schon aus dem Wasser Wein machen kann, da könnte Er dir nun ja doch wohl auch einen solchen Gefallen erweisen!?«

[7] Sage **Ich:** »So gehe hinab zum Brunnen und trinke! Denn dir soll der Brunnen Wein geben, uns allen andern aber nur Wasser!«

[8] Da ging Judas sobald zum Brunnen und schöpfte. Wie er aber das geschöpfte Wasser trank, da war es Wein von bester Art, und er betrank sich, daß er am Brunnen liegenblieb und Gefahr lief, in den Brunnen zu fallen, der tief war, so ihn nicht einige Knechte Petri ersehen und ins Haus auf ein Lager geschafft hätten. Es war aber gut also; denn Ich habe an diesem Abend eine Menge mit allerlei Krankheiten und Seuchen Behaftete geheilt und bei vielen die bösen Geister ausgetrieben, – und bei diesen Zeichen hätte uns Judas übel mitgespielt.

102. Szene mit den gläubigen Juden aus Kapernaum. Ein großes Heilwunder. Des Herrn Warnung vor den Tempelschlangen. Der Sprecher der Schriftgelehrten gibt aus Jesajas sein gutes Zeugnis vom Herrn. Der Volksauflauf. Der schlaue Schriftgelehrte vom Herrn durchschaut und abgefertigt.
Ev. Matth. 8, 16–20.

[1] Als das Abendmahl eingenommen war von allen, die nun mit Mir hier zugegen waren, und der Judas im festen Schlafe auf einem Strohlager im Vorhause lag, da brachten dieselben **Juden** aus Kapernaum, die am vorhergehenden Tage die Priester, Schriftgelehrten und Pharisäer auf die Probe stellten, eine Menge Besessene und eine Menge anderer Kranker, die mit allerlei Übeln behaftet waren, und baten Mich inständigst, daß Ich sie alle heilen möchte!

[2] **Ich** aber fragte sie liebernstlich, ob sie wohl glaubten, daß des Zimmermanns Sohn aus Nazareth so was zu tun vermöchte. Denn diese Menschen kannten Mich sozusagen von Geburt auf.

[3] **Sie** aber antworteten und sprachen: »Was hat da des Zimmermanns Sohn mit uns zu tun!? Wenn des Zimmermanns Sohn von Gott ausersehen ward, ein Prophet dem Volke Israel zu werden, so ist er ein Prophet, und so er auch noch tausendmal ein Zimmermannssohn wäre; denn ein jeder Mensch ist das, was er von Gott aus ist, und aber nie, was seine Eltern waren! Und daher glauben wir alle ungezweifelt fest, daß du zum ersten ein rechter von Gott unterwiesener Prophet bist, und daß du darum fürs zweite uns allen helfen kannst, so wie du dem Sohne des Statthalters und dem Knechte des Hauptmanns geholfen hast!«

[4] Und **Ich** antwortete ihnen: »Nun denn, da ihr solchen Glaubens an Mich und solchen Urteils über Mich seid, so geschehe euch allen, wie ihr es geglaubt habt!«

[5] Auf dieses Wort fuhren alle Geister aus den Besessenen, und die mit allerlei Seuchen und Krankheiten Behafteten aber wurden auch gesund im selben Augenblick. *(Matth. 8, 16)*

[6] Daß es auf solch eine Tat an Verwunderungen und Danksagungen nicht gemangelt hat, braucht wohl kaum noch näher erwähnt zu werden!

[7] Es wurden auch höchst treffende, aber dabei beißend scharfe Bemerkungen über die gesamte jüdische Priesterschaft gemacht, aber **Ich** verwies den Rednern solches und zeigte ihnen, daß es sehr unklug sei, zu wecken eine schlafende Natternbrut: »Denn solange diese in ihrem starren Winterschlafe sich befindet, ist sie niemandem schädlich und gefährlich; wird sie aber geweckt, so ist sie gefährlicher als je sonst, wo sie nicht schläft!

[8] Die Tempelknechte voll Arglist und Tücke schliefen wohl auch nun wie eine Natternbrut im Winter; ihr aber habt sie nun aus ihrem Schlafe durch euer kühnes Begehren gewaltsam erweckt. Darum gebet acht, daß sie euch nun nicht schädlich werden! Denn diese ehebrecherische Art hat eine Wollust darin, so sie irgend schaden kann!«

[9] Alle sehen die Wahrheit dieser Lehre ein und bereuen, daß sie ein solches Übel durch ihre Unbesonnenheit angerichtet haben! Ich aber vertrö-

ste sie und sage ihnen, daß sie von diesem hier verrichteten Zeichen in Kapernaum ja nichts erzählen sollen, außer einigen wenigen bewährtesten Freunden der Wahrheit, die da auch zu schweigen wissen! Und sie gelobten Mir solches.

[10] Es war aber einer unter ihnen, der, obschon nicht dem Priesterstande angehörend, aber dennoch in der Schrift sehr bewandert war.

[11] **Dieser** trat hin vor die Menge und sprach in einem sehr ernsten Ton: »Höret, liebe Freunde und Brüder! Ich habe nun in dieser Tat etwas gefunden, was da mehr sagen will, als so ihr nur saget: ›Siehe da, dieser Mann ist ein rechter Prophet!‹ Ich meine, diese Tat ist nun geschehen, damit vor unseren Augen in die vollste Erfüllung gehen soll, was der Prophet Jesajas weissagte, da er sprach: ›Er hat unsere Schwachheit auf Sich genommen, und unsere Seuche hat Er getragen!‹ *(Jes. 53, 4)* Merket ihr nichts? Merket ihr wirklich nichts, wohinaus das geht?«

[12] Das Volk sieht den Sprecher groß an; denn es versteht ihn nicht. Er aber wiederholt seine Frage noch einmal, und da das Volk das, was er aus Jesajas angeführt hatte, noch nicht fasset, so spricht er: »Den Blinden ist schwer von den Farben des Regenbogens zu predigen!«

[13] Sage **Ich** zu ihm: »Sei ruhig; es ist besser, daß dies Volk vorderhand das nicht fasset! Denn möchte nun dieses Volk das fassen, so würde es zu den Priestern hinrennen und würde dort mit ihnen gar gewaltig zu rechten anfangen, und das wäre nicht gut weder für euch, noch für Mich unter dem Gesichtspunkte Meiner Lehre! Wann aber die rechte Zeit kommen wird, dann auch werden sie es fassen und mit Händen greifen, was der Prophet geredet hat!«

[14] Mit diesem Bescheide gibt sich der Redner zufrieden, und das Volk, dessen Besessene und Kranke Ich an diesem Abende geheilt habe, entfernt sich nun samt seinen völlig Genesenen.

[15] Als aber das Volk in Kapernaum nach Hause kommt, macht es dennoch einen großen Lärm unter seinen Bekannten; und als es am nächsten Morgen noch kaum graut, so ist das Haus Petri schon von einer unabsehbaren Volksmenge umlagert, um Mich zu sehen, Der Ich am Abende eine solche unbegreiflich große Wundertat verrichtet habe! Es fragt Mich aber Petrus, was da zu machen sein werde, da des Volkes immer mehr werde ums Haus.

[16] Sage **Ich:** »Richte das große Schiff her, und wir werden ganz auf die andere Seite des Meeres fahren; sonst erleben wir hier Spektakel! *(Matth. 8, 18)* Das Volk ist zwar in der besten Absicht da; aber hinter dem Volke wird auch die Priesterschaft ganz geschlichen kommen, und mit dieser wollen wir vorderhand nichts zu tun haben!«

[17] Petrus richtete sogleich das größte Schiff her, das wir auch alsbald bestiegen und bei gutem Winde schnell übers Meer zu rudern begannen.

[18] Bevor aber Ich mit den Jüngern das Schiff betrat, kam und trat hin zu Mir ein **Schriftgelehrter** aus Kapernaum und sprach: »Meister, erlaube mir, daß auch ich Dir folge, wo Du hingehest!« *(Matth. 8, 19)* Da Ich aber alsbald ersah, daß sein geheimer Grund, aus dem heraus er Mir so ganz eigentlich

folgen wollte, ein durchaus nicht löblicher war, und daß ihm an Meiner Lehre wie an allen Meinen Taten wenig, alles aber an einer Versorgung für seinen Bauch und, so es nebst dem etwas trüge, auch an geheimen Verrätereien gelegen war, so schüttelte **Ich** Mein Haupt und sagte zu ihm: »Die Füchse haben Gruben, und die Vögel unter dem Himmel haben Nester; aber des Menschen Sohn hat nicht, auch nicht einen Stein in dieser Welt zum Eigentume, daß Er darauf lege Sein Haupt!« *(Matth. 8, 20)*

[19] Und der Schriftgelehrte verstand Mich, wandte sich ab und zog nach Hause. Denn Ich habe ihm dadurch zu verstehen gegeben, daß auch er ein schlauer Fuchs sei und daher seine Grube (besoldete Anstellung) habe, und daß Vögel seiner Art, die unter dem Himmel, das heißt tief unter der rein göttlichen Wahrheit und Liebe wohnen, ihre Nester, d. i. Fraß- und Ruheplätze, haben, wo sie ihren Raub verzehren, aber beim Menschensohne von all den weltlichen Betrügereien nichts anzutreffen ist, nicht einmal ein sogenannter politischer Notkniff (Stein), auf dem man dann und wann das Haupt des Gemütes ausruhen lassen könnte! Der Schriftgelehrte verstand Mich also recht und kehrte, wie schon früher bemerkt, ohne ein Gegenwort mehr an Mich zu richten, schnell nach Kapernaum zurück.

103. »Lasset die Toten ihre Toten begraben!« Der Herr birgt Sich mit den Seinen zu Schiff vor dem Andrange des Volkes. Der Seesturm. Der Herr schläft im Schifflein und wird von den Seinen geweckt. »O ihr Kleingläubigen!« Der Sturm schweigt – die Menschen staunen.

Ev. Matth. 8, 21–27.

[1] Es trat aber auch vor der Besteigung des Schiffes einer Meiner **Jünger** zu Mir und bat Mich, daß Ich ihm vor der Abfahrt gestatten möchte, daß er begrübe seinen Vater, der in der vorigen Nacht plötzlich gestorben sei. *(Matth. 8, 21)* **Ich** aber sagte zu ihm: »Folge du nur Mir nach, und laß die Toten ihre Toten begraben!« *(Matth. 8, 22)* Und der Jünger stand sogleich von seiner Bitte ab und folgte Mir aufs Schiff; denn er begriff es, daß es besser sei, fürs Leben als für den Tod zu sorgen, – eine eitle Sorge, die sich wahrlich für die Toten am besten schickt! Denn alle, die aufs Begräbnisgepränge etwas halten, sind mehr oder weniger tot, indem sie dem Tode die Ehre bezeigen und selbst große Stücke auf die Ehre des Todes halten.

[2] Der wahre Tod des Menschen ist die Selbstsucht, und deren Geist ist der Hochmut, der vor allem nach der Ehre geizet; und so ist dann ein geprängevolles Begräbnis eines Verstorbenen nichts als der letzte Hochmutszug des geistig schon lange toten Menschen.

[3] Nachdem also der Jünger in sich die volle Tiefe der Wahrheit dessen, was Ich zu ihm gesagt hatte, ersah, folgte er ohne alles weitere Bedenken Mir aufs Schiff, wie schon früher bemerkt, und wir fuhren bei einem guten Winde schnell ab und entgingen so dem stets größer werdenden Andrange des Volkes. (*Matth. 8, 23*)

[4] Einige bestiegen wohl die kleinen Fahrzeuge und fuhren uns eine

kurze Strecke nach. Aber als der Wind stets mächtiger zu wehen begann, so kehrten sie schnell um und hatten zu tun, um wieder das sichere Ufer vor dem Ausbruche des Sturmes zu erreichen.

[5] Wir aber befanden uns bereits auf der hohen See, als der frühere günstige Wind sich in einen mächtigen Sturm umgewandelt hatte. **Ich** war aber schon bei der Besteigung des Schiffes etwas müde dem Leibe nach, indem Ich die ganze Nacht gewacht hatte, und sagte daher zum Petrus im Schiffe: »Schaffe Mir ein Lager; denn Ich werde Mich während der Fahrt ein wenig zur Ruhe begeben, indem, wie du es weißt, Ich die ganze Nacht keine Ruhe hatte!«

[6] Petrus brachte Mir sogleich mehrere Matten, machte daraus ein gutes Lager und legte Mir noch oben darauf ein Kissen unters Haupt, worauf Ich denn auch sobald ganz ernstlich dem Leibe nach einschlief, obschon Ich wohl wußte, daß der Wind bald in einen sehr heftigen Sturm umschlagen werde und die hochgehenden Wogen das Schiff bedrohen würden.

[7] Als wir ungefähr ein paar Stunden vom Ufer entfernt waren, da hatte auch der Sturm den Kulminationspunkt *(Höhepunkt)* seiner Wut erreicht, und die Wogen fingen an, übers Verdeck des Schiffes zu schlagen. *(Matth. 8, 24)* Da ward es sogar Meinen bewährtesten Jüngern bange; denn sie sahen, daß das Schiff Wasser zu schöpfen begann durch das stets stärkere Überschlagen der Wogen, besonders über den mittleren und nach der damaligen Bauart der Schiffe auch am meisten niedern Teil des Schiffes. Als sonach der Sturm nicht enden wollte, sondern nur stets mächtiger das Meer in die hochwogende Bewegung setzte, da traten die Jünger zu Mir hin, das heißt, zu der im Schiffe am meisten erhabenen Stelle, auf der Mir zuvor Petrus ein Lager bereitet hatte, und wohin die Wogen noch nicht gedrungen waren, fingen an, Mich zu rütteln, daß Ich erwachte, und schrieen dann voll Angst: »Herr, hilf uns, sonst gehen wir alle zugrunde!« *(Matth. 8, 25)*

[8] Da erhob **Ich** Mich vom Lager und sagte zu ihnen: »O ihr Kleingläubigen! Wie möget ihr euch fürchten, da Ich bei euch bin? – Was ist mehr: der Sturm oder Der, der auch ein Herr über alle Stürme ist?!«

[9] Da aber die Jünger, wie auch mehrere andere, die sich im Schiffe befanden, nahe ganz sprachlos vor Angst geworden waren und selbst ein Petrus nur noch zu stammeln vermochte, so bedrohte Ich schnell den Sturm und das Meer, und siehe, da ward alles auf einmal stille! Der Sturm war wie abgeschnitten, und das Meer ward auf einmal so glatt wie ein Spiegel; nur wo es die Ruderer aus dem Gleichgewichte brachten, merkte man die winzige Bewegung des Wassers. *(Matth. 8, 26)* Die ziemlich vielen Menschen aber, die Mich noch nicht näher kannten, da sie erst an diesem Morgen hingekommen waren und diese Fahrt mehr ihrer Geschäfte denn Meinetwegen mitmachten, fingen an, sich über alle Maßen zu verwundern, und sprachen zu den Jüngern und fragten sie: »Was – um Jehovas willen – ist denn das für ein Mensch, daß ihm Winde und das Meer gehorchen?!« *(Matth. 8, 27)*

[10] Ich aber winkte den Jüngern, daß sie Mich nicht verrieten. **Petrus** aber sagte: »Fraget nun nicht viel, sondern macht euch schnell alle ans

Ausschöpfen des in das Schiff reichlich eingedrungenen Wassers, sonst sind wir, so noch ein Nachsturm käme, was öfters zu geschehen pflegt, wenn er irgend schnell abbricht wie nun, verloren!« – Da fragten die Fremden nicht mehr, sondern griffen zu den Wassereimern und schöpften behende das Wasser aus dem Schiff und hatten damit vollauf zu tun, bis wir das gedehnte jenseitige Ufer erreichten.

104. Landung bei den Gadarenern. Szene mit den zwei Besessenen. Deren Heilung durchs Wort des Herrn. Eine Heidenpredigt. Der Gadarener Angst. Des Herrn Weggang. Gute Missionsarbeit der zwei Geheilten.
Ev. Matth. 8, 28–34.

[1] Das Ländchen aber, dahin wir gekommen waren, oder vielmehr die Gegend war von einem Völkchen – Gergesener, auch Gadarener genannt – bewohnt und lag nach der ganzen Länge des Meeres Galiläa gerade gegenüber.

[2] Als wir da samt und sämtlich ans Land gelangt waren und uns in die kleine Stadt Gadara begeben wollten, die über dem Meere auf einer Anhöhe etwa sechstausend Schritte von unserm Landungsplatze entfernt lag, da liefen von einem kleinen Berge, der der Stadt gegenüber am See gelegen war und auf seiner Höhe die Begräbnisstätte der Bewohner dieser Gegend und Stadt hatte, uns zwei nackte Menschen gräßlich verzerrten Ansehens entgegen, die von einer ganzen Legion böser Geister besessen und derart grimmig waren, daß ihretwegen nahe niemand diese Straße passieren konnte. *(Matth. 8, 28)* Ihre Wohnung waren die Gräber des am Berge gelegenen Friedhofes. Niemand konnte sie fangen, noch binden mit Ketten. Denn so auch dann und wann eine Masse der stärksten Menschen sich ihrer bemächtigte, sie mit starken Ketten band und ihnen die stärksten Fesseln anlegte, so wurden die Ketten in einem Augenblick zerrissen und die Fesseln zu Pulver zerrieben! Sie waren Tag und Nacht auf dem Berge und allda in den Gräbern, schrieen furchtbar und schlugen sich mit den Steinen gewaltigst.

[3] Als **diese beiden** aber Mich in der Mitte der Jünger erblickten, da liefen sie schnurgerade auf Mich zu, fielen vor Mir nieder und schrieen: »Was haben wir mit Dir zu tun, Du Sohn des Allerhöchsten?! Bist Du gekommen, uns vor der Zeit zu quälen? Wir beschwören Dich bei Gott dem Allerhöchsten, daß Du uns nicht quälst!« *(Matth. 8, 29)*

[4] **Ich** aber bedrohte sie und sprach: »Wie heißest du arger Geist, der du plagst diese beiden, als wären sie ein Mann?«

[5] Da schrie **der Arge:** »Mein Name ist Legion; denn wir sind unser viele!«

[6] Ich aber gebot dem Argen, auszufahren von diesen zweien! Im Augenblick fuhren eine große Menge arger Geister in sichtbarer Gestalt von großen schwarzen Fliegen aus den beiden, baten Mich aber inständigst, daß Ich sie nicht aus dieser Gegend treiben möchte!

[7] Es war aber längs den kleinen Bergen, die sich am Meere fortzogen,

gen Abend hin eine große Herde Säue, die den Gadarenern gehörte; denn dieses Völklein, zumeist aus Griechen bestehend, aß das Fleisch dieser Tiere und trieb damit auch einen Handel zumeist nach Griechenland. *(Matth. 8, 30)*

[8] Als die argen Geister dieser Herde Säue ansichtig wurden, baten sie Mich abermals, daß Ich ihnen gestatten möchte, zu fahren in diese Herde. *(Matth. 8, 31)*

[9] Und als Ich ihnen solches gestattete aus freilich ganz geheimen, der Welt verborgenen Gründen, da fuhren die Teufel augenblicklich in die Säue, deren es bei zweitausend an der Zahl gab.

[10] Wie aber die Teufel in die Säue gefahren waren, da rannten diese Tiere auf einen Berg, der in das Meer einen stark und weit vorspringenden Felsen hatte, und von diesem Felsen, der eine Höhe von 300 Ellen hatte, stürzten all die zweitausend Säue sich in einem wahren Sturme ins Meer, wo es gerade sehr tief war. *(Matth. 8, 32)*

[11] Als aber die Hirten, welche die Säue beaufsichtigten, sahen, was da geschehen war mit den Besessenen, so entsetzen sie sich, flohen davon, eilten in die Stadt und erzählten es besonders ihren Dienstgebern, was sich unten am Meere zugetragen hatte. *(Matth. 8, 33)*

[12] Die Bewohner dieses Städtchens erschraken, und **einer,** der wie viele in dieser Stadt noch ein Heide war und auf Jupiter und all die anderen Götter des Heidentums große Stücke hielt, sprach und sagte: »Habe ich es heute morgen nicht gesagt: So einmal die zwei von den Furien Gequälten stille werden, das Meer aber bei heiterstem Himmel über die Maßen stürmend wird, dann kommt ein Gott von oben herab, und über uns wird ein Gericht ergehen; denn ohne Rute und Schwert kommen die Götter nie von den Sternen herab zur Erde! Und da haben wir's nun vor uns: Die Furien, die die beiden Sünder plagten, wühlten vorher das Meer auf, da sie sicher wußten, daß ein Gott von oben herab kommen und sie vertreiben werde von den beiden Sündern. Daß sie sich dann in Gestalt von schwarzen Bremsen auf unsere Säue warfen und diese Tiere in einem Sturme ins Meer trieben, das ist mir so klar nun als wie die Sonne am hellen Mittage! Uns bleibt nun nichts anderes zu tun übrig, als in aller Demut und Zerknirschtheit unseres Gemütes uns in einer bedeutenden Anzahl zu dem Gotte, wahrscheinlich zum Neptun oder Merkur, hinabzubegeben und ihn allerinständigst zu bitten, daß er diese Gegend sobald wieder verlassen möge; denn solange sich ein Gott sichtbar in einer Gegend der Erde aufhält, ist auf nichts denn Unglück über Unglück zu denken! Denn, wie schon gesagt, ein Gott kommt nie ohne Rute, Schwert und Gericht von den Sternen zur Erde herab!

[13] Mache ihm aber ja niemand ob des uns zugefügten Schadens auch nur mit einem geheimsten Gedanken irgendeinen Vorwurf; denn da wäre es dann rein aus mit uns! Wir haben nun den alten Göttern schon lange kein rechtes Opfer gebracht, woran uns freilich am meisten die dummen Juden gehindert haben, die da alles besser wissen wollen als wir, und darum nahm sich ein beleidigter Gott selbst sein Opfer! Also ist es! Darum dürfen wir

darüber auch keinen unzufriedenen Gedanken in uns aufkommen lassen! Aber hinab müssen wir ziehen zu ihm und müssen ihn begrüßen und dann über alles inständigst bitten, daß er diese Gegend ja sogleich wieder verlassen möchte!«

[14] Es hörten aber dieser Belehrung auch mehrere **Juden** zu und sprachen: »Ihr haltet uns zwar für dumm; aber da kennen wir uns dennoch besser aus denn ihr. Seht, dieser euer vermeintlicher Gott ist niemand anderer als entweder ein Magier aus Persien, oder er ist der berühmte Jesus aus Nazareth, von dem wir schon große Dinge gehört haben. Im übrigen sind wir mit euch darin vollends einverstanden, daß wir ihn allerinständigst bitten sollen, daß er verlasse diese Gegend; denn dergleichen Menschen sind nie ein Glück für ein Land, – das wissen wir aus den Zeiten unserer Propheten. So unser Gott gewisse Menschen zu Propheten erweckt in einem Lande, so ist das Unglück solch eines Landes auch schon gemacht!«

[15] Darauf aber trat in dieser Stadt alles zusammen und begab sich hinaus und hinab zu Mir, so daß nur wenige Kranke daheim blieben. Als die aus der Stadt Gekommenen Meiner ansichtig wurden und sahen, daß Ich ein ganz natürlich menschliches Aussehen hatte, so bekamen sie etwas mehr Mut, sich Mir zu nahen, und traten darum, obschon noch immer mit vieler Furcht, zu Mir hin und baten Mich, daß Ich sobald von ihren Grenzen weichen möchte! *(Matth. 8, 34)*

[16] Einige aber besahen die beiden, die sie als ehedem Besessene gar wohl kannten. Die waren nun bekleidet und redeten ganz vernünftig mit ihnen und erzählten ihnen, wie Ich sie von ihrer Plage befreit habe, und wie sie darauf von denen, die mit Mir angekommen seien, sogleich bekleidet worden seien. Aber alles das vermochte die Furcht, besonders der Heiden, nicht zu vermindern, und sie baten um nichts als nur, daß Ich ihre Gegend verlassen und nie wiederkehren möchte!

[17] Und **Ich** gab ihren Bitten nach und sagte darauf zum Petrus: »Freund, bringe das Schiff nur sogleich wieder zurecht, auf daß wir sobald wieder von dieser Gegend uns entfernen mögen!«

[18] Und Petrus und seine Knechte brachten sogleich das Schiff zurecht. Als Ich aber in das Schiff trat, da eilten Mir die beiden Geheilten nach und baten Mich, daß auch sie Mir folgen dürften; denn sie würden in dieser Stadt nichts zu tun und nichts zu leben bekommen, und in ihrem Hause würden ihre Angehörigen sie sicher nimmer aufnehmen wollen, da sie vor ihnen eine zu große Furcht hätten! **Ich** aber wies sie liebernstlich zurück und sagte zu ihnen: »Kehret nur getrost in euer Haus zu den Eurigen wieder zurück; sie werden euch mit Freuden aufnehmen! Gehet und verkündet es den Eurigen aber, wie auch der ganzen Gegend, was für Großes der Herr an euch getan hat, und welche Barmherzigkeit Er euch erwies, so werdet ihr dadurch besser tun, als so ihr nun Mir folgen würdet! Denn ihr sollet nun in dieser Gegend, in der man euch allenthalben gar wohl kennt, Mir ein tüchtiges Zeugnis geben und dadurch den Menschen nützlich werden; und die Menschen werden euch also nach wie vor, da ihr ihnen ein Schrecken waret, nicht verhungern lassen.«

[19] Darauf entfernten sich die beiden Geheilten wie ein Mann und taten emsigst, was Ich ihnen anbefohlen hatte.

[20] In kurzer Zeit haben Mich die beiden nicht nur in ihrer Heimat, sondern auch in allen zehn Städten, die da am obern Teile des Meeres lagen, ruchbar gemacht und verkündeten mit großem Eifer allenthalben, was für Großes Ich an ihnen getan und welch eine große Barmherzigkeit Ich ihnen erwiesen habe. Und es glaubten dadurch viele an Meinen Namen und bekamen eine große Sehnsucht nach Mir, Juden und Griechen in gleicher Weise.

105. Rückreise nach Nazareth. Des Herrn Mahl mit den Seinen im irdischen Daheim. Verschiedene Ansichten über den Grund, weshalb Jesus hier keine Wunder tat. Besuch einer Synagoge. »Reden ist gut, schweigen besser!« Charakter der Tempelsippe; ihre heuchlerische Antwort und grimmige Frage nach Jesus.

Ev. Matth. 9, 1.

[1] Wir aber fuhren nun gerade in der Richtung gen Nazareth zu; denn Ich hatte es Mir vorgenommen, nun wieder einmal Nazareth zu besuchen und daheim ein wenig auszuruhen und bei dieser Gelegenheit auch den sehr unsteten Nazaräern das Licht der Wahrheit anzuzünden!

[2] Die Rückfahrt aber dauerte etwas länger als die Hinfahrt, und es wurden viele hungrig. Ich aber stärkte sie, und sie verspürten in sich eine wundervolle Sättigung, und **einige** sagten: »Wahrlich, ein Atemzug gibt Brot, und ein zweiter schmeckt wie Wein!« Und so erreichten wir am nächsten Morgen früh das Ufer. Vom Ufer des Sees bis vollends nach Nazareth waren noch bei zwanzig Feldwegs (ein Feldweg war nach gegenwärtigem Maße eine Strecke von 50–70 Klaftern*), und wir setzten sonach unsere Reise ungehindert fort und erreichten in kurzer Zeit die Stadt Nazareth. Währenddem versorgten ganz natürlich die Knechte Petri das Schiff und fuhren nach Hause.

[3] Es war aber allda, wo wir gelandet hatten, ein allgemeiner Landungsplatz, und es waren daselbst viele Menschen versammelt, einige, die übers Meer nach allen Richtungen zu fahren hatten ihrer Geschäfte wegen, und viele, die von allen Gegenden, sogar von Jerusalem herab, auf den Markt nach Nazareth kamen; denn es war in dieser Zeit eben ein großer Markt in dieser Stadt.

[4] Als es aber auf dem Landungsplatze hieß, daß Ich mit dem Schiffe Petri angekommen sei, da blieben auch jene zurück, die da übers Meer ihre Reise machen wollten ihrer Geschäfte halber, und es zog somit eine große Volksmenge mit Mir nach Nazareth.

[5] Ich und Meine Jünger aber begaben uns in Mein, das heißt nun der Mutter Maria Haus, die daheim war mit den drei ältesten Söhnen und vier Mägden, die schon von früher her unter Josephs Zeiten, da Ich noch ein Kind war, an Kindes Statt ins Haus genommen und auferzogen wurden.

---

* 1 Wiener Klafter = 1,90 m. 1 Feldweg ca. 120 m; griech. Feldweg 192 m.

[6] Maria und die ganze Hausgenossenschaft legten nun die Hände ans Werk und bereiteten uns ein reichliches Morgenmahl, das uns schon recht not tat, besonders den Jüngern, die einen ganzen Tag und eine ganze Nacht fast nichts zu sich genommen hatten. Das Mahl war bald bereitet, und wir setzten uns und aßen und tranken. Nach dem Mahle aber dankten wir und erhoben uns und gingen in die Stadt, um da dem Tun und Treiben der Menschen ein wenig zuzusehen. Wir konnten aber kaum aus dem Hause vor der großen Menge des Volkes, das zum größten Teil aus Neugierde, zum Teil aus schmählicher Spioniererei und nur zu einem sehr geringen Teile aus Not und Bedürfnis sich ums Haus gelagert hatte.

[7] Als wir sonach vors Haus traten, da fragten einige aus Jerusalem anwesende Pharisäer und Schriftgelehrte, ob Ich hier keine Wunder und Zeichen tun werde. **Ich** aber sagte ihnen ganz ernst und entschieden: »Nein, eures Unglaubens willen keine!« Auf dieses entschiedene Nein fingen sie an, sich zu zerstreuen, und **einige** murmelten und raunten sich ins Ohr: »Er hat Furcht vor den Herren aus Jerusalem und getrauet sich nicht.« **Andere** wieder sagten: »Er hat wahrscheinlich seine Zaubermittel nicht bei sich.« Wieder **andere** sagten: »Hier tut er seiner Landsleute wegen nichts; denn er wird es wohl wissen, daß er bei ihnen in keinem besonderen Rufe steht!« Mit solchen und ähnlichen Äußerungen zerstreuten sie sich, und es war in wenigen Augenblicken kein Mensch mehr beim Hause der Maria, Meines Leibes Gebärerin, und wir hatten sogleich Platz genug, um unsern Weg in die Stadt anzutreten.

[8] Wir besuchten allda eine Synagoge*, in der ein jeder Jude, der irgend etwas wußte, vor drei Schriftgelehrten, die obenan saßen, reden und auch eine und die andere Beschwerde anbringen durfte, die er oder mit ihm eine ganze Gemeinde als begründet gegen die von Jerusalem irgendwo angestellten Priester und Schriftgelehrten wußte.

[9] Als wir in die Synagoge kamen, sagte **Simon** von Kana insgeheim zu Mir: »Herr, da könnten ja auch wir etwas anbringen!? An allerlei Beschwerden würde es uns nicht fehlen!«

[10] Sage **Ich:** »Mein Freund! Reden zur rechten Zeit der Wahrheit gemäß ist recht und gut; aber zur rechten Zeit zu schweigen ist noch besser! Du kannst tun, was du willst, so wirst du aus Eisen dennoch nie ein Gold machen und aus Lehm kein Silber! Diese Art, die hier zu Rate und zu Gehör sitzt, ist inwendig bei weitem anders, als sie sich von außen zeigt; auswendig ist sie ein Lamm und inwendig ein reißender Wolf!

[11] Meinst du, diese sitzen hier darum zu Gehör, um nach den vernommenen Beschwerden dem Volke die angesuchten Linderungen zu verschaffen? Oh, da wärest du in großer Irre!

[12] Diese Art sitzt nur darum dem Volke mit freundlichen Gesichtern zu Gehör, um es auszukosten, wie es gegen die Priesterschaft gesinnt ist. Glau-

---

* »Synagoge« bedeutet sowohl »Versammlungsort« als auch »Versammlung«, ähnlich wie »Kirche« auch zunächst »Versammlungshaus«, aber im weiteren Sinn auch »Gemeinde«, »Geistes-Gemeinschaft« bedeutet.

be es Mir! Heute wirst du freundlichst angehört, und morgen wird man dich ins Zuchtgefängnis stecken und dich ein volles Jahr hindurch mit Schlangen *(Zuchtrute)* züchtigen! Denn diese Priester sind alle gleich den Raben und Krähen, wo eine der andern nie die Augen aushackt mit ihres Schnabels scharfer Spitze.

[13] Darum hören wir hier bloß zu und haben darauf acht, ob und inwiefern und wie gestaltig da unser erwähnt wird. Man bemerkt uns nicht, und so man uns auch bemerkte, so wird man uns doch nicht sobald erkennen, und so haben wir hier gut zuzuhören und uns nach dem Gehörten zu richten.« – Simon von Kana war mit diesem Bescheide vollends zufrieden, und wir nahmen in einem etwas dunklen Winkel der Synagoge Platz und behorchten, was da alles vorkam.

[14] Einzelne Menschen für sich, wie auch Abgeordnete von ganzen Gemeinden, brachten eine Menge schreiender Beschwerden gegen die Priester vor und wurden ganz freundlichst angehört.

[15] Als aber das Volk mit seinen Beschwerden fertig war, und die drei Schriftgelehrten und Pharisäer, die von Jerusalem herabgekommen waren, ihm die treue Versicherung gaben, daß sie dagegen alles mögliche tun und die angeklagten Priester einer scharfen Untersuchung unterziehen und sie nach gerechtem Befunde zu züchtigen verstehen würden, da fragt ein Schriftgelehrter das Volk mit freundlichster Miene, ob und was es allenfalls von Mir, das heißt von dem berüchtigten Volksaufwiegler Jesus, wüßte. Denn sie hätten es nach Jerusalem hinauf vernommen, daß er in Galiläa herum sein Wesen triebe und täte große Zeichen, wie sie vor ihm noch nie jemand getrieben und getan hätte; ob solches wohl wahr sei, und was da sie und die andern Menschen davon hielten.

106. Ein rechter Mann gibt über den Herrn ein wahres gutes Zeugnis öffentlich in der Synagoge. Persönliches und Allgemeines über Jesus von Nazareth. Sein Leben, Seine Taten und Seine Lehre. Des Pharisäers scharfe Antwort darauf. Des Mannes kräftigst erneutes Zeugnis vom Argen der Pharisäer und von der Göttlichkeit des Herrn macht die Getroffenen wutschnaubend verschwinden. Die Gläubigen wollen Jesum zum Lehrer und Oberpriester erwählen.

[1] Da tritt ein sehr angesehener **Mann** aus der Gegend von Kapernaum vor und spricht: »Hochgeehrtester Diener Jehovas im Tempel zu Jerusalem! Der von euch nun in eurer Frage vor uns angeführte Jesus ist aus dieser Gegend und Stadt sozusagen gebürtig, hat sich stets ordentlich und überaus gottesfürchtig zu jeder Zeit benommen! Man sah ihn sehr oft anhaltend beten; nie noch hat ihn jemand lachen gesehen, aber dafür oft weinen in geheimen stillen Orten, die er oft zu besuchen pflegte.

[2] Schon in der frühesten Zeit seines Lebens haben sich mit ihm seltsame Dinge zugetragen, und nun, da er eigentlich als ein rechter Arzt, der seinesgleichen auf der Erde nicht hat, eine Reise unternommen hat, bringt er

Heilungen durchs bloße Wort derart zuwege, wie sie nur Jehova allein zuwege zu bringen imstande wäre!

[3] Alle Taten von Moses an bis zu uns herab sind nahe als nichts dagegen anzusehen! Er macht jahrelang gänzlich verdorrte Krüppel augenblicklich völlig gesund, jedes noch so böse Fieber muß sich vor seinem Worte beugen, die von Geburt aus Stummen, Tauben und Blinden reden, hören und sehen so vollkommen wie unsereins! Den bösesten Aussatz vertreibt er plötzlich, von den Besessenen treibt er bloß durch ein Wort die Legionen von Teufeln aus, und die Toten ruft er, und sie stehen auf, essen und trinken und wandeln dann herum, als hätte ihnen nie etwas gefehlt! Also gebietet er auch den Elementen, und sie gehorchen ihm, als wären sie seine getreuesten und willfährigsten Diener!

[4] Seine Lehre aber ist, im allgemeinen gesprochen, die: daß man Gott über alles und seinen Nächsten wie sich selbst lieben solle in der Tat!

[5] Da er aber solche Taten verrichtet und die reinste Lehre seinen Jüngern verkündet, so halten wir ihn für einen ganz außerordentlichen Propheten, den Jehova nun, wie einst den Elias, uns in unserer größten Drangsal wie aus den Himmeln gesandt hat! Das ist alles, was ich und noch viele von diesem herrlichen Jesus wissen, und wir können Gott nicht genug danken, daß Er einmal wieder Seines armen, über alle Maßen bedrängten Volkes gedacht hat.

[6] Viele halten ihn für den verheißenen großen Gesalbten des Herrn! Ich meinesteils aber bin weder dafür noch dawider, frage aber dennoch, ob einst Christus, Der da kommen soll, größere Taten verrichten wird?!«

[7] Sagt **der Priester:** »Du redest da, wie ein Blinder urteilt von den Farben! Wo steht es denn geschrieben, daß je ein Prophet aus Galiläa erweckt werde?! Wir sagen es dir, daß dieser euer Jesus nichts als ein arger Zauberer ist, der durchs Feuer vertilgt werden sollte! Seine Lehre aber ist eine Larve, hinter der er sein gotteslästerliches Unwesen verbirgt! Nicht mit Gott, sondern mit aller Teufel Oberstem verrichtet er seine Wundertaten, – und ihr Blinden haltet ihn sogar für den großen Verheißenen! Wahrlich, ihr alle seid darum samt ihm des Feuertodes schuldig!«

[8] **Der Mann** aber stellt sich fest auf und sagt: »Ja, von euch aus, so wir nicht Galiläer und ich namentlich nicht ein kompletter Römer wäre und noch ihr, und nicht die Römer, unsere Herren wären, da brennten wir schon lange! Aber glücklicherweise hat für uns Galiläer eure Herrlichkeit schon lange aufgehört! Wir sind vollkommen römische Untertanen und haben sonach mit euch nichts zu tun, als euch höchstens aus Galiläa vollends hinauszuweisen, so ihr es wagen solltet, euch nur an den Kleinsten aus uns Römern zu vergreifen!

[9] Ich sage euch aber nun bezüglich unseres großen Propheten Jesus auch noch das: Wehe euch, so es euch gelüsten sollte, in diesem Lande eure bösen Hände an Ihn zu legen!

[10] Denn für uns ist Er ein w a h r h a f t i g s t e r G o t t; Er tat vor uns Dinge, die nur Gott allein möglich sein können!

[11] Ein Gott, der den armen leidenden Menschen Gutes tut, muß ein

rechter und wahrer Gott sein! Ein Gott aber, wie der eurige ist, der nur mit Gold, Silber und allerlei andern fetten Opfern zu beschwichtigen ist und für lange und überteuer bezahlte Gebete beinahe soviel als nichts tut und gibt, ist gleich wie ihr, die ihr euch seine Diener nennt, durch und durch böse und verdient, gleich wie ihr, aus dem Lande hinausgeworfen zu werden!

[12] Ihr sagtet, Jesus sei ein reißender Wolf im Schafspelz! Was seid denn dann ihr?! Wahrlich, gerade ihr selbst seid das in vollstem Maße, was ihr von Jesus, diesem lammfrommen Manne, aussagtet!

[13] Ihr hört unsere Beschwerden mit freundlicher Miene an, in eurer Brust aber brütet ihr die unversöhnbarste Rache für uns Beschwerdeführer und möchtet nun schon, so es euch möglich wäre, uns mit Sodoms Feuer aus den Himmeln vertilgen! Aber nichts da, ihr arges Natterngeschmeiß und Skorpionengezüchte! Hier sind wir Römer die Herren und werden euch den Weg von hier bis Jerusalem zu weisen verstehen, so ihr euch nicht von selbst sogleich auf den Weg machen werdet!«

[14] Diese Rede hatte natürlich die drei Schriftgelehrten in eine allerglühendste Wut versetzt; aber sie getrauten sich nun vor dem zahlreichen Volke nicht mehr zu äußern und suchten daher durch ein Hinterpförtchen das Weite zu erlangen, nämlich den Weg gen Kapernaum, allwo die meisten Pharisäer und Schriftgelehrten aus Jerusalem sich aufhielten und ganz ungehindert allen erdenklichen Lastern der Hurerei und jedes möglichen Betruges huldigten.

[15] Als die drei sogestaltig die Synagoge geräumt hatten, da trat **ein anderer** hervor und brachte dem Redner den allgemeinen Dank aus dem Munde aller hier anwesenden Deputierten und Einzelbeschwerdeführer, setzte aber am Ende hinzu und sprach: »So wir es nicht den Samaritanern gleichmachen, werden wir vor diesen Bestien keine Ruhe haben! Ihre Namen müssen uns verächtlicher werden als die des Gog und Magog, und Jerusalem muß uns sein ein Ort zum Anpissen, sonst werden wir diese Plage, die ärger ist denn alle Pestilenz, nimmer los!«

[16] Sie geben ihm **alle** recht und sagen: »Wenn nun unser wundertätiger Jesus irgendwo anzutreffen wäre, sogleich müßte Er hierherkommen, und wir würden Ihn zu unserm allein gültigen Lehrer und Oberpriester machen!«

[17] Sagt **der Redner:** »Das wäre auch mein Sinn; aber darüber müßten wir uns zuvor dennoch beim römischen Landpfleger in Kapernaum erkundigen, ob er damit einverstanden wäre. Denn es haben die Römer hier an der Seite unserer Priesterschaft eben keinen leichten Stand; denn der Tempel soll mit dem Könige Roms stets in einer ganz geheimen Korrespondenz stehen!«

[18] Mit diesem Vorschlage waren alle einverstanden und verließen darauf einer nach dem andern den Saal, in welchem die Synagoge war.

107. Des Wirtes Simon Freude über diese die Templer treffende Niederlage. Des Herrn Weisung, wo man sich gerecht freuen könne, und Seine Warnung, sich über blinde Menschen oder schlechte Witze lustig zu machen. Beispiele: die Gadarener Geheilten und der gefoppte Blinde. Die Weltkomödie ist den Kindern Gottes ein Trauerspiel.

[1] **Ich** aber sage zu Simon von Kana: »Hast du's nun gesehen, wie gut es ist, zur rechten Zeit schweigen zu können?! Wo die andern für uns reden und handeln, da haben wir allzeit gut schweigen! – Verstehst du das?«

[2] Sagt **Simon** von Kana: »Ja, Herr, das verstehe ich und sehe nun klar ein, wie es sehr besser ist, zu schweigen als zu reden. Man wird zwar manchmal gerade bei den Haaren hingezogen, bei solchen Gelegenheiten die eigene Zunge in die stärkste Bewegung zu setzen, aber hier hat es sich als wahr und tatsächlich erwiesen, daß das Schweigen zur rechten Zeit um vieles besser ist als das gediegenste Reden. Aber wir haben übrigens hier auch gut zu schweigen gehabt, denn wir haben an dem einen, der sich als ein Römer den Priestern vorstellte, einen überaus mutigen, wort- und sachkundigen Vertreter gehabt.

[3] Mir wäre beinahe das Lachen gekommen, als sich die drei Templer zurückzuziehen begannen und dadurch in diesem Lande nun nahe um ihr ganzes Ansehen gekommen sind! Ihre Gesichter wurden immer länger und länger, und ihre Füße haben bei der stets kräftiger werdenden Rede des Römers aus Kapernaum angefangen, bedeutend unruhig zu werden, und trafen sogleich die zum Durchgehen ganz geeigneten Vorkehrungen. Als ich solche ganz eigentümliche Unruhe in den Füßen der drei Templer bemerkte, da sagte mir mein Geist: ›Jetzt werden sie sogleich unsichtbar werden!‹, – und richtig, sie wurden unsichtbar!

[4] Wahrlich, Herr, das kann keine Sünde sein, so manchmal, wie es jetzt der Fall war, gar so erzschlechten und gänzlich unverbesserlichen Lumpen so recht ein allerdickster Strich durch die Rechnung gemacht wird, daß man dann im Herzen ein nahe unvermeidliches Wohlbehagen empfindet! Ich für mich hätte dem Römer aber schon ein jedes Wort vom Munde wegküssen können!«

[5] Sage **Ich:** »Über eine jede zu rechter Zeit eingetretene Gegenwirkung, durch die das noch so verborgen gehaltene Böse entdeckt und vernichtet wird, kann eine ehrliche Brust mit vollstem Rechte sich erfreuen und eine das Gemüt stärkende Heiterkeit empfinden; aber wohl gemerkt, nur über die glückliche Vereitelung des an und für sich Bösen, Falschen und Schlechten, aber nie über den Menschen, der solcher Sünde zumeist in seiner Blindheit als ein Knecht gedient hat!

[6] Hast du doch die beiden Gadarener gesehen, und wie böse sie waren! Als Ich aber die Legion Teufel aus ihnen getrieben habe, wie gut und sanft wurden sie darauf und lobten und priesen Gott, daß Er einem Menschen solche Gewalt gegeben hatte! Wäre es da in der Ordnung gewesen, so man dort darum nur eine Freude empfunden hätte, weil den zwei Verruchten, die ein Schrecken der ganzen Gegend waren, ihr arges Handwerk gelegt wurde,

und weil man obendrauf noch einigen Sauwucherern ihre Wuchermittel ins Meer gestürzt hat?! Oh, eine sogestaltige Freude wäre eines jeden echten Menschen wohl sehr unwürdig gewesen! Aber so man darob eine rechte Freude empfand, daß zweien hartgeplagten Menschen die Plage benommen ward, und daß darauf die argen Plageteufel endlich durch die Vernichtung ihres eigenen, bei den Gadarenern sorgfältig gepflegten argen Wuchergeistes der guten Sache des Himmels dienen mußten, da war eine sogestaltige Freude und Heiterkeit himmlischer Art und somit vollauf gut.

[7] Ich sage es euch allen ganz aus der vollebendigen Wahrheitstiefe: Wer über einen dummen Menschen lacht, der zeigt, daß er dazu selbst die beste Anlage hat; denn da h a n d e l t der eine dumm aus seiner Dummheit heraus, und der andere l a c h t aus seiner Dummheit heraus; und also findet eine Dummheit an der andern ihr Vergnügen also, daß es ihr am Ende gar nicht recht ist, wenn der erste von seiner Dummheit abbricht und vernünftig zu handeln beginnt.

[8] Doch ganz anders ist es, wenn ihr einen Dummhandelnden brüderlich zurechtweiset und sodann mit freudigem und heiterem Herzen lachet, so der Dumme weise zu handeln beginnt! Dann ist eure Freude und Heiterkeit in der Ordnung der Himmel und somit gut, recht und gerecht!

[9] Welche Freude und Heiterkeit aber kann das jemandem überhaupt, weisermaßen betrachtet, bereiten, so am Wege ein Blinder wandelt und zu einem Sehenden, der denselben Weg geht, spricht: ›Freund, ich bin am Wege irre geworden und weiß nicht, ob ich vor- oder rückwärts gehe; da vorne soll mein Haus sein. Nach meinen gezählten Schritten sollte ich schon in des Hauses voller Nähe sein; aber so ich in meiner leicht überkommenen Irre als Stockblinder statt vorwärts nach rückwärts mich gewendet habe, so wäre ich nun entfernter vom Hause als auf dem Punkte, von da ich nach Hause gehen wollte. Habe also die Güte und bringe mich doch rechten Weges zu meinem Hause hin!‹

[10] Wenn dann der Sehende den Blinden belacht und, während er sich mit ihm ganz in der vollen Nähe des Hauses befindet und nur noch zehn Schritte zur Hausflur hätte, zum Blinden sagt: ›Oh, da bist du sehr irre gegangen! Gib mir deine Hand; ich werde dich auf deine Bitte, wenn es auch etwas weit ist, dennoch in dein Haus führen!‹ Der Blinde, darüber voll Freude, dankt im voraus dem sehenden Führer. Dieser führt den Blinden stets lachend zwanzig Male um dessen Haus herum und sagt zu ihm, voll Lache in seiner Brust: ›Nun Freund, sind wir hier; da ist euer Haus!‹ Der Blinde dankt ihm noch über die Maßen; der Sehende aber ist voll Lache, weil ihm der Spaß gelungen ist!

[11] Ich frage hier, wer in dem Falle blinder sei, der Blinde selbst oder sein sehender Führer?! Ich sage es euch: der herzlose Führer; denn der ist blind im Herzen, und das ist ärger denn eine tausendfache Blindheit im Kopfe!

[12] Also lachen die Menschen auch über allerlei schneidige Reden, und besonders dann am meisten, wenn solche Reden recht viele derbe und unflätige Anspielungen enthalten und so manche Schwachheiten und Sünden ihrer Brüder vor die Augen und Ohren der Welt bringen!

[13] Ich sage es euch: Wer über derlei lachen kann oder auch als Zeuge, so irgend ein lustiger Kauz irgend jemand Schwachen so recht baumdick anlügt und ihm eine matt versilberte Bohne für eine echte Perle verkauft, überaus lustig wird, in dessen Herz hat der Teufel eine reiche Fülle von allerlei bösem Samen gestreut, aus dem nie eine Frucht des Lebens hervorgehen wird.

[14] Daher ist es also besser, sich von all dem abzuwenden und lieber dort zu trauern, wo die blinde Welt zur frechen Lache genötigt wird; denn die Komödie der Welt ist stets ein Trauerspiel für die echten Kinder Gottes, und nur zu oft weinen die Engel Gottes im Himmel, so die Weltmenschen in ihrem bösen Unsinne lachen.

[15] Lassen wir daher auch die drei Templer, die wohl voll Arges sind, aber dabei dennoch Menschen und nur durch die Einwirkung des Satans und aus purer Welt- und Selbstliebe, die ihr Eigentum ist, mißratene Kinder desselben Vaters sind, Der auch euer Vater ist! Nur ihr Böses ist daher zu verachten, sie als Menschen und Brüder aber nur zu beweinen!

[16] Es ist besser, den berauschten Noah zu verhüllen, als ihn zu enthüllen und ihn dem Gelächter der Welt preiszugeben!

[17] So ihr solches nun begriffen habt in euren Herzen, da lasset nun denn auch uns aus der leergewordenen Synagoge nach Hause ziehen; denn das Mittagsmahl wird bereitet sein! Und so gehen wir denn nun!«

108. Marias häusliche Sorgen vom Herrn behoben. Ihr Dank und Seine Mahnung. Der Jünger und des Meisters Lob über die Maria. Des Herrn Voraussage über die Verehrung der Maria. Warnung vor Überhebung. Eitelkeit und Hochmut, die Schwächen des Weibes.

[1] Wir gehen nun, und viele, die uns begegnen, grüßen uns zwar, aber niemand fragt uns, wo wir waren, und wohin wir gingen.

[2] Am Wege aber kommt uns auch Judas Ischariot unter; dieser fragt uns, wo wir gewesen wären, und wohin wir nun gingen. Denn dieser war nicht in der Synagoge, weil er mit seinen Fischen und Töpferwaren Markt gehalten und viel Geld eingelöst hatte, was ihn sehr froh machte. Er ging aber dennoch mit uns in Mein Haus und ließ es sich allda wohlschmecken, weil es ihn nichts kostete. Aber nach dem Mahle ging er sobald wieder zu seiner Marktbude und machte daselbst seine Geldgeschäfte, denn der Markt dauerte drei Tage, und es machten da allerlei Kaufleute viel Geschäfte und ließen sich ihre Waren gut bezahlen.

[3] Am andern Tage fragte Mich die Mutter Maria, ob Ich hier nicht öffentlich wieder etwas tun würde, und wie lange Ich Mich hier im Hause diesmal aufhalten und ob noch jemand hinzukommen werde, auf daß sie sich um einen genügenden Mundvorrat umsehen könnte; denn der gegenwärtige sei nahe zu Ende.

[4] Sage **Ich:** »Weib, sorge dich nicht um Mich, noch um Meine Gesellschaft und um einen genügenden Mundvorrat! Denn sieh, Der die ganze,

große Erde ernährt und die Sonne, den Mond und all die Sterne mit Seiner Liebe sättigt, Dem ist dies kleine Haus nicht fremd, und Er weiß es ganz genau, was diesem Hause not tut! Daher kümmere und sorge dich nicht; denn für das du dich nun sorgest, dafür ist von oben schon gesorgt!

[5] Der Vater im Himmel läßt Seine Kinder nicht hungern, außer – wann es nötig ist zu ihrem Heile.

[6] Hast du es ja zu Sichar in vollster Genüge gesehen, wie der Vater im Himmel gesorgt hatte für Seine Kindlein! Meinst du, daß Er seit etwelchen Tagen härter geworden ist?! Gehe hinaus in die Speisekammer, und du wirst sehen, daß du dich umsonst gesorgt hast!«

[7] Maria eilt nun in die Speisekammer und findet diese vollgesteckt mit Brot, Mehl, Früchten, geräucherten und frischen Fischen, mit Milch, Käse, Butter und Honig! Als die Mutter solch großen Vorrat in der Speisekammer erschaut, da wird es ihr völlig bange; sie eilt schnell zu Mir zurück, fällt vor Mir auf die Knie nieder und dankt Mir kniend für solch eine reiche Versorgung ihrer Speisekammer! **Ich** aber beuge Mich schnell zur Erde und hebe die Mutter empor, und sage zu ihr: »Was tust du Mir, das allein dem Vater gebührt? Stehe auf; denn wir beide kennen uns ja schon seit dreißig Jahren, und Ich bin ja doch stets Derselbe und der Gleiche!«

[8] Maria aber weint vor Freude, begrüßt alle Meine Jünger und geht dann schnell hinaus, um uns ein gutes Mittagsmahl zu bereiten.

[9] **Die Jünger** aber treten zu Mir und sagen: »Siehe, welch ein liebes Weib, und welch eine zärtlichste Mutter! Sie ist nun schon 45 Jahre alt und sieht aus, als hätte sie kaum das zwanzigste Jahr zurückgelegt. Und wie ungemein zärtlich besorgt sie ist, und wie hoch schwellt die reinste Mutterliebe ihre wahrhaft heilig reinste Brust! Wahrlich, ein Weib der Weiber der ganzen Erde!«

[10] Sage **Ich:** »Ja, ja, Sie ist die Erste, und es wird nimmer eine mehr sein wie Sie! Aber es wird auch kommen, daß man ihr mehr Tempel denn Mir erbauen wird, und wird sie ehren zehnfach mehr denn Mich, und wird des Glaubens sein, nur durch sie selig werden zu können!

[11] Darum will Ich denn nun auch, daß man sie nicht zu sehr erhebe, indem sie wohl weiß, daß sie Meines Leibes Mutter ist, und auch weiß, Wer hinter diesem Leibe, den sie gebar, steckt!

[12] Deshalb seid mit ihr überaus gut und artig, nur hütet euch davor, ihr irgend eine göttliche Verehrung zukommen zu lassen!

[13] Denn bei allen ihren über alle Maßen vortrefflichsten Eigenschaften ist sie dennoch ein Weib; und vom besten Weibe bis zur Eitelkeit ist und bleibt nur ein sehr kleiner Zwischenraum!

[14] Und jede Eitelkeit ist der Same des Hochmuts, aus dem alles Übel in die Welt gekommen ist, noch kommt und allzeit kommen wird! Deshalb beachtet auch gegen die Mutter, was Ich euch nun gesagt habe!«

109. Des Petrus und Simon Gespräch über die Zukunft der Lehre Jesu. Des Herrn Mahnung zum Gottvertrauen. »Kümmert euch nicht um Fernliegendes, sondern tut willig das, wozu ihr berufen seid!« Gleichnis vom Künstler und seinen Werkzeugen. »Ihr seid Wurfschaufeln in des Vaters Hand.« »Wer und was bist Du?« Winke über »Vater« und »Sohn«.

[1] Petrus schüttelt den Kopf und zuckt mit den Achseln! **Simon** von Kana aber fragt ihn darob und sagt: »Was dünket dich denn? So der Herr es also vor uns geweissagt hat, da wird es auch sicher also kommen, und wir aber wissen nun doch, wie wir diese Sache zu nehmen und uns dabei zu verhalten haben. Was sollen wir da mit unseren Köpfen zweiflige Bewegungen machen und zucken mit den Achseln?!«

[2] Sagt **Petrus:** »Lieber Bruder, mein Kopfschütteln und mein Achselzucken bedeutet ganz was anderes, als was du dadurch von mir zu verstehen scheinst!«

[3] Sagt **Simon:** »Was dann, lieber Bruder?«

[4] Sagt **Petrus:** »Sieh, des Herrn Wort und Tat ist heilig; wie glücklich könnten alle Menschen auf der Erde sein, so sie diese Lehre schon hätten und nach derselben lebten! Aber wenn so, das, dies und jenes, – oh, wann wird diese Lehre ein heiliges Gemeingut aller Menschen der Erde werden? Und so der Herr daneben noch dies und jenes wird geschehen lassen, wie wird dann in kurzer Zeit diese Lehre aussehen?! Wahrlich, also wird es geschehen, daß aus dieser allerköstlichsten Seelenspeise am Ende ein Hunde- und Schweinefutter wird! Und siehe, Bruder, das ist es, was mich den Kopf schütteln und die Achseln zucken macht!«

[5] Sage **Ich:** »Petrus, laß du das! Du wirst tun, was zu tun dir auferlegt wird; um die Wirkung hast du dich weiter nicht zu kümmern! Was da kommen wird und in aller Tiefe der Weisheit und Liebe kommen muß so oder so, darum weiß bloß der Vater und der auch, dem es der Vater offenbaren will, wie, wann und warum solches alles zugelassen wird, daß es geschehe!

[6] So du aber kommst in eine große Werkstätte eines Künstlers und siehst viele und verschiedenartige Werkzeuge, weißt du wohl, wie sie der Künstler zur Hervorbringung eines Werkes gebraucht? Du wirst da wohl auch deinen Kopf schütteln und zucken mit den Achseln; aber dadurch wirst du nicht ins klare kommen, wie etwa doch der Künstler seine vielen und mannigfachen Werkzeuge benutzt, und wie durch sie irgendein künstliches Werk zustande gebracht wird. So es dir aber der Künstler erklären will, so wirst du dann auch wissen, wie es dir der Künstler erklärt hat.

[7] Ich sage dir aber: Über alle Künstler hinaus ist Gott, und die größte Kunst ist, aus sich gestalten ein selbständiges freiestes Leben in zahllosen Einzelwesen! Dazu gehören denn wohl auch endlos mannigfache geistige Werkzeuge; und du wie die Maria und alle Menschen sind zu diesem e i n e n Zwecke ebenfalls verschiedene Werke und Werkzeuge, die der Vater im Himmel allein allerweisest zu gebrauchen versteht!

[8] Darum kümmere dich nicht weiter, als bloß nur um das, wozu du

berufen bist, so wirst du als ein rechtes Werkzeug in der Hand des Vaters die rechten Dienste leisten!

[9] Oder ist die Wurfschaufel über den, der sie als ein Reinigungswerkzeug gebraucht?! Wenn sie taugt, so wird mit ihr der Weizen, die Gerste und das Korn gereinigt; taugt sie aber nicht, so wird sie tauglich gemacht oder ins Feuer geworfen! So dich aber der Vater zur Wurfschaufel gemacht hat, da bleibe, was du bist, und wolle nicht, daß du auch ein Topf seiest! Verstehst du das?«

[10] Sagt **Petrus:** »Herr, das ist etwas dunkel. Es kommt mir wohl vor, als verstände ich's; aber so ich weiter denke und den Grund suche, so verstehe ich dann dies geheimnisvoll klingende Bild nicht. Wie kann man Werk und Werkzeug zugleich sein, und wie bin ich eine Wurfschaufel?«

[11] Sage **Ich:** »Ist denn nicht ein jegliches Werkzeug in sich zuvor, ehe es der Künstler gebraucht, ein vollendetes Werk in seiner Art, auf daß es der Künstler gebrauchen kann zur Hervorbringung eines andern Werkes oder zur zweckdienlichen Verrichtung irgend einer Arbeit?!

[12] Ich sagte aber, daß du in der Hand des himmlischen Vaters eine Wurfschaufel bist, weil du und die anderen Jünger nun von Mir unterwiesen werden, die Menschen zur wahren Erkenntnis Gottes zu erheben.

[13] Die Menschen der Welt sind gleich Weizen, Gerste und Korn. Aber dies lebendige Getreide wächst nicht ohne Spreu und unflätigen Staub. Auf daß aber dieses Getreide, das heißt diese Weltmenschen, von ihrer Spreu und ihrem Unflate gereinigt und sodann als ein völlig reines Getreide in die ewigen Scheuern des Vaters gebracht werden möchten, werdet ihr nun zu rechten und lebendigen Wurfschaufeln umgestaltet, durch die der Vater im Himmel Sein Getreide reinigen wird. Versteht ihr nun dieses?«

[14] Sagt **Petrus:** »Ja, Herr, nun ist uns die Sache vollends klar; nur möchten wir nun noch hinzuwissen, indem Du immer vom Vater im Himmel redest wie von einer zweiten Person, während wir seit Sichar her immer Dich so ganz heimlich auch für den Vater hielten, wer denn dann Du so ganz eigentlich bist! Bist etwa auch Du in der Hand des Vaters eine Wurfschaufel oder irgend ein anderes Werkzeug?«

[15] Sage **Ich:** »Ich bin zuerst Der, Der Ich bin; dann aber bin Ich auch Der, Der Ich das nicht zu sein scheine, was Ich bin! Ich säe und ernte, wie der Vater säet und erntet, und wer Mir als eine Wurfschaufel dient, der dient gleich auch dem Vater; denn wo der Vater ist, da ist auch der Sohn, und wo der Sohn ist, da ist auch der Vater. Der Vater aber ist dennoch über den Sohn, und der Sohn geht aus vom Vater; den Vater aber kennt niemand, außer allein der Sohn und der, dem es der Sohn offenbaren will. – Versteht ihr das?«

[16] Sagt **Petrus:** »Herr, das versteht kein Engel, geschweige wir! Aber so Du wolltest, da könntest Du uns ja einmal den Vater zeigen!«

[17] Sage **Ich:** »Jetzt seid ihr dazu noch nicht reif; aber es wird in Kürze die Zeit kommen, wo ihr reif sein werdet, und da werdet ihr alle auch den Vater sehen.«

[18] Bei diesen Worten kommt die Maria und ihre Helferinnen und kündet uns an, daß das Morgenmahl bereitet sei. Sogleich werden die Tische gedeckt und das Mahl hereingetragen.

110. Der beleidigte Judas. Des Herrn Wink über ihn. Judas als Vielfraß und Topfkrämer. Der Herr und die drei Pharisäer, darunter auch Jairus von Kapernaum.

[1] Wir setzen uns zum Mahle und fangen an, dasselbe ganz wohlgemut und heiter zu verzehren, als der Judas zur Tür hereintritt und uns ordentlich vorzuwerfen beginnt, warum wir nicht zu ihm einen Boten geschickt hätten, indem wir doch wissen sollten, daß er viel zu tun habe und sich nicht immer erkundigen könne, wann wir zum Mahle gingen! Denn er meine, daß auch er zu unserer Gesellschaft gehöre! **Thomas** wird auf diese Rede ganz grimmig und sagt: »Herr, jetzt hat es mit meiner Mäßigung ein Ende! Er muß einmal wieder meine Fäuste verkosten!«

[2] Sage **Ich:** »Laß das gut sein! Hast denn du das nie gehört, daß, wo unter einem Dache zwölf Engel hausen, der zwölfte ein verkappter Teufel ist?! Laß ihm seine Freude; denn diesen änderst du nicht!« Thomas setzt sich, und Judas geht ohne Mahl weiter.

[3] Als wir darauf weiter das gut bereitete Mahl verzehren, so kommt der Judas wieder, gibt uns gute Worte und bittet, daß er was zu essen bekäme; denn in der Stadt sei nirgends etwas zu bekommen, da die vielen Gäste bereits alles Vorbereitete aufgezehrt hätten!

[4] Sage **Ich:** »So gebt ihm was zu essen!« Und der Bruder Jakob gab ihm Brot, Salz und einen ganzen, großen wohlzubereiteten Fisch. Und Judas verzehrte den ganzen, bei sieben Pfund schweren Fisch und darauf viel Wasser, daß es ihm darob etwas unwohl ward; da fing er an, sich zu beklagen, und meinte, daß der Fisch verlegen war, was ihm allzeit Schaden brächte im Magen.

[5] **Thomas** aber ward schon wieder ärgerlich und sagte zu Judas Ischariot: »Du bist doch immer derselbe alte ungeschlachte und grobe Mensch, der du allzeit warst; gehe hinaus in die Speisekammer und siehe, ob unsere Fische verlegen sind! Wenn du heißhungrig gleich einem Wolfe sogleich einen sieben Pfund schweren Fisch verschlingst, einen ganzen Krug, der für zwanzig Menschen genügt, voll Wasser dazu trinkst und dabei noch einen eben nicht zu kleinen Laib Brot verzehrst, so mußt du ja ein Drücken in deinem Magen verspüren! Wenn's dich aber schon gar so schmerzt, so haben wir ja den besten Arzt in unserer Mitte; bitte Ihn, so wird Er dir wohl helfen!«

[6] Sagt **Judas** Ischariot: »Ihr seid ja alle toll auf mich und sagt, daß ich ein Teufel sei; wie werdet ihr mir als einem Teufel glauben wollen, daß ich leide, und wie helfen?!«

[7] Sagt **Thomas:** »Warst du nicht bei uns bei den Gergesenern und hast es nicht gesehen, wie der Herr dort auch der Teufel Bitte erhörte und ihnen

gestattete, um das sie gebeten haben?! So du im Ernste dich für einen Teufel nun hältst, so bitte denn wie ein Teufel, und es wird sich dann wohl irgend eine Sauherde vorfinden, in die du fahren kannst, so der Herr deine Bitte erhören wird!«

[8] Sagt **Judas** Ischariot: »Ah, du meinst es mit mir wahrlich gut; das hätte ich nie geglaubt, daß ich an dir einen so guten Freund hätte! Sieh, ich werde aber dennoch Jesus, dieses Hauses Sohn, bitten um eine rechte Hilfe und werde sehen, ob Er mich wie du in eine Sauherde zu fahren nötigen wird!« Hier wendet sich Judas an Mich und trägt Mir seine Not vor. **Ich** aber sage: »Gehe hin zu deinen Töpfen; dort wird es schon besser werden mit deinem Magen!«

[9] **Judas** geht und bemerkt im Vorbeigehen dem Thomas: »Also doch nicht in eine Sauherde!« Sagt **Thomas:** »Aber eben nicht um vieles besser! Denn deine Töpfe sind so gut eine Wucherware für dich, als die Säue für die Gergesener!« Judas sagt darauf nichts und entfernt sich schnell.

[10] Aber bald darauf kommen drei Pharisäer aus Kapernaum ins Haus und fragen, ob Ich daheim wäre. Als man ihnen sagt, daß Ich wohl zu Hause sei, treten sie sobald in den Speisesaal und fragen da wieder nach Mir; denn sie kannten Meine Person nicht.

[11] **Ich** aber sage mit voller Kraft: »Ich bin's! Was wollt ihr, daß Ich euch tun soll?«

[12] Sie entsetzten sich aber über solche Meine Anrede so sehr, daß sie nicht weiter mehr um etwas zu fragen sich getrauten; denn Mein kräftig Wort machte in ihren Herzen die Wirkung, als wären sie vom Blitze getroffen worden! – Und Ich fragte sie abermals, was sie wollten.

[13] Da tritt **einer** hervor und sagt mit sehr ängstlicher Stimme: »Guter Meister!«

[14] **Ich** aber sage: »Was heißest du Mich gut?! Weißt du denn nicht, daß außer Gott niemand gut ist?!« Sagt der **Pharisäer:** »Ich bitte dich, sei doch nicht so hart gegen mich; denn ich bedarf deiner erprobten Hilfe!« Sage **Ich:** »Geh und halte Mich nicht auf; denn Ich will heute nachmittag ans Meer hinabgehen und dort Fische fangen. Dort wirst du Mich treffen!«

[15] Mit dem Bescheid entfernten sich die drei. Der aber mit Mir redete, war ein Oberster der Schule und Synagoge zu Kapernaum und hieß Jairus.

111. Die heilige Gesellschaft zu Schiffe. Rückkehr in des Jairus Haus. Die Heilung des blutflüssigen griechischen Weibes. Kurze Lebensgeschichte desselben.

[1] Als aber Petrus vernahm, daß Ich aufs Meer wolle, so fragte er Mich, ob er vorausgehen solle und bereiten das große Schiff. **Ich** aber sagte zu ihm: »Sorge dich nicht darum! So wir hinkommen werden, da wird für uns auch schon alles bereitet sein!«

[2] Es fragte aber auch die Maria, ob sie für den Mittag oder für den Abend etwas richten solle. Und **Ich** sage zu ihr: »Weder für den Mittag noch für den Abend; denn wir werden erst spät in der Nacht wiederkommen!«

[3] Darauf sage Ich zu den Jüngern, daß sie sich, so sie Lust haben mitzugehen, auf den Weg machen sollen. Und alles erhebt sich schnell und begibt sich mit Mir an das Meer, das, wie bekannt, nicht ferne von Nazareth seinen Anfang nahm.

[4] Als wir an das Meer kamen, so war dort eine Menge Volkes versammelt; auch waren mehrere Schiffe da, und das des Petrus fehlte nicht. Wir bestiegen sogleich das Schiff des Petrus und stießen vom Ufer in die See.

[5] Da aber das Volk sah, daß Ich Mich auf die See begab, so bestieg es eine Menge Boote und ruderte Mir nach.

[6] Es trug aber ein Boot auch den einen der drei Pharisäer, der **ein Schuloberster** *(Jairus)* war, und der in der Nähe von Kapernaum einen schönen Landsitz hatte und an diesem Tage bei Mir im Hause zu Nazareth war. Als er mit seinem Boote Mein Schiff erreicht hatte, da fiel er alsbald auf seine Knie in seinem Boote und bat Mich, sagend: »Herr! Meine Tochter liegt in den letzten Zügen! Wenn du doch dahin kommen wolltest und möchtest ihr deine Hände auflegen, auf daß sie wieder gesund werde!« Wir waren noch nicht sehr ferne vom Ufer, und Ich hieß Petrus, daß er zurücksteuern ließe.

[7] Als wir wieder das Uferland betraten, da war eine solche Volksmenge daselbst, daß wir kaum weiterzukommen vermochten, und hatten bei drei Stunden zu tun, um das Haus des Jairus zu erreichen, das sonst doch ein mittelmäßig guter Fußgeher in einer Stunde leicht erreicht haben würde.

[8] Als wir uns, vom Jairus geleitet, in dem starken Gedränge gewisserart mehr fortschoben als vorwärts gingen, da schob sich bei dieser Gelegenheit auch **ein Weib,** das zwölf Jahre am Blutgange litt und schon nahe all ihr Vermögen den Ärzten übermacht hatte, damit sie nur gesund würde, von rückwärts zu Mir hin und rührte Mein Gewand an im Glauben, daß sie dadurch gesund werde; denn das Weib hatte viel von Mir gehört.

[9] Da sie aber eine Griechin und keine Jüdin war, so getraute sie sich nicht offenbar zu Mir zu kommen, weil in der Zeit eine starke Spannung zwischen den Juden und Griechen war wegen des Handels und wegen des Vorranges in Rom ein Streit, indem da ein jedes Volk den Vorrang haben wollte.

[10] Die Griechen standen als ein sehr kultiviertes Heldenvolk bei den Römern in einem bei weitem größeren Ansehen und genossen auch viel größere Vorteile von Rom aus als die Juden, die in Rom sehr schlecht angeschrieben waren. Die Griechen waren auch gewissermaßen die geheime Polizei über die Juden und wurden darum von den Juden noch schlechter gelitten.

[11] Daher kam denn auch die Furcht, besonders der griechischen Weiber vor den Juden, weil unter den Griechen von seiten der pfiffigen Juden die Sage sehr verbreitet war, daß die mit aller Zauberei vertrauten Juden die Griechinnen unfruchtbar machen würden, so eine Griechin von einem Juden nur recht starr und fest ins Auge gefaßt werden würde. Und das war denn auch hier der Grund, warum dies Weib sich von rückwärts an Mich hingedrängt hatte.

[12] Als sie Mich aber angerührt hatte, da merkte sie, daß es mit ihr völlig besser ward. Der Brunnen ihres Blutes ward sogleich zugestopft, und ihres Gemütes bemächtigte sich in Hinsicht auf ihr Übel eine große Ruhe, und sie nahm in ihrem ganzen Wesen wahr, daß es mit ihr völlig besser ward.

[13] **Ich** sah mich aber alsbald um und fragte die Mir zunächst stehenden Jünger: »Wer hat Mich angerührt?«

[14] **Die Jünger** aber wurden nahe ärgerlich über diese Frage und sagten: »Du siehst es doch, wie Dich das Volk drängt, und magst fragen, wer Dich angerührt habe?!«

[15] **Ich** aber sagte zu den Jüngern: »Nicht also ist es! Denn der Mich hier anrührte, hatte einen Glauben und eine Absicht, darum er Mich anrührte; denn Ich habe es wohl gemerkt, daß von Mir eine Kraft ausgegangen ist.«

[16] Da erschrak das Weib, das Ich während der Frage fest ins Auge faßte, indem Ich es bei Mir wohl wußte, daß eben dieses Weib Mein Gewand angerührt hatte, und warum sie das tat! Sie fiel vor Mir nieder, gestand Mir alles frei und offen und bat Mich um Vergebung; denn ihre Furcht war so groß, daß sie am ganzen Leibe zitterte und bebte, was leicht zu begreifen ist, so man die früher kurz angeführten Gründe in eine rechte Erwägung zieht.

[17] **Ich** aber sah sie mild an und sagte zu ihr: »Stehe auf, Meine Tochter, dein Glaube hat dir geholfen! Ziehe nun hin mit Frieden in deine Heimat, und sei gesund und frei von deiner Plage!«

[18] Und das Weib erhob sich nun ganz froh und heiter und zog in ihre Heimat, bis wohin sie eine halbe Tagereise hatte; denn sie war die Tochter eines Pächters hinter Zebulon und war ledig. Sie verging sich einmal in ihrem dreizehnten Jahre mit einem sinnlichen Manne, der ihr darum zwei Pfunde Gold gab; dafür aber mußte sie hernach zwölf Jahre leiden und verbrauchen die vollen zwei Pfunde Gold, was in jener Zeit mehr ausmachte, als in dieser Zeit 30 000 fl. *(Gulden)* im Papiergelde; denn um einen Silbergroschen bekam man zu jener Zeit mehr als in dieser um volle zehn Gulden in klingender Münze. Sie war sonach durch solch eine Beschenkung sehr reich geworden, mußte aber dennoch zuvor allen ihren Reichtum hergeben, bis sie gesund werden konnte.

112. Tod der Tochter des Jairus. Des Herrn Trost und Verheißung. Auferweckung der Tochter des Jairus. Der Erweckten jenseitige Erlebnisse. Des Herrn Schweigegebot.

[1] Als Ich aber noch redete zu den Jüngern von diesem Weibe, da kamen nahe außer Atem einige vom Gesinde des Obersten uns entgegengelaufen und brachten dem Obersten die Trauernachricht, daß die Tochter bereits gestorben sei!

[2] **Der Oberste** aber ward sehr traurig und sagte zu Mir: »Lieber Meister, da es sonach für mich wohl über alle Maßen traurig zu spät ist, meiner liebsten Tochter, die mein alles war, zu helfen, so bemühe dich nun nicht mehr weiter!«

[3] Auf diese Worte fing er laut zu weinen an; denn er hatte sehr lieb seine zwölfjährige Tochter, die sehr wohlgestaltet und -gebildet war, einen Wuchs gleich einem zwanzigjährigen Mädchen hatte und zugleich das einzige Kind dieses Obersten war.

[4] Als Ich solches von seinem Gesinde wie hernach von ihm selbst vernahm und Mich der über die Maßen traurig gewordene Oberste auch von ganzem Herzen dauerte, so sprach **Ich** zu ihm: »Freund, habe keine Furcht, sondern glaube! Deine Tochter ist nicht gestorben, sondern nur eingeschlafen, – und Ich werde sie erwecken!«

[5] Als der Oberste solches von Mir vernahm, fing er an, leichter zu atmen.

[6] Ich aber sagte, als wir noch bei tausend Schritt vom Hause des Obersten entfernt waren, zu dem Volke wie zu den Jüngern, die irgend noch eines schwächeren Glaubens waren, daß sie alle hier verweilen sollten, und nur allein Petrus, Jakobus und dessen Bruder und Johannes durften mitgehen; denn auf deren Glauben konnte man schon Häuser bauen.

[7] Als Ich mit dem Obersten der Schule darauf ins Haus kam, so war daselbst ein großes Getümmel, und es ward nach der jüdischen Sitte geweint und geheult und wurden Klagelieder gesungen.

[8] Als **Ich** aber in das Zimmer trat, wo die Verstorbene lag auf einem gezierten Bette, so redete Ich die vielen Tumultuanten an und sagte zu ihnen: »Was tummelt und weint ihr hier also gewaltig?! Das Töchterchen ist ja nicht gestorben, es schläft nur!«

[9] Da verlachten sie Mich und sprachen: »Ja, so sehen die Schlafenden aus! Wenn kein Atem und kein Puls mehr geht bei dritthalb Stunden und der ganze Leib kalt und farblos geworden und das Auge erloschen ist, da schläft man dann nach deiner Kenntnis!? Ja, ja, das ist wohl auch ein Schlaf; aber aus diesem Schlaf erwacht kein Mensch mehr, außer am Jüngsttage!«

[10] **Ich** aber sagte zum Obersten: »Schaffe sie alle hinaus; denn ihren Unglauben kann Ich hier nicht brauchen!« Der Oberste tat das; aber das Tummelvolk gehorchte ihm nicht, und er bat Mich, daß Ich hülfe. Da trieb Ich sie alle hinaus gewaltsam, und sie liefen hinaus und zerstreuten sich.

[11] Ich aber ging dann mit dem Obersten, der traurigen Mutter und den vier Jüngern wieder in das Gemach, in dem das verstorbene Töchterchen lag, trat da sogleich an ihr Bett hin, ergriff sie bei der linken Hand und sprach zu ihr: ›Talitha kumi!‹ – das heißt verdolmetscht: »Mägdlein! Ich sage dir: Stehe auf!«

[12] Und sogleich stand das Mägdlein auf, sprang heiter und munter vom gezierten Bette und ging in ihrer früheren Lebhaftigkeit im Zimmer herum und liebkoste ihre verweinte Mutter und ihren Vater! Zugleich aber verspürte das heitere Mägdlein auch, daß ihr Magen leer und sie sonach hungrig sei und was essen möchte!

[13] Da wandten sich die über alle Maßen froh gewordenen Eltern zu Mir und fragten Mich unter vielen Freuden- und Dankestränen, ob und was sie der Tochter nun sollten zu essen geben. **Ich** aber sagte: »Gebt ihr immerhin zu essen, was sie mag, und was da schnell bei der Hand ist!«

[14] Und es waren da auf einer Schüssel Feigen und Datteln und **das Töchterchen** fragte, ob sie diese Früchte essen dürfte. Und **Ich** sagte: »Iß nur, was dir schmeckt; denn du bist nun ganz gesund und wirst fürder nicht mehr krank werden!«

[15] Da sprang das Mägdlein schnell an die Schüssel hin und leerte nahe die ganze Schüssel. Die Eltern aber waren besorgt, daß es ihr schade.

[16] **Ich** aber vertröstete sie und sagte zu ihnen: »Sorget euch nicht; so Ich es euch sage, daß es ihr nimmer schaden kann, so wird es ihr auch nimmer schaden!« Und die Eltern glaubten fest.

[17] Nachdem aber **das Mädchen** sich gesättigt und ihren Lobgesang gesprochen hatte, ging sie hin zu den Eltern und fragte sie leise, wer Ich denn wäre. Denn als sie schlief auf dem Bette, sah sie die Himmel offen und eine große Menge lichter Engel. »Und in der Mitte der Engel stand ein gar freundlicher Mann, sah nach mir, ging dann auf mich zu, ergriff mich bei der Hand und sprach: ›Talitha kumi!‹ und ich erwachte nach diesem Rufe sogleich! Und seht, dieser Mann da sieht gerade also aus, als wie ich vorher im Traume unter so vielen Engeln einen gesehen habe! Ach, das muß ein gar lieber Mann sein!«

[18] Der Oberste verstand nur zu klar die Frage der Tochter; aber da Ich ihm gewinkt habe, so sagte er der Tochter bloß, daß sie einen schönen und wahren Traum gehabt habe, den er ihr in Kürze ganz erklären werde. Und das Töchterchen stellte sich damit ganz zufrieden.

[19] Ich aber sagte zum Obersten, daß er nun mit der Tochter, Mutter und mit Mir ins Freie gehen solle, auf daß die draußen Harrenden ihres Unglaubens willen möchten beschämt werden! Und wir gingen hinaus. Und als **die Ungläubigen** die Tochter sahen, wie diese gut aussehend ganz munter zu ihnen hinging und sie zu fragen begann, warum sie gar so verblüfft und erschrocken daständen, so entsetzten sich diese noch mehr und sagten: »Das ist ein Wunder über alle Wunder! Denn das Mägdlein war wirklich tot und lebt nun!« Und sie wollten das sogleich in der ganzen Gegend ruchbar machen.

[20] Ich aber bedrohte sie alle und gebot ihnen, daß bei ihrem leiblichen und geistigen Heile sie diese Sache ja bei sich behalten möchten! Und sie schwiegen und entfernten sich.

113. Wink des Herrn an Seine zwei Schreiber Matthäus und Johannes über die verschiedenen Aufzeichnungen. Wichtige Andeutungen über das Wesen der Evangelien. Der einzige Weg zur wahren Erkenntnis des göttlichen Wortes.

[1] Es trat aber auch der Schreiber Matthäus, der Mir von einiger Ferne folgte, um zu sehen, was da vorginge, daß er es dann aufzeichne, zu Mir hin und fragte Mich, ob er diese Begebenheiten aufzeichnen solle.

[2] **Ich** aber sagte: »Laß das, auf daß späterhin nicht eine Verwechslung statthaben möge! Denn wir werden übermorgen eben wieder ans Meer gehen, und da wird uns eine haargleiche Geschichte vorkommen, die du dann

ganz zu beschreiben haben sollst! Überhaupt kannst du von morgen an alles Außergewöhnliche aufzeichnen, was da immer vorkommen wird!«

[3] Matthäus ist damit völlig zufrieden; aber es fragt Mich auch Johannes, dem diese Tat sehr wunderbar vorkam, ob nicht auch er diese Tat sich wenigstens mit wenigen Zeichen anmerken dürfe.

[4] Und **Ich** sage zu ihm: »Das kannst du wohl tun, aber nicht gleich auf das, was du bis jetzt geschrieben hast, sondern erst später einmal; denn wir werden in einem halben Jahre noch eine ganz gleiche Geschichte zu schlichten bekommen, und selbige kannst du dann für diese, oder diese für selbige aufzeichnen!

[5] Es liegt aber durchaus nicht so viel daran, ob ein oder das andere Zeichen, das mit einem früheren große Ähnlichkeit hat, aufgezeichnet wird oder nicht, weil dadurch für die späteren Nachfolger Meiner Lehre dann leicht Verwechslungen und aus solchen Verwechslungen endlich allerlei Grübeleien und Zweifel entstehen könnten, die dann der Hauptsache, die doch nur allein in Meiner Lehre besteht, bei weitem mehr schaden als nützen würden.

[6] Solange Ich und ihr und die, die von der vollen Wahrheit der vielen Zeichen unterschiedlich zeugen können, auf dieser Erde leben, da werden all die Zweifel leicht verhütet; aber in späteren Zeiten, wo das Geschriebene allein von Mir zeugen soll, der Freiheit des menschlichen Willens wegen, da muß die Schrift rein und wohlgeordnet sein, sonst schadet sie mehr als sie nützt.«

[7] Sagt **Johannes:** »Herr, Du meine Liebe! Das Du nun sagtest, ist sicher im höchsten Grade wahr; aber wäre es eben deshalb nicht sehr vorteilhaft, so ich dann ganz genau wie der Bruder Matthäus alles aufzeichnete, was Du tust und lehrst?

[8] Denn so dann die Menschen in der späteren Folge meine und des Matthäus Schrift miteinander vergleichen und in meiner Schrift nicht finden werden, was da steht in der des Matthäus, werden sie dann nicht zu grübeln und an der Echtheit des ganzen Evangeliums zu zweifeln anfangen und sagen: ›Ist denn nicht e i n Jesus gewesen, der Gleiches gelehrt und auch sicher Gleiches getan hat? Warum schrieb Matthäus dies und Johannes jenes, das sich nicht gleicht, und doch sollen beide ständig um Ihn gewesen sein?!‹ Ich meine, dieses Urteil der Nachkommen wird bei so bewandtem Umstande, daß ich ganz etwas anderes schreibe als der Bruder Matthäus, nicht ausbleiben.«

[9] Sage **Ich:** »Du hast wohl ganz recht, liebster Bruder; aber siehe, warum Ich das also geschehen lasse, hat einen dir für jetzt noch unfaßbaren Grund, der dir aber in der Folge schon noch klar werden wird!

[10] Was Matthäus schreibt, das kommt nur dieser Erde besonders zugute; was aber du schreibst, das gilt für die ganze ewige Unendlichkeit! Denn in allem, was du schreibst, liegt verhüllt das rein göttliche Walten von Ewigkeit zu Ewigkeit durch alle schon bestehenden Schöpfungen und durch jene auch, die in künftigen Ewigkeiten an die Stelle der nun bestehenden treten werden! Und würdest du das auch in viele tausend Bücher schreiben, was

Ich dir und euch allen darüber noch kundgeben werde, so würde solche Bücher die Welt nimmer begreifen können, und es würden solche Bücher der Welt daher auch nichts nützen. *(Vgl. Joh. 21, 25)*

[11] Wer aber nach der überkommenen Lehre lebt und glaubt an den Sohn, der wird ohnehin wiedergeboren im Geiste, und der Geist wird ihn leiten in alle Tiefen der ewigen Wahrheit.

[12] Nun weißt du den Grund, warum Ich dich nicht alles schreiben lasse; daher frage Mich künftig darum nicht weiter mehr! Denn zu klar darf es der Welt nie gemacht werden, auf daß sie nicht in ein noch größeres Gericht verfalle, als sie sich ohnehin schon befindet im alten notwendigen Gerichte.

[13] Ich will Meine Lehre aber also stellen, daß durchs bloße Lesen oder Hören des Evangeliums niemand auf den Grund der lebendigen Wahrheit gelangen soll, sondern allein nur durchs Handeln nach Meiner Lehre; die Handlung erst wird jedem zu einer Leuchte werden!« *(Vgl. Joh. 7, 17)*

114. Des Herrn Worte an Jairus über das rechte Danken. Des Petrus öffentliches Zeugnis von der Erweckung der Toten. Heimkehr nach Nazareth in der Maria Haus. Des Judas Belehrung durch Petrus und Nathanael. Der Geist Kains in Judas. Der Mut als Laster. Das Beispiel von den Helden.

[1] Nach dieser Belehrung trat abermals **Jairus** zu Mir und sagte: »Lieber Meister! Du hast mir nun dadurch, daß du meine Tochter mir wiedergegeben hast, mehr gegeben, als so du mir selbst möglicherweise ein hundertfaches Leben gegeben hättest! Welchen Dank soll ich dir nun dafür erweisen, wie soll ich dich dafür belohnen? Was soll ich nun dir tun?«

[2] Sage **Ich:** »Nichts, als daß du dich künftighin an Mir nimmer ärgern sollst, so du von Mir dies oder jenes hören wirst! Bis jetzt warst du wider Mich; so sei denn von nun an für Mich! Denn die ganze Welt kann dir das nicht geben und tun, was Ich dir gegeben und getan habe! Einmal aber wirst du es schon einsehen, wie und warum Ich dir das habe tun können. Gedenke Meiner in deinem Herzen!«

[3] Jairus weinte vor Freude, und dessen Weib und Tochter schluchzten, als Ich wieder mit Meinen Jüngern den Weg nach Nazareth zurück antrat. Sie begleiteten Mich bis zur Stelle hin, wo die andern Jünger und eine große Volksmenge Meiner harrten.

[4] Als wir da ankamen, da gab es neugierige Frager in großer Menge, die nichts emsiger zu tun hatten, als über Hals und Kopf zu fragen, wie es mit der verstorbenen Tochter des Obersten der Schule stehe.

[5] **Petrus** aber nahm das Wort und sagte: »Ihr Blinden! Da seht her, dieses Mägdlein ist es, das tot war und nun lebt! Wollt ihr etwa noch mehr?!« Da wandten sich viele an den Obersten und fragten ihn, ob das wahr sei.

[6] Und der **Oberste** sprach mit ziemlich starker Stimme: »Ja, ihr blinden und ungläubigen Toren! Ich weinte vor einer Stunde um den Verlust dieser meiner liebsten, einzigen Tochter; und nun seht ihr mich fröhlich über die

Maßen, dieweil ich meine Tochter wiederhabe! Ist euch dieser handgreiflichste Beweis noch nicht genug?«

[7] Auf diese Worte fing alles an, sich hoch zu verwundern. Und als Ich Mich mit den Jüngern weiterzubewegen begann, da folgte Mir die ganze, große Menge Volkes, bei dreitausend an der Zahl, nach und geleitete Mich bis nach Nazareth.

[8] Es war aber schon ziemlich spät in der Nacht, als wir zu Hause anlangten; aber die Maria und die Brüder und Schwestern waren noch auf. Es harrte unser ein recht wohlbereitetes Abendmahl, was mehreren aus uns recht wohl zustatten kam; denn da wir seit dem Morgen nichts genossen hatten, so war ein ziemlicher Hunger eine sehr begreifliche und zu entschuldigende Sache.

[9] Es war aber auch der **Judas** im Hause und schlief schon auf einem Strohlager. Als er aber durch unser Reden, Fragen und Antworten geweckt ward, da stand er sobald auf und fragte uns um nichts als bloß, wie der Fischfang ausgefallen sei.

[10] Da sagte zu ihm **Petrus:** »Gehe hinaus und siehe!« Und Judas ging hinaus und sah nichts als die große Menge Menschen, die sich um Mein Haus gelagert hatten. Bald aber kommt er wieder ins Zimmer und fragt den Petrus wieder, wo denn die Fische wären. Denn er sei um das ganze Haus gegangen und habe nirgends einen Fisch wahrgenommen.

[11] Da sagt **Petrus:** »Hast du denn das nie gehört, daß die Blinden nichts sehen, die Tauben nichts hören und die Dummen nichts verstehen können außer das Bedürfnis ihres Magens?! Siehe, du blinder Wucherer, die Menschen, die sich draußen zu Tausenden gelagert haben, sind die herrlich guten Fische, die ich meine!«

[12] Sagt **Judas:** »Ja so! Das ist freilich auch kein schlechter Fang für einen gewissen Zweck; aber in unserem gewöhnlichen Leben ist mir ein hundert Pfund schwerer Waller lieber als alle die Menschen draußen! Denn für einen solchen Fisch bekomme ich überall 4 Groschen; um diese draußen aber gibt mir niemand einen Stater.«

[13] Sagt **Petrus:** »Du wirst es mit deiner Gewinnsucht wohl noch so weit bringen, daß du ganz vollkommen des Satans wirst! Bist du denn mehr als ein Mensch, wie da unsereiner ein Mensch ist?! Wir leben alle ohne Gewinnsucht, und du lebst mit uns und issest aus unserer Schüssel, das dich nichts kostet als die kleine Mühe des Essens selbst. So du aber hier ohne dein dummes Geld lebst, wozu ist dir dann das Geld?!«

[14] Sagt **Judas:** »Habe ich nicht Weib und Kinder? Wer erhält mir diese, so ich mir nichts erwerben würde?! Glaubst du wohl, daß diese von einer Art Luft werden leben können?!«

[15] Sagt **Petrus:** »Siehe, ich kann alles recht wohl vertragen; aber eine unverschämte Lüge kann ich nicht vertragen! Du magst wohl zu Jerusalem, wo man dich weiter nicht kennt, als daß du ein Galiläer bist, dich als einen für deine Familie besorgten Hausvater rühmen; aber hier vor mir tut es sich auf keinen Fall! Denn ich und wir alle, die wir deine Nachbarn waren und noch sind, kennen dich und deine häusliche Einrichtung nur zu gut, als daß

wir dir aber auch nur ein Wort glauben könnten. Dein Weib und deine Kinder haben noch allzeit darben und sich durch schwere Leiharbeit noch allzeit ihr karges tägliches Brot verdienen müssen. Von den Fischen, die du gefangen hast, haben sie noch wenig genossen; die Kleidung haben sie von mir und wielange ist es denn, als du auf Märkten herumzogst, daß wir aus Erbarmung das ganz zusammengefallene Haus deiner Familie nahe ganz neu haben herrichten lassen?! Wieviel wohl gabst du uns dafür?! Und das heißest du – sorgen für dein Weib und Kinder?! Geh und schäme dich zehn Jahre lang, darum du es wagst, vor uns also keck zu lügen, der du uns nur zu bekannt bist!«

[16] Hier macht Judas ein ganz verblüfftes Gesicht und sagt darauf kein Wort weiter; denn Petrus hatte ihn nun zu sehr getroffen. Er ging hinaus und überdachte sich die Sache, kam nach einer Weile wieder und bat uns alle um Vergebung! Er versprach auch, daß er sich von nun an vollends ändern werde und wolle nun ganz ernstlich Mein Jünger sein; nur sollten wir ihn nicht gewaltsam von uns weisen! Da sagt **Nathanael,** der gewöhnlich wenig und das sehr selten sprach: »In dir wohnt der Geist Kains, verstehst du mich? Und dieser Geist bessert sich auf dieser Erde nicht; denn der Geist Kains ist die Welt, und von dieser ist keine Besserung zu erwarten!«

[17] Sagt **Judas:** »Ja, ja, ja, was du immer mit deinem alten Geiste Kains hast!? Wo ist Kain, und wo sind wir?! Das Geschlecht Kains ging unter; nur Noah allein blieb, und in dessen Nachkommen ist kein Tropfen des Blutes Kains mehr, sondern das reine Blut der Kinder Gottes rollt in unseren Adern. Wo aber das Blut rein ist, da ist auch der Geist rein; denn der Geist des Menschen entstammt allzeit seinem Blute, und so ist der Geist auch stets dem Blute gleich rein!«

[18] Sagt **Nathanael:** »Das ist dein alter, mir nur schon zu bekannter Unsinn und gilt bei mir nichts! Gehe zu den Sadduzäern; dort kannst du mit deinem Unsinne Aufsehen machen! Bei uns aber ist das Blut eine faule Materie, und der Geist ist und bleibt für ewig Geist! Was nützt dir aber dein Gotteskinderblut, so in selbem ein unreinster Geist wohnt, wie es in dir der Fall ist?! Verstehst du mich?«

[19] Sagt **Judas:** »Ja, ja, du magst wohl auch recht haben, und ich werde mir wohl alle Mühe geben, in den Grund eurer Lehre einzudringen; aber so eure Lehre schon auf den Grund der Humanität gebaut ist und jedermann mit aller Geduld und Sanftmut entgegenkommt, da glaube ich, daß es von eurer Seite gerade nicht nötig ist, mich in einem fort mit allerlei Gehader von euch weisen zu wollen! Denn was ist jede Lehre ohne Jünger? Ein leerer Schall in der Luft, den niemand beachtet! Eine jede Lehre bedarf daher ebensogut der Jünger, als die Jünger einer guten Lehre bedürfen; und so meine ich denn auch, daß ein jeder Jünger einer Lehre gegenüber einen ebenso entschiedenen Wert hat als die reinste und beste Lehre an und für sich selbst! Und so meine ich denn, daß es von eurer Seite eben nicht gefehlt sein dürfte, so ihr mit mir als eurem Mitjünger ein wenig mehr Geduld haben möchtet!

[20] Daß ich nun noch in meinen alten Grundsätzen stecke, das werdet ihr

hoffentlich als nun schon Selbstweise einsehen; ich will aber eben deshalb eure Lehre erkennen, um in ihr meine alte, bei mir eben keinen großen Glauben mehr habende Lehre loszuwerden. Wenn ich denn manchmal etwas weniges dieser eurer neuen Lehre entgegen rede, indem ich noch kein Eingeweihter bin, so werdet ihr das ja wohl auch ganz natürlich finden?!

[21] Werde ich einmal gleich euch in die neue Lehre eures Meisters eingeweiht sein und ihre Grundsätze gleich euch als unwiderlegbar gut und wahr finden, so werde ich für diese eure neue Lehre auch sicher ein zehnfach größerer Eiferer sein, als ihr es alle zusammen seid; denn ich besitze Mut und kann jedermann Trotz bieten, indem ich mich vor gar keinem Menschen fürchte. Und hätte ich irgendeine Furcht, so käme ich sicher schon lange nicht mehr zu euch, indem ihr mir doch schon mehrere Male samt eurem Meister nur zu klar zu verstehen gegeben habt, daß ich eure Gesellschaft meiden möchte! Aber ich habe ein für alle Male keine Furcht, und so komme ich denn wieder. Ihr ärgert euch zwar allezeit ganz gehörig darüber; aber das macht mir nichts, und ich bleibe euch gleich ein Jünger dieser neuen Lehre. Was könnt ihr mir darauf entgegenstellen?!«

[22] Sagt **Nathanael:** »Viel und nichts, wie du's willst! Daß du keine Furcht in dir hast, darin liegt eben noch keine gar zu löbliche Tugend. Denn furchtlos muß auch der Satan sein, sonst würde er Gott dem Herrn nicht eine Ewigkeit um die andere ungehorsam verbleiben! Auch sehen wir das auf dieser Erde schon an den Tieren, von denen einige offenbar mehr Mut haben als andere. Siehe an einen Löwen, einen Tiger, einen Panther, einen Wolf, eine Hyäne oder einen Bären und stelle diesen gegenüber ein Lamm, eine Ziege, ein Reh, einen Hasen und derart furchtsame Tiere mehr! Sage, zu welcher der beiden Tierparteien wirst du dich stellen?«

[23] Sagt **Judas:** »Das ist doch klar, daß ich wie jedermann mich zu den sanften Tieren und nimmer zu den reißenden, wilden Bestien wenden werde; denn der Mut des Löwen ist jedermanns Tod!«

[24] Sagt **Nathanael:** »Und du rühmest doch den Mut und meinst, eben dadurch ein tüchtiger Jünger zu werden?! Ich sage dir, der Mut im eigentlichsten Sinne des Worts ist ein großes Laster; denn er ist die Frucht des Hochmutes, der eine Verachtung alles dessen ist, was bei einem Menschen nicht das höchst eigene Selbst ausmacht. Daher wird in unserer Lehre der furchtlose Mut eines Menschen nie als eine Tugend angepriesen werden, indem er nur gerade das Gegenteil von dem ist, was unsere Lehre vom Menschen verlangt!

[25] Wer führt Krieg? Sieh: lauter sogar den Tod nicht fürchtende sogenannte Helden! Lassen wir die ganze Erde voll Helden sein, und der ewige Krieg wird die weiten Gefilde der Erde unausgesetzt überziehen; denn ein jeder Held will nicht nur ein Mitheld der Helden, sondern ein Held für sich sein und wird nicht ruhen, bis er sich alle andern Helden wird untertan machen oder einen um den andern möglicherweise aus der Welt schaffen.

[26] Stelle dir aber dagegen lauter sanfte und lammfromme Menschen vor, und die Erde wird zu einem Paradiese!

[27] Wenn der Held einen Furchtsamen vor sich hat, so wird er ihn nicht

verfolgen; denn der Furchtsame macht ihm nicht streitig seinen Ruhm. Wenn aber ein Held dem andern Helden gegenübersteht, so werden sich die beiden Helden sogleich zum Kampfe herausfordern, und es wird keiner eher ruhen, als bis der eine oder der andere seinen Gegner zu Boden gestreckt hat! Und sieh, das ist, klar und deutlich dargestellt, der Segen der Mutigen!

[28] Willst du daher unser Mitjünger sein, so lege deinen sehr überflüssigen Mut beiseite und sei dafür lieber voll Liebe, Geduld und Sanftmut, so wirst du also sein, wie es einem rechten Jünger des Herrn zu sein geziemt!«

[29] Sagt **Judas:** »Nun ja, du hast gerade nicht unrecht; ich werde diese Sache noch näher erwägen und werde es dann euch allen morgen kundtun, was ich tun werde, ob ich bei euch bleibe, oder ob ich von euch gehe!«

[30] Mit diesen Worten geht Judas hinaus, sucht sich mehrere Bekannte unter der großen Volksmenge und bespricht sich mit ihnen nahe die ganze Nacht über das vom Nathanael Vernommene; aber **alle** stimmen für den Nathanael und sagen: »Nathanael ist ein wahrer Weiser!«, und sie wüßten es wohl, daß in dessen Seele kein Falsch ruhe! – Wir im Hause aber begeben uns zur Ruhe.

115. Volksauflauf vor Marias Haus in Nazareth. Des Volkes Absicht, Jesus zum König auszurufen. Des Volksmanns Erklärung an die Magd: »Jesus ist der Verheißene!« Das Volk sucht und findet Jesus. Kluge Hilfe des Obersten Kornelius.

[1] Am nächsten Morgen aber wird es sehr lebendig vor dem Hause; denn es kommen schon mit Tagesanbruch von neuem eine große Menge Menschen von allen Seiten herzu, und an Brot- und Milchverkäufern mangelt es auch nicht. Und somit verursacht das einen großen Tumult vor dem Hause, so daß es allen im Hause anfängt bange zu werden.

[2] **Ich** aber sage: »Laßt uns das Morgenmahl nehmen, sodann aber uns sogleich ziehen in ein Mir wohlbekanntes Haus, einige Feldwege hinter Kapernaum hin, damit die Sache hier in Nazareth kein solches Aufsehen macht!«

[3] Während Ich das den Jüngern ankündige, kommt auch **Judas** herein und sagt: »Brüder, ich bleibe bei euch von nun fortan! Meine Geschäfte sind zu Ende; denn euretwegen habe ich sie schon heute statt morgen beendet. – Aber nun von etwas anderem ganz kurz: Das Volk, nun bei etlichen Tausend hier herum versammelt, will nichts mehr und nichts weniger, als den guten Meister Jesus zum Könige ausrufen! Und das, meine ich, dürfte denn in der so zahlreichen Gegenwart der römischen Soldaten wohl im höchsten Grade ungeraten sein! Denn bei solch einer Gelegenheit dürfte den sonst sehr humanen Römern denn doch durchaus nicht zu trauen sein – und ebensowenig den Hohenpriestern, Pharisäern und Schriftgelehrten unseres Volkes!«

[4] Sage **Ich:** »Nun denn, bringet schnell das Morgenmahl herbei! Heute ist zugleich auch Sabbat, und es könnte noch mehr Volks herkommen; darum werden wir uns denn auch geschwind von hier hinwegmachen!«

[5] Es war anliegend bei Meinem Hause, und zwar zu beiden Seiten

desselben, ein gut eingezäunter Garten, in welchen man nur durch eine kleine Hintertür des Hauses gelangen konnte. Wir benutzten sonach diese Türe und entkamen sogestaltig den neugierigen Augen von mehreren Tausenden, unter denen mehr als drei Viertel nur die leidige Neugierde hintrieb, um daselbst wunderbare Begebnisse anzustaunen.

[6] Als wir aber, im ganzen auch bei hundert an der Zahl, von der großen Menge ungesehen entkamen und diese vor dem Hause noch immer wartete, bis Ich hinauskäme mit den Jüngern und allda allenfalls etwa wieder ein Wunder wirkte oder eine Rede hielte, und sie dann, was der Plan vieler unter der großen Menge war, Mich zum Könige der Juden ausriefen, da trat **eine Magd** Meines Hauses vor die Menge hinaus und fragte einen Mann, der ihr besonders gut aussah, was denn diese große Volksmenge hier wolle. Und **der Mann** sprach: »Wir sind hier, um Jesus, den Mächtigsten der Mächtigen und den Weisesten der Weisen zu unserem Könige zu machen! Denn wir waren Zeugen, wie Ihm Meer und Winde gehorchten und die ärgsten Teufel von Menschen und Geistern vor Ihm fliehen müssen! Er ist unfehlbar der verheißene Gesalbte Gottes, zu erlösen das Volk Gottes vom harten Joche der Tyrannei Roms! Es ist demnach an der Zeit, Ihn zum von allen Juden anerkannten und angebeteten Könige des Volkes Gottes zu erheben! Sieh, darum sind wir hier! – Was macht Er wohl so lange im Hause, daß Er nicht einmal kommt zu uns heraus?!«

[7] Sagt **die Magd:** »Da wartet ihr hier vergebens; denn Er ist schon früh in die Gegend von Kapernaum abgegangen, vielleicht zu einem Kranken, und alle Seine Jünger mit Ihm. Daher, wie gesagt, wartet ihr auf Ihn vergeblich.«

[8] Auf diese Nachricht fragt sie der Mann, ob sie nicht wüßte, in welches Haus Er ging. Die Magd aber beteuert, daß sie das nicht wisse und ebenso auch niemand im ganzen Hause. Denn Ich habe es niemandem anvertraut, in was für ein Haus Ich gegangen sei.

[9] Auf solche Antwort begibt sich der Mann, um sich von der Aussage der Magd zu überzeugen, ins Haus, und da er im Hause außer den wenigen Personen, die der Maria das Koch- und Tischgeschirr reinigen halfen, niemanden fand, so ging er wieder hinaus und verkündete es allen, daß Ich, unbestimmt wohin, nach Kapernaum in ein Haus gezogen bin, um daselbst einen Kranken zu heilen.

[10] Als die Menge solches erfährt, so brechen auf einmal **alle** auf und schreien: »Also nach Kapernaum hin! Dort werden wir Ihn schon erfragen und das Haus finden, in das Er gezogen ist!«

[11] Mit dem schlagen, bis auf einige wenige Nazaräer, alle den Weg nach Kapernaum ein, und Mein Haus ist frei von dem großen Volkslager.

[12] Aber dafür machen bald in kurzer Zeit die Kapernaumiter große Augen, als sie die Volksmenge in die Stadt einziehen sehen. Der römische Oberste schickt sogleich mehrere seiner Kriegsknechte unter sie und läßt sie fragen, was sie in solcher Menge wollten in Kapernaum, indem es Sabbat sei und in dieser Stadt weder ein Markt noch sonst etwas stattfinde, und schon

am allerwenigsten an einem Sabbat, dessen Heiligung der Oberste aufrechtzuerhalten habe.

[13] Da sagen **die Gefragten:** »Wir suchen Jesus von Nazareth; denn wir haben vernommen, daß Er hier sei.«

[14] Und der Oberste läßt ihnen sagen, daß Sich Jesus nicht in Kapernaum, sondern in der Nähe von Bethabara befinde, wohin Er schon vor ein paar Stunden gezogen sei.

[15] Als der Haufe solches vernimmt, begibt er sich schnell gen Bethabara hin. Aber am Wege zwischen den beiden Orten am Galiläischen Meere entdecken die Führer der Menge um ein Haus eine ebenfalls große Volksmenge, gehen dahin und fragen, was es hier gäbe. Und man sagt ihnen, daß Ich in dem Hause sei.

[16] Auf diese Kunde wird das Haus gleich nach allen Seiten hin umlagert, und das Volk berät sich und macht Anstalten, wie es Mich zum Könige mache. Aber da tut Mir der Oberste einen guten Dienst und entsendet von Kapernaum eine ganze Legion Soldaten, die den großen Haufen bloß zu überwachen haben. Und der Haufe hält darauf inne mit seinem Vorhaben.

[17] Es kommen aber, durch diese Bewegung angelockt, auch mehrere Pharisäer und Schriftgelehrte teils von Jerusalem, aber damals in Kapernaum anwesend, mit den Priestern und Schriftgelehrten von Kapernaum und teils auch jene von Nazareth und von der Umgegend Meinetwegen in dies Haus; denn sie haben von Jairus vernommen, wie Ich dessen Töchterchen vom barsten Tode erweckt habe. Diesen macht das Volk Platz, daß sie zur Mir ins Haus kommen können.

[18] Und als sie Mich im Hause finden, so richten sie bald eine Menge Fragen an Mich. **Ich** aber weise sie alle an Meine Jünger und sage: »Diese hier sind Meine Zeugen; sie wissen um alles, fraget sie!«

[19] Und die Pharisäer und Schriftgelehrten bestürmten nun die Jünger, und die Jünger gaben ihnen sehr gut bemessene Antworten.

116. Szene mit dem Gichtbrüchigen und den Pharisäern. Des Herrn Trost an den Kranken. Die ehrgeizigen und ärgerlichen Templer. Heilung des Gichtbrüchigen. Gute Folgen der Heilung.

Ev. Matth. 9, 2–8.

[1] Während aber die Pharisäer und Schriftgelehrten mit den Jüngern allerlei Worte wechseln, bringen bei acht Menschen einen Gichtbrüchigen auf einem Bette, daß Ich ihm hülfe! Es war aber das Haus derart umlagert von Menschen, daß es den acht Männern nicht möglich war, den Kranken ins Haus und da vor Mich hinzubringen. Sie befürchteten aber, Ich werde, weil das Haus knapp am Meere lag, durch die kleine Türe, die gegen das Meer aus dem Hause führte, sogleich ans Meer gehen und von dannen irgendwohin fahren. Es ging aber **einer** zu dem ihm bekannten Herrn des Hauses und sagte: »Freund, sieh, wir acht Brüder haben den Bruder unserer

Mutter, der vor Gicht über Gicht schon acht volle Jahre das Bett nicht mehr verlassen mochte, samt dem Bette hierher gebracht, um ihn also dem berühmten Wunderheilande Jesus, der sich nun in deinem Hause befindet, zur für ihn sicher möglichen Heilung vorzustellen. Es ist aber wegen der ungeheuren Volksmenge gar nicht möglich, ihn ins Haus vor Jesus hinzubringen. Freund, rate mir doch, was ich da tun soll!«

[2] Sagt **der Hausherr:** »Das wird freilich etwas hart hergehen; denn das Zimmer, in dem Sich Jesus befindet, ist gedrängt voll Menschen! Es sind da über hundert Seiner Jünger, dazu eine große Menge Pharisäer, Priester und Schriftgelehrte von allen Orten und Gegenden und halten darin ihre Beratungen. Aber ich will euch wegen alter und guter Freundschaft bei dieser außerordentlichen Gelegenheit dennoch etwas tun!

[3] Seht, mein Haus ist wie die meisten Fischerhäuser mit Schilf gedeckt! Wir setzen von draußen zwei Leitern ans Dach, decken schnell dasselbe soweit ab, daß ihr durch das gemachte Loch den Kranken samt dem Bett durchbringen könnt! Ist er auf diese Weise am Dachboden, so bindet ihr an die vier Ecken des Bettes starke Stricke, deren ich am Boden in Menge habe. Ich mache dann die Falltüre auf, die sich inmitten des Bodens befindet, und wir lassen dann den Kranken an Stricken samt dem Bett hinab ins Zimmer, und er kann dann Jesus selbst bitten, daß Er ihn gesund mache. Die aber unter der Öffnung im Zimmer stehen, werden schon Platz machen, so sie das Krankenbett nicht auf ihren Köpfen werden ruhen lassen wollen!«

[4] Das gefällt dem einen von den achten, und es wird zum sogar belustigenden Erstaunen der großen Volksmenge sogleich Hand ans Werk gelegt, und die ganze Unternehmung geht gut und ohne alle Störung vonstatten. Nur ein Mensch, der so ein recht dummer, ultramontaner Templer war und des Gesetzes Buchstaben mit des Zirkels Schärfe abmaß, machte den das Dach Abtragenden die gewissenhafte Bemerkung, daß sie doch bedenken sollten, daß nun eine hohe Sabbatszeit sei!

[5] **Die acht** aber sagten: »Ei, was hast du alter Tempelochse hier zu reden?! Halte dein zahnloses Maul und krieche hinauf nach Jerusalem in den Salomonischen Ochsen-, Esel-, Kälber- und Schafstall und plärre dort mit diesen gewöhnlichen Anfüllern des Gotteshauses deine Jeremiaslieder! Wir sind über euren gegenwärtigen, rein viehischen Gottesdienst schon lange hinaus und wissen es, daß Gott mehr Wohlgefallen hat an guten Werken als am Gebrülle eurer Ochsen und Esel!«

[6] Diese sehr energische Bemerkung gegen den Templer von seiten des einen aus den acht brachte den strengen Sabbater um so eher und sicherer zum Schweigen, als die laute Gegenbemerkung von der ganzen großen Volksmenge einen ungeheuren Beifall erhielt. Denn bei den meisten Galiläern galten die Tempelumtriebe schon lange nichts mehr.

[7] Der noch junge Mensch hatte aber auch in wenigen Worten die vollste Wahrheit in einer nur ein wenig zu drolligen Weise dargetan und erhielt aber eben deshalb noch mehr Beifall. Denn man hatte bei großen Festen eine Masse Rindvieh eigens darum in den Tempel gebracht, wie auch Esel und Schafe, die sonst am meisten plärrten und blökten, und ließ diese Tiere dazu

noch ein paar Tage fasten, damit sie dann im Tempel während der Opferung einen desto größeren Lärm machten und die Menschen zu zittern und zu beben nötigten.

[8] Wahrlich, der hohe Gottesdienst im Tempel, besonders an den großen Festtagen, war etwas so Dumm-Gräßliches und dabei zugleich Säuisches, wie man etwas Ähnliches sonst wohl auf der ganzen Erde nicht antreffen würde, auch bei den wildesten Völkern nicht; und so hatte der junge Mensch dem scharfen Templer eine ganz völlig wahre Gegenbemerkung gemacht, an der Ich Selbst ein großes Wohlgefallen hatte, da Ich in Mir wohl davon wußte, daß und wie sie geschah.

[9] Bald nach dieser Szene wird die Falltüre des Zimmer- oder vielmehr des Dachbodens geöffnet. Ein sich wichtig machender **Pharisäer** schreit fragend hinauf: »Was gibt's da oben, was geschieht da?!«

[10] Sagt der frühere, pfiffige **Sprecher:** »Nur eine kleine Geduld, ihr werdet es sogleich sehen! Sehet, heute ist Sabbat; an diesem Tage kommt gewöhnlich, wie ihr es lehret in den Synagogen und Schulen, das Heil von oben! Diesmal aber ist der Menschen Heil unten, und so kommt nun einer, der noch kein Heil hat, von oben zu euch hinab und wird da unten sein Heil suchen. Es geschieht demnach hier nichts Sabbatwidriges; denn das wird doch einerlei sein, ob an einem Sabbat das Heil von oben herabkommt, oder ob jemand das Heil unten sucht, so es schon vor ihm aus den Himmeln herabkam zu den blinden Menschen, die es nicht erschauen mögen, so sie auch schon mit ihren Nasen daranstoßen!«

[11] Diese Anrede verursacht wieder großen Beifall unter den Jüngern, aber dafür Ärger bei den Pharisäern, Priestern und Schriftgelehrten; aber **die Jünger** sagen laut: »Also herab mit dem Unheilvollen von oben, der nun hier unten das Heil sucht!« Und sogleich wird der Kranke herabgelassen.

[12] Als er nun auf dem Bette vor Mir lag, bat er Mich weinend, daß Ich ihm helfen möchte! **Ich** aber, da Ich wohl sah, daß der Kranke, wie auch jene, die ihn also zu Mir gebracht hatten, einen rechten und wahren Glauben hatten, so sagte Ich zum Kranken: »Sei getrost, Mein Sohn, deine Sünden sind dir vergeben!« Das sagte Ich aber hier bloß deshalb zum voraus, um die Mir schon sehr gewogen gewordenen Schriftgelehrten für sie selbst zu prüfen; denn die Erweckung der Tochter des Jairus, der ihr Oberster war, hatte Mir diese Art zu Freunden gemacht.

[13] Als Ich aber zu dem Kranken sagte: »Deine Sünden sind dir vergeben!« *(Matth. 9, 2),* so erwachte sogleich ein Ärger bei einigen scharfen **Schriftgelehrten,** und sie sagten bei sich im Herzen: »Was ist das, was hören wir? Wie ist er ein rechter Heiland (Arzt)? Gott lästert er!« *(Matth. 9, 3)* Denn sie hielten Mich nur für einen besonderen Arzt; aber daß in Mir eine göttliche Kraft zu Hause sein möchte, das war für sie ein crimen sacri laesi *(Gotteslästerung)*. Denn Gotteskraft war nur in den Priestern, Leviten, Pharisäern und Schriftgelehrten, und das ganz besonders nur im Tempel zu Jerusalem!

[14] Als **Ich** aber natürlich nur zu geschwinde ihre innersten Gedanken merkte, so redete Ich sie sogleich an und sagte zu ihnen: »Warum denket ihr

so Arges in euren Herzen?! *(Matth. 9, 4)* Was ist wohl leichter zu sagen: ›Deine Sünden sind dir vergeben!‹ (was ihr doch allzeit und besonders zu den Menschen saget, die zu euch mit reichen Opfern kommen, und es ist damit aber im Grunde dennoch niemandem geholfen) oder zu sagen wirkungsvoll: ›Stehe auf und wandle!‹?« *(Matth. 9, 5)*

[15] Sagt ein **Schriftgelehrter:** »Ich meine, diesem wirst du über das Sündenvergeben auch weiterhin nicht viel helfen mögen! Denn welchen die Gicht einmal so wie diesen da zugerichtet hat, dem hilft nur der Tod!«

[16] Sage **Ich:** »Meinet ihr es also?! Ich aber sage euch: Damit ihr sehen und wissen möget, daß des Menschen Sohn auf Erden auch Macht habe, zu vergeben die Sünden, so sage Ich nun vor euch wirkungsvoll zu diesem Kranken, der für euch, die ihr euch anmaßet, allein die sündenvergebende Gewalt von Gott zu besitzen, nur durch den Tod heilbar ist: ›Stehe auf, nimm dein Bett und gehe völlig gesund und getrost heim!‹« *(Matth. 9, 6)*

[17] Bei diesen Worten streckte der Kranke auf einmal ganz gesund seine zuvor überelend verdrehten und zum Teil schon gänzlich verdorrten Glieder aus und bekam auch im Augenblick alles Fleisch wieder, dankte Mir vor übergroßer Freude weinend, stand aber auch sogleich auf von seinem Bett und war gleich so stark und kräftig, daß er sogleich die Stricke vom Bette löste, dann das Bett unter seinen linken Arm nahm, sich mit dem ziemlich schweren und umfangreichen Bette durch das große Gedränge mit Leichtigkeit den Weg bahnte und das Bett bis nach Kapernaum selbst nach Hause trug! *(Matth. 9, 7)*

[18] Alles Volk aber, das hier zugegen war und diese Tat gesehen, fing laut an, Gott zu loben und zu preisen, daß Er einem Menschen eine solche Macht gegeben hatte, die nur Gott Selbst haben kann, und durch die Ihm alle Dinge möglich sind! *(Matth. 9, 8)*

[19] Diese Tat bestärkte von neuem wieder die anwesenden Pharisäer und Schriftgelehrten so, daß sie ihre argen Gedanken wieder losgaben und sprachen: »Das ist wahrlich unerhört! Wie dir so was möglich ist, das kann wahrlich nur Gott allein wissen und sonst kein Mensch auf der ganzen Erde!«

117. Des jungen Römers scharfe, aber gute Rede an die Pharisäer. Beispiel von Adams Erschaffung. Hinweis auf die Ermordung des Zacharias und seines Sohnes, Johannes des Täufers. Gutes Zeugnis über den Herrn.

[1] Und der **junge Mensch,** der früher so gut geredet hatte, sagte durch die Bodenöffnung: »Ob das wohl auch der Hohepriester zu Jerusalem zuwege brächte mit tausend Ochsen, zehntausend Eseln und hunderttausend Schafen?!«

[2] Diese drollige Frage erweckte eine große Lache selbst bei den Pharisäern. Aber dennoch meldete sich ein **Schriftgelehrter** und sagte zum launigen Sprecher hinauf durch die Bodenöffnung: »Mein Lieber, wage nicht zu viel! Denn die Arme des Hohenpriesters umspannen die ganze Erde, und wer

unter die Arme des Hohenpriesters gerät, der wird erdrückt! Dazu braucht der Hohepriester auch nicht Tote zu erwecken und gichtbrüchige Menschen gesund zu machen; denn alles derlei geht das Fleisch und nicht den Geist des Menschen an und ist eine Sache der Ärzte und nicht der Priester. Verstehst du das?«

[3] Sagt **der Redner:** »Freund, es wäre das schon auch eine Sache der Priester, so sie solche Sache zuwege brächten; aber weil sie eben solch eine Sache um alle Schätze der Erde nicht zuwege zu bringen imstande sind, so müssen sie am Ende freilich mit stolzer Miene bekennen und sagen: ›Das ist keine Sache der Priester, die nur den Geist des Menschen zu versorgen haben!‹ Ich aber meine: So einem Arzte es möglich ist, einem vollkommen toten Mägdlein, das am bösen Fieber gestorben ist unter unseren Augen – also an einem Übel, an dem noch nie jemand halb gestorben ist! –, den Geist und die Seele wiederzugeben, so wird das doch etwa auch eine sehr gewaltig stark geistige Versorgung sein!?

[4] Als Gott den Adam schuf pur aus Lehm, so war diese Schöpfung eine bloß materielle, und es war dabei nichts Geistiges außer Gott Selbst.

[5] Als aber hernach Gott in die tote Form eine lebendige Seele und in diese einen denkenden Geist einhauchte, so war das dann keine materielle, sondern sicher eine höchst geistige Arbeit Gottes in und an der Gestalt des ersten Menschen der Erde! Und wenn hier vor unseren Augen dieser Wunderarzt Jesus aus Nazareth dasselbe verrichtete an dem Töchterchen des Obersten, so wird das doch auch eine sehr geistige Arbeit und Versorgung sein?!«

[6] Sagt **der Schriftgelehrte:** »Das ist eine Sache, die du nicht verstehst, darum sollst du schweigen!«

[7] Sagt der **junge Mann:** »So ich noch ein Jude wäre, da würde ich wohl schweigen; aber seit ich kein Jude, sondern ein ehrlicher Grieche und ein Bekenner der herrlichen Lehre des Sokrates bin, so sehe ich nicht ein, warum ich vor den Judenpriestern schweigen solle, deren gegenwärtige, über alle Maßen dumme Lehre ich leider nur zu gut kenne.«

[8] Sagt **der Schriftgelehrte:** »Und was findest du Heide denn an der alten, rein göttlichen Lehre der Juden dumm? Sind dir Moses und die Propheten alle etwa zu wenig erhaben und findest du ihre Lehre dumm?!«

[9] Sagt der **junge Mann:** »Nein, Moses und die Propheten alle, die über euch das sagten, was ich euch nun sage, halte ich für höchst und rein göttlich Weise! Aber eure Satzungen, von denen dem Moses wie allen anderen Propheten nie was geträumt hat, halte ich für ganz übermäßig dumm!

[10] Wie dienet ihr Gott?! Mist, Kot und Unflat verbrennet ihr am Gott geweihten Altare, und die fetten Ochsen, Kälber und Hammel verzehret ihr selbst und opfert sie eurem nimmer voll werden wollenden Bauche. Das göttlich Reine eurer Lehre habt ihr verworfen, und wer unter euch es nun wagt, das Reine zu lehren, dem tut ihr, was ihr noch allen euren Propheten getan habt!

[11] Wie lange ist es denn seit den Tagen, als ihr den Zacharias im Tempel ermordet habt?

[12] Zu Bethabara predigte dessen Sohn Johannes die Wahrheit und ermahnte euch gewissenlose Frevler im Heiligtume Gottes zur Buße und zur Rückkehr zum Moses und dessen reinster Lehre; was tatet ihr mit ihm?! Wo kam er hin?! Er verschwand; – soviel mir bekannt ist, so ist er in der Nacht von argen Schergen abgeholt worden!

[13] Nun ist hier in Nazareth Jesus als ein Prophet von Gott erweckt worden und verrichtet Taten, die nur den allmächtigen Göttern möglich sind, und ihr beobachtet ihn nun mit Argusaugen! Wehe ihm, so er es wagen sollte, gleich mir wider euch und eure von euch selbst und nicht vom Moses geschaffene allerunflätigste Lehre ein Wort ergehen zu lassen! Ihr würdet ihn sogleich des höchsten Verbrechens der Gotteslästerung beschuldigen und ihn aus Dankbarkeit, daß er eure Toten erweckte und eure Krüppel gerademachte, steinigen oder gar ans Kreuz binden!

[14] Denn eure Sache ist, zu herrschen und dabei im höchsten Wohlleben zu mästen euren Bauch! Wer euch darin schmälern will und zurückwenden zu Moses, der ist euer Feind, und ihr habt Mittel genug, ihn aus dem Wege zu räumen!

[15] Euch alle verachte ich wie ein faules, stinkendes Aas darum, weil ihr tatsächlich die größten Feinde Gottes und aller Seiner Menschen seid und fortan bleiben werdet! Ich bin ein Heide – und erkenne hier in dem Manne Jesus die reinste Gotteskraft, und das in einer solchen Fülle, wie sie die ganze Erde bisher noch nie erlebt hat!

[16] Nicht sein Fleisch wirkt solche nie erhörte Taten, sondern sein allmächtiger, reinster Gottesgeist, der in aller Fülle in ihm wohnen muß!

[17] Seht, das erkenne ich als ein von euch für blind deklarierter Heide! Was erkennet denn ihr an Jesus, der bloß durchs alleinige Wort ohne alle Medizin eure Toten erweckt und unsere Krüppel springen macht gleich jungen Hirschen?!

[18] Ich aber frage euch, ihr Blinden: Wer muß der sein, dem es nur ein williges Wort kostet, und Sturm und Wind verstummen, die Toten erstehen und die Lahmen beginnen zu springen, als wären sie in die Natur der Hirsche umgewandelt worden?!«

[19] Durch diese wirklich sehr wahre und kühne Rede hatte er die Pharisäer und Schriftgelehrten samt und sämtlich so gewaltig erzürnt, daß sie ihn zerrissen hätten vor Wut und Grimm, so sie seiner leicht hätten habhaft werden können. Aber es war das vor der großen Menge des Volkes nicht möglich und auch nicht ratsam; denn alles Volk jubelte über diesen jungen Mann, der endlich einmal den Mut hatte, den überhochtrabenden Pharisäern und Schriftgelehrten so recht derb die volle Wahrheit unter ihre Nasen zu streichen!

118. Die beleidigten Pharisäer wenden sich an den Herrn. Derselbe enthüllt noch mehr ihr Gottwidriges, ihre Tempelgreuel und sogenannten Gottesdienste.

[1] Es wandte sich aber ein **Pharisäer** an Mich und sagte: »Wie magst du als ein echter Jude schweigen, wenn ein solch elender Heide, dem du Gutes erwiesen hast, sich hier allerfrechst erkühnt, die heilige Lehre unserer Väter gar so schmählich zu beschimpfen?!«

[2] Sage **Ich:** »Er beschimpfte aber weder Moses noch die Propheten, sondern bloß nur euch und eure neuen Satzungen und ließ Mich ungeschoren; was sollte Ich ihm da Zurechtweisendes sagen?! Euch hatte er bezeichnet und hat sich sonach nur an euch versündigt; darum ist es also nun auch allein eure Sache, euch mit ihm zu vergleichen! Hat er nichts wider Mich, was soll Ich dann wider ihn haben?! Sehet ihr zu, wie ihr mit ihm gleichwerdet! Ich bin mit ihm bis jetzt noch ganz in der Ordnung.«

[3] Sagen **die Pharisäer und Schriftgelehrten:** »Ja, ja, dich hat er freilich wohl nicht beschimpft, aber uns; und wir meinen, daß du uns nun ein Freund geworden bist, und da wir nun nur zu gut wissen, welche Gewalt du in deinem Wort und Willen hast, so hättest du diesem Heiden uns zur Freundschaft wohl wenigstens des Volkes wegen ein paar Worte sagen können, daß er geschwiegen hätte! Aber du ließest ihn reden und uns zuschanden werden vor dem Volke; und sieh, das war durchaus nicht löblich von dir! Wir wollen dich darum zwar nicht hassen, aber geneigt können wir dir auch nicht sein!«

[4] Sage **Ich:** »Seid, wie ihr wollt, und Ich werde auch sein, wie es Mir zu sein für gut dünken wird! Übrigens ist es wahrlich sehr sonderbar von euch, daß ihr nun Mir eure Freundschaft absagt, da ihr Mir im Grunde doch noch nie eine erwiesen habt! Ich aber, der Ich eigentlich im Vollrechte wäre, euch Meine Freundschaft zu entziehen, da ihr ehedem wahrlich keine löblichen Gedanken in eurem Herzen über Mich hegtet, tue das dennoch nicht!

[5] Was kann Ich denn an eurer Freundschaft verlieren? Ich sage euch: Wahrlich, nichts! So ihr aber Meine Freundschaft nimmer habt, wer wird euch an Meiner Stelle eure toten Kinder zum Leben erwecken?!

[6] So ihr aber die Rede des jungen Mannes erwäget, so müßt ihr bei nur einigem wahren Verstande doch in euch selbst offen bekennen, daß der Mann im vollsten Grunde des Grundes die reine Wahrheit geredet hat! Ihr kennet die Schrift und kennet Moses und die Propheten! Fragt ihr euch aber selbst, ob im Tempel nun aber auch nur eine Spur von Moses und all den anderen Propheten noch anzutreffen ist!?

[7] War Ich in diesem Jahre doch Selbst zu Jerusalem und habe zu Meinem großen Ärger gesehen, wie aus dem Bethause Gottes eine allerbarste Mördergrube gemacht worden ist!

[8] Die Vorhallen sind voll verkäuflichen Schlachtviehes und auch anderen unreinen Getiers, so daß die Menschen ohne die größte Lebensgefahr gar nicht in den eigentlichen Tempel gelangen können. Im Vortempel wird auf der einen Seite geschlachtet wie in den Schlachtbänken und das Fleisch verkauft; auf der andern Seite aber stehen Mäklertische und Wechselbuden,

und es ist da ein Lärmen und Schreien, daß nahe kein Mensch sein eigenes Wort zu hören imstande ist.

[9] Kommt man dann in den eigentlichen Haupttempel, so kann man sich vor Taubenkrämern und andern, allerlei Gevögel zum Verkauf ausbietenden Schreiern gar nicht rühren! Und in das Allerheiligste, in das nur der Oberste der Priester einmal im Jahre treten durfte nach der Anordnung Gottes, wird nun gegen Bezahlung, die man gleichwohl noch ein Opfer nennt, sogar ein jeder Heide eingeführt, freilich ganz geheim unter dem Siegel der Verschwiegenheit gegen die Juden! Aber in Rom kennt man das Allerheiligste ebensogut, als es der Hohepriester in Jerusalem kennt! Und so enthüllt man gegen Geld den Fremden alle Geheimnisse des Tempels; so aber ein armer Jude es wagte, hinter den Vorhang zu treten, so wird er sogleich als ein Gotteslästerer und Sakrilegus gesteinigt hinter der Tempelmauer auf der verfluchten Stelle, und es vergeht keine Woche, in der nicht wenigstens einer gesteinigt wird und ein paar das verfluchte Wasser trinken müssen!

[10] Welch eine Einrichtung ist aber das nun, daß man die Fremdlinge einweiht, die eigenen Kinder aber tötet?!

[11] Sagt es euch selbst, ob solches Moses und all die Propheten geboten haben, und ob Salomo in seiner großen Weisheit, da er den Tempel vollendet hatte, das große Bethaus zu dem Zwecke einweihte, dem es nun dient! Kurz, das Bethaus Gottes ist eine barste Mördergrube geworden, und Jehovas Geist weilt nimmer in der Gestalt der Feuersäule über der alten Lade des Bundes!«

[12] Hier werden **die Pharisäer und Schriftgelehrten** stutzig und sagen zu Mir: »Du bist doch immer in und um Nazareth gewesen; wie kannst du solches alles wissen? Wer hat dir den Tempel verraten?«

[13] Sage **Ich:** »O der großen Albernheit eurer Frage! So Ich wissen kann eure geheimsten Gedanken, wie sollte Ich nicht wissen, was im Tempel ist und geschieht?! Es weiß das aber nicht nur Ich allein, sondern das weiß nun schon ein jeder Mensch!

[14] Ihr selbst aber seid die eigentlichen Verräter alles dessen, und eure große Geldgier hat euch dazu verleitet! Ums Geld weihtet ihr die Fremden in des Tempels Geheimnisse ein, und diese haben es dann den Juden auf den Gassen laut verkündet; und ihr fragt Mich, wer Mir den Tempel verraten hätte?!

[15] So ihr aber so gut wie Ich und viele tausend Menschen es wisset, wie nun der Tempel bestellt ist, und wisset aber dagegen auch, was Moses und die Propheten alle gelehrt haben, die wahrhaftigst vom reinsten und wahrsten Geiste Gottes erfüllt waren – und solcher Geist allein redete durch ihren Mund! –, wie ist dann euer Glaube an Gott beschaffen, daß ihr so leichten Kaufes Gottes Wort verwerfet und im frechsten und hochmütigsten Eigendünkel eure eigenen bösen Satzungen als vom Geiste Gottes ausgehend dem armen, blinden Volke verkündet und dasselbe mit allen Schrecknissen des Todes dazu anhaltet, daß es beachte und anbete eure Satzungen?!«

119. Vom Tempeleid. Wo Gott nicht wohnt, da wohnt das Böse. »Glaubet ihr nicht Meinem Worte, so glaubet doch um der Werke willen!« Die Schrift ist nur ein Wegweiser zu Gott! Beispiel von der Reise nach Rom. Nur der Täter des Willens Gottes lernt Gott kennen! Der Herr beschwichtigt die Volksrache an den Templern und geht zu Schiffe ab.

[1] Sagt **ein Schriftgelehrter:** »Freund, du wagst viel, daß du uns sagst solche Dinge, auf deren Verrat vom Tempel aus der Tod gesetzt ist! Dein Glück aber ist, daß du unserem Obersten eine so große Tat erwiesen hast, sonst möchte es dir nicht am besten ergehen; denn wir sind an den Tempel durch einen mächtigen Schwur gebunden!«

[2] Sage **Ich:** »Den ihr brechen könnt, wann ihr wollt; denn Gott habt ihr den Schwur nicht geleistet, sondern dem Tempel, der von Menschenhänden gemacht ist, und in dem Gott nicht mehr wohnt!

[3] Wo aber Gott nicht wohnt, da wohnt der alte Fürst der Lüge und alles Bösen, und diesem Fürsten und nunmaligen Herrn des Tempels könnt ihr ohne Scheu den Schwur brechen!

[4] So ihr möchtet dem Tempel euren nichtigsten Schwur brechen, so würdet ihr Gott dem Herrn wohlgefallen, und Er würde euch geben, was Er vom Anfange der Welt Mir gegeben hat, das ihr nun anstaunet und nicht begreifet, wie Ich Werke verrichte, die eurer eigenen Aussage zufolge nur Gott allein möglich sind! Fürchtet ihr aber den Tempel mehr denn Gott, den ihr nicht kennt, dann bleibet ihr gleichwohl am Tempel hängen und seid darum vor Gott ein Greuel!

[5] Glaubet ihr aber das nicht Meinen schlichten Worten, so glaubt Mir doch um der Werke willen, die Ich vor euch verrichte zu eurem Wohle, und von denen ihr selbst saget, daß sie nur Gott allein möglich seien!«

[6] Sagt **der Schriftgelehrte:** »Wie kannst du Gott besser kennen denn wir, da du doch die Schrift nicht gelernt hast?!«

[7] Sage **Ich:** »Den toten Buchstaben kennet ihr wohl; aber darin ist Gott nicht, und so könnet ihr aus der Schrift auch Gott nicht erkennen! Denn die Schrift zeigt euch nur den Weg zu Gott, und das nur dann, so ihr unabweichbar auf diesem Wege wandelt.

[8] Was nützt es euch, so ihr auch den Weg nach Rom kennet, denselben aber nie betretet, um nach Rom zu kommen und dort zu schauen des Königs große Stadt?! Welcher des Weges nach Rom Kundige aber kann sagen, daß er Rom kenne darob, weil ihm der Weg dahin bekannt ist, den er aber noch nie eine Spanne lang und weit betreten hat?! Was nützt euch in gleicher Weise die Kenntnis der Schrift, die da ist ein Weg zu Gott, so ihr noch nie einen Schritt darauf gemacht habt?!

[9] Ich aber kenne gleich wie ihr dennoch die ganze Schrift und habe allzeit nach den in ihr enthaltenen Gesetzen Gottes gehandelt, bin dadurch in der vollsten Bekanntschaft Gottes und kann euch darum auch aus der ersten Urquelle heraus sagen, daß aus euch und euresgleichen noch nie jemand Gott erkannt hat und auf euren bösen Wegen auch nie erkennen wird; denn ihr seid allzumal Gottesleugner!

[10] Ihr selbst wollet nicht Gott erkennen; denen aber, die noch den rechten Weg wandeln möchten, verrammet ihr den Weg mit Tod und Verderben! Darum aber werdet ihr dereinst im andern Leben auch desto mehr Verdammnis überkommen! Denn alle, die ihr verfolgt habt und nun noch in einem fort verfolget, werden eure ewigen Richter sein!«

[11] Als Ich solches den Pharisäern und Schriftgelehrten verkündet habe, entsteht im Volke ein mächtiger Beifallsruf, und es will Hand an die Pharisäer und Schriftgelehrten legen. Ich aber verhindere solches und begebe Mich durch das kleine Seetor mit den Jüngern und all den Pharisäern und Schriftgelehrten hinaus ans Meer. Und da hier mehrere Schiffe in Bereitschaft stehen, so werden sie sogleich bestiegen, und wir fahren bei einem mäßigen, brauchbaren Winde schnell vom Ufer, daß uns das große Volksgemenge nicht erreichen konnte.

120. Des Herrn Landung und Einkehr beim Zöllner Matthäus. Sein Umgang mit den Sündern und mit den Pharisäern. Über Kindererziehung. Vom Zweck und Ziel des Menschen.
Ev. Matth. 9, 9–13.

[1] Als wir aber so weit waren, daß uns das Volk nicht mehr erschauen konnte, hieß Ich wieder ans Land fahren; denn es war schon stark um die Mittagszeit, und wir hatten im Schiffe nichts zu essen. Als wir bei gut zwei Stunden Weges von dem früheren Hause ans Land traten, so mußten wir dann eine ziemliche Strecke zurückgehen zu einem kleinen Dorf, in dem wir Mittag halten wollten.

[2] Vor dem Dorfe aber war ein Hauptmauthaus. Und siehe da, bei der Schranke am Zolltische saß eben jener junge Mann (er war erst 35 Jahre alt, was bei den Juden noch für jung galt), der im früheren Hause als einer der acht Brüder, die den Gichtbrüchigen hingebracht hatten, so weise Reden hielt.

[3] Als die **Pharisäer** und Schriftgelehrten seiner ansichtig wurden, sagten sie: »Da sieht es nun übel aus! Jetzt ist dieser ein römischer Zöllner! Der wird nun einen ganz erschrecklichen Zoll von uns nehmen! Was tun wir nun?«

[4] Sage **Ich:** »Lasset eure Sorge; denn sie ist hier zu nichts nütze! Ich werde hier das Beste treffen.«

[5] Mit diesen Worten trete **Ich** hin zum Zöllner und sage zu ihm: »Matthäus (das war sein Name), übergib diesen Tisch jemand anderem, und du folge Mir!« Und sogleich stand er auf, übergab den Tisch und folgte Mir ohne alle Einrede. *(Matth. 9, 9)* Und als die vor der Schranke stehenden Jünger und Pharisäer und Schriftgelehrten fragten, was sie zahlen müßten, –

[6] Sagte **Matthäus:** »Diesmal hat der Herr für euch alle den Zoll entrichtet; denn er hat meinen Oheim gesund gemacht. Wie sollte ich nun von Ihm, dem göttlichen Meister, einen Zoll nehmen?!«

[7] Da ward die Schranke aufgemacht, und sie alle gingen unentgeltlich durch.

[8] Als wir aber dann ins Dorf kamen, so führte uns Matthäus in sein Haus, in dem alle Zöllner, die bei dieser Hauptmaut angestellt waren, und eine Menge Aufseher und andere »Sünder« – nach dem Maße und Gerichte der Juden, Pharisäer und Schriftgelehrten – das Mittagsmahl hielten. Denn das Haus Matthäi war groß und war zugleich ein Gasthaus, in dem die Juden nur ums Geld etwas zu essen und zu trinken bekommen konnten; die Zöllner, Aufseher und »Sünder« aber waren frei, da sie ja sämtlich Diener des Hauses waren, das den Zoll von den Römern in Pacht hatte.

[9] Ich ward aber sogleich von all den Zöllnern zu Tische geladen, und Meinen Jüngern und auch den Pharisäern und Schriftgelehrten ward Brot und Wein hinausgestellt in gerechter Menge; die Jünger waren dabei voll guter Dinge. *(Matth. 9, 10)* Nicht also auch die mit ihnen seienden Pharisäer und Schriftgelehrten; denen rauchte es sehr in die Nase, daß sie nicht auch zu Tische geladen wurden.

[10] Es begab sich aber, daß da, während Ich schon ohnehin mit einer Menge von Zöllnern und Sündern zu Tische saß, noch eine Menge Zöllner und Sünder ins Haus kamen von andern Orten her; denn das Haus Matthäi war als ein sehr wohlhabendes und gastfreundliches weit und breit bekannt, und es gab da besonders an den Sabbaten große Zusammenkünfte. Sie grüßten Mich alle überaus freundlich und sagten, eine größere Ehre könnte diesem Hause wohl nimmer widerfahren, als daß sie Mich zu Gaste unter sich hätten. Und sie vergrößerten den Tisch und nahmen alle an Meinem Tische Platz.

[11] Die **Pharisäer und Schriftgelehrten** aber drängten sich an das offene große Tor des Hauses, um Mich da zu beobachten, was Ich täte und redete. Da sie sahen, daß Ich mit den Zöllnern und Sündern überaus freundlich umging, so gerieten sie heimlich in einen großen Ärger und fragten Meine Jünger, die draußen bei ihnen waren: »Warum ißt euer Meister denn mit Zöllnern und all den offenbarsten Sündern? Ist er denn heimlich etwa auch ihresgleichen einer?« *(Matth. 9, 11)*

[12] Da **Ich** aber solche Frage vernahm, wandte Ich Mich am Tische zu ihnen hinaus und sagte ganz kurz und heitern Mutes: »Die Starken und Gesunden bedürfen des Arztes nicht, sondern die Kranken nur! *(Matth. 9, 12)* Gehet aber hin und lernet, was das heißt:

[13] ›Ich habe Wohlgefallen an der Barmherzigkeit und nicht am Opfer!‹

[14] Ich bin gekommen, die Sünder zur Buße zu rufen – und nicht die Frommen, die der Buße nicht bedürfen!« *(Matth. 9, 13)*

[15] Diese Worte verstanden die Pharisäer und Schriftgelehrten zu ihren Gunsten und sagten darauf nichts Weiteres; denn sie fühlten sich dadurch geschmeichelt.

[16] Ich aber unterhielt dann die Gesellschaft mit allerlei Gleichnissen, durch die das menschliche Leben in seinen Schwächen und in der aus solchen Schwächen nur zu oft hervorgehenden Verworfenheit desselben so recht handgreiflich dargestellt ward. So gab Ich ihnen auch sehr kräftige

Grundrisse von der wahren Zucht der Kinder und zeigte ihnen, wie eine schlechte Kinderzucht mit der Zeit alle erdenklichen Übel zur Folge haben muß, geistig und leiblich.

[17] Also lehrte Ich die Gesellschaft, warum der Mensch von Gott erschaffen ward, und wie er als ein freies Wesen aus sich selbst freitätig der Absicht Gottes Genüge leisten solle, um dadurch zu werden ein vollkommenes, unverwüstbares geistiges Wesen.

121. Der Pharisäer Gespräch über Joseph, Maria und Jesus. Eine Klage Josephs und seine Zweifel über Jesus. Des Evangelisten Johannes Wink an die Pharisäer.

[1] Daß solche Belehrungen von der Gesellschaft, obschon nicht von allen verstanden, sehr gut und dankbar aufgenommen wurden, läßt sich sicher wohl begreifen. Selbst **die Pharisäer und Schriftgelehrten** erstaunten da sehr über Meine Weisheit und fragten sich untereinander, woher Mir solche Weisheit käme. Denn sie kannten Mich, den Joseph und die Maria und alle Kinder Josephs, und sagten auch zu den Jüngern: »Es ist wahrlich unbegreiflich! Sein Vater war wohl als Handwerksmann ein recht tüchtiger Mensch in seiner Sphäre, ein überaus treuer, billiger und ehrlicher Mann, dabei ein strenger Jude, der sich Moses und die Propheten, insoweit er sie kannte, ganz vollernstlich angelegen sein ließ, aber von irgend einer besonderen Weisheit war bei ihm nie etwas zu verspüren, und seine andern vier eigentlichen Söhne, die schon zu öfteren Malen bei uns in der Arbeit waren, sind von jeder Spur irgendeiner Weisheit so weit entfernt als Sonne, Mond und Sterne von der Erde.

[2] Die gute Mutter Maria selbst, ein noch immer sehr hübsches, fleißiges und sehr tugendsames Weibchen, dem sicher kein Mensch etwas Untugendhaftes nachreden kann, ist zwar als Mägdlein, so wir recht unterrichtet sind, im Tempel erzogen worden; aber diese Erziehung kennen wir und wissen nur zu gut, wieviel Weisheit da besonders für Mädchen herausschaut. Und so kann er von seiner Mutter auch sehr wenig von der Weisheit eingesogen haben! In irgend einer Schule war er unseres Wissens auch nicht!«

[3] »Im Gegenteil«, sagte ein mit Joseph wohlbekannter **Schriftgelehrter,** »Joseph hat mir mehr denn einmal die Not mit seinem Knaben Jesus geklagt und gesagt: ›Ich weiß nicht, was ich mit diesem Knaben machen soll! Seine sehr sonderbar gewesen sein sollende Geburt, die mit derselben wenigstens sehr verflochten zu sein scheinenden Erscheinungen, aus denen man hätte erwarten sollen, daß das göttliche Wesen Selbst durch so ein Kind auf der Erde Sich manifestieren sollte, für das sogar mehrere, sicher außergewöhnliche Erscheinungen aus dessen frühester Kindheit nur zu deutlich sprachen, sowie dessen manchmal an eine hohe Weisheit grenzenden Reden haben mich mit den wahrhaft höchsten Erwartungen erfüllt und das um so mehr, da ich in der geradesten Linie von David abstamme. Aber gerade wo nun die Zeit da ist, in der der Knabe was lernen sollte, ist mit ihm nichts mehr auszurichten; von etwas lernen ist gar keine Rede. Gebe ich ihn auch zu

einem Lehrer, so richtet er nichts mit ihm aus; der Knabe weiß und versteht alles besser, und will ihn ein Lehrer mit Strenge behandeln, so ist es dann schon gar aus!

[4] Was ihm noch aus seiner frühesten Jugend geblieben, ist eine unbegreifliche allerunbeugsamste Willenskraft, mit der er, so es ihm nötig dünkt, offenbarste Wunder leistet; aber eben vermöge solcher seiner Eigenschaft ist mit ihm, was das Lernen betrifft, nichts zu machen. Er ist sonst fromm, willig, gehorsam und sehr gesittet, artig, sanft und bescheiden wie seine Mutter; aber nur mit dem Lernen darf man ihm nicht kommen!‹

[5] Sehet, das hat mir der alte Joseph nicht einmal, sondern öfter geklagt, und es ist daher um so sicherer, daß er außer dem Zimmermannshandwerk in seinem Leben nichts anderes, weder Lesen und noch weniger Schreiben gelernt hat; und somit ist die Frage, woher ihm eine solche Weisheit kommt, sehr zu entschuldigen.« *(Siehe »Die Jugend Jesu«)*

[6] Sagt **Johannes,** der Evangelist: »Freunde, ich weiß es wohl und bin darin vollkommen zu Hause; aber es ist nun noch lange nicht an der Zeit, euch solches kundzutun. Es wird aber die Zeit schon kommen, wo ihr es aus Seinem Munde vernehmen werdet! Vordem aber genügen euch Seine Taten und Seine Weisheit.« – Die Pharisäer und Schriftgelehrten drangen zwar in den Johannes, daß er ihnen davon nur einige Winke geben sollte, aber Johannes ließ sich dazu nicht bewegen. Es begaben sich aber nun mehrere Zollamtleute und die Aufseher, da sie ihr Mittagsmahl eingenommen hatten, zu ihrem Geschäfte, und es ward Platz am großen Tische.

122. Über die zwei Matthäusse, den Zollherrn und den Amtsschreiber. Szene mit den Fischern. Die Jünger des Johannes und die Jünger Jesu. Petri gute Antwort über des Johannes Benehmen.

Ev. Matth. 9, 14.

[1] Und der junge Hausherr Matthäus, der Zöllner (der nicht zu verwechseln ist mit dem Matthäus, der nur ein Amtsschreiber war, – daher denn in der Schrift auch der Beisatz »Zöllner« vorkommt, so von ihm die Rede ist), berief Meine Jünger, die Pharisäer und Schriftgelehrten hinein, und sie gingen und setzten sich und aßen und tranken recht wacker darauf los. Nur Judas hielt sich diesmal sehr mäßig; denn er fürchtete eine starke Zeche, und vom Zahlen war er, wie nur zu bekannt, kein großer Freund.

[2] Als wir so recht guten Mutes beisammen waren und die Pharisäer und Schriftgelehrten sich auch mit den Zöllnern und sogenannten Sündern mehr und mehr zurechtgefunden hatten, da kommt **eine Küchenmagd** zum Hausherrn und sagt: »Was werden wir nun machen? Jetzt sind die Fischer erst gekommen, haben Fische gebracht und wollen was zu essen und zu trinken haben; da wir aber heute zufällig so viele fremde Gäste bekommen haben, die nahe unsern heutigen Vorrat aufgezehrt haben, so wissen wir nun in der Küche nicht, was wir machen sollen.« Sagt **Matthäus** der Zöllner: »Wie viele sind ihrer?« Sagt **die Magd:** »Es werden ihrer wohl bei zwanzig sein.« Sagt

Matthäus der Zöllner: »So laß sie hereinkommen, hier ist noch Vorrat in Menge!«

[3] Die Magd geht und sagt das den Fischern, und diese begeben sich in das große Gastzimmer und setzen sich sogleich an einen kleinen Tisch, von dem auch die Mittagsgäste schon aufgestanden sind.

[4] Als die Fischer aber den Petrus und mehrere ihrer früheren Geschäftsgenossen erkennen, so begrüßen sie sich gegenseitig, und **die Fischer,** etwas mürrisch, weil es auf ihrem Tische etwas magerer aussieht als auf unserem, sagen sogleich zu Petrus: »Für uns tut es sich ja; denn wir sind noch echte getreue Jünger Johannis, und unser Gesetz ist Fasten. Ihr aber, als neue Jünger Jesu, könnet essen nach Lust, wie wir sehen; denn vom Fasten scheint bei euch keine Rede mehr zu sein!« *(Matth. 9, 14)*

[5] Sagt **Petrus:** »Johannes fastete um das, was wir haben, und wir fasteten mit ihm nach seiner Lehre und strengen Predigt. Johannes verkündete Den, bei Dem wir sind, und zeugte von Ihm. Als Dieser aber kam und von Johannes sogar die Wassertaufe nahm, da traute Johannes seinen Sinnen nicht völlig und also auch ihr nicht. Denn während Johannes vom Geiste getrieben über Jesus zeugte und, als Dieser Sich ihm nahte, zu uns sagte: ›Sehet, Der da kommt, Dieser ist es, von Dem ich zu euch geredet habe, daß Er nach mir kommen werde, Dem ich nicht würdig bin, aufzulösen die Riemen Seiner Schuhe!‹, zweifelte er aber dennoch heimlich bei sich, gleichwie ihr, und zweifelt zur Stunde noch. Darum fastet er noch immer, und ihr fastet auch; bei uns Gläubigen aber hat das Fasten ein Ende! Daß ihr noch fastet, da ist die Schuld nur an euch! Es ist auch recht also; denn gleichwie der Blinde seine Sehe nicht sättigen kann mit dem Lichte und dessen Farben, also wird auch der im Herzen Blinde nicht sättigen können weder sein Herz noch seinen Magen. Versteht ihr das?

[6] Hätte Johannes geglaubt, so wäre er dem Lamme gefolgt, Das nach seines Geistes Zeugnis die Sünden der Welt hinwegnimmt. Aber weil seine Seele selbst zweifelte an Dem, von Dem sein Geist in ihr und durch sie zeugte, so blieb er in der Wüste zurück, bis ihn Herodes festnahm, wie wir's vernommen haben.

[7] Warum folgte er Ihm denn nicht, da er doch zu uns durch den Geist sagte: ›Diesen sollet ihr hören!‹? Warum wollte denn er Ihn nicht hören?! Warum folgte er Ihm nicht sogleich, da er doch zuvor sein ganzes Leben Dieses wegen, Der gekommen ist, so strenge übte und führte?! Wir wissen nicht, daß Dieser, Dem wir folgten, ihm je verboten hat, Ihm zu folgen. Saget mir daher nur einen haltbaren Grund, warum Johannes Jesu nicht sogleich gefolgt ist!«

[8] Hier stutzen die Jünger des Johannes und wissen nicht, was sie dem Petrus entgegnen sollen. Nur einer aus ihnen sagte, daß die Nachricht falsch sei, daß Johannes vom Herodes festgenommen worden wäre; Herodes hätte ihn nur in seine Residenz nach Jerusalem berufen, um dort von ihm alles zu erfahren über den kommenden Gesalbten Jehovas. Herodes achte Johannes zu sehr, als daß er ihn gäbe in ein Gefängnis.

[9] **Petrus** aber sagte etwas drollig: »Wenn's noch nicht in der Fülle ge-

schehen sein sollte, so wird es doch sicher sehr bald geschehen! Denn Herodes ist ein schlauer Fuchs, und ihm ist so wenig zu trauen wie einer Schlange.«

123. Johannes des Täufers Zeugnis vom Herrn. Gleichnis vom Bräutigam, den Brautleuten und der Braut. »Wer den Sohn hat, der hat das ewige Leben!« Ein blinder Kritiker Jesu.

Ev. Matth. 9, 15.

[1] Nach dem Gespräch essen die Jünger Johannis wieder fort, und wir essen auch. Nur etliche der hier mit anwesenden Pharisäer fasteten ganz und wollten nicht essen, als nach dem Untergange der Sonne; denn ein ungesäuertes Brot, das man hier bei den Griechen nicht hatte, bekamen sie nicht, und so fasteten sie, während ihre mehreren Kollegen und Schriftgelehrten sich's recht wohl schmecken ließen.

[2] Nach einer Weile, als der Wein die Jünger Johannis etwas gesprächiger und mutiger gemacht hatte, erhob sich **einer** aus ihrer Mitte und wollte von Mir Selbst den Grund erfahren, warum sie als Jünger Johannis so viel und strenge fasten müßten, und warum Ich und Meine Jünger nicht, und fragte Mich also: »Herr und Meister! Warum fasten denn wir wie auch die Pharisäer so viel, und Deine Jünger fasten nicht?«

[3] Und **Ich** sagte zu ihm: »Freund, du warst bei Johannes, als man ihm von Mir die Nachricht hinterbrachte, daß Ich die Menschen taufte, und daß Mir viele nachfolgten! Sage es laut vor allen hier: was antwortete Johannes?« Sagt **der Jünger Johannis:** »Da sprach und antwortete Johannes: ›Ein Mensch kann nichts nehmen, es werde ihm denn gegeben vom Himmel. Ihr seid meine Zeugen, daß ich gesagt habe, ich sei nicht Christus, sondern nur vor Ihm hergesandt. Wer die Braut hat, der ist der Bräutigam; der Freund des Bräutigams aber steht und hört ihm zu und freut sich hoch über des Bräutigams Stimme! Solche meine Freude ist nun erfüllt! Er muß wachsen, ich aber muß abnehmen! Der von oben herabkommt, ist über alle; wer aber von dieser Erde ist, der ist nur von dieser Erde und redet von nichts denn von dieser Erde. Nur Der vom Himmel kommt, ist über alle!‹

[4] Und Johannes hielt da inne und zählte auf, was er alles gesehen hatte, und wie er von Ihm gezeugt habe, bedauerte aber am Ende tief seufzend, wie sein Zeugnis, das doch so wahr sei, doch niemand annehmen wolle! Wer es aber dennoch annehme, der versiegle in sich die große Wahrhaftigkeit Gottes aus Furcht vor der Welt.

[5] So er es auch wisse, daß Der, Den ohne allen Zweifel nur Gott allein gesandt hatte, auch nur das reine Wort Gottes redet, so getraue er sich das doch nicht vor der Welt zu bekennen, weil er die Feindin Gottes, die arge Welt, mehr fürchte denn Gott, seines elenden Leibes wegen, der auch Welt ist und der Welt huldigt! Was nütze es aber, zu kennen in sich das rechte Maß Gottes, so man am Maße der Welt klebt?! Gott aber gebe niemandem Seinen Geist nach dem Maße der Welt, und so seien die verworfen, die den

Geist Gottes wohl erkannt haben, aber dennoch am Maße der Welt kleben und haben das ewige Leben nicht in sich!

[6] ›Nur‹, sagt Johannes weiter, ›wer an den Sohn glaubt, hat das ewige Leben in sich; denn der Sohn Selbst ist das Leben des Vaters! Wer aber an den Sohn nicht glaubt, der hat auch das ewige Leben nicht, und der alte Zorn Gottes bleibt über ihm!‹

[7] Sieh, das hat Johannes damals geredet; aber bis zur Stunde hatte von uns keiner den Sinn solcher seiner Rede fassen können in der Fülle! Soviel faßten wir wohl, daß er Dich gemeint hat; aber wie solches alles zusammenhängt, wie hätten wir das fassen und in aller Fülle verstehen sollen?!«

[8] Sage **Ich:** »Nun, so ihr solches von Johannes vernommen habt über Mich, da müsset ihr doch wissen, daß Ich der Bräutigam bin, den Johannes gemeint hat! Bin Ich aber derselbige Bräutigam, so werden diese hier doch Meine Hochzeitsgäste sein!?«

[9] Sagt **der Jünger Johannis:** »Wo ist denn hernach die schöne himmlische Braut? Wie bist Du denn ein Bräutigam ohne Braut?!«

[10] Sage **Ich:** »Diese Meine Hochzeitsgäste sind in e i n e m auch Meine Braut. Denn die Mein Wort hören, dasselbe in ihrem Herzen bewahren und danach tun, sind wahrhaft Meine Braut, wie sie auch Meine Hochzeitsgäste sind! Wie können und sollen aber die Hochzeitsgäste ein Leid tragen unter sich, solange der Bräutigam bei ihnen ist?! Wann aber die Zeit kommen wird, daß der Bräutigam von ihnen genommen wird, alsdann werden sie auch fasten!« *(Matth. 9, 15)*

[11] Darob verwundern sich die Jünger Johannis sehr und sind darob etwas ärgerlich; denn sie meinten, weil Ich diese Worte mit einer etwas lächelnden Miene zu ihnen geredet habe, daß Ich sie gestichelt hätte. Und **der eine Jünger Johannis** sagte dann auch, etwas stichlich sein wollend: »Merkwürdig! Aus Johannes redete Gottes Geist, und aus Dir sollte auch derselbe Geist um so mehr reden, weil Dir das Zeugnis Johannis gälte! Aber es ist sonderbar, daß derselbe göttliche Geist durch Moses, all die Propheten und endlich durch Johannes stets gleich ein strenges Büßerleben den armseligen Menschen dieser Erde verkündete und dessen strengste Haltung und Beachtung forderte; Du aber scheinst wenigstens tatsächlich ganz das Gegenteil von all dem zu sein und zu lehren! Wer nach Moses nur das Haus eines Sünders betrat, ward unrein und mußte sich reinigen; wer am Sabbat eine Magd berührte oder an einem andern Tage ein Weib, das ihre Zeit hatte, mußte sich reinigen lassen und dergleichen noch viel Strengeres mehr! Du aber scheinst samt Deinen Jüngern den Sabbat wie das Reinhalten der Person gar nicht mehr zu berücksichtigen! Wie ist dann Deine Lehre eine göttliche, wie sie war aus dem Munde der Propheten?!«

124. Gleichnis vom neuen und alten Gewand, vom neuen Most und alten Schläuchen. Vom spießbürgerlich-ökonomischen Sinn und von der Barmherzigkeit. Soziale Winke. Die Erde als Gemeingut nach Gottes Ordnung. Grund der Sündflut. Hinweis auf die jetzige Katastrophe.

Ev. Matth. 9, 16–17.

[1] Sage **Ich:** »Meine Lehre ist wie ein neues Gewand; eure aber ist das alte, voll Risse und Schäden, darum ihr denn auch heute als am Sabbat trotz Moses und Johannes recht wohl habet Fische fangen können! Meine Lehre ist sonach eine neue, und man kann von ihr nicht ein Stück nehmen und euer altes, rissevolles Gewand damit ausstopfen. Und täte man das, so würde man damit noch größere Risse zuwege bringen, als sie früher waren; denn der neue Lappen reißt doch wieder vom alten, morschen Kleide und macht den Schaden größer. *(Matth. 9, 16)*

[2] Also ist Meine Lehre auch wie ein neuer Most, den man nicht in alte Schläuche gibt, auf daß sie zerrissen werden und der Most verschüttet wird; sondern man gibt den Most in neue, feste Schläuche, und so werden erhalten beide, Most und Schlauch. Versteht ihr das?« *(Matth. 9, 17)*

[3] Sagen **die Jünger Johannis:** »Es läßt sich das wohl hören, aber nicht so leicht völlig verstehen, was Du damit sagen wolltest; daher könntest Du Dich wohl etwas faßlicher ausdrücken!?«

[4] Sage **Ich:** »Ob Ich Mich noch faßlicher ausdrücken könnte oder wollte?! Ja, ja, Ich könnte es wohl, so Ich's wollte! Aber hier will Ich nicht faßlicher sein, und darum sage Ich euch auch darüber nichts Weiteres mehr, als das bloß, daß ihr alte, verrissene Kleider und alte, morsche Schläuche seid, die für Meine Lehre nicht mehr taugen! Diese brächte euch ja um euer süßes Erdenleben, was doch euer höchstes Gut ist, und auf dessen Verbesserung ihr alles aufbietet und sogar am Sabbate schwere Fischzüge machet, um nur eurem irdischen Leben eine bessere und sorglosere Existenz zu verschaffen und möglicherweise ein bißchen Herrlichkeit daneben! Die Armen aber sehet ihr nicht, die Kranken nicht, und die Bresthaften auch nicht, auch die Hungrigen nicht, und die Durstigen nicht!

[5] Es ist ja also, daß derjenige, der mit einem vollen Bauche herumgeht, nicht im geringsten verspürt, wie es den Armen vor Hunger schmerzt und brennt im Magen! So auch verspüret ihr, die ihr gut bekleidet seid, so da der Winter kommt, nichts von der Kälte; denn ihr habt ja Mittel in großer Menge, euch den Winter angenehmer als den heißen Sommer zu machen. Und so euch ein Halbnackter unterkommt, bebend vor Frost, und klagt euch seine Not und bittet euch um ein erwärmendes Gewand, so ärgert euch das, und ihr gebet ihm scheele Worte und saget: ›Gehe hinweg, du fauler Mensch! Hättest du gearbeitet im Sommer, so dürftest du im Winter nicht Not leiden! Zudem ist es auch nicht so kalt, und man muß als Bettler nicht gar so weichlich und empfindlich sein!‹

[6] Aber der Bettler sagt: ›Herr, ich habe den ganzen Sommer und Herbst gearbeitet, aber meiner schweren Arbeit Lohn war nicht der tausendste Teil von dem, was mein Herr gewann aus meiner Arbeit; daher kann mein

Arbeitsherr wohl im Winter warm bekleidet einhergehen, wir aber, seine schlecht bezahlten Arbeiter, die wir den geringen Lohn schon im Sommer gar leicht verzehren konnten, leiden nun im Winter, – nicht, als hätten wir im Sommer nicht gearbeitet, sondern nur, weil wir einen zu geringen Lohn hatten. Der Gewinn der Herren ist unsere Not!‹

[7] Sehet, das ist die Sprache des Bettlers, abgesehen von dem, daß es mitunter wohl auch hie und da unter den vielen Bettlern einige Sünder gibt, die ihre Armut verdient haben!«

[8] Sagen **die Jünger Johannis:** »Ah, da redest Du zu viel! Also ist es nicht! Ein treuer und rechtschaffener Arbeiter hat noch nie Not gehabt, über seine Dienstgeber zu klagen! Wer arbeiten will, bekommt Winter und Sommer Arbeit, Verdienst und Nahrung und Kleidung! Daß man aber dem Faulen die Tür weist, finden wir alle ganz in der Ordnung.«

[9] Sage **Ich:** »Ihr ja, das weiß Ich nur zu gut! Aber Ich nicht, das sage Ich euch! Das Warum sollet ihr sogleich vernehmen! – Saget Mir: Wer hat das Meer und die vielen guten Fische im selben erschaffen?«

[10] Sagen **die Jünger Johannis:** »Nun, ist das eine Frage! Wer sonst als Gott allein könnte das wohl?!« – Sage **Ich:** »Nun gut, saget Mir, ob ihr von Gott aus Urkunden im Besitze habt, denen zufolge ihr allein das Recht habt, die guten und teuren Fische aus dem Meere zu fangen, sie ums teure Geld zu verkaufen, dann den ganzen Gewinn in eure Säcke zu stecken und kaum den tausendsten Teil euren fleißigen Knechten zukommen zu lassen, die doch allein die schwere Arbeit oft mit vieler Lebensgefahr verrichtet haben!«

[11] Sagen **die Jünger Johannis:** »Das ist schon wieder eine lächerlich dumme Frage! Wo ist denn auf der Erde jemand, der sich mit einer Besitzesurkunde von Gott ausweisen könnte?! Dafür hat Gott das Staatsoberhaupt gestellt, und dieses stellt an Gottes Statt die Besitzurkunden aus; wer vom Staate aus als Besitzer angesehen ist, der ist das auch Rechtens vor Gott. Zudem muß jeder rechtmäßige Besitzer für sein teuer erkauftes Recht dazu noch alljährlich allerlei Zehnt und andere Steuern dem Staate entrichten und ist daher doppelt berechtigt, von seinem Besitze den notwendigen Gewinn zu ziehen!«

[12] Sage **Ich:** »Ja, ja, also ist es wohl auf der Erde, aber nicht von Gott aus, sondern von den selbst- und herrschsüchtigen Menschen aus! Diese haben sich solche Gesetze und eine solche Ordnung geschaffen. Aber im Anfange der Welt war es nicht also; da war lange hin die ganze Erde ein Gemeingut der Menschen!

[13] Als aber aus den Menschen die Kinder Kains einen Teil der Erde in einen festen und erbbaren Besitz genommen hatten und dafür gemacht Gesetze und eine selbst- und herrschsüchtige Ordnung, da dauerte es dann aber auch keine tausend Jahre mehr!

[14] Gott ließ es geschehen, daß die Sündflut kam und ersäufte sie alle bis auf wenige, die erhalten wurden. Und so wird es auch wieder werden!

[15] Gott ist zwar sehr langmütig und von großer Geduld, aber Er wird eures Treibens bald müde werden; und dann habet acht, wer nach euch Besitzer der Erde wird!

[16] Daß ihr aber also redet, ist ein nur zu klarer Beweis, daß euer Glaube und eure Rechtslehre ein altes, zerrissenes Kleid ist, das keinen neuen Fleck vertragen kann, und ist auch wie ein alter Schlauch, in den man keinen Most mehr geben kann! Denn ihr seid alle und allzumal arge und selbstsüchtige Menschen! Versteht ihr Mich nun?!« –

125. Weitere Besprechung des Herrn mit den Johannesjüngern über die Essäer. Von der spießbürgerlichen Weltklugheit. Das Haus des Zöllners Matthäus als Beispiel der Menschenfreundlichkeit. Vom Gottessegen und vom Gottvertrauen. Des Herrn Zeugnis von Johannes dem Täufer. Ein ernster Wink zur Milde und Barmherzigkeit gegen die Armen. Wer ein Feind Gottes ist.

[1] Sagen **die Jünger Johannis:** »Tun wir denn unrecht, so wir nach der Lehre Johannis leben? Johannes war doch sicher ein strenger Prediger, aber solche Lehre hat er uns nicht gegeben!

[2] Siehe, der Orden der Essäer, den wir kennen, ist auch strenge, und Wahrhaftigkeit ist unter ihnen das erste Gesetz; aber was nützt ihnen alle ihre Wahrhaftigkeit und was ihre sonstigen strengen Regeln?! Wer achtet sie?! Sie gelten weder bei den Griechen noch bei uns Juden etwas, nur unter den Römern sollen sie einige wenige Anhänger haben. Möge ihre Lehre, nach der sie leben, an und für sich noch so gut und rein sein, so ist sie wohl für wenige Menschen, die sich von aller Welt zurückgezogen haben, sicher ganz vortrefflich, aber für die gesamte Menschheit völlig untauglich!

[3] Was nützen uns alle noch so schönen und kräftigen Worte für die Sache des allgemeinen Brudersinnes?!

[4] Sieh, dies Haus ist ein großes Haus, ist ein gastfreundliches Haus und ist ein Haus, das in der schönen Sache des Brudersinnes seinesgleichen sucht; kannst Du es ihm aber vernünftigermaßen zumuten, daß es stets bereit sein solle, alle Menschen, die doch sicher unsere Brüder sind, aufzunehmen und zu versorgen?! Wenn es dazu auch den besten Sinn und den besten Willen hätte, so fehlt es ihm doch sicher an den dazu erforderlichen Mitteln, wie am Raume, an Eßwaren und an dergleichen mehr.

[5] Wenn ferner ein paar arme Menschen sich zur größten Not irgendeine Hütte erbaut und für den Winter einen sehr spärlichen Mundvorrat gesammelt haben, mit dem sie selbst nur mit der genauesten Not auslangen können bis dahin, daß die Erde wieder Früchte zu tragen beginnt, und es kommen nun aber zehn Menschen zu ihnen, das heißt zu den zweien, die selbst kaum Raum zur Genüge haben in ihrer Hütte, und diese zehn verlangen Einlaß, Herberge und Verpflegung, sage: kann irgend eine Lehre diesen zweien gebieten oder auch nur raten und sagen, daß es gut und segenvoll sei, dem Begehren der zehn Angekommenen zu willfahren und sich selbst dadurch bis zum letzten Lebenstropfen zugrunde zu richten?!«

[6] Sage **Ich:** »Ein jeglicher Vogel singt und zwitschert, wie ihm der Schnabel gegeben ist, und ihr redet nach eurem Weltverstande und könnet nicht anders reden, weil ihr's nicht anders verstehet! Und das ist aber auch

schon alles, was Ich euch darauf antworten kann. Denn würde Ich euch schon auch etwas Höheres und völlig Wahres aus den Himmeln sagen, so würdet ihr Mich dennoch nicht verstehen; denn euren harten Herzen fehlt dazu der Verstand!

[7] Ihr Toren! Wer läßt denn die Früchte wachsen und reif werden auf der Erde! Wer erhält sie selbst und gibt ihr fortwährend die Kraft dazu?! Glaubt ihr denn, Gott kann oder will nichts vergelten dem, der sich selbstverleugnend seinen dürftigen Brüdern opfert? Oder meinet ihr, daß Gott ungerecht ist und von den Menschen das Unmögliche verlangt?!

[8] Aber Ich meine, ein wahrhaft redlich guter Wille und der sehnsüchtige Wunsch, womöglich dem armen Bruder Gutes zu tun, ist jedermann gar wohl möglich!

[9] So ein jeder mit dem durch und durch beseelt wäre, da würde es auf der Erde auch keine so ärmliche Hütte mehr geben, die nur von zwei Menschen bewohnt werden kann.

[10] Sehet, dies Haus Meines Freundes Matthäus hat heute viele Menschen gesättigt und gab seinen ganzen Vorrat aus wahrem, guten Herzen her, und so ihr es nicht glaubet, da gehet hinaus in die Speisekammer und gehet auf den Kornboden, und ihr werdet keinen Vorrat finden! Hier aber steht der Hausherr; fraget ihn, ob Ich die Unwahrheit rede!«

[11] **Matthäus** bestätigt vollkommen Meine Aussage und spricht: »Herr, es ist heute leider also, und ich weiß nicht, woher ich für morgen die Gäste versorgen werde. Aber es ging mir schon oftmals so, und ich vertraute auf Gott, – und sieh, es kam doch wieder in Fülle, daß ich die Gäste gar wohl versorgen konnte!«

[12] »Sehet«, sage **Ich** darauf, »so denkt und handelt ein rechter Mensch auf dieser Welt und beklagt sich nicht, daß ihn je Gott verlassen hätte! Und also ist es auch allzeit gewesen und wird ewig also sein!

[13] Der auf Gott vertraut, dem traut auch Gott und verläßt ihn nicht und läßt ihn nicht zuschanden werden! Aber jene, die, wie ihr, wohl an Gott glauben, daß Er einer ist, aber sie trauen Ihm nicht völlig, weil ihnen ihr eigenes Herz sagt, daß sie einer Gotteshilfe unwert sind, diesen hilft Gott auch nicht; denn sie haben ja kein Vertrauen auf Gott, sondern allein auf ihre eigenen Kräfte und Mittel, die sie für förmlich heilig und unverletzlich halten und sagen: ›Mensch, willst du, daß dir geholfen sei, so hilf dir selbst; denn ein jeglicher Mensch ist sich selbst der Nächste und sorgt zuerst für sich!‹ Und bis er sich versorgt hat, geht der Hilfsbedürftige zugrunde!

[14] Aber **Ich** sage: So ihr zunächst für euch sorgt, so seid ihr von Gott verlassen und ledig Seines Segens und Seiner sonst so über alles sichern Hilfe! Denn Gott hat die Menschen nicht aus Selbstsucht, sondern aus purer Liebe erschaffen, und so sollen die Menschen der Liebe, die ihnen das Dasein gab, in allem völlig entsprechen!

[15] So ihr aber ohne Liebe und Vertrauen auf Gott lebt und handelt, da verkehrt ihr das Himmlische in euch freiwillig in Höllisches, wendet euch von Gott ab und werdet zu Dienern der Hölle, die euch dann am Ende auch

den verdienten Lohn nicht vorenthalten wird, der da heißt der Tod im Zorne Gottes!

[16] Ihr sagtet auch, daß die Essäer, die nach des Pythagoras Schule leben, wegen ihrer reinen Philanthropie von niemandem wohl gelitten werden, außer von einigen wenigen Römern.

[17] Auch Ich achte sie nicht, da sie die Unsterblichkeit der Seele nicht anerkennen; aber dennoch ist der Schlechteste unter ihnen besser als der Beste unter euch!

[18] Ich sage euch nun offen: Unter allen, die seit dem Beginn der Welt aus Weibern sind geboren worden, ist nie ein Größerer hervorgegangen denn Johannes; aber wer von nun an der Kleinste sein wird unter Meinen Jüngern im wahren Gottesreiche, der wird größer sein um vieles denn Johannes, den ihr euren Meister nennt, ihn aber noch nie verstanden habt! Denn er zeigte euch den Weg zu Mir und ebnete den Weg vor und zu Mir, aber die Welt in euch hat eure Herzen verblendet; darum auch möget ihr Mich nicht erkennen, ob ihr euch auch schon bei Mir befindet!

[19] Gehet denn hin und sorget für eure Welt, für eure Weiber und Kinder, auf daß sie ja nicht nackt herumwandeln dürfen und kein Hunger und Durst je ihren Bauch beschleiche; es soll sich aber jedoch in Kürze zeigen, was für Gutes ihr ihnen dadurch verschafft habt! Das sage Ich euch, daß Gott für sie nicht sorgen wird! Und Ich kann euch das mit dem vollsten Rechte und in der tiefsten Wahrheit sagen:

[20] Wer immer da hat ein Vermögen und einen Besitz und hat ein Gewerbe, das ihm vielen Gewinn verschaffen kann, spart aber den Gewinn für sich und seine Kinder und schaut mit bittergesinnten Augen und Herzen herab auf die armen Brüder und scheut sich vor den armen Kindern, die aus Mangel an allen irdischen Besitztümern Hunger, Durst und Kälte leiden, und schafft sie von sich, so sie zu ihm kommen und ihn bitten um ein Almosen, und wer da sagt zu einem Bruder: ›Komme in einigen Tagen oder Wochen zu mir, und ich werde dir da tun dies und jenes!‹, so aber dann der hoffende und darauf rechnende Bruder kommt und erinnert den Verheißer, daß er nun da sei, darum er bestellt ward, und der Verheißer entschuldigt sich, daß er auch nun nichts zu tun imstande sei, hat aber geheim doch das Vermögen dazu, wahrlich, wahrlich, sage Ich euch: der ist ein Feind Gottes! Denn wie will er Gott lieben, Den er nicht sieht, da er doch seinen Bruder nicht liebt, den er sieht vor sich und kennt dessen Not!?

[21] Wahrlich, wahrlich, Ich sage euch: Wer seinen Bruder in der Not verläßt, der verläßt in e i n e m – Gott und Himmel! Und Gott wird ihn verlassen, ehe er sich's versehen wird!

[22] Wer aber seine armen Brüder nicht verläßt, auch dann nicht, so ihn Gott in eine Prüfung zöge, der soll aber denn auch gesegnet werden, ehe er sich's versehen wird, reichlicher zeitlich und ewig, als nun unseres Gastfreundes Speise- und Kornkammern gesegnet worden sind!«

[23] Sagen **die Jünger Johannis:** »Das glauben wir recht gerne! Denn diese sind völlig leer!«

126. Ein Wein- und Speisewunder. Wem und wo die Engel dienen. Von der Treue und Unveränderlichkeit Gottes und von Seinem Segen.

[1] Da kommt **die Küchenmagd** ganz außer Atem und sagt zum Matthäus: »Herr, Herr, komme und schaue! Soeben kamen eine Menge junger Männer und brachten allerlei Mundvorräte in solcher Menge, daß wir es in einem Jahre kaum verzehren werden! Und alles sieht so frisch und gut aus! Auch die Kornkammern sind von oben bis unten angefüllt, und die Schläuche im Keller sind voll des besten Weines! Herr, Herr, woher kam denn nun heute am Sabbate der Juden das alles?«

[2] Matthäus und alle im Zimmer sind ganz wie von Sinnen über diese Kunde, und die Jünger Johannis, von denen sich ein paar früher völlig überzeugt hatten, daß die Speisekammern leer waren, fragten sogleich den Matthäus, ob er irgend dergleichen Alimente *(Nahrungsmittel)* bestellt habe.

[3] Sagt **Matthäus:** »Ich nicht; denn da müßte natürlich ich ja vor allem davon etwas wissen. Und mein Weib auch nicht; denn diese ließ mir früher eben durch diese Magd sagen, daß unser geringer Vorrat so gut wie vollends aufgezehrt sei. Denn ich habe außer einem Garten und einigen gepachteten Äckern keinen Grund zum Anbau von Früchten in großer Menge und hätte zu diesem Geschäfte auch wenig Zeit, da ich fürs erste mit dem Zoll viel zu tun habe und daneben fürs zweite hier in diesem meinem Gasthause für die Bewirtung der Gäste sorgen muß. Ich habe daher gewöhnlich von Woche zu Woche dies mein Gasthaus mit Mundvorrat versehen und ließ mir diesen zumeist ums Geld von Kapernaum bringen, und mit Fischen habt ihr mich zumeist versehen; Wein und Getreide aber kaufte ich zumeist von meinen bisherigen Glaubensgenossen, den Griechen. Das ist in Kürze die Art und Weise, wie ich bisher mein Haus versah mit dem Nötigen; aber von dieser Bestellung weiß ich und mein Haus keine Silbe!

[4] Es müßte denn sein, daß solches mir ein unbekannter großer Freund getan hätte, ansonst ist und bleibt es ein offenbares Wunder! Wo aber und wer dieser Freund ist, das natürlich weiß ich so wenig als ihr. Ich will aber nun alle meine Leute hereinrufen und sie vor euch fragen, ob sie von den Trägern wohl niemanden gekannt haben!«

[5] Nun werden Weib und alle Mägde und Knechte gerufen und befragt, aber **alle** legen einstimmig das Zeugnis ab, daß sie niemanden auch nur von ferne hin gekannt hätten: »Die Männer sahen aus wie zartgebaute Jünglinge; denn nicht bei einem einzigen war irgend ein Bart wahrzunehmen gewesen, wohl aber hatten alle ein schöngelocktes langes Haar, und ihre Tracht glich mehr der römischen als der jüdischen. Ihrer waren viele gewesen, gleich in den Speisekammern wie auf dem Schüttboden und im Keller. Sie legten das Gebrachte schnell nieder und sagten: ›Dies ist eine Gabe an den Zöllner Matthäus, den heute der große Meister berief!‹ Dann entfernten sie sich eiligst, und wir sahen nicht, wohin sie sich vom Haus gewendet haben.«

[6] Sagt dazu **ein Pharisäer:** »Die Sache klingt ganz ungewöhnlich seltsam

und ist doch wahr!? Da wären wir wirklich sehr dafür, dieser Begebenheit auf den Grund zu kommen!«

[7] Zum Matthäus gewendet spricht derselbe Pharisäer weiter und sagt: »Wirt, laß uns von den Weinen eine Kost bringen, und wir werden dir sagen, woher sie sind; denn wir wissen es aus dem Geschmack und aus der Farbe, wo er gewachsen ist!«

[8] Man geht sogleich in den Keller und bringt alle Trinkgefäße voll. Und als **die Pharisäer und Schriftgelehrten** die Weine verkosten, sagen sie voll Staunens: »Nein, solch einen Wein, wie dieser ist, haben wir noch nie verkostet! Er ist von unbeschreiblicher Güte und Lieblichkeit! Wir haben doch alle Weine, die nur irgendwo auf der uns bekannten Erde wachsen, getrunken, die mitunter auch sehr gut und wohlschmeckend waren, aber gegen diesen Wein wären sie kaum ein laues Wasser zu nennen! Das ist sonach ein Rätsel und bleibt ein Rätsel!

[9] Da du aber nun einen großen Vorrat von diesen unübertrefflich herrlichen Weinen hast, möchtest du denn uns nicht gegen Geld und gute Worte einige Schläuche zukommen lassen? Da würde es sich wahrlich der Mühe lohnen, dem Hohenpriester nach Jerusalem eine Sendung zu machen!«

[10] Sagt **Matthäus:** »Umsonst habe ich's empfangen und gebe es auch wieder also; aber dem Hohenpriester nach Jerusalem nicht einen Tropfen! Außer er käme zufällig als ein Gast hierher, so soll er bedient werden wie jeder andere; aber wohlgemerkt, nur als Mensch jedem andern gleich, nie aber als jüdischer Oberpriester, der für mich ein Greuel aller Verwüstung ist und ein Mörder des Geistes der Menschen, die seines Glaubens sind!«

[11] Sagt **ein Schriftgelehrter:** »Freund, da beurteilst du den Oberpriester von Jerusalem wohl ganz falsch und hast keine Kenntnis von seinem Wesen und seinem Amte!«

[12] Sagt **Matthäus:** »Lassen wir diese Sache ruhen, weil sie mich am ersten in eine wahrste und gerechteste Zornhitze bringt! Ihr seid seine Augen und sehet daher das am wenigsten, was euch am nächsten steht, nämlich die eigene Nase, Stirn und das ganze Gesicht; wir, die wir euch gegenüberstehen, sehen das alles nur zu gut und genau! Aber nun nichts Mehreres und Weiteres davon, sonst käme ich in die Hitze und möchte euch als nun meine gleichrespektierten Gäste nicht beleidigen!«

[13] Sagt ein mehr gemütlicher **Pharisäer:** »Nun, nun, so lassen wir diese Sache ruhen und besprechen uns darum lieber mit dem Meister Jesus, der wird uns über diese Begebenheit vielleicht den besten Aufschluß zu geben imstande sein; denn er überragt uns alle hoch mit aller Wissenschaft und Weisheit!« Zu Mir sich wendend: »Was sagst denn du zu dieser Geschichte? Denn du scheinst darüber wohl irgend einen Wind zu haben, weil dein vorheriges Gespräch mit den Jüngern Johannis nahe darauf hinzudeuten scheint. Denn nahe im selben Momente, als du den Jüngern Johannis sagtest, wie Gott für die sorge, die Ihn wahrhaft lieben und ganz lebendig auf Ihn vertrauen, und wie du die Häßlichkeit und Verwerflichkeit der Selbstsucht so recht durchstäuptest, geschah das, und so kommt es mir ganz heim-

lich vor, daß du darüber von irgendwoher Kunde eingezogen hast oder heimlich gar selbst der Urheber bist!«

[14] Sage **Ich:** »Gut! So ihr das von Mir vermutet, so wendet eure Vermutung auch dahin, was Ich den Jüngern Johannis gesagt habe, und bekennet es in euren Herzen, daß Ich die vollste Wahrheit geredet habe!

[15] Wer aus euch also handeln wird aus dem Grunde seines Herzens, der wird von Gott aus auch allzeit das erfahren, was nun unser Freund und Bruder Matthäus erfahren hat!

[16] Denn glaubet es Mir: Gott bleibt Sich stets gleich in Seinem Herzen! Wie Er war, als am Firmamente noch lange keine Sonne, kein Mond und keine Sterne leuchteten, so ist Er noch in diesem Augenblicke und wird ewig also verbleiben!

[17] Wer am rechten Wege Ihn sucht, der wird Ihn auch finden und wird gesegnet in alle Ewigkeiten der Ewigkeiten!«

[18] Diese Worte gehen allen tief zu Herzen, und die **Jünger Johannis** fangen an, sehr in sich zu gehen und sagen: »Er muß denn doch ein bei weitem größerer Prophet sein, als da war unser Johannes! Denn wir waren zehn volle Jahre um ihn, aber so was haben wir an seiner Seite nicht erlebt! – Der Pharisäer hat recht, so er behauptet, dieser Nazaräer wisse davon! – Ich aber möchte nahe behaupten, daß das alles von und durch ihn auf einem uns unbekannten Wege herrühre, und das Ganze ist ein handgreiflicher Beweis gegen unsere nun ersichtliche Blindheit samt unserem großen Meister Johannes!«

127. Judas und Thomas im Zwiegespräch. Des blinden Johannesjüngers plumpe Frage. Des Herrn edle Sanftmut erntet allgemeines Lob. Der Tod der Tochter des Obersten Kornelius. Von der wahren Nachfolge Christi.

Ev. Matth. 8, 18–19.

[1] Es will aber nun auch Judas, den der Wein etwas mehr, als es sein sollte, warm gemacht hat, seine Stimme erheben und seinen Nachbarn, den Jüngern Johannis nämlich, etwas sagen. Aber **Thomas,** sein noch gleichmäßiger Gegner, kommt ihm zuvor und sagt: »Freund, wenn die Meister reden, da müssen die Jünger schweigen und bloß hören, aber ja nichts reden! Denn hier wäre jedes Wort aus unserem Munde eine große und grobe Torheit! Wenn's dich aber drückt zum Reden, da gehe hinaus ins Freie und schreie, was du kannst und magst, und wenn sogestaltig dein Mund müde geworden ist, dann komme wieder!«

[2] Sagt **Judas:** »Was hast du denn mit mir? Habe ich dir doch nichts zuleide getan! Werde ich denn nie reden dürfen?«

[3] Sagt **Thomas:** »Deine Weisheit kennen wir seit Jahren durch und durch und sind neben der Weisheit unseres großen Meisters wahrlich nicht aufgelegt, sie hier vernehmen zu müssen zum tausendsten Male, und so weise wie du sind wir alle von Hause aus! Du kannst sonach keine weitere und bessere Lehre geben, als wir sie ohnehin haben, und so wirst du es

hoffentlich wohl einsehen, daß es hier gar nicht nötig ist, daß auch du reden sollest! Wir Jünger haben nur dann zu reden, wann wir um etwas gefragt werden; wir können wohl auch selbst fragen, aber dann heißt es, sich wohl zusammennehmen, daß unsere Frage auf ein rechtes und wahres Bedürfnis sich stützt! Fragen wir aber pur aus Neugierde, um unserer redelustigen Zunge Luft zu verschaffen, dann sind wir des Stäupens wert; denn ein wahnwitziger Tor sollte allzeit mit Ruten gezüchtigt werden!«

[4] Sagt **Judas:** »Schon gut, schon gut! Ich bin ja schon stille; denn ich weiß es ja, daß ich in deiner Gegenwart nichts reden kann und darf. Denn du bist ja die Weisheit des Propheten Elias selbst! Es ist nur schade, daß du nicht vor Salomo gelebt hast! Wie weit hätte es Salomo in deiner Schule in der Weisheit noch bringen können! Aber nun nichts weiter, ich bin schon stille!«

[5] Thomas hätte dem Judas gern noch etwas erwidert, aber Ich deutete ihm, daß es genug sei, und Thomas schwieg.

[6] Einer der **Jünger** Johannis aber konnte noch immer nicht das ins Gleichgewicht mit seinem Gemüte bringen, weil Ich ihn und seine Gefährten mit einem alten, zerrissenen Kleide, das man mit neuen Lappen ausstopft, und mit alten, morschen Schläuchen derart verglich, daß sie zur Aufnahme des Mostes nicht taugen. Er wandte sich daher mit einer etwas plumpen Frage an Mich und sagte: »Ich sehe nun wohl auch, daß du ein Prophet sein magst; aber wie ich merke, so schmeckt dir der Wein aus alten Schläuchen besser als der junge Most aus den neuen Schläuchen, und kommt es mir auch vor, daß dein Rock eben auch kein neuer ist; sollte er etwa bald mehrerer Lappen bedürfen, so kann ich dir damit dienen, denn ich besitze eine Menge Hadern *(Lumpen)*. Wenn ich dir dienen kann, so wende dich nur an mich!«

[7] Für diese plumpe Frage wollten ihn seine Gefährten hinauswerfen. Ich aber nahm Mich seiner an und erklärte ihm diesen Vergleich faßlicher, und er ward beruhigt.

[8] Zu den andern aber sagte **Ich:** »So ihr einen Blinden sehet, wie er über einen Graben stolpert und fällt und durch seinen Fall das am kleinen Wasserleitgraben hochstehende Gras niederdrückt und ein wenig beschädigt, werdet ihr weise sein, so ihr darob den Blinden zur Verantwortung und Strafe ziehen möchtet?! Sehet, dieser euer Bruder sieht wohl, wie ihr, mit seinen fleischlichen Augen, aber an den Augen der Seele ist er noch stark blind, und es wäre, so wir das wissen, doch gar zu überaus hart, einen blinden Bruder zu strafen deshalb, daß er vor uns ein wenig gestolpert ist!«

[9] Nach solchen Worten riefen Mir **alle** ein vollstes Lebehoch und »Heil dir!« zu und sagten: »Das ist eine rechte Rede, und wer so handelt, wie er gut und weise redet, ist wert, ein Mensch der Menschen genannt und gekrönt zu werden! Heil dir und hoch lebe du Mensch der Menschen!«

[10] Als diese Worte noch kaum zu Ende sind und Ich ihnen noch einiges über die alten Kleider und über den Most und über die Schläuche sage, da kommt in hastiger Eile der Obersten einer aus Kapernaum (es war der römische Oberste **Kornelius**), stürmt förmlich auf Mich hin, fällt vor Mir

nieder und sagt nahe außer Atem: »Herr! Freund! Du göttlicher Meister und Heiland! Meine liebste Tochter, die meinen Namen trägt, meine herrliche, gute und schönste Tochter ist mir gestorben!« (Hier weinte der Oberste und konnte lange vor Weinen nicht reden. Nach einer Weile einiger Erholung erst sprach er weiter:)

[11] Herr, Dem nichts unmöglich ist, komme mit mir hin in mein Haus und lege Deine Wunderhand auf sie, und sie wird sicher wieder lebendig, gleichwie das Töchterlein des Schulobersten Jairus, das auch völlig tot war und lebendig geworden ist! Ich bitte Dich als meinen erhabensten Freund: Komme und erweise mir diese Gnade!« *(Matth. 9, 18)*

[12] Sage **Ich:** »Sei getrost, Ich komme und werde dir tun, um was du Mich ersucht hast! Es ist aber die Tochter wohl völlig tot und auch schon kalt, aber Ich werde sie dennoch erwecken, auf daß sie dann die Herrlichkeit Gottes den armen Menschen verkünden möge! Und so gehen wir!« *(Matth. 9, 19)*

[13] Es fragten aber Meine Jünger, ob sie Mich hier erwarten oder ob sie auch mitgehen sollten. **Ich** aber sagte: »Ihr alle, die ihr Meine Jünger seid, und du auch Matthäus, der du ein Zöllner warst, folge Mir! Für dein irdisches Haus habe Ich gesorgt und werde fortan sorgen; du aber sollst dafür auch, wie diese hier, Mein Jünger sein!«

[14] Matthäus wirft sogleich sein Wirtsgewand von sich, zieht seinen guten Rock an und folgt Mir, ohne zuvor daheim die gewöhnlichen hausherrlichen Verordnungen zu machen, was die Seinen in seiner Abwesenheit tun sollen.

[15] Nota bene *(›merke wohl!‹)*: Also muß auch ein jeder es tun, der Mir folgen will! Er muß dem irdischen Sach- und Fachleben ganz absterben und seiner irdischen Lebensverhältnisse nicht gedenken, ansonst er nicht taugt für und in Mein Reich! Denn wer die Hand an den Pflug legt und seine Augen nach rückwärts richtet, ist nicht geschickt zum Reiche Gottes!

128. Szene mit einem andern blutflüssigen Weibe. Von den Evangelisten Markus und Lukas. Der Herr im Hause des Obersten Kornelius. Erweckung der toten Tochter des Kornelius.

Ev. Matth. 9, 20–25.

[1] Und nun in der Geschichte des Evangeliums wieder weiter!

[2] Als wir vom Hause des Matthäus zogen, schon ziemlich spät des Nachmittags, und auf halbem Wege nach Kapernaum uns befanden, da kam, ebenfalls von rückwärts Mich eiligst verfolgend, ein Weib, das, so wie schon früher ein anderes griechisches Weib, bei zwölf Jahre am Blutgange litt, und niemand konnte ihr helfen. Dies Weib, das von der früheren Griechin Kunde erhielt, rührte bloß den Saum Meines Obergewandes an *(Matth. 9, 20)* und ward im Augenblick gesund. Denn sie sagte zu sich selbst nach dem Drange ihres innersten Gefühls: »Wenn ich nur anrühren werde Seines Gewandes Saum, so werde ich genesen!« *(Matth. 9, 21)* Und so geschah es ihr denn auch augenblicklich also, wie sie es geglaubt hatte. Und sie verspür-

te es auch sogleich, daß durch die gläubige Berührung Meines Gewandes die Quelle ihrer zwölfjährigen Leiden versiegt war.

[3] **Ich** aber wandte Mich um und sprach zu dem Weibe: »Sei getrost, Meine Tochter, dein Glaube hat dir geholfen! Ziehe hin im Frieden!« Und das Weib zog unter vielen Dankes- und Freudentränen nach Hause und blieb fortan gesund. *(Matth. 9, 22)*

[4] Es war dies Weib eine Jüdin und keine Griechin; aber sie hatte ihre Behausung unfern von einer griechischen Ansiedlung, kam oft zu den Griechen und erfuhr vieles von ihnen und sogestaltig auch die Heilung der früheren Griechin, von der Markus und der Maler und Dichter Lukas späterhin Erwähnung tun, wodurch die beiden sich höchst ähnlichen Begebenheiten für eine und dieselbe sogar von den gelehrtesten Theosophen gehalten werden, was aber durchaus nicht der vollen Wahrheit gemäß richtig ist und für die Zweifelsüchtigen ein gut Wasser auf ihre Mühlen gibt.

[5] Es fragte Mich aber auch sogleich Matthäus der Schreiber, ob er nun auch diese Tat anmerken solle und was von all den Taten dieses Tages.

[6] Und **Ich** sagte zu ihm: »Du sollst alles aufzeichnen, was heute geschah, bis auf die Versorgung des Hauses deines Namensgefährten sowie die vielen Reden auch nicht, die da sind gewechselt worden. Kurz, heute noch kehren wir wieder nach Hause, und morgen werden wir zur Genüge Zeit bekommen, alles genau zu bestimmen, was vom heutigen Tage soll aufgezeichnet werden.«

[7] Matthäus der Schreiber gab sich damit vollends zufrieden, und wir erreichten auch bald darauf das Haus des Obersten und begaben uns allda sogleich in den Saal, wo die verstorbene Tochter auf einem nach römischer Weise gezierten Bette lag.

[8] Es waren aber darin eine Menge Pfeifer und andere Lärmmacher; denn es war da Sitte, um die Verstorbenen einen großen Lärm zu schlagen, auf daß sie entweder wieder erwachen sollten, oder um, so das nicht mehr geschehen mochte, nach der Meinung des gemeinen blinden, zum größten Teile heidnischen Volkes, das eben hier sich am meisten zu schaffen machte, die Abgesandten ihres Höllenfürsten Pluto zu verscheuchen.

[9] Als Ich mit den Jüngern aber in das große Zimmer trat und ihr unsinniges Lärmen sah und vernahm *(Matth. 9, 23)*, gebot Ich, daß sie vor allem mit ihrem Lärmen verstummen und aus dem Zimmer und vollends aus dem ganzen Hause weichen sollten, indem die Tochter nicht gestorben sei, sondern nur schlafe.

[10] Da fingen die gedungenen **Lärmmacher** (natürlich ums Geld; denn ohne Geld ward niemandem ein Lärm gemacht!) an, Mich zu verlachen, und einer aus ihnen sagte im Vertrauen zu Mir: »Da wird's dir schwerlich wie beim Jairus gelingen! Sieh sie nur näher an, und du als Arzt mußt es sogleich erkennen, daß ihr der vollkommenste Tod nach der Lehre des berühmten alten griechischen Arztes Hippokrates auf der Nase sitzt, und du behauptest, daß sie schlafe!?«

[11] Der Oberste aber sah, daß die Tumultuanten nicht weichen wollten; da gebot er ihnen bei scharfer Ahndung, daß sie weichen sollten, und gebot

den wachhabenden Kriegsknechten, das Volk hinauszutreiben. So ward darauf das Zimmer bald frei von all den Lärmmachern.

[12] Und als das Zimmer wie auch das ganze große Haus frei war von den lästigen Gästen, da ging Ich erst vollends in das Zimmer mit Meinen Jüngern und den Angehörigen des Oberst'schen Hauses, trat da sogleich an das Totenlager, faßte die Tochter, ohne dabei ein Wort zu reden, bloß nur bei der Hand, und die Tochter stand im Augenblick also völlig gestärkt und gesund auf, als ob ihr nie etwas gefehlt hätte. *(Matth. 9, 25)*

[13] Als die Tochter aber sah, daß sie auf dem ihr wohlbekannten Bett, darauf nur die Toten gelegt werden, lag, fragte sie sobald, was denn das bedeute, daß sie sich auf dem Totenbett befände.

[14] **Der Oberste** aber trat zu ihr und sagte zu ihr, übervoll von der höchsten Freude: »Meine übergeliebte Kornelia! Du bist sehr krank geworden und bist auch an solcher bösen Krankheit vollends gestorben, warst tot und wärest unrettbar tot geblieben, so dich nicht dieser wahrlich allmächtige Heiland aller Heilande erweckt hätte mit Seiner göttlichen Kraft, gleichwie Er vor etlichen Tagen auch das dir wohlbekannte Töchterchen des Schulobersten Jairus erweckt hat. Darum freue dich nun des schönsten Lebens wieder und sei fortan überdankbar diesem Freund der Freunde, der allein dir das verlorene höchste Gut, das teuerste Leben, wiedergegeben hat!«

129. Der Erweckten Erlebnisse im Jenseits. Ihre rechte neue Lebensfrage. Des Herrn Antwort. Des fremden Römers gutes Zeugnis vom Herrn. Vom Sondergebot des Herrn. Vom freien Willen.
Ev. Matth. 9, 26.

[1] Sagt **die Tochter:** »Ja, ja, nun erinnere ich mich vollends klar wieder, daß ich sehr krank war; in der Krankheit aber kam ein süßester Schlaf über meine Augenlider, ich schlief ein und hatte einen wunderherrlichen Traum. Wohin ich immer mich wandte, war Licht und nichts als Licht, und im Lichte formte sich eine wunderherrliche Welt. Unbeschreiblich herrliche Gärten wurden, vom hellsten Lichte umflossen, sichtbar, und es tauchte eine Herrlichkeit um die andere auf. Aber kein lebendes Wesen schien diese Herrlichkeiten zu bewohnen, und als ich so staunend diese großen Herrlichkeiten betrachtete und immer und immer sich kein lebendes Wesen zeigen wollte, da fing es an, mir banger und banger zu werden mit all den unbeschreiblichen Herrlichkeiten. Ich fing an zu weinen und zu rufen; aber von keiner Seite wollte mir auch nur ein leisestes Echo irgendeine Scheinantwort geben. Da ward ich trauriger und trauriger inmitten der stets größer werdenden Herrlichkeiten.

[2] Als ich so in solcher meiner Traurigkeit niedersank und nach dir, meinem Vater, laut zu rufen begann, siehe, da kam dieser Freund auf einmal aus den Gärten, ergriff meine Hand und sprach: ›Stehe auf, Meine Tochter!‹ Da verschwanden auf einmal all die Herrlichkeiten, die mich traurig gemacht hatten, und ich erwachte, während mich dieser Freund noch bei der

Hand hielt. Da konnte ich mich nicht gleich alles dessen entsinnen, was ich gesehen; aber als mir nun die volle Besinnung wie rein aus den Himmeln wiedergegeben ward, da erinnerte ich mich all des Geschauten und im Traume Erlebten wieder also, wie ich's dir nun erzählt habe.

[3] Überaus merkwürdig aber kommt es mir nun vor, daß ich also, nach diesem Bette zu schließen, im Ernste tot war für diese Welt und im Traume dennoch fortgelebt habe. Und noch merkwürdiger ist es, daß dieser herrlichste Freund, der im Traume zu mir kam, sich nun gerade also hier befindet, wie ich ihn im Traume gesehen habe.

[4] Aber nun frage ich dich, meinen lieben Vater, ob dies mein Leben, das er mir neu gegeben, nicht i h m gehöre. Mein Herz ist tiefst bewegt, und es kommt mir vor, daß ich außer ihm wohl keinem Manne je meine Liebe geben könnte. Darf ich ihn lieben über alles, – mehr als dich, mein Vater, und mehr als alles in der Welt?«

[5] Kornelius wird bei dieser Frage verlegen und weiß nicht, was er darauf sagen soll. – **Ich** aber sage zu ihm: »Laß die Tochter, wie sie es nun fühlt; denn das allein wird ihr erst alle Fülle des Lebens geben!«

[6] Sagt **Kornelius:** »Wenn also, da liebe du diesen Freund immerhin über alles, denn wer dir, die du tot warst, das Leben geben konnte aus seiner Kraft und Macht, der kann dir wohl nimmer einen Schaden zufügen; denn so du wieder stürbest, da würde er dir das Leben sicher wieder geben! Also magst du Ihn wohl lieben über alles, wie auch ich Ihn liebe aus allen meinen Kräften!«

[7] Sage **Ich:** »Wer Mich liebt, der liebt auch Den, der in Mir ist, und Dieser ist das ewige Leben. So er denn auch stürbe tausendmal in der Liebe zu Mir, so wird er dennoch leben in Ewigkeit.« – **Viele,** die das hören, sagen bei sich selbst: »Wie, was ist das? Kann das auch ein Mensch sagen? Kann aber das auch ein Mensch tun, was e r tut?!«

[8] Sagt **ein Römer,** der in dieser Zeit sich als Gast bei Kornelius aufhielt: »Freunde, ein Weiser sagte, es bestehe kein großer Mann, den die Götter nicht erfüllt hätten mit ihrem Hauche. So aber je ein Mann von den Göttern am stärksten angehaucht werden mochte, so ist es eben dieser Jesus, der irdisch wohl von einer ganz geringen Geburt zu sein scheint; aber die Götter lieben nicht den Prunk der Erde, sondern wann sie je die Erde betreten, so verbergen sie sich stets in die möglichst geringste Äußerlichkeit und lassen es allein durch ihre Taten den Sterblichen merken, wer und was sie sind. Und das wird auch bei diesem sonst höchst schlichten Manne der Fall sein. Ihr könnt zwar meinen und denken, was ihr wollt; ich aber halte Ihn für einen Gott ersten Ranges! Denn einen Toten weckt kein Sterblicher mehr auf!

[9] Wenn aber auch schon irgendein Sohn Äskulaps einen Scheintoten durch allerlei Balsame und Öle und Salben wieder erweckt, so ist ein sogestaltig Erweckter dennoch nicht so frisch und gesund als wie die Kornelia hier, die mir nun frischer vorkommt, als sie es je war. So denke ich und bin in mir vollkommen überzeugt, daß es also ist; ihr aber möget denken, wie ihr wollt!«

[10] Sage **Ich:** »Wer da recht hat, der glaubt es also auch, daß es also recht sei. Ich aber sage es euch und verlange von euch allein die Freundschaft, daß ihr alle, die ihr das gehört und gesehen habt, vorderhand davon schweiget und niemand etwas davon saget; denn ihr kennet es ja wohl, wie arg die Welt ist!« – Sie versprachen Mir, daß sie dies alles streng bei sich behalten würden.

[11] Sie schwiegen wohl die paar Tage, die Ich mit Meinen Jüngern im Hause des Obersten verweilte. Als Ich aber von dannen ging, da ward diese Begebenheit bald ruchbar in ganz Galiläa. *(Matth. 9, 26)* Wohl hätte ich dies verhindern können, wenn Ich die Freiheit des Menschenwillens gefesselt hätte, was Mir ein höchst leichtes gewesen wäre; aber weil Ich den freien Willen des Menschen achten muß, ohne den der Mensch zum Tiere würde, so mußte Ich freilich wohl dulden, was nicht in der Ordnung war und der Sache eben keinen Nutzen brachte.

130. Szene mit zwei stockblinden Bettlern. Ihr Schmeichelruf von Jesus nicht beachtet. Die Heilung der beiden Blinden. »Arbeitet nur um der Liebe willen!« Des Herrn Lohnansprüche.
Ev. Matth. 9, 27–31.

[1] Es waren aber zu Kapernaum zwei Bettler, die von Geburt an stockblind waren und hatten nie gesehen des Tages Licht und der Nächte Sternenglanz. Diese beiden vernahmen auch von Mir, und was Ich getan hatte. Als Ich von Kapernaum gen Nazareth wieder nach Hause zog und der Oberste mit Weib und allen seinen Kindern Mir das Geleite gab samt vielen seiner Freunde, so zogen wir ganz gemach an der Stelle vorüber, wo mehrere Wege sich kreuzten. An dieser Stelle saßen gewöhnlich die beiden Blinden und bettelten daselbst. Als die beiden vernahmen, daß da viel Volks und selbst die ersten Gebieter über Galiläa darunter wären, und daß inmitten der Gebieter der Heiland Jesus aus Nazareth sich befände, von dem wie von dessen Vater die Sage ging, daß sie von David in geradester Linie abstammen, da, als die **beiden** solches von den Vorüberziehenden vernommen hatten, erhoben sie sich schnell vom Boden, fingen an, Mir nachzulaufen, so gut sie es konnten, und schrieen und sprachen: »Jesus, ach, du Sohn Davids, erbarme dich unser!« *(Matth. 9, 27)* Sie gaben Mir aber solchen Titel, weil sie meinten, Ich hielte etwas darauf und werde, also geschmeichelt, Mich ihrer desto eher erbarmen.

[2] Ich aber ließ sie darum bis nach Nazareth Mir folgen, um ihnen zu zeigen, wie gar nichts Ich auf derlei weltliche Titulaturen und leerste Schmeicheleien halte.

[3] Als Ich aber nach ein paar Stunden nach Hause kam, was die beiden wohl sobald erfahren hatten, da baten sie die Nächsten an ihnen, die sie wahrnahmen, daß man sie zu Mir bringen möchte. Und Meine Jünger brachten sie auch sogleich zu Mir ins Haus.

[4] Als die beiden sich bei Mir befanden, das heißt in Meiner Nähe, da

traten sie völlig zu Mir hin und wollten Mich zu bitten anfangen, daß Ich sie sehend machen möchte. **Ich** aber kam ihnen zuvor und sagte, wohl wissend, was sie wollten: »Glaubet ihr wohl, daß Ich euch solches tun kann?« Da sprachen sie ganz kurz: »Ja, Herr!« *(Matth. 9, 28)* Da berührte Ich ihre Augen mit Meinen Fingern und sagte darauf: »So geschehe euch denn nach eurem Glauben!« *(Matth. 9, 29)*

[5] Und ihre Augen wurden geöffnet, *(Matth. 9, 30)* daß sie sahen alle Dinge so gut wie jeder Mensch, der völlig gesunde Augen hat. Als sie aber nun die Wohltat des Augenlichts empfanden und mit großem Staunen die Schöpfung zu betrachten anfingen, da gedachten sie aber auch in ihrem Herzen, wie sie Mir den höchsten und nimmer enden sollenden Dank schuldig wären, und wollten Mir alles geben, was sie sich je durchs Betteln erworben hatten. Denn in Zukunft würden sie nimmer betteln, sondern sich ihren Unterhalt durch ihrer gesunden Hände Kraft erwerben.

[6] **Ich** aber sagte zu ihnen: »Daß ihr nun euren Brüdern dienen und mit der Kraft eurer Hände euch den Unterhalt verschaffen wollt, das ist recht und gut; denn wer da sieht und arbeiten kann, der soll nicht mit müßigen Händen umhergehen und zur Last fallen seinen Brüdern, sondern soll ihnen dienen und behilflich sein in einem und dem andern, auf daß die Liebe wachse unter den Menschen.

[7] Dieser euer Vorsatz ist also völlig recht und gut; aber daß ihr Mir euer Erspartes aus purer Dankbarkeit wollt zukommen lassen, ist zwar wohl sehr löblich und schön von euch, aber weder Ich noch Meine rechten Jünger bedürfen dessen, und somit möget ihr es wohl für euch behalten.

[8] Was Ich aber dafür verlange, daß Ich eure Augen fürs Licht geöffnet habe, bestehe in dem, daß ihr fürs erste die Gebote Gottes haltet, Gott liebet über alles und eure Nächsten wie euch selbst und ihnen in allen Dingen, in denen ihr dienen könnet, gern und unverdrossen Hilfe leistet. Fürs zweite aber gebiete Ich euch um Meiner Selbst willen, daß ihr das niemand saget, sondern dafür sorget, daß es weiter herum niemand erfahre!«

[9] **Sie** aber sagten: »Herr, das wird wohl schwer möglich sein; denn jeder Mensch in aller Umgegend weiß es ja nur zu gut, daß wir blind waren. Wenn uns denn jemand fragen wird, wie wir, die wir blind waren, sehend wurden, was für eine Antwort sollen wir solch einem Frager geben?« Sage **Ich:** »Eine solche, die den Namen Schweigen zum Grunde hat!« Sie versprachen, das wohl zu beachten; aber sie hielten ihr Versprechen nicht, sondern gingen bald darauf in alle nahe gelegenen Ortschaften aus und machten Mich allenthalben ruchbar. *(Matth. 9, 31)*

131. Heilung des besessenen Taubstummen. Der anwesenden Pharisäer Teufelszeugnis. Kornelius verurteilt die Böswilligen zum Kreuze. Des Matthäus Rede an die Verurteilten. Ihre schlaue Abbitte und Rettung durch Jesus.
Ev. Matth. 9, 32–35.

[1] Als aber diese beiden kaum das Haus verlassen hatten, da brachten andere erst Angekommene einen Menschen, der stumm und zugleich auch besessen war. *(Matth. 9, 32)* Es waren aber auch mehrere Pharisäer und Schriftgelehrte, die wir vor zwei Tagen im Hause des Matthäus zurückgelassen hatten, nachgekommen, um zu sehen, was Ich zu Hause machen und wohin Ich Mich wenden werde. Sie begegneten vor dem Hause den beiden Blinden, die ihnen sogleich erzählten, daß nun ein Stummer und Besessener geheilt werden würde; aber von sich sagten sie nichts; denn sie hatten noch viel Furcht in ihren Herzen.

[2] **Die Pharisäer** aber beeilten sich auf diese Kunde, daß sie ja nicht zu spät kämen. Als sie ins Zimmer traten, erkannten sie den Besessenen, der stumm war, und sagten: »Oh, den kennen wir schon lange! Mit dem richtet keine Macht etwas aus! Wenn sein Teufel wild wird, da entwurzelt er Bäume, und keine Mauer und keine Kette ist ihm stark genug. Im Feuer verbrennt er nicht, und wehe den Fischen, so er ins Wasser geht. Das Beste an ihm ist, daß er stumm und taub ist; würde er hören und reden können, so wäre vor ihm kein Wesen auf der Erde sicher. Oh, das ist ein schrecklicher Mensch! Vor dem fliehet alles; selbst die reißendsten Tiere fliehen seine Nähe. Und den will er heilen? Den kann nur der Oberste aller Teufel heilen!«

[3] Sage **Ich:** »Und dennoch werde Ich ihn heilen, auf daß ihr es doch endlich einmal einsehen möget, daß Gottes Macht alle Wesen gehorchen müssen!«

[4] Hierauf streckte **Ich** eine Hand über den Besessenen aus und sprach: »Fahre aus diesem Menschen, du unsauberer, böser Geist!« Da schrie **der Geist:** »Wohin soll ich?« Sage **Ich:** »Dort, wo das Meer am tiefsten ist, harrt deiner ein Ungeheuer!« Der böse Geist schrie abermals und fuhr alsbald aus dem Menschen.

[5] Der Mensch aber bekam darauf sogleich ein gar freundliches Aussehen, fing an, voll Dankbarkeit zu reden, und antwortete jedermann voll Art mit den sanftesten Worten, und sie überzeugten sich alle, daß er auch seine Taub- und Stummheit völlig verloren hatte.

[6] **Die Jünger und alles Volk** aber, das da war, fingen an, sich über alle Maßen zu verwundern und sprachen: »Wahrlich, dieses geht über alles! Das ist in Israel noch nie erhört worden! *(Matth. 9, 33)* Wind- und Sturmvertreiben ist schon dagewesen, wennschon in einem niederen Grade; Scheintote sind auch schon wieder lebend gemacht worden, Felsen mußten Wasser geben, und auf die Bitte Mosis kam Manna aus den Himmeln, freilich wohl alles nicht in dem hohen Grade der Vollendung.

[7] Als Salomo den Tempel baute und einen Monat hindurch kein Tagewerker zum Bau seine Hände leihen wollte, da flehte er zu Gott um Arbei-

ter, und es kamen alsbald eine große Menge Jünglinge und boten dem Könige ihre Hände zur Arbeit dar, und Salomo nahm sie auf und arbeitete mit ihnen einen Monat lang, wie uns solches die Tradition kündet.

[8] Kurz, es haben sich seit Abraham bis auf uns so manche Wunderdinge zugetragen; aber dieser Wundertat kommt, so wahr ein Gott lebet und regieret über Himmel und Erde, keine gleich!«

[9] Diese Verwunderung ärgerte **die Pharisäer** ganz gewaltig, und sie konnten nun ihren Grimm nicht mehr unterdrücken und sprachen deshalb zum Volke: »Wie ihr doch so blinde Toren sein möget! Haben wir's euch nicht gleich bei unserem Eintritt in dies Zimmer laut zu erkennen gegeben, wer solcher Besessenen Meister sein könnte? Wir sagten es euch, daß so was allein aller Teufel Oberster tun kann! Er heilte zwar den Besessenen, aber w i e ?! Durch den Obersten der Teufel hat er diesen Teufel aus diesem Menschen ausgetrieben!« *(Matth. 9, 34)*

[10] Als die grimmigen Pharisäer Mir vor dem Volke und nun auch in der Gegenwart des römischen Obersten **Kornelius** solches Zeugnis gaben, da war es aus! Der Oberste, ganz empört über diese Äußerung, donnerte die Sentenz *(Spruch, Urteil)* über die Pharisäer und Schriftgelehrten: »Heute noch soll das Kreuz euer Los sein! Ich werde euch den Unterschied zwischen Gott und Teufel schon erkennen machen!«

[11] Als die Pharisäer solchen Donner vernommen hatten, da fingen sie gar entsetzlich an zu heulen und zu verzagen. **Das Volk** aber jubelte und sprach: »Ah! Habt ihr einmal den Rechten gefunden, der euern alten Teufel austreiben wird? Vollkommen recht geschieht es euch! Denn ihr selbst seid ja dem Obersten aller Teufel völlig gleich; ihr kämpfet noch, gleichwie er einst mit dem Erzengel Michael, um den Leib Mosis, das ist um die tote Materie seiner Lehre, und verfolget mit Fluch, Feuer und Schwert alles, das nur nach etwas Geistigem einen Geruch hat! Deshalb auch seid ihr es, die da allzeit mit der Hilfe des Teufels wirken und dem alten Lügengeiste ins Handwerk greifen! Darum ist des Obersten Gericht über euch Satansknechte ein völlig gerechtes, und es regt sich kein Mitleid über euch in unseren Herzen!«

[12] Da tritt **Matthäus** der Zöllner zu den Pharisäern und sagt: »Es ist etwa der vierte Tag, als der Meister Jesus, gerade am vergangenen Sabbate; den alten Bruder meiner Mutter von der Gicht befreit hat; was ist euch da alles gesagt worden in der tiefsten Tiefe der vollendetsten Wahrheit?! Kinder begriffen es nahe mit den Händen und zeigten mit Fingern nach euch; der Meister Selbst sprach so wahr und weise zu euch, daß ihr euch darob hoch verwundern mußtet und zu fragen genötigt wurdet, woher Ihm solche Weisheit käme. Aber weder Seine höchst geist- und belehrungsvollen Antworten noch Seine unerhörten Taten vermochten es, daß euch die Augen helle geworden wären!

[13] Wenn solche Taten und Lehren euch die Augen zu öffnen nicht imstande sind und ihr dabei in euren bösesten Herzen nur immer erboster und rachedurstiger werdet, saget, was fehlt euch noch bis zum vollendeten Teufel? Ja, ich sage es euch, wie ich es euch schon gesagt habe, daß ihr ärger

seid als alle Teufel zusammen, und es ist daher vor Gott und allen besseren Menschen recht und billig, daß man euch ausrottet wie reißende Bestien!

[14] Ich bin sicher ein tief fühlender und überaus gutmütiger Mensch und kann vor lauter Zartgefühl nicht einmal eine Fliege umbringen und keinen Wurm zertreten; aber euch könnte ich selbst die Köpfe abschlagen, ohne daß es mir dabei bange werden könnte. Ich lobe daher auch den Obersten Kornelius, daß er euch zum Galgen (gleichbedeutend mit Kreuz) verdammt hat.«

[15] Als die **Pharisäer** in ihrer großen Angst sahen, daß niemand sich ihrer erbarmen und für sie eine Fürsprache beim Obersten machen wollte, der das römische, gewöhnlich unerbittliche Jus gladii über ganz Galiläa führte, so fielen sie, in allem bei dreißig an der Zahl, vor dem Obersten nieder, beteuerten, daß sie es vorher Jesu gegenüber nicht so böse, als es aufgenommen ward, gemeint hätten und damit nur in einer kräftigeren Weise hätten ausdrücken wollen, wie die offenbare Gotteskraft in Jesu dem Meister der Meister, sich auch, wo es notwendig ist, sogar den Obersten aller Teufel dienstbar machen kann und machen muß; denn es wäre sehr traurig für die Menschen, so Gott über die Teufel keine Macht hätte. Wirke aber in Jesu, was nun wohl nimmer zu bezweifeln sei, doch offenbar des allerhöchsten Gottes Macht und Kraft, so müsse sie ja über alle Teufel so gut wie über alle Engel gebieten und sie zum strengsten Gehorsam unausweichbar zwingen können! »Wir wollten alsonach durch die Exklamation, er treibe solche Teufel durch deren Obersten aus, nur andeuten, daß seine Gotteskraft über alles geht, das im Himmel, auf Erden und unter der Erde ist. So wir aber nur das und unmöglich was anderes haben verstehen können unter der Exklamation, derentwegen du uns zum Tode verdammt hast, wie ist es möglich, daß du, hoher Gebieter Roms, über uns ein solches Gericht hast ergehen lassen können? Wir bitten dich daher im Namen des göttlichen Meisters Jesus, daß du dein ausgesprochenes Urteil allergnädigst wieder zurücknehmen möchtest!«

[16] Sagt **der Oberste:** »Wenn Jesus, der Meister, für euch ein Wort spricht, so will ich mein Wort zurücknehmen; schweigt Er, so sterbet ihr ohne weiteres heute noch! Denn euren Worten messe ich keinen Glauben bei, da eurer Herzen Sinn ein anderer ist, als den ihr aussprechet mit dem Munde!«

[17] Auf diese Worte des Obersten stürzen nun **alle** zu Mir hin und schreien: »O Jesus, du guter Meister, wir bitten dich, rette und erlöse uns! Verlange Geiseln von uns, so du uns nimmer trauen wolltest, daß wir dir fortan keine Hindernisse mehr in den Weg legen werden! Denn wir sind nun ja alle mehr als überzeugt, daß du ein reinster Bote Gottes an uns, Seine leider sehr vielfach schlecht gewordenen Kinder, bist! O Jesus, laß unsere Bitte nicht unerhört!«

[18] Sage **Ich:** »So gehet in Frieden nach Hause! Gebt aber acht, daß ihr nichts Ärgeres unternehmet; denn da würde Ich zu euch nimmer sagen: ›Gehet in Frieden nach Hause!‹«

[19] Sie gelobten Mir alles, und **der Oberste** sagte: »Weil Er euch den

Frieden gab, so gebe auch ich ihn euch und nehme für jetzt das Urteil zurück; aber wehe euch, so ich das Geringste von euch erfahre!«

[20] Die Pharisäer bedankten sich überaus hoch und teuer bei Mir und dem Obersten, entfernten sich dann eiligst nach Hause und schwiegen sorglichst; denn sie alle fürchteten den Kornelius überaus. Aber in ihren Herzen brüteten sie desto unausgesetzter, wie sie Mich verderben und sich am Obersten rächen könnten, mußten jedoch, da sich ihnen durchaus keine Gelegenheit darbieten wollte, zum für sie bösen Spiele eine gute Miene machen; denn es hing nun ihr Sein oder Nichtsein davon ab. Für Meine Sache aber war das dennoch gut; denn Ich konnte nun eine geraume Zeit hindurch, nahe bis zum Spätherbste, in den Städten und Märkten in ganz Galiläa das Evangelium vom Reiche Gottes unbeirrt verkündigen und daneben heilen allerlei Seuchen und Krankheiten des Volkes. *(Matth. 9, 35)*

132. Vom großen Elend des Volkes. Das Dörflein des Jammers, ein Werk des Tyrannen Herodes. Des Herrn bedeutsame Rede über diese Zulassung.

Ev. Matth. 9, 36–38.

[1] Es war aber ein großes Elend der unter allerlei Druck verschmachteten Menschen besonders in den Märkten und Dörfern anzusehen. Physisch und psychisch waren sie zerstreut und verschmachtet gleich Schafen unter den Wölfen ohne auch nur einen Hirten. *(Matth. 9, 36)* Da Mich solch zerrütteter Zustand der armen Völker überaus dauerte, so sprach **Ich** wie zu Sichar am Brunnen: »Die Ernte ist groß; aber der Arbeiter sind wenige! *(Matth. 9, 37)* Bittet darum den Herrn, daß Er Arbeiter in Seine Ernte sende! Denn diese Armen sind reif zum Reiche Gottes, und der Acker, auf dem sie stehen, ist groß. Sie schmachten und lechzen nach Licht, Wahrheit und Erlösung! Aber Arbeiter, Arbeiter! Wo sind diese?!« *(Matth. 9, 38)*.

[2] Sagen **die Jünger:** »Herr, so Du uns für tüchtig hieltest, könnten wir uns denn nicht verteilen und nehmen ein jeglicher eine Stadt und einen Markt?« Sage **Ich:** »Wir sind nun auf dem Wege nach einem ärmsten Dorfe. So wir das Dorf werden erreicht haben, werde Ich die Fähigsten und Kräftigsten aus euch erwählen und hinaussenden in die vielen Gegenden und Ortschaften, und ihr werdet sodann das alles tun, was Ich tue und getan habe vor euch. Aber nun eilen wir dem Dorfe zu!«

[3] In einer kleinen halben Stunde hatten wir das Dörfchen erreicht und fanden allda ein wahrhaft beispielloses Elend. Eltern und Kinder gingen buchstäblich nackt herum und behängten mit Laubwerk zur Not ihre Scham. Als das Völkchen uns ankommen sah, eilte alles, groß und klein und jung und alt, uns entgegen und bat uns um ein Almosen; denn es war eine große Not unter ihnen. Kinder weinten und hielten ihre Hände über ihre Bäuchlein; denn sie waren sehr hungrig, da sie schon zwei volle Tage hindurch nichts gegessen hatten, und die Eltern verzweifelten, teils aus eigenem Hungerschmerz und mehr aber noch ihrer um Brot und Milch bittenden Kindlein wegen.

[4] **Petrus,** den dieser Anblick durch und durch ergriff, fragte einen gar bieder aussehenden alten Mann, sagend: »Freund, wer hat euch denn gar so elend gemacht? Wie seid ihr in diesen Zustand gekommen? War ein Feind bei euch und hat euch alles geraubt und, wie ich's merke, sogar eure Häuser schmählichst verwüstet? Denn ich sehe nur Wände, über denen keine Dächer und Söller sich befinden, und eure mir bekannten Kornkammern liegen im Schutte. Wie, wie ging denn das zu?«

[5] Sagte der gefragte **Mann** mit weinender Stimme: »O ihr lieben und sicher guten Menschen! Das hat die unbegrenzte Härte und Habsucht des Pachtkönigs Herodes getan! Sein Vater war des Satans linker – und er ist dessen rechter Arm. Wir konnten die verlangten Steuern nicht aufbringen, die er vor zehn Tagen von uns verlangt hatte; seine Häscher gaben uns einen Termin von sechs Tagen. Was waren aber die sechs Tage? In dieser Zeit verzehrten die Häscher nahe allen unsern bessern Vorrat und nahmen am siebenten Tage, da wir die verlangte unerschwingliche Steuer unmöglich zahlen und entrichten konnten, alles, was wir hatten, und ließen uns mit der genauesten Not kaum noch dies nackte elende Leben! O Freunde, das ist hart, unendlich hart! Wenn uns Gott nicht hilft, so verhungern wir samt unsern Kindern heute noch! Helft uns doch, was ihr vermöget! Wenn uns die bösen Knechte Herodis nur nicht bis auf die Haut ausgezogen hätten, so könnten wir doch betteln gehen; aber wohin sollen wir in d i e s e m Zustand gehen? Für unsere Kinder ist es nach allen Seiten hin zu weit; und wir sind, wie ihr es sehet, so nackt wie im Mutterleibe! O Gott, o Gott, warum mußten denn gerade wir gar so entsetzlich elend gemacht werden? Welche aller unserer Sünden hat uns denn vor Dir, o Jehova, solch eine Strafe zugezogen?«

[6] Da trete **Ich** zum alten Manne und sage: »Freund! Dies hat an euch nicht eure Sünde, die vor Gott als die kleinste in ganz Israel befunden ist, sondern die Liebe Gottes getan!

[7] Ihr waret zwar am meisten rein in ganz Israel; aber es klebte dennoch manch weltlich Gelüste an eurer Seele. Gott aber, der euch liebhat, sah das und wollte euch auf einmal frei machen von aller Welt, auf daß ihr nun vollends fähig sein sollet, aufzunehmen die Gnade eures Vaters im Himmel. Das ist nun geschehen, und ihr seid nun für alle Zeiten sicher vor Herodes. Bei denen nämlich seine Habsucht die volle Beraubung zuläßt, von denen hebt er dann auch nimmer Steuern ein; denn die zu Bettlern gemachten Untertanen werden aus dem Steuerbuche gelöscht.

[8] Und sehet, also seid ihr denn nun mit einem Hiebe von aller Welt frei gemacht! Das ist die größte Wohltat Gottes an euch, und ihr könnt nun einmal vollernstlich pur für eure Seelen zu sorgen anfangen.

[9] Ich sage euch aber: Bauet in der Zukunft keine reich aussehenden Häuser, sondern errichtet euch notdürftige Hütten, und es wird von euch niemand mehr Steuern verlangen, außer der alleinberechtigte König Roms; und der verlangt nur zwei bis drei vom Hundert. Habt ihr etwas, so könnt ihr's geben, und habt ihr nichts, so seid ihr frei. Wir wollen aber davon später mehreres reden.

[10] Nun aber geht in eure dachlosen Häuser; dort werdet ihr Speise und Kleidung finden! Stärket euch und bekleidet euch und kommet dann wieder, und Ich werde dann Weiteres mit euch verabreden!«

133. Ein Speise- und Kleiderwunder. Gute Reden der armen Begnadigten. Des Kindleins leiser Wink. Des Herrn Wort an die Himmel. Jesus und das Kindlein.

[1] Als die Armen alle das vernehmen, eilen sie dankbarst gläubig in ihre halbzerstörten Wohnhäuser und können nicht genug erstaunen, als sie die Tische mit guter und hinreichender Speise bedeckt finden und also auch Kleider aller Art, für alt und jung, groß und klein, und das für beiderlei Geschlecht unterschiedlich. Eines fragt das andere, wie solches herging. Und keines weiß dem andern einen Bescheid zu geben.

[2] Als sie aber auch ihre Speisekammern wohlbestellt finden, sagen **Weiber** und **Kinder** zu den Männern: »Das hat Gott getan! Er, der in der Wüste vierzig Jahre hindurch Manna regnen ließ und ernährte also wohl Seine Kinder über Steinen und Sand, darauf kein Gras wuchs, wie hätte Er uns nun sollen verschmachten lassen wollen, da wir nun wie allzeit zu Ihm gefleht haben!? Oh, das ist gewiß: Gott verläßt die, die zu Ihm flehen, nimmer!

[3] David, der große König, flehte zu Gott, als er elend ward, und Gott half ihm aus seiner großen Not, und es ist noch nie gehört worden, daß Gott die nicht erhört hätte, die bei Ihm Hilfe suchten; es wäre aber ein nie dagewesenes Wunder, so Gott uns nicht erhört hätte in solcher unserer größten Not. Denn Gott ist ja allzeit voll Liebe für die, die zu Ihm rufen: ›Abba, lieber Vater!‹ Darum wollen wir Ihn aber von nun an auch lieben über alles, alles, alles! Er ganz allein ist unser Retter! Aus den Himmeln hat unser heiligster Vater uns das alles geschickt durch Seine heiligen Engel!«

[4] Sagt der **alte Mann,** der gerade zu dieser Familie gehörte, und zu der immer das ganze Dorf zusammenkam, um zu vernehmen seine Weisheit; denn er war in der Schrift wohlbewandert: »Meine Kinder, Freunde und Brüder! Es heißt in der Schrift ja: ›Aus dem Munde der Kleinen und Unmündigen will Ich Mir ein Lob bereiten!‹ Und sehet, hier haben wir es vor unseren Augen und Ohren! Der liebe Vater hat uns angesehen in Seiner großen Erbarmung und hat solches an uns getan! Ihm darum alle unsere Liebe und alles Lob aus dem Munde unserer Säuglinge! Denn unseres Mundes Lob ist nicht rein genug, um dem Allerheiligsten wohlzugefallen; darum hat Er Selbst Sich den Mund unserer Säuglinge zubereitet. Aber nun gehen wir hinaus zu dem jungen Manne, der uns in unsere Häuser beschied und sicher wohl gewußt hat, was Gott an uns getan hat! Er muß ein großer Prophet sein, – vielleicht gar Elias, der noch einmal vor dem erhofften und schon seit lange her verheißenen Messias kommen soll!«

[5] Sagt **ein kleines Kind,** das kaum zu reden angefangen hatte: ,,Vater! Wie, wenn dieser Mann selbst der große Verheißene wäre?«

[6] Sagt **der Alte:** »O Kind, wer löste nun so klar deine Zunge? Denn du

sprachst nun nicht wie ein Kind, sondern wie ein Weiser im Tempel zu Jerusalem!«

[7] Sagt **das Kindlein:** »Das weiß ich nicht, lieber Vater; aber daß mir vorher das Reden schwer fiel und nun überaus leicht, das weiß ich wohl. Wie aber mag dich das nun wundern? Stehen wir doch unter lauter Wundern Gottes!«

[8] Sagt **der Alte,** das Kindlein an sein Herz drückend: »Ja, ja, du hast recht! Es ist nun alles ein Wunder, und du hast dich sicher nicht geirrt, so du den jungen Mann gar für den Messias ansiehst. Denn für uns ist Er es sicher! Aber nun gehen wir hinaus zu Ihm und wollen auch Ihm im Namen Jehovas den pflichtschuldigsten Dank darbringen! Denn Er ist offenbar von Gott zu uns gesandt worden. Und so eilen wir nun zu Ihm hinaus!«

[9] Sie eilen nun alle hinaus zu Mir, und die Kindlein sind die ersten, die zu Meinen Füßen hinstürzen und sie mit ihren unschuldigen reinsten Dank- und Freudentränen benetzen!

[10] **Ich** aber sehe empor zum Firmamente und sage laut: »Ihr Himmel! Da schauet herab und lernet es von diesen Kindlein, wie euer Gott und Vater gelobt werden will! O du Schöpfung, wie endlos groß und alt bist du, und wie zahllos groß ist deiner weisen Bürger Menge, und doch mochtest du den Weg zum Herzen deines Schöpfers, deines Vaters, nicht finden wie diese Kindlein!« Darum sage Ich euch: »Wer nicht wie diese Kleinen kommt zu Mir, der wird nicht finden den Vater!«

[11] Darauf setzte Ich Mich und segnete und herzte die Kindlein. Und das kleine **Kindlein** sagte zum **Alten,** der da, sich gar nicht zurechtfinden könnend, ausrief: »Wie das? Wie so? Wie sollen wir das fassen?« – : »Vater, hier ist mehr als Elias, mehr als dein Messias! Hier ist der Vater Selbst, der gute Vater, der uns gebracht hat Brot, Milch und Kleidung!«

[12] Der Alte fängt an zu weinen; **das Kindlein** aber legt sein Köpfchen an Meine Brust, fängt an sie zu küssen und zu streicheln und sagt nach einer Weile: »Ja, ja, ich höre es; hier in dieser Brust schlägt das wahre gute Vaterherz! Oh, wenn ich es nur auch küssen könnte!« Sagt **der Alte:** »Aber Kindchen, sei doch nicht unartig!«

[13] Sage **Ich:** »Werdet alle so unartig, sonst werdet ihr dem Vaterherzen nimmer so nahe kommen wie dies liebste Kindlein!«

134. Winke an die Evangelisten Matthäus und Johannes. Berufung der zwölf Apostel und ihre erste Aussendung zur Missionsarbeit. Eine wichtige Erklärung über die jetzigen Evangelien vom Geiste Gottes. Grund des Verschwindens der Evangelienoriginale. Kern der asiatischen Religionen.

Ev. Matth. 10, 1–4.

[1] Treten **Matthäus** der Evangelist und **Johannes** zu Mir und sagen zu Mir: »Herr, diese Tat aber sollte doch wohl aufgezeichnet werden; denn das ist zu außerordentlich und zu rein göttlich!«

[2] Sage **Ich:** »Habe Ich zu Sichar nicht das Gleiche geleistet, habe Ich

nicht erst vor wenigen Tagen Mein Haus also versorgt, wie in gleicher Weise das Haus Meines Jüngers Matthäus? Ihr wolltet solches alles auch aufzeichnen, und Ich ließ es nicht geschehen, weil Ich dazu Meinen tüchtigsten Grund habe. Warum sollte die mit den früheren ganz gleiche Tat nun auf einmal aufgezeichnet werden? Lasset das nur gut sein! Was da not tut der Welt, weiß Ich allein am besten und werde euch deshalb schon sagen, was und wann ihr wieder irgend von einer neuen Tat aufzeichnen sollet! Und an dich, Mein Bruder Johannes, wird noch lange die Reihe nicht kommen.

[3] Ich werde aber nun aus euch, Meinen lieben Jüngern, etliche erwählen, die Ich zum Teil jetzt schon in die Städte Israels hinsenden werde, den Völkern zu predigen vom Gottesreiche. *(Matth. 10, 1)* SIMON PETRUS, du bist der erste; du ANDREAS, des Simon Bruder, bist der zweite; du JAKOBUS, Sohn des Zebedäus, bist der dritte und du, JOHANNES, dessen Bruder, *(Matth. 10, 2)* der vierte; PHILIPPUS, du bist der fünfte; du, BARTHOLOMÄUS, der sechste; du, THOMAS, der siebente, und du, MATTHÄUS der Zöllner, bist der achte; du JAKOBUS, des Alphäus Sohn, bist der neunte und du, Lebbäus, der du auch THADDÄUS heißest *(Matth. 10, 3),* bist der zehnte; du, SIMON von Kana, bist der elfte und du, JUDAS Ischariot, bist der zwölfte. *(Matth. 10, 4)*

[4] Ich gebe euch zwölfen die Macht, auszutreiben aus den Menschen die unlauteren Geister und zu heilen allerlei Seuchen und andere Krankheiten. Allenthalben sollet ihr verkünden das Reich Gottes; aber von den gewissen besonderen Taten sollet ihr schweigen!«

[5] Nach dieser Erwählung fragten Mich die zwölf erwählten Jünger, wohin sie denn nun sogleich sich wenden sollen, welche Wege sie einschlagen und was sie vor allem und hauptsächlich reden sollten.

[6] Nach solcher Frage gab Ich ihnen folgende gedehnte Antwort, die den zwölf Erwählten zwar nicht sehr mundete, und sie machten auch von solcher Aufforderung erst nach Meiner Auffahrt vollen Gebrauch.

[7] Die Aufforderung ward aber auch also gegeben, daß sie hauptsächlich erst auf die Zeit nach Meiner Auffahrt sich bezog, da eben den Zwölfen, oder vielmehr in jener Zeit allen Meine Lehre Verbreitenden, erst das geschah, was Ich da den Zwölfen verlautbarte.

[8] Bevor Ich aber zu dem gedehnten Gebot an die Zwölfe übergehe, muß Ich zum genaueren Verständnisse des Ganzen das erwähnen, daß die Evangelien, auch das des Matthäus wie des Johannes, wie sie in der Jetztzeit vor euch in den verschiedenen Zungen aufliegen, nur Auszüge des Urevangeliums sind und daher auch bei weitem nicht einmal das alles enthalten, was Matthäus und Johannes niedergeschrieben haben. Hie und da aber kommt dennoch ein kleiner Beisatz des späteren Sammlers und Nachschreibers hinzu, der offenbar erst später konnte angefügt werden, wie zum Beispiel hier im 10. Kap., V. 4, des Matthäus ein Nachsatz beim zwölften Apostel, beim Judas Ischariot, steht, und zwar also lautend: »der Ihn hernach verriet.« Davon aber wußte zur Zeit der Erwählung Matthäus, der sein Evangelium in Meiner Gegenwart schrieb, noch keine Silbe und hatte daher solchen Nachsatz auch nicht hinzufügen können; solches hat hernach in späterer Zeit ein Nachschreiber getan.

[9] Es steht daher sowohl bei den hebräischen als griechischen Bibeln allzeit voran die Bemerkung: »Evangelium nach Matthäus«, »nach Johannes« usw.

[10] Es soll darum sich niemand daran stoßen, so er beim Lesen des Matthäus und Johannes hie und da auf ähnliche Stellen kommt, die der eigentliche Evangelist in der Zeit, als er das Evangelium schrieb, nicht aufzeichnen konnte, weil das durch sie bezeichnete Faktum erst viel später geschah. Hier aber wird alles in der strengsten Ordnung wiedergegeben, und daß da mit der Zeit keine schiefen Bemerkungen von den Verstandesgrüblern gemacht werden sollen, so habe Ich dieses Umstandes hier am geeignetsten Platze erwähnt.

[11] Es werden aber auch wie früher im Verlaufe dieser Mitteilung hie und da erläuternde Einschaltungen geschehen, was um so notwendiger ist, da durch die Nachschriften so manches Wichtige nicht völlig richtig aufgezeichnet und manches als dem Nachschreiber zu wenig authentisch (*echt*) Scheinende auch wohl ganz weggelassen wurde. Denn es sind in der damaligen Zeit eine Menge Aufzeichnungen geschehen, teils von Augenzeugen, teils bloß vom Sagenhören, und es war darob für die ganz redlichen Nachschreiber eine entschieden schwere Sache, der vollen Wahrheit allenthalben völlig treu zu bleiben.

[12] Und so sind die beiden Evangelien nach MATTHÄUS und JOHANNES bis auf einzelne Kleinigkeiten am meisten rein.

[13] Man könnte von einer verstandeskritischen Seite hier wohl die Frage tun und sagen: »Wohin ist denn dann das eigentliche Original gekommen? Ist es auf der Erde nirgends mehr vorrätig, und sollte es bei der damaligen Menge der vom heiligen Geiste belebten und durchdrungenen Menschen denn Gott unmöglich gewesen sein, das Urevangelium ganz wortgetreu wieder ans Tageslicht zu fördern?«

[14] Darauf diene zur Antwort: Die Originale sind aus dem höchst einfachen Grunde, daß in Kürze der Zeit mit solchen Reliquien keine Abgötterei getrieben werden möchte, weisest aus dem Wege geräumt worden. Es geschieht solches (*Abgötterei*) nun zwar noch mit sogar falschen und fingierten Reliquien, obschon all derlei durch Meine wahre und reine Lehre streng untersagt ist unter der ernsten Warnung vor dem Sauerteige der Pharisäer. Nehmet nun erst dann eine historisch erwiesen wahre Reliquie her! Ich sage es euch, es würde mit ihr bei weitem mehr Abgötterei getrieben werden als mit dem sogenannten heiligen Grabe zu Jerusalem, an dem außer der Örtlichkeit auch kein wahres Sandkörnchen mehr klebt. Darin liegt sonach der handgreifliche Grund, warum alle die Originale aus dem Wege geräumt worden sind.

[15] Was aber die zweite Frage betrifft, so ist DER Geist, der in den Originalen lag, auch in den Nachschriften völlig beibehalten worden; am Buchstaben aber liegt ja ohnehin nichts, sondern nur an einem und demselben Geiste. Oder ist wohl zwischen dem Gottesgeiste ein Unterschied (d. h. notwendig IN Ihm Selbst, weil es nur EINEN Geist Gottes gibt), so Er als ein und derselbe Geist hier auf dieser Erde selbst schon wirket endlos mannig-

fach in den sich unähnlichsten Formen, und noch endlos mannigfaltiger auf einer Sonne? Sehet, es ist und bleibt dennoch stets ein und derselbe heilige Geist!

[16] Also ist es auch bei den Nachschriften Meines Wortes der Fall. Mögen sie sich äußerlich noch so unähnlich sehen, so sind sie aber im Innersten dennoch von ein und demselben Geiste erfüllt, und mehr braucht es nicht!

[17] Nehmt zum Überflusse noch hinzu die Religionen fremder Nationen, als zum Beispiel der Türken, der Parsen, Gebern, Hindus, Chinesen und Japaner! Wie sehr sind sie verschieden von der Religion, die Ich nur den Kindern aus dem Himmel aller Himmel gab, und doch waltet auch in ihnen, wennschon um vieles tiefer verborgen, derselbe Geist Gottes!

[18] Daß sich aber auf und in der oft sehr dicken und sehr verwitterten Rinde, die leider von vielen für den Baum selbst gehalten wird, allerlei Unrat und allerlei Würmer und Insekten vorfinden, die lediglich von der Rinde ihre schlechte Nahrung nehmen, das wird jeder leicht begreiflich finden, der in der Natur der Dinge nur einige Wissenschaft besitzt. Denn da die Rinde aus dem lebendigen Baume, nie aber der lebendige Baum aus der Rinde erwächst, so hat sie auch irgend etwas des Lebens aus dem Baume in sich, und es ist daher begreiflich, wie in ihr und aus ihr so viele Würmer und allerlei Insekten eine freilich nur höchst äußerliche und vergängliche Lebensnahrung finden.

[19] Kriege, Verfolgungen, Verheerungen werden nur auf der mageren und lebenskargen Rinde geführt, während dabei das Holz des lebendigen Baumes frisch und gesund verbleibt. Es kümmere sich daher kein lebendiges Holz um das, was in der eigentlich denn doch nur toten Rinde vor sich geht; denn die Rinde wird verworfen werden, so das Holz gesammelt wird.

[20] Diese Zwischenerklärung war notwendig, damit das Kommende leichter und gründlicher begriffen werden kann. Und da darüber vorderhand kein Zweifel obwalten kann, so können wir nun wieder ganz wohlgemut zu der Hauptsache übergehen.

135. Matthäus des Zöllners Rede an seine Mitapostel. Des Herrn Verhaltungswinke für Seine Missionsarbeiter. Des Judas Wortwechsel mit Thomas. Des Simon von Kana geldliche Frage. Des Herrn Wort übers Geld und über die böse Zeit der Geldherrschaft.

Ev. Matth. 10, 5–10.

[1] Wie Ich sonach die zwölf Jünger zu Meinen Boten und Vorläufern erwählte, ihnen durch die Auflegung Meiner Hände allerlei Macht erteilte und ihnen auch gedrängt die Weisung gab, was sie zu tun haben würden, so baten Mich aber dennoch alle die erwählten Zwölf inständigst, daß Ich ihnen eine vollständige Weisung geben sollte, was sie tun, was und wie sie reden und lehren, wie sie sich benehmen sollten, und was hie und da ihr Los sein werde. Denn sie alle hatten eine nicht unbedeutende Furcht vor den vielen Pharisäern und Schriftgelehrten.

[2] Der einzige, **Matthäus** der Zöllner, war etwas mutiger und sagte bei den von den Zwölfen dargestellten verschiedenen Bedenklichkeiten: »Ei was, ich bin ein Grieche; mir können sie nicht leichtlich etwas machen! Zugleich habe ich eine gesunde Zunge und zwei sehr kräftige Arme und bin obendrauf laut handgreiflichen Dokumenten ein römischer Bürger, an den kein frecher Jude seine Hand zu legen wagen darf, und so werde ich wenigstens öffentlich mit ihnen schon abkommen; vor geheimen und meuchlerischen Nachstellungen aber wird mich der allmächtige Geist unseres Herrn und Meisters schützen, und so habe ich der besten Waffen in großer Menge, selbst gegen die verschmitztesten Feinde, und fürchte somit die ganze Hölle nicht! Ihr alle aber seid zum größten Teile Galiläer, was soviel sagen will als Antitempler, und mehr Griechen als Juden und habt die Römer zu Freunden; was sollet ihr bei solchen Umständen auch fürchten? Überhaupt müssen wir voll Mutes sein, wenn es sich um die Ausführung so endlos großer und heiliger Dinge handelt! Laßt die Erde zu Trümmern zusammenrütteln; der rechte Mann muß, den Tod verachtend, auf den Trümmern stehenbleiben und nicht wanken wie ein Sumpfrohr! – Aber für eine erschöpfende und volle Weisung vor diesem großen und heiligen Geschäfte bin ich auch; denn wir müssen es wohl wissen, was wir zu tun und zu reden haben werden und sollen!«

[3] Nach dieser energischen Rede des Matthäus d. Z. bekamen alle mehr Mut, und es fing sie ordentlich an den Achseln an zu jucken, als ob sie schon lieber davonfliegen als zu Fuße wandeln möchten.

[4] Da stellte **Ich** Mich in ihre Mitte und sagte zu ihnen: »So seid denn versammelten Geistes; Ich will euch denn nun alles kundtun und euch nichts vorenthalten, was euch zu wissen not tut.

[5] Bei der ersten Versendung werdet ihr zwar nicht alles das erfahren, was Ich euch nun kundtun werde; aber nachdem Ich werde aufgefahren sein leibhaftig von dieser Erde in Meine Himmel, zu bereiten für euch ewige Wohnungen in des Vaters Hause, da werdet ihr das alles erfahren, was Ich euch nun in e i n e m für jetzt wie für die volle Zukunft offenbaren werde. Habet darum wohl acht und fasset es, was für jetzt und was für nachher!

[6] Was Ich aber jetzt euch sagen werde, das werden auch alle mehr oder weniger erfahren, die vollends in eure Fußstapfen nach euch in Meinem Namen treten werden. Du, Schreiber Matthäus, aber sollst nun so wie auf Garizim Mir alles vom Munde nachschreiben, was Ich jetzt reden werde; denn solches darf für die Welt nicht untergehen, da es sein wird ein scharfes Zeugnis wider sie!«

[7] Matthäus der Schreiber macht sich nun zum Schreiben bereit, und **Ich** sage zu den Zwölfen:

[8] Vor allem gehet nun nicht auf den Straßen der Heiden! Das heißt:

[9] »Gehet nicht, wie die Heiden, mit Gewalt einher und meidet auch euch als zu wüst bekannte Völker; denn Hunden und Schweinen sollet ihr nicht das Evangelium vom Reiche Gottes verkündigen. Denn ein Schwein bleibt Schwein, und der Hund kehrt stets zu dem wieder gierig zurück, was er

gespieen hat. Das also will Ich damit gesagt haben, daß Ich euch rate, auf der Heiden Straße nicht einherzugehen.

[10] Also ziehet auch nicht in die Städte der Samariter! Warum? Diesen habe Ich bereits an eurer Seite und unter euren Augen einen Apostel gestellt, und sie bedürfen fürs erste euer nicht, und fürs zweite würdet ihr um so schlechter bei den Juden aufgenommen werden, so sie erführen, daß ihr mit ihren verhaßtesten Feinden eine gemeinsame Sache habt. *(Matth. 10, 5)* Aber zu den verlorenen Schafen aus dem Hause Israel ziehet allerorts mutig hin! *(Matth. 10, 6)*

[11] So ihr zu ihnen kommet, da prediget ihnen und saget und zeiget es ihnen in verständlicher Weise, wie nun das Himmelreich nahe zu ihnen gekommen sei! *(Matth. 10, 7)* Und so sie euch hören werden und werden annehmen eure Predigt, da machet dann gesund ihre Kranken, reiniget die Aussätzigen, wecket auf ihre Toten, – wo es nötig ist, wie es euch der Geist zeigen wird, dem Leibe nach, allenthalben aber und vor allem geistig! – (NB. Dies hat Matthäus aus dem Grunde nicht niedergeschrieben, weil unter dem Gebote, die Toten zu erwecken, ohnehin hauptsächlich die geistige Erweckung zu verstehen ist.)

[12] Treibet die Teufel aus und verwahret sie vor deren möglicher Rückkehr! Aber vor allem wohl gemerkt, daß ihr dafür ja von niemandem euch etwas zahlen lasset! Denn umsonst habt ihr es von Mir empfangen, und eben also sollet ihr es auch wieder in Meinem Namen hergeben!« *(Matth. 10, 8)* – Diesen Beisatz machte Ich damals hauptsächlich des Judas Ischariot wegen, der da heimlich bei sich gleich zu berechnen anfing, wieviel er sich für eine oder die andere einmal geleistete Hilfe werde zahlen lassen. Besonders für die Totenerweckung eines Menschen, an dem irgend sehr Reichen ungemein viel gelegen wäre, wollte er tausend Pfunde verlangen! Da Ich aber solches Rechnen im Herzen des Verräters nur zu geschwinde merkte, so machte Ich auch sogleich obigen Beisatz, zu welchem der Betreffende aber freilich ein etwas saures Gesicht machte, was dem ihm gegenüberstehenden **Thomas** nicht entging, der sich nicht enthalten konnte, inzwischen diese Bemerkung zu machen: »Nun, nun, du machst ja ein Gesicht, wie einer, der da wucherische Interessen zu fordern hat, dem aber das Gericht einen recht armdicken Strich durch seine Rechnung macht!«

[13] Sagt **Judas:** »Das geht dich wenig an, was ich für ein Gesicht mache! Am Ende werde ich dir noch über mein Gesicht müssen Rechnung tragen?! Bin ich doch so gut berufen und nun erwählt wie du; was korrigierst du mich denn hernach in einem fort?«

[14] Sagt **Thomas:** »Ich korrigiere dich nicht; aber eine Frage an dich bei gewissen Gelegenheiten wird doch hoffentlich erlaubt sein? Warum hast denn du früher kein so saures Gesicht gemacht, als uns der Herr allerlei wunderbare Macht erteilt und gezeigt hat, wie wir sie ausüben können und sollen? Wie aber der Herr sagte, daß wir das umsonst tun sollen, so ward dein Gesicht gleich essigsauer; ja, warum denn? Hast du denn einen Krampf bekommen, der deine Wangen und deine Stirne so sauerfaltig verzerrte? Rede offen, so du Mut besitzest!«

[15] Sagt **Judas** zu Mir: »Herr, so verweise es ihm doch einmal, – sonst bin ich stets seinen Bemerkungen ausgesetzt, die mich im Ernste mit der Zeit beleidigen müßten!«

[16] Sage **Ich:** »Freund! So jemand einem Unschuldigen eine Sünde andichtet, so lacht dieser darob in seinem Herzen; denn dieses spricht ihn ja alsogleich von aller Schuld los. So aber jemand einem Menschen, wenn auch wie zufällig, etwas vorwirft, dessen der Mensch aber im Ernste schuldig ist, – sage, wird der Mensch auch lachen in seinem Herzen? O nein! Ich sage es dir: Dieser Mensch wird erbost in seinem Herzen über den, der ihm wie zufällig seine Schuld vorwarf, und wird dessen Freund nimmer! Halte dich darob also nicht auf, sonst bekennst du am Ende selbst deine Schuld!«

[17] Als Judas diese Worte vernimmt, so macht er gleich ein möglichst freundliches Gesicht, um sich nicht in irgend etwas schuldig zu sein zu verraten! Thomas aber sagt bei sich: ›O Fuchs, dich kenne ich; du kommst mir nicht aus!‹

[18] Es fragte aber **Simon** von Kana und sagte: »Herr, was sollen wir aber tun, so uns jemand für eine Heilung antrüge Gold, Silber oder geprägtes Erz? Sollen wir es da auch nicht annehmen? Es gibt denn doch viele Arme, denen wir dann mit solchem Gelde gut zu Hilfe kommen könnten!« Macht **Judas** ganz beifällig unaufgefordert die Bemerkung hinzu, sagend: »Ja, ja, das eben ist auch meine Meinung! So jemandem für eine geleistete Hilfe Gold, Silber oder auch Erz gleichsam aufgedrungen würde, so sollte man es für den vom Simon von Kana erwähnten Zweck doch wohl annehmen!?«

[19] Sage **Ich:** »Nicht also, Meine Brüder! Ich sage es euch: Ihr sollet weder Gold, noch Silber, noch Erz in euren Gürteln haben; denn ein rechter Arbeiter ist ohne all dem seiner Speise wert! *(Matth. 10, 9)* Wer aber nicht arbeiten will, so er Arbeitskräfte hat, der soll auch nicht gespeist werden! Denn es steht geschrieben: ›Im Schweiße deines Angesichts sollst du dir dein Brot erarbeiten!‹ Aber daß sich ein Arbeitsscheuer durch ein Almosen von Gold, Silber und Erz soll seine Kost bereiten, das steht nirgends geschrieben! Die Schwachen, Alten und Bresthaften aber müssen ohnehin nach dem Gesetze von der ganzen Gemeinde erhalten und wohl versorgt werden.

[20] Es wird aber ohnehin nur zu bald eine Zeit kommen, in der das Gold, das Silber und das Erz die Menschen regieren wird und wird bestimmen ihren Wert vor der Welt. Das aber wird eine böse Zeit sein; da wird das Licht des Glaubens erlöschen, und die Nächstenliebe wird hart und kalt werden wie das Erz!

[21] Darum sollet ihr nun zur Wegfahrt keine Reisetasche nehmen, auch nicht zwei Röcke und keine Reisestecken! Denn, wie Ich schon gesagt habe, so ist ein rechter Arbeiter auch ohne alldem seiner Speise wert!« *(Matth. 10, 10)*

136. Des Judas Fragen und Einwurf wegen des Reisens ohne Geld. Des Herrn heilige Winke: »Seid klug und ohne Falsch und voll Sanftmut!« Des Judas richterliche Widerrede hierauf.

Ev. Matth. 10, 11–16.

[1] Es fragte aber der **Judas** und sagte: »Herr, das wäre alles recht, und wir werden bei den Landleuten sicher ohne Geld versorgt werden; aber wir werden doch sicher auch müssen in die Städte und Märkte gehen, in denen es mit der einstigen Gastfreundschaft schon lange ein volles Ende genommen hat! Wie werden wir da durchkommen und was anfangen ohne Geld?«

[2] Sage **Ich:** »Wenn ihr in eine Stadt oder in einen Markt gehet, da erkundiget euch (denn ihr wisset es doch, was ihr vermöget!), ob jemand darinnen sei, der euer wert ist und dessen benötigt, das ihr geben könnt! Habt ihr einen solchen gefunden, so bleibet bei ihm, bis ihr wieder von dannen irgendwo andershin zieht! *(Matth. 10, 11)*

[3] Es versteht sich aber schon von selbst, daß ihr das Haus, da ihr einziehet, zuvor begrüßet *(Matth. 10, 12);* denn die wahre Liebe geht stets artigsten Schrittes in ein fremdes Haus. So ein Haus, d. h. dessen Bewohner, euer wert sind, da wird euer Friede über sie kommen; ist aber das Haus euer nicht wert, so wird sich der Friede wieder zu euch zurückwenden. *(Matth. 10, 13)*

[4] Und wo euch in einem Hause dessen Bewohner nicht annehmen wird noch hören eure Rede, so gehet sogleich aus solch einem Hause, wie am Ende auch aus solch einer Stadt und schüttelt sogar den an euren Füßen haftenden Staub zu einem für dereinst gar wichtigen Zeugnisse über sie! *(Matth. 10, 14)* Denn wahrheitsvoll sage Ich euch: Es wird dereinst dem Lande der Sodomer und Gomorrer erträglicher beim jüngsten Gerichte in der andern Welt ergehen als einer solchen Stadt! *(Matth. 10, 15)*

[5] Sehet! Ich sende euch wie Schafe unter die reißenden Wölfe; deshalb seid allenthalben klug wie die Schlangen, aber dabei ohne Falsch wie die Tauben, die ein Bild der Sanftmut sind!« *(Matth. 10, 16)*

[6] Sagt darauf **Judas:** »Herr! Bei so bewandten Umständen werden wir im allgemeinen schlechte Geschäfte machen! Was nützt da das dereinstige Jüngste Gericht in der Geisterwelt, an die nahe kein Mensch mehr glaubt? Wenn wir aus Deiner uns nun erteilten göttlichen Machtvollkommenheit kein Jüngstes Gericht so scharf als möglich und nötig über die reißenden Wolfsmenschen verhängen können oder dürfen, da bleiben wir gleich so gut wie zu Hause! Denn wie wir vor solchen Wölfen, von denen besonders die Städte strotzen, nur ein wenig laut von Dir zeugen werden, so wird man uns ergreifen, binden und schleppen auf die Rathäuser und dort über uns ein scharfes Gericht halten; und man wird uns dann, wenn die Gerichte nicht zu scharf sind, doch zum wenigsten geißeln vor den Juden in den Schulen und uns endlich als vogelfrei vor die Stadt hinausstoßen. Wahrlich, für solch eine Bescherung möchte ich mich schon zum voraus bedanken! Was nützt da alle Klugheit, Wahrheit und die vollste Ehrlichkeit, wo als Gegensatz die willkürlichste Gewalt in ihrem blinden Eifer wütet?

[7] Wenn es eine volle Wahrheit und rechte Gerechtigkeit gibt, wofür die

gegenwärtige Menschheit nicht den entferntesten Sinn hat, so muß auch bei uns der römische Grundsatz gelten: ›Zugrunde gehe alle Welt; aber die volle Gerechtigkeit werde geübt!‹ Die wahre Tugend finde stets ihren sichern Lohn; die Lüge, der Neid, der Geiz, die Falschheit und alle Ungerechtigkeit aber finde stets ihre unerbittlichste Strafe! Wollen wir mit der nun nahe allgemein verworfen schlechten Menschheit etwas ausrichten, so müssen wir wie Engel über Sodom und Gomorra auftreten. Der uns hört und annimmt in Deinem Namen, dem werde der Lohn Deiner Gnade; der uns aber nicht hören und annehmen will, über den komme eine Plage! Der uns aber verfolgen will und ziehen vor ein weltlich Gericht, über den falle ein verzehrend Feuer aus dem Himmel und tue mit ihm, wie es einst mit den Sodomitern getan hat!

[8] Wenn Du, Herr, uns also zu wirken zulässest, da werden wir auch ganz entschieden gute Folgen dieser nunmaligen Sendung zustande bringen; dürfen wir aber nicht also vorgehen mit der über alle Maßen verderbten und verdorbenen Menschheit, so ist alle unsere Mühe und Arbeit vergeblich. Wir werden am Ende gesteinigt, und Du Selbst wirst, so es irgend möglich ist, getötet werden, und unsere immens *(unermeßlich)* vielen Widersacher werden lachend über unsere Leichname siegestrunken einhergehen. Und das wird auch alles sein, was wir mit aller der unzeitigen Güte, Nachgiebigkeit und Sanftmut ausrichten werden. Kurz und gut, man muß, um mit dem Satan etwas auszurichten, ihm entweder einen vollkommenen Herrn zeigen oder ihm als Knecht dienen, sonst ist alles nichts!«

137. Des Herrn Antwort auf des Judas Missionsvorschläge. Des Judas Seele ist von unten. Der Erde Leben gibt dem Geist den Tod. Geschichtliche Rückblicke auf die Führungen der Menschen. Jetzt ist die (angenehme) Zeit, wo der Herr im sanften Säuseln kommt. Von den Leiden der Missionare. Ein Text aus Jesajas. Trost an die Apostel.
Ev. Matth. 10, 17–20.

[1] Sage **Ich:** »Weil du ein Mensch von dieser Erde bist, so redest du auch wie ein Mensch von dieser Erde. Der aber von oben herab ist, Der redet anders, weil Er allein einsieht und gar wohl kennt, was zu jeder Zeit dem Menschen not tut, damit dessen Geist frei werde von der Allgewalt und vom Zorne Gottes und gelange zur wahren Selbständigkeit für ewig.

[2] Denn dieser Erde Leben gibt dem Geiste weder Leben noch Freiheit desselben, sondern den Tod; aber der Tod dieser Erde ist die Ausgeburt des Geistes zum ewigen Leben und dessen wahrer ewiger Freiheit.

[3] So Ich aber schon menschlich reden will, so sage Ich dir, daß alles das und noch weit mehr schon mit der Menschheit vorgenommen worden ist, und sage es dir selbst, wo da sind die goldenen Früchte nach deiner Meinung!

[4] Was geschah bei den Zeiten Noahs, und um wieviel sind dadurch die

Menschen diesirdisch besser geworden, als sie es vor Noah waren? Was geschah bald darauf zu Sodom und Gomorra?

[5] Und sieh, alle nunmaligen Heiden bis auf die Mohren und Siniten im äußersten Morgenlande sind Lots Nachkommen, auch viele ganz tierisch wild gewordene Skythen, die der Erde mitternächtliche Länder bewohnen; wie findest du sie, trotz der Lektion, die ihr Vater Lot erfuhr?

[6] Gehe hin nach Ägypten und prüfe die Völker, um wieviel sie besser geworden sind durch die sieben Plagen! Was hat Moses alles getan, was so manche Propheten?!

[7] Vierzig Jahre ließ Jehova die zu arg gewordenen Juden in der babylonischen Gefangenschaft elendigst schmachten, wie die schlechtesten Lasttiere sind sie behandelt worden, mit der Kost der Schweine und Hunde sind sie gefüttert worden; die lieblichen Töchter der Juden sind unter Geißelung und allerlei Martern von den übermütigen Babyloniern bei Tag und Nacht geschändet worden bis zum Tode, ebenso die Knaben und Jünglinge, die zuvor verschnitten wurden! Gehe hin und frage die hohen und stolzen Juden alle, um wie vieles sie besser geworden sind auf solch eine Lektion!

[8] Zeige Mir eine Zeit, ein Jahr, einen Monat, eine Woche, einen Tag, wo der Herr die zu arge Menschheit nicht im einzelnen wie im allgemeinen gezüchtigt hätte! Da gibt es kein verschontes Haus im ganzen Judenlande; antworte dir selbst, um wievieles darum die Menschen im Grunde des Grundes besser sind?! –

[9] Darum kommst du Mir mit deinem Rate viel zu spät; denn das ist alles schon dagewesen und hat für den geistigen Weg auch das bewirkt, was es zu bewirken hatte; aber für das äußere diesirdische Lebensverhältnis der Menschen kann und darf im Grunde des Grundes kein merklicher Effekt hervorgehen, weil dessentwegen allein von oben auch nie etwas zugelassen wurde.

[10] So Ich aber nun abermals mit Donner und Blitz das Evangelium vom Reiche Gottes auf Erden den Menschen verkündigen wollte, so bedürfte Ich dazu euer nicht; denn da gäbe es im Himmel noch der mächtigsten Engel in übergroßer Menge, die sich auf solch eine Verbreitung des Gottesreiches auf Erden viel besser verständen als ihr.

[11] Aber es ist nun die Zeit gekommen, die dem Elias gezeigt wurde, als er in der Grotte auf dem Berge verborgen lag. Nicht im Sturme, auch nicht im Feuer, sondern im sanften Wehen zog Jehova einher! Und diese Zeit des sanften Wehens Jehovas vor der Grotte dieser Welt ist nun da! Darum wollen und dürfen wir nun auch weder mit Sturm noch mit Feuer ausziehen, sondern nach der ewigen Ordnung Gottes mit aller Liebe, Sanftmut und Geduld! Aber die Klugheit sollt ihr nicht außer acht lassen! Denn wohl sehe Ich, daß ihr nun als Lämmer unter die reißenden Wölfe ziehet; aber so ihr klug seid, so werdet ihr dennoch vieles ausrichten!

[12] Hütet euch darum vor den gewissen (Wolfs-)Menschen und habt keine Sache mit ihnen; denn solche sind es, die euch überantworten werden und ziehen vor ihre Rathäuser und werden euch auch geißeln in ihren Schulen, – und das ehestens, so ihr dumm und zu wenig klug seid! *(Matth. 10, 17)* So ein Lamm auf dem Söller des Hauses sich befindet, dahin der Wolf nicht

gelangen kann, so wird ihm der Wolf nichts anhaben trotz aller seiner Blutgier. So aber das Lamm vorwitzig ist und geht vom sichern Söller hinab, um den Feind sich näher anzusehen, so muß es sich selbst zur Schuld schreiben, so es *(Matth. 10, 18)* vom Wolfe zerrissen und verzehrt wird.

[13] Man wird euch aber später, nachdem Ich werde in die Himmel wieder aufgefahren sein, um für euch ewige Wohnungen zu bereiten in des Vaters Hause, wohl vor Fürsten und Könige ziehen um Meines Namens willen zum Zeugnisse über sie und über die Heiden *(Matth. 10, 18)*, auf daß da auch nun voll werde, was Jesajas, Mein Prophet, für alle Zeiten und für Mein nun zu gründendes Reich auf Erden über die dummen Könige geweissagt hat, indem er sprach *(Jesajas 32, 6–20):*

[14] ›Ein Narr redet von Narrheit, und sein Herz geht mit Unglück um, daß er Heuchelei anrichte und Irrsal vom Herrn predige, damit er die hungrigen Seelen noch mehr aushungere und den Durstigen das Trinken wehre. Des Geizigen Regieren ist eitel Schaden; denn er findet Tücke zur Genüge, zu verderben, die elend sind, mit falschen Worten, wenn er des Armen Recht reden soll. Aber die rechten Fürsten werden auch fürstliche Gedanken haben und darüber das Recht halten.

[15] Stehet aber auf, ihr stolzen Frauen, und höret meine Stimme! Ihr Töchter, die ihr so sicher seid, nehmet zu Ohren meine Rede! Es ist um ein Jahr und einen Tag zu tun, so werdet ihr Sicheren zittern; denn wenn es keine Weinernte gibt, so wird es auch kein Lesen geben. Erschrecket, ihr stolzen Frauen! Denn es ist hohe Zeit vorhanden, zu blößen und zu gürten die Lenden!

[16] Man wird klagen um die Äcker, ja, um die lieblichen Äcker, und um die fruchtbaren Weinstöcke; denn es werden auf dem Acker meines Volkes Dornen und Hecken wachsen, dazu über allen Freudenhäusern der fröhlichen Stadt. Die Paläste werden verlassen sein und die Menge in der Stadt einsam, daß darum die Türme und Festungen zu ewigen Höhlen werden, dem Wilde zur Freude, den Herden zur Weide. Und das so lange, bis über uns ausgegossen werde der Geist aus der Höhe.

[17] Sodann wird die Wüste zum Acker werden und der Acker zum Walde gerechnet werden. Und das Recht wird in der Wüste wohnen, und die Gerechtigkeit auf dem Acker hausen. Und der Gerechtigkeit Frucht wird der Friede sein, und der Gerechtigkeit Nutzen wird ewige Stille und Sicherheit sein.

[18] Da wird mein Volk in den Häusern des Friedens wohnen, also in sicheren Wohnungen und in stolzer Ruhe. Aber den Wald entlang wird dennoch der Hagel bleiben, und die Stadt hienieden wird eine niedrige sein.

[19] Wohl euch denn nun, so ihr emsig säet an den Wassern; da möget ihr wohl die Füße der Esel und Ochsen ruhig darauf gehen lassen!‹

[20] Wenn ihr sonach von den bösen Toren dieser Welt zu den von Jesajas bezeichneten Narrenkönigen geführt und überantwortet werdet, da sorget euch ja nicht, was ihr da reden sollet und wie euch verantworten; denn es soll euch zur Stunde gegeben werden, was ihr reden und wie ihr euch verantworten sollet! *(Matth. 10, 19)* Denn ihr seid es ja nicht, die da reden; son-

dern Mein Geist, des Vaters Geist ist es, der da redet durch euch! *(Matth. 10, 20)*

[21] Das aber gilt nur von der vorerwähnten zweiten Aussendung, die ihr nach Meiner Auffahrt zu besorgen haben werdet; für jetzt aber sollet ihr es eben nicht zu schwer haben.

[22] Denn wie der Prophet am Schlusse sagt, so sage Ich euch nun auch: Wohl euch nun, die ihr da auszusäen habt an den Ufern des Sees; denn auf diesem Boden möget ihr eure Esel und Ochsen, das heißt euren Fleiß fürs Gute und Wahre, wofür Ich euch berufen und erwählt habe, ganz sicher umgehen lassen! Da werdet ihr auf keinen Narrenkönig stoßen und auf keine Weiber voll Stolz und Hochmut, sondern auf Arme, Kranke, Besessene, Lahme, Taube und Blinde, natürlich und noch mehr im Geiste; zu diesen gehet und prediget ihnen das Evangelium vom Gottesreich und heilet jeden, der glaubt, und verschweiget ihm Meinen Namen nicht!«

138. Eine rechte Frage: »Wenn der Saat des Himmelssamens voll Liebefrieden Zwietracht entsproßt, was dann?« – »Es kümmere euch nicht, so der Satan sich wehrt!« Des Judas abermalige Widerreden. Des Herrn Mahnung zum Vertrauen und furchtlosen Austragen des Evangeliums.

Ev. Matth. 10, 21–33.

[1] Sagt **Simon** von Kana: »Herr, ich habe noch eine mir wenigstens äußerst wichtig vorkommende Frage, die Du uns noch eher, als wir hinausgehen, beantworten wollest zu unserer Belehrung und Ruhe unseres Gemütes. Ich bitte Dich, daß Du mich hören möchtest!«

[2] Sage **Ich:** »In deinem Herzen zwar lese Ich deine Frage genauer, als du sie wirst aufstellen können; aber das hindere dich nicht, deine Frage der Brüder wegen laut werden zu lassen! Denn die Frage ist wahrlich von großer Bedeutung und eines echten unverdorbenen Juden würdig. Darum stelle du nur ganz offen dar, was dich drückt im Herzen!«

[3] Sagt **Simon** von Kana: »Nun denn, so es auch Dein Wille ist, daß ich rede, da wollet mich denn alle wohl vernehmen! Das aber ist die Frage:

[4] Wir werden nun hingehen zu denen, die unser bedürfen. Wir werden predigen, was Du gelehrt hast auf dem Berge. Diese Deine Berglehre, die ist rein göttlich und also über alle Maßen wahr und himmlisch gut. Aber diese Lehre ist der alten, mosaischen zum größten Teil schnurstracks entgegen.

[5] Mir sind nahe alle Orte an dem gedehnten Meere Galiläas bekannt und ihre Einwohner vielfach nicht minder. Es gibt wohl viele unter ihnen, die für den Pythagoras schon lange Moses und all die Propheten über Bord geworfen haben; diese wären für Deine neue Lehre eben so gefährlich nicht. Aber es gibt darunter auch eine Menge Familien, die sozusagen für Moses und eigentlich mehr noch für den Tempel leben und sterben, – und das gewöhnlich im allgemeinen die Eltern mehr als ihre Kinder, obschon es eben auch nicht zu selten umgekehrt der Fall ist. Wenn nun irgend Kinder solcher

Erzjuden Deine in vielen Stücken antitemplische Lehre annehmen, ihre Eltern aber höchstwahrscheinlich nicht, – was wird da herauskommen?

[6] Die Eltern werden die Kinder nach Moses des Ungehorsams zeihen und werden sie verfluchen, – eine Erscheinung, die bei solchen fanatischen Erzjuden durchaus zu den keineswegs seltenen gehört!

[7] Wenn solches sich zweifelsohne vor unsern Augen ereignen wird, was werden wir dann zu tun haben? Denn das ist ohne allen Zweifel vorauszusetzen, daß solche Eltern uns verfolgen und unbegrenzt verfluchen werden.

[8] Im entgegengesetzten Falle dürfte es freilich leichter sein, weil die Kinder schon von politischen Gesetzen wegen nie Herren ihrer Eltern sein können. Wir werden sogestaltig nun nebst dem Segen auch vielfach Zwietracht, Hader, Zorn, Haß und Rachgier ausstreuen und werden von Tausenden gehaßt, verfolgt und total verflucht werden! Wer wird solchen Schaden gutmachen und wer den tausendfachen Fluch von unseren Lenden nehmen?«

[9] Sage **Ich:** »Das kümmere euch wenig! Sehet, es kommt vom Himmel herab nicht nur der Frühlingssonne milder, alle Natur neubelebender Strahl, sondern auch Sturm, Hagel, Blitz und Donner.

[10] Den Sonnenstrahl lobt wohl jedermann; aber den Hagel, den Sturm, den Blitz und den Donner mag niemand loben, und der Winter kommt stets jedermann zu früh, – und doch ist jedermann der Winter heilsamer als der Frühling, und Sturm, Hagel, Blitz und Donner sind so notwendig als der milde Strahl der Abendröte!

[11] Ich sage euch: Also wird es kommen, und muß so kommen, daß um Meines Namens willen ein Bruder den andern zum Tode überantworten wird, und also der Vater den Sohn, und die Kinder werden sich empören wider ihre Eltern und werden ihnen zum Tode helfen! *(Matth. 10, 21)* Ihr selbst aber müsset gehasset werden von jedermann der eigentlichen Welt, wie sie jetzt ist, um Meines Namens willen!

[12] Wer aus euch sich aber daran nicht stoßen, sondern beharren wird bis ans Ende, der wird selig werden *(Matth. 10, 22);* denn leichten Kaufs gibt der Satan seine Beute nicht aus seiner Tatze! Habt ihr Mich verstanden?«

[13] Sagt **Judas:** »Es kommt immer besser! Wenn uns diese Sendung jedermanns Haß zuziehen muß, dann Gott befohlen solch eine Unternehmung! Viel Glück bei einem martialischen *(kriegerischen)* Wetter! Die uns hassen werden, diese werden sich unser sicher so annehmen und uns behalten wie der heiße Sommer den Schnee! Herr, wenn das Dein voller Ernst ist, so sage ich Dir als ein ganz schlichter, aber doch mit einigen Erfahrungen begabter Mensch: Bleibe Du samt uns schön fein zu Hause; denn dieser Same wird nicht aufgehen und keine Frucht bringen! – Höre! So wir also in einer Stadt es dahin gebracht haben werden mit unserer Predigt und unseren Taten, daß wir daselbst von jedermann gehaßt werden wie der Tod, was werden wir dann zu tun haben? Sollen wir uns auch noch dazu ganz ruhig töten lassen? Wenn auch das, – wer wird dann Deine Lehre weiter ausbreiten? – Ha, bedenke doch, was Du verlangst! Siehst Du denn das um des hellsten Himmels willen nicht ein, daß Du Dich dadurch rein unmöglich

machst und Dein höchst eigener größter Feind und Verfolger bist? Wo, wo in der ganzen Welt ist denn irgendeiner, der mich haßte über den Tod, daß er dabei hörte auf meine Predigt, die sein Haus erfüllt mit aller Zwietracht, Haß, Zorn und tödlicher Rache? Rede, – was ist zu tun in solchem unvermeidlichen Falle?«

[14] Sage **Ich:** »Du redest allzeit, wie du es verstehst; wir reden aber, wie wir es verstehen. Du verstehst alles grobweltlich, während hier aus den Himmeln geistig gesprochen wird.

[15] So du und jemand anders miteinander aber schon eine gar so große Furcht vor den Menschen habt, so fliehet denn aus einer Stadt, da man euch verfolgen wird, in eine andere! Denn wahrlich sage Ich euch: Ihr werdet lange nicht in allen Städten Israels gepredigt haben, bis Ich als des Menschen Sohn wieder zu euch kommen werde *(Matth. 10, 23)* als Einer, der jedermann das Gericht, ein verderbend Feuer in seinem Herzen, entzünden wird und erregen den bösen Wurm in der Frevler Brust, und das Feuer wird nimmer erlöschen und nicht sterben der Wurm; ihr aber werdet darinnen gerechtfertigt werden. Denn wehe einst allen denen, die euch verfolgt und ihre Hände an euch gelegt haben!«

[16] Sagt abermals **Judas:** »Ja, so wir schon totgeschlagen sein werden, dann wirst Du wohl nachkommen! So Du uns nun aber schon die Macht über die bösen Geister gegeben hast und die Kraft, zu heilen alle Krankheiten, warum erteilst Du uns nicht auch zugleich die Macht über die bösen Menschen, von denen nicht selten einer ärger ist als alle bösen Geister, die je in den Leibern der Menschen als Schmarotzer ihre Wohnung genommen haben? Gib uns die Macht, Feuer aus der Erde zu rufen unter den Füßen derer, die uns verfolgen, und wir bekehren Dir in kurzer Zeit die ganze Welt!«

[17] Sage **Ich:** »Willst du denn mehr sein, als da ist dein Meister und Herr? Ich sage es aber euch allen: Der Jünger ist nicht über seinen Meister und der Knecht nicht über seinen Herrn. *(Matth. 10, 24)* Es ist dem Jünger genug, so er ist wie sein Meister, und also dem Knechte, so er ist wie sein Herr.

[18] So Sich aber euer Meister und Herr nicht außerordentlicher Gewaltmittel bedient, um die Menschen in Seine Lehre hineinzuzwingen, warum sollen das Seine Jünger und Knechte wollen? Haben die Weltmenschen aber Mich als den Herrn und den Hausvater von Ewigkeit ›Beelzebub‹ geheißen, um wieviel mehr werden sie euch als Meine Hausgenossen also heißen! *(Matth. 10, 25)*

[19] Darum sollet ihr euch auch nicht fürchten vor ihnen, da ihr sie kennet. Meinet ihr denn, daß es Mir verborgen sein werde, was man euch tun wird? Ich sage es euch: Es ist nichts verborgen also, daß es nicht möchte offenbar werden vor Mir, und auch nichts so Geheimes, daß Ich nicht wüßte davon. *(Matth. 10, 26)*

[20] Da es Mir aber nicht verborgen bleiben kann, das man euch ansinnen und antun wird, so möget ihr auch zu jeder Zeit Meiner Hilfe gewärtig sein! Verläßt doch die Löwin ihre Jungen nicht und setzt zur Zeit der Gefahr ihr

Leben für jedes Junge ein, das man ihr entreißen will; so werde doch etwa Ich euch zur Zeit der Gefahr auch zu schützen verstehen mit Meinem Leben!?

[21] Habt also keine Scheu vor den Weltmenschen! Was Ich euch lehrte in der Nacht, das redet vor ihnen am Tage; und was Ich einem oder dem andern aus euch sagte geheim ins Ohr eures Herzens, das verkündiget nun auf den Dächern *(Matth. 10, 27)* und fürchtet euch sonach gar nicht vor allen denen, die wohl den Leib des Menschen töten können, gleich einem reißenden Tiere, aber die Seele, die allein lebt und Leben hat, nicht töten können und ihr nicht irgendeinen Schaden zuzufügen imstande sind!

[22] So ihr aber schon eine Furcht habt, da fürchtet vielmehr Den, Der auch ein Herr über eure Seelen ist und diesen ein Gericht zur Hölle geben kann, wann Er will! *(Matth. 10, 28)* Und Diesen kennet ihr nun schon, da Er es ist, Der euch nun dieses sagt!

[23] Da sehet hin vor uns: eine noch bedachte Scheune! Sehet, wie sich darauf die Sperlinge lustig machen; sie fliegen bald hinauf, bald wieder fallen sie förmlich vom Dache herab! Auf dem Markte kauft man zwei um einen Pfennig; wie gering doch ist ihr Wert! Und doch fällt auch nicht einer vom Dache zur Erde ohne den Willen des Vaters im Himmel! *(Matth. 10, 29)*

[24] Ich sage euch aber: Eure Haare sind gezählt *(Matth. 10, 30)*, und es kommt keines ohne Wissen und Willen des Vaters von eurem Haupte! Wenn aber der Vater für solche euch überaus geringschätzig dünkende Dinge also sorget, wird Er e u c h wohl unversorgt lassen, die ihr austraget Sein Wort und Seine Gnade?

[25] Darum ist eure Furcht eitel, und ihr sollet euch nimmer fürchten; denn ihr seid ja doch besser denn gar viele Sperlinge. *(Matth. 10, 31)*

[26] Darum gehet ohne weitere Furcht hinaus und bekennet Mich vor den Menschen! Wahrlich, wer Mich bekennen wird vor den Menschen, den werde auch Ich bekennen vor dem Vater im Himmel! *(Matth. 10, 32)* Wer aus euch Mich aber aus eitler Furcht verleugnen wird vor den Menschen, den werde Ich auch verleugnen dereinst vor dem Vater im Himmel.« *(Matth. 10, 33)*

[27] Nimmt wieder **Judas** das Wort und sagt: »Das ist alles sehr weise und schön gesprochen, und es ist auch sicher alsogestaltig wahr; aber was nützt alles das? Die Lehre wohl ist wunderherrlich, rein und wahr – darüber brauchen wir auch kein Wort mehr zu verlieren –, auch Deine Taten zeugen wenigstens für uns, die wir hier beisammen sind, mehr als zur Übergenüge, Wer im Grunde des Grundes Der ist, Der sie vollführt. Aber unter den gegebenen Verhaltungsregeln wird die Lehre samt den Taten nicht nur schwerlich je eine allgemeine Auf- und Annahme finden, sondern, da sie eigentlich den Unfrieden in jedem Hause, dahin sie gebracht wird, bedingt, entweder auf das strengste verfolgt oder vom Staate aus gänzlich verboten werden, und wir werden zur Unmöglichkeit. Was dann? Wenn wir als die irdischen Austräger Deiner Lehre und Taten sicher nur zu bald werden

entweder unter Steinen oder unter dem Schwerte, im Feuer, oder wohl gar am Kreuze oder in einer Löwengrube ausgerungen haben, wer wohl wird dann an unsere Stelle treten und unsere Dienste versehen?«

139. Bedeutsame Lebens- und Verhaltungswinke. Wer etwas mehr liebt als den Herrn, der ist Seiner nicht wert! Kampf tut der Welt not. Eine herrliche Verheißung an die Liebegetreuen.
Ev. Matth. 10, 34–39.

[1] Sage **Ich:** »Ich habe es dir schon gesagt, daß du allzeit redest nach deinem Weltverstande. Der Welt ihren Frieden geben, hieße ihr noch mehr Tod geben, als sie ihn nun ohnehin schon in aller Überfülle besitzt.

[2] So du einem Blinden sollst zum Augenlichte verhelfen, wird er sehend, so du ihm die Augen ausreißest, oder wird der Lahme je gerade gehen, so du ihm den bösen Fuß abhaust, oder wird der Stumme je dadurch zum Reden kommen, wenn du ihm die Zunge ausschneiden lässest, oder kann die Pest mit noch mehr Pest geheilt und ein brennendes Haus mit noch mehr Feuer gelöscht werden?

[3] Sieh, gerade also geht es mit den Weltmenschen nun in der Zeit! Sie sind geistig tot und haben außer dem tierischen Naturleben kein Leben in sich. Ihre Seelen sind pur Fleisch, und ihr Geist ist so gut wie tot und gleicht den Geistern, die in den Steinen rasten und durch ihre gerichtete Beharrlichkeit die sonst lockere Materie aneinanderketten, daß daraus dann Steine werden in aller Art und Form; weichere und härtere, manche durchsichtig, manche undurchsichtig, und von verschiedener Farbe nach der Beschaffenheit des innehaftenden Geistes.

[4] Willst du aber die Geister in den Steinen von ihrer Materie losmachen, wirst du solches wohl mit einem lauen Wasser zuwege zu bringen imstande sein? Sicher nicht! Ich sage dir: Der Stein wird bei solch einer sanften und friedsamen Behandlung das fest verbleiben, was er war und ist. Da muß ein mächtiges Feuer kommen, daß darob die Geister im Steine in einen großen Kampf geraten; dann erst zerreißen sie selbst die Bande ihrer Materie und werden frei. Und sieh, also muß es nun auch hier sein!

[5] Was die Geister im Steine losmacht, als Feuer, Kampf, mächtiger Druck und schwere, harte Schläge, das erweckt auch die Geister in den zu harten Steinen gewordenen Menschenherzen und macht sie frei, besonders die Herzen der Großen und Reichen, die diamantne Herzen haben, die kein irdisch Feuer zu erweichen imstande ist.

[6] Darum merket, was Ich euch sage: Lasset fahren den lächerlich dummen Wahn, daß Ich etwa gekommen bin, durch euch, Meine Jünger und Knechte, den Weltmenschen den Frieden der Erde zu senden, sondern *(ergänzt: Ich bringe)* das Schwert! *(Matth. 10, 34)*

[7] Verstehet es wohl! Ich bin gekommen, zu erregen den noch weicheren Sohn wider die oft nur zu unbeugsame Härte seines Vaters, die bescheidenere Tochter wider ihre herrschsüchtige Mutter und die sanftere Schnur gegen

ihre geizige und neidische Schwieger! *(Matth. 10, 35)* Ja, des Menschen ärgste Feinde sollen seine eigenen Hausgenossen sein! *(Matth. 10, 36)*

[8] Wahrlich, wahrlich sage Ich euch: Wer seinen Vater und seine Mutter mehr liebt denn Mich, ist Meiner nicht wert; und wer Söhne und Töchter hat und sie mehr liebt denn Mich, ist Meiner nicht wert! *(Matth. 10, 37)* Wer seine Last, ob sie ihn schon drücke wie das römische Todeskreuz, nicht willig auf seine Schultern nimmt und Mir nachfolgt, der ist Meiner schon durchaus nicht wert, und er soll keinen Teil am Reiche Gottes haben. *(Matth. 10, 38)*

[9] Wahrlich sage Ich euch: Wer immer das Leben dieser Welt sucht und es auch leicht findet, der wird das ewige Leben verlieren, und Ich werde ihn nicht erwecken am jüngsten Tage zum ewigen Leben alsbald nach dem Abfalle des Leibes, sondern ihn werfen in die Hölle zum ewigen Tode.

[10] Wer aber das Weltleben nicht nur nicht sucht, sondern dasselbe aus wahrer, reiner Liebe zu Mir flieht und verachtet, der wird das ewige Leben finden *(Matth. 10, 39);* denn Ich werde ihn sogleich auferwecken nach dem Tode seines Leibes als an dessen jüngstem Tage des neuen Lebens in der Geisterwelt und werde ihn einführen in Mein ewiges Reich und sein Haupt zieren mit der Krone der ewigen, unvergänglichen Weisheit und Liebe, und er wird dann herrschen mit Mir und allen den Engeln des ewig endlosen Himmels über alle Sinnen- und Geisterwelt ewig!«

140. Von der Größe der materiellen und der Geisterwelt. Von der Würde und dem hohen Ziel der Kinder Gottes. »Seid Täter des Worts!« Einzig mögliche Probe eines Gottesworts. Das göttliche Geheimnis im Menschen. Ev. Matth. 10, 40.

[1] Fragt **Simon** von Kana: »Herr, möchtest Du uns denn nicht kundtun, wo denn der Himmel so ganz eigentlich ist, in welchem die Engel wohnen, und wie groß er ist, und wie groß die Sinnenwelt, von der Du Erwähnung machtest, wohl sein mag?«

[2] Sage **Ich:** »Freund, du bist blind, wenn du das nicht siehst und begreifst. So Ich sagte, daß der Himmel unendlich groß ist, wie magst du noch um seine Größe fragen? Allenthalben ewig fort ist das Himmelreich geistig eben also endlos ausgedehnt als dieser endlose Weltenraum, von dem du mit deinem Auge nur einen unnennbar kleinsten Teil überschaust.

[3] Diese Erde, die große Sonne, der Mond und alle die Sterne, die dort, wo sie sind, lauter übergroße Welten sind, etliche viele tausendmal tausend Millionen Male größer denn diese Erde, – das alles zusammen ist im Verhältnis zur endlos großen Schöpfung der Sinnenwelt bei weitem nicht das der Größe und Ausdehnung nach, was der kleinste Tautropfen ist gegen das gesamte große Weltmeer, welches doch so groß ist, daß ein guter Schiffer es allflächig mit dem doppelten Alter Methusalems nicht abschiffen würde. Aber die Sinnenwelt bis nun, was da schon erschaffen ist, hat dennoch eine Grenze, über die hinaus noch ein endloser, ewiger Raum sich befindet, gegen dessen allerendloseste Ausdehnung nach allen Seiten hin die ganze

vorerwähnte Schöpfung der ganzen Sinnenwelt gerade wie ein Augenblick der Zeit nach zur Ewigkeit sich verhält.

[4] Die Geisterwelt aber ist dann in sich ebenso unendlich wie der ewig nirgendswo endende Raum!

[5] Obschon aber der Raum ewig nirgends ein Ende hat und also im vollwahrsten Sinne nach allen Seiten hin unendlich ist, so ist aber dennoch in des Raumes endlosesten Tiefen und Fernen kein Pünktchen des Raumes, wo nicht der Geist der Weisheit und Macht Gottes ebenso gegenwärtig wäre als hier auf dieser Stelle unter euch nun. Die wahren Kinder Gottes, die durch die rechte Liebe zu Gott, dem heiligen Vater von Ewigkeit, und ebenso in der reinen Liebe zu ihren Nächsten sich hervortun werden, werden jenseits im großen Vaterhause die Macht und Gewalt erhalten, den ewig nie auszufüllenden Raum mit neuen Schöpfungen stets mehr und mehr zu erfüllen.

[6] Aber ihr seid nun noch viel zu blöde und könnet es nicht fassen, was Ich nun zu euch geredet habe. Aber das sage Ich euch dennoch: Kein sterblich Auge kann es schauen, kein Ohr vernehmen, und kein irdischer Sinn kann es je erfassen, was die, so würdig werden, Kinder Gottes zu heißen, jenseits im Himmelreich erwartet!

[7] Denn vor den Augen der wahren Kinder Gottes werden die Erden, Sonnen und Monde wie schimmernder Staub schweben.

[8] Darum seid nicht nur Hörer, sondern vielmehr Täter Meines Wortes!

[9] Aus der Tat erst werdet ihr erkennen, ob die Worte, die Ich zu euch gesprochen habe und nun noch spreche, aus dem Munde eines Menschen oder aus dem Munde Gottes zu euch gekommen sind! *(Joh. 7, 17)*

[10] Gleichwie aber ihr selbst vor allem wahre Volltäter Meines Wortes sein sollet, so ihr es in euren Herzen lebendig erfahren wollt, wer Der ist, Der euch diese Lehre und das Gebot der Liebe gegeben hat, also sollet ihr auch alle, denen ihr Mein Wort verkünden werdet, zur Tat antreiben; denn solange das Wort bloß im Gehirn haften bleibt, hat es keinen höheren Wert als das leere Geplärr eines Esels, das auch von andern vernommen wird.

[11] Nur wenn das Wort ins Herz dringt, da wird es lebendig, bemächtigt sich bald des Willens, der der Schwerpunkt der Liebe ist, und treibt daraus den ganzen Menschen zur Tat an.

[12] Durch solches Tun wird dann im alten Menschen ein neuer Mensch, und Mein Wort wird dann ein wahrhaftigstes neues Fleisch und Blut.

[13] Und dieser Neumensch in euch erst wird es euch laut kundtun, daß MEINE WORTE WAHRHAFT GOTTES WORTE sind, die heute und alle Zeiten der Zeiten dieselbe Macht, Kraft und Wirkung haben wie vor Ewigkeiten der Ewigkeiten; denn alles, was ihr sehet, fühlet, riechet, schmecket und vernehmet, ist im Grunde des Grundes nichts als das Wort Gottes.

[14] DER vor Ewigkeiten den Welten, Sonnen und Monden aus Sich gebot, zu sein, und sie setzte in ihre weiten Bahnen, DER setzt nun euch in neue Bahnen des ewigen Lebens!

[15] Ich aber sage euch auch hinzu, daß, der euch aufnimmt, auch Mich aufnimmt; wer aber Mich aufnimmt, der nimmt auch DEN auf, der Mich zu euch gesandt hat *(Matth. 10, 40)*, – was ihr wohl verstehen sollet!«

141. Missions- und Verhaltenswinke an die Apostel. Vom fortwährenden Prophetentum und von echten und falschen Propheten. Erste Aussendung der Apostel in die Orte Israels. Verheißung weiteren Lichtes für die Zeit nach Rückkehr der Apostel.

Ev. Matth. 10, 41–42.

[1] **(Der Herr:)** »Ich sage euch noch mehr: Ihr wisset es, daß es nun ebenso wie zu allen Zeiten Propheten gibt, und es wird deren also auch allzeit geben bis ans Ende der Welt bei allen Völkern der Erde, welches Glaubens sie auch sein mögen. Denn durch die Propheten allein wird, wenn auch schon alle Stricke zwischen Himmel und Erde zerrissen sind, noch ein geheimes Band fest erhalten, das keine finstere Macht zu zerstören vermag.

[2] Wohl gab, gibt und wird es allzeit geben unter den echten auch falsche Propheten; allein das macht der wahren Sache der Echtheit eines vom Himmel erweckten Propheten entweder gar keinen oder einen nur höchst geringen Eintrag, da der echte Prophet den Lügner nur zu bald vor der Welt enthüllen wird, und derselbe der Züchtigung vom Himmel nimmer entgehen wird.

[3] So aber ein wahrer Prophet in ein Haus kommen wird und wird als solcher angenommen, so soll derjenige, der ihn als einen echten Propheten oder auch einen vom Propheten Abgesandten in des Propheten Namen aufnimmt, ihn anhört und auf desselben Wort achtet im Herzen, den Lohn eines Propheten erhalten jenseits im Reiche Gottes. Und wer einen Gerechten in eines Gerechten Namen aufnimmt, – das heißt, so ein solcher in dem Rufe als Gerechter steht, und ihm ein solcher Name zukommt, oder wenn er auch nicht in dem Rufe steht, aber der Aufnehmer erkennt ihn als einen Gerechten und nimmt ihn als solchen auf, ohne mit ihm eine Probe zu unternehmen, ob er wohl ein Gerechter ist –, der soll dereinst im Himmelreiche den Lohn eines Gerechten empfangen. *(Matth. 10, 41)*

[4] Und noch sage Ich euch zu all dem hinzu: Da sehet her, diese Kleinen, die Mich hier liebend umgeben! Wer einem auch Allergeringsten dieser Kleinen nur einen Becher Wassers reicht in eines Jüngers Namen, wahrlich, Ich sage es euch, es wird ihm solch eine geringste Tat nicht unbelohnt bleiben. *(Matth. 10, 42)*

[5] Nun habt ihr alles, was euch not tut zu dem, wozu Ich euch erwählt habe. Gehet nun in alle die Städte, die Ich euch angezeigt habe, und lehret sie, die darinnen wohnen, das Reich Gottes kennen, und tut, wie und was Ich euch nun anbefohlen habe: euer Lohn wird kein geringer sein.

[6] Wann ihr aber in den Städten Israels, deren es nicht viele gibt, das Anbefohlene werdet ausgerichtet haben, dann kehret wieder zu Mir zurück, auf daß Ich euch dann in die tieferen Geheimnisse des Reiches Gottes einweihe; denn euch soll es gegeben sein, zu verstehen solche Geheimnisse, die das Reich Gottes innehat.«

[7] Sagt **Petrus:** »Herr, sollen wir Zwölfe in Gesellschaft oder einzeln, jeder für sich, in eine und in die andere Stadt ziehen und also auch in die Märkte und Dörfer?«

[8] Sage **Ich:** »Das steht bei euch; aber besser ist es, so ihr mindestens zu zwei oder drei miteinander gehet, auf daß einer dem andern als Zeuge dienen kann; und Mein Geist wird kräftiger mit euch wirken, so ihr zwei oder drei irgendwo in Meinem Namen versammelt seid und also lehret und wirket.

[9] Aber daß ihr gerade in eurer Vollzahl beisammenbleiben sollet, das ist fürs erste gar nicht nötig, und fürs zweite würdet ihr desto schwerer in irgend einem Hause Aufnahme finden wegen des Raumes und wegen der Versorgung. Darum teilet euch entweder zu zwei und zwei, oder zu drei und drei! Erwählet euch aber zuvor die Städte, Märkte und Dörfer und machet es untereinander aus, welche einer oder der andere übernehmen will!

[10] Ihr könnet dadurch in mehreren Städten zugleich auftreten und werdet dadurch viel an der Zeit gewinnen und desto eher zu Mir wieder zurückkehren können. So ihr emsig seid, werdet ihr in sieben Wochen leicht fertig, auch eher noch. Aber nun gehet; denn da hat eine jede Stunde ihren Wert!«

[11] Sagt **Judas** Ischariot: »Herr, die Sonne ist bereits dem Untergange nahe gekommen, der Tag währt keine halbe Stunde mehr, und es ist von hier nach allen Orten hin weit; bis man auch nur ein nächstes Dorf erreicht, kann man zwei Stunden gut auftreten. Wäre es denn nicht ebensogut, so wir uns morgen recht früh auf den Weg machten?«

[12] Sage **Ich:** »Nein, Mein Freund, da ist Gefahr an jeder Minute Verzuges! Ihr werdet heute nach dem Untergange gerade einen Markt, der hinter dem Berge gen Morgen hin liegt, erreichen, da man eurer Hilfe benötigen wird, und ihr werdet dann dort eine gute Aufnahme finden; aber länger als drei Tage verweilet daselbst nicht, wie auch nicht leichtlich an einem andern Orte! Bis dahin aber bleibet beisammen; in dem besagten Markte aber teilet euch!«

[13] Nach diesen Worten machten sich die Zwölfe schnell auf den Weg, und die Bewohner dieses zerstörten, aber durch Meine Gnade wunderbar neuerbauten Dörfchens gaben ihnen ein paar Wegeskundige mit, die sie des nächsten Weges nach dem Markte führten.

142. Die erste Missionsarbeit der ausgesandten Apostel. Szene mit den weinenden Bewohnern und den herodianischen Steuererpressern. Des Petrus gute und ernste Worte. Gottes Gericht über die Erpresser. Guter Missionserfolg. Die bekehrten Steuererpresser als gute Zeugen der Apostel.

[1] Als die Zwölfe nach ein paar kleinen Stunden in den obbesagten Markt gelangten, fanden sie die Bewohner gruppenweise vor den Toren des Marktes heulend, weinend und einige über alle Maßen klagend; denn die herodianischen Steuererpresser trieben ihr Unwesen im Markte, sie plünderten die Häuser und nahmen den zahlungsunfähigen Eltern die liebsten, besten und schönsten Kinder weg, banden solche Kinder mit Stricken wie die Kälber zusammen und warfen sie auf ihre mit Ochsen bespannten Steu-

erwagen. Als **die Jünger** solches Greuels innewurden, wandten sie sich in ihrem Herzen an Mich.

[2] Und als sie in ihrem Herzen deutlich die Worte vernahmen: »Was ihr da wollt, das soll auch sogleich geschehen!«, – als sie das vernahmen, sagten sie zu den über alle Maßen traurigen Bewohnern dieses Marktes: »Der Friede sei mit euch! Zu euch komme das Reich Gottes, dessen Ausbreiter wir sind im Namen des Herrn! Gehet mit uns in euren Markt, und wir werden für euch die Sache mit den ungerechten und herzlosesten Steuererpressern ab- und ausmachen!«

[3] Sagen **die Einwohner:** »Oh, da werdet ihr kein Ohr finden! Denn die da erpressen die ungerechtesten Steuern, sind keine Menschen, sondern reine wildeste reißende Tiere, die euch übel anfallen werden.«

[4] Sagt **Petrus:** »Liebe Brüder, nehmet an, was wir euch bringen; das andere wird durch uns der Herr ausrichten! Gold und Silber aber erhoffet von uns nicht; aber was wir haben, das sollet ihr von uns auch überkommen. Nun aber eilen wir hinein in den Markt, auf daß die Kinder nicht zu lange leiden!«

[5] Als die Jünger nun mit den Bewohnern in den Ort treten, sehen sie mehrere Wagen voll mit allerlei Effekten *(Habseligkeiten),* einige Wagen mit Kindern und noch andere mit Schafen und Kälbern beladen, und die Steuererpresser geben schon das Zeichen zum Abfahren und achten nicht auf das Schreien und Jammern der gebundenen Kinder.

[6] Da tritt **Petrus** hin zu dem Obersten der Steuererpresser und sagt in einem hochernsten Tone: »Elender! Mit welchem Rechte verübst du solche Greuel? Weißt du denn nicht, daß über dir ein allmächtiger Gott lebt, Der dich samt deinen Helfershelfern im Augenblick verderben kann? Stehe ab von deinen Greueln, gib alles zurück, sonst sollst du auf dieser Stelle alle Schärfe des Gotteszornes über dich kommen sehen!« Sagt der Oberste der **Steuererpresser** zum Petrus: »Wer bist du, daß du es wagst, in solch einem Ton mit mir zu reden? Weißt du es etwa nicht, mit was für Macht vom Herodes aus ich ausgerüstet bin, der sie vom Kaiser aus Rom im Pachte hat? Weißt du etwa auch das nicht, daß ich jeden, der mir in den Weg tritt, augenblicklich ohne alles vorhergehende Gericht kann töten lassen? Weiche nun zurück! Noch ein Wort, und des Schwertes Schärfe hat dich ereilt!«

[7] Sagt **Petrus:** »Nun denn, da du – obschon auch ein Sohn Jakobs – kein Mensch mehr bist, sondern ein wildes, reißendes Tier, so treffe dich und deine Helfershelfer das Gericht Gottes! Denn ich, der dir das verkündete, bin ein Gesandter Gottes, und die mit mir sind, sind es auch! Was du mir tun wolltest, darum ich dich im Namen Gottes abhielt von Greueltaten, hattest du Gott tun wollen; daher treffe dich denn auch das Gericht Gottes! Amen!«

[8] Als Petrus solches in großem Eifer aussprach, fuhr Feuer aus der Erde, ergriff den Obersten und verzehrte ihn in einem Augenblick. Als das dessen Helfershelfer sahen, erschraken sie so gewaltig, daß sie vor Petrus niederfielen und alles zu tun gelobten, was er nur immer geböte, wenn er sie doch nicht also erschrecklich strafte!

[9] Sagt **Petrus:** »So gebet alles los und ziehet dann in Frieden ab! Aber lasset euch's ja nicht mehr gelüsten, je wieder einen solchen Dienst einem Herodes zu erweisen; denn beim nächsten Schritt dazu wird euch das geschehen, was nun eurem Obersten vor euren Augen geschehen ist!«

[10] Auf diese Worte binden die Steuererpresser sogleich die Kinder los und geben sie frei, desgleichen auch alles Vieh, wie: Schafe, Kälber und also alles, was sie in diesem Orte erpreßt haben, wozu sie samt Herodes kein Recht hatten. Denn dieser Markt hatte sich schon vor einem Jahre bei den Römern vom Herodes losgekauft, wie solches in gleicher Weise wegen der unbegrenzten Bedrückungen des Herodes mehrere Orte getan hatten. Aber Herodes machte da heimliche Streifzüge, ließ die Ablösungsurkunde verleugnen und erteilte seinen Steuererpressern alle Vollmacht mit der neuen Urkunde, daß er beim Kaiser sich darum verantworten werde.

[11] Petrus erklärte das nun den Steuererpressern, welches Unrecht sie an ihren Brüdern begingen, und diese fingen an, dem Herodes zu fluchen und sich selbst zu verwünschen, daß sie so blind waren, solch einem Tyrannen ihre Hände zu leihen.

[12] Petrus aber fing an, zu lehren vom Gottesreich, und siehe, alle die Steuererpresser bekehrten sich und folgten nun, bei hundert an der Zahl, Petrus, und es war das ein guter Fang; denn eben diese Steuererpresser wurden dann für sich überaus tätig und trugen vieles bei zur schnelleren Ausbreitung Meiner Lehre.

[13] Die Bewohner dieses Marktes aber behielten die Apostel drei Tage bei sich und ließen sich sogar auf Meinen Namen taufen. Denn die Apostel tauften auch mit Wasser jeden, der die Taufe verlangte, auf Meinen Namen.

[14] Sie hatten dazu von Mir aus zwar noch kein Gebot erhalten; aber sie wußten es, daß solches nicht wider Meinen Willen gehe.

[15] Die Einwohner boten alles auf, um die Jünger bestmöglich zu bewirten, und trugen ihnen am Ende Geld an, weil sie, die Jünger, ihre Kranken gesund gemacht hatten. Die Jünger aber nahmen keines an, wie auch sonst nichts, worüber sich die früheren **Steuerer** sehr verwunderten und sagten: »Mehr denn eure Wundertaten beweist eure nie erhörte Uneigennützigkeit, daß ihr wahrhaftigste Gesandte Gottes seid; denn Menschen dieser Welt sind voll des schwärzesten Eigennutzes.«

[16] Judas machte freilich ganz verdutzte Augen, als er viel Geld sah, das man ihm antrug; aber Thomas war ihm stets zur Seite, und so getraute sich der geldgierige Jünger diesmal nicht, es anzunehmen, was ihm heimlich recht leid tat.

[17] Nach drei Tagen aber teilten sich von hier aus die Jünger zu zwei und zwei, und mit je zweien gingen auch zehn bis fünfzehn der bekehrten Steurer mit und leisteten den Jüngern gute Dienste; denn sie hatten viel Mut und kannten keine Furcht vor Menschen.

[18] Die Zwölfe taten nun, wie Ich ihnen anbefohlen hatte, und machten allenthalben gute Geschäfte.

[19] Was tat aber nun Ich, nachdem Ich die zwölf Jünger mit den gegebenen Weisungen hinausgesandt hatte?

143. Des Herrn Wirken in der Zeit der Aussendung der Apostel. Näheres über Johannes den Täufer und sein Verhältnis zu Herodes. Johannes des Täufers Zweifel an Jesus als dem Messias. Des Johannes Anfrage beim Herrn Selbst. Des Herrn Antwort.

Ev. Matth. 11, 1–6.

[1] Als die Jünger, wie nun hinreichend bekanntgegeben, den Ort verließen, wo Ich ihnen die Weisungen gab, da verweilte Ich noch bis zum Untergange, segnete dies arme Völkchen und seine Kindlein, und dann zog auch Ich mit den noch vielen Jüngern, die Mich umgaben, fürbaß am Meere Galiläas in die Städte, aus denen ein und der andere der Jünger, die bei Mir geblieben waren, gebürtig und zu Hause waren, und lehrte und predigte daselbst, was zu lehren und zu predigen Ich den Zwölfen geboten hatte, und machte allenthalben gesund die Kranken. *(Matth. 11, 1)*

[2] Es war aber in dieser Zeit Johannes, der am Jordan getauft hatte, vom Herodes bereits ins Gefängnis geworfen worden, und zwar durch die Vermittlung der Priester von Jerusalem, die sich darum beim Herodes kräftigst verwendet hatten; denn sie konnten dem Johannes nimmer vergeben, daß er sie »Schlangenbrut« und »Natterngezüchte« gescholten hatte. Aber sie selbst getrauten sich nicht, den Prediger in der Wüste anzugreifen, da sie es wohl wußten, daß ihn das Volk für einen großen Propheten hielt; darum hatten sie sich hinter den Herodes gesteckt, natürlich durch Geld und allerlei Volksdruckbefugnisse, und Herodes nahm ihn gefangen, unter dem Vorwande eines Verrückten, der das Volk aufwiegle, dessen Köpfe mit allerlei staatsgefährlichen Ideen anfülle und die Menschen vielfach verrückt mache.

[3] Aber es war im Grunde dem Herodes wenig darum zu tun, was Johannes lehrte, sondern nur, daß er dadurch eine gute Beute machte. Herodes hielt darum den Johannes nicht in einer sehr strengen Haft und ließ gegen einen mäßigen Preis jedermann zum Johannes ins Gefängnis; erwiesene Jünger des Täufers zahlten für eine ganze Woche nur einen Stater, während andere für einen Tagesbesuch einen Silberling zahlen mußten.

[4] Es war vom Herodes aus dem Johannes gar nicht verboten, in einem großen Saale, aus dem nun ein großes Bürgergefängnis gemacht war, zu predigen und Spektakel zu machen, was er nur immer konnte und mochte; denn das trug dem Herodes ja desto mehr Geld.

[5] Herodes begab sich öfter selbst zu Johannes und munterte ihn sogar auf, daß er eben jetzt im Gefängnisse, wo er vor den Priestern und Pharisäern sicher sei, desto mehr Lärm machen sollte als zuvor in der Wüste zu Bethabara und nannte sich Freund und Beschützer des Johannes.

[6] Johannes wußte es wohl im Geiste, mit wem er es im Herodes zu tun hatte; aber er benutzte solche Gelegenheit dennoch und predigte in seinem Gefängnisse fort, und seine Jünger hatten zu ihm freien Eintritt, natürlich gegen den geringen Erlag von einem Stater für die Woche. Priester vom Tempel mußten ein Pfund bezahlen, so sie zum Johannes gelangen wollten, und so sie den Herodes fragten, warum er Johannes im Gefängnisse fortpredigen lasse, da antwortete der schlaue Fuchs von einem **Herodes:** »Das tue

ich aus geheimer Staatsklugheit, um dadurch alle die Anhänger dieses über alle Maßen staatsgefährlichen Menschen kennenzulernen!« Auf solch eine Antwort lobten die Priester über die Maßen den Herodes und beschenkten ihn mit viel Gold, Silber und Edelsteinen; denn sie gedachten bei sich: ›Dies ist der rechte Mann; den müssen wir nach allen Kräften unterstützen; er ist berufen, all das Prophetengesindel aus dem Wege zu räumen.‹

[7] Aber Herodes, von Geburt aus ein Grieche, ging nur aufs Geld aus und kümmerte sich um alles andere nicht im geringsten. Neben dem Gelde hatten ihm nur sehr schöne Kebsweiber irgend einen Wert. Denen zuliebe konnte er sogar grausam werden, so diese es wünschten; aber sonst richtete bei ihm ohne Geld nie jemand etwas aus, – ums Geld war er aber auch für gar alles zu haben.

[8] Aus dieser getreuen Schilderung des Herodes wird auch sicher jedermann leichtlich klar sein, wie Johannes in seinem Gefängnisse seine Jünger um sich haben konnte, und wie er dadurch von Meinem Wirken in Galiläa durch seine Jünger sowohl wie auch durch andere Menschen, die ihn häufig besuchten, in Kenntnis gesetzt werden konnte.

[9] Da sonach **Johannes** im Gefängnis vernahm, wie Ich lehrte und wirkte, da sandte er alsbald zwei seiner bewährtesten Jünger an Mich *(Matth. 11, 2)* und ließ Mich durch sie fragen: »Bist wohl Du es, Der da kommen soll, oder sollen wir noch auf einen anderen warten?« *(Matth. 11, 3)*

[10] Man wird hier fragen und sagen: ›Aber wie möglich konnte Johannes, der Mir zuerst das größte und glänzendste Zeugnis gab, zu solcher Frage kommen?‹ Der Grund davon ist für den, der nur eine Spanne übers Materielle hinaus zu denken vermag, ein höchst einfacher und sogar höchst natürlicher.

[11] Johannes meinte nach der Zeit, als er Mich kennenlernte, und sah es damals auch vollends ein, daß Ich unfehlbar der verheißene Messias sei, und daß das ganze jüdische Volk bloß durch Mein Erscheinen schon so gut wie vollends erlöst sei und alle Macht der Weltgroßen für ewig aufgehört habe. Da er aber ins Gefängnis kam und sich von Tag zu Tag mehr und mehr überzeugte, daß mit Meinem Erscheinen die Macht der Weltgroßen nicht nur nicht aufgehört, sondern sich nur vermehrt hatte, da fing auch Johannes an Meiner Echtheit so ganz leicht und leise bei sich zu zweifeln an.

[12] Denn er gedachte bei sich: »Wenn dieser Jesus aus Nazareth wirklich der Verheißene ist, der Sohn des lebendigen Gottes, wie kann Er mich nun im Stiche lassen und mich nicht befreien von dem Gefängnisse, und wie konnte Er es zulassen, daß ich ins Gefängnis kam?«

[13] Doch aber hörte er wieder von denen, die ihn besuchten, welch unerhörte Taten Ich verrichtete, und so denn sandte er die zwei seiner bewährtesten Jünger an Mich ab, die an Mich obige Frage zu stellen hatten.

[14] **Ich** aber, da Ich den Grund wohl sah, aus welchem Johannes Mich also fragen ließ, antwortete den Jüngern darauf ganz kurz und sagte zu ihnen: »Gehet hin und saget es Johannes, was ihr sehet und höret *(Matth. 11, 4):* Die Blinden sehen, die Lahmen gehen, die Aussätzigen werden rein, die Tauben hören, die Toten stehen auf, und den Armen wird das Evange-

lium gepredigt. *(Matth. 11, 5)* Und selig aber ist und wird derjenige, der sich nicht ärgert an Mir!« *(Matth. 11, 6)* Da wußten die zwei Jünger nicht, was sie Mir entgegnen sollten.

144. Des Herrn Winke über des Johannes Wirken und Mißgeschick. Jesus und Johannes als Sonne und Mond. »Er muß wachsen und ich abnehmen!« Des Herrn Zeugnis über Johannes: »Er ist mehr denn ein Prophet, er ist Elias!«
Ev. Matth. 11, 7–14.

[1] Nach einer Weile erst fragte Mich der ältere aus ihnen, warum denn nun Johannes im Gefängnisse schmachten müsse, indem er doch vor Gott und allen Menschen nie gesündigt hätte.

[2] Sage **Ich:** »So er es wollte, könnte auch er frei sein! Der Mond tut wohl gute Dienste in der Nacht; so er aber auch neben der Sonne um den Rang streiten will, als wäre sein Licht auch am Tage an der Seite der Sonne so wichtig als das der Sonne, da ist der Mond in einer großen Irre. Denn ist einmal die Sonne da, da ist des Mondes Schimmer der Erde gar wohl entbehrlich. Versteht ihr das?

[3] Wenn Johannes Mich klarer erkannte, als Ich am Jordan zu ihm kam, wer wohl gebot ihm, daß er Mir nicht folgen sollte? Er blieb in seiner Wüste und machte stets einen strengsten Büßer – und hatte doch nie gesündigt. Warum denn tat er das? – Er hat sich selbst dem Herodes ausgeliefert; nun sehe er, wie er mit dem Fuchse fertig wird!

[4] Saget ihm aber auch, daß Ich nicht gekommen sei, die irdische Macht den Großen zu nehmen, sondern sie zu bestätigen auf ihren Herrscherstühlen. Wer aber mit Mir rechten möchte, der wird einen harten Kampf zu bestehen haben!«

[5] Als die beiden Jünger aber solche Worte von Mir erhalten und vernommen hatten, erwiderten sie nichts mehr, sondern empfahlen sich, traten sogleich ihren Weg zurück zu Johannes in Jerusalem an und berichteten ihm solches auch sogleich.

[6] **Johannes** aber schlug an seine Brust und sprach: »Ja, ja, Er ist es, Er hat recht; Er muß wachsen und ich abnehmen und sterben von dieser Welt.«

[7] An dem Orte Seba, der da als ein Dorf der Fischer am Galiläischen Meere lag, aber machten die vielen Menschen daselbst und auch jene, die Mir aus anderen Orten dahin gefolgt waren, große Augen über Johannes den Täufer und sagten: »Wie möglich konnte der eine Sünde begehen? Denn daß er Dir, o Herr, nicht gefolgt ist, da er Dich doch erkannt hatte, das war denn doch eine Hauptsünde, für die er nun büßen muß!? Herr, tun wir unrecht, wenn wir also urteilen?«

[8] **Ich** aber entgegne ihnen und sage: »So der Mond leuchtet in der Nacht im Vollichte, so geht alles hinaus, bewundert dessen Licht und freut sich dessen; aber so da kommt die Sonne, wann der Mond noch leuchtet am Himmel überaus blassen und matten Scheines, so wenden sich alle ab vom Monde, weiden ihre Augen am mächtigen Sonnenlichte und preisen dassel-

be in jedem strahlenspendenden Tautropfen; denn unter der Sonne leuchtet ein Tropfen Wasser mehr denn zehn Monde in der Nacht.

[9] Begeht darum aber der Mond eine Sünde, daß er am Tage von der Sonne verdunkelt wird, und daß sogar ein Tautropfen mehr Licht dem Auge des Beschauers spendet denn der ganze Mond?

[10] Ich sage es euch allen: Wer Ohren hat, der höre! Auch des Menschen Sohn ist eine Sonne, und Johannes ist dessen Mond. Wohl leuchtet der Mond in eures Geistes Nacht und zeugte im voraus vom Lichte, das nun zu euch gekommen ist, und ihr es noch immer nicht erkennet in eurer Finsternis; so aber nun dieses Mondes Schein matt wird, da des Tages Sonne unter euch leuchtet, wie möget ihr seiner mit einer Sünde gedenken?

[11] Wahrlich, sage Ich euch, solange Menschen auf dieser Erde bestehen, von Adam bis jetzt, hat nie eine reinere Seele einen Leib bewohnt und belebt!

[12] Ich frage aber nun euch alle, da keiner unter euch ist, der da nicht hinausgegangen wäre in die Wüste, allwo Johannes predigte und taufte, – ihr alle habt seine Predigt vernommen, und die meisten aus euch haben sich auch taufen lassen –: Was seid ihr denn hinausgegangen in die Wüste zu sehen?

[13] Wolltet ihr etwa ein Rohr sehen, das der Wind hin und her wehen mag? *(Matth. 11, 7)* Oder seid ihr darum hinausgegangen, um einen Menschen zu sehen in weichen Kleidern? Sehet, die weiche Kleider tragen, wohnen in der Könige Häuser, aber nicht in der harten Wüste zu Bethabara! *(Matth. 11, 8)* Oder seid ihr hinausgegangen, zu sehen einen Propheten?

[14] Ja, sage Ich euch: Johannes ist mehr denn ein Prophet! *(Matth. 11, 9)* Denn dieser ist es, von dem es geschrieben steht: ›Siehe, Ich sende Meinen Engel vor Dir her, der Deinen Weg vor Dir bereiten soll!‹ *(Matth. 11, 10)* Merket ihr's nun, wer er ist?

[15] Wahrlich sage Ich es noch deutlicher, als ich solches euch schon früher gesagt habe: Unter allen, die vom Anfange her von Weibern geboren worden sind, ist nicht aufgekommen e i n e r , der größer wäre denn dieser Johannes der Täufer; doch aber sage Ich euch auch, daß von nun an, wer auch der Kleinste sei im Reiche Gottes, wird größer sein denn er. *(Matth. 11, 11)*

[16] Aber das merket euch auch wohl: Von den Tagen Johannes' des Täufers bis hierher und fortan leidet das Himmelreich Gewalt, und die ihm Gewalt tun, die reißen es an sich! *(Matth. 11, 12)*

[17] Alle Propheten wie auch das Gesetz Mosis haben geweissagt bis auf Johannes. *(Matth. 11, 13)* Er war vor Mir der letzte Prophet.

[18] So ihr es annehmen wollt, da ist eben dieser J o h a n n e s der E l i a s , der zukünftig, das heißt vor dem Messias, noch einmal kommen sollte! *(Matth. 11, 14)* Er ist denn auch gekommen und hat vor Mir geweissagt und hat vorbereitet Meine Wege, wie ihr es selbst erfahren habt. Saget nun, ob ihr es nun wohl wisset, wer Johannes ist!«

145. Der Geist und die Seele Johannes des Täufers. »Ich bin der Weg und das Leben.« Berufung und individuelle Freiheit des Johannes als Prophet. Vom Wesen des Fragens. Vom reuigen Sünder und den neunundneunzig Selbstgerechten.

[1] Sagen **die Menschen:** »Herr! Wenn so, da ist es denn doch unrecht, daß Du ihn nun lässest im Kerker! Nach den von Dir gewirkten Taten zu urteilen, die außer Gott wohl kein Mensch wirken kann, wäre es Dir doch sicher ein leichtes, den Täufer frei zu machen, da er für Dich gearbeitet hat! Herr, das solltest Du wohl tun und solltest ihn nun nicht stecken lassen!«

[2] Sage **Ich:** »Wer selbst kommt, richtet mehr aus, als so er schickt einen Boten oder einen Brief. Johannis Geist ist groß und größer denn alle Geister, die je auf dieser Erde in einem Leibe gewirkt haben; aber sein Leib gehört dieser Erde an, und aus dessen Schwächen hat sich auch eine schwache Seele entwickelt, und es ist gut also!

[3] Denn ein so starker Geist ist wohl fähig, eine schwache Seele stark zu ziehen; aber das Fleisch und die Seele des Johannes sind schwach. Darum sandte er allzeit Boten an seiner Statt, und da wirken Bote und Brief nie das, was da wirkt die eigene Person, in der Seele und Geist wohnen.

[4] Denn Ich darf und kann niemandem Meine Kraft und Macht anbinden aus Meinem Willen, es sei denn, daß da jemand kommt und sie sich selber nimmt; denn es wird von Mir aus niemandem je vorenthalten, sich zu nehmen das Leben oder das Gericht, was er will, und so auch nicht Meine Macht und Kraft zu einem guten Zwecke.

[5] Aber wer da nicht selbst kommt, dem wird nichts zuteil – außer die Gnade des Lichtes, durch das er finde hier oder jenseits den Weg zu Mir und auf dem Wege einsehe, daß Ich Selbst der Weg zum Leben und das Leben selbst bin.

[6] Johannes tat wohl wie keiner, daß er vollends Meister würde seines Fleisches. Er sah das Heil vor sich und mochte es dennoch nicht an sich reißen. Warum denn das nicht? Mußte es etwa also sein?

[7] Hier steht Der vor euch, Der das ›Muß‹ ausspricht, wo es sein muß! Aber Dieser sagt es euch auch, daß Er für Johannes dahin kein ›Muß‹ ausgesprochen hat.

[8] Daß er berufen war, vor Mir der Menschen wegen den Weg zu bahnen, das war ein gewisses ›Muß‹, hinter dem aber auch noch eine ewige Freiheit verborgen liegt, die ihr aber nicht fassen könnet in eurem Fleische; aber daß er Mir nicht hätte folgen dürfen, als er Mich sah und erkannte, da war kein ›Sollst‹ und noch weniger ein ›Muß‹. Da hat sein Geist auf die Einsprache der Seele gehorcht, kam darum auch in einen Zweifel über Mich und hat darum schon zum zweiten Male Boten an Mich gesandt. Wer da f r a g t , der ist noch nicht im reinen; denn jegliche Frage setzt entweder ein bares Nichtwissen oder einen Zweifel an dem, was man weiß, voraus, ob das wahr sei, was man weiß. Wäre Johannes vollends im reinen, so sendete er keine Boten an Mich.

[9] Wohl hat vor ihm nie ein Mensch ein so strenges Leben geführt wie er – denn tagelang, so er ein Begehren in seinem Fleische verspürte, aß und

trank er nichts und war so der Erde größter Büßer, ohne je gesündigt zu haben –; aber dennoch sage Ich es euch allen: Ein Sünder, so er sich bessert und voll Liebe in seinem Herzen zu Mir kommt, steht höher denn Johannes!

[10] Denn der zu Mir sagt: ›Herr, ich bin ein Sünder und bin nicht wert, daß Du eingehest unter meines Hauses Dach!‹, ist Mir lieber als neunundneunzig Gerechte, die der Buße nicht bedürfen und in ihrem Herzen Gott darum preisen, daß sie keine Sünder und daher besser sind als ein noch so geringer Sünder. Ich sage es euch: derer Lohn wird kein besonderer sein einst in Meinem Reiche!«

146. Bekehrung Kisjonahs, des Zöllners. Ein Beispiel von der herablassenden und barmherzigen Gnade des Herrn. Der Ärger der Pharisäer und Erzjuden. Ein Zwiegespräch derselben.

[1] Als Ich solche Rede beendet hatte, trat aus der Volksmenge ein **Zöllner** zu Mir, dessen Herz schon lange für Mich glühte, obschon es sich mancher Sünden bewußt war. Dieser fiel vor Mir auf sein Angesicht und sprach:

[2] »O Herr! Hier im Staube liegt einer vor Dir, der wohl ein großer Sünder ist, Dich aber dennoch über alle Maßen zu lieben wagt. Siehe, Herr, es ist schon hohe Mittagszeit; gern möchte ich Dich und alle Deine Jünger zu Tische bitten, so ich wert wäre, daß Du eingehen möchtest unters Dach meines Hauses! Ich und mein Haus sind zu unrein und sündhaft für Dich; aber in meiner Speiseküche sind bereitet reine Speisen und Getränke. O erweise mir armem Sünder die Gnade, daß ich die Speisen durch reine Hände für Dich hierher schaffen darf!«

[3] Sage **Ich:** »Kisjonah! Stehe auf, Ich werde mit dir ziehen in dein Haus und werde bei dir Mittag halten! Deinem Hause widerfahre ein großes Heil, nicht deiner Sünden wegen, sondern deiner wahren Liebe und Demut wegen, darum dir auch alle Sünden also verziehen sind, als hättest du nie gesündigt!«

[4] Darauf erhob sich der Zöllner Kisjonah, und Ich ging mit ihm samt vielen Jüngern in sein Haus. Über hundert an der Zahl fanden daselbst eine reichliche Bewirtung, und es fehlte nicht am besten Weine.

[5] Es war aber außer Meinen Jüngern noch eine große Menge Volkes aus allen Orten Galiläas und auch Judäas daselbst versammelt, das Mich bis ans Haus des Kisjonah geleitete; und Kisjonah ließ ihm, weil es im Hause keinen Platz haben konnte, im Freien Brot und Wein reichen darum, daß es bei Mir war.

[6] Natürlich fehlte es bei solchen Gelegenheiten nie an Pharisäern, die von Kapernaum aus Mir überallhin folgten. Da Mich nun diese abermals recht heiter und fröhlich essen und trinken sahen, und wie Ich auch bei Tische den reuigen Zöllnern – was, von den Juden aus betrachtet, soviel ist als Stocksündern – Meine Hände in aller Freundlichkeit reichte und sie gar Meine lieben Freunde nannte, da war es schon wieder aus bei den Pharisäern und andern Erzjuden.

[7] Besonders aber ärgerte es die Pharisäer und die Erzjuden, als Ich nach Tische mit den Zöllnern Arm in Arm in einem schönen großen Garten, der am See lag, lustwandeln ging und Mich auch gegen die fünf sehr artigen Töchter des Kisjonah so recht herzlich gut und freundlich benahm, weil sie wirklich mit der innigsten Liebe zu Mir erfüllt waren. Ich nannte sie wohl auch gar liebfreundlich »Meine lieben Bräute«, was die Pharisäer gar entsetzlich sündhaft dünkte!

[8] Als Ich gar erst gen Abend die Einladung annahm, über die Nacht dort zu verbleiben, und Ich dem Kisjonah endlich freiwillig zusagte, daß Ich wenigstens drei Tage hindurch und vielleicht noch länger bei ihm verweilen werde, da war es ganz und gar aus bei den **Pharisäern** und **Erzjuden.** »So –«, sagten sie, »mit solchem Gesindel, mit solchen Erzsündern und Zöllnern gibt er sich ab, ißt und trinkt mit ihnen Freundschaft, berauscht sich förmlich und wandelt dann als ein feiner Mann mit den sündhaftesten Töchtern der Erzsünder, tut ihnen schön und predigt am Ende mit gar süßen und zarten Worten solchen Erzhuren das Evangelium Gottes, anstatt daß er uns geböte, diese Scheusale zu ergreifen und zu verbrennen! Das wäre uns ein schöner Messias! Jetzt, wo ihn die fünf üppigen Huren für sich eingenommen haben, will er gar, Gott weiß wie lange, da verbleiben.

[9] Gehen wir weiter! Was sollen wir ferner noch bei ihm? Wir wissen nun vollkommen, was an ihm ist. Eine geraume Zeit sind wir nun schon um ihn; hat ihn jemand von uns schon beten sehen? Wer sah ihn je fasten? Den Sabbat achtet er nicht, die größten Erzketzer und Heiden, Griechen und Römer, Zöllner, Erzsünder und üppige, geschmeidige Huren sind seine Freunde und Freude, und dann ein gutes Essen und viele Becher des besten Weines!

[10] Mit einem Wort, er ist nichts anderes als: erstens ein ausgepichter Magier aus der Schule des Pythagoras und versteht damit zu wirken! Dazu ist er ein Wohlredner, was ein jeder Magier sein muß, um seine Kunst leichter an den Mann zu bringen. Er nimmt zwar dafür kein Geld an; aber ist denn das gar so was Lobenswertes? O das tun alle Magier im ersten Jahre, damit sie desto eher zur Berühmtheit gelangen; haben sie diese, dann haben oft Könige nicht Schätze genug, um solche Künstler zu befriedigen!

[11] Wozu aber benötigte dieser auch des Geldes? Zu essen und zu trinken bekommt er umsonst, soviel er nur immer will, – und sonst braucht er nichts! Dazu ist er zweitens ein Fresser und Vollsäufer und ein Sündergeselle und hat sogestaltig ein Leben nach Wunsch. Und drittens braucht er auch keinen Gott und Dessen Gesetz; denn er dünkt sich, daß er gleich selbst ein Gott sei oder wenigstens ein Sohn Desselben, den unser Gott Abrahams, Isaaks und Jakobs mit der uns nur zu bekannten Maria von Nazareth soll gezeugt haben. Wer von uns ist wohl so dumm, daß er solchen neugebackenen, echt heidnischen Magierschwank nicht merkte auf den ersten Augenblick?!

[12] Kurz, wir wissen nun genug, und so ist es hohe Zeit, daß wir uns entfernen von ihm; sonst tut er uns noch was an, und wir sind ohne Rettung des Teufels! – Da, sehet nur hin, wie er mit den fünf Töchtern dieses verhaß-

testen Zöllners schöntut, und wie ihn diese förmlich anbeten! Ich wette tausend Pfund auf einen Stater, daß dieser Prophet und Heiland, so er heute nach Jerusalem kommt, nur zu bald mit der Königin aller Huren, mit der weltberühmten Maria von Magdalon, die intimste Bekanntschaft machen und die süßeste Freundschaft schließen wird, – vielleicht auch mit der Maria und Martha von Bethanien, die nach der Maria von Magdalon von den Großen Jerusalems die meisten Besuche haben sollen!«

[13] Sagt **ein anderer,** der etwas bessere Augen hat, zum ersten Redner, der ein Pharisäer ist: »Du hast zwar durchaus nicht ganz unrecht; aber so du gedenkst der nahe ähnlichen Szene im Hause des Zöllners Matthäus, so haben wir auch dort also geurteilt, sind aber dann von seiner Weisheit dennoch ungeheuer breitgeschlagen worden und konnten ihm auf tausend nicht eins erwidern! Wie, so er hier gegen uns wieder laut würde?! Würdest du wohl für uns alle die Verantwortung übernehmen?«

[14] Sagt **der erste:** »Was du weißt, das weiß ich auch; denn ich habe alles wie du erfahren. Er wird Ausflüchte in schwerster Menge finden; dazu ist er ein Redner und ein Hauptmagier. Aber unser Verstand muß uns da zurechtweisen; und der Verstand weist uns nun zurecht und sagt: ›Gehet eher, als bis ihr ganz des Teufels werdet!‹ Und wir wollen solchem Rate des Verstandes hoffentlich doch Folge leisten!? Oder sollen wir im Ernste des Teufels werden wollen? Nein, bei Gott! Das sei ewig ferne von uns allen; denn wir haben Abraham zum Vater, und dessen Vater ist Gott, und so wollen wir uns nicht gleich den Heiden von diesem Magier übertölpeln lassen!«

[15] Sagt wieder **der zweite:** »Aber seine Lehre ist rein und der Natur des Menschen völlig angemessen, und es schaut doch nirgends etwas Teuflisches heraus! Ganz bin ich da deiner Meinung nicht, indem uns Moses selbst im Grunde doch dasselbe lehrte als dieser Nazaräer.

[16] Gott lieben über alles und den nächsten Bruder wie sich selbst, das Böse nicht mit Bösem vergelten, sogar den Feinden Gutes tun und die segnen, die uns fluchen, dabei demütig und voll Sanftmut sein, – da schaut wahrlich durchaus keine Teufelei heraus!«

[17] Sagt **der erste:** »Für dich freilich nicht, weil du schon des Teufels bist! Weißt du denn nicht, daß der Teufel eben dann am gefährlichsten ist, wenn er im Lichtgewande eines Engels auftritt?!«

[18] Sagt **der zweite:** »Wenn du solche Altweibersagen zur Richtschnur deines Lebens nimmst, dann ist mit dir auch kein Wort mehr zu reden! Wo steht denn der Ochse oder Esel, der je einen Satan im Gewande eines Gottesengels gesehen und gesprochen hat? Wahrlich, hier tust du samt allen deinen Kopfhängern diesem Manne unrecht!

[19] Wir wissen nichts Arges von ihm, wohl aber viel Gutes und nie erhört Wunderbares. Warum sollen wir ihn dann sogleich richten, so wir es sehen, daß er auch mit Sündern wie mit Gerechten umgeht und mit ihnen viel Geduld und eine große liebevolle Nachsicht hat?«

147. Der Erzjuden Weggang. Verirrung und Rückkehr. Ihr Nachtquartier bei Kisjonah. Des Herrn treffendes Gleichnis vom Vorpfeifen. Der Erzjuden Ärger und Drohung gegen den Herrn.
Ev. Matth. 11, 15–19.

[1] Nach dieser Rede des zweiten scheiden sich die Erzpharisäer und Erzjuden von dem zweiten und dessen gemäßigterem Anhange und machen sich schon ziemlich spät abends auf den Weg nach Kapernaum, und zwar zu Lande; denn das Meer war stark wogend, und sie trauten den Schiffern nicht, obschon diese ihnen versicherten, daß es geheuer zu fahren sei.

[2] Die ganze Karawane aber, bei hundertfünfzig Menschen stark und des rechten Weges unkundig, kam nicht gar zu weit, und zwar an den Ort, wo ein unübersteiglicher hoher Fels ins Meer hineinragte und eine überaus starke Brandung verursachte. Über dem Felsen erhob sich aber gleich ein hohes und steiles Gebirge, über das von dieser Stelle am Meere kein Weg führte, und so blieb der Karawane nichts übrig, als den ziemlich gedehnten Rückweg von ein paar guten Stunden anzutreten, und kam erst gegen Mitternacht bei stockfinsterer Nacht, in der es gewaltig stürmte und regnete, blitzte und donnerte, in das Gehöft des Zöllners Kisjonah zurück und suchte daselbst Schutz und Obdach; denn die ganze Karawane war bis auf die Haut durchnäßt und bis zum Niedersinken müde. Und der Zöllner und dessen Leute nahmen die Müden gut auf und verschafften ihnen ein trockenes Lager, was den Durchnäßten sehr wohl zustatten kam.

[3] Am Tage darauf, ziemlich spät schon, kamen die Durchnäßten und noch etwas Müden von ihren Lagern wieder zum Vorschein und trockneten ihre Kleider an den Strahlen der Sonne.

[4] Es war aber Sabbat, und Kisjonah und dessen Leute arbeiteten und versahen ihr Amt wie an einem andern Tage; und als es Mittag ward, wurden Tische gedeckt und mit allerlei wohlbereiteten Speisen bestellt.

[5] Kisjonah lud auch die Durchnäßten und Müden zum Mittagsmahle; aber sie nahmen die Einladung nicht nur nicht an, sondern fingen an, zu murren und grelle Verwünschungen gegen solche Sabbatschänder und Sabbatbrecher auszusprechen; denn ein rechter Jude soll vor dem Untergange weder etwas angreifen noch etwas essen, – bloß dreimal zu trinken war ihm gestattet.

[6] Da die Geladenen die Freundschaft des Zöllners also lohnten, so wandte sich dieser an Mich und fragte **(Kisjonah:)** »Herr! Was soll denn mit diesen Narren geschehen? Ich will ihnen Gutes erweisen, und sie verfluchen mich darum! Sage mir doch, ob Gott auf den Fluch solcher Narren hört, zum Nachteil der von ihnen Verfluchten!«

[7] Sage **Ich:** »O ja; aber nicht zum Nachteil der von ihnen Verfluchten, sondern zu der Flucher höchst eigenem. Wer Ohren hat zu hören, der höre! *(Matth. 11, 15)* Denn Ich will euch sagen, wie es in Wahrheit mit diesen steht: Meinet ihr, sie halten darum den Sabbat, weil solchen Moses geboten hat? Oder meinet ihr, sie fasten darum?

[8] Ich sage es euch: Moses und alle Propheten sind in ihren Herzen nicht

drei Stater wert, sondern daß sie von den Leuten, die ihnen den Zehent und gutes Geld geben, gesehen werden als Aarons würdige Nachfolger!

[9] Wem soll aber Ich dies elende Geschlecht vergleichen? Ist es nicht den Kindlein gleich, die am Markte sitzen und ihren Gesellen zurufen *(Matth. 11, 16)* und schreien: ›Wir haben euch gepfiffen, und ihr wolltet nicht tanzen; wir haben euch geklagt, und ihr wolltet nicht weinen!‹ *(Matth. 11, 17)* Ich meine aber hier nicht, als seien diese Pharisäer und Erzjuden, wie sie da vor uns stehen, solche Kindlein, sondern, die da sind an unserer Seite; denn diese haben diese Narren und perfekten Gottesleugner in ihrem Herzen gestern hierbehalten wollen, und die Narren haben ihrer und Meiner gespottet; und die Schiffer wollten sie, da ein guter Wind ging, übers Meer nach Kapernaum bringen, und diese Narren trauten den Schiffern nicht; sie gingen, und ein arger Sturm trieb sie wieder hierher. Nun habt ihr sie zum Mittagsmahle geladen, und sie verfluchen euch!

[10] Ihr lieben Kindlein, die ihr hier vor Mir am wahren Markte des Lebens sitzet, Ich sage es euch: Pfeifet diesen Narren nichts mehr vor; denn sie sind lahm am Geiste und mögen darum nicht tanzen. Also lasset auch stehen das Klagen; denn deren Gemüter sind Steine, die keine Feuchtigkeit haben!

[11] Johannes, über den gestern so viel gesprochen wurde, und dem Ich ein gerechtestes Zeugnis gab, ist gekommen und führte ein so strenges Leben, daß er außer Heuschrecken und wildem Honig, den er sich aus den Löchern der Erde mühsamst holte, nahe nichts aß und trank; und diese und andere ihres Gelichters sagten ihm ins Gesicht, daß er den Teufel habe *(Matth. 11, 18)*, der ihn zur Nachtzeit füttere und erhalte!

[12] Johannes hat doch wie keiner vor ihm gepfiffen und geklagt zur Übergenüge, und sehet, – diese und viele ihresgleichen wollten weder tanzen noch weinen!

[13] Nun ist in Mir in die Welt gekommen der lange verheißene Menschensohn. Dieser ißt und trinkt. Was sagen sie nun? Ihr habt es gestern selbst vernommen, wie sie über Mich urteilten und schrieen: ›Sieh! Wie ist dieser Mensch ein Fresser und Weinsäufer, und dazu ein Geselle der Zöllner und Sünder!‹

[14] Aber Ich sage es euch: Solche Weisheit muß sich rechtfertigen lassen von ihren Kindern! *(Matth. 11, 19)* Das heißt, ihre eigenen Kinder erklären sie als Narren, und so ist in ihren Kindern solche Weisheit, die sie uns aufgetischt haben, gerechtfertigt; aber auch die Meine, da ihre Kinder sie erkennen und annehmen, und so ist dadurch jegliche Art der Weisheit, der falschen wie der echten, zur Genüge gerechtfertigt.«

[15] Da erhoben sich **die Pharisäer** und Erzjuden und sagten zu Mir: »Habe acht, – noch bist du ein Jude! Wir haben das Gesetz und das Recht, dich als einen Erzketzer zu verderben; denn du willst Moses verderben und die Propheten untergraben. Wehe dir, so du solche Gelüste nicht magst fahren lassen! Wir haben vom Kaiser die gewichtige Zusage, uns im Notfalle des römischen Gerichtes zu bedienen, und jeglicher Landpfleger muß unserem Begehren Folge leisten!«

148. Die Jünger wünschen des Herrn Ehre gerechtfertigt. »Nach diesem Leben kommt noch ein ewiges Leben.« Des Herrn Strafrede über Chorazin, Bethsaida und Kapernaum. Ein Gesicht des zukünftigen Gerichtes. »Vater, Ich preise Dich, daß Du es offenbarst den Unmündigen!« »Ich und der Vater sind Eins.«
Ev. Matth. 11, 20–26.

[1] Bei solcher Drohung traten **Meine Jünger** zu Mir und sprachen: »Herr! Wie magst Du solches anhören? Hast Du nicht Macht genug, solches Geschmeiß zu verderben? Die Sicharíten wurden vertrieben etliche Male, wo sie sich Dir widersetzen wollten, und doch hast Du zu Sichar nicht so viel getan als zu Kapernaum!«

[2] Sage **Ich:** »Ich hätte dazu freilich wohl Macht zur Übergenüge. Aber der Herr des Lebens hat nicht nötig, hier Gericht zu halten; denn nach diesem Leben kommt noch ein Leben, das nimmer ein Ende hat, ob gut oder schlecht, – die Dauer ist gleich. Und für jene ewige Zeit spreche Ich nun zum voraus ein gerechtes Urteil und verwünsche alle die Städte, in denen Ich doch so viel Gutes gewirkt habe und nun solch einen Lohn empfange, wie ihr ihn soeben vernommen habt!

[3] Und sie haben sich nicht gebessert *(Matth. 11, 20)* bei aller Meiner Predigt und sind über alle Meine Taten stumm geblieben in ihren Herzen. Darum wehe dir, Chorazin, wehe dir, Bethsaida! Wären zu Tyrus und Sidon solche Taten geschehen, wie sie bei euch geschehen sind, sie hätten in ihrer Zeit in Sack und Asche Buße getan! *(Matth. 11, 21)*

[4] Doch Ich sage es euch: Es wird Tyrus und Sidon erträglicher ergehen am jüngsten Tage des Gerichts in der andern Welt denn diesen! *(Matth. 11, 22)*

[5] Und du, stolzes Kapernaum, die du erhoben wurdest bis in den Himmel, du wirst in die Hölle hinuntergestoßen werden! Denn so zu Sodom solche Taten geschehen wären, wie sie bei dir geschehen sind, diese Stadt stände noch heutigen Tages! *(Matth. 11, 23)*

[6] Doch sage Ich euch wiederum: Es wird dereinst in der andern Welt am jüngsten Tag des Gerichts dem Lande der Sodomer erträglicher ergehen denn dir *(Matth. 11, 24)*, du stolze, harte und über alle Maßen undankbare Stadt! Darum also habe Ich Tausende deiner Kranken geheilt und auferweckt deine Toten, daß du Mir nun fluchest?! Tausendfaches Wehe dir am Tage des Gerichtes jenseits! Dort sollst du es erfahren, Wer Der war, Den du verflucht hast!«

[7] Nach solcher Meiner Strafrede bekamen viele ein Gesicht und erschauten, wie es am jüngsten Tage solchen von Mir nun verwünschten Städten ergehen wird, und sahen Meine Gestalt in den Wolken und sahen aus Meinem Munde ausgehen einen Fluch, und wie er traf die verwünschten Städte! –

[8] Als solches Gesicht den am meisten unmündigen, das heißt schlichten, Mich liebenden Menschen, die Mich beiderlei Geschlechts umgaben, wieder verging, da fielen sie vor Mir nieder und lobten und priesen Mich.

[9] **Ich** aber erhob Meine Hände über sie, segnete sie und sprach: »Auch

Ich als Mensch nun preise Dich, Vater und Herr des Himmels und der Erde, daß Du solches diesen Weisen und Klugen der Welt verborgen hast und hast es geoffenbart den Unmündigen! *(Matth. 11, 25)* Ja, heiliger Vater, also ist es wohlgefällig vor Dir und Mir! *(Matth. 11, 26)* Denn was Du tuest, das tue auch Ich; denn wir sind ja von Ewigkeit Eins gewesen! Ich war nie ein anderer denn Du, heiliger Vater, und was Dein ist, das ist auch Mein von Ewigkeit!«

[10] Über diese letzten Worte fängt alle eine große Furcht zu ergreifen an. Denn es waren nun doch schon viele unter den Mir stets folgenden Jüngern, die an Meiner Göttlichkeit keinen Zweifel mehr hatten; und eben diese wandelte die meiste Furcht an.

149. Nathanael als eigener Evangelist und der Herr. Vom jüngsten Tage. Herrliche Verheißung an die Erweckten. »Wehe den Widersachern Meiner Ordnung!« »Niemand kennt den Vater – denn der Sohn!« »Wer nicht vom Vater gezogen wird, der kommt nicht zum Sohne!« Der Vater ist des Sohnes Liebe. »Kommet alle her zu Mir, daß Ich euch erquicke!«
Ev. Matth. 11, 27–30.

[1] **Nathanael,** der unter den Zurückgebliebenen gleichsam den Leiter machte, da auch er für sich, ohne von Mir eigens dazu berufen zu sein, ein Evangelium in griechischer Sprache, der er wohl mächtig war, aufzeichnete, und zwar umfassender denn alle andern, die sich damit befaßt haben, kam ganz wie tiefst erschreckt zu Mir und sagte: »Herr! Du Allmächtiger! Auch ich hatte das Gesicht und sah die erschrecklichsten Dinge, so daß mir vor Angst mein Griffel den Dienst versagte! Ich bitte Dich in aller Fülle meiner Liebe zu Dir, Du ewig Heiliger, sage mir doch, ob das dereinst jenseits in aller Wirklichkeit also geschehen wird, wie ich und viele es nun geschaut haben.«

[2] Sage **Ich:** »Sei ohne Furcht; denn du hast nichts zu befürchten! Wer also lebt und handelt wie du, der wird erweckt werden jenseits, wie auch schon diesseits zum ewigen Leben; und das wird jedermanns jüngster Tag sein, wann er erweckt wird von Mir zum ewigen Leben, sei es schon hier oder jenseits.

[3] Bestrebe sich aber ein jeder, daß er schon hier erweckt werden möge; denn wer schon hier als noch im Fleische erweckt wird, der wird den Tod des Fleisches weder sehen noch fühlen und schmecken, und seine Seele wird nicht geängstigt werden.

[4] Aber wehe diesen und allen späteren Widersachern Meiner Ordnung! Wahrlich, diese sollen es dann tausendfach fühlen, Wer Der war, Dem sie widerstrebten und Ihn und Seine wahren Bekenner mit allem Fluche belasteten und belegten!

[5] Ich kann solches wohl sagen und tun; denn dir sage Ich's: Alle Dinge sind Mir übergeben vom Vater! Aber niemand kennt den Sohn, DER ICH ES BIN, als nur der Vater; und eben also kennt auch niemand den Vater als

allein nur der Sohn und nach Ihm derjenige, dem es der Sohn offenbaren will.« *(Matth. 11, 27)*

[6] Sagt **Nathanael:** »Sonach kennen auch wir als Deine getreuesten Jünger Dich noch lange nicht, und doch hast Du uns schon vieles geoffenbart von Dir und gezeigt, Wer Du bist?!«

[7] Sage **Ich:** »Ihr kennet Mich zwar wohl insoweit, als Ich Mich euch geoffenbart und gezeigt habe. Aber es fehlt euch noch vieles. Wann ihr erst den Vater erkennen werdet, dann auch werdet ihr Mich vollends erkennen, und das wird sein, so Ich von dieser Erde wieder in Meine Himmel aufgefahren sein werde. Von da an wird euch der Vater ziehen zu Mir hinauf, wie Ich nun euch ziehe zum Vater hin. Und wen der Vater nicht ziehen wird, der wird nicht kommen zu Mir, dem Sohne. Wahrlich sage Ich dir: In jener Zeit wird es jeder von Gott Selbst lernen müssen, Wer da ist der Sohn. Und wer da nicht von Gott gelehrt sein wird, der wird nicht kommen zum Sohne und wird nicht haben das ewige Leben in Ihm.

[8] Aber es ist der Sohn nicht härter denn der Vater; denn was des Vaters Liebe tut, dasselbe tut auch des Sohnes Liebe, und gleichwie des Vaters Liebe der Sohn ist, also ist auch des Sohnes Liebe der Vater.

[9] Der Sohn aber spricht zu euch wie zu allen Menschen: Kommet zu Mir her alle, die ihr mühselig und beladen seid, Ich will euch erquicken! *(Matth. 11, 28)*

[10] Nehmet auf euch Mein Joch, lernet es tragen von Mir und verhaltet euch dabei Mir gleich – denn Ich bin sanftmütig und von Herzen demütig –, so werdet ihr Ruhe haben, und alle Furcht wird von euch weichen! *(Matth. 11, 29)*

[11] Mein Joch aber ist sanft und leicht die Bürde, die zu tragen Ich euch gebe; denn Ich weiß es, was ihr vermöget.« *(Matth. 11, 30)*

150. Der Pharisäer arge Bosheit wird vom Herrn gehörig beleuchtet. Die Angst treibt sie aufs Meer, der Sturm wieder ans Land, so daß sie dann in Kapernaum aus Furcht schweigen.

[1] Solche Worte beruhigten die Jünger, und die Pharisäer und alle die Erzjuden fingen an zu fragen, was es gewesen sei, das sie gesehen hätten, und wie solches sie in eine so sichtliche Furcht versetzen konnte.

[2] Die Gefragten aber erzählten ganz einstimmig, was sie gesehen hatten. Da fingen die **Pharisäer** an zu stutzen und sich gegenseitig zu befragen und sprachen: »Wie das, wie so, daß da alle im selben Augenblick dasselbe Gesicht gehabt haben? Wie kann ein Magier nur bei einigen eine Erscheinung bewerkstelligen und bei andern wieder nicht? Warum sahen nur diejenigen etwas, die ihm anhangen, und warum sahen w i r nichts? So wir, obschon festeste Moseaner, von ihm, der doch auch ein Jude sein will, verdammt sind – und sogar, nach der erzählten Erscheinung zu sprechen, wie!? –, so wäre es von seiner Seite aus am geratensten gewesen, daß er u n s die Erscheinung gezeigt hätte, daß wir darob in eine Furcht gekommen und

seine Jünger geworden wären. Aber er ist klug und macht vor uns kein solches Spektakel; denn er fürchtet sich, daß wir es sogleich erkenneten und dann nenneten beim rechten Namen und dadurch vielleicht vielen seiner Anhänger die Augen öffneten und diese dann sähen, wer ihr gepriesener Meister sei! Gegen diesen stets gefährlicher werdenden Menschen müssen wir strengere Maßregeln ergreifen, sonst wächst er uns nur zu bald über den Kopf, und die Römer werden kommen und uns dafür samt und sämtlich übel umbringen!«

[3] Sage **Ich** ganz laut zu ihnen: »Dazu seid ihr schon lange reif, und es bedürfte von Mir aus nur eines Wortes an den Obersten, und ihr hinget von morgen bis übermorgen zu Tausenden an den Schandpfählen! Meint ihr, daß Mir eure noch so geheim gehaltenen Machinationen gegen den Kaiser Tiberius unbekannt seien? O mitnichten! Ich weiß um den Tag und um die Stunde und um das verabredete Zeichen, wie es beschaffen sein soll für ganz Judäa, für Galiläa und wie für Jerusalem innerhalb dessen Mauern! Aber Ich sage es euch, daß ihr damit wunderschlechte Geschäfte machen werdet, und der Landpfleger Pontius Pilatus, der ein scharfes Schwert führt, wird euch dann vor den Mauern der Stadt Jerusalem den Lohn für eure schöne Mühe geben, und Herodes wird zu tun haben, sich wieder in die Gunst des Landpflegers zu setzen!

[4] Ergreifet ihr in eurer übergroßen Blindheit und Bosheit nur immerhin schärfere Maßregeln gegen Mich und Meine Jünger, so werde dann auch Ich wissen, was Ich noch vor der Zeit gegen euch zu unternehmen habe!

[5] Johannes nannte euch ‚Schlangenbrut' und ‚Otterngezüchte'! Ich habe euch noch nie einen solchen Namen gegeben; aber nun gebe auch Ich euch solchen Namen und rufe euch zu, daß ihr weichet von hier, sonst lasse Ich Bären kommen aus den Wäldern und euch das tun, was zu Elisas Zeiten geschehen ist an den losen Buben, die diesen Propheten verspottet hatten! Denn für euch ist jeder Funke Erbarmung aus Meinem Herzen entwichen.

[6] So ihr Mich wie immer gelästert hättet, so würde Ich es euch vergeben. Aber ihr habt euch erhoben und gewaffnet wider Meinen Geist, der da heißt Liebe und Mein Vater ist von Ewigkeit, und diese Sünde soll euch nicht vergeben werden, weder hier und noch weniger jenseits! Und so weichet denn von hier, auf daß Ich ohne weitere Störung die etlichen Tage hier bei Meinem Freunde Kisjonah verweilen kann!«

[7] Sagt **ein Pharisäer:** »Wir dürfen dich nicht aus den Augen lassen, da wir zu dem Behufe von unserem Obersten über dich aufgestellt sind!«

[8] Sage **Ich:** »Ja, ihr seid über Mich aufgestellt wie Wölfe über eine Schafherde. Ich aber werde, so ihr beharret bei eurem Vorsatze, sogleich Bären vom Gebirge kommen lassen und werde sie stellen über euch zu Aufsehern und Zuchtmeistern!«

[9] In diesem Augenblick läßt sich vom nahen Gebirge her ein starkes Gebrüll von vielen Bären vernehmen. Als die Pharisäer und Erzjuden solches vernehmen, da nehmen sie schnell ihre Zuflucht ans Meer, besteigen daselbst schnell die Fischerboote und stoßen sie vom Ufer. Aber ein starker Gegenwind treibt sie wieder ans Ufer, an dem sich hie und da ein paar Bären

sehen lassen. Bei zwei Stunden kämpfen sie mit dem Winde, der sie hartnäkkig wieder ans Ufer treibt, sooft sie sich bei einem Nachlassen des Windes einige Klafter von demselben entfernt haben. Nach zwei Stunden eines verzweifelten Kampfes mit dem Wind und mit dem Meer kommt endlich ein größeres Schiff, nimmt die nahe Verzweifelten und zum Hinfallen Müden auf und fährt mit ihnen ab, und zwar unter dem größten Sturme, der das Schiff jeden Augenblick zu verschlingen droht. Also werden sie den ganzen Tag und die ganze Nacht hindurch gepeinigt und erreichen erst gegen Mittag des nächsten Tages das Ufer in der Nähe Kapernaums.

[10] Sie werden dort von den Vorstehern auf das emsigste erforscht, was sie alles gesehen, gehört und erfahren haben. Aber sie sind stumm und getrauen sich nicht zu reden; denn sie hatten vor Mir einen bedeutenden Respekt bekommen und getrauten sich vorderhand gegen Mich nichts zu unternehmen.

151. Vorschlag zu einer Bergbesteigung. Von den Bergen im damaligen Kanaan. Kisjonahs Gewissensfrage an die Templerspione. Des Berges erschütternde Antwort darauf und deren gute Wirkung. Erstes Nachtquartier auf der Alpe des Kisjonah.

[1] Die Vorgesetzten zu Kapernaum aber beriefen andere und sandten sie Mir nach. Aber auch diese hatten viel mit Sturm zu kämpfen; denn es war schon die Zeit des Herbstes, eigentlich des Vorherbstes, was da die Hundstage sind, nahe, und in solcher Zeit waren stets Stürme in Galiläa und um so mehr am Meere dieses Landes. Und sie kamen erst am fünften Tage an dem Orte, da Ich Mich noch aufhielt, an und begehrten mit Mir zu reden. Ich aber ließ sie nicht vor, denn Ich wußte es, was sie wollten, sondern ließ ihnen bedeuten, daß Ich Mich hier noch länger aufhalten und von da aus die benachbarten Orte besuchen werde, – und sie möchten sich ruhig verhalten, ansonst es ihnen gar übel bekommen möchte!

[2] Es war aber gerade der Nachsabbat, was nun der Sonntag ist, und dazu ein äußerst reiner und schöner Tag, und **Kisjonah** kam zu Mir und machte Mir und allen Anwesenden den Antrag, den nächstliegenden, sehr hohen Berg zu besteigen.

[3] Es war dies ein Berg, der noch keinen Namen hatte. Denn es war damals die Erdkunde noch sehr in der Kindheit, und so hatten die meisten Berge, Täler, Ebenen, Seen, Bäche und kleineren Flüsse keine allgemeinen eigenen Namen, sondern bloß nur, wie sie dann und wann von ihren nachbarlich wohnenden Menschen benamset wurden; am schwersten ging es aber immer mit den Namen der Berge.

[4] Berge, die nicht einzeln wie ein Tabor, ein Libanon, ein Ararat und ein Sinai dastanden, sondern zu einer großen und weit ausgedehnten Gebirgskette gehörten, hatten gewöhnlich keine eigenen Namen, außer teilweise nur einen örtlichen und zeitweiligen, und nicht selten nach irgend einem reichen Gebirgsbesitzer, der da seine Herden unterhielt; kam mit der Zeit ein anderer Besitzer, so bekam so ein Berg auch einen andern Namen, und

so war denn auch dieser Berg, weil er ein Eigentum des Zöllners war und eigentlich schon nach Griechenland *(das heißt politisch als römische Provinz)* gehörte, nach dessen Besitzer benamset.

[5] Es war darum auch dieser Ort, als an der Grenze zwischen Galiläa und Griechenland liegend, ein Hauptmautpunkt *(Maut = Zoll),* weil von da ein ziemlich wohlgebahnter Saumweg aus Galiläa übers Gebirge nach Griechenland führte, den viele Tausende von allerlei Kaufleuten durchzogen und auf Kamelen, Saumrossen und Eseln ihre mannigfachen Waren fortschafften.

[6] Als die neu angekommenen Pharisäer vernahmen, daß wir den hohen Berg besteigen wollten, so baten sie den Kisjonah, ob sie bei der Gesellschaft sein dürften. **Kisjonah** sagte: »So ihr guten Willens sein wollt oder könnt, so ist der Berg, der von hier gen Griechenland hin bei zwanzig Stunden Weges in der Länge und bei fünf Stunden Weges in der Breite völlig mein Eigentum ist, raumhältig zur Genüge, um auch euch aufzunehmen. Aber als böswillige Spione der Priesterschaft von Kapernaum und Jerusalem könnte ich, als ein Grieche und nun glühendster Anhänger der heiligen und nach meiner Überzeugung allein wahren Lehre dieses göttlichsten Meisters aller Meister, euch durchaus nicht brauchen und müßte durch jedes mir zu Gebote stehende Mittel mich vor eurer Gesellschaft verwahren! Fraget euer Herz! Ist das rein, so habt ihr freien Paß; ist es unrein, so möget ihr alsbald wieder dahin ziehen, von wannen ihr gekommen seid!«

[7] Sagen **die Pharisäer:** »Wir sind rein und haben kein Falsch in unseren Herzen. Wir sind Bekenner Mosis und sind Juden, so wie auch Jesus ein Jude ist und das Gesetz Mosis nimmer verderben kann. Es geht aber von allen Seiten her ein gewaltiger Ruf von seinen Taten und Lehren, und es muß uns darum sehr daran gelegen sein, ob seine Lehren und Taten den Moses nicht auflösen. Bestätigen sie Moses und die Propheten, so werden auch wir sie annehmen; tun sie das Gegenteil, so versteht es sich wohl von selbst, daß wir dagegen sein müssen!«

[8] Sagt **der Zöllner:** »Wie ihr nun hier geredet habt, so redeten eure Vorfahren alle auch zu den Propheten und haben sie nachher als Gottesleugner gesteinigt, und mir sind sehr wenige bekannt, die nicht gesteinigt worden wären. Und doch ziehet ihr bei jeder Gelegenheit die Propheten an und rühmet euch ihrer! Eure Vorfahren aber waren gerade das, was ihr seid, und ihr seid alle um kein Haar besser, als da waren eure Vorfahren, die die Propheten steinigten. Daher traue ich euch gegenüber diesem heiligen Propheten aller Propheten auch nicht.

[9] Wohl nennt ihr euch Bekenner Mosis; aber in eurem Tun seid ihr dem Moses ferner als diese Erde vom Himmel! Prüfet euch darum, ob ihr würdig seid, mit uns zu besteigen diesen meinen Berg!«

[10] Sage **Ich** zu Kisjonah: »Laß sie mitziehen! So es ihnen zuviel sein wird, werden sie wohl umkehren; denn von denen hat noch nie einer einen Berg bestiegen! Vielleicht reinigt dieses hohen Berges reinste Luft ihre Herzen in etwas.«

[11] Kisjonah stellte sich damit zufrieden, und wir traten mit allem möglichen versehen den Weg aufwärts an.

[12] Und die fünf Töchter fehlten nicht und waren wie die Küchlein um Mich, befragten Mich um gar verschiedene Dinge der Urschöpfung und übers Werden solcher Berge, und Ich erklärte ihnen alles nach dem Grade ihrer Fassungskraft. Auch die vielen Jünger und eine Menge Volks, das uns begleitete, horchten, wo sie nur konnten, Meinen Besprechungen zu und ergötzten sich höchlichst daran.

[13] **Nathanael** aber, der am meisten von Meiner Göttlichkeit durchdrungen war, redete von Zeit zu Zeit mit dem Berge und sagte: »O Berg! Fühlest du, wer Der ist, der nun Seine Füße auf dich setzet?« Und sooft Nathanael solch eine große Frage an den Berg stellte, erbebte der Berg so, daß es alle wahrnahmen.

[14] Die Pharisäer aber gerieten in eine große Furcht darob und fingen an, das Volk zu bereden, daß es sich nicht weiter hinauf wagen solle. Es könnte das von alters her ein heiliger Berg sein, den kein Unwürdiger betreten dürfe, ansonst der Berg zu beben und zu toben anfinge und wegen des einen Unwürdigen alle verderbe!

[15] **Das Volk** aber sagte: »Da kehret nur ihr allein um; denn unsertwegen hat der Berg, den wir schon oft bestiegen haben, noch nie gebebt!«

[16] Da fingen die Pharisäer an übers Volk zu murren. Und der Berg erbebte wieder während des Murrens der Pharisäer, und diese kehrten darauf schnell um und liefen, was sie laufen konnten, vom Berge wieder in die Ebene hinab, und wir waren auf diese Weise auf einmal die lästigen Begleiter los.

[17] Wir setzten dann unsere Reise ganz ruhig weiter fort und erreichten bis gegen Abend die weit gedehnten Alpenwirtschaften des Kisjonah, allwo wir auch übernachteten. Erst am zweiten Tage machten wir wegen der Müdigkeit der Weiber uns an die Besteigung der höchsten Spitze dieses Berges, von der aus man eine ungemein schöne und weite Aussicht über ganz Judäa, Samaria, Galiläa und einen großen Teil Griechenlands *(wohl die Provinz Phönizien gemeint)* hatte.

152. Ankunft auf des Berges Spitze am zweiten Tag. Schöne Aussicht und wunderbare Erlebnisse. Verkehr mit den Geistern und Seelen Verstorbener. Besonderer Ort im Jenseits für rechte Berühmtheiten. Jenseitige Gegenden. Des Satans Beschränkung im Jenseits. Über das Schauen der Geister. Kisjonahs Wunsch, auch die Engel zu sehen.

[1] Auf solcher Spitze brachten wir einen Tag und eine Nacht zu und genossen da viel Herrliches und Wunderbares.

[2] Für Mich natürlich gab es hier wohl nichts Wunderbares, da in Mir Selbst der Urgrund zu all den zahllosesten Erscheinungen und Vorkommnissen liegt und liegen muß; aber für alle, die da mit Mir waren, gab es da des Herrlichen und Wunderbaren in großer, überschwenglicher Fülle.

[3] Fürs erste die überaus reizende weite Aussicht, die den Tag hindurch allen Augen vollauf Beschäftigung gab. Fürs zweite aber ließ Ich nach dem Untergange der Sonne es zu, daß die Menschen die innere Sehe geöffnet bekamen und also in die große Geisterwelt schauen konnten.

[4] Wie sehr wunderten sich da alle, daß sie über der Erde eine große Welt voll Wesen, die da leben und handeln, ersahen, und dazu überweit gedehnte Gegenden und Fluren von teils überherrlicher, teils auch wieder gen Mitternacht hin sehr wüster und traurig aussehender Art.

[5] Ich aber gebot in der Stille allen Geistern, von Mir zu schweigen.

[6] Viele Jünger aber besprachen sich mit den Geistern über das Leben nach dem Tode des Leibes, und die Geister gaben ihnen einen handgreiflichen Beweis dafür, daß es nach des Leibes Tode noch ein weiteres und vollkommeneres Leben gibt, und wie solches geartet ist.

[7] Es sagte auch **Kisjonah:** »Nun sind alle meine Wünsche erfüllt. Bei allem, was ich habe, und bei diesem Berge, der in meinem irdischen Eigentume steht, ich gäbe meine halbe Besitzung in allem her, wenn ich nun so einige Hauptsadduzäer und die Essäer, die kein Leben nach des Leibes Tode zulassen, hier haben könnte! Wie schön würden diese Weisen hier mit ihrer Nase an der Geisterwelt ordentlich blutig anrennen! Ich selbst war einmal schon ganz von ihren Doktrinen (*Lehren*) ergriffen, ließ sie aber nach und nach wieder fahren, da mich glücklicherweise eine wennschon etwas stark unheimliche Erscheinung meines verstorbenen Vaters eines Besseren belehrte.

[8] Es ist ja außerordentlich! Man kann nun mit diesen Wesen umgehen und reden wie mit seinesgleichen! Was mich aber doch etwas wundernimmt, ist das, daß hier unter vielen und vielen Geistern, von denen ich einige sogar der Person nach ganz gut erkenne, kein Patriarch, kein Prophet und ebenso auch kein König zu erschauen ist!«

[9] Sage **Ich:** »Mein liebster Freund und Bruder, diese sind ebensogut wie diese lebend in der Geisterwelt; aber auf daß ihnen von allen den Millionen und Millionen Geistern nicht irgend eine göttliche Verehrung erwiesen werde, so werden sie an einem ganz besonderen Orte, der da die Vorhölle heißt, von allen andern Geistern ganz abgesondert gehalten und sind alldort in der vollen Erwartung, daß Ich sie nun in dieser Zeit frei machen und sie dann einführen werde in die Himmel der Urwohnung Meiner Engel, – was denn auch in der Bälde geschehen wird.

[10] Zugleich aber machen diese Geister der Patriarchen, Propheten und der rechten Könige eine Hut *(Schutz)* zwischen der eigentlichen Hölle und dieser Geisterwelt, damit die Hölle sie nicht verfinstern, verpesten und verführen kann.

[11] Es ist dem Satan zwar wohl zugelassen, in die Naturwelt zu gehen und da von Zeit zu Zeit sein Unwesen zu treiben; aber in diese Geisterwelt ist allen Teufeln für ewig der Eintritt verschlossen. Denn wo das eigentliche Leben einmal seinen Anfang genommen hat, da bleibt der Tod ewig ferne. ›Satan‹, ›Teufel‹ und ›Hölle‹ aber sind das Gericht und somit der barste Tod

selbst und haben somit im Reiche des Lebens nichts mehr zu tun. Verstehst du solches wohl?«

[12] Sagt **Kisjonah:** »Herr, so gut es sein kann, und soweit es offenbar Deine Gnade zuläßt, verstehe ich das nun; aber freilich wird da noch ungeheuer vieles im Hintergrunde stecken, das ich wahrscheinlich erst dann vollends fassen und begreifen werde, wenn ich dereinst selbst ein Bewohner dieser immerhin mehr düsteren als freundlichen Welt sein werde. Gegen Morgen und Mittag sieht diese Geisterwelt wohl im Ernste überaus schön und freundlich aus; aber gegen Abend und Mitternacht sieht es noch viel elender und trauriger aus als auf der weitgedehnten Wüste, wo einst das große Babel gestanden ist. Solch ein Anblick verdirbt aber dann auch die Anmut des Morgens und des Mittags.«

[13] Sage **Ich:** »Du hast recht; es ist schon also, wie es dir dein Gefühl sagt. Aber die Geister, die du nun zu vielen Hunderttausenden vor uns erschaust, sehen den tiefen Abend und die Mitternacht nicht also wie du nun; denn ein Geist sieht auf einmal nur das, was da seinem Innersten entspricht.

[14] Da aber hier weder der Abend und noch weniger die Mitternacht ihrem Innersten entspricht, so sehen sie weder den Abend und noch weniger die Mitternacht. Nur wenn sie einst vollends Meinen Engeln gleich werden, so werden sie auch alles so, wie du selbst nun, schauen können.«

[15] Sagt **Kisjonah:** »Herr, das ist zwar etwas dunkel, und ich begreife es noch nicht, denke mir aber, daß solches vorderhand auch gar nicht nötig sei. Aber da Du, o Herr, nun hier mit so wunderbaren Enthüllungen gar so freigebig bist, wie wäre es denn, so Du uns neben diesen zahllos vielen Geistern auch nur ein paar Engel zeigen möchtest?! Ich habe schon so viel von den Erzengeln, von den Cherubim und Seraphim reden gehört, vieles in den Schriften selbst gelesen und mir darüber gar mancherlei Vorstellungen gedacht und gemacht, die wahrscheinlich höchst unrichtig und somit falsch waren. Du, o Herr, könntest mir darüber nun wohl eine rechte Anschauung verschaffen, so es Dein heiliger Wille wäre!« – Auch die fünf Töchter, die immerwährend um Mich waren, baten Mich darum.

[16] **Ich** aber sagte: »Ich will es tun; aber nicht vor der Mitte der Nacht der Erde, sondern nach derselben. Jetzt aber unterhaltet euch mit den Geistern, nur müsset ihr Mich gegen sie nicht verraten, daß Ich hier sei; denn solches würde ihnen vor der Zeit von keinem Nutzen sein; denn ein jeglicher Geist muß seine Reife in seiner vollsten und ungebundensten Freiheit erhalten!«

[17] Mit solcher Verheißung gaben sich alle zufrieden und harrten sehnsüchtigst, bis die Mitte der Nacht vorüber wäre.

153. Über die damalige Zeitmessung nach dem Gang der Sterne. Die Belehrung der wißbegierigen Töchter des Kisjonah über die Mondwelt durch drei Mondgeister. »Laß fahren die Weisheit und halte dich nur an die Liebe!« Der Herr kündet Neues.

[1] Kisjonah aber war auch ein wenig sternkundig und fing an, nach dem Gange der Sterne zu rechnen, ob die Mitte der Nacht bald zu Ende gehen würde; denn zu der Zeit hatte man noch lange keine solchen Uhren wie in der Jetztzeit und behalf sich daher mit einer freilich sehr unverläßlichen Berechnung der Sterne.

[2] Nach einer Weile sagt **Kisjonah:** »Nach meiner Berechnung sollte nun die Mitternacht schon vorüber sein?!«

[3] Sage **Ich:** »Freund! Deine Berechnung taugt nichts; denn wir sind noch eine Stunde von der Mitte der Nacht entfernt. Daher rechne lieber nicht; denn es ist der Sterne Gang ein anderer, als du es meinst! Deine Rechnung ist an und für sich schon falsch, und so wird es wohl schwer möglich sein, daß du je die Mitte der Nacht nach dem Stande und Gange der Sterne herausbringen wirst. Menschen, die so was imstande sein werden, werden einst erst geboren werden; aber jetzt ist es noch lange nicht an der Zeit.«

[4] Es kam aber nun dennoch im Verlaufe mannigfacher Besprechungen die Mitte der Nacht herbei, und der Mond ging als natürlich nur halbleuchtend auf. Da fragten Mich ja schnell die Töchter des Kisjonah wieder, was etwa doch der Mond sei, und wie er also gleichfort sein Licht verändere.

[5] **Ich** aber sagte zu ihnen: »Meine geliebtesten Töchterchen! Hinter euch stehen gerade drei Geister aus dem Monde; die fraget! Sie werden es euch genau sagen, was der Mond ist, und auf welche Art er beständig sein Licht wechselt und manchmal wohl auch ganz verliert!«

[6] Da fragte die älteste sogleich die **drei Geister** um den Mond, und diese sagten: »Holde! Deine Frage an uns um den Mond ist gleich der, so wir dich fragten um die Erde, die du bewohnst. Du weißt es nicht, warum es nun finster ist auf der Erde und fragst doch nicht darum; wie magst du um den Mond fragen, der dir um vieles ferner steht als deine dich tragende Erde?

[7] Siehe, wie deine Erde, also ist auch unser Mond eine Welt! Deine Erde ist rund gleich einer Kugel; also ist es auch unser Mond. Deine Erde wird auf einmal nur zur Hälfte von der großen Sonne beleuchtet; also auch unser Mond. Bei dir dauert die Nacht im Durchschnitte nur ungefähr bei dreizehn eurer kurzen Stunden, und ebensolange dann auch deiner Erde Tag; beim Monde aber dauert die Nacht sowohl als der Tag bei vierzehn Tag- und Nachtlängen deiner Erde, und daher kommt für dein Auge, von dieser deiner Erde aus betrachtet, der beständige Lichtwechsel des Mondes, – und das ist ein starker Unterschied zwischen dem Monde und deiner um vieles größeren Erde.

[8] Es kommt aber noch ein gar mächtiger Unterschied zwischen deiner Erde und dem Monde zum Vorschein, und der besteht darin, daß der Mond nur auf e i n e r Seite, die du aber nicht sehen kannst, von Wesen meiner Art

bewohnt ist, während deine Erde nach allen Seiten hin bewohnt wird oder zum größten Teile bewohnbar ist.

[9] Oh, auf dem Monde lebt sich's nicht so selig wie auf deiner Erde! O dort gibt es viel Kälte und viel unerträgliche Hitze, viel Hunger und nicht selten brennendsten Durst! Habe darum ja keine Sehnsucht nach jener kleinen, aber überaus harten Welt, auf deren Feldern kein Weizen und kein Korn und noch viel weniger ein Wein wächst!

[10] Auf der Seite aber, die du von dieser deiner Erde aus allein immer sehen kannst, wohnt kein fleischlich Wesen, weder Tier noch Mensch, sondern unglückliche Geister, die sich nicht leicht oder auch gar nicht helfen können. – Und jetzt weißt du alles, was dir zu wissen not tut.

[11] Habe aber auch keinen Wunsch, von dem Monde mehr zu erfahren; denn solche Kenntnis müßte dich am Ende höchst unglücklich machen!

[12] Halte dich nur an die Liebe und laß fahren alle Weisheit; denn es ist besser, am Tische der Liebe zu speisen – denn im Monde vom Steine der Weisen den spärlichen Tau zu lecken!«

[13] Nach dieser Beschreibung entfernen sich die drei Mondgeister, und die Tochter fragt Mich ganz vertraulich, ob es mit dem Monde wohl also aussähe, wie es ihr nun die drei Mondgeister kundgetan hätten.

[14] Und **Ich** sage: »Ja, Meine liebste Tochter, – gerade also ist es und manchmal noch um vieles ärger! – Nun aber lassen wir den Mond ziehen seinen Weg, und schauet nun alle gen Morgen hin!

[15] Ich werde nun etliche Engel des Himmels berufen, und ihr werdet sie von dorther kommen sehen; darum kehret eure Augen nun dahin!«

154. Die drei Engel (Cherubim) bringen die zwölf Apostel auf den Berg zum Herrn. Das himmlische Mahl der Achthundert auf dem Berge. Kisjonahs Rede. Das Buch der »Kriege Jehovas«.

[1] Alle richten nun ihre Augen gen Morgen, allwo es wie bei der aufgehenden Sonne anfängt, lichter und immer lichter zu werden, – natürlich nur für die innerste Sehe, obschon durch diese auch das Fleischauge affiziert *(berührt)* wird.

[2] Endlich nach einer kleinen Weile des Immer-lichter-und-lichter-Werdens des Ostens erscheinen drei, viel heller denn die Sonne leuchtende Gestalten in vollkommenster Menschenform und schweben durch die Luft zu uns herüber. Aber im Lichte dieser drei Engel, die da des Lichtes und ihrer Festigkeit wegen den allgemeinen Namen »Cherubim« haben, war die Geisterwelt kaum mehr zu sehen, und die Geister sahen unsteten Nebelchen gleich, die sich um die Spitzen der Berge herumlagern.

[3] Als **die drei Cherubim** vollends bei uns waren, milderten sie ein wenig ihr Licht, warfen sich vor Mir auf ihre Angesichter und sprachen: »Herr! Wer in allen ewig unendlichen Himmeln ist wohl würdig, zu schauen Dein heiligstes Angesicht? Dir allein gilt alle Ehre der Ewigkeit und Unendlichkeit!«

[4] **Ich** aber sagte zu ihnen: ,,Verhüllet euch und eilet hinab, allwo Meine zwölf Boten weilen an einem Orte! Sie haben Meinen Willen erfüllt, und es ist genug damit; darum holet sie und bringet sie hierher!«

[5] In diesem Augenblick verhüllen sich die drei Engel, entfernen sich schnell und in kurzer Zeit von wenigen Augenblicken bringen sie durch die Luft die zwölf Ausgesandten zu Mir auf die Spitze des Berges.

[6] Die Zwölfe aber waren bis auf den Judas voll Freuden, daß sie nun auf eine so wunderbare Weise von weit her zu Mir gebracht worden sind.

[7] Nur **der Judas** sagte: »Für solch eine Reise bedanke ich mich für alle Zukunft! Sie hat freilich nur wenige Augenblicke gedauert; aber meine Angst, und der Luftzug!«

[8] Die Engel aber haben solches auch nur den Judas fühlen lassen; die elf andern verspürten nichts von alledem.

[9] Solche Begebenheit aber erhielt sich nachher lange im Munde des Volks, daß nämlich die Apostel nun durch die drei Engel von weiter Ferne durch die Luft auf den Berg zu Mir gebracht worden sind.

[10] **Viele** auf dem Berge aber fingen an sich zu fürchten und sprachen: »Beim Himmel, da geht es einmal zu wunderbar zu; da ist es kaum mehr auszuhalten!«

[11] Wieder **andere** sagten: »Das kann nur Jehova Selbst bewirken!«

[12] Die Zwölf aber erzählten viel von dem, was sie in der kurzen Zeit doch alles erlebt hatten.

[13] Ich aber befahl den drei Engeln, daß sie Brot und Wein in rechter Menge herbeischaffen sollten; denn die Zwölfe hatten Hunger und Durst, indem sie einen ganzen Tag hindurch nichts zu essen und zu trinken bekommen hatten. Und die Engel taten sogleich, was Ich ihnen geboten hatte, und brachten Brot und Wein in rechter Menge. Da nahmen die Zwölfe das Brot und den Wein, aßen und tranken nach ihrer Not und wurden gestärkt.

[14] Es wollten aber auch die fünf Töchter von solchem Brot und Weine ein weniges zum Verkosten bekommen und baten Mich darum. **Kisjonah** aber verwies den Töchtern solche Lüsternheit und sagte: »Lüstern sein ist auch eine Sünde; daher gehört zu allen Dingen Selbstverleugnung, ansonst kein Mensch zur wahren Tugend gelangen kann, ohne die es kein Leben geben kann.«

[15] **Ich** aber sagte: »Freund, diese Sünde sei deinen Töchtern für ewig vergeben; denn solche Sünden sind leicht zu vergeben, die im Grunde des Grundes keine Sünden sind. Deine Töchter haben im Grunde des Grundes vollernstlich Hunger und Durst, und des Brotes und Weines ist genug da für alle, die hier sind. Und so sollen auch alle davon genießen nach Bedarf, so die vorderhand bedürftigsten Zwölf sich werden gestärkt haben!«

[16] Damit stellte sich Kisjonah samt dessen fünf Töchtern völlig zufrieden. Ich aber sagte darauf zu den zwölf Aposteln, daß sie sofort Brot und Wein austeilen sollten, und sie taten das sogleich.

[17] Es waren diesmal in allem wohl bei achthundert Menschen auf dem Berge, der eine sehr geräumige Spitze hatte, über deren Fläche nur ein bei fünf Klaftern hoher Steinblock emporragte, der aber ebenfalls leicht zu

besteigen war von der Mittagsseite. Alle aßen und tranken und wurden satt, und lobten und priesen Mich für diese wunderbare Stärkung. Und **Kisjonah** sagte vom vorbezeichneten Steinblocke herab, den er zu diesem Zwecke bestieg:

[18] »Höret mich an, Freunde und Brüder! Wir kennen die Schrift von Moses an bis nahe an unsere Zeit, und die Bücher der Kriege Jehovas, deren Moses und viele andere Propheten Meldung tun, haben wir aus Persien erhalten und sie verdolmetscht gelesen, da sie von vielen Weisen als echt anerkannt worden sind; aber von all den Wundern, die darin beschrieben sind, ist auch nicht eines, das da mit dem zu vergleichen wäre, das nun vor unsern Augen geschieht. Solches ist nicht nur in Israel, sondern auch in der ganzen Welt nimmer erhört worden! Wer muß sonach Der sein, der solche Taten ausübt, die außer Gott wohl niemandem möglich sind?!«

155. Mahnung zur Vorsicht bei Neulingen. Winke über die geistigen Entwicklungsstufen. Wie Gott ein Mensch – und der Mensch ein Gott sein kann. Vom Unterschied der wissenschaftlichen Auffassung und solcher durch den Glauben. Wie man vorgehen soll, um jemand geistig richtig einzuweihen.

[1] Bei diesen Worten berufe **Ich** den Kisjonah von seiner fünf Klafter hohen Kanzel herab und sage zu ihm insgeheim: »Schweige vorderhand und verrate Mich nicht vor der Zeit! Denn hier gibt es noch viele, die dazu nicht so reif sind als du und dürfen daher auch nicht vollends erfahren, Wer Ich so ganz eigentlich bin, ansonst es mit der lebendig werden sollenden Freiheit ihres Geistes ins Gericht käme, aus dem ein solcher Geist sich schwerlich je erheben könnte.

[2] Es ist genug, daß nun viele zu ahnen anfangen, Wer Ich bin, und die meisten Mich aber entweder für einen großen Propheten und einige für Gottes Sohn, – das Ich nun dem Äußeren nach bin, halten. Mehr als das wäre vorderhand von großem Schaden; darum lassen wir sie auch vorderhand bei solcher Meinung und bei solchem Glauben, und du darfst Mich darum nicht weiter verraten!«

[3] Sagt **Kisjonah:** »Ja, Herr, das ist ganz sicher also; aber ich bin auch ein Mensch. Wird es meiner Seele nicht zum Gerichte sein, da ich nun ohne allen Zweifel nicht nur glaube, sondern es durch und durch weiß, Wer Du bist?«

[4] Sage **Ich:** »Dich habe Ich vorbereitet durch Wort und Lehre. Du hieltest Mich, als Ich vor etlichen Tagen zu dir kam, wohl für einen sehr weisen und wohlverständigen Arzt, und als du Mich ungewöhnliche Taten verrichten sahst, so fingst du an, Mich für einen Propheten zu halten, durch den der Geist Gottes wirke. Du aber bist ein in allen Schulen bewanderter Mann, und es trieb dich der Drang, in deine volle Wissenschaft zu bringen, wie ein Mensch zu solcher Vollendung gelangen könne. Da enthüllte ich dir, was der Mensch und was in ihm ist, und dazu, was aus dem Menschen

werden kann, so er sich vollends erkannt hat und dadurch zur vollsten Lebensfreiheit seines Geistes gelangt ist.

[5] Aber Ich zeigte dir dann auch, wie Gott Selbst ein Mensch ist, und wie aus diesem einzigen Grunde auch du und alle dir ähnlichen Wesen Menschen sind. Und Ich zeigte dir dann auch im geheimen, daß eben Ich Selbst der Mensch bin, und daß ein jeder Mensch berufen ist, das zu werden und für ewig zu sein, was Ich Selbst bin. Da erstauntest du, und du weißt von da an, Wer Ich bin.

[6] Und sieh, das war eine zweckmäßige Vorbereitung deiner Seele und deines Geistes, so daß du darob Mich nun eine ganze Erde und aus Steinen Menschen erschaffen sehen magst, und es wird dir dennoch nichts mehr machen. Denn du hast es frei und zwar auf einem wissenschaftlichen Wege angenommen, daß Gott ein Mensch und ein Mensch ganz gut und völlig wissenschaftlich wahr ein Gott sein kann! Und so kann es nun deine Seele und deinen Geist nimmer beirren, so du es vollkommen einsiehst, daß Ich der ganz allein und einig wahre Gott und Schöpfer aller Dinge von Ewigkeit her bin.

[7] Aber ganz anders verhält es sich mit all diesen anderen Menschen, die samt und sämtlich auf dem rein wissenschaftlichen Wege unzugänglich sind. Diese haben nur den Glauben und dabei äußerst wenig Verstand.

[8] Der Glaube aber ist dem Leben der Seele näher als der vollendetste Verstand. Ist der Glaube ein Zwang, so ist er dadurch sogleich auch eine Fessel der Seele; ist aber die Seele gefesselt, so kann von einer freien Entwicklung des Geistes in ihr keine Rede sein.

[9] So aber, wie bei dir, zuerst der Verstand zur richtigen Einsicht gebracht worden ist, so bleibt dabei die Seele frei und nimmt sich aus dem Lichte des Verstandes allzeit nur soviel, als sie ganz gut vertragen und verdauen kann.

[10] Und so entwickelt sich dann aus einem recht gebildeten Verstande ein wahrer, voller, lebendiger Glaube, durch den der Geist in der Seele eine gerechte Nahrung überkommt und dadurch stets stärker und mächtiger wird, – was ein jeder Mensch sogleich wahrnehmen kann, so seine Liebe zu Mir und zum Nächsten stets stärker und mächtiger wird.

[11] Aber, wie schon erwähnt, wo bei dem Menschen der Verstand oft ganz unentwickelt ist und er, der Mensch, bloß den Glauben, der gewisserart in seiner Einzelstehung nur ein Gehorsam des Herzens und dessen Willens ist, allein hat, so muß dieser mit aller Vorsicht behandelt werden, auf daß er nicht zu einem barsten Wahne erstarre oder auf die gräßlichsten Abwege gerate, wie dies bei allen Heiden und auch in dieser Zeit bei sehr vielen nur zu augenscheinlich der traurige Fall ist.

[12] Und du wirst nun schon leicht einzusehen imstande sein, warum Ich dich ehedem von dem Felsen, von dem du Mich vor dem Volke enthüllen wolltest, herabrief. Es soll darum nie ein Blinder den andern führen, sondern ein in seinem rechten Verstande Scharfsehender, – ansonst sie beide in den Abgrund stürzen.

[13] Ich sage euch, seid emsig in allem und sammelt euch eine rechte Kenntnis in allen Dingen! Prüfet alles, das euch vorkommt, und behaltet

davon, das gut und wahr ist, so werdet ihr dann ein leichtes haben, die Wahrheit zu erfassen und den früher toten Glauben zu beleben und ihn zu einer wahren Leuchte des Lebens zu machen.

[14] Ich sage dir und dadurch auch allen: Wollt ihr aus Meiner Lehre für euer Leben einen wahren Nutzen ziehen, so müßt ihr sie vorerst verstehen und dann erst der Wahrheit gemäß danach handeln!

[15] So vollkommen der Vater im Himmel ist in allem, ebenso vollkommen müßt auch ihr sein, – ansonst ihr nimmer Dessen Kinder werden könnt!

[16] Du hast gelesen die Schrift des Matthäus und darin Meine Bergpredigt; da lehrte Ich die Jünger beten und zwar mit dem Anrufe: ›Unser Vater!‹

[17] Wer solches Gebet betet im Herzen, versteht es aber nicht im rechten Verstande, der ist wie ein Blinder, der die Sonne lobt und preist, sie aber dennoch trotz ihres allermächtigsten Lichtes nicht sieht und sich von ihr auch keine Vorstellung machen kann. Er sündigt dadurch freilich nicht; aber es ist ihm auch nichts nütze in der Wahrheit; denn er bleibt dabei dennoch in der gleichen Finsternis.

[18] Darum, so ihr eines Menschen Herz wahrhaft fürs Leben bildet, so vergesset nicht zuvor recht zu bilden den Verstand, sonst machet ihr aus ihm einen blinden Verehrer der Sonne, das nichts nütze ist.«

156. Das kühle, gesunde Morgenlüftchen. Friedensgeister. Abstieg von des Berges Spitze und mehrtägiger Aufenthalt der heiligen Gesellschaft auf der Alpe. Die blinden mosaischen Kritiker. Des Herrn Wink über Mosis Schöpfungsgeschichte.

[1] Nach dieser erklärenden Rede, von der Kisjonah sagte, daß sie ihm keine weitere Frage übriglasse, fing auch der kommende Tag im Osten an zu grauen, und unseres Berges Spitze, auf der wir uns noch immer ganz wohl befanden, fing ein sehr kühles Morgenlüftchen zu beschleichen an, und Kisjonah machte den Vorschlag, daß wir uns unterdessen etwa in die nächste Alpenhütte hinabbegeben sollten, bis die Sonne aufgegangen sein werde.

[2] Sage **Ich:** »Lassen wir das! Dies Morgenfröstchen auf dieser Höhe schadet wohl niemand, sondern stärkt jedermanns Glieder; zudem dauert es nicht lange, und es muß also sein, da sonst eine gewisse Art von Geistern, die hier nicht näher zu bezeichnen ist, dem Tage ein böses Wetter brächte, so sie nun beim Aufgange von starken Friedensgeistern nicht verhindert würde, aufzusteigen in die Luft.«

[3] Damit begnügte sich Kisjonah, und wir blieben noch bis zum Mittage des kommenden Tages auf der Spitze des Berges. Nach dem Mittage aber begaben wir uns wieder hinab in die Alpenwirtschaft und brachten allda noch ein paar Tage zu unter allerlei Besprechungen über die Lebenspflichten des Menschen und über die Natur der Erde, der Sterne und allerlei anderer Dinge.

[4] Vieles ging dem noch immer etwas mehr finstern Teile der Juden und bei Mir gebliebenen Pharisäer nicht ein, aber sie widersprachen dennoch

nicht; denn diese Juden und Pharisäer, die schon vom ersten Tage an Meines Besuches in des Zöllners Kisjonah Hause sich zu Mir gewandt hatten, waren wirklich sonst gewecktere und bessere Geister, und nüchterne Denker hielten nun schon große Stücke auf Mich und nahmen Mein Wort als göttlich an. Sie sind darum nicht zu vergleichen mit jenen, die nach Kapernaum zurückgetrieben wurden, und auch nicht mit jenen, die das Beben des Berges um etwas über vier Tage früher wieder in die Tiefe hinabtrieb.

[5] Obschon aber die obbesagten besseren **Juden und Pharisäer** nun schon fest sich an Mich hielten, so zuckten sie doch bei manchen Meiner Erklärungen über die wirkliche Entstehung oder eigentlich gradative *(stufenweise)* Schöpfung der Erde und aller Dinge in und auf ihr, sowie desgleichen aller zahllosen andern Weltkörper, mit den Achseln und sagten bei sich: »Das ist denn doch wohl schnurgerade antimosaisch! Wo sind da die sechs Schöpfungstage, wo der Sabbat, an dem Gott geruht hat? Was ist nachher das, was Moses berichtet über die Entstehung alles dessen, das nun in allen Teilen die Welt ausmacht? So uns dieser Wundertäter aus Nazareth nun darüber eine ganz andere Lehre gibt, die die mosaische gänzlich aufhebt, was sollen wir dazu sagen? Hebt er aber Moses auf, so hebt er dadurch auch alle Propheten und am Ende auch sich selbst auf; denn ist Moses nichts, so sind auch die Propheten nichts – und der zu erwartende Messias, der eigentlich er selbst sei, auch nichts!

[6] Aber im Grunde ist seine Lehre richtig, und es kann mit der Schöpfung wohl eher so zugegangen sein, wie e r sie nun erklärt hat, als wie davon Moses Kunde gibt.«

[7] Da kam **einer** hin zu Mir und sprach: »Herr! Wenn so, was soll es dann mit Moses und all den Propheten?«

[8] Sage **Ich:** »Diese sollen von euch im rechten Sinne und Verstande verstanden und begriffen werden!

[9] Moses stellt in seiner Schöpfungsdarstellung nur Bilder auf, die die Gründung der ersten Erkenntnis Gottes bei den Menschen der Erde kundgeben, nicht aber die materielle Schöpfung der Erde und aller andern Welten.«

157. Erklärung der Schöpfungsgeschichte Mosis, Kapitel 1, Vers 1–5 (erster Tag). Entsprechung des naturmäßigen Geisteszustandes des Menschen mit der Natur. Geistige Nacht der Kindesseele. Der Verstand als geistiger Abend. Das Licht aus Gott im Herzen ist der geistige Morgen.

[1] **(Der Herr:)** »Heißt es nicht: ›Im Anfang schuf Gott Himmel und Erde, und die Erde war wüste und leer und Finsternis auf der Tiefe; Gottes Geist aber schwebte über den Wassern.

[2] Und Gott sprach: ‚Es werde Licht!‘, und es ward Licht. Gott sah, daß das Licht gut war; da schied Er das Licht von der Finsternis. Er nannte das Licht Tag und die Finsternis Nacht. Da ward aus Abend und Morgen der erste Tag.‹

[3] Seht, das sind die Worte Mosis! Wollt ihr sie im naturmäßigen Sinne nehmen, so müßt ihr ja doch auf den ersten Blick den dicksten Unsinn sogleich ersehen, der da notwendig zum Vorschein kommen muß!

[4] Was wohl ist der ›Himmel‹ und was die ›Erde‹, davon Moses spricht, daß dies alles im Anfang erschaffen worden sei? Der ›Himmel‹ ist das Geistige, und die ›Erde‹ das Naturmäßige im Menschen; dieses war und ist noch wüste und leer – wie bei euch. Die ›Wasser‹ sind eure schlechten Erkenntnisse in allen Dingen, über denen wohl auch der Gottesgeist schwebt, aber noch nicht in ihnen ist.

[5] Da aber der Geist Gottes allzeit sieht, daß es in eurer materiellen Welttiefe ganz entsetzlich finster ist, so spricht Er zu euch, wie nun augenscheinlich: ›Es werde Licht!‹

[6] Da fängt es in eurer Natur zu dämmern an, und Gott sieht es wohl, wie gut für eure Finsternis das Licht ist; aber nur ihr selbst könnt und wollt es nicht einsehen. Deshalb aber geschieht denn auch eine Teilung in euch, nämlich Tag und Nacht werden geschieden, und ihr erkennet dann aus dem Tage in euch die frühere Nacht eures Herzens.

[7] Bei dem Menschen ist sein erstes Natursein tiefer Abend, also Nacht. Da aber Gott ihm gibt ein Licht, so ist solch ein Licht dem Menschen ein rechtes Morgenrot, und es wird also aus des Menschen Abend und Morgenrot wahrlich sein erster Lebenstag.

[8] Denn sehet, wenn Moses, der doch in alle Wissenschaften der Ägypter eingeweiht war, die Entstehung des ersten Naturtages der Erde in seiner Schrift hätte anzeigen wollen, so dürfte er bei aller seiner Wissenschaft und Weisheit doch gemerkt haben, daß aus dem Abend und Morgen nie ein Tag hervorgehen kann; denn dem Abend folgt natürlich doch allzeit die feste Nacht, und dem Morgen erst der Tag.

[9] Was sonach zwischen Abend und Morgen liegt, ist Nacht; nur was zwischen Morgen und Abend liegt, ist Tag!

[10] Hätte Moses gesagt: ›Und also ward aus Morgen und Abend der erste Tag!‹, so könntet ihr darunter wohl den natürlichen Tag verstehen; aber so sagte er aus gutem Entsprechungsgrunde gerade umgekehrt, und das bedeutet den Abend und zugleich die Nacht des Menschen, was doch leicht zu begreifen ist, indem noch nie jemand ein in aller Weisheit sich befindendes Kind gesehen hat.

[11] So ein Kind zur Welt geboren wird, da ist es in dessen Seele vollkommen finster und somit Nacht. Das Kind aber wächst auf, bekommt dann allerlei Unterricht und wird dadurch stets mehr und mehr einsichtig in allerlei Dingen, und seht, das ist der Abend, das heißt, es fängt dann in der Seele an, so dämmerig zu werden, wie im Vergleiche es am Abende ist.

[12] Ihr saget wohl, daß es auch am Morgen dämmere, und Moses hätte da ja sagen können: ›Und also wurde aus der Morgendämmerung und aus dem eigentlich schon hellen Morgen der erste Tag!‹

[13] Ich sage dazu: Allerdings, so er den Menschen in geistiger Entsprechung einen barsten Unsinn hätte vorsagen wollen! Aber Moses wußte, daß nur der Abend dem irdischen Zustande des Menschen entspricht; er wußte

es, daß es bei den Menschen mit der rein irdischen Verstandesbildung gerade also zugeht, wie mit dem stets schwächer werdenden Scheine des natürlichen Abends.

[14] Je mehr die Menschen mit ihrem Verstande nach irdischen Dingen zu ringen anfangen, desto schwächer wird in ihrem Herzen das rein göttliche Licht der Liebe und des geistigen Lebens. Daher nannte denn Moses ein solches irdisches Licht des Menschen auch den Abend.

[15] Nur wenn Gott durch Seine Barmherzigkeit dem Menschen ein Lebenslichtlein im Herzen anzündet, dann fängt der Mensch erst an, einzusehen die Nichtigkeit alles dessen, was er zuvor mit seinem Verstande, dem geistigen Abend, sich angeeignet hatte, und er sieht es dann auch nach und nach stets mehr ein, daß alle die Schätze des Abendlichtes ebenso vergänglich sind wie dies Licht.

[16] Das rechte Licht von Gott aber, im Herzen des Menschen angezündet, ist eben der Morgen, der mit und aus dem vorhergegangenen Abend den ersten wahren Tag im Menschen bedingt.

[17] Aus dieser Meiner nunmaligen Erklärung aber müsset ihr nun auch einsehen, daß es einen sehr gewaltigen Unterschied zwischen den beiden Lichtern, oder besser Erkenntnissen, geben muß; denn alles Erkennen im Abendlichte der Welt ist trügerisch und daher auch vergänglich. Nur die Wahrheit dauert ewig; aber der Trug muß endlich zunichte werden.«

158. Erklärung der Schöpfungsgeschichte Mosis, Kapitel 1, Vers 6–10 (zweiter Tag). Von der Feste zwischen den beiden Lichtern, dem wahren lebendigen Glauben. Der andere Tag. Glauben aus Wissen oder Wissen aus Glauben? Weiterer Hinweis, daß die mosaischen Schöpfungsbilder nur geistigen Sinn haben. Vom Erdreich der Liebe.

[1] **(Der Herr:)** »Es könnte aber sehr leicht geschehen, daß das Gotteslicht im Menschenherzen sich ergösse ins Abendlicht und alsdann verzehrt oder zum wenigsten also vermengt würde, daß man am Ende nicht mehr wüßte, was da Naturlicht und was da Gotteslicht sei im Menschen.

[2] Da machte Gott eine Feste zwischen den beiden Wassern, die da besagen die beiderlei Erkenntnisse, von denen Ich nun einen genügenden Aufschluß gegeben habe, und teilte also die beiden Wasser.

[3] Die Feste aber ist der eigentliche Himmel im Menschenherzen und spricht sich aus im wahren lebendigen Glauben, aber ewig nie in einer leeren und nichtigen Verstandesgrübelei.

[4] Aus solchem Grunde nenne Ich auch nun den, der da hat den mächtigsten und ungezweifeltsten Glauben, einen Fels und stelle ihn als eine neue Feste zwischen Himmel und Hölle, und diese Feste wird keine finstere Macht der Hölle ewig nimmer überwältigen können.

[5] Wenn im Menschen solche Feste gestellt und der Glaube mächtiger und mächtiger wird, so wird dann aus solchem Glauben das Nichtige der Sache des Naturverstandes stets klarer und klarer ersichtlich. Der Naturverstand begibt sich dann unter die Herrschaft des Glaubens, und es entsteht

also im Menschen aus seinem Abend und seinem stets helleren Morgen der andere und schon bei weitem hellere Tag.

[6] In solchem zweiten Tages-Zustande sieht nun der Mensch schon das, was allein als vollends Wahres sich für ewig bewähren muß; aber es ist in ihm noch immer keine rechte Ordnung. Da vermengt der Mensch noch gleichfort das Naturmäßige mit dem rein Geistigen, vergeistigt oft die Natur zu sehr und erschaut dadurch auch im Geiste Materielles und ist darum auch noch für keine rechte Tat entschieden da.

[7] Er gleicht einer puren Wasserwelt, die wohl von allen Seiten mit lichtdurchflossener Luft umgeben ist, wobei er aber am Ende doch nicht darüber ins klare kommen kann, ob seine Wasserwelt aus der sie umgebenden Lichtluft, oder ob diese aus der Wasserwelt hervorgegangen ist, – das heißt, er weiß es in sich noch nicht klar genug, ob sich seine geistige Erkenntnis aus seinem Naturverstande, oder ob dieser aus der geheim im Menschen schon etwa daseienden und also auch im Anfange ganz geheim wirkenden geistigen Erkenntnis sich entwickelt hat, oder, um noch handgreiflicher zu reden, er weiß es nicht, geht der Glaube aus dem Wissen oder das Wissen aus dem Glauben hervor, und welch ein Unterschied da ist zwischen beiden.

[8] Kurz, er weiß es da noch nicht, was eher da war, die Henne oder das Ei, oder ob der Same oder der Baum.

[9] Da kommt dann wieder Gott und hilft dem Menschen weiter, so der Mensch für solchen zweiten Tag seiner geistigen Bildung aus der ihm verliehenen und somit eigenen Kraft genug getan hat. Und diese weitere Hilfe besteht darin, daß im Menschen das Licht vermehrt wird und es dadurch, gleich der Sonne im Frühling, nicht allein durchs erhöhte Leuchten, sondern durch die eben durchs erhöhte Leuchten bewirkte Wärme alle die ins Herz des Menschen gelegten Samen zu befruchten anfängt.

[10] Solche Wärme aber heißt die Liebe und ist geistig zugleich das Erdreich, in welchem die Samen ihre Keime und Wurzeln zu treiben beginnen.

[11] Und sehet, das ist es, was im Moses geschrieben steht, daß Gott befohlen hat den Wassern, daß sie sich sammeln sollen in gewisse, abgesonderte Örter und man dadurch das trockene und feste Erdreich ersehe, aus dem allein die Samen zur lebendigen und belebenden Frucht erwachsen können!

[12] Und es heißt: ›Und Gott nannte das Trockene ‚Erde' und das nun an bestimmte Örter versammelte Wasser ‚Meer'.‹

[13] Frage: ›Für wen hat Gott das a l s o benamset?‹ – Für Sich hätte Er es wahrlich nicht nötig gehabt; denn es wäre denn doch etwas zu lächerlich, der höchsten göttlichen Weisheit zumuten zu wollen, daß sie daran ein ganz besonderes Wohlgefallen hätte haben sollen, weil es ihr etwa wie einem Menschen gelungen sei, das Trockene ›Erde‹ und das in den bestimmten Örtern abgesonderte Wasser ›Meer‹ zu nennen.

[14] Für jemand anders aber konnte Gott ja doch dem Trockenen und dem abgesonderten Wasser diese Namen sicher nicht geben, da außer Ihm

zu solcher Schöpfungszeit doch noch kein Wesen da sein konnte, das Ihn verstanden hätte!

[15] Solche Sage Mosis hat sonach unmöglich einen materiellen Sinn, sondern nur einen rein geistigen, und hat mit der einstigen Schöpfung der Welten nur in einem aus dem Geistigen nach rückwärts wirkenden Entsprechungssinne, das heißt vom Geistigen ins Materielle, eine Beziehung, – was wohl nur eines Engels Weisheit zu ergründen vermag. Aber geradeaus, wie es da steht, hat es nur einen rein geistigen Sinn und zeigt an, wie vorerst ein Mensch für sich, und also auch die ganze Menschheit, von Zeit zu Zeit und von Periode zu Periode gebildet wird, von ihrer ursprünglich notwendigen Naturmäßigkeit ins stets reinere Geistige hinüber.

[16] Der Mensch wird demnach gesondert sogar in seinem naturmäßigen Teile. Die Erkenntnisse haben ihren Ort, das ist das Meer des Menschen, und die aus den Erkenntnissen hervorgegangene Liebe als ein Früchte zu tragen fähiges Erdreich wird stets von dem Meere als der Gesamtheit der Erkenntnisse rechten Lichtes umspült und zur stets reichlicheren Hervorbringung allerlei edelster Früchte neu gekräftigt.«

159. Erklärung der Schöpfungsgeschichte Mosis, Kapitel 1, Vers 11–13 (dritter Tag). Wirkung des Erkenntnissinnes im guten Erdreich des Herzens. Der geistige Mensch im natürlichen Menschen ist es, um den sich alles handelt. Des Pharisäers Anerkennung und halbe Zweifel. Von der Entsprechung der natürlichen Unterschiede des Sehvermögens mit den geistigen.

[1] **(Der Herr:)** »Wenn sonach die Erkenntnisse des Menschen die Liebe von allen Seiten umgeben und von der Liebesfeuerflamme, der sie stets mehr und mehr Nahrung geben, heller und heller erleuchtet und erwärmt werden, so wird der Mensch in allem auch in gleichem Maße tatkräftiger und tatfähiger.

[2] In solchem Zustande kommt dann wieder Gott zum Menschen, natürlich – wie sich von selbst versteht – im Geiste, und spricht als die ewige Liebe zur Liebe des Menschen im Herzen: ›Es lasse die Erde nun aufgehen allerlei Gras und Kraut, das sich besame, und fruchtbare Bäume und Gesträuch aller Art, davon ein jegliches Frucht trage nach seiner Art und seinen eigenen Samen habe bei sich auf Erden!‹

[3] Nach solchem Gebote von Gott im Herzen bekommt dann der Mensch einen festen Willen, Kraft und Mut und legt nun Hand ans Werk.

[4] Und sehet! Seine rechten Erkenntnisse erheben sich als regenschwangere Wolken über das geordnete Meer, und ziehen über die trockene Erde, befeuchten und befruchten sie. Und die Erde fängt dann an zu grünen, bringt allerlei Gras und Kraut mit Samen und allerlei Fruchtbäume und Gesträuch mit Samen zum Vorschein, das heißt, was nun der rechte, mit himmlischer Weisheit durchleuchtete Verstand als vollends gut und wahr erkennt, das will und begehrt dann sogleich auch die Liebe im Herzen des Menschen.

[5] Denn gleichwie der Same, so er in die Erde gelegt wird, bald aufgeht und eine vielfältige Frucht bringt, ebenso wirken die rechten Erkenntnisse, so sie ins lebensvolle Erdreich des Herzens gelegt werden.

[6] Der Same wirket aber also, daß er die Lebenskraft, die sonst in der Erde schlummert, erweckt, und diese sammelt sich dann gleich mehr und mehr um das Samenkorn und bewirkt, daß sich dieses entfalte und zu einem fruchtreichen Gewächs werde. Kurz, die rechte Erkenntnis wird erst im Herzen zur Tat, und aus der Tat gehen dann allerlei Werke hervor; und diese sind das, was Moses in tiefer Weisheit sagt in seiner Genesis, und zwar im schon vorher wörtlich besprochenen 1. Kapitel, Vers 11 und 12.

[7] Der frühere ursprüngliche Abend des Menschen, durch das Licht aus den Himmeln zur rechten Erkenntnis erhoben, wird so zur Tat, der die Werke folgen müssen; und das ist der dritte Tag in der Bildung des Herzens und des ganzen Menschen im Menschen, welcher da ist der geistige Mensch, um den allein sich alles handelt, dessentwegen Moses und alle andern Propheten von Gott in diese Welt gekommen sind, so wie nun Ich Selbst! Ich meine, diese Sache dürfte euch nun denn doch einleuchtend genug sein!?«

[8] Sagt einer der **Pharisäer:** »Erhabener, weisester Freund und Meister! Ich für meine Person unterschreibe jedes Deiner uns allen gegebenen Worte, da sie völlig wahr sind und wahr sein müssen. Aber ziehe hin nach Jerusalem und erkläre die Genesis also im Tempel, und Du wirst gesteinigt samt Deinem ganzen Anhange, so Du Dich nicht schützest durch Deine evidenteste göttliche Macht! Kommst Du aber den Templern mit dieser Macht entgegen, dann sind sie aber auch gerichtet, und es dürfte da wenig Unterschied sein, so Du sie sogleich mit Blitz und Feuer vom Himmel vollkommenst zugrunde richten läßt!

[9] Wie gesagt, so ist das sowieso eine höchst gewagte Sache. Und dazu geht es wohl mit solcher Deiner wahrlich allerweisesten und scharfsinnigsten Erklärung der drei ersten in der Genesis beschriebenen Schöpfungstage ganz gut an, und man kann da durchaus nicht ein Wörtlein des Widerspruches finden. Aber nun kommt der vierte Tag, an dem beschriebenermaßen Gott alleroffenbarst Sonne, Mond und all die Sterne erschuf! Wie magst Du das anders erklären? Sonne, Mond und Sterne sind einmal da, und kein Mensch weiß einen sonstigen Ursprung, wie all diese großen und kleinen Lichter am Firmamente entstanden sind, als wie man es in der Genesis liest.

[10] Frage nun: Wo ist da der Schlüssel, wo die Entsprechung, durch die sich der vierte Tag allein auf den Menschen beziehen möchte?«

[11] Sage **Ich:** »Mein Freund, hast du doch schon öfter vernommen und sogar selbst erfahren, daß es da gibt weitsichtige und kurzsichtige und endlich halb-, ganz- und stockblinde Menschen, der fleischlichen Sehe nach! Die Weitsichtigen sehen in der Ferne alles gut, aber in der Nähe sehen sie schlecht; die Kurzsichtigen sehen wieder in der Nähe gut, dafür aber in die Ferne schlecht; bei den Halbblinden ist es zur Hälfte Nacht und zur Hälfte Tag, das heißt, sie sehen die Gegenstände mit einem Auge wohl noch recht gut, weil aber das andere Auge blind ist, so versteht es sich von selbst, daß

solche Seher alles nur im halben Lichte sehen können; die ganz Blinden sehen keinen Gegenstand mehr, weder bei Tag und ebensowenig bei der Nacht, nur haben sie bei Tag noch einen schwachen Schimmer, so daß sie den Tag von der Nacht sondern können; die Stockblinden aber haben keinen Schimmer und können den Tag von der Nacht nimmer unterscheiden.

[12] Und sieh, wie aber die Menschen mit ihrer fleischlichen Sehe gar so unterschiedlich beschaffen sind, eben also und oft noch um vieles unterschiedlicher sind sie beschaffen in ihrer geistigen Sehe. Und du hast eben auch einen starken Gesichtsfehler, und zwar in deiner Seele bei weitem stärker denn in deiner fleischlichen Sehe. Ich sage es dir: du bist außerordentlich kurzsichtig in deiner Seele!«

160. Erklärung der Schöpfungsgeschichte Mosis, Kapitel 1, Vers 14–19 (vierter Tag). Gerechte Kritik des Wortlautes. Es gibt nur e i n e Feste: der Wille Gottes. Die Feste Mosis: der Himmel im Menschen. Wesen der Kindschaft Gottes als höchste Bestimmung des Menschen.

[1] **(Der Herr:)** »Wie liest du denn in der Genesis? Steht es nicht also geschrieben:

[2] ›Und Gott sprach: ‚Es werden Lichter an der Feste des Himmels, die da scheiden Tag und Nacht und geben Zeichen, Zeiten, Tage und Jahre, und seien zwei Lichter an der Feste des Himmels, daß sie scheinen auf Erden!' Und es geschah also. Und Gott machte zwei große Lichter, ein großes Licht, das den Tag regiere, und ein kleines Licht, das die Nacht regiere, und dazu auch Sterne. Und Gott setzte sie an die Feste des Himmels, daß sie schienen auf die Erde und den Tag und die Nacht regierten und schieden Licht und Finsternis. Und Gott sah, daß es gut war. Da ward aus Abend und Morgen der vierte Tag.‹

[3] Sieh, also lautet wörtlich die Schöpfungsgeschichte des vierten Tages, durch die eigentlich nach der Genesis der vierte Tag bedingt wird.

[4] Wenn du diese Sache nur ein wenig näher beleuchtest mit – sage – deinen bloß natürlichen Verstandeskräften, so muß dir ja auf den ersten Blick der dickste Unsinn in die Augen fallen, so du den Wortlaut der Genesis für deren Sinn hältst!

[5] Schuf Gott laut der Genesis doch schon am ersten Tage das Licht, und es ward also aus dem Abend und Morgen der erste Tag. Sage, was war denn das für ein Licht dann, das für drei Tage wohl genügte, den Tag und die Nacht zu bewirken? Am vierten Tage aber spricht Gott wieder: ›Es werden Lichter am Himmel!‹ Frage: Was denn für Lichter, die den Tag und die Nacht scheiden sollen? Hat ja doch schon das am ersten Tage geschaffene Licht vorher drei Tage zuwege gebracht; warum nun am vierten Tage noch mehr Lichter für eine und dieselbe Verrichtung? Dazu ist nur von ›Lichtern‹ die Rede; aber von einem Monde und einer Sonne geschieht nicht die leiseste Erwähnung! Diese Lichter bewirken dazu auch noch Zeichen – was für Zeichen denn? –, endlich Zeiten – welche denn? –, und Tage und Jahre –

was für Tage und Jahre denn? – Ist denn die Nacht nichts? Wird die Nacht nicht so gut wie der Tag gezählt?

[6] Und dazu ist die Erde kugelrund und hat auf einer Seite stets gleich Tag und auf der andern Seite stets gleich Nacht. Je nachdem sich die Erde vom Abend bis gen Morgen hin dreht um ihre Achse, wird dort stets Tag sein, wo die Länder sich der Sonne gegenüber befinden oder vielmehr durch die beständige und immer gleichmäßige Drehbewegung der Erde gewisserart unter die Sonne geschoben werden.

[7] Wenn aber unstreitig also der natürliche Tag auf der Erde durch ihre eigentümliche Bewegung zustande gebracht wird, wobei die Sonne nichts tut, als daß sie auf einem Flecke gleichfort leuchtet und durch ihr Licht alldort den Tag bewirkt, wo ihre Strahlen hindringen, und sogestaltig nicht und nimmer den Tag regieren kann und mag, – frage: Wie sollte da Moses unter seinen Lichtern die Sonne und den Mond gemeint haben? Und hätte Moses da die natürliche Sonne und den natürlichen Mond gemeint, so hätte er zur größeren Verdeutlichung seiner offenbarlichen Kundgabe an die Menschheit diese beiden Lichter am Himmel sicher benannt; denn zu Mosis Zeiten wußten schon alle Menschen diese beiden Gestirne zu benennen!

[8] Dazu spricht Moses von einer Feste am Himmel, die eigentlich im natürlichen Raume nirgends besteht, indem Sonne, Mond und alle Sterne sowie diese Erde selbst im völlig freiesten, mit nichts und nirgends eingeschränkten Äther schweben und durch das in sie gelegte Gesetz in ihrem zweckdienlichen Stande erhalten werden, eine freie Bewegung haben und nirgends an irgend eine himmlische Feste angeheftet sind!

[9] Denn es gibt nur eine Feste im endlosen und freiesten Raum, und diese ist der Wille Gottes, aus dem ein ewig unwandelbares Gesetz solchen Raum und alle Dinge in ihm erfüllt.

[10] Wäre das, was sich eurem Auge als ein überweit gespanntes blaues Gewölbe zeigt, eine Feste, und Sonne, Mond und all die Sterne wären an dieselbe gleichsam angeheftet, wie könnten sie sich bewegen und besonders die euch bekannten Planeten in einem fort ihre Plätze verändern?

[11] Die andern Sterne, die ihr die festen *(d. h. Fixsterne)* nennet, scheinen freilich also, als wären sie an irgendeine Feste angeheftet; aber es ist dem nicht also. Sie sind von der Erde nur so überweit entfernt und ihre Bahnen sind so weit gedehnt, daß sie solche oft kaum in mehreren Hunderttausenden von Erdjahren zurücklegen und aus solchem Grunde ihre Bewegungen auch selbst von hundert Menschenaltern gar nicht wahrgenommen werden können. Und das ist der Grund, darum sie euch als förmlich feststehend erscheinen; aber in der Wirklichkeit ist es anders, und es gibt nirgends eine sogenannte Feste im ganzen unendlichen Raume.

[12] Die Feste, die Moses meint, ist der aus dem rechten Verständnisse und aus der Liebe, welche ist das gesegnete Erdreich des Lebens, hervorgehende feste Wille nach der göttlichen Ordnung. Weil solcher Wille aber nur aus der fruchtbringenden Fülle der wahren Gottesliebe im Menschenherzen, so wie diese selbst aus dem himmlischen Lichte, das Gott in den Menschen ausgoß, als Er dessen innere Finsternis teilte in Abend und Morgen, hervor-

gehen kann, so ist diese rechte Liebe und die rechte Einsicht und ein rechter Verstand, das alles sich im Menschen als ein lebendiger Glaube bekundet, der Himmel im Menschen, und der daraus hervorgegangene feste Wille in der Ordnung Gottes ist die Feste des Himmels im Menschen, und an solche Feste gibt Gott, so solche Feste vollends nach dem Liebewillen Gottes in der rechten Ordnung ist, neue Lichter aus dem Himmel der Himmel, welcher da ist die reine Vaterliebe im Herzen Gottes; und die Lichter beleuchten dann den Willen und erheben ihn zur Einsicht der Engel des Himmels der Himmel und erheben dadurch den geschaffenen Menschen zum ungeschaffenen, nun durch den eigenen freien Willen sich selbst in der göttlichen Ordnung neu umgestaltet habenden Kinde Gottes!«

161. Fortsetzung der Erklärung der Schöpfungsgeschichte Mosis. Vom natürlichen vergänglichen Menschen und vom eigentlichen ewigen Menschen. Die zwei großen Lichter oder vom Wesen des ewigen Geistes und vom Wesen der Seele. Was die Sterne bedeuten. Der vierte Schöpfungstag.

[1] **(Der Herr:)** »Solange der Mensch Geschöpf ist, ist er zeitlich, vergänglich und kann nicht bestehen; denn ein jeder Mensch, wie er naturmäßig geschaffen ist, ist nichts als nur ein taugliches Gefäß, in dem sich erst ein rechter Mensch durch beständige göttliche Mitwirkung entwickeln kann.

[2] Wenn das äußere Gefäß den hinreichenden Grad der Ausbildung gewonnen hat, wozu Gott das Gefäß mit allen nötigen Bestandteilen und Eigenschaften zur Übergenüge wohl eingerichtet hat, dann erweckt oder vielmehr entwickelt Er Seinen ungeschaffenen ewigen Geist im Menschenherzen, und dieser Geist ist nach dem Maße seiner Auswirkung das, was Moses unter den zwei großen Lichtern, die an die Feste des Himmels gestellt werden, versteht und verstanden haben will, wie es auch alle Patriarchen und Propheten also und nie anders verstanden haben.

[3] Dieses ewige, ungeschaffene, vollauf für ewig lebendige Licht an der Himmelsfeste im Menschen ist dann erst der vollwahre Dirigent des wahren Tages im Menschen und lehrt das frühere Gefäß, sich völlig in sein ewig ungeschaffenes Gottwesen umzugestalten und also den ganzen Menschen zu einem wahren Gotteskinde zu machen.

[4] Ein jeder geschaffene Mensch aber hat eine lebendige Seele, die da auch wohl ein Geist ist und die notwendige Fähigkeit hat, Gutes und Wahres und Böses und Falsches zu erkennen, das Gute und Wahre sich anzueignen und das Böse und Falsche aus sich zu verbannen; aber sie ist dessenungeachtet kein ungeschaffener, sondern ein geschaffener Geist und kann als solcher für sich nie die Kindschaft Gottes erreichen.

[5] Wenn sie aber nach dem ihr gegebenen Gesetze das Gute und Wahre angenommen hat in aller Demut und Bescheidenheit ihres Herzens und ihres ihr von Gott eingepflanzten freien Willens, dann ist solcher demütige, bescheidene und gehorsame Wille, um so recht handgreiflich zu reden, zu einer rechten Himmelsfeste geworden, weil er sich eben nach dem in die

Seele des Menschen gelegten Himmlischen gebildet hat, und ist also ganz geeignet, das rein ungeschaffene Göttliche in sich aufzunehmen.

[6] Das rein Göttliche, oder der ungeschaffene Geist Gottes, der nun für ewig an solche Himmelsfeste gestellt wird, ist das große Licht; die Seele des Menschen aber, die durch das große Licht denn auch zu einem nahezu gleich großen Lichte umgestaltet wird, ist das zweite, kleinere Licht, das aber nun gleich dem ungeschaffenen großen Lichte an dieselbe Himmelsfeste gestellt und vom ungeschaffenen Lichte zum mitungeschaffenen Licht umgestaltet wird, ohne an seiner naturmäßigen Beschaffenheit etwas zu verlieren, sondern in einem vollends geistig geläuterten Sinne unendlich vieles zu gewinnen. Denn die Seele des Menschen für sich könnte ewig nie Gott in Seinem reinsten Geistwesen erschauen, und umgekehrt könnte der reinste ungeschaffene Gottesgeist nie das Naturmäßige erschauen, da es für ihn keine materielle Naturmäßigkeit gibt. Aber in obbesagter voller Verbindung des reinsten Geistes mit der Seele kann nun die Seele durch den ihr zugekommenen neuen Geist Gott erschauen in Seinem urgeistigen reinsten Wesen, und der Geist durch die Seele das Naturmäßige.

[7] Das ist es, was Moses sagt, daß das eine große Licht regiere den Tag und das kleine Licht die Nacht und bestimme die Zeichen, das ist: in aller Weisheit den Grund aller Erscheinlichkeit und aller geschaffenen Dinge, also auch bestimme die Zeiten, Tage und Jahre, was soviel sagen will als: in allen Erscheinungen erkennen die göttliche Weisheit, Liebe und Gnade.

[8] Die Sterne aber, von denen Moses auch erwähnt, sind die zahllosen nützlichen Erkenntnisse in allen einzelnen Dingen, welche einzelnen Erkenntnisse natürlich aus der einen Haupterkenntnis kommen und daher an dieselbe Himmelsfeste wie die zwei Hauptlichter gestellt sind.

[9] Und sehet, das ist endlich der vierte Schöpfungstag, von dem Moses in seiner Genesis Erwähnung macht, der aber leicht begreiflich, so wie die früheren drei, aus demselben Abend und Morgen des Menschen hervorgegangen ist.«

162. Der fünfte und sechste Schöpfungstag Mosis. Die natürliche Entstehung der Erde und des Menschen. Warnung vor dem Vielwissen. Mahnung zum Suchen des Gottesreiches in sich.

[1] **(Der Herr:)** »Auf daß ihr Mich dann aber in dieser Hinsicht nicht weiter fraget, welche Bewandtnis es dann sogestaltig mit dem fünften und sechsten Schöpfungstage habe, so sage Ich es euch in aller Kürze, daß die nachträgliche Erschaffung der gesamten Tierwelt und endlich des Menschen selbst nichts anderes bezeichnet als die volle Lebendigwerdung und sichere Realisierung alles dessen, was der Mensch in seinem naturmäßigen Teile in sich faßt.

[2] Sein Meer und all sein Gewässer wird voll Lebens, und der Mensch erkennt und erschaut in seinem nun rein göttlichen, ungeschaffenen Lichte die zahllose und endlos mannigfache Fülle der schöpferischen Ideen und

Formen und wird auf diese Art seiner rein göttlichen Abkunft inne. Und durch die erzählte Erschaffung des ersten Menschen wird dargestellt die vollendete Menschwerdung oder die Überkommung der vollkommenen Kindschaft Gottes.

[3] Freilich fragst du nun ganz geheim bei dir im Herzen und sagst: ›Ja, ja, das ist wohl alles ganz gut, weise und herrlich, und niemand kann die vollste Wahrheit alles dessen in den geringsten Zweifel ziehen; aber wie ist dann diese Erde, die doch unmöglich von Ewigkeit also dasein kann, wie sie nun ist, entstanden? Wie ist sie mit Gräsern, Kräutern, Gesträuchen und Bäumen aller Art bewachsen worden? Wie entstanden all die Tiere, und wann?

[4] Und wie wurde der Mensch ein Bürger dieser Erde? Wurde wirklich nur e i n Menschenpaar, wie die Genesis anzeigt, geschaffen, oder wurde auf die Erde sogleich eine Menge Menschen von verschiedener Farbe, Gestalt und Charakter gesetzt?‹

[5] Auf solche eben nicht zu tadelnde Fragen kann Ich dir nichts anderes sagen, als was Ich dir schon gesagt habe, nämlich: So dir die Weisheit der Engel eigen ist, dann wirst du aus dem rein Geistigen in rückgängiger Entsprechung ins Naturmäßige hinaus auch die ganze natürliche Schöpfung auf ein Haar aus dem finden, was Moses in seiner Genesis sagt, und wirst finden, daß die naturmäßige Schöpfung, freilich in sehr gedehnten Perioden, fast in derselben Ordnung aufeinanderfolgt, wie sie in der Genesis erzählt wird, und die Entstehung des ersten Menschenpaares nahe in dieselbe Zeit fällt und seine Probung und seine Fortpflanzung am Ende bis auf Weniges, in entsprechende Bilder Eingehülltes, gerade in der Ordnung also folgt, wie es im weiteren Verlaufe der Genesis erzählt und dargetan wird.

[6] Aber wie gesagt, ohne die Weisheit der Engel magst du solches wohl nimmer finden, und besäßest du auch alle Weisheit der Weisen der ganzen Erde, die da auch über diesen Punkt schon die verschiedensten Ansichten und Meinungen gewechselt haben.

[7] Es ist aber solche Wissenschaft auf dieser Welt auch für keinen Menschen von irgendeinem besonderen Nutzen, weil der Mensch durchs viele Wissen eigentlich in seinem Herzen selten oder gar nie um ein bedeutendes besser wird, wohl aber gar oft schlimmer. Denn der Vielwissende wird nicht selten stolz und hochmütig, schaut dann hochtrabend auf seine Brüder von seiner vermeinten unerreichbaren Höhe herab wie ein Geier auf die Sperlinge und anderes kleines Gevögel, als seien diese bloß da, damit er sie fange und ihr zartes Fleisch verzehre.

[8] Suche du vor allem das Gottesreich in deinem Herzen und dessen Gerechtigkeit, um alles andere kümmere dich wenig; denn solches alles samt der Weisheit der Engel kann dir über Nacht gegeben werden. Ich meine nun, daß du Mich vollends verstanden hast!?«

163. Der Pharisäer Antwort an den Herrn auf Seine Erklärung der Schöpfungsgeschichte Mosis. Des Herrn Vorhersage vom Gericht über Jerusalem. Vom Schweigen über das Geistig-Geschaute und -Erfahrene.

[1] Als der Pharisäer und dessen Genossen solche gedehnte Erklärung über die Genesis von Mir erhalten hatten, standen sie alle wie gelähmt vor Mir, und **der Hauptpharisäer** sagte nach einer Weile sichtlich starken Nachdenkens: »Herr! Meister aller Meister in allen Dingen! Ich und wir alle sehen nun, obschon nicht ohne großes Leidwesen, ein, daß Du in allen Dingen vollkommen recht hast, und daß alles, was Du redest, volle reine Wahrheit ist. Aber ich sagte nicht umsonst: Nicht ohne großes Leidwesen sehen wir das nun ein! Denn mit solcher für diese arge selbstsüchtigste Welt zu heilig hoher Weisheit wirst Du ohne ganz besondere Wunder völlig tauben Ohren predigen, und so Du Wunder wirken wirst, da wirst du blinde Zuseher haben und somit wenig ausrichten.

[2] So der Mensch, um sich selbst erst zu einem rechten Menschen zu gestalten, vollkommen frei sein muß in seinem Wollen und Handeln, da magst Du predigen und Wunder wirken, wie Du willst, so wird sich doch aus hundert kaum einer wahrhaft daran kehren. Denn ist jemand vom Grunde aus schon zu dumm und hat keine wie immer geartete Bildung in irgendeinem den Menschen nötigen und ersprießlichen Fache, so kann er Deine Lehre unmöglich fassen. Hat er aber nur um einen Grad zu viel und daher gar leicht begründeten Verstandes, sei es in der Schrift oder in einer andern Wissenschaft und Kunst, und verbindet damit irgendeinen irdischen Vorteil, an dem etwa gar noch ein bedeutendes Ansehen der Person haftet, so magst Du den Vater Jehova unter Blitz und Donner für Dich reden lassen, und solche Menschen werden das tun, was unsere Vorfahren in der Wüste unter Moses getan haben, wo sie, während Moses auf Sinai unter Donner und Blitz mit Jehova redete und von Ihm die heiligen Gebote überkam, sich aus Gold ein Kalb gossen, dann um dasselbe in heidnischer Weise tanzten und es dadurch anbeteten!

[3] Wüßte ich nicht, wie die Pharisäer, Schriftgelehrten und all die Priester und Leviten, besonders in Jerusalem, beschaffen sind, so würde ich mich kaum getrauen, solches zu Dir zu reden; aber ich kenne dieses Volk nur zu gut, habe mich aus dem Grunde vom Tempel auch so hübsch weit entfernt und besuche ihn auch nicht mehr.

[4] Kehrst Du Dich etwa wieder einmal nach Jerusalem, so nimm ja eine große Portion Allmacht mit, sonst wirst Du gesteinigt als ein Gotteslästerer! Denn wer da nur um ein Haar klüger sein will als sogar ein gemeinster Feger der Tempelhallen, der wird sogleich als ein Ketzer und Gotteslästerer gescholten, und so er sich nicht mit einem tüchtigen Opfer bekehrt, steht ihm außerhalb der Stadtmauer auf der Fluchstätte ohne alle Gnade die Steinigung bevor!

[5] Für Jerusalem, sage ich Dir, Du mein göttlichster Freund, gibt es nur eine Kur, und diese ist jene von Sodom und Gomorra! Sonst gibt es kein Heil mehr für diese Stadt und deren Bewohner!«

[6] Sage **Ich:** »Freund! Was du Mir hier sagtest, wußte Ich schon lange! Ja, Ich sage es dir, das wird auch das Ende von Jerusalem sein! Aber zuvor muß in solcher Stadt noch alles das geschehen, was über sie von all den Propheten geweissagt worden ist, auf daß alle Schrift erfüllt und ihr Maß voll wird. Und ihr werdet von heute an nicht Siebzig zählen, und nicht ein Stein wird auf dem andern gelassen werden! Und so da jemand fragen wird und sagen: ›Wo stand denn der Tempel?‹, da wird sich niemand vorfinden, der dem Forscher Bescheid gibt!

[7] In den Mauern dieser Stadt sind viele Propheten ermordet worden. Ich weiß von allen, ihr Blut schrie in die höchsten Himmel um Rache wider solche schändlichsten Frevler; aber das Maß, was dieser Stadt die Hölle gab, ist noch nicht völlig voll geworden, und sie wurde darum noch geschont. Nun aber ist ihr Maß in Kürze voll, und sie wird nimmer verschont werden!

[8] Bevor wir aber nun diesen Berg verlassen, gebe ich euch allen ein streng zu beachtendes Gebot, und solches bestehe darin, daß da niemand aus euch allen von dem, was ihr auf diesem Berge gesehen habt, jemandem unten in der Tiefe eher davon etwas erzählet, als bis Ich euch dazu im Geiste ermächtigen werde. Wer solch Mein Gebot nicht beachten wird, soll mit augenblicklicher Stummheit gezüchtigt werden; denn das Volk in der Tiefe ist dazu noch lange nicht reif, und ihr selbst auch noch nicht zur Genüge.

[9] Was Ich aber hier gelehrt habe, darüber besprechet euch mit euresgleichen also, als hättet ihr es nicht von Mir vernommen, sondern als wäre solches auf eurem höchst eigenen Grund und Boden gewachsen! Nur wenn eure Freunde gleichsam in solche eure Lehre lebendig eingegangen sein werden, sodann erst möget ihr es ihnen unter vier Augen sagen, von wem ihr solche Lehre empfangen habt, und welche Zeichen ihr vorangegangen sind!

[10] Aber vergesset es dann nicht, den also Unterrichteten in Meinem Namen dasselbe Gebot und mit derselben Sanktion zu geben, die Ich euch allen nun hier gegeben habe!

[11] Ihr werdet aber die kurze Zeit hindurch, die wir uns noch auf dieser Höhe aufhalten werden, noch manches Wunderbare erleben; denn Mich dürstet es danach, euch in eurem Glauben so stark als möglich zu machen. Aber bei allem, was ihr noch sehen und hören dürfet, beachtet das soeben gegebene Gebot; denn bei Nichtbeachtung solches Gebotes würde jeden von euch auf ein Jahr die angedrohte Züchtigung treffen!«

164. Judas Ischariots Bericht von seiner Luftreise und seine unnützen Fragen. Des Herrn Antwort und des Thomas Rüge.

[1] Sagte **Judas** Ischariot: »Herr! Das ist ein hartes Gebot! Wer wohl wird es ganz und streng beachten können?«

[2] Sage **Ich:** »Gott hat auch das Sterben des Leibes zu einem unerläßlichen und unwandelbaren Gesetz gemacht und nimmt Sein heiliges Wort doch trotz all des Jammers der Menschen nicht zurück! Du magst nun reden

und hadern, wie du willst; aber sterben mußt du am Ende dennoch! Erst jenseits wirst du es einsehen, daß dir solches Sterben höchst notwendig war.

[3] Und sieh, gerade also steht es mit jedem Gebot, das da kommt aus dem Munde Gottes! Mache es dir selbst zum Gesetz, dann wirst du es ganz leicht zu beachten imstande sein; schreibst du dir selbst aber ein anderes Gesetz vor, als das Ich dir gebe, so wirst du Mein Gesetz schwer zu beachten imstande sein. Denn wo ein Gesetz wider das andere ist, da wird die Beachtung eines wie des andern Gesetzes schwer oder am Ende ganz und gar unmöglich. Verstehst du solches?

[4] Ich sage es dir! Habe wohl acht auf dich und sieh sehr genau zu, daß nicht etwa mit der Zeit irgend ein Widergesetz in dir dein Tod werde!«

[5] Sagt **Judas:** »Aber was soll wieder das heißen? Du sprichst denn doch immer gleich der Vogelschrift der Ägypter, die nun kaum irgend ein Weiser mehr lesen und noch weniger verstehen kann! Was ist denn ein Widergesetz im Grunde des Grundes? Wie kann ich mir selbst ein Gesetz geben, das mir ein anderer gab? Ich kann es nur beachten oder aber auch nicht beachten, und das steht in meinem freien Willen und in keinem Widergesetze!«

[6] Sage **Ich:** »Ich sage dir, wenn du gleichfort so dumm bleibst, als wie du nun bist, so ist es dir besser, wieder nach Bethabara zurückzukehren; denn also bist du Mir ärgerlich und widrig!

[7] Wo kommen denn die Gesetze her? Etwa von irgendwo anders als allein nur vom Willen dessen, der die Macht und Gewalt hat, Gesetze zu geben und sie zu sanktionieren?! Hat aber nicht ein jeder Mensch die vollkommene Macht über sich und kann tun, was er will? Will er die äußeren Gesetze zu den seinigen machen, so wird er sie sicher leicht beachten; will er aber das nicht, so hat er seinen Willen zum Widergesetze und muß sich am Ende die Sanktion des äußeren Gesetzes gefallen lassen.«

[8] **Judas** macht zu dieser Erklärung zwar ein saures Gesicht, sagt aber doch: »Ja, jetzt verstehe ich die Sache, und so ist es gut. Aber so Du oft gar verdeckt sprichst, so wird es mir angst und bange, und da muß ich denn stets wieder fragen, bis mir die Sache klar wird, besonders wo es sich um ein Gesetz handelt, das durchaus etwas schwer zu halten sein dürfte für so manchen aus uns, auch für mich, was zu gestehen ich mich gar nicht scheue. Aber sieh, Herr, so Dich jemand anders um etwas fragt, so gibst Du ihm sogleich in aller Freundlichkeit einen besten Bescheid; frage ich Dich aber um etwas, so wirst Du stets unfreundlich, und ich getraue mich dann kaum mehr, Dich um etwas, wenn es auch noch so wichtig wäre, zu fragen.

[9] Sieh, meine vorgestrige sonderbarste Reise durch die Luft, und das in einer unglaublichen Geschwindigkeit, so daß ich am Boden der Erde nichts ausnehmen konnte außer einen breiten, überschnell vorüberschießenden Streif, geht mir noch immer nicht ein; da möchte ich denn doch von Dir erfahren, wie solches möglich war! Denn ich war von hier vielleicht am weitesten, und zwar weit hinter dem jenseitigen Ufer des Meeres, und hätte zu Fuß einen Weg von vier bis fünf Tagen zu machen gehabt.

[10] Ich hatte gerade in einem griechischen Dorfe ausgepredigt, fand aber leider keine besonders geneigten Ohren und Herzen, obgleich ich meh-

rere ihrer Kranken geheilt habe; ich ward darob ärgerlich und verließ das dumme Nest. Wie ich aber etwa gegen tausend Schritte außer dem Dorf ganz mutterseelenallein mich befand – denn Bruder Thomas hat mich nach Griechenland nicht begleiten wollen –, so kam ein Wirbelwind mir entgegen, und ehe ich mich's versah, war ich schon hoch in der Luft. Da stieß ein unbeschreiblich heftiger Windstoß mich in der Richtung hierher, und zwar in der vorbezeichneten Schnelligkeit – so, daß ich, wie schon gesagt, in solchem Fluge von dem, was sich am Boden der Erde befand, nicht im geringsten etwas auszunehmen imstande war, selbst das Meer nicht anders als wie einen vorüberzuckenden Blitz. Ich hatte gar nicht Zeit zu denken gehabt, wie es mir ergehen werde, so mir unterwegs etwa ein Fels den freien Luftweg vertreten sollte, an dem ich sicher in viele Hunderttausende von Tropfen zerschellt wäre! Wie mußte ich aber hier staunen, als ich nach solch heftigstem Zuge durch die Luft hier vor Dir, o Herr, ganz sanft auf den Boden gesetzt wurde!

[11] Darum aber möchte ich denn nun von Dir nur durch ein paar Wörtlein in die Erfahrung bringen, wie denn solches möglich war.«

[12] Sage **Ich:** »Freund! So du weißt, Wer Ich bin, wie magst du fragen, wie solches Mir möglich sei, oder durch welch ein Mittel dir solches geschah? Sind denn bei Gott nicht alle Dinge möglich? Siehe an die Wolken! Wer trägt sie? Du hast früher gehört, wie Ich allen die Beschaffenheit der Erde, des Mondes, der Sonne und vieler anderer Sterne, die zumeist für deine Begriffe endlos große Sonnen sind, erklärte.

[13] Siehe, die großen und somit auch überschweren Weltkörper schweben frei in der endlos weit nach allen Seiten und Richtungen gedehnten Ätherluft und haben für deine Begriffe eine nahe fabelhaft schnelle Bewegung!

[14] Frage: Wer trägt all die Zahllosen in einer unwandelbaren Ordnung durch die freien, endlosen Räume? Denke darüber ein wenig nach, und du wirst das höchst Alberne deiner Frage nur zu leicht und zu geschwind einsehen! Und somit ist dir deine Frage mehr denn zur Übergenüge klar beantwortet!«

[15] Tritt **Thomas** hinzu und sagt: »Aber wenn du nur ein einziges Mal mit einer des Herrn würdigen Frage hervorkämest! Haben denn nicht wir alle, die wir ausgesandt worden sind, die gleiche Luftreise hierher gemacht? Wir wissen aber, daß Er es also gewollt hat, und uns ist dadurch die ganze, wennschon höchst ungewöhnliche Hierherreise durch die Luft mehr als zur Übergenüge erklärt! Glaubtest du fester und lebendiger, Was und Wer unser Herr und Meister ist, so könnte dir solch eine Frage wohl nicht einmal im schlechtesten und dümmsten Traume einfallen!«

[16] Sagt **Judas:** »Hast mich schon wieder? Nun, wenn's dich freut, so habe mich denn! Diesmal ärgert es mich wenigstens nicht, weil ich es selbst einsehe, daß ich den Herrn mit einer sehr dummen Frage belästigt habe, – was ich aber in der Folge sicher nimmer tun werde.«

[17] Sagt **Thomas:** »Dann werden wir auch ganz gute Freunde und Brüder sein, und ich werde dich nicht mehr hofmeistern!«

[18] Sage **Ich:** »Seid nun einmal ruhig; denn Kisjonah hat sein Mahl bereitet, und wir wollen für unsern Leib eine nötige Stärkung nehmen! Nach dem Mahle wird sich dann schon zeigen, was da alles noch zu tun sein wird. Und also sei es, und bei dem verbleibe es!«

165. Der hl. Gesellschaft fröhliches Beisammensein auf der Alpe. Kisjonahs Frage an die drei Engel: »Warum müssen die Menschen geboren werden?« Die reinen Engel, die gefallenen Geister und die Menschen. Das Fleisch nicht Zweck, sondern Mittel zur geistigen Entwicklung der Seele.

[1] Alles begibt sich nun in die Hütten und verzehrt das Mahl, und es ist nun wohl keiner, daß er da nicht guter Dinge, also heiter und fröhlich, wäre.

[2] Nach dem Mahle sagt Kisjonah, daß er nun, so Ich damit einverstanden wäre, vor dem Abende noch einige besondere Punkte seiner Alpe besuchen, seinen Hirten den Lohn geben und bei solcher Gelegenheit auch sehen möchte, wie es mit seinen Schafherden stehe, und wieviel Wolle die Hirten schon gesammelt hätten.

[3] Sage **Ich:** »Weißt du, morgen ist der Vorsabbat, den Ich noch auf diesen Bergen zubringen möchte; heute aber, da wir uns beim Mahle lange aufgehalten haben und der Tag nur noch ein paar Stunden dauern wird, wollen wir bloß so recht fröhlich hier beisammen verbleiben und uns über so manche recht wichtigen Dinge besprechen, und ihr sollt an diesem Abend noch so manches erleben; darum möchte Ich, daß wir heute hier beisammen verblieben!«

[4] Sagt **Kisjonah:** »Herr, jeder Wunsch Deines Herzens ist mir ein heiligstes Gebot! Aber jetzt komme ich gleich zuerst mit einer Frage, und diese betrifft eben jene drei Männer, die vor ein paar Tagen von Morgen her in großem Glanze zu uns gekommen sind, mehr in der Luft schwebend als mit ihren Füßen die Triften der Berge berührend. Diese drei Männer sind nun gleichfort in unserer Gesellschaft, reden mit uns, essen und trinken mit uns, sind äußerst gefällig und dienstfertig und sehen nun, bis auf eine viel edlere Gestalt als die unsrige, gerade also aus wie wir.

[5] Mir kommt es nun schon so vor, daß sie gleichfort bei uns verbleiben werden, – was mir endlos lieb wäre. Ich habe sie ehedem umarmt und geküßt, und siehe, sie hatten Knochen und einen durchgehends festen, kräftigen Leib, so, daß ich mich darob hoch verwundern mußte!

[6] Meine Frage geht also dahin, daß ich von Dir erfahren möchte, wie solches möglich ist. Früher waren sie pure Geister, und nun sind sie so gut körperliche Menschen, wie wir es sind; woher haben sie den Leib genommen? Und so diese sogleich den Leib bekommen haben und, wie sich's zeigt, einen viel vollkommeneren als wir, könnten denn nicht alle Menschen ebenso in diese Welt gesetzt werden, anstatt durch höchst mühsame Geburt?«

[7] Sage **Ich:** »Fürs erste könntest du diese drei Engel nicht sehen und nicht als körperlich fühlen, so Ich dich nicht dazu für diese Zeit also einge-

richtet hätte, daß nun deine Seele ganz offen mit ihrem Geiste vereint durch den Leib hindurch alles Geistige schauen kann und dasselbe so gut sieht und wahrnimmt, als wäre es Naturmäßiges und somit fest Körperliches; aber es ist und bleibt dennoch ganz Geistiges und hat nichts Körperliches in sich.

[8] Jeder Mensch und jeder Geist aber sind dadurch groß verschieden, daß ein Geist, wie nun die drei Engel hier sind, von Uranbeginn seine Freiheit aus freiem Willen weise in Meiner Ordnung gebraucht und sich fortan ewig nie wider dieselbe versündigt hat. Ein großer Teil von für deine Begriffe zahllos vielen Geistern aber haben die Freiheit ihres Willens mißbraucht und sind dadurch ins angedrohte Gericht versunken; und aus solchen Geistern, aus denen eigentlich diese ganze Erde und alle zahllos vielen andern Welten, als Sonne, Mond und Sterne, bestehen, kommen nach einem in alle Natur unwandelbar gelegten Gesetze die Naturmenschen dieser Erde wie auch die Menschen aller andern Welten hervor, und zwar auf dem dir bekannten Wege der vorhergehenden Zeugung und nachherigen Geburt, und müssen also erst durch Erziehung und Unterricht zu Menschen und nach der Ablegung ihres Leibes zu reinen und vollends freien Geistern herangebildet werden.

[9] Da also das Fleisch des Menschen hauptsächlich nur darum einem aus dem Gerichte gehobenen Geiste gegeben wird, daß er in selbem eine neue Freiheitsprobe wie in einer ganz eigenen Welt durchmache, so siehst du ja nun ganz leicht ein, daß den schon vollendeten Geistern der Leib aus Fleisch ganz unnötig wäre, indem das Fleisch nur ein Mittel, aber ewig kein Zweck ist und sein kann, da am Ende doch alles wieder rein geistig und nie mehr materiell zu werden hat.

[10] Ich sage es dir: Diese Erde und dieser ganze eigentlich körperliche Himmel, als Sonnen, Monde und alle Welten, werden einst vergehen, so alle die in ihnen gerichtet gehaltenen Geister durch den Weg des Fleisches zu reinen Geistern geworden sind; aber die reinen Geister bleiben ewig und werden und können ewig nicht vergehen, so wie Ich und Mein Wort nicht. – Sage Mir, ob du solches wohl begriffen und verstanden hast!«

166. Kisjonahs Verwunderung und gutes Verständnis des vom Herrn gegebenen Lichtes. Von der Erschaffung Adams. Vom Wesen des Mannes und des Weibes. Das gefallene Weib und sein schlechter Einfluß auf den Mann. Der Verfall der Menschheit. Von der Menschwerdung des Herrn und der Erlösung.

[1] Sagt **Kisjonah:** »O Gott, o Gott, ist das eine Weisheitstiefe! Wer hat je etwas Ähnliches gehört? Ja, solche Aufschlüsse kann wahrlich nur Gott geben; da ist die Weisheit aller Weisen der Erde eine vollste Nichtigkeit aller Nichtigkeiten! Nein, das ist denn doch zu viel auf einmal für einen sterblichen armen Sünder, wie da ich einer bin im vollsten Maße!

[2] Durch diese Enthüllung wird mir wie durch einen sogenannten Zauberschlag die ganze Genesis klar und ganz wohl verständlich!

[3] Nun verstehe ich, was es heißt: Gott schuf den Adam als den ersten

Menschen dieser Erde aus Lehm! Gott hat aus Seiner ewigen Ordnung also gewollt, daß die in der Erde gerichtet gefangenen Geister sich aus der Erde, die sie gefangen hielt, und zwar aus deren leichter fügbarem Lehm, einen Leib ganz nach der entsprechend geistigen Form bauen sollen, in dem sie sich mit vieler Freiheit bewegen könnten, ihr Ich und aus dem *(ergänzt: Ich)* Gott wieder erkennen und sich sogestaltig frei der göttlichen Ordnung unterordnen sollen, um dadurch zu ihrer urgeistigen Natur zu gelangen, nämlich ganz vollendet reine Geister zu werden, also – wie da sind die Urerzengel!

[4] Ja, ja, jetzt wird mir auf einmal alles klar! – ›Das Weib‹, heißt es, ›ward geschaffen aus der Rippe Adams‹; wie klar ist wieder das! – So wie entsprechend die Berge doch sicher der festere und somit auch hartnäckigere Teil der Erde sind und sogestaltig auch die hartnäckigeren Geister in sich fassen, also hatte sich auch im ersten wie in allen nachfolgenden Männern gewisserart der hartnäckigere Teil in die Knochen des Mannes gelagert, die mit den Bergen der Erde in der vollsten Entsprechung stehen.

[5] Das hartnäckigere Geistige, das mehr Sinnliche, Stolze und Hochmütige des Mannes ward durch Gottes Weisheit und Macht aus dem Manne geschieden und in einer dem Manne ähnlichen weiblichen Form dargestellt, die, als aus dem Manne stammend, mit ihm in einer lebendigen Entsprechung steht und dadurch und durch den Akt der Zeugung zur Erweckung einer lebendigen Frucht in ihr nach dem allmächtigen Willen Gottes fähig ist und, da ihr als dem harnäckigeren geistigen Teile des Mannes ein größeres Leiden auferlegt ist, ihren Geist ebenso vollenden kann als der Mann seinen sanfteren, – wodurch es dann nach der Schrift auch geschehen kann und geschieht, daß am Ende Mann und Weib eins werden.

[6] Denn der Ausdruck, daß Mann und Weib dann einen Leib haben, heißt doch sicher nichts anderes als: Obschon des Weibes Wesen der hartnäckigere Teil des Mannes ist, so wird es aber durch die im Verhältnisse stärkere Probung am Ende dem ohnehin sanfteren Geistteile des Mannes vollends gleich, und das ist es, was das besagt, daß Mann und Weib haben einen Leib. – Was sagst Du, o Herr, dazu? Habe ich diese Sache wenigstens annäherungsweise richtig erfaßt oder nicht?«

[7] Sage **Ich:** »Ganz vollkommen gut und wahr! Also ist es, und also auch sollte die Schrift im wahren Geiste gelesen werden und verstanden sein, so wäre es mit allen Menschen gut reden und zu ihrem ganz alleinigen Besten aus den Himmeln handeln! Aber so sind die Menschen, und zwar zuerst die Weiber, durch den zweiten Mißbrauch ihres freien Willens in alle Sinnlichkeit versunken, haben ihren von der Satana angeerbten schöneren Leib in Hülle und Fülle aufzuputzen angefangen und sind spröde, stolz und unwillig aus ihrer Selbstsucht geworden und zwangen dadurch den sanfteren Mann, in ihr Garn zu rennen, und er mußte, um von den Weibern erhört zu werden, ganz bereitwilligst und wie untertänig nach ihrer herrschsüchtigsten Pfeife zu tanzen anfangen und fand am Ende sogar ein besonderes Wohlgefallen daran, so er von der echten Satanslist der Weiber so recht armdick umstrickt war.

[8] Dadurch aber fiel er denn auch aus allen in ihm aufkeimenden Himmeln, ward dadurch finster, geil, selbstsüchtig, eitel und herrschgierig und ward somit samt dem Weibe rein des Teufels!

[9] Wohl mahnte den Mann von Zeit zu Zeit leise sein Geist durch die Erweckung der Liebe zum Leben, daß er lese die Schrift und betrachte die großen Werke Gottes! Es taten solches auch viele, indem sie sich zuvor aus dem Garne der Weiber frei gemacht hatten, mehr oder weniger. Aber es half das eben nicht viel; denn sie verstanden die Schrift nicht mehr, und weil sie selbst weibisch materiell geworden sind, so nahmen sie sogleich den materiellen Sinn des Buchstabens für eine vollgültige Goldmünze an und machten also das Wort Gottes zu einem Scheusale und den Tempel Gottes zu einer barsten Mördergrube!

[10] Ich sage dir und euch allen: So weit ist es bis jetzt gekommen, daß alle Menschen vollends verloren wären, so nicht Ich, der Herr Selbst, in diese Welt gekommen wäre, um euch zu erlösen aus dem Joche des Satans und dessen ewigem Verderben; und Ich Selbst werde das Äußerste tun müssen, um nur anfangs den kleinsten Teil der Menschen ins rechte Licht der Himmel zu erheben.«

167. Ein Freierevangelium. Der Verfall der Menschheit durch die Weiber. Ein Blick in unsere Zustände. Kennzeichen arger Weiber. Warnung vor der Ehe mit einem hoffärtigen Weibe. Fluch einer solchen Verbindung dies- und jenseits. Böses und Gutes regiert nicht zugleich in einem Herzen.

[1] **(Der Herr:)** »Wehe aber der Welt, wenn die Weiber sich wieder zu putzen und zu schmücken anfangen und auf den Thronen sitzen werden; dann wird die Erde durchs Feuer gelassen werden!

[2] Haltet daher alles auf eine gute Zucht der Weiber, lasset sie vor allem sich üben in der rechten Demut! Sie sollen rein, aber nie geputzt und geschmückt sein; denn der Weiber Putz und Schmuck ist des Menschen Grab und Untergang in allem!

[3] Wie aber da ist ein reines, wohlgesittetes, demütiges Weib ein rechter Segen eines Hauses, so ist ein geputztes und dadurch stolzes Weib ein Fluch über die ganze Erde und ist also ein Satan in kleinster Gestalt unter den Menschen und gleicht völlig einer Schlange, die durch ihre geilen Blicke des Himmels Vögel in ihren giftigen und tötenden Rachen lockt!

[4] Ich rate daher, ohne zu wollen, daß dieser Rat ein Gebot sein solle:

[5] So da jemand wählt und freien will um ein Weib, so sehe er, daß die Maid, um die er freit, nicht putzt ihren Leib – außer mit Wasser, was der Gesundheit des Leibes not tut – und auf der Gasse nicht trägt ein offenes Gesicht, was sich nicht geziemt für ein Weib, und auch nicht prunkt mit ihren sonstigen Reizen, sondern in allem züchtig ist, ihren Leib wohl bedeckt mit Linnengewand und zur Winterszeit mit ungefärbten Tüchern aus Schafwolle, auch keine Vielzünglerin ist und nicht prahlt, als hätte sie etwas;

denn es ist dem Weibe sehr heilsam, so sie nichts hat, als was ihr im höchsten Grade not tut. Eine solche Maid ist dann auch eines Mannes wert, und ihr sollet um sie freien. Aber um eine Reiche, Geputzte, Geschmückte, die in weichen und buntgefärbten Kleidern einhergeht, ein offenes Gesicht auf der Gasse zur Schau trägt, sich gerne begrüßen läßt von den Reichen und Angesehenen und zu den Armen sagt: ›Da sehet das stinkende Bettelvolk!‹ – Ich sage euch, – vor einer solchen Maid fliehet wie vor einem Aase!

[6] Denn eine solche Maid ist ein getreuestes Abbild der verlockenden Hölle in kleinster Gestalt, und wer eine solche freit, begeht eine gröbste Sünde wider die göttliche Ordnung und darf darauf rechnen, daß solch ein Weib, das auf der Erde schwerlich je besser wird, so sie eher stirbt denn der Mann, den ihr ins andere Leben folgenden Mann, wenn er selbst der Tugend ergeben war, aber sein Weib der irdischen Vorzüge wegen sehr geliebt hatte, sicher wenigstens auf eine bedeutend lange Dauer in die Hölle ziehen wird.

[7] Denn gerade also, wie solch ein Weib auf dieser Erde Trugmittel anwandte, um sich einen Mann zu fangen, den sich ihre Lüsternheit auserlesen hatte, ebenso, aber ums tausendfache verführerischer, wird sie jenseits ihrem ihr nachfolgenden Manne in aller erdenklichen Reizendheit entgegenkommen und ihn in ihr höllisches Nest ziehen. Und es wird sogestaltig dem Manne schwer werden, sich seinem Weibe zu entwinden.

[8] Darum beachtet das wohl, und wer da freit, der erkenne seine Braut zuvor genau und prüfe wohl alles, auf daß er sich nicht statt eines Engels einen Teufel an den Hals bindet, den er dann nicht leicht los wird!

[9] Die Kennzeichen habe Ich euch zur Genüge gezeigt; beachtet das, so werdet ihr Glück haben dies- und jenseits! Ich gebe es euch zwar nicht als ein Gebot, das euch binden solle, sondern nur, wie schon früher bemerkt, als einen guten Rat, der euch und allen eitlen Weibern besonders von großem Nutzen sein kann, so er befolgt wird.

[10] Denn wer aus euch also ein eitles und listig verführerisches Weib zurechtweist, daß es erkennt seine böse Torheit, dem soll einst im Himmel ein großer Preis zuteil werden.

[11] Wendet daher eure Augen ab von einem verführerischen Weibe; denn ein solches Weib ist geheim, ohne es zu wissen, mit dem Satan im Bunde und dient ihm unbewußt zu dessen verlockenden Zwecken.

[12] Will jemand aus euch den Satan in seiner ärgsten Gestalt sehen, so schaue er sich nur eine recht geputzte Dirne oder ein geziertes Weib an, und er hat den Satan in seiner für den Menschen gefährlichsten Gestalt gesehen!

[13] Wirkt der Satan als Drache und speit über die Erde Krieg, Hunger und allerlei Pestilenz, dann ist er den Menschen am wenigsten gefährlich; denn in solcher Not wenden sich die Menschen zu Gott, fangen an Buße zu tun und entgehen also der Hölle und ihrem Gerichte.

[14] Aber wann der Satan seine Drachen bekleidet mit dem Lichtgewande eines Engels, da ist er dem zur Sinnlichkeit von Natur aus geneigten Menschen am gefährlichsten, also, als wenn ein reißender Wolf im Schafskleide käme unter die Schafe! Kommt der Wolf als Wolf zu den Schafen, so fliehen diese nach allen Richtungen und verwirren den Todbringer, daß er

stehenbleibt und nachsinnt, welchem Schafe er nachstellen soll, und am Ende ohne Beute abziehen muß; kommt er aber im Schafspelze, da fliehen die Schafe nicht, sondern haben noch obendrauf eine Freude an dem neuen zu ihnen gekommenen Schafe, das ein Wolf ist, der die ganze Herde zerreißt, ohne daß auch nur ein Schaf vor ihm flieht.

[15] Sehet, diese Lehre und diesen Rat sollet ihr darum als ein Heiligtum in euren Herzen bewahren und euch streng danach also halten, als hätte Ich ein Gebot gegeben; dann werden eure Ehen mit dem Segen aus dem Himmel bekleidet sein, im Gegenteil – mit dem Fluche der Hölle!

[16] Laßt euch darum nicht verlocken von den blinden und trügerischen Reizen der Welt, sondern seid allzeit nüchtern und schätzet den Wert der Welt richtig; gebet nicht Gold und Perlen, die ihr nun aus den Himmeln empfangen habt, für die Torheiten der Welt, so werdet ihr untereinander stets Frieden haben und den Himmel vor euch offen sehen! Werdet ihr euch aber wieder von den Reizen der Welt gefangennehmen lassen, so werdet ihr es euch aber auch selbst zuzuschreiben haben, wenn der Himmel sich vor euch fester und fester verschließen wird; und so ihr in große Not gelangen und zum Himmel rufen werdet um Hilfe, da wird euch keine Hilfe werden! Denn es ist nicht möglich, daß jemand, der mit Wohlgefallen in was immer an der Welt hängt, zu gleicher Zeit stehen könnte in der segnenden Verbindung mit dem Himmel.

[17] Denn ein jeder Mensch ist also erschaffen und eingerichtet, daß er Böses und Gutes, Falsches und Wahres nicht in e i n e m Herzen nebeneinander ertragen könnte, entweder das eine oder das andere, aber ewig nie beides zugleich!

[18] Ja, er kann und muß beides erkennen in seinem Verstande; aber im Herzen kann nur entweder das eine oder das andere als Lebensgrund weilen.

[19] Habt ihr solchen Meinen Rat wohl begriffen und erfaßt?«

[20] Sagen **alle:** »Ja, Herr und Meister in aller göttlichen Weisheit!«

168. Von der Kultur und unseren Schulen. Das Eine, was not tut. Des Pharisäers Leid um die Verirrung der Menschheit. Des Herrn Winke über Sein heiliges Wort, die Welt und die Menschen. Der Menschen Verhältnis zu Gott.

[1] Hier tritt **ein Pharisäer** näher zu Mir und sagt: »Herr und Meister! Das ist alles sehr schön, gut und wahr, und es läßt sich dagegen nichts einwenden. Aber so die Menschen all die Stoffe, die die Erde ihnen so reichlich bietet, nicht sammeln und nach rechter Kunst verarbeiten, so wird die Erde bald als eine Wüste dastehen, und es wird auf ihr weder eine noch irgendeine andere Kultur erschaulich sein. Müssen nicht Häuser sein und Schulen aller Art? Nehmen wir das weg, dann wird die Menschheit in kürzester Zeit in einem vollends tierischen Zustande sich befinden. Man kann also die Welt denn doch nicht völlig auf die Seite setzen, solange man ein Bürger der Materie ist!?«

[2] Sage **Ich:** »Eure Schulen sind gerade dazu tauglich, um schon in den zarten Gemütern der Kinder allen Geist zu töten, und es wäre deshalb wenig schade um sie, so sie gänzlich eingingen; denn wahrlich sage Ich euch: So die Welt euer Lehrer ist, was Geistiges wollt ihr dann von ihr erlernen?

[3] Wer immer nicht im Herzen gelehrt wird von Gott, der bleibt in der Nacht der Welt, und das Licht des Lebens wird ihm ewig ferne bleiben!

[4] Wem aber nicht leuchtet das wahre Licht des Lebens von Gott ausgehend, der ist tot, und hätte er von der Welt auch alle Weisheit der Engel erlernt! Wie lange wohl wird sie ihm dienen?

[5] Bleibet daher in Mir, so werde auch Ich in euch verbleiben, und die Weisheit der Himmel wird eure Herzen lebendig erfüllen für ewig! Fasset und begreifet ihr solches?«

[6] Als **der Pharisäer** solche Belehrung aus Meinem Munde vernommen hatte, sprach er ganz düsteren und ernsten Angesichts: »O große, heilige, mit den Händen zu greifende Wahrheit! Wie herrlich, wie groß bist du! Wie glücklich könnten alle Menschen auf dieser Erde sein, so sie in solcher heiligen Wahrheit wären und ihren Lebenswandel danach einrichteten! Aber, o Herr, ein übergroßes Aber! Solange noch ein Tropfen von der Erde bestehen wird, oder solange Menschen diese Erde bewohnen werden, wird unter ihnen Habsucht, Neid, Geiz, Hochmut und die alles verderbende Herrschsucht sein, lauter Dinge aus dem Fundamente der Hölle; und auf solchem Boden wird solche Wahrheit, die wohl ungezweifelt aus den Himmeln ist, dennoch nie Wurzel fassen und wird von all den tausendmal tausend Jüngern der Hölle bis zum letzten Buchstaben verfolgt werden! Was nützt dann all solche himmlische Wahrheit?!

[7] Die Menschheit zum allergrößten Teile muß vertilgt, eine neue auf die Erde gesetzt und diese von der Wiege an in solcher Wahrheit erzogen werden, dann lassen sich Früchte erwarten, die für die Himmel taugen; aber wie die Menschheit jetzt bestellt ist, ist sie für die Hölle zu schlecht, geschweige für solche Wahrheiten aus den obersten Himmeln!

[8] Wenn Du auch die Absicht hast, eine kleine Gemeinde zu stiften, die in all dieser rein himmlischen Weisheit und Wahrheit bestehen und großwachsen soll, so wird sie sich doch allenthalben unter reißenden Wölfen befinden, die, wenn sie ihr schon geistig nichts werden anhaben können, sie irdisch unausgesetzt beunruhigen und ängstigen werden, und sie wird sich in ihrer Reinheit nie zu erheben imstande sein; und wer weiß es, außer Gott, wie nach längeren Zeitläufen die Nachkommen der reinen Gemeinde aussehen werden?!

[9] Menschen sind und bleiben Menschen, heute Engel, morgen Teufel, und es ist also auch den Besten nicht zu trauen!

[10] Jehova führte doch sichtbar die Kinder *(Israels)* aus Ägypten; sie sahen Ihn Tag und Nacht; in der Wüste, wo Er ihnen die Gesetze gab, ernährte Er sie wunderbar durch volle vierzig Jahre. Da regnete es von Wundern über Wunder! – Und man schlage nach in der Geschichte, mache einen Blick auf unsere gegenwärtigen Lebens-, Religions- und anderen

Freundschaftsverhältnisse und schaue sich so die einstigen Gotteskinder an, und man wird keine Spur von dem mehr finden, was sie einst waren!

[11] Darum sage ich und behaupte fest, ohne darum Deiner Liebe und Weisheit nur im geringsten vorgreifen zu wollen: Es ist ewig schade um solche Deine Weisheit und solche Taten; denn die Menschen sind ihrer ewig nicht wert! Feuer und Schwefel vom Himmel, ja, dessen sind sie wert, aber ewig nimmer solch einer unermeßlichen Gnade! Ich rede nur hier also; denn da glaube ich, daß unser kein Verräter lauert. Kommen wir aber wieder hinab, so will ich schweigen wie ein Grab! Sage mir, o Herr und Meister, habe ich recht? Ist es so oder nicht?«

[12] Sage **Ich:** »Du hast irdisch genommen ganz recht; es ist also und wird auch also werden. Aber das alles kann und darf Mich nicht abhalten, der Welt die Wahrheit aus den Himmeln zu verkünden!

[13] Denn soll die Welt gerichtet werden, so muß ihr das zuvor gegeben werden, was sie in sich selbst richten wird und richten muß, nämlich: die Wahrheit aus den Himmeln, die nun durch Mich in diese Welt kommt und in dieser Welt, wenn auch allzeit verfolgt, bleiben wird.

[14] Deine Meinung ist gut und voll Rechtes der argen Welt gegenüber; aber zwischen Gott und den Menschen dieser Erde bestehen ganz außerordentliche Verhältnisse, von denen niemand weiß denn der Vater allein und der, dem es der Vater offenbart.

[15] Doch nun nichts weiter mehr von dem! Es wird nun schon Abend, – und es wird kalt auf dieser Höhe, darum wollen wir uns in das Innere der Hütten begeben! Es sei also!«

169. Der Neid um Feuer und Wärme in der Alphütte. Szene mit dem alten Blinden, einem Nachkommen des Tobias. Eine besondere Heizart. Die Ehren- und Freudenfeuer auf der Alm. Eine ernste Rüge der Engel an die lachlustigen Weiber. Ein Evangelium übers Lachen.

[1] Nach solchen Unterredungen begeben wir uns alle in das Innere der großen Wohnhütte, und viele, besonders die Weiber und Mägde, machen sich ganz nahe ans Feuer und wärmen sich. Einige Juden aber, denen auch die Flammenwärme ganz gut zustatten gekommen wäre, ärgerten sich heimlich über die Weiber, daß diese ihnen nahe gänzlich die Flammen vertraten. Und es kamen einige Jünger zu Mir, sagten Mir das, beschwerten sich bei Mir darüber und murrten. Ich aber verwies ihnen solche Unart mit sanfter Rede.

[2] Bis auf einen waren alle beruhigt; aber einer, **ein starrer Jude** aus Kapernaum, murrte gleichfort und sagte: »Ei, was nützt da das Reden? Mich hat es schon draußen gefroren, daß ich es kaum mehr auszuhalten vermochte; jetzt, wo ich als ein alter Mann mich ein wenig erwärmen möchte, vertreten die Weiber mir das Feuer, und ich bin nahe ganz starr vor Kälte! Unten ist es ja inmitten des Winters nicht so kalt, als es gerade heute abend auf dieser Höhe geworden ist; und ich bin aber schon über siebzig

Jahre und habe dazu noch von Natur aus ein kaltes Temperament! Ich will nicht unartig sein; sage Du daher den Weibern, daß sie mich zum Feuer lassen!«

[3] Sage **Ich** zum Alten: »Weißt du denn nicht, daß Ich dich auch ohne Feuer erwärmen könnte, so du Glauben hättest?«

[4] Sagt **der Alte:** »Ja, Herr, ich glaube! Denn ich habe von Dir viele Wunder gesehen, und so glaube ich denn auch alles, daß es geschieht, was Du sagst und willst.«

[5] Sage **Ich:** »So stelle dich zu jenen drei Männern, die aus der Höhe zu uns gekommen sind vor ein paar Tagen, und es wird dir sogleich warm werden!«

[6] Und der Alte tat das, und es ward ihm gleich so warm, daß er es am Ende vor lauter Wärme nicht mehr aushalten konnte und Mir dafür gar gewaltig zu danken anfing für solch eine Wohltat; aber da es ihm nun zu warm wäre, so möchte er nun sich etwas abkühlen; denn es sei ihm ein wenig zu warm.

[7] **Ich** aber sagte: »Tue, was du willst; Ich habe dich an die drei Männer ja nicht gebunden! Gehe hinaus, dort wird dir gleich kühl genug werden!«

[8] Und der Alte ging hinaus, stürzte aber bald mit einem großen Angstgeschrei in die Hütte und schrie: »Rette sich, wer sich retten kann! Der ganze Berg steht in Flammen, die sich dieser Hütte stets näher und näher ziehen! Um Jehovas willen, wir sind alle des Todes!«

[9] Als der Alte also jammert, kommt **Kisjonah,** der sich draußen schon auf eine Weile in Geschäften von uns entfernt hatte, und sagte zu Mir: »Herr, Du wirst es mir schon vergeben, daß ich Dir nach der Sitte meiner Alpenhirten eine kleine Feierlichkeit bereitet habe, indem Du nach Deiner Bestimmung heute den letzten Abend auf dieser Höhe verweilst. Meine Hirten haben Reisigbündel, die sie im Walde gesammelt haben, angezündet; und nun haben sie diese angezündet DIR zur Ehre und singen dabei frohe Lieder und Psalmen. Möchtest Du denn nicht einen Blick hinaus tun?«

[10] Sage **Ich:** »Oh, recht gerne; denn Ich habe dich überaus lieb!« Und Ich erhob Mich und ging hinaus, und alle Jünger folgten Mir.

[11] Aber die Weiber belachten den alten Juden, daß er den ganzen Berg vorher in Flammen gesehen habe und darob einen solchen Lärm schlug, als ginge schon die ganze Welt zugrunde! Der Alte aber schämte sich ein wenig und ertrug nun ganz geduldig das Gelächter der Weiber.

[12] Ich aber verwies solche Unart den lustigen Weibern und bedrohte sie. Da baten die Weiber, unter denen die fünf Töchter des Kisjonah nicht waren – denn sie waren mit der Bereitung eines Abendmahles in der großen Herrnhütte beschäftigt –, Mich und den Alten um Vergebung und sagten, daß sie es durchaus nicht schlecht gemeint hätten.

[13] Der Alte vergab es ihnen auch sogleich von ganzem Herzen. Aber **die drei Engel** traten zu den Weibern und sagten: »Höret uns, ihr Weiber! Dieser Alte ist ein Abkömmling vom Tobias, der blind war, und den wir mit der Galle eines Fisches wieder sehend gemacht haben, und alle Abkömmlinge von diesem alten Tobias, der ein Totengräber war, haben im höheren

Alter aus einem gewissen geheimen Grunde, den nur Gott und wir durch Ihn kennen, schwache Augen. Wir aber sagen euch, daß es eine grobe Sünde ist und ein leichtfertiges Herz zum Grunde hat, so jemand einen Blinden belacht, anstatt ihm die Hand zu reichen und ihn zu führen über Stege und holprige Wege. So ihr es nicht gewußt hättet, daß der Alte, der auch ›Tobias‹ heißt, blind mehr denn zur Hälfte ist, da hättet ihr nicht gesündigt; da ihr aber wohl gewußt habt, daß der Alte nur zur Hälfte sehend ist, und habt dennoch gelacht, so habt ihr gesündigt und verdient eine große Strafe; aber da er's euch auf eure Abbitte vergeben hat, so wollen auch wir euch vergeben.

[14] Aber wehe euch, so ihr je wieder irgend einen Bresthaften belachen möchtet! Sein Übel soll dann das eure werden!

[15] Überhaupt sollen die Menschen gar nicht oder nur höchst selten lachen; denn das Lachen rührt von der Erweckung schadenfroher Geister her, die im menschlichen Leibe stecken.

[16] Ein freundliches Verziehen der Gesichtsmuskeln, aus dem man den Ausdruck eines besonderen Wohlwollens erkennen kann, ist himmlisch; alles andere Lachen aber entstammt zuallermeist der Hölle. Denn die Teufel lachen allzeit, wenn ihnen ein böser Streich gelingt; in den Himmeln aber lacht nie jemand, sondern man ist nur stets voll des herzlichsten und freundlichsten Wohlwollens gegen alle noch so armselige Kreatur und voll Mitleidens mit jedem leidenden Bruder, der noch auf der Erde seine Zeit durchzumachen hat. Merket euch für alle Zukunft dieses!

[17] Wann die Menschen viel über die Schwächen ihrer Brüder werden zu lachen anfangen, dann wird der Glaube verschwinden gleich der Sonne nach dem Untergange, und es wird dann kalt werden die Liebe in der Menschen Herzen, wie nun diese Nacht kalt geworden ist, und da wird unter den Menschen eine Not sein, wie auf der Erde nie eine ähnliche bestanden hat!

[18] Merket euch diese Lehre aus den Himmeln! Strafet eure Kinder, so sie lachen; lieber höret sie weinen denn lachen! Denn das Lachen entsteht aus der Hölle, die allzeit voll des höhnischsten Lachens ist.

[19] Es gibt wohl Zustände, wo es aber nur den Männern zusteht, eine dumme Sache und eine eigensinnige Blödheit zu belachen, dann aber ist das Lachen eine wohlverdiente Strafe für den, der des Auslachens wert ist.

[20] So aber jemand nur zum Vergnügen lacht und Dinge, Begebnisse und lächerliche Reden aufsucht, damit er zum Lachen gereizt wird, der ist ein Narr! Denn nur eines Narren Herz kann zur Lache gereizt werden; ein jeder nur einigermaßen weise Mensch aber begreift gar leicht und bald des Lebens heiligen Ernst, und es wird ihm schwer in den Sinn kommen, daß er über etwas lache.

[21] Darum lachet in Zukunft nicht mehr und wendet ab euer Gesicht von Possenreißern und Komödianten, die sich zahlen lassen dafür, daß sie euch für die Hölle zurichten. Seid allzeit nüchternen Herzens, damit ihr das Wohlgefallen Gottes habt und damit die wahre Ehre!«

[22] Diese Rede machte einen großen Eindruck auf die Weiber, und sie machten ein Gelübde, in ihrem ganzen Leben nie wieder zu lachen.

170. Szene zwischen dem halbblinden Tobias, den drei Engeln und dem Herrn. Heilung des Tobias. Entsprechung dieser Heilung mit unserer Zeit. Das Abendmahl auf der Höhe.

[1] Es hatte aber **der Alte** vernommen, was die drei Engel zu den Weibern geredet haben; da ging er hin und sagte: »Also habe ich vernommen, daß ihr genannt habt meines Urvaters Namen und habet an den Tag gelegt, daß euch nicht unbekannt ist mein Name; durch Gottes Gnade und Kraft, die in euch ist, gabt ihr dem toten Auge des alten Tobias Leben und Licht wieder.

[2] Sehet, ihr lieben und ewigen Freunde Gottes, ich stehe auf dem Punkte, völlig zu erblinden; auf dem einen Auge sehe ich bereits nichts mehr, und das andere fängt auch an, bedeutend schwachen Lichtes zu werden. Wie wäre es denn, so ihr mir das volle Licht meiner Augen wiedergäbet? Euch wäre so was ja doch leicht möglich! Erbarmet euch meiner!«

[3] Sagen **die Engel:** »Siehst du denn Den nicht, der vor dir mit dem Kisjonah die hochauflodernden Feuer betrachtet und die Gesänge und Psalmen der Hirten vernimmt? Nicht wir, sondern Der ist es, der dem alten Tobias das Licht seiner Augen wiedergab! Zu Ihm gehe; Er ist der Herr und kann tun, was Er will; Er allein kann dir das Licht deiner Augen wiedergeben! Wir aus uns selbst können und vermögen ebensowenig, als du vermagst aus dir selbst. Wir sind bloß Seine Diener und harren Seiner Winke.«

[4] Nach solchen Worten von seiten der drei Engel begibt sich der Alte zu Mir hin und bittet Mich um das Licht seiner Augen. – Sage **Ich:** »Du warst doch lange ein starrer Pharisäer und ein Lobpreiser des Tempels zu Jerusalem und hieltest Mich für einen Essäer, Magier und dergleichen mehr; wie kommt dir nun der Glaube?«

[5] Sagt **der Alte:** »Herr! Auch ich war zugegen in Kapernaum, wo Du des Obersten Jairus Tochter vom Tode zum Leben erweckt hast; schon damals kam mir der Glaube. Aber ich mußte noch mehr sehen und hören, damit da fester würde mein Glaube; und ich habe gesehen und gehört und glaube nun, daß Du, o Herr, alles vermagst, was Du willst. Wenn Du, o Herr, also mich nur heilen willst, so kannst Du es auch in aller Fülle!«

[6] Darauf sagte **Ich** denn zum Alten: »Es ist zwar etwas Ungereimtes, jemanden sehend zu machen zur Nachtzeit; aber wenn dein Glaube so stark ist, wie du sagst, so magst du ja wohl auch zur Nachtzeit sehend werden! Ich sage dir aber, daß nun geistig für alle Menschen Nacht ist und sie alle völlig blind sind, und es werden die Menschen nimmer am Tage, sondern in der Nacht sehend werden, und es wird da auch für viele aus ihrem Abend und Morgen ein erster Tag für bleibend hervorgehen. Und so denn werde du sehend in der Nacht!«

[7] Auf diese Worte ward der Alte sehend und bewunderte nun die einzelnen Feuer, wo er früher alles ineinander verschwommen und somit ein Feuer sah.

[8] Als er solch reines Sehlicht in seinen Augen gewahrte, da fiel er vor Mir nieder auf die Knie, konnte Mich nicht genug loben und preisen und war also glücklich über die Maßen.

[9] **Ich** aber sagte zu ihm: »Auch du hast Mein Gebot vernommen; darum schweige auch du von allem, was du hier gesehen und gehört hast, sonst begegnet dir, was Ich jedem angedroht habe!« Darauf erhob sich der Alte und beteuerte, daß er schweigen werde wie ein Grab.

[10] Und es ward also alles gut und vollendet auf dieser Höhe. Und als die Feuer zu Ende brannten, kamen des Kisjonah Töchter und luden Mich und alle Anwesenden zum Abendmahle. Und wir gingen alle, verzehrten ein gutes Mahl und begaben uns darauf zur Ruhe.

171. Die Pharisäer unter sich. Rhiba, der Feine, erfindet eine gar verstandesglatte Geschichte des Nazaräers, seiner Väter und ihrer Thron-Pläne. Sein Vorschlag, Jesus bloß um des Friedens willen zu töten.

[1] Die Pharisäer, die da besserer Art und nun auch gläubig geworden waren, aber natürlich so und so, einige mehr und einige weniger, bei dreißig an der Zahl, gingen in eine eigene Hütte und besprachen sich da nahe die ganze Nacht hindurch, was sie nunmehr tun sollten.

[2] Da war einer unter ihnen, der hieß **Rhiba;** der war ein – wie man sagt – Feiner. Dieser nahm, als alle zusammen lange nichts Entschiedenes herausbrachten, das Wort und sprach: »Meine Brüder, ihr habt jetzt sicher bei zwei Stunden Worte gewechselt und seid dadurch nicht um ein Haarbreit weiter gekommen in euren Beschlüssen. Ihr kennet mich und wisset es schon lange, daß eben ich in solchen kritischen Fällen den Nagel auf den Kopf getroffen habe, und ich meine nun, nachdem ich alles scharf prüfend angehört und angesehen habe, was da geredet und verrichtet wurde, daß ich auch hier nicht neben den Nagel einen leeren Hieb tun werde. Und so höret mich!

[3] Es ist durchaus wahr und nicht zu leugnen, daß dieser Mensch, der aus Nazareth eines Zimmermanns Sohn ist, Dinge und Werke verrichtet, die außer Gott nahe niemandem möglich sein dürften; kurz, wer da nur einigermaßen schwach ist und keinen Scharfblick hat, muß ohne weiteres breitgeschlagen werden und diesen Nazaräer für wenigstens einen Halbgott nach griechischer Weise halten. Es hat sogar bei mir durchaus nicht viel gefehlt, in solchen Glauben überzugehen; denn die Erscheinungen auf der Vollhöhe dieses Gebirges waren im vollsten Ernste von so außerordentlicher Art, daß sie zu Mosis und Elias' Zeiten nicht außerordentlicher sein konnten.

[4] Aber für meinen ganz geheimen Scharfblick sind denn doch Dinge mit untergelaufen, die mir die Decke von den Augen nahmen, und ich nun recht gut und genau weiß, wie ich daran bin. Habt ihr nicht bemerkt die Männer, die auf der Vollhöhe als Engel zu uns gekommen sind?« – Wird allseitig bejaht. – »Wißt ihr aber auch, wer und woher sie sind?« – Wird verneint. – »Ich will euch hier die Augen öffnen! Sehet und höret:

[5] Es wird euch nicht unbekannt sein, daß der Nazaräische Zimmermann namens Joseph, der allzeit im Rufe stand, daß er Kenntnisse in der ägyptischen und persischen Magie besitze, zugleich ein Nachkomme Davids in gerader Linie ist und sich dann und wann auch den Beinamen ›Davids Sohn‹

gab. Der Vater Josephs, der Eli hieß, auch ein Zimmermann von sonst gänzlich unbescholtenem Charakter, hatte im geheimen dennoch dahin sein Hauptaugenmerk gerichtet, seinen Stamm wieder auf den Thron von Judäa und dem ganzen Gelobten Lande zu bringen. Er ließ seinen Sohn Joseph unter dem Deckmantel, daß dieser sich in der Baukunst recht ausbilde, nach Persien und vielleicht gar nach Indien reisen unter guter Gesellschaft, aber nicht der Baukunst, sondern der außerordentlichen Magie wegen, damit Joseph dann im Besitze solcher Wissenschaft und Kunst alle Menschen blende und sich als ein von Gott gesandtes Wesen dann auf den Thron von Juden und Römern zugleich heben ließe. Denn da wäre es mit den sehr vergötterungssüchtigen Römern leichter zu handeln als mit den Juden. Nur müßte Joseph nebst seiner geheimen Kunst äußerlich ein strenger Jude sein und ohne Makel vor dem Gesetze, auf daß dann auch selbst die Hohenpriester nichts wider ihn haben könnten! Joseph kam nach mehreren Jahren von seinen Reisen zurück, besaß nun wohl die Kunst, aber keine Mittel und Gelegenheiten, sie ins Werk setzen zu können. Es fehlte ihm, wie mir alte Leute erzählt haben, auch der Mut dazu, hauptsächlich aber die Rednergabe; denn da war er sehr schwach und darum sehr einsilbig. Eli sah, daß er sich in seiner Rechnung geirrt hatte, und ließ dann seinen Sohn Joseph, der für den Thron gar kein Geschick zeigte, nur sein bekanntes Handwerk treiben. Als Eli starb, so hatte er den Sohn Joseph wohl gesegnet, sagte aber ganz weise, daß Joseph für seine Kinder zu dem bewußten Zwecke nichts mehr tun solle, denn es schaue da nichts mehr heraus. Und so hatte Joseph für die Kinder, die er mit dem ersten Weibe hatte, auch gar nichts getan.

[6] Als aber das erste Weib ihm gestorben ist und er durch ein glückliches Los, das er sich höchstwahrscheinlich durch seine in Persien erlernte Magie verschaffte, die schöne junge Maria aus dem Tempel zur Obhut überkam, die auch aus dem Stamme Davids war, so fing die Königsidee in Joseph wieder an wach zu werden; er schwängerte Mariam, damals ein kaum vierzehnjähriges Mädchen, das erst später sein Weib ward, was ihm freilich in Jerusalem große Unannehmlichkeiten bereitet hatte, aus denen er sich jedoch durch Geld und Magie rettete und zugleich Mariam nach dem Rate eines guten Freundes in Jerusalem zum Weibe nahm.

[7] Es sollen zwar die noch lebenden und sehr wohlhabenden Eltern der Maria in Jerusalem, ein gewisser Joachim und Anna, mit solcher Ehe nicht sehr einverstanden gewesen sein; aber der Joseph hatte einen mächtigen Freund im Tempel, den alten Simeon und besonders den Zacharias, und so ging die Sache dennoch ohne weiteren Anstand vor sich, und Maria ward Josephs rechtmäßiges Weib, womit auch ihre Eltern einverstanden sein mußten.

[8] Joseph, ganz besonders durch Maria, die er sehr liebte, aufgemuntert, wendete nun alles an, um mit dem Kinde, das noch nicht geboren war, so es ein Knabe werde, – was Joseph als ein in derlei Dingen wohlbewanderter Mann mit vieler Bestimmtheit im voraus wußte, – alles mögliche für den bestimmten Zweck aufzubieten, wozu ihm nun auch die nicht unbedeutenden Mittel seiner Schwiegereltern gute Dienste leisten mochten.

[9] Etliche Wochen vor der Entbindung sandte er geheim Boten nach Persien und ließ die drei Weisen zu sich bitten, mit denen er in seiner Jugend Bekanntschaft gemacht hatte. Diese kamen auch nach Nazareth; und da zu derselben Zeit Kaiser Augustus für ganz Judäa die Volksbeschreibung in Bethlehem angeordnet hatte, so waren zu der Zeit Joseph und Maria samt den Kindern Josephs eben auch nach Bethlehem hinaufgezogen, um sich dort beschreiben zu lassen.

[10] Die in Nazareth angekommenen drei Weisen samt ihrer großen und glänzenden Dienerschaft wußten nun nicht, wohin sie sich wenden sollten, zogen hinauf nach Jerusalem und erkundigten sich unglücklicherweise beim alten Herodes nach dem neugeborenen König von Israel und gossen da Öl ins Feuer! Natürlich konnte ihnen da Herodes keinen andern Bescheid geben, als erstens, daß ihm so was ganz fremd sei, und zweitens, daß, so da etwas an der Sache sei, diese Familie so wie viele tausend andere nun der vom Kaiser angeordneten Beschreibung wegen sicher in Bethlehem sich befinden dürfte. Auf solche Nachricht eilten die drei Weisen sogleich nach Bethlehem und fanden dort, was sie suchten.

[11] Daß es da an magischen Erscheinungen, durch die selbst die Römer breitgeschlagen wurden, nicht gemangelt hat, läßt sich leicht denken, ansonst der alte Herodes nicht den Kindermord befohlen hätte. Diese Magier haben dem Kinde für eine rechte Ausbildung auch große Schätze, wennschon nicht ganz geschenkt, so doch in Rücksicht dessen geborgt, bis das Kind König werde und dann das Entliehene nach Persien abstatte.

[12] Darum haben dann eben jene drei Magier das neugeborene Kind nicht mehr aus den Augen gelassen, sorgten für dessen vollendete magische Ausbildung bis zur Stunde und kamen jetzt auch wieder unter dem Scheine dreier Engel aus den Himmeln und helfen dem Jesus seine Wunderwerke ausführen und das Volk, das da blind ist und nichts weiß von alledem, was im geheimen geschieht, zu blenden durch allerlei weise Predigten und wunderbare Taten.

[13] Aber uns, die wir in alle derlei Mysterien eingeweiht sind, können die Augen nimmer geblendet werden, und es ist daher unsere heiligste Pflicht, diesen Menschen auf allen Wegen und Stegen zu beobachten und da, wo er zu weit will, ihm geschwinde einen Riegel vorzuschieben.

[14] Das Schlimmste wäre, wenn er die Römer auf seine Seite bekäme; da wäre es dann mit aller unserer Mühe rein aus! Daher müssen wir denn auch das sorgfältigst zu verhindern suchen, sonst wächst er uns im vollsten Ernste über die Köpfe himmelhoch hinaus! Ist er einmal oben, dann werden wir ihn nicht mehr herabzuziehen imstande sein! – Was sagt ihr dazu?«

[15] **Die anderen** sagen: »Du kannst ganz recht haben; aber so sich die Sache am Ende doch anders verhielte, was sicher auch sein kann, was dann mit uns?«

[16] Spricht **Rhiba:** »Das ist eine Frage, die man in dieser Sache gar nicht stellen kann! Ist er mehr, oder kann er mehr sein als ein Mensch? Wer ist denn unter uns gleich den Heiden, die da nicht wissen, was und wer Gott ist,

und daher sowohl ausgezeichnete Menschen, wie auch sogar manche besonderen Tiere für Götter halten, verehren und anbeten?

[17] Ist dieser Nazaräer denn mehr als ein überaus ausgezeichneter Mensch, ein Genie, unübertrefflich in seiner Art und Weise?

[18] Würde er das verbleiben wollen, was er ist, und ausüben seine Kunst zum Wohle der Menschen und sie auch belehren in manchen Stücken, in denen die Menschen blind sind und wenig oder gar keine Einsicht haben, so hätte er einen unersetzlichen Wert, und das Land wäre zu beneiden, das ihn zu seinen Bewohnern zählte. Aber so juckt ihn Davids Thron, Krone und Zepter, und das macht ihn verächtlich bei allen echten und reinen Juden, die noch den alten Geist haben, alle Erscheinungen im Menschenleben beim rechten Lichte und Verstande zu nehmen und zu erfassen und nicht so leicht wie halbheidnische Zöllner und Sünder hinters Licht geführt werden können!

[19] Was nützt es denn auch der Menschheit, durch derlei blendende Lehren in verschiedene Sekten getrennt zu werden, die einander dann bloß des verschiedenen Glaubens wegen hassen – mehr denn der Wälder wilde reißende Tiere?! Die beim alten Glauben sind, hassen die Neugläubigen, und diese die Altgläubigen, und so bewirkt solch eine Religion allzeit gerade das Gegenteil von dem, was sie predigt; statt Freundschaft, Liebe und Frieden bewirkt sie die oft unversöhnlichste Feindschaft, Haß und den wütendsten Krieg! Und das sind die stets gleichen Früchte von allen Religionserneuerungen auf der Erde gewesen! Wenn aber die Früchte, wie es die Erfahrung aller Zeiten lehrt, nach solchen Begebnissen stets dieselben sind, so ist es ja für uns aufgeklärte Menschen und Leiter der Völker eine unerläßliche Hauptpflicht, solchen Erneuerern frühzeitig den Weg abzustechen, auf dem Tausenden Untergang und Verderben droht. Ist es denn nicht besser, daß da ein solcher herrschgieriger Magier aus der Welt geschafft wird, als daß dann in kurzer Zeit viele Tausende, durch einen solchen Sonderling verleitet, über die scharfe Klinge zugrunde gehen müssen?!«

172. Gute Gegenrede eines andern Pharisäers, des geheilten Tobias. Dessen ehrliches Zeugnis von Jesus, Seiner heiligen Lehre und Seinen göttlichen Taten. Von der Bosheit der Templer. Eine Fluchprophezeiung für die Juden.

[1] Sagt **ein anderer:** »Du hast nicht unrecht, so wir diese Sache vom rein diesweltlichen Standpunkte aus betrachten; aber so es nach dem Tode für die Seele des Menschen noch ein Leben gibt, das ich noch nie bezweifelt habe, da haben alle diese weltlichen Rücksichten und Beziehungen durchaus keinen Wert, und da ist dieser Jesus eine Sonne für die Nacht des menschlichen Geistes und zeigt uns den rechten Weg, auf dem wir schon in unseren Leibern in das große Jenseits schauen können und nehmen aus dem Vaterhause die herrliche Kost zum ewigen Leben!

[2] Und solches lehrt er und will es den blinden Menschen zeigen, wie die Luft ohne weiteres Zutun Brot und Wein, also eine wahre Kost, aus den

Himmeln bieten und geben kann und muß, wie wir solches vor ein paar Tagen auf der Höhe alle gesehen und davon gegessen und getrunken haben!

[3] Daß die alte Nacht stets mit dem werdenden Tage in einen Kampf kommt und kommen muß, das lehrt uns nicht nur die Geschichte der Menschen, sondern auch die ganze Natur der Dinge, wie sie täglich vor unseren Augen geschehen und vor sich gehen; aber das ist eben also Gottes Ordnung, Zulassung und Wille, gegen den noch nie irgend eine Weltmacht etwas ausgerichtet hat.

[4] Was willst du denn machen, so dieser von Gott sicher allerdurchgeistigste Jesus dich mit seinen Gedanken ergriffe und dich völlig zunichte machen würde? Welche Opposition würdest du ihm dann bieten?

[5] Höre Du! Ein Mensch, dem Winde und Meere, alle bösen und guten Geister auf einen Wink gehorchen, – ein Mensch, der die Toten wieder ins Leben ruft und jede noch so veraltete und böse Krankheit ohne Arznei, bloß durch seinen Willen heilt, dürfte wohl etwas mehr sein als nur ein Genie im Fache der Magie! Hast du doch samt mir oft Magier gesehen und beobachtet, wie diese mit lauter Zauberzeichen, Zaubersprüchen, Amuletten und Zauberstäben umlagert sind und machen allzeit ein ungeheures Wesen aus jeder Kleinigkeit, die sie bewirken.

[6] Dieser Jesus aber hat weder ein Amulett, noch was anderes zur Zauberei Gehöriges, auch keine Wundersalben, keine gewissen Kräuter und Wurzeln und ist durchaus kein verschlossener, mystischer und von seiner Eigenschaft großrednerischer, sondern ein ganz offener, gutmütigster und überaus zuvorkommend artiger Menschenfreund und selbst Mensch im vollendetst vollkommenen Sinne.

[7] Er ist kein Kopfhänger, sondern stets voll guter Laune, und seine Worte fließen wie Honig und Milch; und doch geschieht bei all seiner Schlichtheit alles auf die allerwunderbarste Weise, was er nur immer will! Ich bin überfest überzeugt, daß er eine neue Erde ganz leicht bloß durch seinen Willen erschaffen könnte? Ich kenne ihn schon nahe von seiner Geburt an und kann dir sagen, daß er schon als Knäblein von wenigen Jahren dasselbe verrichtete, was er nun als Mann vor uns verrichtet!

[8] So vor uns aber ein Mensch Taten verrichtet, die nur Gott allein möglich sind, was soll mich da denn hernach noch hindern, solch einen Menschen für Gott zu halten?

[9] Ich bin von Geburt aus ein Galiläer und nun schon über siebzig Jahre alt, übe das Priesteramt über vierzig Jahre und habe seit dreißig Jahren ein höchst schwaches Gesicht gehabt, war bereits auf einem Auge ganz blind und sah mit dem andern Auge alles verschwommen und unrein. Von wie vielen Ärzten, die aus allen Weltgegenden nach Kapernaum kamen und sich in ihrer Kunst nahe als überirdische Wesen ausgaben, Schlangen und wilde Tiere bändigten, den Vögeln die Köpfe abschnitten und solche in einem Augenblick an den Hals heilten, kurz, wahre Mirakel wirkten, habe ich für meine Augen um teures Geld Mittel genommen und sie genau nach Vorschrift gebraucht; aber es half nichts!

[10] Vor ein paar Stunden, gleich nach dem Abendmahle, half er mir

durch ein Wort ohne alle Mittel so, daß ich nun auf beiden Augen so gut und rein sehe, wie vielleicht keiner aus euch!

[11] Schlaget nach in der Geschichte, ob je ein Mensch, mit solcher Wunderkraft und Macht ausgerüstet, die Erde betreten hat! Moses hat wohl vieles getan durch die Macht Gottes, die ihm verliehen war durch die Macht seines Glaubens, wie einst dem Abraham die große Verheißung! Aber wie klein sind die Wundertaten Mosis gegen diese, die nun vor unseren Augen dieser Jesus wirket!

[12] Und ihr haltet förmlich Rat, wie ihr ihn aus dem Wege räumen könntet! Pfui! Das ist schmählich von euch, und ihr verdienet, mit der schwersten Zuchtrute Gottes für ewig aufs schärfste gezüchtigt zu werden!

[13] Wahrlich, an diesem Jesus scheint das in die vollste Erfüllung zu gehen, was der große Prophet Jesajas von dem erhabensten Knechte Gottes geweissagt hat, indem er sprach:

[14] ›Siehe, das ist Mein Knecht, den Ich erwählt habe, und der Mein Liebster ist, an dem Meine Seele ein rechtes Wohlgefallen hat; Ich will Meinen Geist auf Ihn legen, und Er soll den Heiden das Gericht verkünden! Er wird nicht schreien und zanken, und man wird Sein Geschrei nicht hören auf den Gassen. Das zerstoßene Rohr wird Er nicht zerbrechen und den glimmenden Docht nicht auslöschen, bis daß Er ausführe das Gericht zum Siege und die Heiden hoffen werden auf Seinen Namen!‹ *(Jes. 42, 12)*

[15] Wenn Er Krone und Zepter wollte, beim Himmel, Er hätte Macht zur Übergenüge dazu! Denn so Er Seine Jünger von allen Weltgegenden her im Augenblick durch die Luft, durch Seine unsichtbaren Diener kann zusammentragen lassen, das wir mit höchst eigenen Augen gesehen haben, so könnte Er auch ebensogut alle Herrscher auf dieser Erde zusammentragen lassen und ihnen ganz einfach erklärend sagen: ›Ich bin der Herr, und ihr alle habt für ewig zu herrschen aufgehört! Wollt ihr Meine Knechte sein, so möget ihr bei Mir verbleiben; wollt ihr aber das nicht, so weichet von Mir und verderbet!‹

[16] Aber Er, der im vollsten Sinne allmächtig ist, hat uns alle sogar bedroht, so wir von all dem, was sich hier zutrug, eine Silbe erzählten in der Tiefe unten! Er sucht also der Welt Ruhm und Ansehen durchaus nicht, sondern allein nur die geistige Veredlung und Vollendung der Menschen. Er will also nur einen geistigen Staat unter den Menschen gründen und sie, die nicht mehr wissen, von wannen sie sind, wieder ins verlorene Paradies zurückführen! Und darum sollten wir Ihn, so es möglich wäre, aus dieser schlechten Welt schaffen wollen? Nie und nimmermehr! Verflucht sei, der in seiner Brust solchen Gedanken Raum schafft!

[17] Nie hat die Erde einen größern Menschenfreund getragen, nie einen, der uneigennütziger wäre, als Er es ist, – und ihr wollt eure Hände an Ihn legen? Fraget euch selbst, wessen Geistes Kinder ihr seid, und der Satan, in eurer Brust wohnhaft, wird es euch sagen und wird euch antworten: ›Ich bin euer Vater!‹

[18] Wie soll denn euer Messias aussehen? Etwa so wie ihr? Oder soll Er als ein tausendfacher Simson auftreten und mit des Simsons Waffe sogleich

mit einem Hiebe die Menschen zu Millionen erschlagen und dann nicht Sich, sondern euch auf den Herrscherstuhl setzen, Sich dann von euch strengst beherrschen lassen und euch abgeben einen Lastesel, ein Kamel, einen Wachhund, einen kämpfenden Löwen in der Wüste gegen eure Feinde, einen Adler, der mit seinen scharfen Augen von der Höhe herab verkünde, von wannen ein Feind sich euch nahe, auf daß ihr in vollster Ruhe den Raub von der ganzen Erde verzehren könntet und geilen mit den zartesten und schönsten Jungfrauen der ganzen Erde?! Das wäre ein rechter Messias für euch!

[19] Ihr wollt Herren sein, und der Messias soll euer Knecht sein! So möchtet ihr wohl einen Messias haben! Aber daß ihr zum Messias sagen müsset ›Herr!‹, das schmeckt euch nicht, und darum möchtet ihr Ihn aus dem Wege räumen!

[20] Sehet und fraget eure Herzen, ob es nicht buchstäblich mit euch also aussieht, und eure Herzen werden euch mit einem lauten ›Ja‹ antworten!

[21] Sollte ich aber unrecht geredet haben, dann saget es mir, wie denn euer Messias aussehen und welche Eigenschaften er haben soll!

[22] Eine Schande ist es für uns, die wir uns Kinder des Allerhöchsten nennen, und die Heiden, Zöllner und Sünder kommen uns zuvor in allen Dingen! Die Griechen, Römer, Ägypter, Perser, Assyrer und beinahe alle uns als Heiden bekannte Völker haben aus Dankbarkeit gegen ihre Götzen die großen weisen Männer vergöttert, da sie meinten, solche Männer seien ihnen von ihren Göttern aus Gnaden gegeben worden, und sie erwiesen ihnen eine göttliche Verehrung, erbauten ihnen Tempel und heiligten den Ort, wo ein solcher Weiser gewohnt hatte. Man hat sehr wenig Beispiele, daß sich die gottlosen Heiden gegen solche ihre Weisen grausam erwiesen hätten.

[23] Wir Juden aber, die wir den Namen ›Volk Gottes‹ führen, haben eine große Zahl unserer von Gott an uns gesandten Propheten gesteinigt und über sie geflucht und wagen es noch immer, uns ›Kinder Gottes‹ zu nennen!

[24] Elias, einer der größten und mächtigsten Propheten, hat nahe bis ans Ende der Welt fliehen müssen, um sich vor der Wut der ›Kinder Gottes‹ und der Wut ihrer Nachbarn zu retten. Das sind schöne ›Kinder Gottes‹!

[25] Wir sind es, die wir die Boten Gottes gesteinigt haben und möchten nun auch diesen guten Jesus aus der Welt schaffen, so es möglich wäre! Aber dafür wird etwa aus den Himmeln wohl gesorgt sein! Sollte jedoch so was möglich werden – denn Gott läßt den argen Menschen auch die böseste Tat begehen, auf daß sein Maß für die Hölle voll werde –, dann prophezeie ich euch den ewigen Fluch über alle die Juden, daß sie auf Erden nimmer eine Heimat haben sollen, und ihr Name, vor dem sich sogar die Heiden gebeugt haben, wird den Menschen zum Ekel werden!

[26] So wahr Gott lebt, so wahr auch wird das geschehen! Und solcher unser Frevel wird eine nimmer endende Vergeltung finden in der Hölle! Merket euch's wohl, daß ich als ein Pharisäer euch solches gesagt habe!«

173. Der Pharisäer Wut auf ihren biederen Kollegen Tobias, Verhinderung der Steinigung des Tobias durch die drei Engel. Fortsetzung des Gesprächs zwischen den ungläubigen Templern und dem gläubigen Tobias. Die wein- und schlaftrunkenen Templer vom Herrn zur Ruhe gewiesen.

[1] Einige nahmen das an, was nun dieser alte Mann, der, wie schon bekanntgegeben, Tobias hieß, geredet hatte; aber der größere Teil war darüber also erbost, daß er seine Kleider zerreißen wollte und hernach steinigen den alten Tobias und alle, die mit ihm hielten.

[2] Aber der alte **Tobias** sprach: »O führet euer Vorhaben nur aus an uns, die wir euch ein stechender Dorn in euren Augen geworden sind! Die drei Engel, die noch hier sind, werden euch für solche eure löbliche Mühe auch einen löblichen Lohn in der Hölle anweisen, und die Teufel werden den begonnenen Riß in euren Röcken vollenden!«

[3] Als Tobias solche energischen Worte zu seinen wütenden Kollegen ausgesprochen hatte und diese Steine zu suchen begannen, traten **die drei Engel** in die Hütte, und ihre Gesichter leuchteten wie die Sonne.

[4] Als die Widerspenstigen solches ersahen, ergriff sie eine große Furcht, und sie fielen auf ihre Angesichter und baten heulend vor Angst die drei um Vergebung.

[5] Diese aber sprachen: »So ihr derer Feinde seid, die von Gottes Geist getrieben und gezogen werden, – wer sind dann eure Freunde? Wir sagen es euch ins Angesicht: Das sind die Teufel! Darum bekehret euch, sonst sollet ihr die Macht des Allerhöchsten verkosten!«

[6] Schreien die vor Todesangst **Bebenden:** »Was sollen wir tun?« Sagen **die drei:** »Demütig sein und glauben dem wahren, einigen Sohne Gottes, dessen Seele Eines ist mit dem Vater! Denn der Vater ist in Ihm, und nicht außer Ihm!« – Nach solchen Worten verschwinden die drei Engel, und die Pharisäer fangen an, sich wieder aufzurichten und stehen völlig ab von ihrem überaus argen Vorhaben.

[7] **Der Tobias** aber fragt sie nun und sagt: »Nun, wie ist es, was wollt ihr tun? Wo sind die verfluchten Steine? Warum vergriffet ihr euch denn nun nicht an den dreien, die ihr früher noch für die verkappten drei Magier aus Persien hieltet?«

[8] Sagen die gewaltigst **Betroffenen:** »Du weißt ja doch, daß wir die Satzungen Mosis halten müssen, auf die wir beim Himmel und beim Tempel geschworen haben! So aber dieser Jesus nun überall das Gegenteil lehrt und tut, wie soll es uns denn so leicht möglich sein, unsern Eid für diese nahe ganz antimosaische Lehre zu vertauschen? Aber wir wollen nachdenken und sehen, was da zu machen sein wird! Wir sagen nun weder ja noch nein; denn es steht geschrieben, daß aus Galiläa nie ein Prophet erstehen soll! Und somit ist diese Sache, so wunderbar in ihrer einzigen Art sie auch ist, dennoch immer mit sehr vielen Bedenklichkeiten verbunden!«

[9] Sagt **Tobias:** »Das ist zwar richtig, daß aus Galiläa kein Prophet erstehen soll; aber ich frage, ob es auch geschrieben steht, daß aus Gali-

läa der Messias nicht erstehen soll! Von dem steht meines Wissens nirgends etwas! Und es ist in bezug auf den kommenden Messias auch nirgends ein Ort besonders angezeigt, wo der Messias erstehen soll! Wenn nach der Schrift immerhin Galiläa keinen Propheten geben soll, so kann es doch ganz gut den Messias geben! Denn zwischen einem Propheten und dem Messias wird etwa doch wohl ein unendlicher Unterschied sein?!« Sagen **die Betroffenen:** »Da hast du recht; darum wollen wir darüber viel nachdenken.«

[10] Sagt **ein anderer Pharisäer** im Hintergrunde, der der ganzen, lang andauernden Verhandlung ganz ruhig zugehört hatte, ohne sich inzwischen irgendeiner Meinung entäußert zu haben: »Freunde und Brüder! Um dieser höchst wunderbaren Sache auf den Grund zu kommen, dazu gehört ein völlig nüchterner und unschläfriger Gemütszustand; wir aber sind alle mehr oder weniger betrunken vom Abendmahle her und sind dazu noch voll Schlafes! Wie möglich können und wollen wir da sonach über eine so wunderbare und dabei doch keineswegs unwichtige und ernstlose Sache ein gültiges Urteil aussprechen?

[11] Deshalb denke ich nun, daß wir ein wenig schlafen und morgen die weitere und sicher weisere Verhandlung fortsetzen sollten! Denn wie es mir vorkommt, so fängt es ohnehin schon an zu dämmern, und der Morgen wird nicht lange mehr auf sich warten lassen; daher sollten wir dem Sabbat doch wenigstens in der geziemenden Ruhe entgegengehen, nicht aber im Streite unserer Meinungen und Ansichten!

[12] Die große Schar der Jesusanhänger fängt schon an sich zu rühren, wie es mir vorkommt! Wir wollen oder sollen sie beobachten, – wie aber, wenn wir voll Schlafes sind und sie uns etwa früher abgehen, als wir erwachen werden, wenn wir nun nötigerweise nur ein wenig einschlafen?!«

[13] Fällt ihm **ein anderer** in die Rede und sagt: »Da ist leicht geholfen; wir stellen eine Wache auf!« Sagt **der früher Redende:** »Wen? Etwa dich oder jemand andern, der so gut wie du und ich voll Schlafs ist und als Wache so gut einschlafen wird als wir beide?!«

[14] Sagt **ein dritter:** »Mit dem Schlafen wird es sich durchaus nicht mehr tun; denn die andern fangen schon an, sich zur Abreise anzuschicken; daher wird uns wohl auch nichts übrigbleiben, als solchem ihrem Beispiele zu folgen. Denn der Weg hinab in die Ebene ist gedehnt, und wir werden bis zum Aufgange noch lange nicht im Dorfe sein!«

[15] Sagt **ein vierter:** »Na, nun ist auch der Meister Jesus vor der Hütte und macht Anstalt zur Abreise; es wird uns daher wohl nichts übrigbleiben, als ebenfalls schleunigst aufzubrechen?«

[16] Sagt **der erste:** »Na, da haben wir's! Wie ich's ehedem mir gedacht habe, gerade also ist es nun. Das wird eine schöne Reise werden – ohne Schlaf und dazu noch ganz weinberauscht vom gestrigen Abendmahle!«

[17] Sagen **mehrere:** »Je nun, es ist nun einmal nicht mehr anders möglich! Sie, die ausgeruht haben, werden auf uns sicher nicht warten! Daher auf! Schlafen wollen wir hernach unten im Dorfe.« Nun erheben sich alle und begeben sich schnell ins Freie hinaus.

[18] Als **die Pharisäer** bereits alle reisefertig sind, Ich aber die Reise ins Tal hinab noch nicht sogleich beginne, werden sie unwillig bis auf wenige und fragen Mich, ob Ich denn noch nicht abziehen wolle.

[19] **Ich** aber sage ihnen: »Ich bin ein Herr und tue, was Ich will, und es hat Mich niemand zu fragen: ›Warum also?‹ So aber das jemandem unangenehm fällt also, wie Ich es will für Mich und für die Meinen, der tue, was er will; denn Ich binde niemanden! Will jemand gehen, – nun, so gehe er! Will aber jemand warten, – nun, so warte er in aller Geduld! Vor dem Aufgange werde Ich nicht weiterziehen und werde zuvor noch ein Morgenmahl zu Mir nehmen; denn der Weg ist weit und beschwerlich.«

[20] Sagen **die Pharisäer:** »So können wir noch eine kurze Weile uns zur Ruhe begeben?« Sage **Ich:** »Ganz sicher! Denn des Lichtes eurer Augen bedarf die Erde nicht bei dem Aufgange, wohl aber des Lichtes Meiner Augen, auf daß es Licht werde in der Tiefe!«

[21] Sagen **die Pharisäer** unter sich: »Das verstehe, wer es kann und mag; wir verstehen es nicht!«

[22] Sagt der alte **Tobias:** »Ich verstehe es schon und bleibe darum auch hier in der Freie; vielleicht wird auch in meiner Tiefe eine Helle erstehen.«

[23] Sagen **die andern:** »Tue du alter Kauz, was du willst; wir aber gehen wieder in die Hütte und werden noch ein wenig schlafen.« Mit diesen Worten begeben sich alle schnell in die Hütte und werfen sich daselbst auf ihre Lager.

[24] **Tobias** aber geht ganz ehrfurchtsvoll zu Mir her und will Mir alles kundtun, was sich in seiner Hütte die Nacht hindurch zugetragen hat. **Ich** aber vertröste ihn und sage: »Ich weiß um alles! Und wüßte Ich's nicht, wie möglich hätte Ich dir zur rechten Zeit eine Hilfe zu senden vermocht?! Laß daher nun alles gut sein! Denn wer sich vor der Zeit erhebt wider Mich, der soll hart wider den Stachel zu löcken haben! Darum sei ohne Furcht! Denn fürderhin soll dir nichts Widerwärtiges mehr begegnen!

[25] Gehen wir aber nun ein wenig höher hinauf, und zwar auf jenen Hügel gen Morgen hin; von dort aus werden wir die Herrlichkeit eines schönsten Aufganges zu sehen bekommen; und so was stärkt die Seele wie auch des Leibes Glieder und erheitert das Herz und die Nieren.«

[26] Auf solch Wörtlein begibt sich nun alles mit Mir hinauf auf den Alpenhügel und erwartet sehnsuchtsvoll den Aufgang der Sonne, der auch nicht mehr gar zu lange auf sich warten ließ.

174. Der herrliche Sonnenaufgang. Die gute und schöne Rede des Tobias. Des Herrn Lebenswinke an denselben. Verhaltungsregeln für Richter und Gesetzgeber. Behandlung der Missetäter und der zum Tode Verurteilten.

[1] Als nach etwa einer Stunde solcher *(ergänzt: Sonnenaufgang)* in einer kaum beschreiblichen Pracht und Majestät erfolgte, da wurden alle vollauf erbaut und bis zu Tränen gerührt und sangen Psalmen zur Ehre Dessen, der solches alles so wundervoll, gut und herrlich erschaffen hat.

[2] Nach solch einer feierlichen Morgenstunde sagte der alte **Tobias:** »O Herr! Das ist ein anderer Tempel als der zu Jerusalem, der stets ist voll Unrates und Unflates! Wie oft habe ich in meinem Leben Psalter auf Psalter gesungen, und mein Herz war dabei trocken wie ein zehnjähriges Stroh und kalt wie eine Eisscholle! Und wie warm schlägt es jetzt meinem allmächtigen Schöpfer entgegen! Wie oft war ich im Tempel und wie froh, wenn ich dessen allzeit stinkende Hallen verlassen durfte; und hier hätte ich Lust, eine Ewigkeit zuzubringen und aus der allerliebewärmsten Tiefe meines Herzens zu preisen den großen Gott, der alle die zahllosen herrlichsten Dinge erschaffen hat! Du lieber Meister, wie soll ich Dir danken für solch einen nie gefühlten, heilig-hohen Lebensgenuß?!«

[3] Sage **Ich:** »Wer so in die Schöpfung Gottes hinaustritt und so warm fühlt und empfindet, was er darum seinem Gott und Schöpfer schuldet, wie bei dir nun das der Fall ist, der hat Mir damit auch schon den besten und angenehmsten Dank dargebracht.

[4] Bleibe du aber fortan voll solcher Gefühle und Empfindungen und verschließe nie dein Herz vor dem ärmeren Bruder, und wenn er auch einmal dein Feind gewesen wäre, so sollst du mit der Weile einer großen Gnade aus den Himmeln gewürdigt werden! So du siehst allerlei Sünder, so richte und verdamme sie nicht; denn – verstehe Mich wohl – sie sind es ja zumeist nicht, die da sündigen, sondern der Geist, der sie treibt. Du kannst nicht wissen, von welch einem Geiste sie getrieben werden. Es gibt viele, die in ihrer Frömmigkeit gar leicht hochmütig werden könnten und möchten dann bald mit vieler Verachtung und Abscheu auf die Sünder von ihrer vermeinten Tugendhöhe herabblicken, wodurch sie dann unbewußt zu größeren Sündern würden, als da sind jene, die sie verabscheuen; da kommt dann ein Geist und treibt solche Menschen zu irgendeiner Sünde an, und der schon stolz gewordene Tugendheld erfährt es also an sich, daß er noch lange kein Gott, sondern nur ein ganz gewöhnlich schwacher Mensch ist!

[5] Ein solcher Mensch wird dann wieder demütig und wird Buße tun, über die er sich früher als vermeinter Tugendheld schon viel zu erhaben dünkte!

[6] Und also soll ja niemand einen Sünder hassen darob, daß er ein Sünder ist; ein jeder aber tut wohl und genug, so er allein die Sünde haßt und tatsächlich verabscheut! Nur einem hartnäckigen Bösewicht, der mit der Sünde eins geworden ist, sollst du die Hand nicht reichen! So er aber darum in ein gerechtes Elend gekommen ist zu seiner Besserung, dann sollst du seiner gedenken, und so von ihm eine Bitte an dich kommt, so sollst du davor dein Ohr nicht verschließen; und so du siehst einen Missetäter zum Tode ausführen, sollst du nicht Freude fühlen ob dessen traurigstem Lose, und hätte er selbst an deinem Hause die Missetat begangen, derentwegen er nun zum Tode geführt wird; denn siehe, es ist nicht unmöglich, daß auch ein solcher Missetäter selig werden kann in der andern Welt!

[7] L i e b e s e i i n a l l e n D i n g e n d a s v o r h e r r s c h e n d s t e E l e m e n t d e s L e b e n s e i n e s j e d e n M e n s c h e n ! Eine Gerechtigkeit, die nicht in der Liebe ihre Wurzeln hat, ist keine Gerechtigkeit vor Gott; und

der sie als ein Richter ausübt, ist darum ein zehnfach größerer Sünder vor Gott als jener, den er verurteilt, und Gott wird ihn einst ebenso unbarmherzig richten, wie er seinen Nächsten gerichtet hat.

[8] Darum richte du niemanden und verdamme auch niemanden, und hätte er auch an dir noch so grob gesündigt, so wirst dereinst auch du nicht gerichtet und nicht verdammt werden; denn mit welchem Maß da jemand mißt, mit dem gleichen Maße wird ihm dereinst in der andern Welt wieder vergolten werden. Der strenge, nach was immer für einem Gesetze noch so gerechte, aber dabei kalte, lieblose Richter wird dereinst über sich ein ebenso streng gerechtes und unerbittliches Gericht finden; die Häscher und Scharfrichter aber sollen nie das Angesicht Gottes erschauen!

[9] Wer einen Dieb und Mörder fängt, hat wohlgetan, so er ihn einem gerechten Gerichte überliefert; aber der Richter soll nie vergessen, daß der Missetäter, solange er in dieser Welt lebt, noch kein völliger Teufel ist, sondern ein mißbildeter, verführter Mensch, an dem zu seiner möglichen Besserung noch alle Versuche zu machen sind, bevor er als ein unverbesserlicher Teufel zum Tode verurteilt werden kann!

[10] Beim Scharfgerichte aber soll es also zugehen, daß solch ein Verurteilter nicht alsogleich getötet werden soll, sondern er werde den ganzen Tag über vor dem Volke an den Pfahl fünf Spannen hoch über der Erde fest angebunden an Händen und Füßen.

[11] Zeigt er am Pfahle treuherzig und flehend an, daß er sich bessern werde, so soll er vom Pfahle genommen und in eine passende und liebegerechte Besserungsanstalt gebracht, jedoch nicht eher in die Freiheit gesetzt werden, als bis seine Besserung sich als ungezweifelt wahr erweist. Gibt aber der am Pfahle hängende Missetäter kein Zeichen zur Besserung den ganzen Tag über, dann ist er ein vollendeter Teufel und soll darum auch, so er noch lebt am Pfahle, nach dem Untergange getötet und danach samt dem Pfahl auf der Richtstätte verbrannt werden.

[12] Solches sage Ich dir darum, weil du auch ein Richter warst und noch bist unter den Pharisäern und hattest zu besorgen die Grabstätten für die Verstorbenen und die Richtstätte für die Missetäter, auf daß du dich in der Zukunft danach richten sollst.

[13] Wohl aber jedem, der sich danach richten wird; sein Name soll glänzen im ewigen Buche des Lebens!

[14] Nun aber begeben wir uns hinab zu den Hütten; unser Kisjonah hat schon ein mäßiges Morgenmahl bereitet und erwartet uns mit seinem Weibe und seinen Töchtern.«

175. Der Herr mit den Seinen wieder bei Kisjonah in der Alpenhütte. Häuslichwirtschaftliche Verhaltungswinke. Des Herrn Güte gegen Seine Feinde; Er und die Seinen fasten. Vom Pharisäersabbat. Abstieg vom Berge. Der Pharisäer und Matthäus über den Sabbat.

[1] Wir begeben uns nun schnell hinab, und Kisjonah eilt Mir entgegen, um Mich und alle die Jünger zum Morgenmahle zu bitten, bittet aber auch zugleich um Vergebung, wenn die Tische heute etwas mäßiger besetzt seien als sonst; denn die Vorräte seien bereits bis aufs heutige Morgenmahl erschöpft und er habe darum nichts nachholen lassen, indem er wußte, daß Ich heute – als am Sabbate – vom Berge Mich wieder hinab in die Tiefe begeben werde. Wenn daher das Morgenmahl etwas geringer ausfallen dürfte, als es sonst der Fall war, so möchte Ich so was ja nicht seinem Willen, sondern diesmal nur seiner diesmaligen, von seiner Seite ganz unverschuldeten Unvermögenheit zur Last legen!

[2] **Ich** vertröstete ihn und sagte: »Sei darob nur du ganz ruhig und ohne alle Sorge! Es ist also ganz gut und recht, und es geht alles nach Meinem Willen; – übrigens muß Ich dir als Meinem liebsten Bruder und Freunde bemerken, daß du dich diese etlichen Tage hindurch ohnehin etwas zu viel angegriffen hast.

[3] Was die ungeladenen Gäste, die Legion von Pharisäern betrifft, so hättest du durchaus keine Sünde begangen, so du ihnen keinen Tisch gedeckt hättest; denn die haben Gold und Silber in großer Menge und hätten sich, so sie hier sein wollten, schon auch selbst erhalten können! Aber freilich hast du darum eben auch nicht gesündigt, weil du sie unentgeltlich verpflegt hast. Solltest du aber ihnen eine Rechnung machen wollen, so werde Ich dich darob nicht tadeln. Den alten Tobias aber nehme Ich über Mich.«

[4] Sagt **Kisjonah:** »Das werde ich auch tun; es gibt aber viele, die da arm sind, – denen soll die Zeche zugute kommen! Aber nun wolle, o Herr, das etwas spärliche Mahl mit Deinen Jüngern verzehren; die Pharisäer schlafen noch in der großen Schafhütte, und ich möchte, daß sie nicht mit uns essen möchten!«

[5] Sage **Ich:** »Laß es! Wecke sie und lade sie zum Mahle! Ich werde heute bis Mittag mit all den Meinen fasten; in der Tiefe werden wir dann erst ein rechtes Mahl halten.«

[6] Kisjonah tut sogleich, was Ich ihm sagte, obschon es ihm etwas hart ums Gemüt geschieht. Die Pharisäer und ihre Genossen erheben sich behende vom Lager und eilen zum Morgenmahle, das sie auch trotz des Sabbats mit großer Hast verzehren; denn sie fürchten, daß die Sonne, die zwar schon lange aufgegangen ist, aber noch nicht die Hütte bescheint, weil diese gegen Abend knapp an einer hohen Felswand erbauet ist, denn doch eher die Hütte bescheinen könnte, und da dürften sie nicht mehr essen als nach dem Untergange erst oder im Tempel zu Jerusalem während der Handlung des Sabbatbrechens.

[7] **Kisjonah** bemerkt das vor Mir und sagt: »Es ist wirklich sogar recht,

lustig diese Geschichte; bei denen fängt der Sabbat erst dann an, wenn der Sonnenstrahl den Punkt bescheint, an dem sie sich befinden! Wie Du, o Herr, es nun schon mehrere Male gesehen hast, so kommt die Sonne erst gen Mittag zu dieser Hütte, und diese Augendiener würden sonach erst am halben Tage den Sabbat antreten und ihn zu feiern beginnen. Sind das aber doch Kerls, wie sie sonstwo die liebe Erde kaum tragen dürfte!«

[8] Sage **Ich:** »Lassen wir sie nun; es wird sich gar bald, und zwar noch ehe wir die völlige Tiefe erreicht haben werden, mehrfache Gelegenheit darbieten, ihnen ihren Sabbat unter die Nüstern zu reiben. Das ist aber alles noch nichts, wie sie den Sabbat pfiffig umgehen können, so sie wollen und der Sabbat in ihren Synagogen ihnen keine reiche Ernte verspricht: – sie verschließen dann Fenster und Türen, so daß die Sonne ihr Licht in die Gemächer solcher Augendiener nicht spenden kann, und da und dann ist kein Sabbat im Hause! Also gilt ein trüber Tag auch nicht für einen vollen Sabbat, außer sie zünden in ihren Synagogen ihre siebenarmigen Leuchter an, natürlich um ein allzeit bei solcher Gelegenheit reichliches Opfer! Aus welchem Grunde ihnen denn auch ein trüber Sabbat stets lieber ist als ein so heiterer wie der heutige.

[9] Aber es wird sich heute schon noch eine Gelegenheit darbieten, wie Ich schon eher bemerkt habe, wo wir solches ans Tageslicht stellen werden. Aber nun machen wir uns auf den Weg; denn es wird heute sehr warm werden, und in der großen Hitze ist es nicht angenehm zu reisen.«

[10] Darauf brechen wir auch sogleich auf und gehen schnellen Fußes vom Berge ins Tal hinab, und die Pharisäer keuchen hinter uns her und ärgern sich über unsere schnellen Tritte; **einer** ruft uns sogar nach und sagt: »Warum laufet ihr denn gar so unsinnig? Habt ihr denn in der Höhe etwas gestohlen?!«

[11] Der jüngere **Matthäus,** der Apostel, aber kann es ihnen nicht schenken und entgegnet ihm: »Wir gehen mit unseren höchst eigenen Füßen, so wie ihr mit den eurigen, und gehen daher so gut und so schnell, als wir wollen, wofür wir euch hoffentlich doch keine Rechnung zu legen schuldig sind; auch haben wir mit euch zuvor auch nicht bedingend und verbindlich abgemacht, wie schnell wir vor euch gehen sollen! Darum haltet euren Mund und gehet euren Weg, wie ihr könnt und mögt! Wir kümmern uns um euch nicht; was kümmert ihr euch denn um uns?!«

[12] Sagt ein schon dadurch ganz ärgerlich gewordener **Pharisäer:** »Was schwätzest du dummer Zöllner; weißt du denn nicht, daß heute Sabbat ist, an dem niemand hadern soll?!«

[13] Sagt **Matthäus:** »Soll der Sabbat bloß mir gelten und euch nicht?! Wer wohl hat zuerst gehadert?! Steht es doch nirgends geschrieben, daß man am Sabbat nicht schnell gehen solle; im Gegenteil verlangt ihr sogar, daß man am Sabbat nicht säumenden Fußes auf dem Wege zur Synagoge sein solle, und sonach übertreten wir ja sogar euer Gesetz nicht, so wir heute als an einem Sabbat etwas schneller gehen denn an einem andern Tage. Im Dorfe unten besteht ja auch eine kleine Synagoge, in die wir, so wir recht

schnell gehen, sicher noch zur rechten Zeit kommen können; was wollt ihr von uns dann noch mehr?!«

[14] Sagen die **Pharisäer:** »Ja, so wie du sehen die aus, die in die Synagogen und Schulen eilen! Es ist nur zum Lachen, wenn ein Zöllner von einer Synagoge spricht! Wir kennen dich etwa nicht?! Du bist mehr ein Heide denn ein geborener Grieche und willst von einem Eifer für die Synagogen reden, du schwarzer Frevler?!«

[15] Sagt **Matthäus:** »Jetzt habt ihr aber bald Zeit, eurem Munde einen Zaum anzulegen, sonst werden wir uns die sonderliche Freiheit nehmen, mit Knitteln an eurem Rücken den Sabbat zu brechen! Da sehe ein Mensch einmal diese ewigen Tagediebe an, was sie sich für Rechte über uns einräumen wollen! Noch ein beleidigendes Wort, und ich werde des Sabbats und meiner Menschheit vergessen und mit euch wie ein Bär zu verfahren anfangen!« Auf diese Drohung sagen die Pharisäer zwar nichts mehr, aber in ihrem Innern sind sie voll Grimms.

176. Szene mit den Pharisäern wegen des Ährenausraufens am Sabbat. Barmherzigkeit ist besser als Opfer. »Des Menschen Sohn ist ein Herr des Sabbats.« Heilung des Menschen mit der verdorrten Hand. Die Pharisäer wollen Jesus steinigen. Kisjonahs Dazwischenkunft. Der Herr entweicht unter Heilung vieler.

Ev. Matth. 12, 1–16.

[1] Nach einer Weile aber, schon dem Tale so ziemlich nahe, kamen wir zu einem Acker, der voll von schon nahe völlig reifer Saat vor uns lag. Der Weg aber führte durch diesen Acker, und wir traten diesen Weg durch den Acker an, weil er etwas näher zum Dorfe führte. Wir gingen also durch die Saat, natürlich am Sabbat. Die Jünger aber, da sie samt Mir kein Morgenmahl bekamen, waren hungrig und fingen darum an, die reiferen Ähren auszuraufen, die Körner in der Hand auszureiben und sie zu essen. *(Matth. 12, 1)*

[2] Als aber solches die ohnehin schon grimmigen **Pharisäer** sahen, traten sie eilig zu Mir hin und sprachen mit wichtiger Miene: »Siehst du denn nicht, daß da deine Jünger tun an einem Sabbat, das sich nicht schickt?!« *(Matth. 12, 2)*

[3] Sage **Ich** zu ihnen: »Habt ihr denn nie gelesen, was David tat, als es ihn und die, so mit ihm waren, hungerte? *(Matth. 12, 3)* Wie er in das Gotteshaus ging und die Schaubrote aß, die ihm doch auch nicht ziemten zu essen, noch denen, die mit ihm waren, sondern allein den Priestern?! *(Matth. 12, 4)* Oder habt ihr nie gelesen im Gesetz, wie die Priester am Sabbat im Tempel den Sabbat brechen und sind darob doch ohne Schuld?! *(Matth. 12, 5)*

[4] Ihr habt Meine Werke in der Höhe gesehen und habt Meine Lehre vernommen, und es ist euch vielfach gesagt worden, Wer Ich bin! Sollte euch alles das noch nicht genügen, so sage Ich euch nun noch einmal ganz trocken ins Gesicht, daß hier in Mir Der ist, der größer ist denn der Tempel! *(Matth. 12, 6)*

[5] Wenn ihr aber wüßtet, was das sei: ›Ich habe Wohlgefallen an der

Barmherzigkeit, und nicht am Opfer!‹, so hättet ihr nun in eurem Herzen diese Unschuldigen nicht verdammt! *(Matth. 12, 7)* Ihr blinden und tauben Pharisäer, wisset es denn: Des Menschen Sohn, der Ich es bin, ist ein Herr auch über den Sabbat!« *(Matth. 12, 8)* Dies Wort erschreckte die Pharisäer also, daß sie sofort zurückwichen und den Jüngern nicht mehr verwehrten, die Ähren auszuraufen.

[6] **Kisjonah** aber, der immer an Meiner Seite ging, und dessen dieser Acker war, sagte zu Mir: »Herr, ich werde nun vorauseilen und sogleich ein reichliches Mahl richten lassen; denn mich dauern die guten Jünger ihres sichtlichen Hungers wegen!«

[7] Sage **Ich:** »Daran wirst du wahrlich sehr wohltun. Aber Ich werde nun mit den Jüngern dennoch zuvor eine Schule besuchen dieser Pharisäer wegen, damit ihr Ärger nicht noch größer werde. Den Matthäus haben sie ohnehin schon im Magen, da er ihnen zuvor bewiesen hat, daß wir wegen der Synagoge so schnell gehen. Gingen wir nun bei der Schule im Dorfe vorüber, da wäre es aus bei ihnen, und sie fingen an, uns Spektakel zu machen; gehen wir nun aber zuvor dennoch in eine Schule, so haben wir ihnen dadurch den Mund gestopft, und du kannst ihnen dann auch ganz ungeniert deine Rechnung vorlegen, das heißt nach beendetem Sabbat.« Auf diese Worte ging dann Kisjonah geraden Weges mit den Seinen nach Hause, wo er alles in der schönsten Ordnung antraf.

[8] Wir aber bogen den Weg etwas mehr links zur Schule hin, die zu oberst des Dorfes gelegen war. Dort angelangt, gingen wir sogleich in die sehr wenig besuchte Schule *(Matth. 12, 9)*, und die Pharisäer folgten uns am Fuß und waren heimlich schon voll Grimmes, weil sie auf dem Acker ihrer blinden Dummheit wegen sind belacht worden von den Jüngern, als Ich ihnen ihre Beschwerde wegen des Ährenausraufens verwies.

[9] Als wir in die Schule kamen, da machten sich die Pharisäer gleich breit her und führten Mir einen Menschen vor, der schon seit lange her eine verdorrte Hand hatte und daher nahe jeder Arbeit unfähig war. Da fragten sie Mich, weil Ich ehedem gesagt habe, daß Ich ein Herr auch über den Sabbat bin, ob es erlaubt wäre, auch am Sabbat zu heilen. Diese Frage stellten sie aber nur, um eine Sache wider Mich zeugend zu bekommen *(Matth. 12, 10)*; denn ihre argen Herzen brannten schon vor Zorn und Grimm.

[10] **Ich** aber sprach zu ihnen: »Was fraget ihr Mich denn, als könntet ihr diesem Kranken helfen und beleben dessen lang erstorbene Hand?! So Ich ihn aber heilen will, werde Ich euch doch nicht fragen um eure Erlaubnis?!

[11] Welcher unter euch ist denn wohl so töricht, daß er ein Schaf, das ihm in eine Grube fällt, nicht herauszöge am Sabbat?! *(Matth. 12, 11)* Wieviel besser aber ist doch ein Mensch denn ein Schaf! Darum wird man wohl dürfen an einem Sabbat einem Menschen Gutes tun?!« *(Matth. 12, 12)*

[12] Die Pharisäer schwiegen; **Ich** aber rief den Menschen zu Mir und sprach zu ihm: »Strecke deine Hand aus!« Und er streckte sie aus, und sie ward ihm wieder gesund gleich wie die andere, die nie krank war. *(Matth. 12, 13)*

[13] Nun war es aus bei den Pharisäern; sie verließen die Schule und gingen hinaus, um zu beraten, wie sie Mich töten könnten. *(Matth. 12, 14)*

[14] Matthäus aber, der ein feiner Spion war, schlich ihnen nach und behorchte sie unbemerkt, kam bald nahe außer Atem zurück und gab laut kund, was er vernommen hatte. Da sandte Ich schnell einen Jünger zum Kisjonah und ließ ihm sagen, daß Ich für heute nicht bei ihm das Mahl halten könne der Klugheit wegen, indem die Pharisäer Mir nach dem Leben stellen, Ich sie aber nicht zu noch größeren Verbrechern machen will, als sie es ohnehin schon sind, daher Ich Mich denn auch aus dieser Gegend auf eine Zeitlang verlieren werde. Der Jünger eilte mit Pfeilesschnelle fort, wissend, wohin er Mir nachzukommen habe.

[15] Als er solches kaum dem Kisjonah meldete, so brach dieser mit seinem ganzen Hause plötzlich auf, ließ alles stehen, sammelte in aller Geschwindigkeit noch eine große Menge Volkes und eilte zur Schule hin und kam gerade noch im rechten Momente, als die Pharisäer schon mit Steinen versehen in die Schule dringen wollten.

[16] Daß die Pharisäer hier vom Kisjonah ganz gehörig bedient wurden, braucht kaum erwähnt zu werden, worauf Ich dann mit vielem Volk von dannen zog, dessen Kranke Ich am Wege alle heilte; denn um die Zeit der Weizenernte war diese Gegend, weil nahe am Galiläischen Meere gelegen, etwas fiebrig, und so gab es da auch stets eine Menge kranker Menschen, besonders im Geschlechte der Weiber, und diese, von Mir hörend, liefen alle der Volksmenge nach und kamen zu Mir am Wege, daß Ich sie heilete. Und sie wurden alle geheilt, die da nachgekommen sind. *(Matth. 12, 15)*

[17] Nachdem sie aber geheilt waren, bedrohte Ich sie, daß sie davon zu Hause ja niemandem etwas melden sollten *(Matth. 12, 16)*, auch nicht erwähnen zu jemandem, wer er auch sein möge, an welcher Stelle Ich sie geheilt habe, und nach welcher Richtung Ich fürbaß gezogen sei. Sie versprachen solches auf das genaueste zu beachten, und Ich entließ sie darauf im Frieden.

177. Der Apostel Verwunderungsfrage an den Herrn, warum Er als der Allmächtige Sich manchmal vor den Menschen zu fürchten scheine. Des Herrn rechte Antwort. Der hungrige Judas und sein Korrektor Thomas. Des Petrus guter Tadel an beide. Des Herrn Lob. Verhaltungswinke.

Ev. Matth. 12, 17–21.

[1] Nachdem diese abgefertigt waren, da traten die **Apostel** zu Mir und sagten: »Herr, manchmal bist Du denn doch etwas rätselhaft! Siehe, wir haben von Dir schon so viele Wunderdinge gesehen und an uns selbst erlebt, daß wir auch keinen Augenblick mehr zweifeln könnten, so wir solches auch wollten, daß Du im vollsten und wahrsten Sinne der Sohn des lebendigen Gottes bist und sein mußt; denn die Taten, die Du verrichtest, sind bis jetzt keinem Menschen möglich gewesen. Aber Du hast dabei dennoch so gewis-

se Momente, in denen Du Dich im Ernste vor den Menschen zu fürchten scheinst, während Dir doch, wie wir uns mehrfach in aller Tat überzeugt haben, alle mächtigsten Engelscharen aus den Himmeln zu Gebote stehen!

[2] Die Pharisäer mit ihren unbewaffneten etwa fünfzig Anhängern, von denen einer feiger ist als der andere, hätten wir ganz gehörig zugerichtet; und so ein allmächtig Wörtlein von Dir, – und den Pharisäern wäre die Gier, Dich zu verfolgen, sicher für alle Zeiten vergangen! Wie Du vor jenen Kerlen im Besitze aller göttlichen Macht hast die Flucht ergreifen können, siehe, das ist uns ein Rätsel, das wir im vollsten Ernste bei unserem sicher besten Willen nicht begreifen können! – Erkläre uns doch solch Dein sonderbares Benehmen!«

[3] Sagte **Ich:** »Ihr seid noch bedeutend schwach und blind, daß ihr so was nicht auf den ersten Blick merken könnet! Sehet, das geschah deshalb, auf daß ihr es merken sollet, daß da in die Erfüllung ging, was der Prophet Jesajas von Mir geweissagt hat, indem er *(Matth. 12, 17)* also sprach: ›Siehe, das ist Mein Knecht, den Ich erwählt habe, und Mein Liebster, an dem Meine Seele ein Wohlgefallen hat; Ich will Meinen Geist auf Ihn legen, und Er soll den Heiden das Gericht verkünden *(Matth. 12, 18)*. (Gericht bedeutet hier soviel als Wahrheit, Licht und Leben; denn die Wahrheit ist es auch, die ein rechtes und gerechtes Gericht schafft.) Er wird nicht zanken und schreien, und man wird Sein Geschrei nicht hören auf den Gassen. *(Matth. 12, 19)* Das zerstoßene Rohr wird Er nicht zerbrechen und einer Lampe glimmenden Docht nicht auslöschen, bis daß Er ausführe das Gericht (die volle Wahrheit). *(Matth. 12, 20)* Und die Heiden werden auf Seinen Namen hoffen.‹ *(Matth. 12, 21)*

[4] Sehet, darin also liegt der Grund, warum Ich mit den Pharisäern in keinen Streit und noch weniger in irgendein Handgemenge Mich einlassen wollte und konnte.

[5] Übrigens wußte Ich es im voraus recht wohl, daß der Kisjonah sie nicht ungezüchtigt werde davonziehen lassen! Sie sind nun zehnmal ärger gestraft, als so wir uns etwa mit ihnen gebalgt hätten; denn fürs erste sind sie von Kisjonahs Leuten ganz entsetzlich durchgeprügelt worden, und fürs zweite dürfen sie von all dem, was sie gesehen, gehört und erlebt haben, in Kapernaum keine Silbe erzählen, was sie am meisten ärgert und geniert.

[6] Denn da einer nur mit einer Silbe davon laut wird, so wird er, wie ihm auf dem Berge angedroht wurde, aber auch augenblicklich stumm, taub und, wo nötig, auch blind. Darum aber wollten sie auch einen Versuch machen, ob sie Mich töten könnten; denn dadurch vermeinten sie auch die von ihnen geglaubte sichere Wirkung Meiner ihnen am Berg gemachten Androhung zu vernichten.

[7] Denn sie halten Mich noch gleichfort für einen bösen Magier, der wohl lebend, aber als ein Toter nichts mehr zu wirken vermag. Das Schlimmste für sie aber ist, daß sie nun nicht wissen, wohin Ich gezogen bin. Sie haben zwar schon Boten in der Richtung nach Morgen hin gesandt, um Mich auszukundschaften – denn sie haben uns von der Schule weg nach Osten hin fliehen sehen –; daß wir uns aber im Walde nach einer Stunde Weges plötz-

lich gen Abend hingewandt haben und nun auch sogleich übers Meer auf die andere Seite fahren werden, wissen sie nicht, und es wird daher ihr Suchen ein sehr vergebliches sein. Nun, ist euch euer Rätsel jetzt gelöst?«

[8] Sagen **die Zwölfe** und auch viele andere, die mit Mir ziehen: »Ja, jetzt ist uns schon alles klar! Es ist also im Ernste um vieles besser, als so wir selbst Hand an die Bösen gelegt hätten; es ist nun schon alles wieder in der schönsten Ordnung.«

[9] Sagt **Judas** etwas lakonisch: »Bis auf unsere Mägen! Außer den etlichen rohen Weizenkörnern ist heute, da es doch Abend geworden ist, nichts hineingekommen. Daher wäre es wohl gut, wenn auch für unsere Mägen, bevor wir übers Meer fahren, nur ein wenig gesorgt werden könnte!«

[10] Sage **Ich:** »Heute heißt es einmal fasten, wenigstens bis ans jenseitige Ufer; drüben wird sich wohl etwas finden lassen.«

[11] **Thomas** aber verweist dem Judas solche Gemeinheit und sagt: »Aber wie ist es dir doch möglich, inmitten der erhabensten Belehrung von seiten des Herrn mit einer so echt tierisch gemeinen Bemerkung zu kommen?! Hast denn du gar keine Ehre oder Schande in deinem Leibe?! Wenn du denn schon einen gar so schreienden Wolfshunger hast, so nehme dir in der Zukunft irgendeinen Mundvorrat mit; aber solche Bemerkungen dem Herrn gegenüber zu machen, ist zu entsetzlich gemein, als daß man darüber noch ein Wort verlieren könnte!«

[12] Sagt **Judas:** »Ja, ja, ich habe wieder vergessen, daß du auch noch in unserer Gesellschaft bist! Du bist und bleibst gleichweg mein Hofmeister und scheinst eine ordentliche Freude daran zu haben, mir bei jeder Gelegenheit irgendeinen Hieb zu versetzen. Ist ja auch recht; wenn es dich freut, so tue es immerhin, aber ärgern werde ich mich über dich nimmer!«

[13] Sagt **Petrus:** »Ist auch besser; aber im übrigen hat Thomas dennoch recht, obschon er manchmal auch ein wenig hart ist. So meine aber ich, daß wir stets auf den Herrn schauen sollen; sagt Er etwas, so ist es gut und recht, daß es also gesagt ist, und jeder soll sich dann danach richten! Sagt aber der Herr nichts, dann kommt es uns noch weniger zu, etwas zu sagen! Ich meine, daß wir solches an uns wohl, zumal in des Herrn Gegenwart, allzeit beachten sollen, damit Friede und Einigkeit unter uns sei!

[14] Mein lieber Bruder Thomas, sieh, wenn der hungrige Judas schon vor dem Herrn nicht schweigt, so wird er vor dir schon noch weniger eine Furcht haben! Ermahnen wir uns aber schon gegenseitig, da lassen wir alle Schärfe und alles Herbe beiseite, auf daß jener Spruch Jesajas, den zuvor der Herr über Sich uns kundgab, auch an uns, Seinen Jüngern, ersichtlich werde!«

[15] Sage **Ich:** »Also ist es recht, Mein lieber Simon Jona! Also soll es sein unter euch und am Ende unter allen Menschen! Denn wer da hat eine Wunde und legt etwas Scharfes darauf, der wird die Wunde nicht zum Heilen bringen, sondern sie nur vergrößern und ärger machen. Wer aber die Wunde bestreicht mit Balsam und reinem Öl, der wird sie auch bald heilen und wird also den Schaden im Fleische gutmachen.

[16] Aber nun steuern auch schon Meines Freundes, des Kisjonah, Schiffer daher ans Ufer, und er selbst ist dabei; darum gehen wir ans Ufer, auf

daß wir bei der Hand sind, wann die Schiffer das Tau auswerfen werden; wir werden dann das Schiff voll ans Ufer ziehen und sodann schnell ins Schiff steigen; denn sie haben für dies Ufer einen Gegenwind und können daher schwer voll ans Ufer stoßen. Der Wind aber wird uns sehr gute Dienste leisten bei der Hinüberfahrt und wird uns in kurzer Zeit ans jenseitige Ufer befördern. Aber nun eilen wir hinab ans Ufer, auf daß sie sich nun nicht umsonst abmühen!«

178. Die hl. Gesellschaft reist zu Schiff mit Kisjonah ans andere Ufer. Das Schiffsmahl am Ufer. Freude der Bewohner ob der Ankunft des Heilandes. Wunderheilung des Besessenen, Stummen und Blinden. Ein braver Mann ladet den Herrn und die Seinen in sein Haus.

Ev. Matth. 12, 22–23.

[1] Wir eilen nun ans Ufer und kommen gerade zur rechten Zeit hin, als eben die Schiffer das Ufertau auswerfen. Petrus als selbst ein sehr gewandter Schiffer ergreift sogleich das ausgeworfene Tau; wir ziehen das Schiff nun leicht ans Ufer, steigen dann sogleich in das Schiff, das uns dann auch binnen anderthalb Stunden ans entgegengesetzte Ufer bringt, und zwar in der Nähe des Fleckens, der zur Hälfte von Griechen und zur Hälfte von Juden bewohnt war.

[2] Wir erreichten das Ufer, als die Abenddämmerung noch recht gut die Gegend erleuchtet hielt und wir noch alles gut ausnehmen konnten. Kisjonah sandte zwei Boten in den Flecken, ob eine Wohnung für wenigstens hundert Menschen zu haben sei. Aber die Boten kamen bald unverrichteterdinge zurück, und wir blieben daher die Nacht über im Schiffe, da sich der Wind gelegt hatte und die See ganz ruhig ging in kleinen Wellen.

[3] Und Kisjonah ließ dann bald aus dem Schiffe eine Menge Brotes, Weines und wohlgebratenen Fleisches holen, und sein Weib und seine Töchter fehlten nicht und bedienten uns. Daß dieses Begebnis dem Judas, der schon am vorigen Ufer eine bedeutende Magenbeschwerde zu fühlen begann, höchst erwünscht kam, braucht wohl kaum erwähnt zu werden.

[4] Kisjonah fragt Mich auch, ob er im Schiffe ein Feuer anmachen solle, da die Nächte am See doch gewöhnlich bedeutend kühl werden trotz der noch so großen Tageshitze. Ich gestatte ihm solches, und es ward in der großen Leuchtpfanne, in der sich eine Menge reinen Harzes, Öles und anderer leicht brennbarer Stoffe befanden, sogleich Feuer angemacht; es brannte diese große Schiffsfackel bald lichterloh und verbreitete über die ganze Gegend einen starken Schein. Das lockte aber auch nur zu bald eine Menge Schaulustiger aus dem Flecken ans Ufer, und es waren darunter welche, die Mich vom freilich sehr nahen Ufer bis ins Schiff erkannt hatten, und sie fingen an zu jubeln, daß Ich, als der bekannte Wunderheiland, Mich in ihrem Orte befände; denn es waren daselbst viele Kranke.

[5] Viele eilten vom Ufer wieder nach Hause und erzählten im ganzen Orte, daß Ich Mich auf dem Schiffe befinde.

[6] Es dauerte aber gar nicht lange, da wurde ein Stummer und zugleich Blinder, der also besessen war, ans Ufer gebracht, und das Volk bat Mich, ob Ich diesen wohl heilen könnte und möchte.

[7] Es waren aber auch etliche **Pharisäer** dieses Ortes hinzugeeilt, um zu sehen, was da geschehen werde, und sprachen zum Volke: »Diesen zu heilen wird er etwa wohl bleiben lassen!«

[8] Ich aber heilte diesen Besessenen im Augenblick vom Schiffe aus also, daß er beides konnte, sehen und reden. *(Matth. 12, 22)* Da entsetzte sich alles Volk dieses Ortes, und **die Juden,** die nicht pharisäisch gesinnt waren, schrieen: »Dies ist wahrhaftig Davids Sohn, auf den alle Juden hoffen!« *(Matth. 12, 23)*

[9] Es war aber **ein Mann** in diesem Orte, recht und gerecht; dieser trat nahe ans Schiff und sagte: »Göttlich großer, wundersamer Meister! Was sollst Du die Nacht hindurch auf dem schwankenden Schiffe Dir Deine sicher nötige Ruhe nehmen lassen von dem Winde und von der empfindlichen Kühle der Nacht!? Die besondere Eigenschaft dieser Seegegend, die jedermann wohlbekannt ist, ist die, daß stets einem je heißeren Tage eine im gleichen Verhältnisse kühlere Nacht folgt, aus der allerlei Krankheiten unter den Menschen, die hier herum hausen, entstehen; ich aber habe ein großes, geräumiges und wohleingerichtetes Haus, so daß Du samt Deinen Jüngern darinnen mehr als hinreichend Platz haben könntest, und ihr könnet darin verweilen, solange ihr nur immer wollt; auch an einem mäßigen Mundvorrat soll es euch nicht gebrechen!«

[10] Sage **Ich** zu ihm: »Ja, deine Einladung nehme Ich an; denn Ich weiß, daß deine Seele ohne Falsch ist. Aber es ist auch Kisjonah mit seinem Weibe und seinen Töchtern hier; er ist es, dem dies Schiff gehört, und ist ein getreuer Jünger und ein Mann nach Meinem Herzen; hast du auch Raum für ihn?« Sagt **der alte Mann:** »Und so da noch mehr solche Familien wären! Wer mit Dir ist, wird meinem Hause willkommen sein!«

[11] Sage **Ich:** »So soll deinem Hause denn auch ein großes Heil widerfahren!« (Zum Kisjonah:) »Laß darum das Schiff vollends ans Ufer stoßen, auf daß wir gemach ans Land steigen können!« Dies geschah sogleich, und wir kamen darauf bald ins Haus unseres alten Mannes, der durch seine Leute sogleich Anstalten machte für unsere möglichst bequeme Unterkunft.

179. Demut und Edelmut des alten Gastwirtes. Fruchtbare, aber ungesunde Gegend. Die Gnade von oben. Des Herrn Wink über Seine Herrlichkeit. Das Volk preist den Heiland und sagt den Templern die Wahrheit ihrer Schande.

[1] Als für die Stätten der Nachtruhe alles besorgt war, kam **der Alte** mit seinen Söhnen, die zumeist Fischer, Schiffer und Zimmerleute waren, zu Mir und sagte: »Herr, so schnell und so gut, als es nur immer in der Zeit Kürze möglich war, ist nun alles zu eurer Beherbergung hergerichtet, und ihr möget nun, wie es euch gefällt, davon Gebrauch machen. Du bist nun der Herr, wie allzeit, so auch in diesem Hause, das ich mit meinen sieben Söhnen

erbaut habe. Gebiete, wie Du etwas willst, und ich werde Dein Knecht sein und Dir dienen mit meinem ganzen Hause!«

[2] Sage **Ich:** »Du bist, was du bist, und Ich auch, was Ich bin; weil du aber also demütig bist und dich erniedrigst, so sollst du denn darob auch erhöhet werden dereinst in Meinem Reiche! Für heute aber bedürfen wir nichts als einige Ruhe; morgen aber lasse die Kranken dieses Ortes hierher kommen, auf daß Ich sie heile.«

[3] Sagt **der Alte:** »Da wirst Du viel zu tun bekommen; der Ort ist nicht unbedeutend, und es dürfte da kaum ein Haus zu treffen sein, in dem es keinen Kranken gäbe! Diese Gegend ist zwar eine der fruchtbarsten längs des weitgedehnten Meeresufers, aber merkwürdigerweise für Menschen auch die am wenigsten gesunde; nichts als Fieber und Beulen aller Art!«

[4] Sage **Ich:** »Laß das gut sein! Morgen soll alles anders werden; sieh dich aber für morgen mit Fischen vor, damit Meine Jünger, die heute zumeist gefastet haben, sich wieder einmal sättigen! Es soll dir alles vergolten werden!«

[5] Sagt **der Alte:** »Herr! Vergib mir, daß ich Dir hier eine Gegenrede stelle! In meinem Hause haben schon Tausende Herberge und Sättigung gefunden, und noch nie habe ich von jemandem etwas angenommen, um so weniger von Dir! Meine Rechnungen übergebe ich allzeit den Winden, und diese tragen sie zu den Sternen hinauf, wo der allmächtige Vater wohnt; Der ist noch allzeit mein sicherster Zahler und Vergelter gewesen und wird es auch diesmal sein! Wie viele Kranke und Bresthafte sind Monde lang bei mir verpflegt worden, und noch nie ist trotz der ungesunden Gegend je ein meinem Hause angehöriger Mensch krank geworden! Herr! Das ist eine Gnade von oben, und deshalb rede Du ja nichts von irgend einer Vergeltung oder gar Bezahlung; denn ich würde weder das eine noch das andere annehmen!«

[6] Sage **Ich:** »Ja, aber da hat es eigentlich einen Haken! So Ich dir's nicht vergelte, so wird es auch von den Sternen herab mit der Vergeltung etwas mager aussehen! Denn Ich habe auch in und über allen Sternen sehr viel und am Ende sogar a l l e s zu reden und anzuordnen!«

[7] Hier stutzt **der Alte** gewaltig und weiß nun nicht, was er sagen soll. Nach einer Weile sagt er erst, etwas kleinlaut: »Um Jehovas willen! Bist Du etwa gar ein Engel aus den Himmeln, oder hilft Dir ein solcher und ist Dir zu dienen gegeben vom Vater aus den Himmeln?«

[8] Sage **Ich:** »Gehe du nun ganz sorglos zur dir nötigen Ruhe; morgen aber soll dir vieles geoffenbart werden! Gehe aber nun hinaus und sage dem Volke, das da noch draußen lärmt, daß es sich eben auch zur Ruhe begeben solle und solle morgen die Kranken alle herschaffen; Ich werde sie alle heilen.« Da ging der Alte hinaus, und tat, was Ich ihm anbefohlen hatte.

[9] Da fing **das Volk** an laut zu jubeln und schrie: »Heil dem erhabenen Sohne Davids! Er kam zu uns, um uns zu befreien von jeglicher Plage! Wir wissen zwar nicht, von wannen Er zu uns gekommen ist; aber das ist vorderhand gewiß, daß Gottes Geist mit Ihm ist, wie Er war mit Seinem Erzvater

David! Denn wäre Gottes Geist nicht mit Ihm, so hätte Er den Besessenen nicht geheilt!«

[10] Es sind aber auch einige **Pharisäer** mit dem Volke gezogen, daß sie als jerusalemische Tempelpolizei alles beobachteten, was Ich, von dem sie schon viel gehört haben, etwa noch ferneres hier tun würde. Die Heilung des Besessenen, der taub, stumm und blind zugleich war, hat ihnen schon einen bedeutenden Stoß versetzt, und sie berieten in einem fort, was da zu tun wäre, um Mich beim Volke als einen Landstreicher, Lumpen, Betrüger oder gar als einen mit dem Teufel im Bunde stehenden Zauberer zu verdächtigen. Daher sagten sie auch zu dem Volke: »Es wird sich morgen wohl zeigen, welches Geistes Kind er ist! Wir werden ja sehen, wie er die vielen Krüppel, Lahmen und Aussätzigen heilen wird!« Sagt **das Volk:** »Hat Er den Ärgsten so plötzlich geheilt, wird Er sicher auch die andern um so leichter heilen! Ihr aber sollet in derlei Dingen überhaupt nichts reden; denn von euch aus ist noch nie ein Mensch geheilt worden, weder durch eure teuren Gebete und noch weniger durch eure Amulette, die ihr den Kranken anpreiset und ums teure Geld verkaufet!

[11] Der hat den Geist Gottes im Leibe; denn Er hat uns solches schon durch die alleinige Tat mehr als zur Genüge bewiesen; ihr aber habt gar keinen Geist in euch, außer den des Hochmuts, der Hab- und Herrschsucht!

[12] Ihr wollt nach Gott wohl die ersten sein und verlangt eine göttliche Verehrung von uns Menschen; aber wir sagen euch, daß ihr für uns die letzten seid und hundertfach ärger denn alle Heiden! Denn ihr tut nichts zu unserem Besten; ihr arbeitet nichts, und die zu euch in eure Schule kommen, werden nach Verlauf von ein paar Jahren so dumm und finster, daß sie sicher kein Engel ohne besondere Gottesmacht und -kraft zurechtbringen könnte! Und das ist immer noch das Beste von allen euren Sorgen und Mühen für unser sein sollendes Wohl!

[13] Der Juden, eurer Glaubensgenossen, Weiber verleitet ihr zum Ehebruche hundertfach, und mit ihren Töchtern treibet ihr Unzucht; aber das ist nichts! Wann aber ein anderer armer Teufel sich also weit verginge, so wird er gesteinigt, wenn er arm ist; ist er aber reich und angesehen, so kann er sich loskaufen und bleibt noch obendrauf euer Freund!

[14] Die Juden, eure Genossen, kennen euch freilich nicht so gut wie wir Griechen, und wenn sie euch schon kennen, so dürfen sie doch nichts reden. Aber wir kennen euch und dürfen reden; daher sagen wir's euch denn auch besonders bei dieser schicklichen Gelegenheit, was wir so als völlig grundwahr von euch halten!

[15] Gehet aber nun nur bald heim, sonst kommt ein Sturm von griechischen Fäusten über euch! Wir aber werden hier Wache halten; waget es ja nicht, irgendwie diesen Menschen anzutasten, sonst sollet ihr mit uns etwas zu tun bekommen!

[16] Wir waren wohl auch Juden und sind nun froh, Griechen zu sein; sind wir aber auch Griechen dem Namen und der Polizei nach, so sind wir im Herzen aber dennoch wahre Juden, – aber freilich nicht wie ihr, die ihr eure

gottverehrlichen Gebete ums Geld verkauft und solchen die lügenhaftesten Wirkungen zuschreibet!

[17] Wir beten selbst Gott deshalb an, weil er Gott ist und wir als Seine Geschöpfe schuldig sind, Ihn anzubeten. Ziehet euch daher weiter, denn eure Nähe ist uns widriger denn die eines stinkenden Aases!«

[18] Auf diese unzweideutige Äußerung des Volkes, das wohl gut zur Hälfte aus Griechen bestand, die hier ansäßig waren, machen sich die Pharisäer so schnell wie möglich aus dem Staube, und das Volk jubelt über solchen Sieg, und daß es diesen Tagedieben, wie es die Pharisäer gewöhnlich nannte, einmal die nackte Wahrheit hatte unter ihre Schnüffelnasen reiben können.

180. Der Pharisäer Rat. Des jungen Pharisäers guter Plan zum Schutze des Heilandes und seine Rede ans Volk.

[1] Dieser Ort war sonst berühmt wegen seiner durchgehends scharfsinnigen Bewohner. Da mußte jemand schon von einer gesunden Geburt herrühren, so er es mit ihnen, besonders mit den Griechen, aufnehmen konnte; und so wußten die hier hausenden Pharisäer recht gut, daß da mit dem Volke schlecht zu hadern ist. Darum sagten sie auch diesmal nicht viel entgegen und gingen ihren Weg nach Hause. Aber daheim brüteten sie hernach desto mehr darüber nach, wie sie Mich entweder verdächtigen oder gar von Grund aus verderben könnten.

[2] **Einer** unter ihnen, etwas besseren Geistes, sagte am Ende, als ihm die Beratung schon zu lange angedauert hatte: »Brüder, unmaßgeblich gebe ich meine Meinung dahin ab, daß wir jetzt schlafen gehen sollten, auf daß wir morgen beisammen sind im Kopfe und im Herzen! Was nützt uns heute all unser Brüten und Sinnen?! Morgen ist auch ein Tag. Warten wir ab, was dieser bringen wird, und wir werden dann doch mit Jehovas Hilfe mehr ins klare kommen, was es da mit diesem sonderbaren Menschen für eine Bewandtnis hat. Daß an ihm etwas Außerordentliches ist, unterliegt aber auch nicht dem geringsten Zweifel; denn die Heilung des Besessenen am Ufer vom Schiffe heraus sogar, ohne ihn aber auch nur im geringsten anzurühren, ist eine Erscheinung, die meines Wissens noch nie da war!

[3] Und so wollen wir abwarten, was da morgen alles noch nachfolgen wird, und wir werden dadurch leichter imstande sein, darüber ein vollkommeneres Urteil zu schöpfen! Denn ihn nun schon ganz blindlings zu verurteilen, wäre eine etwas zu gewagte Sache, besonders bei der großen Aufgeregtheit unseres Volkes, das sich da schon lange mehr an die Griechen hält als an uns, die wir ihm schon lange ein Dorn in seinen Augen sind. Laßt euch daher geraten sein nach meiner guten Einsicht. Morgen ist auch ein Tag, der uns vielleicht günstiger werden könnte, denn der heutige es war!«

[4] Sagt **ein anderer:** »Was sollen wir denn aus der Beschimpfung, die uns früher zuteil ward vom Volke, machen? Sollen wir etwa auch darüber so ganz ruhig einschlafen und uns etwa darüber gar kein graues Haar wachsen

lassen und sie, als wäre sie nie geschehen, vergessen und nie zur gerechten Ahndung bringen?«

[5] Sagt **der Bessere:** »Beutle sie dir herab *(d. h. »Verlange eine Geldbuße!«),* so du's kannst! Oder ziehe die Frevler zur Rechtfertigung heute noch oder morgen, wenn dir solches möglich ist! Was kann ein einzelner gegen viele ausrichten?! Darüber zu schweigen kommt wenigstens mir noch am geratensten vor, wenigstens vorderhand. Willst du aber eben vorderhand schon etwas dagegen tun, so bindet dich kein Gesetz; ich für mich aber werde die ganze Geschichte erst abwarten und dann die geeigneten Schritte tun. Laß den Apfel am Baume erst reif werden, so dir daran liegt, nie in einen sauern zu beißen! Verstehst du mich?!«

[6] Auf diese Worte des etwas bessern Pharisäers, der noch ein junger, lebensfroher Mensch war und es daher mit den alten Geldbeutelhelden nicht gar zu fest hielt, begaben sich sämtliche Pharisäer und Schriftgelehrten zur Ruhe, bestellten aber dennoch aus ihren Dienern einen, der Wache halten mußte, daß sie am Morgen nicht verschlafen möchten die ersten Geschichten, die sich von seiten des Zauberers ergeben möchten.

[7] Der etwas **bessere Pharisäer** aber ging, nachdem alle andern samt der Wache, die sie aufgestellt hatten, schon fest schliefen, hinaus ins Freie und überlegte bei sich, was er machen solle, um den Alten ihre bösen Pläne zu vereiteln. Er gedachte: »Wenn ich nur zu diesem Wundermanne kommen könnte, da könnte ich ihm dann schon eine rechte Weisung geben, wie er es machen solle, um von meinen Kollegen unbeanstandet seine Heilungen vorzunehmen! Aber wie zu ihm kommen? Das aufgeregte Volk umlagert das Haus, und schon werden, wie ich's wahrnehme, Kranke hingeführt und hingetragen; es wird morgen ein großes Gedränge werden, und man wird nicht hinzukommen können. Ich weiß aber, was ich tue! Ich gehe nun hin zum Volke und sage ihm gerade heraus, wie ich es meine, und zeige ihm, daß ich selbst ein Feind der alten Geldzeloten bin und dem Wundermanne etwas entdecken muß, ansonst er seine Heilungen wohl kaum wird vornehmen dürfen! Will das Volk es mir gestatten, so ist es gut, und will es mir solches nicht gestatten, nun, – so habe ich doch dem Drange meines Herzens Genüge geleistet.«

[8] Mit solchen Gedanken begibt er sich wieder zum Volke, das in der mondhellen Nacht in ihm nur zu bald den ihm bekannten jungen Rabbiner erkennt.

[9] Es gehen ihm sogleich **die Griechen,** die vormals auch Juden waren, entgegen und fragen ihn ganz barsch, was er in dieser Zeit da suche, und ob er etwa ein Spion sei. **Er** aber sagt in einem guten, vertraulichen Tone: »Liebe Männer und Freunde! Wohl bedeckt meine Haut auch der Pharisäer Kleid und, wie ihr es wißt, so bin ich in der Tat auch ein wirklicher Pharisäer; denn ich mußte ja das werden als ein Erstgeborner eines reichen Hauses in Jerusalem, was meine gewissensschwachen Eltern wollten. Und so bin ich dem Äußeren nach wohl ein Pharisäer, aber in meinem Herzen noch weniger denn ihr alle, obschon ihr nun Griechen seid.

[10] Meine Absicht und der Grund ist ganz einfach dieser: Ihr kennt so

gut wie ich meine Kollegen und wisset, welche Rechte sie sich alle anmaßen. Sie sind Theologen, und es darf niemand von der Schrift etwas verstehen als nur sie ganz allein, obschon sie, unter uns gesagt, vielleicht alles *(andere)* besser verstehen als eben die Schrift; aber sie sind dazu vom Tempel ausersehen und üben daher ihr vermeintliches Recht aus, und ihr könnt dagegen nichts ausrichten.

[11] Also sind sie auch Ärzte und dulden daher nicht, daß da käme ein Fremder und ihnen durch seine Kunst schmälere ihr Einkommen; auch dafür sind sie vom Tempel aus privilegiert und verstehen, für ihr Recht zu kämpfen, und ihr möget nichts machen und ausrichten dagegen.

[12] Also sind sie in besonderen, von Moses bestimmten Fällen auch Richter und Herren über Leben und Tod ihrer Untergebenen und können solches Recht ausüben, wie, wann und an wem sie's nur wollen, und sind dabei unverantwortlich*; sie haben nur alle Jahre eine Liste nach Jerusalem einzusenden und werden dafür gewöhnlich belobt, so sie eine recht zahlreiche Liste einsenden derer, die sie gerichtet haben, nebst dem jährlichen Pachtbetrage, den sie für die Synagoge und Schule an den Tempel zu entrichten haben.

[13] Denn alle diese Ämter werden ja schon seit lange her vom Tempel aus entweder auf die Lebensdauer verkauft oder verpachtet; wir sind hier nur Pächter und ich gar ein Afterpächter.

[14] Ich sage euch, so eine Synagoge und Schule kostet im Tempel viel Geld! Und damit sie um ein desto teureres Geld an den Mann gebracht werden kann, so wird sie vom Tempel mit allerlei verbuchten Rechten privilegiert, die sich dann ein solcher Pächter, der die Gesetze für sich hat, nicht gar zu leichten Kaufes schmälern läßt.

[15] Man kann freilich erst dann ein Käufer oder Pächter einer Synagoge und Schule werden, wenn man zuvor im Tempel zu einem Pharisäer unter allerlei schwersten Eiden geweiht wurde; wenn man aber einmal ein Pharisäer ist, dann ist es nicht mehr leicht möglich, kein Pharisäer zu sein!

[16] Und sehet, obschon ein echter Jude vor solchen Prellereien von seiten des Tempels ausspucken sollte, so sind sie einmal sogar vom Staate aus anerkannt und sanktioniert, und ihr möget dagegen nichts ausrichten. Ich könnte euch noch mehreres sagen, aber es genügt, um euch wenigstens insoweit aufzuklären, daß ihr sehet, in welchen Rechten sich die Pharisäer befinden, gegen die sich mit Gewalt vorderhand leider nichts unternehmen läßt.

[17] Wenn ich die alten, rachsüchtigen Kollegen der guten Sache wegen nicht beschwichtigt hätte, so hättet ihr nun schon sehr fatale Anstände; denn sie wollten schon um eine Legion Soldaten nach Kapernaum schicken und das ganze Haus dem Gerichte übergeben! Ich bin sonach euer Freund und kein Feind und noch weniger ein verschmitzter feindlicher Spion! Nur wollet ihr darum an mir keine Verräter machen! Wenn aber ein guter Rat von mir aus euch nicht zu schlecht dünkt, so wollet mich in aller Geduld anhören!«

---

* niemand verantwortlich.

[18] Sagen **die drei:** »Du scheinst uns redlichen Herzens zu sein; so rede und sage, was wir tun sollen! Aber wage es ja nicht, uns zu hintergehen und zu täuschen; denn so was würdest du mit deinem Leben bezahlen!«

[19] Sagt **der junge Pharisäer:** »Ich habe keine Furcht davor, und so ich hundert Leben hätte, gäbe ich sie euch alle für die Wahrheit dessen, daß ich es ganz vollkommenst redlich meine! Und so höret mich: Ihr wißt also nun, daß den Pharisäern eigentlich an nichts anderem etwas liegt als an ihrem gepachteten Einkommen. Gehet also morgens hin und findet euch mit ihnen um einen bestimmten Betrag darum ab, daß am Morgen der hier weilende Wunderarzt die Kranken dieses Ortes ohne allen Anstand heilen darf, und die alten Geldmäkler werden euch dazu ohne allen Anstand die Bewilligung erteilen; und wollt oder könnt ihr ihnen das Geld nicht sogleich erlegen, so versprechet ihnen so was doch, und es wird sich auch machen!

[20] Nur möchte ich dem Wundermanne noch das hinzu bemerken, daß er fürs erste nach der Heilung der Kranken diesen Ort alsbald verlassen möchte, ansonst die geldhungrigen Pharisäer sich von euch sogleich ein weiteres Zugeständnis möchten wollen zahlen lassen; fürs zweite aber, da solche Wunderärzte gewöhnlich ins Prophetentum greifen und das Volk für ihre Zwecke auch geistig zu bearbeiten anfangen, so solle er aber so was hier nicht beginnen, nicht etwa meinetwegen, sondern der Alten wegen, die in dieser Hinsicht gerade hier wegen euch Griechen unausstehlich sind!

[21] Und endlich solle das Volk ihn nicht vor den alten Füchsen als einen Sohn Davids ausrufen; denn das ist noch das Schrecklichste der Schrecken für meine alten Kollegen! So das beachtet wird, so dürfte – was ich von ganzem Herzen wünsche – alles in aller Stille und Ruhe ablaufen; sonst aber könnte es im Ernste zu schreienden Spektakeln kommen!«

181. Der junge, bessere Pharisäer wird vom Volke gut aufgenommen. Des Volkes Drohung und Plan einer Revolution gegen die Templer. Des jungen Pharisäers List seinen Kollegen gegenüber.

[1] Sagen **die drei Griechen:** »Dein Rat ist so übel nicht gemeint; aber er gefällt uns dennoch nicht ganz! Wie lange soll denn die grausame Herrschaft dieser Volksbetrüger noch dauern?! Wir sind ihrer satt geworden, obschon wir mit ihnen in keiner Gemeinschaft mehr stehen; aber sie necken uns dennoch beständig, halten in ihren Schulen Schmähreden über uns und verfluchen und verdammen uns bei jeder Gelegenheit. Wie lange sollen wir uns solche Dinge noch gefallen lassen? Dazu sind sie in bürgerlichen Sachen auch unsere Richter, und so wir ein Recht haben wollen, da müssen wir es uns allzeit teuer erkaufen. Siehe, das ist eine sehr arge Sache, und daher meinen wir, daß morgen für hier solcher Herrschaft ein Ende für immer gemacht wird; denn alle hier seßhaften Juden treten morgen zu uns über, und die Pharisäer werden als für uns durchaus unbrauchbar hinausgeworfen werden bis auf dich, so du bei uns bleiben willst! – Siehe, das ist unser Plan, den wir eigentlich schon dahin ausgeführt haben, daß sich nun kein eigentli-

cher Jude unter den Bürgern dieses Fleckens befindet! Was sagst du zu solch einem Plan?«

[2] Sagt **der junge Rabbiner:** »Wenn dessen volle Ausführung euch gelingt, so wird dagegen sicher nicht leichtlich jemand weniger einzuwenden haben als ich! Aber seid dabei ja vorsichtig wie die Raben, sonst würde es euch und mir auch eben durchaus nicht wünschenswert ergehen! Denn der alten Füchse weitausgreifende Pfoten kennt niemand besser denn ich, und ihre Luchsaugen sehen durch Wände, und ihre Ohren hören viele Stunden weit, was irgendwo geredet wird. Lasset mich aber jetzt heimgehen, auf daß sie über mich keinen Verdacht schöpfen; denn es fängt schon an zu tagen, und die Füchse werden bald wach werden, und so sie mich vermisseten, da wäre es aus!«

[3] Sagen **die drei:** »So gehe denn; aber habe ja acht, daß du uns gegen die alten Füchse nicht verrätst! Denn da würde es mit dir ein übles Aussehen bekommen!«

[4] Der junge Pharisäer geht seinen Weg heim und findet noch alles im festen Schlafe, auch die Wache. Die aber weckt er und macht einen Lärm mit ihr, da sie schliefe. Das weckt denn auch die alten Füchse, und es kommen einige heraus, zu sehen, was es da gäbe.

[5] **Der junge Pharisäer** aber sagte, als wäre er voll Zorn, daß er, keinen Schlaf habend, nachsehen ging, ob die bestellte und bezahlte Wache ihrer Pflicht nachkomme: »Und seht und ärgert euch mit mir, – sie schlief fester denn wir alle! Und der wichtigste Tag bricht an, von dem vielleicht die spätesten Nachkommen reden werden, und die bestellte und teuer bezahlte Wache schläft! Ah, das ist denn doch ein wenig zu stark! So uns heute nacht nicht Jehova besonders beschützt hätte, so hätten wir ja alle von dem aufgeregten Volkshaufen können ermordet werden!«

[6] Bei dem Worte schaudern die Alten zusammen und fangen erst an einzusehen, in welch einer großen Gefahr sie sich alle befunden haben, und beloben über alle Maßen ihren jungen Kollegen, daß er über sie alle wie ein Engel Gottes gewacht habe.

[7] Den Jungen wäre freilich bald das Lachen angekommen; aber er faßte sich und unterdrückte mit Gewalt, was er nun aus vollem Halse gerne getan hätte. Er gab der Wache mit dem Fuße einen eben nicht zu heftigen Stoß und gebot ihr, sich als nutzlos augenblicklich zu entfernen. Die Wache ging auch sogleich; denn sie schien den Jungen zu verstehen.

[8] Als die Wache weg war und der Morgen schon stark den kommenden Tag zu verkünden begann, da sagt **der Junge:** »Brüder, ich meine, wir werden nicht viel Zeit mehr zu verlieren haben, darum sollten wir uns meines Erachtens doch wohl bald auf den Weg machen, auf daß uns nichts entgehen möge, was da vor sich gehen wird!«

[9] Sagen **die Alten:** »Ja, du hast recht, da dürfen wir nichts versäumen! Hast du aber nach Kapernaum um Soldaten für möglich vorkommende Renitenzfälle *(d. h. Fälle von Widerspenstigkeit)* einen Herold gesandt?«

[10] Sagt **der Junge:** »So ich da auf eure Befehle gewartet hätte, so wären wir schon lange verlesen! Ist schon alles geschehen! Ob die Soldaten aber

bald kommen werden, das ist eine andere Frage; denn nach Kapernaum ist es ziemlich weit und nach irgend anderswohin noch weiter. Daher heißt es, mit Geduld abwarten, was da kommen wird, ob Sein oder Nichtsein! (Sprichwort des Jungen.)

[11] Es versteht sich ganz natürlich von selbst, daß der Junge an einen Boten um Soldaten nach Kapernaum gar nie gedacht hatte; denn er war ja selbst im geheimen ein Feind der alten Pharisäer, da er eben auch ganz geheim ein Anhänger der Lehre der Essäer war und daher nichts sehnlicher wünschte, als den alten Tempelhelden einen Garaus zu bereiten.

[12] Die Alten aber hatten noch kein Morgenmahl genommen und sagten zum Jungen: »Ei, ei, wenn nur die Soldaten bald kämen! Es ist freilich schon hohe Zeit hinzugehen, aber bis die Soldaten kommen, können wir ja doch noch vorher ein Morgenmahl nehmen; denn der Zauberer wird etwa seine Geschichten doch nicht v o r dem Aufgange zu treiben beginnen?!«

[13] Sagt **der Junge:** »Oh, sicher nicht! Wenn es euch genehm wäre, so ginge ich bloß auf einen Augenblick nachsehen, ob sich beim Hause Barams schon was regt, und ihr könnt unterdessen das Morgenmahl einnehmen.« (Baram ist der Name des Zimmermanns, bei dem der Herr die Nachtruhe nahm; der Ort aber hieß Jesaira, gegenwärtig eine Steppe.)

[14] Sagen **die Alten:** »Wirst du heute fasten?« – **Der Junge:** »Das nicht; aber wie ihr es wohl wißt, so kann ich nie vor dem Aufgange etwas zu mir nehmen; daher hebet mir etwas Weniges auf!« Sagen **die Alten:** »Ganz wohl, gehe daher nur schnell und bringe uns sobald als möglich eine gute Kunde und besonders – von wegen der Soldaten; denn ohne die sind wir – wie du immer sagst – verlesen!«

[15] Der Junge geht sogleich fort, und **die Alten** rufen ihm noch einmal nach: »Nur nicht vergessen von wegen der Soldaten!« Schreit **der Junge** zurück: »Verlasset euch nur auf mich!«; bei sich aber sagte er noch hinzu: »Dann seid ihr schon verlesen!«

182. Jesu Morgengebet. Ahab, der junge, bessere Pharisäer, vom Herrn berufen. Welche Sünde nicht angerechnet wird. Eine von der priesterlichen Unfehlbarkeit aufgestellte Pfaffenbibel. Vom Tempelmistschwindel. Großes Heilwunder.

[1] Als der Junge zum Hause Barams kommt, so findet er dieses schon dicht umlagert von Kranken und Gesunden; er fragte aber jemanden, ob Ich schon auf wäre. Sagt zu ihm ein alter, biederer **Grieche:** »Ja, Er ist schon auf und war schon einmal vor dem Hause; aber da bat Ihn der alte Baram zum Morgenmahle, und Er ging dann wieder ins Haus.«

[2] Fragt **der Junge:** »Was tat er denn vor dem Hause?«

[3] Sagt **der Grieche:** »Sonst nichts – als daß Er gegen das Firmament Seine Augen erhob und gewisserart aus demselben eine Kraft zu nehmen schien; aber Sein Blick war wie der eines großen Feldherrn, dessen Winke Millionen Menschen und Tiere gehorchen müssen! Es war zwar etwas höchst Freundliches in Seinem Angesichte, aber zugleich ein Ernst, wie meine Au-

gen noch nie etwas Ähnliches geschaut haben. Ich war nur froh, daß Er mich nicht so recht fest angeschauet hatte; wahrlich, ich gestehe es offen, ich hätte Seinen Blick nicht ertragen! Und doch hat es mich wieder mit einer unbegreiflichen Gewalt zu Ihm hingezogen, der ich nicht zu widerstehen vermocht hätte, wenn Ihn nicht Baram eher zum Morgenmahle gerufen hätte!«

[4] Sagt **der Junge:** »Was hältst du nach all dem von ihm? Was dürfte es nach höchsten Wahrscheinlichkeitsgründen für eine Bewandtnis mit ihm haben, und wer und was könnte er nach deinem sonst allzeit scharfen Urteile sein?«

[5] Sagt **der Alte:** »Ich bin zwar ein Grieche, also nach eurem Ausspruche ein an viele Götter glaubender Heide; ich bin aber im Grunde ebensowenig ein Heide als du und glaube nur an ein allerhöchstes Gottwesen! Aber dieser Wundermann könnte mich ganz leicht zu dem Glauben an all die vielen Götter bewegen; denn wenn der nicht wenigstens ein leibhaftiger Halbgott ist, so leiste ich Verzicht auf meine Menschheit!«

[6] Sagt **der Junge:** »Ich wäre wirklich sehr begierig, ihn zu sehen! Wenn man nur ins Haus kommen könnte, so würde ich wohl bald bekannt mit ihm werden! Mit solch einem Manne nur Worte zu wechseln, muß doch von einem höchsten Interesse sein!«

[7] Während der junge Pharisäer noch so spricht, so komme **Ich** heraus und rufe ihn, sagend: »Ahab*, Sohn Thomae von Toreh, komme; so es dich hungert und dürstet nach Wahrheit, da sollest du gesättigt werden!«

[8] Sagt **der Junge:** »Herr! Nie sahen wir uns, und nie noch warst Du meines Wissens hier in Jesaira! Wie möglich kennst Du mich und meinen Vater?!«

[9] Sage **Ich:** »Gar vieles noch weiß Ich von dir und deinem ganzen Hause, aber es taugt für hier nicht viel; aber daß du diese Nacht für Mich gewacht und manches gewagt hast, das hat einen großen Wert vor Mir, und es soll dir solch eine Aufopferung nicht ohne Lohn verbleiben! Komme!«

[10] Ahab geht nun schnell zu Mir durchs Volk hin und kann sich nicht darein finden, wie Ich solches alles wissen könne.

[11] Sage **Ich:** »Wundere dich nicht so sehr; denn du wirst noch Zeuge von ganz anderen Dingen sein! Es ist recht gut, daß du die Alten daheim versetzt hast; sie würden diese Menschen stören im Glauben, ohne den all diesen vielen Kranken schwer zu helfen wäre. Sind diese einmal geheilt, dann mögen sie immerhin kommen und ihrem Tempel- und Geldbeutelgewissen Genüge leisten. Darum bleibe du einstweilen hier und lasse sie auf dich warten, bis Ich fertig werde! Ich weiß um alles. Du hast sie zwar fest angelogen; aber für solch einen Zweck vergibt Gott allzeit solch eine Sünde! Verstehst du das?«

[12] Sagt **der Junge:** »Wohl bin ich gesetzeskundig und weiß, daß Moses gesagt hat: ›Du sollst kein falsches Zeugnis geben wider deinen Nächsten!‹ Ein überaus achtbares Gesetz, – das aber nun leider von niemandem weni-

---

* Name des jungen besseren Pharisäers, dessen Vater Thomas von Toreh hieß und in Bethlehem zu Hause war.

ger beachtet wird als gerade von meinen Kollegen; denn sie sagen, ein falsches Zeugnis zum Nutzen des Tempels und dessen Diener sei Gott wohlgefällig, ein gerechtes Zeugnis aber wider den Tempel und dessen Diener sei von Gott verflucht, und der gerechte Zeuge wider den Tempel und dessen Diener solle gesteinigt werden!

[13] Im Moses steht so was zwar nicht geschrieben, aber die Templer sagen und lehren, das geschriebene Wort im Buche sei tot, sie aber seien das lebendige Buch, in das Gott täglich durch einen Engel Seinen Willen schreiben läßt; und so haben wir nun schon völlig eine ganz neue Bibel, die von all dem, was Moses und die Propheten gelehrt haben, gerade das Gegenteil ist!

[14] Nach dieser neuen Tempelschrift ist daher die Lüge zur rechten Zeit und zu einem guten Zwecke nicht nur erlaubt, sondern in gewissen Fällen sogar geboten, besonders bezüglich der Tempelvorteile! Denn wer da zum Vorteile des Tempels erwiesen am besten und hartnäckigsten lügen kann, der gilt viel im Tempel.

[15] Es dürfte Dir nicht unbekannt sein, daß da allzeit vor den Festen der Tempel gereinigt wird und eine Menge Mist und allerlei unflätiges Zeug zusammenkommt. Der ganze Mist – weil zu trocken, erdig und sandig – ist kaum des Wegbringens wert; aber da gibt es gewisse wahrhaftige Mistpropheten. Diese gehen ins ganze Land und verkaufen den Mist in den kleinsten Gewichtssorten; fürs Gewicht eines Eies verlangen sie gewöhnlich einen Silberling! Der Tempelmist ist dann die Seele der anderen Mistgattungen, mit denen die Leichtgläubigen ihre Äcker düngen, und sie sind dann im Ernste der Meinung und des Glaubens, daß ihre Äcker und Felder ohne den Tempelmist gar keine Früchte tragen könnten, und selbst wenn sie welche trügen, solche doch des Segens Gottes entbehrten und daher niemandem ein Gedeihen bringen könnten.

[16] Es geschieht oft, daß solche Mistpropheten mit der Butte Mist, den sie im Tempel fassen und dann zum Verkauf in alle Gegenden austragen, zu früh fertig werden; sodann laden sie ihre Butten unterwegs mit dem nächsten besten Straßenkote voll und verkaufen dann solchen als gleichfort für den echten Tempelmist, so daß am Ende ein jeder der hundert Mistpropheten zehnmal soviel Mist verkauft, als er im Tempel gefaßt hatte. Siehe, da ist eigentlich schon der erste Verkauf ein allerdickster Betrug, weil der Tempelmist sicher bei weitem schlechter ist als jeder andere Stallmist; aber das ist nicht genug, – die blinden und betörten Menschen müssen am Ende auch noch den Straßenmist als echten Tempelmist kaufen!

[17] Aber das macht nichts! Weil solcher Betrug zum Besten des Tempels verübt wird, so ist das nicht nur keine Sünde, sondern sogar eine Tugend – und, weil dem Tempel, so auch natürlich G o t t wohlgefällig! – O Moses!

[18] Nun sollte es aber jemand wagen, in Bezug auf die Wirkung des Tempelmistes, die so gut wie keine ist, dem Volke die Wahrheit kundzutun, wenigstens in Hinsicht des zweiten Betruges, wo der Straßenmist auch als Tempelmist verkauft wird, so wird er als ein Sünder wider den Tempel verflucht und kann schauen, wie er da mit heiler Haut davonkommt!

[19] Und so, wie der Mist, gibt es noch hundert andere Dinge, die nichts

als Lüge und der barste Betrug sind; enthülle sie irgendwer dem Volke, Herr, dem sei Jehova gnädig und barmherzig!

[20] Daß ich meine alten Kollegen angelogen habe nach der Klafter, halte ich selbst für keine Sünde, besonders wo ich wie hier einen Mann, wie Du einer bist, vor den Nachstellungen beschützen kann, denen ein jeder vor meinen Kollegen ausgesetzt ist, bei dem sie nur einen Funken besserer Einsicht und helleren Verstandes wittern. Jetzt aber mache Du Deine Sache an diesen Kranken, sonst könnten die alten Wichte doch eher hierherkommen, als bis ich sie hole!«

[21] Sage **Ich** zum Ahab: »Siehe, sie sind schon alle geheilt! Die Blinden sehen, die Lahmen gehen, die Tauben hören, die Stummen reden, und alle, die mit irgendeinem Übel behaftet hierher gebracht wurden, sind nun frisch und völlig gesund! Ich werde ihnen nun nur sagen, daß sie heimziehen sollen, und du kannst dann deine Kollegen hierherbringen und sie zuvor benachrichtigen, was du gesehen hast.«

[22] Darauf heiße Ich alle die Geheilten heimziehen und bedrohe sie alle, daß sie solches nicht ruchbar machen sollen im Lande und noch weniger in Jerusalem, so sie irgendwann dahin kämen. Sie aber geloben Mir alle, daß sie fest schweigen werden, und danken Mir darauf mit Tränen in den Augen.

[23] **Ich** aber sage abermals: »Gehet nun, – euer Glaube half euch; aber sehet, daß ihr hinfort nicht mehr sündiget, sonst wird ein zweites Übel ärger sein als da war dies erste!« Darauf ziehen alle, die da geheilt worden sind, von dannen und loben und preisen Gott, der dem Menschen solche Macht gegeben hat.

[24] Sagt **Ahab** ganz erstaunt: »Nein, so was hat doch noch nie eines Menschen Auge geschaut! Ohne alle Zeremonie, ohne Wort und Griff! Nein, das ist stark, das ist zu viel für einen Menschen meiner beschränkten Art auf e i n m a l ! Sie wurden richtig vollkommen alle gesund, ohne Arznei, ohne Gebet, ohne Wort und Griff! – Herr! Sage mir nur ein Wort, wie Dir solches möglich ist!«

[25] Sage **Ich:** »Das kannst du jetzt nicht fassen; aber so du Mein Jünger werden willst, dann wirst du das schon einsehen und begreifen. Jetzt aber gehe und benachrichtige deine Kollegen, wenn du willst!«

[26] Sagt **Ahab:** »Ja, ich gehe und werde gerade, wie sie es am liebsten hören, mit ihnen reden! Ich will ihnen den schönsten Flugsand in die Augen streuen, damit sie vollends blind werden; denn dazu besitze ich ein eigenes glückliches Talent. Sie sollen von all dem nichts erfahren! Die gestrige Heilung des Besessenen ist genug; von der heutigen, wie gesagt, sollen sie nichts hören und sehen!«

[27] Sage **Ich:** »Gut, gut; mache es, wie es dir bestens dünkt! Wir sind Freunde; mache dich los und folge dann Mir, so wirst du Wahrheit und Leben finden und wirst frei werden durch die Wahrheit!«

183. Ahab, der Templer, bei seinen Kollegen. Sein Erfolg: Der Templer Aufbruch zum Hause Barams.

[1] Ahab entfernt sich nun und eilt zu seinen Kollegen. Als er zu ihnen kommt, so dringen sie **alle** in ihn und sagen: »Aber um des Tempels willen, was machtest du denn so lange?! Welche Ängste haben wir deinetwegen schon ausgestanden! Wie sieht es denn aus? Was macht der Zauberer? Wie ist es dir ergangen? Kommen die Soldaten schon? Wir sind in einer verzweifelten Lage! Du wirst davon noch nichts wissen!?«

[2] Sagt **Ahab:** »Wieso denn? Was ist es denn, daß ich davon nichts wüßte?!«

[3] Sagen **die Alten:** »Stelle dir's vor! Vor kaum einer halben Stunde kommen drei Bürger, Juden, dieses Orts; diese meldeten uns, daß der ganze Markt Jesaira samt und sämtlich zu den Griechen übergegangen sei und wir nun hier nichts mehr zu tun hätten! Was sagst du dazu?! – Und höre, das alles dürfen wir diesem verwünschten Zauberer verdanken, der nichts als ein Apostel der Hölle ist und des Beelzebubs Geist in seiner Brust birgt! Ja, was sagst du dazu?!«

[4] Sagt **Ahab:** »Wenn so, dann ist es schlimm für uns, und wir dürfen uns dann so hübsch zeitlich ums Weiterkommen umsehen! Ich habe davon wohl schon gestern etwas murmeln hören, konnte aber doch nicht recht innewerden, was die ganze Geschichte zu bedeuten haben sollte. Geschieht uns aber übrigens auch ganz vollkommen recht! Ich habe es euch oft gesagt, daß wir mit unserer Dummheit und Finsternis, in die wir alle im Tempel eingeweiht worden sind, bei den sehr geweckten Griechen nicht auslangen werden, und daß es diesen ein nur zu leichtes Spiel wird, uns über den Daumen zu drehen; aber da goß ich allzeit Öl ins Feuer! Nun ist das in die notwendige Erfüllung gegangen, was ich euch schon lange vorher an den Fingern ausgerechnet habe, und ich begreife nun wahrlich nicht, wie ihr euch darüber noch wundern könnet! Ich habe es euch oft gesagt: Hören wir doch einmal auf mit dem Dummachen und Verfinstern des Volkes; denn auf der Welt hat alles seine Grenzen, die nicht überschritten werden dürfen! Was wird es uns denn nützen, so wir systemmäßig das Volk ganz zu einem allerfinstersten Narren machen?! Die Narrheit wird endlich in Bosheit ausarten, und wir werden dann das Weite suchen dürfen. Und da haben wir es nun!

[5] Das Volk hielt auf Moses und die Propheten; wir aber sagten: Diese sind tot und ihre Schrift mit ihnen! Gott offenbart Seinen Willen im Tempel und zeigt an, was von Moses und den Propheten zu halten ist. Die Hohenpriester, die Leviten und all die Pharisäer und Schriftgelehrten sind nun der lebendige Moses und die lebendigen Propheten! – Das ist unsere Lehre!

[6] Hundert Male habe ich euch nur zu klar gesagt, solche unsere Anmaßung wird jüngst notwendig einen schlimmen Ausweg nehmen. Aber da lachtet ihr mich aus und behauptetet, daß solches platterdings unmöglich sei! Nun ist es da! Behauptet ihr nun auch noch, daß so etwas unmöglich sei?!

[7] Ich sage euch aber noch einmal, daß uns allen vollkommen recht

geschieht; denn wer sich in einer ernsten Sache nicht raten läßt, dem ist auch nicht zu helfen!

[8] Ich habe mir jetzt dort beim Hause Barams alle Mühe gegeben, um die aufgeregten Gemüter des Volkes zu besänftigen; ich sagte den Hitzköpfen, daß sogleich Soldaten von Kapernaum hier eintreffen werden zu ihrer Züchtigung! Und sie lachten und sagten: ›Ihr werdet gut warten auf sie; denn euer Bote befindet sich in unserer Gewalt – so wie ihr alle! Seht, daß ihr gutwillig weiterkommt, sonst werdet ihr auf eine andere Art weiterkommen!‹ Das war die löbliche Entgegnung auf meine ans Volk gerichtete Warnung und Drohung, die ich auch viel besser hätte können bleiben lassen!

[9] Was den Zauberer aber betrifft, so ist er an dieser Sache ganz unschuldig; denn er samt seinen Jüngern und Baram dürften nun die einzigen Juden in diesem Orte sein! Daß er allerdings ein Magier zu sein scheint, will ich nicht bezweifeln; aber daß er durch Beelzebub wirke, das getrauete ich mich nicht zu behaupten, obschon ich euch damit in eurer Meinung nicht stören will. Gehet nun selbst hin und redet mit ihm und überzeuget euch selbst von allem!«

[10] Fragen **die Alten:** »Hat er die vielen Kranken schon geheilt?«

[11] Sagt **Ahab:** »Kann wohl sein, obschon ich nichts davon zu Gesichte bekam. Es stehen wohl noch eine Menge Menschen beiderlei Geschlechts vor dem Hause Barams, zumeist mir wohlbekannte Griechen, und besprechen sich mit dem höchst schlichten Magier, oder was er sonst sein mag; aber von irgend kranken Menschen habe ich nichts mehr gesehen. Vielleicht hat er sie in der Zeit geheilt, als ich vorher hier euch bewachte. Aber, wie gesagt, gehen wir nun hin, und ihr werdet euch selbst von allem überzeugen können, wie dort die Sachen stehen!«

[12] Sagen **die Alten:** »Ist keine Lebensgefahr zu befürchten?« Sagt **Ahab:** »Seht, was das schon wieder für eine höchst dumme Frage ist! Seid ihr denn hier nun mehr sicher?! Es ist ja für uns alle jetzt, da sich hier die Dinge so ungünstig gewendet haben, besser, das Freie zu suchen, wo uns noch die Füße was nützen können, als sich hier leichtermaßen zwischen den vier Wänden umbringen zu lassen!«

[13] Sagen **die Alten:** »Ja, ja, du hast recht; darum gehen wir hinaus und versperren alle unsere Schätze, die einen großen Wert haben!« Sagt **Ahab:** »Ganz gut, – gehen wir nur; wer wird denn nun sogleich unsere Schätze rauben gehen?! Die Menschen dieses Ortes haben nun auf ganz andere Dinge ihre Augen zu richten als auf unsere Schätze!«

[14] Auf diese Worte erheben sich die Alten, versperren alles und sagen nicht einmal ihren Dienern, was sie nun vorhaben.

184. Das Volk bearbeitet die Pharisäer und treibt sie bedenklich in die Enge. Ev. Matth. 12, 24.

[1] Als sie nun hinkommen zum Hause Barams, sehen sie sogleich eine große Menge Volks, das sich ob der großen Heilung förmlich entsetzt vor Verwunderung. Da aber die alten Pharisäer diese große Heilung nicht gesehen haben, so meinen sie, **das Volk** verwundere sich noch immer über die gestrige Heilung des Besessenen, indem es noch in einem fort rufe wie gestern: »Heil dem Sohne Davids! Dieser ist wahrhaftig Davids Sohn!«

[2] Da sonach die alten **Pharisäer** solches hörten, wurden sie ärgerlich und sagten zum Volke: »Was wundert ihr euch denn gar so mächtig?! Wir wissen es besser denn ihr, wie das zuging! Er, dieser Zauberer, treibt die Teufel nicht anders aus als durch Beelzebub, der Teufel Obersten *(Matth. 12, 24)*, – und ihr möget ihn als den Sohn Davids preisen?!«– Da fingen denn einige Schwächere doch an zu stutzen und fragten die Pharisäer, daß sie ihnen diese Sache näher beschreiben sollten, und wie solches möglich wäre, – und ob der Teufel Oberster denn auch göttliche Taten verrichten könnte dann und wann.

[3] Auf diese Frage waren die alten Füchse nicht gefaßt und wußten daher auch nicht, was sie den Fragenden antworten sollten. Da aber die Fragenden merkten, daß es den Pharisäern an irgendeinem haltbaren Grunde fehlen müsse, weil sie so lange auf eine Antwort warten ließen, so sagten **die Frager:** »Warum gebet ihr auf unsere gute Frage keinen Bescheid, auf daß wir den Grund einsähen, wie dieser vermeintliche Zauberer die Teufel durch den Beelzebub austreibe, und ob Beelzebub auch göttliche Taten verrichten könne? Es ist ganz leicht, einen Menschen, der wie immer imstande ist, außerordentliche Taten zu verrichten, als einen Knecht des Satans auszuschreien und ihn also zu verdächtigen; aber ganz etwas anderes ist es, davon einen handgreiflich sicheren Beweis zu liefern! Warum schweiget ihr vor uns, wenn ihr eurer Sache sicher seid?«

[4] Sagen **die Pharisäer:** »Wir schweigen, weil wir als vom Geiste Gottes Erleuchtete allzeit wissen und einsehen, was dem Menschen zu wissen not tut, und was wir daher zu reden haben. Nicht, weil wir so was nicht wüßten, sondern – weil wir es nicht dürfen und daher auch nicht wollen, euch über eure Frage irgendeinen haltbaren Beweis zu geben. Eure Sache ist allein, alles zu glauben, was wir euch lehren, und nicht selbst zu forschen; denn darum sind wir von Gott gestellt, alle Dinge bis auf den innersten Grund zu erforschen, die Geheimnisse für uns zu behalten und dem Volke davon nur so viel zu sagen, als es demselben not tut. Habt ihr uns nun verstanden?!«

[5] Sagt **das Volk:** »O ja, wir haben euch recht gut verstanden, und weil wir euch schon seit lange her also verstanden haben, so sind wir eben zufolge solchen nur zu klaren Verständnisses zu den Griechen übergegangen, bei denen es keine solche Geheimniskrämerei gibt! Da gibt es einen Aristoteles, einen Pythagoras, einen Plato, einen Sokrates, und dieser Werke und Schriften sind klar und wahr. Bei euch aber ist alles stets mehr und mehr in die

tiefste Nebelnacht gehüllt, so, daß man aber auch nicht eine Spanne weit weder vor sich noch hinter sich her sehen kann.

[6] Was wollt ihr diesen von Gott zu uns gesandten Heiland verdächtigen?! Er hat uns Gutes getan und hat geheilt alle unsere Kranken, und ihr heißet Ihn darum einen Satansknecht?!

[7] Was seid denn ihr hernach, die ihr uns aber auch noch nie eine noch so kleine Wohltat erwiesen habt?! Wann habt ihr durch eure nichtigen Mittel und durch eure vorgeschützten Gebete jemanden geheilt?«

[8] Sagen **die Pharisäer:** »Haben wir etwa keine Zeugnisse?!«

[9] Sagt **das Volk:** »Zeugnisse habt ihr freilich und sehr großsprechende – vom Tempel aus; aber wo sind denn die Taten, die den Zeugnissen zufolge ihr allzeit sollet auszuüben imstande sein?! Von denen ist uns noch nichts zu Gesichte gekommen!

[10] Dieser aber kam ohne Zeugnisse zu uns und verrichtet nun Taten, von denen man ganz füglich sagen kann, daß, solange die Welt steht, solche noch nie von einem Menschen ausgeübt worden sind! Wir sehen wohl recht gut ein, warum ihr diesen göttlichen Menschen bei uns verdächtigen wollt, obschon ihr uns den wahren Grund zu sagen verweigert. Höret! Wir sind so frei, ihn euch unter die Nase zu reiben! Das aber ist der Grund:

[11] Dieser göttliche Mensch verübt Taten in allerwunderbarster Wirklichkeit, die zu verrichten ihr – laut eurer Tempelzeugnisse – imstande sein sollet; aber bis jetzt seid ihr mit keiner Tat zum Vorschein gekommen seit dreißig Jahren her, als wielange ihr bei uns seid.

[12] Wie viel des schönsten Geldes und anderer kostbarsten Dinge habt ihr von uns dafür bekommen, daß ihr was wirken möchtet zu unserem Besten; wo aber ist die Wirkung?! Unser Gold und Silber habt ihr wohl genommen; aber wir bekamen dafür nichts als leere Verheißungen, die nie erfüllt wurden. So wir euch fragten, wann die Erfüllung käme, da zeigtet ihr uns die üppigen Saaten und unsere gottlob gesunden Herden. Wir aber zeigten euch die noch üppigeren Saaten und ebenso gesunden Herden der Griechen, die von euch an jedem Sabbat sieben Male verflucht werden vor dem Aufgange. Da sagtet ihr: Solche Üppigkeit bewirke der Satan, und das Brot von solchen Feldern und das Fleisch von solchen Herden diene nicht zum Leben, sondern zur Verdammnis! Aber ihr verschmähtet dennoch nicht den pflichtigen und durchaus nicht kleinen Tribut, den euch die Griechen als Duldungsgebühr alljährlich an allen möglichen Getreidesorten zu entrichten hatten! Saget, was habt ihr dann mit dem nach eurer Sage vom Satan gesegneten Getreide gemacht?«

[13] Sagen **die Pharisäer,** schon voll des bittersten Grimmes: »Wir verkauften es den Heiden, als den Römern und Griechen, auf daß sie desto mehr Verdammnis überkommen sollen am Jüngsten Tage!«

[14] Sagt **das Volk:** »So, schön! Man sagt, der Teufel sei dumm, und seine Lüge könne man mit Händen greifen; aber ihr seid noch zehnmal dümmer, – denn eure Lügen greift man schon mit sogar dickbeschuhten Füßen! Waren nicht wir es, die da euer sämtliches Getreide mit unseren Ochsen und Eseln nach Jerusalem geschafft haben auf den Markt, und wir werden es wohl

wissen, an wen wir euer Getreide verkauft haben!? Und ihr seid frech genug, uns ins Angesicht zu sagen, daß ihr das griechische Getreide an die Heiden der größeren Verdammnis wegen verkaufet! Wenn ihr euch schon mit Lügen weiß waschen wollt, so lüget doch etwas pfiffiger, auf daß es nicht herauskomme, als wären wir noch dümmer, denn ihr es seid, und könnten gleichweg schwarz für weiß und weiß für schwarz ohne Anstand kaufen! – Nein, aber so grausig lügen! Das ist ja noch gar nie erhört worden!«

[15] Sagen **die Pharisäer:** »Ihr wisset und verstehet nichts! Wisset ihr denn nicht, daß ein Pharisäer gar nicht lügen kann?! Denn es steht im Gesetze des Tempels geschrieben für alle, die sich dem Dienste Gottes weihen, daß sie gar nicht lügen können, so sie es auch wollten; denn auch die dickste Lüge wird in ihrem Munde zur leuchtendsten – Wahrheit!«

[16] Hier fängt **das Volk** an zu lachen und sagt scherzweise: »Ja, ja, wir kennen ja auch die von euch nun angezogenen Tempelgesetze; es soll darin ja auch geschrieben sein: So ein Pharisäer Unflat in seinen Mund nehme, so werde daraus alsbald Gold!«

185. Der Herr beschwichtigt das Volk wegen der argen Pharisäer und ladet letztere zu Sich ins Haus. Seine köstliche Rede an dieselben.
Ev. Matth. 12, 25–33.

[1] Als die Pharisäer sahen, daß sie vom Volke durchschaut sind, und daß sie nun verhöhnt werden, da fingen Rachegedanken in ihrer Brust auf eine brennendste Weise an aufzusteigen; da sagte **Ich** zum Volke: »Lasset ab von ihnen; denn sie selbst sind blinde Leiter der Blinden. Und kommen sie mit denen, die sie leiten, an eine Grube, so fallen sie samt den Leitlingen in die Grube. Sie können euch in einem Lande, das sie beherrschen als Obenanstehende, allzeit eher schaden, als ihr ihnen; aber nun sind sie mit euch dennoch so weit in die Falle gegangen, daß auch sie in die Grube fallen können, und zwar sie jetzt leichter denn ihr! Denn sie gaben an, daß sie an die Römer und Griechen verfluchtes Getreide verkauft haben zu deren Verderben; zeiget ihr solches dem römischen Obersten an, so läßt er sie alle übers Schwert springen! Aber es soll so was ja nimmermehr geschehen! Wir wollen uns nun aber ins Haus zurückziehen, und Ich werde darinnen sehen, ob Ich auch diese im Geiste Stockblinden sehend machen kann.«

[2] Darauf gehe Ich ins Haus, und die Pharisäer gehen sogleich Mir nach und werden darinnen von Meinen Jüngern begrüßt. Es ging aber auch eine große Masse Volks nach, so daß es im Zimmer zu einem großen Gedränge kam. Aber das machte gerade nichts; denn Ich und Meine Jünger hatten dennoch Platz genug.

[3] Als sich nun im Hause alles in der Ruhe befand, da öffnete **Ich** Meinen Mund und sagte, hauptsächlich zu den Pharisäern, da Ich ihre argen Gedanken nur zu gut und rein sah: »Daß es mit euch so weit gekommen, daran ist niemand schuld – als allein ihr selbst. Seid ihr doch über die dreißig Jahre bei diesem Volke hier in Jesaira und habt nicht merken können, wie da der

Geist dieses Volkes beschaffen ist! Nun ist es für diese gegenwärtige Zeit zu spät, den einmal geweckten Geist dieses Volkes zu einem abermaligen Schlafe zu zwingen! Euer Ärger ist daher ein völlig vergeblicher; denn ihr selbst tragt die Schuld daran, und sonst niemand.

[4] Ich kam her als ein echter Jude und als solcher wahrhaft im Vollbesitze des Geistes Gottes und aller dessen Kraft!

[5] Als Ich ans Ufer kam und ihr, durch Feuer am Schiffe gelockt, mit dem Volke ans Ufer eiltet, so heilte Ich vor euren Augen den Blinden, Stummen und zugleich Besessenen. Das Volk erkannte augenblicklich die göttliche Kraft in Mir und begrüßte Mich als den Sohn Davids; ihr selbst erkanntet es in euch eben auch also. Da euch aber solche Erkenntnis also dünkte, daß es euch beeinträchtigen möchte in allem, so sagtet ihr wider eure innerste Überzeugung: Ich verrichte solche Taten mit Hilfe des Obersten aller Teufel! Wem aber habt ihr dadurch geschadet?! Sehet, niemandem – als nur euch ganz allein!

[6] Hättet ihr nur ein wenig offener über diese Sache nachgedacht und sie näher geprüft, so hättet ihr ja doch den allerungereimtesten Unsinn eurer Behauptung augenblicklich einsehen und danebst erkennen müssen, daß ihr durch eure höchst unzeitige und unkluge Behauptung bei diesem geweckten Volke ja notwendig auch den letzten Funken Ansehens und Glaubens verlieren müsset!«

[7] Sagen **die Pharisäer:** »Was hätten wir denn tun sollen? Wenn du schon so weise bist, so sage es uns!«

[8] Sage **Ich** in einem etwas ernsteren Tone: »Also hättet ihr denken, urteilen und reden sollen: Ein jedes Reich, das in sich selbst uneins wird, wird wüste, und eine jegliche Stadt oder ein jegliches Haus, das da mit sich selbst uneins wird, mag nicht bestehen! *(Matth. 12, 25)* Wenn ein Satan den andern austreibt, so ist es doch klar, daß er zuvor mit sich selbst uneins sein muß! Und Ich frage: Wiegestaltig mag dann sein arges Reich bestehen?! *(Matth. 12, 26)* Ich meine, das sollte doch mit Händen zu greifen sein!

[9] So Ich aber, der Ich doch auch ein vollkommener Jude bin, nach eurer blinden Behauptung die Teufel durch den Beelzebub austreibe, saget, durch wen dann treiben sie denn eure Kinder aus, die doch auch nun in alle Lande als Heilande ziehen, die Kranken heilen und die Teufel austreiben?! Ich aber sage euch: Auch eure Kinder, und nicht dies Volk allein, werden eure Richter sein! *(Matth. 12, 27)*

[10] So Ich aber, wie es dies ganze Volk klar einsieht, die Teufel durch den Geist Gottes austreibe, so ist ja ohnehin das Reich Gottes zu euch gekommen *(Matth. 12, 28)*, darob ihr als Juden vor den Griechen, die Heiden sind, um so mehr euch freuen solltet, da solche Zeichen ein Jude wirket zur schon lange verlorengegangenen Gunst der Juden! Denn nur so kann der echte Jude aller Welt zeigen, daß er der einzige Mensch auf der weiten Erde ist, der mit Gott im sichtlichsten Verbande steht und durch die allmächtige Kraft des Geistes Gottes Taten verrichten kann, die also keinem andern Menschen möglich sind.

[11] Wenn die Außenmenschen solches an dem Juden merken, so werden

sie sich bald zu vielen tausendmal Tausenden um den mächtigen Juden scharen und werden sagen: ›Der Jude allein ist Gottes. Gottes Allmacht wirkt wunderbarst durch ihn; er ist stark und weise und soll unser Herr sein in Ewigkeit!‹

[12] Wenn aber der echte Jude je durch den Gottesgeist sich also stark zeigt, so soll also stark sein ja sein ganzes Haus und Land! Wie aber kann dann oder wie sollte dann jemand in eines so Mächtigen und Starken Haus gehen und ihm rauben seinen Hausrat? Es sei denn, was aber unmöglich ist, daß er den Starken zuvor binde und ihm erst dann raube seinen Hausrat *(Matth. 12, 29)*, wie es die Römer mit uns auch wirklich gemacht haben, da sie uns in unserem Hause berauscht und schlafend fanden und haben uns gebunden, beraubt und uns gemacht zu ihren Sklaven, was den Juden vollkommen recht geschieht, da sie völlig von Gott abgefallen sind.

[13] Aber Gott hat Erbarmen mit Seinem Volke und möchte ihm nun wieder helfen, darum Ich denn auch von Gott zu euch gesandt bin. So aber doch, wie ihr es selbst sehet, das nun augenscheinlichst der Fall ist, warum zerstreuet ihr denn da alles wieder, wo Ich sammle?!

[14] Denn wer nicht mit Mir ist, der ist wider Mich, und wer nicht mit Mir sammelt, der zerstreuet *(Matth. 12, 30)* und ist offenbar wider den Geist Gottes, der euch frei machen will!

[15] Darum aber sage Ich euch auch zu allem dem, was euch nun schon begegnet ist, noch hinzu: Alle Sünde und Lästerung wird dem Menschen vergeben; aber die Lästerung wider den Geist Gottes nie! *(Matth. 12, 31)* Denn ihr habt recht wohl gewußt in euch, daß Ich den Besessenen durch Gottes Kraft geheilt habe, habt aber des schnöden irdischen Gewinnes und Ansehens wegen dennoch in Mir verlästert den Geist Gottes, der euch retten wollte, und so habt ihr auch den verdienten Lohn sogar von den Heiden überkommen!«

[16] Sagen **die Pharisäer:** »Wir haben nicht den Geist Gottes, sondern nur dich verlästert, und du selbst wirst mit Fleisch und Blut doch nicht der Geist Gottes sein? Denn du bist so gut als wir nur eines Menschen Sohn!«

[17] Sage **Ich:** »Ja wohl, das bin Ich auch dem Anscheine nach, aber der Wirklichkeit nach vielleicht etwas mehr. Aber bin Ich also wie ihr eines Menschen Sohn, so entschuldigt das eure Lästerung nicht im geringsten! Denn Ich als Menschensohn wirke solche Taten sicher nicht, – so wenig als ihr! Aber in diesem nun vor euch stehenden Menschensohne wirket allein der Geist Gottes, und Dieser ist es, den ihr verlästert habt; denn nicht Ich, sondern der Geist Gottes hat hier vor euren Augen solches gewirkt, und ihr habt Ihn verlästert.

[18] Ja, wer da etwas redet wider Mich als puren Menschen, dem soll es vergeben sein; aber wer da redet wider den heiligen Geist, dem wird nicht vergeben, weder hier noch jenseits! *(Matth. 12, 32)*

[19] Denn wo einmal ein Baum schon seiner ganzen Natur nach schlecht ist, da ist auch die Frucht schlecht; ist aber der Baum von Natur aus schon gut, so wird auch die Frucht gut sein. An der Frucht also erkennt man den

Baum! Ihr seid der Baum, und hier die durch euch zu Heiden gewordenen Juden sind eure Frucht! Urteilet selbst, ob sie gut oder schlecht sei!« *(Matth. 12, 33)*

186. Der Pharisäer unverbesserlicher arger Starrsinn. Des Herrn scharfe Worte an sie. Winke über verschiedene Besessenheitszustände und über den Einfluß böser Geister. Der Pharisäer Wut.
Ev. Matth. 12, 34–45.

[1] Sagen **die Pharisäer:** »Das ist nicht unsere Frucht; das ist die Frucht solcher Landstreicher, wie du einer bist, die von Zeit zu Zeit kommen von aller Welt her in der Gestalt von allerlei Künstlern und Zauberern. In unserem Angesichte üben sie wohl ihre elende Kunst aus; zur Nachtzeit aber machen sie Proselyten für die heidnische Philosophie und haben eine mächtige Beredsamkeit, um uns und den Tempel samt dessen von Gott gegebenen Verordnungen bis auf das grauenhafteste zu verdächtigen! Siehe, solcher Individuen Frucht sind dann solche Heidenjuden, wie sie hier zu Jesaira zu Hause sind! Wir redeten allzeit Wahres und Gutes zum Volke und lehrten es nach Moses recht und gerecht. Aber wenn Beelzebub durch Individuen deiner Art das Volk von uns abwendig macht, können wir da etwas dafür?! Wir sind also kein schlechter Baum deshalb, wenn Satan auf unseren Ästen die Früchte verdirbt und faul macht. Unsere Lehre und Rede ist gut; aber deine Rede und Taten rühren vom Obersten der Teufel her und verführen das leichtgläubige Volk! Daher sollte man dich samt deinem Anhange steinigen und töten!«

[2] Als die ergrimmten Pharisäer solche Worte redeten, da fing das Volk zu murren an und machte Miene, sich an den Pharisäern zu vergreifen.

[3] **Ich** aber sagte zum Volke: »Lasset das! Es ist genug, daß diese Argen für die Ewigkeit geschlagen sind; darum sollen sie jetzt verschont sein! Aber sie sollen nun von Mir ihr wohlverdientes Zeugnis vernehmen!«

[4] Sagt **das Volk:** »Ja, Herr, wir bitten Dich darum, sage Du diesen Wichten, wer und was sie ganz eigentlich sind!«

[5] **Ich** wende Mich nun wieder zu den Pharisäern und sage in einem ganz vollernsten Ton: »O ihr Otterngezüchte! Wie könnt ihr Gutes reden, da ihr doch durchaus böse seid in eurem Herzen?! Wessen aber das Herz voll ist, davon geht der Mund über. *(Matth. 12, 34)* Ein guter Mensch bringt allzeit Gutes hervor aus dem guten Schatze seines Herzens; und ein böser Mensch aber bringt Böses hervor aus seinem bösen Schatze! *(Matth. 12, 35)* Ich sage euch aber, daß die Menschen einst werden Rechenschaft geben müssen von jedem bösen und unnützen Worte, das sie geredet, am Tage des jüngsten Gerichts! *(Matth. 12, 36)* Es wird also sein, wie es im Buche Hiob geschrieben steht: ›Aus deinen Worten wirst du gerechtfertigt und aus deinen Worten wirst du verdammt werden!‹ *(Matth. 12, 37)*

[6] Ich habe euch ehedem gezeigt, warum Ich hierher also wie auch andern-

orts hinkam; aber der böse Sinn eures Herzens mag das nicht annehmen und noch weniger fassen, auf daß ihr frei und selig werden möget!

[7] Für all das Gute, das Ich euch tue unentgeltlich, wollet ihr Mich steinigen und töten! O ihr Otterngezüchte, ihr Natternbrut! Wohl ist jedes arge Zeugnis wahr, das euch die Propheten zum voraus gaben, ja nur zu wahr! Mit toter Zeremonie und mit den puren Lippen ehret ihr Gott; aber euer Herz ist ferne von Ihm!«

[8] Es waren aber **einige** unter den Pharisäern und Schriftgelehrten, denen Meine Rede ein wenig zu Herzen ging. Diese machten ein etwas menschliches Gesicht und sprachen: »Meister, wir können deine Lehre nicht völlig verachten; wir aber waren gestern wie auch heute verhindert, das mit eigenen Augen zu schauen, was und wie du deine Wundertaten gewirkt hast. Wirke noch ein solches Zeichen; wir möchten gerne eines sehen! *(Matth. 12, 38)* Vielleicht genügt es unserem Verstande, und wir können uns dann am Ende selbst an deine Lehre binden!«

[9] **Ich** aber wandte mich ans Volk und redete also: »Diese böse und ehebrecherische Art sucht ein Zeichen! Aber es soll ihr kein anderes Zeichen gegeben werden, denn dereinst das Zeichen des Propheten Jonas! *(Matth. 12, 39)* Denn gleichwie Jonas drei Tage und drei Nächte im Bauche eines Walfisches war, also wird auch des Menschen Sohn drei Tage und drei Nächte in der Mitte der Erde sein.« *(Matth. 12, 40)*. (Die Mitte der Erde bezeichnet hier vorerst das Grab; geistig aber zeigt es an, daß die Seele des Menschensohnes hinabgehen wird zu den gefangenen Seelen der Verstorbenen und wird sie daselbst frei machen.)

[10] Da sahen **die Pharisäer** einander an und sprachen: »Was ist das, was will er tun? Wie wird er in der Erde Mitte kommen? Wo ist die? Ist sie nicht überall und eigentlich doch nirgends! Wer weiß es denn, wie groß die Erde und wo ihre Mitte ist? Der Mensch ist irrsinnig, oder es will ein böser Geist sich seiner bemächtigen! Denn man sagt, daß jeder Mensch, bevor er irre wird, verschiedene Wunder verrichten kann. Was will er mit Jonas sich vergleichen, der zu Ninive gepredigt hat?!«

[11] Sage **Ich** abermals wie zum Volke: »Ja, ja, die Leute von Ninive werden auch aufstehen mit diesem Geschlechte am Tage des jüngsten Gerichtes und werden es verdammen; denn sie taten Buße nach der Predigt des Jonas. Und sehet, hier ist mehr denn Jonas! *(Matth. 12, 41)* Also wird auch die Königin vom Mittage einst am jüngsten Tage jenseits auftreten mit diesem Geschlechte und wird es verdammen! Denn sie (Semiramis) kam vom Ende der Erde, um Salomos Weisheit zu hören, und sehet, hier ist mehr denn Salomo!« *(Matth. 12, 42)*

[12] Sagen **die Pharisäer:** »Nun, so du schon glaubst, daß wir alle rein des Teufels sind, und daß uns alles verdammen wird am jüngsten Tage, so treibe von uns die Teufel aus, also wie du es gestern mit dem Blinden und Stummen gemacht hast, und wir werden dich dann ja auch ebensogut loben können wie der von dir Geheilte!«

[13] Sie redeten aber also nicht darum, als hätten sie einen Ernst, von ihren vielen bösen Geistern los zu werden, mit denen sie schon völlig eins

waren, sondern nur um irgendeine Sache wider Mich zu erhaschen. Denn so ein arger Geist im Menschen einmal alles sich zinsbar und dienlich gemacht hat, dann äußert er sich nicht auf eine bemerkbare Art, sondern er tut dann ganz klug nach weltlicher Weise, daß ein jeder glauben muß, solch ein Mensch sei nicht besessen, während er doch ärger besessen ist denn ein anderer, der von irgendeinem argen Geiste noch so gequält wird, weil er im Hause nicht Herr werden kann.

[14] Darum sage **Ich** denn auch zu den Pharisäern und Schriftgelehrten: »Das kann bei euch aus mehrfachem Grunde nicht mehr bewirkt werden; denn die bösen Geister in euch sind schon lange mit eurer Seele vollkommen eins geworden und machen nun in aller Fülle euer höchst eigenes böses, ehebrecherisches Leben aus. Würde Ich sie euch nehmen, so würde Ich damit euch auch euer Leben nehmen; würde Ich euch aber möglicherweise das eigentliche erste Leben erhalten, so würde euch solches doch nichts mehr nützen, indem nun eure ganze Natur durch und durch verteufelt ist! Denn wenn der unreine Geist durch Meine Macht von solchen Menschen auch ausfährt, so durchwandelt er für ihn dürre Stätten, suchet Ruhe und findet sie nicht *(Matth. 12, 43)*. (Das heißt, der Teufel versucht tugendhafte Menschen und pochet an; aber es wird ihm nicht aufgetan, und das sind für ihn und seine Zwecke dürre Stätten und Wüsten, in denen für ihn kein Kräutel wächst.) Da spricht er dann bei sich selbst: ›Ich will wieder umkehren in mein altes Haus; denn auf den Steppen und Wüsten gibt es für mich keine Ruhestätte, und in die Häuser, die ohnehin schon Bewohner meiner Art in Menge haben, werde ich nicht hineingelassen.‹ Wenn auf solch eine Vornahme dann der Teufel zu seinem früheren Hause kommt, so findet er es natürlich müßig *(leer)*, gekehrt und geschmückt. *(Matth. 12, 44)* Da tritt er zurück und beruft noch sieben andere Geister, die ärger sind denn er selbst. Mit deren Hilfe dringt er dann leicht wieder in sein altes Haus, und es wohnen alle in solchem Hause, und es wird dann mit solch einem Menschen um vieles ärger, als es früher war!

[15] Und also würde es gerade dem argen Geschlechte ergehen. *(Matth. 12, 45)* Darum soll es durch Mich nicht noch verdammlicher gemacht werden, als es ohnehin schon ist.«

[16] Als die Pharisäer solches vernehmen, werden sie nahe ganz glühend vor Zorn und hätten Mich wohl zerreißen mögen, so sie das Volk nicht gefürchtet hätten.

187. Ahabs Belehrung und Warnung durch den Herrn. »Schweigen ist besser als gutgemeint lügen!« Das Heil aller Menschen kommt von den Juden. Vergleich zwischen dem Tempel zu Jerusalem und dem zu Delphi. Beispiel der Dialektik eines Orakelspruches. Des Griechen Zeugnis vom Herrn. Lebensevangelium an die Griechen.

[1] Es machte sich aber Ahab, der junge Pharisäer, von den Alten weg und war recht froh darob, daß Ich den Alten solche Wahrheiten gesagt habe. Er fragte Mich aber heimlich, ob denn auch er ein so arg Besessener sei.

[2] **Ich** aber sagte freundlichen Antlitzes zu ihm: »Wärest du es, so würdest du Mich nicht also fragen. Du warst bis jetzt für den Satan auch noch eine dürre Stätte; siehe aber zu, daß du für ihn nicht zu einem fruchtbaren Felde werdest! Nimm dich darum sehr in acht vor deinen argen Kollegen!«

[3] Sagt **Ahab:** »Herr und Meister! Verlaß nur Du mich nicht, so wird mir der Hölle Macht sicher nie etwas anhaben können! An meinem Eifer für Dich soll es keinen Mangel haben!«

[4] Sage **Ich:** »Gehe hin! Du sollst stark sein durch deinen Glauben und Eifer für Mich! Aber sieh dich wohl vor, daß dich deine Kollegen nicht in irgendein Garn treiben; denn ihre Teufel haben eine feine Nase und ein scharfes Gehör für ihre bösen Zwecke!«

[5] Sagt **Ahab:** »Herr, Du kennst mich nun sicher besser, denn ich mich selbst! Meine List ist fein und schlau; der Teufel aber ist, wie man sagt, blind, und daher werden sie sich alle ansehen, wenn ich sie am Eise* haben werde. Es soll heute noch ein Pröbchen mit ihnen abgeführt werden. Ich werde nun laut mit Dir ein paar scharfe Worte wechseln, auf daß sie es nicht merken sollen, was ich mit Dir geredet habe; aber Du darfst mir darum ja nicht gram werden!«

[6] Sage **Ich:** »Tue, was du willst; aber sei in allen Dingen vor allem gut, klug und wahrhaftig; denn eine Lüge, so guter Art sie auch sein möge, hilft nur zeitweilig und bringt einen Menschen kurz darauf in Nachteil und Schaden!«

[7] Sagt **Ahab:** »Auch gut, so sage ich vorderhand gar nichts!«

[8] Sage **Ich:** »Das wird besser sein! Denn schweigen zur rechten Zeit ist besser, als noch so gut zweckdienlich lügen!«

[9] Mit dieser Belehrung zieht sich Ahab zwischen der Volksmenge wieder zurück zu seinen Kollegen, von denen ihn aber dennoch einer bemerkt hatte, wie er sich mit Mir besprach. Dieser fing mit ihm auch sogleich ein scharfes Examen an. Aber Ahab half sich gut durch, und der strenge Examinator mußte ihn am Ende sogar noch beloben.

[10] Ich aber wandte Mein Gesicht ab von den Pharisäern und fing an, Mich mit dem Volke zu besprechen. Ich zeigte ihm, wie es nicht billig sei vor Gott, das Judentum zu verlassen, weil das Heil aller Menschen nur von den Juden komme, und daß sie wieder, so wie es zuvor einige im Herzen getan haben, zum Judentume zurückkehren sollen der vollen Wahrheit nach, ansonst es nicht möglich sei, die Kindschaft Gottes zu erlangen.

---

* aufs Eis geführt.

[11] Fragt und sagt **ein Grieche:** »Sollen wir sonach wieder unsere Knie vor den aufgeblasenen Pharisäern beugen und ihren alten unverdaulichen Sauerteig fressen? Freund, du bist zwar ein großer Meister voll Kraft und Macht der Gottheit und bist gut und weise und gerecht, aber da verlangst du etwas sehr Ungereimtes von uns. Zum Moses brauchen wir nicht zurückzukehren – aus dem ganz einfachen Grunde, weil wir ihn der Tat nach noch nie verlassen haben, und der Gott der Juden ist auch der unsrige im Herzen; der äußere Name, ob Jude oder Grieche, wird doch hoffentlich der Weisheit Gottes keinen Eintrag tun?! Uns aber ist er dennoch eine gute Schutzmauer gegen die unausgesetzten Verfolgungen und Neckereien der Pharisäer! Warum sollen wir da wieder Juden und nicht Griechen heißen?!

[12] Siehe, das ist keine kluge Forderung von dir an uns! Was liegt denn daran, so wir nebst Moses auch die Weisen der Griechen nebst ihrem poesiereichen Göttertume kennenlernen, deren weise entsprechende Dichtung doch ganz was anderes ist als der teure Tempelmist?! Zumal wir ohnehin nichts darauf halten, indem wir nur zu gut wissen, wie die griechischen und später römischen Götter entstanden sind, und daß Jehova einzig und allein Gott ist über alles, der alles erschaffen hat und gleichfort alles erhält und regiert!«

[13] Sage **Ich:** »Freund, du redest und hast Mich doch nicht verstanden, während jene, die Mich verstanden haben, nicht reden, da sie doch ebensogut Griechen sind als du. An dem Namen liegt wohl freilich nichts, sondern am Glauben des Herzens! Aber das ist dennoch auch wahr und wohl zu berücksichtigen, daß es besser ist, eine Wallfahrt nach Jerusalem zu machen und den Festen mit gebührender und vernünftiger Andacht beizuwohnen, als eine Reise nach Delphi zu machen und die unsinnige Pythia zu fragen um einen rechten Rat!

[14] Die ungeheuren Mißbräuche des Tempels sind Mir sicher besser bekannt denn euch, und ihr habt von Mir gehört, wie sehr Ich dawider bin. Aber bei aller Schlechtigkeit ist der Tempel dennoch unvergleichlich besser denn der zu Delphi, dessen Priester und Priesterinnen nichts als recht feine Dialektiker sind und auf jegliche Frage eine sogestaltige Antwort zu geben wissen, daß sie am Ende recht haben müssen!

[15] Als du dir ein Weib zu nehmen vornahmst, da machtest du zuvor nach Delphi eine Reise und fragtest daselbst ums viele Geld die Pythia, ob du glücklich sein werdest mit dem Weibe, das du zu nehmen gesonnen seist. Sage Mir, wie lautete die Antwort?«

[16] Sagt **der Grieche:** »Ganz gut, also: ›Mit dem Weibe wirst du glücklich sein, nicht wohl unglücklich!‹ Und sieh, das Orakel hat mir wahrgesagt; denn ich bin mit meinem Weibe wirklich glücklich!«

[17] Sage **Ich:** »Siehe, das Orakel aber hätte auch recht gehabt, wenn du unglücklich wärest mit deinem Weibe!«

[18] Sagt **der Grieche:** »Das sehe ich nicht ein, wie das möglich wäre!« Sage **Ich:** »Weil du im Geiste blind bist! Sieh, der Satz lautet also: ›Mit deinem Weibe wirst du glücklich sein nicht wohl unglücklich.‹ Sobald du den Satz teilest nach der Verneinung, so hat das Orakel recht, wenn du un-

glücklich wärest; denn dann würde der Satz, ohne im Wortgefüge nur im geringsten verändert zu sein, also lauten: ›Mit deinem Weibe wirst du glücklich sein nicht, wohl unglücklich!‹

[19] Willst du's aber Mir nicht glauben, so frage deinen Nachbar, der ein Jahr darauf in einer ähnlichen Angelegenheit nach Delphi gereist ist, ob seine Antwort der deinigen nicht auf ein Haar gleicht! Und er ist mit seinem Weibe unglücklich, da sie eine Hauptmetze ist; aber das Orakel hat bei ihm ebenso recht wie bei dir, und du hältst dennoch große Stücke auf dasselbe! Urteile nun selbst, was da besser ist, der Tempel zu Jerusalem oder das Orakel zu Delphi?!«

[20] Hier macht **der Grieche** große Augen und sagt: »Meister, nun ist mir alles klar! Solches kann nur ein Gott und nie ein Mensch wissen. Du bist entweder Selbst Gott oder bist wenigstens ein von Gott gezeugter Sohn und kein Sohn irgendeines Menschen wie wir! Wir wollen uns daher wieder an den Tempel wenden, aber nicht unter der Zuchtrute der Pharisäer, sondern völlig frei! Diese Pharisäer aber müssen gehen; denn sie haben mit uns zu große Betrügereien getrieben und uns nahe von aller unserer Habe entblößt, geistig und naturmäßig! Wir bleiben demnach dem Namen nach Griechen, aber der Wahrheit nach im Herzen vollkommene Bekenner Mosis und der Propheten! Wir werden auch jährlich nach Jerusalem ziehen und den Tempel besuchen; und soll dieser versperrt werden, so bleibt uns die Halle der Fremden offen, die doch auch ein Teil des Tempels ist.«

[21] Sage **Ich:** »Tut da, was ihr wollt; nur bewahret eure Herzen vor Falschheit, Zorn, Rache und Verfolgungslust! Seid dabei keuschen und reinen Sinnes; liebet Gott wahrhaft über alles und eure Nächsten wie euch selbst, segnet, die euch verfluchen, tut nicht Böses denen, die euch hassen und verfolgen, so werdet ihr Gott wohlgefällig sein, werdet Ruhe haben und über die Häupter eurer Feinde glühende Kohlen sammeln!«

188. Ankunft der Mutter Maria mit den Söhnen Josephs in Jesaira. »Wer ist Meine Mutter, wer sind Meine Brüder?!« Barams Einladung an den Herrn zum Mahle; Entlassung des Volkes. Der Pharisäer Fluch über Baram und ihr gerechter Prügellohn.

Ev. Matth. 12, 46–50.

[1] Während Ich aber noch also redete zum Volke, da kam die Mutter Maria mit den Brüdern von Mir; denn sie erfuhr es im Hause Kisjonahs, daß Ich nach Jesaira gefahren sei und Mich dort aufhalten dürfte. Sie hatte eine halbe Tagereise zu Fuß dahin, und so konnte sie am Montage mittags wohl in Jesaira sein, da sie sehr früh morgens vom Haus abgereist war.

[2] Ihre Angelegenheit war einerseits eine häusliche, darum sie mit Mir reden wollte, andererseits aber wohl auch eine ins Geistige gehende, da sie so manches von Kapernaum aus über Mich erfahren hatte, darum sie besonders mit Mir reden wollte. *(Matth. 12, 46)* Sie konnte aber vor lauter Ge-

dränge nicht ins Haus, darum sie denn auch notwendig draußen wartete, bis Ich hinauskäme.

[3] Da sie aber schon lange vergebens wartete, so bat sie einen vom Hause Barams, daß er Mir sagen möchte, daß sie draußen schon eine geraume Zeit warte und notwendig mit Mir zu reden habe. Da drängte sich **der Bote** durchs Volk, kam in Meine Nähe und sprach: »Meister! Siehe, Deine Mutter und Deine Brüder stehen draußen und möchten mit Dir reden!« *(Matth. 12, 47)*

[4] Da sagte **Ich** in einem ernsten Tone zum Boten: »Was sagst du? Wer ist Meine Mutter, und wer sind Meine Brüder?!« *(Matth. 12, 48)* Da fuhr der Bote etwas erschrocken zurück.

[5] **Ich** aber erhob Meine Rechte über Meine Jünger und sprach: »Da siehe hin, das sind Meine Mutter und Meine Brüder! *(Matth. 12, 49)* Denn wer den Willen Meines Vaters, der im Himmel ist, tut, der ist wahrhaft Mein Bruder, Meine Schwester, Meine Mutter! *(Matth. 12, 50)* Gehe aber hinaus und sage den Harrenden, daß Ich kommen werde!«

[6] Diese Rede fanden einige hart und machten Mir Vorwürfe und sagten, ob Ich nicht wüßte, wie da lautet das Gebot Mosis in Hinsicht der Eltern.

[7] **Ich** aber verwies ihnen solch eine Frage und sagte: »Ich weiß es, wer Ich bin, und Meine Jünger und Meine irdische Mutter wissen es auch, und Ich darf darum reden, wie es ist der Wahrheit gemäß; kehret ihr daher nur fleißig vor eurer Tür, – um Mich braucht sich niemand zu sorgen und zu kümmern; denn Ich weiß es am besten, was Ich zu tun habe.« Darauf schwiegen alle, und keiner getraute sich, Mir darauf noch etwas zu erwidern, weder pro noch kontra.

[8] Nach einer Weile Schweigens trat der Hausherr **Baram** zu Mir und sagte: »Herr und Meister! Es ist der Mittag gekommen, und das Mahl ist bereitet für Dich, Deine Jünger und auch für Deine irdisch Anverwandten, die draußen Deiner harren. Wolltest Du mir armem Sünder wohl die Ehr' und Gnad' erweisen, das gut bereitete Mahl zu nehmen?«

[9] Sage **Ich:** »Ich habe zwar für heute noch eine andere Speise vor, die Ich am Meere verzehren werde; aber da du Mich auf eine so geziemende Weise eingeladen hast, so will Ich dir die Ehr' und Gnad' am Tische wohl erweisen. Aber das sage Ich dir auch, daß Mir keiner von den Pharisäern in das Zimmer kommt, da Ich speisen werde, außer der junge Ahab, den Ich aufnehme in die Zahl Meiner Jünger! Denn mit seinen Kollegen, die einen argen Verdacht auf ihn gefaßt haben, weil sie ihn ehedem geheim mit Mir reden sahen, wird er wohl nimmer bestehen können. Nun aber sage dem Volke, daß Ich hier im Hause nichts mehr reden und tun werde, auf daß es hinaus ins Freie gehe und uns Platz mache; denn bei diesem Gedränge wäre es auf eine natürliche Weise schwer, hinauszukommen.«

[10] Auf diese Meine Worte wendet sich **Baram** zum Volke und sagt: »Liebe Nachbarn! Der göttliche Meister hat nun ausgeredet und wird hier im Hause nichts mehr reden und noch weniger etwas tun, darum wollet euch denn nun ganz ruhig hinausbegeben bis auf Ahab; denn der Meister will mit

ihm reden.« Auf diese Worte geht nun das Volk hinaus ins Freie bis auf die Pharisäer.

[11] Als das Volk draußen ist, treten **die alten Pharisäer** voll Grimms im Herzen zu Mir hin und fragen Mich ganz keck, was Ich mit Ahab vorhätte, ob Ich ihn auch für die Hölle zurichten wolle?! Als **Baram** solche Frage vernimmt, wird er voll gerechten Ärgers und sagt zu ihnen: »Meine Steuern habe ich alljährlich bis auf einen Stater (kleinste Münze) entrichtet und bin sonach gesetzlich Herr dieses von mir erbauten Hauses und dulde es daher von niemandem, daß jemandem, den ich in diesem vollkommen meinem Hause als Gast verehre und bewirte, von jemand Fremdem, wie ihr es seid, eine Unannehmlichkeit zugefügt werde! Ich gebiete euch daher vollernstlich, dies mein Haus augenblicklich zu verlassen und euch auch über die Berainung *(Umgrenzung)* meines Grundes zu begeben, ansonst ich von meinem teuer bezahlten Hausrechte ohne Verzug Gebrauch machen würde!«

[12] Sagen **die Pharisäer:** »Bist du denn auch schon ein Grieche geworden, daß du dir vor uns ein Hausrecht anmaßen magst?! Solltest du denn nicht wissen, daß es bei den Juden gegenüber einem Pharisäer kein Hausrecht gibt?! Ist nicht ein jeder Pharisäer vollkommen Herr in einem jeden jüdischen Hause, das er betritt, und so er das Haus wieder verläßt, dann der eigentliche Hausherr aus Gnaden wieder Hausherr wird? Weißt du als ein Jude auch das nicht, daß du nur ein Pächter und kein Herr weder deines Hauses noch deines Grundes bist, und daß wir dir Grund und Haus nehmen können, wann wir wollen, und können es auf fünfzig Jahre lang jemand anderem verpachten?«

[13] Sagt **Baram:** »Das habe ich als ein Jude zu meinem großen Ärger wohl gewußt; darum bin ich aber auch heute ein Grieche, respektive ein Römer geworden und habe gegen Entrichtung einer Taxe mir beim kaiserlichen Richteramte das volle, unverrückbare Eigentumsrecht verschafft, das ich euch sogleich zum Verkosten geben werde, so ihr nicht sogleich meiner gestellten Anforderung Folge leistet!«

[14] Sagen **die Pharisäer:** »Zeige uns den Gewährsbrief vom römischen Gerichte!« **Baram** zieht solchen als noch frisch geschrieben auf gutem Pergament, versehen mit dem kaiserlichen Siegel, hervor, hält solchen Brief den Alten vors Gesicht und sagt: »Kennt ihr das?!« Schreien **sie:** »Also auch du ein Verräter an Gott, Tempel und uns?! Solches haben wir diesem Sohne Davids wohl zu verdanken?! Darum sei auch du verflucht samt deinem Hause!«

[15] Als die Pharisäer solchen Fluch ausgesprochen haben, da griff **Baram** schnell nach einem tüchtigen Stock und fing sogleich an, mit aller Kraft auf die Pharisäer einzuhauen, dabei sagend: »Wartet, ihr Satansknechte, ich werde euch für euren Fluch einmal den gerechten Lohn zukommen lassen!« Schreit **ein Pharisäer,** den der Stock noch nicht erreicht hatte: »Es steht geschrieben: ›Wehe dem, der seine Hand an einen Gesalbten legt!‹« Sagt **Baram:** »Das kenne ich wohl und bediene mich darum des Stockes!« Und Baram gibt nun auch diesem Gesalbten den Stock zum Verkosten. Da fliehen bis auf Ahab alle die argen Pharisäer und Schriftgelehrten hinaus, wo sie noch vom Volke bedient werden.

189. Barams Entschuldigung wegen seines Benehmens. Ahabs Warnung vor der Rache der Templer; des Herrn Trost für beide. Baram – Lehrbursche Josephs. Marias Wiedersehensfreude am Herrn. Ahabs Rede über ein echt templerisch-fanatisches Manöver gegen Jesus wegen der Auferweckung der Tochter des Jairus.

[1] Als diese über die Grenze sind, kommt **Baram** zurück, etwas erschöpft, und sagt: »Herr, vergib es mir! Ich habe es wahrlich nicht gerne getan, was ich nun getan habe; aber es war mit dieser bösen, ehebrecherischen Art wahrlich nicht mehr auszuhalten! Man kann sich wahrlich den Satan nicht ärger vorstellen, als wie da sind diese Kerle, die schon im Ernste meinen, daß die ganze Erde vollkommen ihr Eigentum ist! Mich hätte aber alles noch nicht so sehr aufgebracht; als aber die Kerle Dich, o Herr und Meister, förmlich anzufallen begonnen haben, da konnte ich meinen gerechten Grimm nicht mehr unterdrücken und mußte von meinem Hausrechte Gebrauch machen! Mache Dir aber ja nichts daraus; denn sollten die Kerle eine Klage erheben, so werde schon ich sie verfechten und werde Dich ganz weise und klug zu entschuldigen verstehen!«

[2] Sagt **Ahab:** »Freund, vorsehen kannst du dich in jedem Fall; denn diese alten Wichte werden nun nichts emsiger zu tun haben, als den ganzen Vorfall mit den schlechtesten Farben von der Welt nach Jerusalem doppelt zu berichten! Fürs erste das für sie höchst ungünstige Wirken dieses göttlichen Meisters, den totalen Abfall ganz Jesairas vom Judentum, mein Benehmen und endlich an den Herodes, wie er hier alle seine Untertanen verlor, da diese sich als Roms Bürger eingekauft haben! Das wird in Jerusalem alle bösen Geister auf einmal wecken, und darauf möchte es hier wohl manche böse Geschichten absetzen! Daher sieh dich nur vor und versichere dich zuvor des kaiserlichen Beistandes, sonst werden dir diese bösen Geister arge Geschichten machen.«

[3] Sage **Ich:** »Ahab, lasse das gut sein; daß dem Hause Baram nichts geschehen wird, dafür stehe Ich dir; – daß aber die alten Unmenschen das tun werden, was du gesagt hast, ist Wahrheit, aber weder Baram noch du haben davon etwas zu befürchten. Nun aber gehen wir zum Mahle, allda Ich auch die Maria und die Söhne Josephs hören will!«

[4] Sagt **Baram,** erstaunt über den Namen Joephs: »Was, meines Meisters in Nazareth, dem ich gar so viel zu verdanken habe?! Er war damals noch ein junger Mann und war schon Meister seiner Kunst, als ich bei ihm in der Lehre stand. Wie geduldig und liebevoll er mir alle die Vorteile seiner Kunst zeigte, und wie er mir dann bald die besten Arbeiten zubrachte und mich ohne Entgelt mit Rat und Tat unterstützte, das wahrlich werde ich ihm ewig nie vergessen!«

[5] Sage **Ich:** »Nun, die Maria ist sein zweites Weib, die ihm vom Tempel zum Weibe ward; aber die beiden Männer, die mit ihr sind, sind des Josephs Söhne vom ersten Weibe und führen nun seine Kunst fort. Ich aber bin dem Leibe nach Marias Sohn, und Mein Name ist JESUS!«

[6] Sagt **Baram:** »O wie glücklich bin ich nun, daß meinem Hause solch eine Ehre und Gnade widerfährt! Gehen wir nun aber nur schnell zu Tische,

daß die herrliche Mutter mit den beiden Söhnen Josephs nicht gar zu lange auf uns warten dürfe!« Wir begeben uns nun schnell in das Speisezimmer, in dem uns auch Maria mit den beiden Söhnen Josephs erwartet.

[7] Als Mich Maria ersieht, fängt sie vor Freude zu weinen an; denn sie hatte Mich nun schon bei zwei Monden lang nicht mehr gesehen, desgleichen auch die beiden Brüder, die Mich überaus liebten. Als wir uns also gegenseitig überaus herzlich begrüßt haben, begeben wir uns alle zu Tische, verrichten das Dankgebet und verzehren dann das gute und reichliche Mahl, an dem Kisjonah, der Mich samt Weib und Töchtern bis jetzt nicht verließ, recht fröhlichen Anteil nahm und sich viel mit Maria und den zwei Brüdern besprach.

[8] Nach dem Mahle, als wir am Tische saßen und Wein mit etwas Wasser der starken Hitze wegen tranken, bat Ahab, ob er reden dürfe; denn er hätte uns nun eine wichtige Entdeckung zu machen, und zwar besonders zu Meiner persönlichen Sicherung, weil er nun erst im Verlaufe des Gesprächs in die Erfahrung gebracht hätte, daß Ich der beim Volke berühmte und bei den Pharisäern sehr berüchtigte Jesus von Nazareth sei, von dem im ganzen Lande ein unerhört großer Ruf gehe. **Ich** sagte zu ihm: »Rede, was dir bekannt ist!«

[9] Spricht **Ahab:** »Herr und Meister! Du hast unseres Obersten Jairus Tochter vom Tode erweckt – das weiß wohl die ganze Gegend –, desgleichen auch die Tochter eines Obersten der Soldaten Roms. Wer sollte daran nur im geringsten zweifeln, daß sogar ein allerscheußlichst grausamer Tyrann für solch eine Wundertat ewig dankbar sein würde und dem Wundertäter zu seiner Rechten am Throne Platz gäbe, so wie es einst Pharao dem Joseph tat ob der ihm gemachten Weissagung!

[10] Was aber tut diese Tempelbrut, diese echten Satansknechte?! Sie sandten einen Bericht, den leider auch ich habe unterschreiben müssen, obschon ich von Jesus bis jetzt selbst noch nie etwas weder von Seinen Lehren gehört noch von Seinen Taten gesehen habe. Laut solches scheußlichen Berichtes sind nun allerorten gedungene Spione und Meuchelmörder vom Tempel aus wie auch vom Herodes und dem römischen Landpfleger aus für Dich bestellt, um Dich aus der Welt zu schaffen!

[11] Du bist in dem Bericht nach Jerusalem als ein Volksbetrüger, Verführer und Aufwiegler auf eine Art verschrieen, wie bis jetzt, was ich weiß, noch kein Mensch verschrieen worden ist. Des Jairus Tochter wäre gar nicht tot gewesen, als man Dich berief, sie zu heilen oder zu erwecken vom Tode, sondern sie sei ganz gesund gewesen und habe sich, um Dich zu prüfen, verstellen müssen! Als Du kamst und zu ihr ›talitha kumi‹ sagtest, da erkannte der Oberste vollends, daß Du ein Betrüger seiest und von der wahren Heilkunde keinen Begriff habest; denn könntest Du als Heiland einen Menschen und dessen Übel beurteilen, so hättest Du ja auf den ersten Blick beurteilen sollen, daß das Mägdlein nicht nur nicht tot, sondern dazu noch ganz kerngesund war!

[12] Der römische Oberste, ich glaube Kornelius mit Namen, dessen

Knecht oder Tochter Du auch vom Tode erweckt habest, ist zwar dagegen; aber was kann er allein gegen die Masse falscher Zeugnisse!

[13] Liebster, teuerster Freund, Meister und Herr! Ich könnte Dir noch vieles kundgeben; aber ich sehe, daß Dich meine vollwahre Erzählung betrübt gemacht hat. Da die Verleumdung über Dich zu teuflisch arg ist, so will ich über alles andere schweigen; es ist genug, daß ich Dir das Allerwichtigste kundgetan habe. Das beste an der ganzen Sache ist, daß der Satan dumm ist und vom wahrhaft Weisen und Klugen leicht überholt wird, was von Deiner Seite um so leichter der Fall sein dürfte, indem Du überaus weise bist! Laß es nun gut sein!

[14] Ich bin Dir zwar ein sonst ganz einfacher Mensch; aber diese argen Wichte drehe ich Dir alle ganz bequem um jeden Finger! Und ich halte es durchaus für keine Sünde, den Satan so stark als nur immer möglich anrennen zu lassen. Denn so was zwingt ihn, sich vom bösen Kampfplatze wieder auf einige Zeit ganz bescheiden zurückzuziehen, und der weise und kluge Mensch gewinnt also wieder Zeit, seinem Geiste eine edlere Beschäftigung zu unterbreiten, statt in einem fort sich mit dem Satan zu balgen.«

190. Marias Bericht, wie sie samt Josephs Söhnen von den Pharisäern von Haus und Hof vertrieben ward. Barams und Kisjonahs tröstlicher Antrag an Maria zu des Herrn Freude. Der Herr geht zu Schiff und gibt da dem versammelten Volk die Lehre vom Himmelreich.
Ev. Matth. 13, 1–2.

[1] Sagt nun **Maria:** »Mein Herr und Sohn! Was dieser junge Mann Dir nun kundgab, ist völlig wahr, und ich, als von meinem Hause Deinetwegen förmlich Vertriebene bin eben darum zu Dir gekommen, um Dir solches alles kundzugeben. Was aber soll ich nun tun mit Deinen Brüdern und Schwestern, freilich nur irdisch genommen? Denn ich weiß wohl, daß Du auf der Erde keinen Verwandten hast, außer Deine Jünger im Herzen.

[2] Unsere kleine Habe ist dahin; die bösen Pharisäer haben sich ihrer bemächtigt und haben unsere Hütte samt dem gut bebauten Garten an einen Fremden verkauft! Siehe, ich und Deine Brüder und Schwestern sind nicht mehr so jung, um uns mit dem schweren Tagewerk befassen zu können; und wollten wir auch das, so haben diese bösen Tempelmachthaber allen Juden bei großer Strafe verboten, uns je irgendeine Arbeit zu geben und ebensowenig ein Almosen! Was sollen wir nun machen und von was leben?!«

[3] Sagen **Baram** und **Kisjonah** zugleich: »Hochgeehrteste Mutter, die Gott solcher endlosen Gnade gewürdigt hat, durch sie den allerhöchsten Sohn aller Himmel in diese arge Welt geboren werden zu lassen, kümmere dich dessen nur du nicht! Siehe, wir sind fürs erste keine Juden mehr, in staatlicher Hinsicht betrachtet, sondern nach außen hin Griechen, obschon im Herzen vollkommen Juden nach Moses! Wir beide sind – dem Herrn alles Lob! – reich; daher ziehe du mit allen deinen Angehörigen zu uns, und es soll dir nichts abgehen!«

[4] Sage **Ich:** »Freunde! Euer Antrag ist ein Balsam, in Mein Herz gegossen! Mein Segen und Meine Gnade soll ewig euer Anteil sein. Aber vorderhand werde Ich nach Hause ziehen und sehen, mit welchem Rechte die argen Wichte der Mutter, dem rechtmäßigen Weibe Josephs, die kleine und schwer erworbene Besitzung geraubt haben.

[5] Dann werde Ich auch mit dem Jairus ein paar Wörtlein zu reden bekommen; denn seine Tochter soll abermals krank werden, und er wird Mir kommen. Und da werde Ich mit ihm reden. Nun aber, da es wirklich so arg ist und die arge Höllenbrut uns allenthalben Fallen gelegt hat, so wollen wir sogleich aufbrechen und uns aufs Meer begeben; das hat für uns keine Falle aufgerichtet!

[6] Zuvor, und zwar am Meere, will Ich aber dem Volke so manche Dinge über das Reich der Himmel enthüllen durch Bilder, auf daß sich dereinst niemand entschuldigen kann und sagen: ›Wie hätte ich's glauben und halten sollen, so ich davon doch nie etwas vernahm?!‹ Wie die alten Wichte kommen, so soll ihnen das Volk den Zutritt nicht verwehren, auf daß sie sich dereinst desto weniger sollen entschuldigen können.

[7] Du, Freund Kisjonah, aber gehe und bereite dein großes Schiff; denn wir werden dessen wohl vonnöten haben!« Kisjonah erhebt sich mit den Seinigen und geht, Meinem Wunsche zu willfahren.

[8] Baram aber bittet Mich, da Ich schon nicht mehr in seinem Hause verbleiben kann und mag, daß er Mir das Geleite geben dürfe.

[9] Und **Ich** sage: »Wie weit und auf wie lange du willst! Denn von Mir ist noch nie jemandes ehrliches und wahres Verlangen zurückgewiesen worden und unerhört geblieben!« Der Baram bestellt sonach sein Haus, erteilt seinem Weibe und Kindern den Auftrag, was sie unterdessen zu tun haben, und wie sie sich gegen böse Verfolger benehmen sollen. Dann aber nimmt er etwas Gold mit sich und geht mit uns allen hinaus ans Meer, und eine übergroße Menge Volkes folgt uns am Fuße nach. *(Matth. 13, 1)*

[10] Auch die alten argen Pharisäer fehlen nicht, nur sind sie verkleidet, damit sie das Volk nicht erkennen solle. Als wir ans Meer kommen, drängt sich **das Volk** unter beständigen Rufen »Heil dem Sohne Davids!« so dicht ans Ufer, daß Ich mit Meinen Verwandten nicht mehr zu stehen Platz habe, gleichwie auch all Meine Jünger für sich sicher um so weniger, weil sie schon sehr zahlreich waren.

[11] Daher sagte **Ich** zum Kisjonah: »Laß die Treppe herab ans Ufer; wir müssen ins Schiff; denn das Land wird uns zu enge!« Kisjonah ließ schnell die Treppe herab, und wir bestiegen sogleich das Schiff. *(Matth. 13, 2)* Da Mich aber das Volk ins Schiff steigen sah, so meinte es, daß Ich sogleich abfahren werde. Darum fing es an, Mich laut zu bitten, daß Ich die versprochene Lehre vom Himmelreiche geben möchte!

191. Die Gleichnisse vom Himmelreich, vom Sämann und vom Samen. Der Jünger Zwischenreden. Erklärung des Gleichnisses. Wer da hat, dem wird gegeben; wer aber nicht hat, dem wird auch genommen, was er hat.
Ev. Matth. 13, 3–23.

[1] Als wir alle im Schiffe waren und die Treppe aufgezogen war, so sagte Ich zum Volke, daß es sich ruhig verhalten und um das Ufer herum lagern solle. Und das Volk ward ruhig und stille und lagerte sich am Ufer; nur die alten Pharisäer lagerten sich nicht, sondern standen unfern vom Ufer in der Nähe ihres Schiffes; denn sie faßten den Plan, Mich nicht mehr aus den Augen zu lassen, und waren daher auch ganz bereit, uns auch auf dem Meere zu verfolgen.

[2] Ich aber setzte Mich auf dem sehr geräumigen Verdecke des Schiffes und fing an, mancherlei in Bildern zum Volke zu reden, und zwar darum in Bildern, daß es die dummen Pharisäer nicht verstehen möchten. Das Volk aber, das hier einen geweckteren Geist besaß, verstand Mich schon, was Ich zu ihm redete.

[3] Vor allem, und zwar zuerst, verglich **Ich** Mich mit einem Sämanne und sprach: »Höret und vernehmet es wohl!

[4] Siehe, es ging ein Säemann aus zu säen *(Matth. 13, 3)* ein gutes, gesundes Getreide. Und indem er säte, fiel etliches auf den Weg; da kamen die Vögel, die fraßen es auf. *(Matth. 13, 4)* Etliches fiel in das Steinige, da es nicht viel Erde hatte, und es ging darum wohl bald auf, weil es nicht viel und nicht schwer Erde über sich hatte; *(Matth. 13, 5)* als aber die Sonne aufging mit vieler Glut ihrer Strahlen, da verwelkte alsbald der in der kühlen und feuchten Nacht aufgegangene Keim, da er keine Wurzeln hatte, und ward dürr. *(Matth. 13, 6)* Etliches fiel unter die Dornen, und diese wuchsen mächtiger denn das Getreide auf und erstickten es. *(Matth. 13, 7)* Und etliches fiel endlich auf gutes Land und trug Frucht, etliches hundertfältig, etliches sechzigfach und etliches dreißigfach. *(Matth. 13, 8)* Wer Ohren hat zu hören, der höre!« *(Matth. 13, 9)*

[5] Hier wollte Ich die Rede ohne Unterbrechung weiterführen; aber da **die Jünger** mehrere dieser Bilder selbst nicht begriffen, so traten sie zu Mir hin und sagten: »Warum redest Du denn nun auf einmal in Gleichnissen zu ihnen? *(Matth. 13, 10)* Wir, die wir schon so lange um Dich sind, verstehen sie kaum; wie werden die am Ufer Horchenden sie verstehen?! Siehst Du denn nicht, wie sie mit den Achseln zucken und einige sogar meinen, Du hättest sie entweder zum besten, oder Du redetest der Pharisäer wegen von ganz gleichgültigen Dingen, und das wüßte wohl ein jeder, daß man das Getreide nicht auf den Wegen noch auf Steine und ebensowenig unter die Dornen säen solle! Wir fassen es schon, was Du damit sagen willst; aber die am Ufer meinen im Ernste, Du habest sie zum besten! Oder willst Du sie denn im Ernste in einer Art und Weise lehren, die sie nicht verstehen sollen?«

[6] Sage **Ich** zu den Jüngern: »Was redet ihr da und störet Mich?! Ich weiß, warum Ich zu diesem Volke in Gleichnissen rede, die es nicht verste-

hen soll! Euch ist es gegeben, daß ihr verstehet das Geheimnis des Reiches Gottes; diesen aber ist es nicht gegeben *(Matth. 13, 11)*; denn es steht die Sache also: Wer da hat, wie ihr, dem wird es gegeben, daß er dann in aller Fülle habe; wer aber nicht hat, dem wird auch genommen, das er hat! *(Matth. 13, 12)* Darum rede Ich als Herr mit ihnen durch Gleichnisse; denn mit sehenden Augen sehen sie nicht, und mit hörenden Ohren hören sie nicht; denn sie verstehen es nicht! *(Matth. 13, 13)*

[7] Was tat Ich hier, und für was halten sie Mich? Sie sind alle blind und taub. Ihr Gleichnis habt ihr gestern gesehen an dem Blinden und zugleich Stummen, den Ich geheilt habe. Wie dieser war am Leibe, so sind jene an ihrer Seele, und Ich rede darum in Gleichnissen mit ihnen, auf daß an ihnen die Weissagung Jesajas in Erfüllung gehen soll, die also lautet: ›Mit den Ohren werdet ihr es hören und dennoch nicht verstehen, und mit sehenden Augen werdet ihr es schauen und dabei dennoch nichts vernehmen! *(Matth. 13, 14)*

[8] Denn dieses Volkes Herz ist verstockt und ihre Ohren hören übel, und ihre Augen schlummern, auf daß sie nicht dermaleinst mit den Augen sehen, mit den Ohren hören, mit dem Herzen verstehen und sich bekehren möchten und Ich ihnen dann wahrhaft hülfe!‹ *(Matth. 13, 15)*

[9] Aber selig sind eure Augen, die das sehen, und eure Ohren, die das hören! *(Matth. 13, 16)* Denn wahrlich, Ich sage euch: Viele Propheten und Gerechte haben begehrt, das zu sehen und zu hören, was ihr sehet und höret, und haben es dennoch nicht gesehen und gehört! *(Matth. 13, 17)*

[10] Ich habe aber euch zuvor gesagt, daß es euch gegeben ist, das Geheimnis des Reiches Gottes zu verstehen; Ich merke aber dennoch, daß im Grunde euer Verständnis nicht viel voraus hat vor jenen am Ufer. So höret denn und vernehmet es, was da besagt das Gleichnis vom Säemann, das also zu verstehen ist *(Matth. 13, 18):*

[11] So jemand das Wort vom Reiche Gottes, das Ich rede, wohl hört, aber nicht versteht im Herzen, das vor lauter Welttum ebenso glatt getreten ist wie ein Weg, so ersieht der Arge nur zu bald das nicht ins Erdreich gefallene, sondern auf der abgetretenen, weltglatten Außenfläche des Herzens freiliegende Wort, reißt es leicht weg, was da gesät ist eigentlich ins Herz, aber dennoch auf der weltglatten Außenfläche haftete; und sehet, ein solcher Mensch gleicht dem Wege, auf den der Same, d. i. Mein Wort, fiel. *(Matth. 13, 19)* Und dort am Ufer stehen viele dieser Art!

[12] Das aber ist es, wo da fiel der Same auf das Steinige: So ein Mensch das Wort hört und es mit vielen Freuden aufnimmt. *(Matth. 13, 20)* Da aber ein solcher gleich einem Steine zu wenig Lebensfeuchtigkeit, die da ein rechter Mut des Herzens ist, und auch zu wenig Erdreich, das gleich ist einem festen Willen, in und über sich hat und daher auch gleich einem Steine vom Wetter abhängt, ob es feucht oder trocken sei, also wetterwendisch ist, so wird er, wenn alsdann bei solch einem Menschen um Meines Wortes willen sich erhebt allerlei Trübsal und Verfolgung, voll Ärgers und Zornes *(Matth. 13, 21)* und gleicht dann eben darum einem von der Sonne heißgemachten Steine, auf dem natürlich Mein Wort keine Wurzeln fassen kann und am Ende gänzlich verdorren muß.

[13] Und da sehet hin, dort am Ufer stehen viele solche Steine, die nun zwar um Meinetwillen voll Ärgers sind der argen Pharisäer wegen; da sie aber sehen, daß bei Meinen an sie gerichteten Worten von oben sogleich allerlei Trübsal und Verfolgung sich zu zeigen anfangen, so machen sie dadurch, daß sie sich einerseits zu viel ärgern und anderseits zu viel fürchten, Mein Wort in ihrem Herzen tot; denn sie glauben ob all der Zeichen, die sie gesehen, und trotz all Meiner lebendigsten Versicherungen dennoch nicht, daß Ich hinreichend mächtig sei, sie zu schützen vor allen Übeln, und gleichen sonach dem Steine, auf den der Same fiel.

[14] Wo aber der Same fiel unter die Dornen, besagt das: So ein Mensch das Wort hört und es auch annimmt; aber er steckt in allerlei Weltgeschäften und deren Sorgen ob des betrügerischen Gewinnes und des noch mehr betrügerischen Reichtums. Solche nichtigen Sorgen häufen sich von Tag zu Tag, wuchern wie alles Unkraut im Herzen üppig empor und ersticken nur zu leicht und zu bald Mein gesätes Wort. *(Matth. 13, 22)*

[15] Und sehet, wieder stehen dort am Ufer viele, die den Dornen gleichen, unter die der Same fiel!

[16] Der aber ins gute Erdreich gesäte Same besagt: So ein Mensch Mein Wort hört, es aufnimmt in die Tiefe seines Herzens, allda es allzeit und allein gültig, recht und lebendig verstanden wird; ein solcher Mensch ist dann gleich einem guten Lande, in das der Same fällt und bringt je nach dem Willen und der Kraft des Menschen bald hundertfache, bald sechzigfache und bald dreißigfache Frucht an guten Werken. *(Matth. 13, 23)* Und da ist hundertfach, der alles für Mich tut, und sechzigfach, der vieles für Mich tut, und dreißigfach, der einen guten Teil für Mich tut.

[17] Also aber sind der Himmel in Meinem Reiche drei: der oberste für die hundertfache Frucht, der untere für die sechzigfache und der unterste für die dreißigfache Frucht. Unter die 30 aber wird nicht angesehen, und wer da hat unter die 30, dem wird es weggenommen und dem hinzugelegt werden, der da hat 30, 60 oder 100. Und also wird's dem genommen werden, der da nicht hat, und wird hinzugegeben dem, der da schon hat, auf daß er dann in aller Fülle habe!

[18] Und sehet, dort am Ufer stehen viele, denen es schon jetzt genommen ist, und euch gegeben, die ihr ohnehin schon viel habt, und jene zu wenig oder nichts!

[19] So da jemand einen Acker hat, der ihm viel Frucht bringt, weil er gutes Erdreich hat, hat aber auch einen Acker, der trotz alles Düngens mager bleibt und kaum etwas mehr Frucht bringt, als da in ihn gesät ward, – Frage: Was wird der Besitzer tun? Sehet, er wird dem mageren Acker die Frucht, die er spärlich getragen, abnehmen, sie zur guten und reichlichen Frucht des guten Ackers tun und wird im nächsten Jahre in den mageren Acker keine Frucht mehr säen, sondern wird legen allen Samen in den guten Acker! Dieser wird dann alle Frucht tragen, der magere aber wird preisgegeben dem Unkraute, den Disteln und Dornen.

[20] Sehet, das tut ein kluger Hauswirt; soll der Vater im Himmel etwa unklüger handeln als ein kluger Mensch auf dieser vergänglichen Erde?

[21] Darum weiche aus euren Herzen der Gedanke, als könnte der Vater im Himmel ungerecht sein!

[22] So ihr wisset, daß man nur jenen um einen Rat angeht, der irgendeine Weisheit hat, und sich bald von einem Maulreißer abwendet, bei dem man nur zu bald einsieht, daß er ein purer Maulreißer ist, – Frage: Tut man unrecht, wenn man vom Maulreißer den Glauben abzieht und ihn dem recht Weisen gibt, der ohnehin des Vertrauens von allen Seiten her in Überfülle hat?

[23] Oder tut ihr etwa unrecht, so ihr Meine Jünger seid, Mir nachfolget und Tempel und Pharisäer und alle die Schriftgelehrten verlasset, und ihnen dadurch den letzten Funken Vertrauens wegnehmet und es Mir gebet, der Ich durch Meine Taten und Worte ohnehin schon des Vertrauens in schwerer Menge besitze?! Ich meine, daß es euch nun wohl allen klar sein dürfte, daß darin durchaus keine Ungerechtigkeit besteht, wenn Ich zu euch geredet habe, wie einst dem, der nicht hat, wie Ich es euch mit der Zahl angedeutet habe, auch genommen wird, das er hat.

[24] Was Ich aber rede, gilt dem Geiste und nicht der Materie, da es wohl eine Ungerechtigkeit wäre, so man dem wenig Habenden die kleine Habe wegnähme und sie gäbe einem Reichen, dessen Speicher und Kammern ohnehin überfüllt sind. Darum gilt alles, das Ich zu euch rede, nur dem Geiste und nie der Materie, der man kein weiteres Gesetz geben kann und darf, als das härteste Muß bis zur Zeit ihrer einstigen Auflösung. Begreifet ihr solches nun?«

[25] Sagen **alle:** »Ja, Herr und Meister; denn Deine Weisheit übersteigt alle unsere noch so großen und vermeintlich weisesten Gedanken! Darum bitten wir Dich, daß Du in solcher Weise weiterreden möchtest!«

192. Die Gleichnisse vom Unkraut unter dem Weizen, vom Senfkorn und vom Sauerteig. Der Jünger Verständnislosigkeit. Ahabs gutes Zeugnis aus Jesaja für den Messias. Das unverständige Volk wird heimgeschickt. Die Pharisäer im Sturm auf dem Meere.

Ev. Matth. 13, 24–35.

[1] Und **Ich** sage nun laut, so daß es auch die am Ufer Stehenden vernehmen können: »Nun denn, wer da Ohren hat, der höre, und wer Augen hat – im Herzen, wohl verstanden –, der vernehme es! Ich will euch ein anderes Bild vom Reiche Gottes geben; höret!

[2] Das Himmelreich ist auch gleich einem Menschen, der guten Samen auf seinen Acker säte. *(Matth. 13, 24)* Als aber dessen Knechte schliefen, kam des Ackermanns Feind und säte arges Unkraut zwischen den Weizen, das dann mit dem Weizen zugleich aufging. *(Matth. 13, 25)* Da aber der Weizen mit seiner Frucht, die er bringt, emporwuchs, da fand sich auch das arge Unkraut. *(Matth. 13, 26)*

[3] Als die Knechte das bemerkten, traten sie zum Hausvater und spra-

chen: ›Herr, hast du nicht guten Samen auf deinen Acker gesät? Woher hat er denn das Unkraut?!‹ *(Matth. 13, 27)*

[4] Der Hausherr aber sprach und sagte: ›Das hat mir der Feind getan!‹ Da sprachen die Knechte: ›Herr, so du willst, wollen wir hingehen und es ausjäten!?‹ *(Matth. 13, 28)* Und der Herr sprach: ›Lasset das, damit ihr nicht, so ihrs Unkraut ausjätet, auch den guten Weizen zertretet und mit ausraufet! *(Matth. 13, 29)* Lasset beides miteinander wachsen bis zur Ernte! Um die Erntezeit will ich den Schnittern sagen: Sammelt zuvor das Unkraut in Bündeln und schaffet es vom Acker auf eine Stelle, wo man es verbrennen wird; aber den reinen Weizen sammelt mir hernach in meine Scheuern!‹ *(Matth. 13, 30)* Sehet, das ist ein gutes Bild vom Himmelreiche! Aber höret Mich weiter an! Ich will euch noch mehrere ähnliche Bilder geben, die alle das Gottesreich genauest in sich enthalten. Und so höret Mich weiter an!

[5] Das Himmelreich ist gleich einem Senfkorn, das ein Mensch nahm und es auf seinen Acker säte. *(Matth. 13, 31)* Dies Korn ist wohlbekannt eines der kleinsten unter allen Samen; wenn es aber wächst, ist es das größte unter dem Kohl und am Ende ein förmlicher Baum, so daß sogar die Vögel unter dem Himmel kommen und Wohnung nehmen unter seinen Zweigen.« *(Matth. 13, 32)*

[6] Hier sahen **die Jünger** sich gegenseitig groß an und sprachen: »Was soll das? Wer kann das fassen? Jetzt ist das Himmelreich gar schon einem Senfkohl gleich!«

[7] Sage **Ich:** »Wundert euch deshalb nicht, sondern höret Mich weiter an! Ein anderes Bild will Ich euch geben vom Gottesreiche:

[8] Das Himmelreich ist auch gleich einem Sauerteige, den ein Weib nahm und ihn vermengte unter drei Scheffel Weizenmehl, also bis das gesamte Mehl durchsäuert war.« *(Matth. 13, 33)*

[9] Wieder sahen sich **alle Jünger** samt den geweckten zwölf Aposteln groß an und sagten bei sich: »Wer kann solches fassen und verstehen? Oder will Er das Volk der Pharisäer wegen zum besten haben? Es ist gerade unbegreiflich, warum Er jetzt auf einmal also in den verworrensten Bildern zu reden beginnt!«

[10] Es hörte aber der in der Schrift überaus bewanderte **Ahab** das Gespräch der Jünger und sagte zu ihnen: »So Der das ist, was ich nun fest glaube, daß Er es sicher sein soll, da dürfte, da Er nun stets gleich in und nicht ohne Gleichnisse redet *(Matth. 13, 34)*, wohl etwa das auf Ihn zu beziehen sein, was einst Jesajas vom kommenden Messias geweissagt hat, indem er sprach: ›Ich will Meinen Mund auftun in Gleichnissen und will aussprechen, was vom Anfange der Welt allen Menschen ein Geheimnis war!‹ *(Matth. 13, 35)*

[11] Sehet, also redete einst der große Prophet, und ebenalso sang einst David in seinem 78. Psalm im 2. Verse, und das paßt nebst vielem andern gerade auf Ihn, und ihr möget auch noch fragen: ›Wie so, wie das?‹ und seid doch schon eine recht gemessen lange Zeit bei und um Ihn?! So es not ist, wird Er uns diese Gleichnisse wohl enthüllen, und ist es nicht not, – nun, so können wir uns alle wohl höchlichst rühmen, daß wir nun das selbst sehen

und hören, was alle Erzväter und Propheten gerne gesehen und gehört hätten!«

[12] Alle Jünger geben sich auf diese Zwischenrede Ahabs zufrieden; das Volk aber fragt Mich, da Ich nun während der Rede Ahabs schwieg, ob Ich noch mehr derlei unverständiges Zeug reden werde, oder ob sie gehen sollen zu ihren Geschäften, sie, die am Ufer weileten einer guten Lehre halber, die aber nicht gekommen sei!

[13] **Ich** aber sagte: »Ziehet heim; denn euretwegen habe Ich Meinen Mund nicht geöffnet, wohl wissend, welch unverständigen Herzens ihr seid! Darum werden dereinst auch eure Kinder eure Meister und Richter sein!« Mit dem entfernte sich bald alles Volk vom Ufer weg und jegliches zog in sein Wohnhaus.

[14] Nur die Pharisäer, als sie merkten, daß Kisjonah anfing, sein Schiff flottzumachen, da bestiegen auch sie alsbald ihr in Bereitschaft stehendes Schiff und stachen vor uns in die See. Ich wollte aber im geheimen, daß sie von einem starken Winde ergriffen würden. Und sieh, es fing sogleich ein mächtiger Wind ihr Schiff gewaltig zu treiben an und bedeckte es von Zeit zu Zeit ganz mit Wogen und Wellen.

193. Der Herr mit den Seinen im Seesturme schafft Stille. Der Jünger Zweifel von Ahab zurechtgewiesen. Judas' Bemerkung und Ahabs demütiges Zeugnis vom Messias. Des Herrn Wink über Ahab.

[1] Wir aber fuhren in einer ganz anderen Richtung von Jesaira ab, und es mußte abermals sein, daß auch wir von einem Sturme inmitten des Meeres überfallen werden mußten, bei welcher Gelegenheit abermals alle Jünger samt allen, die im Schiffe waren, in eine große Furcht gerieten, wie es schon früher einmal der Fall war, und vor Angst und Furcht zu schreien begannen, daß Ich ihnen hülfe, ansonst alles zugrunde gehen müßte!

[2] Und Ich gebot, wie einst zuvor, dem Winde und dem Meere, worauf augenblicklich eine große Wind- und Meeresstille eintrat und alles Volk im Schiffe laut sprach: »Wer ist er, daß ihm Wind und Meer gehorchen?!«

[3] **Ahab** aber, der nicht in diese Frage eingestimmt hatte, sagt zu den Jüngern und mehreren andern: »Freunde, das war schon wieder eine recht unzeitige und dumme Frage und Verwunderung! Ihr seid doch schon so lange bei und um Ihn und möget euch noch gerade also verwundern, als ob das das erste Zeichen wäre, das ihr habt verrichten sehen! Ich bin noch nicht einen vollen Tag unter euch, und mir ist alles das so begreiflich, als einem Menschen nur immer irgend etwas begreiflich sein kann! Wenn Er das ist, nämlich der große verheißene Messias, Der nach David nichts mehr und nichts weniger ist als Jehova Selbst, wirkend durch Fleisch und Blut, so wird es Ihm doch etwa ein leichtes sein, einen Seesturm abzustellen, weil es Ihm sicher nichts besonders Schweres war, die ganze Welt zu erschaffen! Wenn aber das unbestreitbar der Fall ist und ihr Ihn kennet, wie kommt dann solch eine Frage und solch eine Verwunderung aus eurem Herzen?!«

[4] Sagt **Judas,** etwas ungehalten durch diese Bemerkung Ahabs: »Freund, soll uns denn nun darum gar nichts wundernehmen, was der Herr tut vor unsern Augen, weil wir solches und vieles andere von Ihm gesehen?«

[5] Sagt **Ahab:** »Bruder, das sei ferne! Aber ich meine es nur also: Wir sollen uns wohl verwundern in aller Demut unseres Herzens, daß Er solches wirket vor unsern Augen und uns, als eben nicht gar zu besonders viel werte Geschöpfe, Seiner Liebe, Weisheit und Macht für so würdig achtet, eben solche Taten vor unseren Augen und unseren Sinnen zu verrichten! Ich wenigstens für mich halte mich für die allergeringste nicht würdig! Aber so wir wissen, wer Er ist, und wundern uns dann, so Er, der Himmel und Erde gemacht hat, eine außerordentliche Tat verrichtet, gerade, als ob solche von einem Menschen wäre zustande gebracht worden, dann halten wir Ihn als den Herrn ja am Ende für nichts mehr als einen sonstigen, bloß etwas außergewöhnlichen Menschen! Und da meine ich, daß eine Verwunderung, wie sie nun nach der plötzlichen Stillung des Sturmes von euch dem Herrn bezeugt worden ist, wohl nicht am Platze ist!

[6] Wäre es denn nicht lächerlich, sich nun ebenalso zu verwundern anzufangen über die Sonne, über den Mond, über alle die Sterne, über die Erde und über alle wunderbarst eingerichteten und gestalteten Geschöpfe, die doch ebenso Seine Werke sind als wie die außerordentliche Stillung dieses starken Seesturmes?! Wenn wir uns aber nach meiner Meinung schon wundern wollen, so wundern wir uns ganz allein dessen, daß Sich der allmächtige Gott Jehova, der Unaussprechliche, so unendlich tief herablassen mochte, zu uns sterblichen, überaus schwachen Menschen zu kommen, von Seiner ewig unermeßlichen Höhe herab, das beinahe unglaublich wäre, wenn solches nicht schon seit Adam, Henoch und durch alle Propheten bis auf den armen Zacharias und dessen Sohn Johannes also, wie es nun da ist und vollauf wahr geschieht, wäre geweissagt worden.

[7] Daß solches alles also, wie es Hunderte von Propheten vorhergesagt haben mit einer Stimme, da ist, kommt mir allein als das größte Wunder vor! Das, was nun geschieht, ist nichts anderes als eine ganz natürliche Folge der ersten, allerwunderbarsten Erscheinung auf dieser Erde, nämlich: der vorhergesagten Erscheinung Jehovas im Fleische und Blute!«

[8] Sagen sogar **die zwölf Apostel** zu Mir: »Herr, woher kommt denn diesem solche Rede und solch eine klare Weisheit?«

[9] Sage **Ich:** »Sein Fleisch und Blut gibt ihm solches nicht ein, sondern der Geist, der in ihm sehr geweckt ist, so daß ihm bis zur vollen Wiedergeburt des Geistes nur ganz wenig mehr abgeht! Aber es ist euch wahrlich keine besondere Ehre, daß er euch ein Lehrer ist, anstatt daß ihr es ihm sein sollet; aber er hat viel vor euch darum, daß er in der Schrift sehr bewandert ist, und Ich habe ihn lieb, so wie Ich euch liebhabe; denn es ist viel Demut in seinem Herzen!«

194. Des Menschen geistige Heimat: sein Inneres, als Sammelplatz des Lebens. Reise nach Kis zu Kisjonah. Vom Vater, Sohn und Heiligen Geist. Der Herr segnet Kisjonah.

[1] Fragen Mich **die Jünger,** die am Meere sind: »Wohin, o Herr, werden wir nun uns wenden?« Sage **Ich:** »Ganz geraden Weges heimwärts!« Sagen **die Jünger:** »Herr, da wird es uns eben nicht am besten ergehen! Denn die Pharisäer haben Deiner irdischen Leibesmutter ja alles genommen, und so sieht es mit der Heimat nach unserer Meinung etwas bedenklich aus, obwohl wir recht genau wissen, daß Du eigentlich überall zu Hause, folglich daheim bist.«

[2] Sage **Ich:** »Ihr solltet denn doch schon nun etwas in der Rede des Geistes bewandert sein! Will Ich denn nach Nazareth, so Ich sage, daß wir nun geraden Weges heimziehen werden?! So begreifet es denn einmal! So Ich vom Heimkehren rede, da meine und verstehe Ich das Innere des Menschen, welches ist der wahrhaft geistige Sammelplatz des Lebens, der Kraft, der Macht und aller Weisheit. Also dahin ziehen wir nun! Wir bedürfen der inneren geistigen Ruhe, und diese ist eine rechte Heimat; in ihr – nicht Meinet-, sondern euretwegen – werden wir das finden, was uns als äußeren Fleisch- und Blutmenschen vor allem not tut! Versteht ihr das?«

[3] Sagen **die Jünger:** »Ja, Herr, nun verstehen wir es!«

[4] Sage **Ich:** »Wir ziehen aber irdisch nun wieder zum Kisjonah hin! In seinem Hause sind wir sicher; denn das ist ein freies Haus und zahlt darum dem Kaiser einen großen Tribut, und die Pharisäer werden ferngehalten werden. Aber nach einigen Tagen werden wir von da wohl nach dem irdischen Vaterlande ziehen und werden dort versuchen, geradezumachen, was nun überaus krumm geworden ist.«

[5] Sagt **Kisjonah:** »Herr, nicht etliche Tage, sondern lieber etliche Monde, oder wenigstens Wochen wollest Du mit all den Deinen in meinem, der Wahrheit nach aber eigentlich vollkommen allein Deinem Hause zubringen. Denn in Nazareth wirst Du, so Du nicht Feuer und Schwefel vom Himmel regnen lässest, wenig oder gar keine Aufnahme finden, besonders bei den Pharisäern und Schriftgelehrten, die Dir eigentlich stets mehr und mehr nach Deinem Leben zu stellen beginnen!«

[6] Sage **Ich:** »Freund, entschlage dich dieser Sorge; denn man kann an Mich nur insoweit heran und Mir irgend etwas anhaben, als Mein Vater, der in Mir ist – so wie Ich in Ihm, es zuläßt; was da aber alles zugelassen wird zum Heile aller Menschen und zur Erfüllung der Schrift, das weiß Ich schon eine Ewigkeit zum voraus! Und all die Propheten hätten nimmer also zu weissagen vermocht, wenn Ich es nicht zum voraus gewußt hätte; denn derselbe Geist, der in aller Fülle in Mir wohnt und nun zu dir also spricht, hat auch zu den Propheten also geredet, wie du es geschrieben liesest! Da nun aber derselbe Geist Selbst da ist, so muß Er auch das erfüllen, was Er von Sich Selbst durch die Propheten geweissagt hat! Und du habe darob keine Sorge! Denn dieser allmächtige Geist wird Sich schon zu helfen wissen!«

[7] **Kisjonah** versteht Mich, schweigt, schlägt sich darauf dreimal an die Brust und sagt nach einer Weile: »Ich bin wohl nicht wert, daß Du eingehest unter mein Dach, sei aber mir armem Sünder dennoch gnädig und barmherzig und bleibe mehrere Tage zum Troste bei mir!«

[8] Sage **Ich:** »Sei deshalb ganz ruhig! Denn Ich werde bei dir, solange Ich auf dieser Erde zu tun habe, für Mich und alle, die mit Mir sind, Wohnung nehmen; dein Haus soll Mir eine Ruhestätte sein. Aber Ich werde es oft zu verlassen haben um Meiner Arbeiten willen; aber geistig werde Ich es nimmer verlassen!« (Meine Hand dabei auf Kisjonahs Herz legend.)

195. Angenehme Überraschung beim Landen in Kisjonahs Heimatstadt. Wiedersehensfreude des Jairuth und Jonael. Eines Engels wunderbarer Hilfsdienst im Auftrage des Herrn.

[1] Als wir solches miteinander besprochen haben, waren wir auch am Ufer, und zwar gerade an Kisjonahs Landungsplatze, von wo aus man sogleich durch seinen großen und schönen Garten zu den weiträumigen Gebäuden und Wohnhäusern des Kisjonah kam, in denen zu unserem Empfange schon alles vorbereitet war. Denn Kisjonah hatte schon im Hause Barams geheim von Mir erfahren, daß Ich wieder zu ihm heimkehren werde, und so sandte er mittels eines kleineren Fahrzeuges sogleich Boten nach Hause, die ihre bestimmten Aufträge hatten.

[2] Wen trafen wir aber noch dort? – Jairuth, den reichen Kaufmann von Sichar, der das alte Schloß Esaus bewohnte und innehatte, und den Jonael, den schon bekannten Oberpriester von derselben Stadt; beide wurden durch den Engel, der bei Jairuth war, dahin geführt; denn sie hatten gar wichtige Dinge mit Mir zu besprechen. Und so war das wahrhaft eine sehr angenehme Überraschung echt himmlischer Art.

[3] Diese beiden, als sie Meiner ansichtig wurden, von innerster Freude durch und durch ergriffen, vermochten kein Wort über ihre Lippen zu bringen; sie legten ihre vor tiefster Rührung und Freude bebenden Hände auf ihre Brust und begrüßten Mich also mit aller Liebe ihres Herzens.

[4] **Ich** aber sagte zu ihnen: »Meine lieben Freunde und Brüder! Ersparet die Mühe eurer Zunge; denn die Sprache eurer Herzen gilt bei Mir in einem Worte mehr als tausend noch so schöne Worte von der Zunge gesprochen, von denen das Herz gar oft nicht viel weiß!

[5] Erholet euch erst von eurer weiten und beschwerlichen Reise; dann erst will Ich euch kundtun, was ihr daheim alles zu tun haben sollet gegen den von den Erzsamaritern neben dir, du Mein Jonael, aufgestellten Oberpriester und Besorger des nichtigen, blinden Dienstes auf Garizim. Aber, wie gesagt, vor allem tut euch Ruhe und Erholung not, und so pfleget vorderhand dieser!

[6] Du, Mein Bruder Kisjonah, aber bringe ihnen Erfrischung und bediene dich des Dieners dieser zwei aus Sichar hierhergekommenen Freunde;

denn der ist nicht müde, und er wird dir schnelle und gute Dienste leisten und ist in deinem Hause schon so eingeweiht, als wäre er schon viele Jahre als ein erster Knecht bei dir im Dienste gestanden. Daher bediene dich nun nur ganz unbesorgt seiner und laß deine müden Leute auch eine Weile ruhen; es geht der Tag wohl schon zu Ende, aber es soll das deinem Haushalte keinen Eintrag machen, so die Müden heute früher zur Ruhe kommen als sonst; denn dieser Diener wird sie alle wohl vertreten.«

[7] Sagt **Kisjonah:** »Herr, daß Dir alle Dinge möglich sind, davon bin ich allerlebendigst überzeugt und bin da ganz der Ansicht und des Glaubens unseres jungen Pharisäers Ahab; aber wie dieser allerzarteste mehr Knabe als Jüngling alle die noch vielen Arbeiten verrichten und uns alle, die wir nun doch mehrere Hunderte an der Zahl da sind, bedienen wird, das, Herr, – ich zweifle zwar nicht im geringsten daran – ist mir aber etwas zu rätselhaft!«

[8] Sage **Ich:** »Freund, du hast zu wenig Milch, Käse und Butter daheim; aber auf deinen Alpen gibt es einen großen Vorrat. Laß vorerst durch diesen Knaben allen deinen Vorrat von der Alpe holen; es ist besser, du hast den Vorrat hier als oben auf den Bergen, die heute in der Nacht von einer Horde wilder Skythen bestreift werden, ob da ein Raub zu machen wäre.«

[9] Sagt **Kisjonah:** »Ah, nun geht mir schon ein Licht auf! Dieser Knabe wird sicher auch einer von denen sein, wie uns auf den Alpen drei gedient haben?« Sage **Ich:** »Nun ja, frage und rate nicht lange, sonst wird es zu spät!«

[10] Kisjonah begibt sich nun schnell zum Jünglinge hin und gibt ihm allerliebfreundlichst seinen Wunsch kund. Sagt **der Jüngling:** »Sei du, lieber Freund Meines Herrn und Gottes, ganz ruhig; in wenig Augenblicken wird alles in der besten Ordnung sein, denn bei mir ist hier und dort und überall eins, und unter meiner Füße Gewalt, wenn ich auch einer der Schwächsten bin, muß dennoch die ganze Erde erbeben!«

[11] Über solche Rede erstaunte Kisjonah übergewaltig und konnte sich von der Möglichkeit durchaus keinen Begriff machen und merkte vor lauter Staunen kaum, daß der Jüngling bei den letzten Worten das Zimmer verließ, um seinem Auftrage nachzukommen.

[12] Kisjonah aber war noch lange mit seinem Staunen nicht fertig und wollte Mich gerade fragen, wie solches denn doch möglich wäre, da stand schon der **Jüngling** ganz geschmeidig vor ihm und sagte lächelnd: »Nun, du sinnest noch nach, wie solches möglich wäre, und siehe, ich bin schon mit allem in der Ordnung! Sogar was deine Schreiber, da heute ein starker Mauttag war, nicht vermochten bei all ihrem redlichsten Fleiße in die Tages- und Rechenbücher einzutragen, darin habe nun ich ihnen in aller Schnelligkeit überholfen – so, daß sie nun vollends frei und arbeitslos sind!«

[13] **Kisjonah,** ganz verblüfft, weiß gar nicht, wie es ihm bei dieser Geschichte zumute ist, und sagt ganz voll Staunens: »Aber Liebster, wie ist das möglich?! Du hast ja noch kaum das Zimmer verlassen und solltest nun schon mehr getan haben, als solches alle meine Leute in einer Woche bei all

ihrem Fleiße vermöchten? Das ist mir denn doch ein wenig zu unglaublich! Du müßtest nur tausend Hände und des Blitzes Schnelligkeit besitzen?!«

[14] Sagt **der Jüngling:** »Nun, so gehe denn hinaus und überzeuge dich von allem!«

196. Weitere Dienstwunder des Engels in Kisjonahs Hause. Ein Engel hat sämtliche Pflanzenwelt der Erde zu besorgen. Des Engels Wink über seine Kraft, die nur die des Herrn ist. Der schnelle Bote.

[1] Kisjonah geht nun in die Speisekammern und findet in bester Ordnung alle die großen Vorräte von Milch, Käse und Butter in den bestimmten Stellen untergebracht und geht in die Scheunen und findet sie voll; denn auch das auf den Feldern stehende reife Getreide war eingebracht. Er geht darauf in die großen Stallungen der Rinder sowohl als der Schafe und Esel und findet alles bestens bestellt! Also geht er auch in sein großes Amtshaus, sieht in den Büchern nach und findet überall die größte Ordnung und besieht die Kassen und findet sie alle voll; darauf eilt er ins große Kochhaus und findet dort alles bestens und in rechter Menge und Auswahl fertig gekocht und fragt **die Köche und Köchinnen,** wie etwa solches doch zugegangen sein möchte. Diese aber wissen ihm nichts anderes zu sagen als: »Es kam ein schöner Jüngling in die Küche und sagte: ›Richtet die Speisen an in die Schüsseln; denn sie sind schon alle bestens zubereitet!‹ Wir untersuchten darauf die Speisen, und es war also, wie uns der uns sogleich wieder verlassende Jüngling benachrichtigte. Verkoste die Speisen selbst, und du wirst finden, daß es also ist!«

[2] Kisjonah verkostet die Speisen und findet, daß seine Köche und Köchinnen die vollste Wahrheit geredet haben. Er begibt sich darauf wieder schnell ins große Zimmer, darinnen Ich war, und **der Jüngling** fragt ihn: »Nun, Kisjonah, bist du mit mir zufrieden?«

[3] Sagt **Kisjonah:** »Viel schon ist des Wunderbaren in meinem Hause geschehen; ich konnte es nicht anders begreifen, als daß ich mir im Herzen laut sagen mußte: Bei Gott sind alle Dinge möglich! Aber das ist dennoch das Allerunbegreiflichste! Eine Arbeit in einem Augenblick verrichten, die sonst einen vollen Tag der festesten Arbeit bedurft hätte, aber durch die mächtige Hand eines vom göttlichen Geiste erfüllten Menschen wohl, wie gesagt, in einem Augenblick verrichtet werden kann, das ist begreiflich; aber wie da hundert Arbeiten auf weit voneinander entfernten Punkten von einem Menschenwesen in einem und demselben Augenblick verrichtet werden können, das ist eine ganz andere Sache und ist von seiten eines noch sterblichen Menschen bei aller seiner Einsichts- und Verstandesschärfe durchaus nicht zu begreifen, und ich kann dazu abermals nichts anderes sagen als: Herr, sei mir armem Sünder gnädig und barmherzig; denn nimmer bin ich wert, daß Du unter meinem Dache Wohnung nimmst!«

[4] Sage **Ich** zum Kisjonah: »So höre endlich einmal auf, dich gar so sehr

zu verwundern, und laß nun durch deine Leute die Speisen hereinbringen; denn wir alle sind nun deren schon recht sehr bedürftig.

[5] Wenn dich das aber schon gar so wundernimmt, was möchtest du denn hernach dazu sagen, wenn Ich dir treu kundgebe, daß auf der ganzen Erde nur ein dazu bestellter Engel für alles Gras, alle Gesträuche und Bäume, für jegliches nach seiner Art, für das Wachstum und für die allerverschiedenartigste Hervorbringung der Früchte zu sorgen und zu wirken hat, desgleichen für alle Tiere im Wasser, in der Luft und auf der Erde?! Solches wird dir also wohl auch unbegreiflich sein, und siehe, doch ist und geschieht es also! Darum wundere dich nicht so sehr, sondern geh und laß uns durch deine Diener die Speisen bringen!«

[6] Sagt **Kisjonah:** »Herr, Du meine alleinige Liebe und mein Leben, wie wäre es denn, so Du gestatten möchtest, daß mir bei der Hereinschaffung der Speisen, deren es eine große Menge gibt, auch dieser wunderbare Jüngling behilflich sein möchte; denn meine Diener haben damit sicher eine volle Stunde zu tun!«

[7] Sage **Ich:** »Gut, so bediene dich seiner; aber nur mit dem zu vielen Verwundern mußt du wegbleiben; denn du weißt ja, daß bei Gott alle Dinge gar leicht möglich sind!«

[8] Mit solchem Bescheid ist Kisjonah ganz vollauf zufrieden und ersucht den ihn stets sehr liebfreundlich anblickenden Jüngling, daß er ihm die Speisen auf die schon bereiten Tische möchte von der Küche hereinschaffen helfen.

[9] Sagt **der Jüngling:** »Aber nur nicht so viel Verwunderung, mein liebster Freund! Sieh dich nur nach den Tischen um! Es ist schon geschehen, als du noch im Begriffe warst, den Herrn aller Herrlichkeit um meine Hilfe anzuflehen. Aber wo hast du den Wein?«

[10] Sagt **Kisjonah,** die Tische flüchtig übersehend und bei sich insgeheim hochstaunend: »Wahrlich, den Wein hätten wir bald vergessen! Willst du so gut sein, mir auch diesen aus dem großen Keller zu besorgen?«

[11] Sagt der **Jüngling:** »Siehe hin! Es ist schon alles wieder in der besten Ordnung, der Wein ist in rechter Menge auf den Tischen neben den Speisen.«

[12] Kisjonah besieht die vierzig großen Tische, die im großen Speisesaale aufgerichtet und bestens bestellt sind, und es fehlt nichts; Stühle und Bänke sind in schönster Ordnung gestellt und die Lampen zur Erleuchtung der Abenddämmerung in gerechter Zahl auf allen Tischen vorhanden und schon mit reinen Flammen brennend und leuchtend!

[13] Als **Kisjonah** das alles beschaut, ist er ganz verblüfft vor innerer Verwunderung und sagt nach einer Weile: »O Gott, o Gott, Du mein Jesus, Du meine ewige Liebe! Wenn das so fortgeht, so gehen heute noch alle meine Häuser auseinander und es wird darinnen alles Holz und Gestein lebendig werden!« – Sich zum Jünglinge wendend: »Du mein holdester junger Mensch oder Engel, was du auch immer bist oder sein magst, erkläre mir doch ein wenig nur, wie dir solches möglich ist!«

[14] Sagt **der Jüngling:** »Du bist wohl sehr neugierig; ich sage dir: Mir ist

gar nichts möglich ohne Den, der bei dir wohnt nun in dieser Welt; Er allein verrichtet alle solche Dinge! Wie aber Ihm solches alles möglich ist, darüber mußt du dich schon bei Ihm Rates erholen; denn die Kraft in mir, also zu handeln, ist nicht mein Eigentum, sondern ein Eigentum des Herrn, der in deinem Hause Wohnung nimmt. Gehe also hin und frage Ihn!«

[15] Sagt **Kisjonah:** »Das, liebster Freund, weiß ich wohl; aber nur die Art und Weise, wie solches möglich ist, das ist es, wovon ich einen Wink haben möchte. Du mußt doch eine Bewegung machen!? Wie schnell und sicher aber muß diese sein! Denn da ist der Blitz doch offenbarst eine Schneckenpost dagegen! Ah, ah, ich darf gar nicht mehr daran denken! Wenn du zu all dem nur wenigstens hundert Augenblicke Zeit verwendet hättest, so wäre die Sache doch noch eher begreiflich; aber so – ohne einen merklichen Zeitraum alles das, und noch dazu in größter Ordnung, zu verrichten, das ist es, was mich nun aus aller meiner sonstigen Denkverfassung hebt und ich mich nun kaum mehr vor lauter Ehrfurcht und Bewunderung zu atmen getraue!«

[16] Sage **Ich** zum Kisjonah: »Nun, Freund, bist du mit deiner Verwunderung noch nicht am Ende? Ich meine, wir sollen nun an die Tische uns setzen, zuvor das Abendmahl einnehmen und hernach uns besprechen über die weiteren Punkte der Allmacht Gottes und dessen entschiedenster Liebe und Weisheit!«

[17] Sagt **Kisjonah:** »Herr, vergib mir! Ich hätte beinahe aus lauter Verwunderung über Verwunderung vergessen, warum die Speisen und Getränke auf den Tischen stehen; darum bitte ich Dich und all die Deinen, daß ihr euch an die Tische machet! Aber wo ist denn Deine Leibesmutter Maria mit den auch mitgenommenen, Dein sein sollenden Schwestern hingegangen, daß ich sie hole zum Abendmahle?«

[18] Sage **Ich:** »Frage erst nach deinem Weibe und deinen Töchtern! Wo diese sind, da ist auch die gute Maria mit den Töchtern Josephs, der Mein irdischer Nährvater war. Die haben nun miteinander ja vollauf zu tun, damit sie heute noch alles besehen, wozu sie freilich auch morgen, übermorgen und noch längerhin Zeit hätten! Unser junger und behender Diener wird sie alle schon holen und hierherbringen, und du sei deshalb ganz unbekümmert!«

197. Die heilige Gesellschaft beim Abendmahl und dann bei sternheller Nacht im Freien auf dem Schlangenhügel, wo Kisjonah eine Schule errichten will. Wink über die Zustände auf Erden. Jesus als Herr der Schlangen. Erläuterung des Gleichnisses vom Unkraut. Lebenswinke.

Ev. Matth. 13, 37–42.

[1] Während Ich noch solches kaum ausgesprochen hatte, war der Jüngling auch schon da mit den Weibern, und wir setzten uns alsogleich an die Tische und verzehrten gar bald und ganz fröhlichen Mutes das Abendmahl. Nach dem Mahle aber sagte **Ich** zu allen: »Höret, da heute eine schöne,

sternenhelle Nacht ist, so wollen wir nicht alsogleich uns in die Ruhe begeben, sondern draußen unter freiem Himmel uns auf den Rasen lagern; denn Ich habe heute noch so manches euch zu sagen und zu zeigen vor!«

[2] Dieser Antrag war allen recht, und wir erhoben uns alle bald von den Tischen und gingen hinaus ins Freie, und zwar auf einen etwa im ganzen bei zwanzig Klafter hohen Hügel, der am Ende des großen Gartens etwa bei dreißig Schritte vom Meere einwärts sich ganz sanft erhob. Kisjonah bemerkte freilich, daß dieser Hügel zwar eine sehr schöne Aussicht über den ganzen See gewähre, aber dabei dennoch das stets Unangenehme habe, daß er von einer Masse Schlangen, Nattern und Vipern, wahrscheinlich seiner Nähe am Meere wegen, bewohnt werde. Er habe zwar schon alles mögliche angewendet zur Vertreibung dieses Geschmeißes, aber es hätte noch nie was gefruchtet!

[3] Sage **Ich:** »Laß das nur gut sein! Nun soll er nimmer diesem Geschmeiße zur Wohnstätte dienen; dessen kannst du völlig versichert sein!«

[4] Sagt **Kisjonah:** »Wenn so, wie ich aber auch nicht den kleinsten Zweifel habe, da danke ich Dir fürs erste vom tiefsten Grunde meines Herzens für die wunderbare Befreiung von diesem Übel, und fürs zweite soll auf diesem Hügel zu Deinem Gedächtnisse eine rechte Schule erbaut werden, bestimmt zum Unterricht für groß und klein und jung und alt nach Deiner reinsten Lehre!«

[5] Sage **Ich:** »Eine solche Schule wird sich, wenn sie beim Grunde des Grundes verbleibt, auch allzeit Meines Segens zu erfreuen haben. Aber leider, wie die Welt alles verdirbt, so wird sie mit der Zeit dieser Schule, sowie Meiner reinsten Lehre nicht schonen, und so gibt es auf dieser Welt nichts, das da hätte eines Bleibens! Denn alle Welt liegt nun im argen und ist beschnitten vom Satan! Aber nun lasset uns auf den Hügel gehen!« Ich und Kisjonah gehen voran, und alle Jünger und alle Dienerschaft des Kisjonah folgen uns auf dem Fuße nach.

[6] Als wir aber an den Hügel kommen, bemerkt **Kisjonah,** wie vor ihm eine starke Natter gerade den Hügel hinankriecht, und er wird bald darauf mehrerer ansichtig und sagt zu Mir: »Herr, habe ich denn zu wenig geglaubt, daß dies Geschmeiß noch nicht abgezogen ist?«

[7] Sage **Ich:** »Das ist darum also, daß du des Gottessohnes Herrlichkeit in großer Fülle ersehen und erkennen sollst! Und so habe denn nun acht! Ich werde nun diesen Tieren gebieten, diesen Ort auf alle Zeiten der Zeiten zu verlassen und, solange ein Sprosse von dir diesen Garten und Hügel bewohnen wird, nicht in diese Wohnstätten zu ziehen; und du wirst sehen, wie auch diese äußerst stumpfsinnigen Bestien Meiner Stimme gehorchen müssen!«

[8] Hier wandte Ich Mich an den Berg und bedrohte die Bestien. Und diese schossen wie Pfeile zu vielen Tausenden aus ihren Löchern und flohen ins Meer; und also ward der Berg gereinigt von diesem Geschmeiß für immerdar, und es ward fürder auch nicht mehr ein noch so kleiner Wurm gesehen auf diesem Hügel.

[9] Wir aber gingen darauf ganz wohlgemut auf den Hügel, und da dessen Gras schon etwas tauig war, so ließ Kisjonah schnell eine große Menge

Teppiche holen und beinahe den ganzen Hügel bedecken, wobei ihm auch wieder der Jüngling ersprießlich schnelle Dienste leistete. Auf dem nun ganz mit feinen Teppichen bedeckten Hügel lagerten wir alle uns ganz wohlgemut.

[10] Meine Jünger aber, die trotz alles ihres Denkens, Grübelns und Sinnens mit dem Gleichnisse vom Unkraut auf dem Acker nicht fertigwerden konnten, traten auf dem Hügel zu Mir und baten Mich, daß Ich ihnen das Gleichnis vom Säemann, der guten Samen ausgesät hatte und hernach Unkraut in seinem reinen Acker mitten unter dem Weizen fand, deuten und näher erklären möchte.

[11] **Ich** aber sprach zu ihnen: »Habt ihr nicht gehört, was Kisjonah auf diesem Hügel für Mich zu Meinem Gedächtnisse zu errichten willens ist, und was Ich ihm sagte, wie es leider solcher Anstalt von seiten der Welt ergehen werde? Sehet, das hat Bezug auf den guten Acker, der mit reinstem Weizen besät ward und hernach dennoch eine große Menge Unkrautes mitten unter dem Weizen aufschießen ließ! Sehet, das aber besagt das Gleichnis:

[12] Ich, oder wie da sagen die Juden, der Menschensohn, ist es, der da nun ausstreut den guten Samen. *(Matth. 13, 37)* Der Acker ist die Welt; der gute Same sind die Kinder des Reiches; das Unkraut aber sind die Kinder der Bosheit. *(Matth. 13, 38)* Der Feind, der sie sät, ist der Teufel; die Ernte ist das Ende der Welt, und die Schnitter sind die Engel! *(Matth. 13, 39)* Gleichwie man aber das Unkraut auf dem Acker ausjätet, es in Bündeln zusammenbindet und es dann verbrennt, also wird es auch am Ende der Welt gehen! *(Matth. 13, 40)*

[13] Des Menschen Sohn wird Seine Engel aussenden, und sie werden sammeln aus Seinem Reiche alle Ärgernisse und alle Menschen, die da unrecht tun *(Matth. 13, 41)* und für die Not ihrer Brüder weder Augen noch Ohren und noch weniger ein Herz haben, und werden sie werfen in den Feuerofen, allwo Heulen und Zähneklappern sein wird. *(Matth. 13, 42)* Der Feuerofen aber wird sein der Kinder der Bosheit – darunter zu begreifen ist Hochmut, Selbstsucht, Herrschlust, Hartherzigkeit, Gleichgültigkeit gegen Gottes Wort, Geiz, Neid, Scheelsucht, Lüge, Betrug, Wortbrüchigkeit, Unzucht und Hurerei, Ehebruch, falsches Zeugnis, böser Leumund und alles, was da ist wider das Gebot der Nächstenliebe – ihr eigenes Herz!

[14] Denn wie den Gerechten aus ihrem Herzen ihr Himmel erblühen wird in aller Herrlichkeit, so wird den Ungerechten aus ihrem Herzen das erwachsen, was sie darinnen haben; ein böser Same wird ewig keine gute Frucht zum Vorschein bringen!

[15] Ein hartes Herz wird keine weiche Frucht geben, und ein wortbrüchiges wird sich nimmer sammeln, und der Zorn wird das Feuer sein, das nimmer erlöschen wird! Darum hütet euch vor all dem und werdet in allem Gerechte nach dem Gesetze der Liebe!«

198. Fortsetzung der Erläuterung des Gleichnisses vom Unkraut. Das Ärgste ist ein Versprechen, das nicht gehalten wird. „Seid liebevoll und gerecht!“ Das Gleichnis vom Schatz im Acker. Der Jünger Verständnis.
Ev. Matth. 13, 43–44.

[1] **(Der Herr:)** »Versprechet nie jemandem etwas, das ihr dann nicht halten könntet oder – noch schlechter – aus was immer für Gründen nicht halten wollet, so ihr wahrhaft Gotteskinder werden wollt; wahrlich, sage Ich euch, das Ärgste ist ein Versprechen und eine Verheißung, die nicht gehalten wird!

[2] Denn wer da zürnt, der sündigt in sich und schadet sich zunächst selbst; wer Unzucht treibt, der vergräbt seine Seele im Gerichte des Fleisches und schadet sich wieder selbst; aber das Übel der Übel ist die Lüge!

[3] Hast du jemandem etwas zu tun versprochen, und es kommen bald Umstände, die dir das Versprechen zu halten unmöglich machen, so gehe alsogleich ohne Säumnis zu dem hin, dem du etwas versprochen hast, und zeige ihm mit dem besten Herzen an, was dir begegnet ist, auf daß der Erwartende in dem Falle andere Wege und Mittel ergreifen kann zur rechten Zeit, um sich aus irgendeiner Not zu befreien!

[4] Wehe aber jedem, der Versprechungen macht und sie nicht hält, auch so er sie halten könnte; denn er stiftet dadurch ein umfassendes Übel; denn der Erwartende kann dann seiner Pflicht nicht nachkommen, und die auf ihn hofften, bekommen auch gebundene Hände, und so kann solch eine treulose Verheißung Tausenden die größte Verlegenheit und Trübsal bereiten, und also ist eine nicht gehaltene Verheißung das der Nächstenliebe Allerentgegengesetzteste und somit der Übel größtes!

[5] Es ist besser, ein hartes Herz haben, weil ein solches niemanden mit irgendeiner Hoffnung trügt, und weiß man, daß man vom Hartherzigen nichts zu erwarten hat, so ergreift man andere Mittel zur Aufrechthaltung jeglicher Ordnung. Wenn aber jemand etwas erwartet, das ihm verheißen ward, so unterläßt er es, andere Wege und Mittel zu gebrauchen, und wenn dann die Zeit kommt, wo der Erwartende seine Geschäfte in die Ordnung zu bringen bestimmt hatte, und der Versprecher läßt ihn dann im Stiche und sagt ihm nicht zuvor, daß er sein Versprechen aus einem Grunde, der natürlich vollwahr sein muß, nicht werde halten können, da ist solch ein Verheißer gleich dem Satan, der den Menschen auch von Anbeginn durch seine Propheten die glänzendsten Verheißungen gemacht, aber nie eine erfüllt hat und hat dadurch Zahllose ins größte Elend gestürzt!

[6] Darum hütet euch vor allem vor derartigen Verheißungen und Versprechungen, die ihr nicht halten könntet und, was noch schlechter wäre, aus was immer für Gründen nicht halten wolltet; denn das ist des Obersten der Teufel Sinn.«

[7] Seid liebevoll und gerecht in allen Dingen; denn die Gerechten werden einst in ihres Vaters Reiche leuchten wie die Sonne am hellsten Mittage!

[8] Wer aber Ohren zu hören hat, der höre! *(Matth. 13, 43)* Denn noch ein paar Gleichnisse will Ich euch geben vom Himmelreiche:

[9] Das Himmelreich ist noch gleich einem verborgenen Schatz in einem Acker, welchen Schatz ein Mensch fand, und da der Schatz groß und schwer war und er ihn nicht nach Hause tragen konnte, da er noch weit nach Hause hatte, so verscharrte er ihn im nächsten Acker zur Nachtzeit, ging darauf voll Freuden nach Hause, verkaufte daheim alles und kaufte den Acker um jeden Preis *(Matth. 13, 44);* denn der Schatz im Acker war viele tausend Male mehr wert, als er für den Acker gab, und er konnte nun, da der Acker sein war, den Schatz sicher aus dem Acker holen, und es konnte ihm niemand mehr dessen Besitz streitig machen. Er konnte nun seinen Schatz ruhig in sein neues Haus schaffen, das er mit dem Acker erkauft hatte, und brauchte nun nicht mehr im Schweiße seines Angesichtes sich seinen Unterhalt zu erarbeiten; denn er hatte nun wohl im größten Überflusse zu leben von seinem Schatze. – Verstehet ihr dieses Gleichnis?“

[10] Sagen **die Jünger:** »Ja Herr, dies Gleichnis ist klar; denn die Schatzfinder sind die, die Dein Wort vernehmen, und der Acker ist der Menschen noch weltliches Herz, den sie durch die Befolgung Deines Wortes sich erst geistig zu eigen kaufen müssen, auf daß Dein Wort im Herzen zu ihrem vollen Eigentum werde und sie damit dann alles Gute für sich und ihre Brüder schaffen können!«

[11] Sage **Ich:** »Ihr habt das Gleichnis wohl begriffen; denn also steht es mit dem wahren Himmelreiche. – Aber höret nun ein anderes Bild!«

199. Gleichnis von der großen Perle und vom Netze. Ahabs Auffassung von den faulen Fischen. Ein guter Hausvater benutzt Altes und Neues.

Ev. Matth. 13, 45–52.

[1] **(Der Herr:)** »Abermals ist das Himmelreich gleich einem Kaufmanne, der gute Perlen suchte in allen Landen. *(Matth. 13, 45)* Und er fand eine große Perle von unschätzbarem Wert, erkundigte sich um ihren Preis, und als ihm dieser bekannt gegeben ward, ging er auch alsbald heim in seine Stadt, verkaufte alles, was er hatte, und ging dann hin und kaufte die große Perle *(Matth. 13, 46)*, die ebenfalls viele tausend Male mehr wert war, als um was er sie erkaufte. – Verstehet ihr dies Bild?“

[2] Sagen **die Jünger:** »Ja, Herr, auch das verstehen wir; denn ein solcher Kaufmann sind ja wir alle, da wir Deinetwegen alles verließen; Du aber bist die große, unschätzbare Perle für uns!«

[3] Sage **Ich:** »Auch dieses Gleichnis habt ihr vollwahr begriffen; denn also auch stehet es wieder mit dem Himmelreich! – Aber vernehmet noch ein Bild!

[4] Abermals ist das Himmelreich gleich einem Netze, das ins Meer geworfen wird, damit man allerlei Gattungen Fische fängt. *(Matth. 13, 47)* Wenn das Netz aber voll ist, so wird es von den Fischern ans Ufer gezogen; da setzen sich dann die Fischer und heben die guten Fische heraus in ein Gefäß, aber die kranken und faulen werfen sie weg! *(Matth. 13, 48)*

[5] Also wird es auch am Ende der Welt sein: die Engel werden ausgehen

und werden die Bösen von den Gerechten scheiden *(Matth. 13, 49)* und werden sie werfen in den Feuerofen ihres eigenen bösen Herzens, und es wird da sein ein großes Geheul und Geklapper mit den Zähnen *(Matth. 13, 50)*, welches ist eine wahre Finsternis der argen Seele, die fortan suchen wird mit ihrem verbrannten Weltverstande, was ihre böse Liebe befriedigen möchte, aber nimmerdar etwas finden wird!« – Und Ich fragte die über dies Bild etwas nachsinnenden Jünger nach einer Weile: »Habt ihr auch dies Bild ganz verstanden?«

[6] Sagen **diese:** »Ja, Herr, auch dies Bild haben wir vollends begriffen *(Matth. 13, 51)*; es gleicht dem, wie Du am Ufer zu Jesaira sagtest: Wer da hat, dem wird gegeben werden, daß er in der Fülle habe; wer aber nicht hat, dem wird auch genommen, das er hat!«

[7] Und **der Ahab** setzt hinzu: »Ich verstehe unter den faulen und kranken Fischen auch hauptsächlich die Pharisäer und alle die tatlosen Schriftgelehrten, die immerwährend ihren alten Kram zum Verkaufe bieten und alle Natur und deren Fruchtbarkeit loben, alles aber verachten und verfolgen, was die noch so glanzvolle Gegenwart bietet! Das werden etwa doch auch faule und kranke Fische sein? Was heißt das, ein Schriftgelehrter und Pharisäer im Gehirne sein und sich dafür um ein Unmerkbares besser halten, als da sind andere Menschen, und dafür noch Opfer und Steuer nehmen von den zumeist sicher besseren Brüdern und Schwestern, aber dabei ein hohles oder steinhartes, gefühlloses Herz haben?!

[8] Daher glaube ich, daß in der Zukunft der nach Deinem Worte, o Herr, zum Himmelreiche Gelehrte im Herzen, wohl wird müssen den alten, verdorbenen, faulen und kranken Schriftkram der Pharisäer ganz wegwerfen und für Deine Lehre einen ganz neuen Grund legen; denn Deine Lehre ist weise und gerecht und somit streng wider die der Pharisäer!

[9] Wohl weiß ich, daß Moses und all die andern Propheten aus Deinem Geiste geweissagt haben; aber wie entstaltet sind sie nun! Und da Du nun Selbst da bist, uns Deinen heiligen Willen zu offenbaren, wozu dann noch den faulen und kranken Moses, wie desgleichen auch alle die Propheten?!

[10] Wer im Herzen nach Dir, o Herr, in der Tat gelehrt ist zum Himmelreiche, braucht keinen Moses und keine Propheten mehr!«

[11] Sage **Ich:** »Da hast du wohl ganz richtig und recht gesprochen bis auf etwas Kleines, und dieses besteht darin, daß darum dennoch ein wahrer Schriftgelehrter, das heißt zum Himmelreiche gelehrt, gleich sein muß einem weisen Hausvater, der Altes und Neues aus seinem Hausschatze und Vorrate seinen Gästen vorträgt *(Matth. 13, 52)* und zum Genusse bietet. Oder soll man, wenn der neue Wein in die Schläuche gefüllt ist, darum den guten alten Wein wegschütten, oder soll man das alte Korn wegwerfen, wenn man ein neues in die Scheunen gebracht hat?! Darum muß ein wahrer, zum Himmelreiche Schriftgelehrter die alte Schrift ebenso wie dies Mein neues Wort nun kennen und danach tun!«

[12] Sagt **Ahab:** »Aber doch nur Moses und die Propheten, bis auf die mitunter sicher einesteils sehr entstellten Staatsgesetze, des Gottesdienstes leerste Anordnungen, die nun für nichts mehr gut sein können, indem wir

alle staatlicherseits uns ohnehin die römischen Gesetze müssen gefallen lassen!?«

[13] Sage **Ich:** »Das versteht sich von selbst. Was vom alten Gesetze auszulassen ist der wahren Nächstenliebe wegen, das findest du schon geschrieben; hier aber sind Meine beiden Freunde aus Sichar, diese sind Zeugen von Meiner gedehnten Berglehre, in der alle diese Dinge vorkommen.« Mit dem stellt sich Ahab ganz zufrieden.

200. Denkwürdiger Leidens- und Greuelbericht des von den Samaritern vertriebenen Oberpriesters Jonael. »Des Herrn Wege sind unerforschlich.« Unbegreifliche Zulassungen des Herrn. Eine gerechtscheinende Bitte.

[1] Ich aber berufe die beiden Sichariten, daß sie Mir nun kundtun sollen, welches Anliegens wegen sie hierhergekommen sind. Und **Jonael,** der den Sprecher macht, öffnet den Mund und spricht: »Herr, Du hast zwar schon früher den rechten Grund berührt, und also ist es denn auch! Es ist wahrlich kaum glaublich, daß Menschen, die doch alle samt uns die bleibenden großen Zeichen Deiner rein göttlichen Macht vor Augen haben, gar böse sein könnten! Sie erkennen die Wahrheit an und verfolgen sie eben darum, weil sie solche als Wahrheit anerkennen müssen! Mich haben sie vertrieben; wenn der Bruder Jairuth mich samt meiner Familie nicht in sein Haus genommen hätte, so wäre ich obdachlos!

[2] Herr, wie sehr und wie oft habe ich im Geiste Dich gebeten, daß Du kämest und mir beistündest gegen die Feinde; aber es war vergebens, Du kamst dennoch nicht, uns zu helfen aus unserer größten Not!

[3] Wohl ist es wahr, daß Du uns an Deiner Stelle sichtbare Engel zu unserem Dienste hinterlassen hast. Aber sie wollen auch nicht allezeit wirken und auch nicht also, wie ich es für nötig finde; denn sie sagen, daß sie ohne Deinen Willen nichts tun können; denn nur Dein Wille ist ihre ganze Kraft und Macht! Das ist wohl alles völlig wahr; aber wenn die beleidigten alten Erzsamariter Hunderte von Deinen Anhängern aus dem Lande treiben, so daß diese bei den Heiden Schutz suchen müssen – was nicht anders geschehen kann, als daß die Vertriebenen selbst Heiden werden –, dann sollte es denn doch wohl in der Ordnung sein, daß Deine Engel dazwischenträten unb solch argem Treiben ein Ende machten, statt daß sie mit uns der ganzen Geschichte ganz traurigen Gemütes zusehen und am Ende eben mit uns unter Seufzen ausrufen und sagen: ›So sind des Herrn Ratschlüsse doch allezeit unerforschlich und unergründlich Seine Wege!‹

[4] Was ist aber damit geholfen?! Hunderte werden Heiden, Hunderte werden geschlagen mit Stöcken und Ruten und werden verspottet an öffentlichen Orten um Deines Namens willen!

[5] Joram mußte aus Sichar auf eine Zeit, und das Haus, das Jakob erbaut hatte, ist unterdessen verschlossen und leer! Und Joram befindet sich nun auch mit seinem Weibe im Hause des Bruders Jairuth, sowie viele andere

angesehene Familien, die in Sichar Deinetwegen nicht mehr geduldet wurden!

[6] Und wider alles das haben Deine Engel, die bei uns sind, aber auch nicht einen Schritt getan! Herr, Herr, um Deines heiligsten Namens willen! Für was soll das denn doch gut sein?!

[7] Muß denn hier auf dieser Erde dem Satan alle Macht und Gewalt über Dich eingeräumt sein?! Oder ist seine Hölle denn im Ernste mächtiger denn alle Deine Himmel? Herr, wenn es also fortgeht, so werden am Ende die Menschen genötigt sein, dem Satan Tempel und Opferaltäre zu erbauen und die Deinen abzubrechen! Eine höchst traurige Sache schon in dieser Zeit!

[8] Was ist nun der Gottesdienst auf Garizim, ja selbst im Tempel zu Jerusalem anderes als ein barster Satansdienst?! Ich weiß es aus Deinem Munde, der Du der Herr Selbst bist, wie Gott, der in Dir wohnt in aller Fülle körperlich, verehrt und gelobt sein will. Siehe dagegen aber nun den Dienst auf Garizim an, und Du hast den allerwahrsten und echtesten Satansdienst; denn da wird im vollsten Ernste, was selbst Deine heiligen Engel nicht im geringsten in Abrede stellen, im vollsten Maße dem Satan Weihrauch gestreut!

[9] Also ist und geschieht es treu und wahr, und Dir, o Herr, kann es nicht unbekannt sein, daß es also ist und geschieht, und doch lässest Du es zu, daß es also ist und geschieht! Herr, wie sollen wir das nehmen und wie verstehen Dein heilig Wort?

[10] Auch der ehrliche, Dir mit seinem ganzen Hause tiefst ergebene Bruder Jairuth bekommt nun schon Tag für Tag eine Drohung, wonach er aufgefordert wird, sich binnen kurzer Zeit als Erzsamariter zu erklären, widrigenfalls er aller seiner Güter verlustig erklärt wird!

[11] Viele, die schon steinfest an Deiner Lehre, o Herr, gehangen sind, sind von den tagtäglichen Drohungen eingeschüchtert, unter vorgeschriebenen Verwünschungen und Verfluchungen Deines Namens zum reinsten Satansdienst zurückgekehrt!

[12] Siehe, Herr, solche Dinge geschehen, vor denen Deine Engel wohl allzeit ihr Angesicht verhüllen; aber wozu solche leeren Beileidsbezeigungen?

[13] Herr, Du siehst in mein Herz, das ganz Dir ergeben ist, und so rede ich auch ohne Vorhalt mit Dir und sage: Da ist ein leeres, wehmutsvollstes Zuschauen so unzeitig als eine Feige im dritten Tage nach dem Abfalle der Blüte! Da heißt es dreinschlagen, und das mit aller Gewalt und Macht, sonst bekommt der Satan Grund und Wurzeln.

[14] Und vermögen Deine Jünger schon jetzt nichts mehr wider ihn, was werden sie nachher vermögen, wenn er zu vollster Kraft gelangen wird, was ihm eben nicht zu schwer werden dürfte, so ihm gleichfort so wenig entgegengestellt wird, als das bis jetzt der traurige Fall ist, wo sich sogar Deine Engel gegen ihn nichts zu unternehmen getrauen?!

[15] Ich bitte Dich darum um Deines heiligsten Namens willen und um aller derer willen, die noch immer an Deinem Namen gleich uns beiden

unverrückt hangen, stehe uns bei und befreie uns von den Schlingen des Satans!

[16] Hast Du uns doch Selbst am Berge beten gelehrt; und siehe, wir beten stets also, und es wird von Tag zu Tag ärger statt besser!

[17] Wir wollen Dir ja alles zum Opfer bringen und wollen Dir zuliebe so armselig leben wie nur immer möglich; aber irgendeinen Fleck auf der Erde, solange wir auf der Erde zu leben haben, mußt Du uns denn doch gönnen; denn unter lauter Wölfen, Hyänen und Bären läßt sich's, wenn man nicht selbst eine gleiche Bestie ist, weder leben und noch weniger Dir, o Herr, nachfolgen!

[18] Wir verlangen nicht ein friedliches Paradies auf dieser Welt, aber doch zum wenigsten, daß wir nicht gerade unter Teufeln in der vollkommensten Hölle leben müssen; dafür wolle Du, o Herr, uns in den Schutz nehmen!«

201. Des Herrn Winke über den Doppelzweck der Zulassungen – dem Satan und den Gläubigen zur Prüfung. Missions- und Verhaltungswinke. Die Wahrheit, das Schwert der Liebe. »Mein Reich ist nicht von dieser Welt.« »Fürchtet euch nicht vor Menschen, sondern vor Gott nur!« Wie der rechte Held kämpfen soll.

[1] Sage **Ich:** »Freunde, Ich wußte wohl darum, daß es in aller Kürze also kommen werde, auf daß der Satan sein Werk voll mache; aber die zu den Heiden geflohen sind, hätten auch hier in Galiläa ihre Unterkunft gefunden, und die Meinem Namen geflucht haben, um ihre irdische Habe nicht zu verlieren, hätten besser getan, sich von aller ihrer Welt loszumachen, als sich unter dem Fluche Meines Namens ihrer Habe zu versichern, an der der ewige Tod haftet. Denn jeder Mensch muß einmal denn doch alles verlassen.

[2] Wie schwer wird es dem sein, der viel hat, sich einst davon zu trennen, und wie leicht wird sich der trennen von der Welt, der aus ihrem giftigen Schoße keine Güter besaß und zudem noch allenthalben um Meines Namens willen Verfolgung erlitt! Der verachtet die Welt, und es wird ihm um sie sicher nicht leid sein, wenn er mit klarster Sehe ins Himmelreich diese finstere Pestilenzwelt verlassen wird.

[3] Siehe, wie das Gold sich im Feuer bewährt und erst darin zu seinem hohen Werte gelangt, also muß es auch der Fall sein bei euch allen, die ihr wahrhaft Meine Jünger und Nachfolger sein wollet; denn Mein Reich, für das wir alle nun arbeiten, ist ja nicht von dieser Welt, sondern von jener großen, die auf dieses irdische, materielle, kurze Probeleben als ewig unvergänglich folgt!

[4] Und deshalb gebe Ich euch für diese Welt auch keinen Frieden, sondern das Schwert; denn durch den Kampf mit der Welt und mit allem, was sie euch bietet, müßt ihr euch des ewigen Lebens Freiheit erringen!

[5] Denn Mein Reich leidet Gewalt, und die es nicht mit Gewalt an sich reißen, die werden es nicht einnehmen.

[6] Es ist freilich recht leicht, in einem eingefriedeten Orte und für sein

irdisch Leben bestens versorgt, Mir einen Jünger abzugeben, die Lämmer Tugend zu lehren und sie mit reinem Wasser zu tränken; wahrlich, dazu gehört nicht viel! Aber ein ganz anderes ist es, Löwen, Tiger und Panther zu zähmen und sie zu nützlichen Tieren umzugestalten! Dazu aber gehört auch mehr Klugheit, Mut, Kraft und Ausharrung als zur Zähmung der Lämmer!

[7] Daher müßt ihr diese Erscheinung in Sichar auch also betrachten und nehmen, wie sie ist, und müßt mit ihr einen natürlichen Kampf eingehen, bei dem Ich euch schon unterstützen werde; aber so ihr alsbald über die Blindheit und Bosheit der Menschen bis über die Ohren in Ärger und Zorn geratet und über solche Frevler nichts als ein verzehrendes Feuer vom Himmel rufet, dann kann es euch unmöglich anders ergehen, als wie es euch ergangen ist!

[8] Auch können und dürfen euch Meine Engel in solchen Fällen nicht dienstlich sein, weil solch ein Dienst schnurgerade gegen Meine ewige Ordnung wäre.

[9] Wollt ihr aber siegende Kämpfer für Mein Reich sein, so machet aus der reinen Wahrheit ein scharfes Schwert; aber dasselbe sei aus der reinsten, uneigennützigsten Liebe angefertigt! Mit solchem Schwerte kämpfet dann mutig und habt keine Furcht vor denen, die im äußersten Falle wohl euren Leib töten, weiter aber dann nichts mehr tun können!

[10] So ihr aber schon eine Furcht habt, so fürchtet Den, der ein wahrer Herr über Leben und Tod ist und die Seele des Menschen verwerfen oder annehmen kann.

[11] Wer immer im rechten Kampfe für Mich sein irdisch Leben verliert, der wird es wiederbekommen in Meinem Reiche im Vollmaße; wer aber sein irdisch Leben zu erhalten strebt im Kampfe für Mich, der ist ein Feiger, und des ewigen Lebens Siegerkrone wird nicht sein Anteil sein! Welches Verdienst hat er, so er mit Mücken kämpft und Fliegen totschlägt? Ich sage euch: So ein Held ist nicht des Anpissens wert!

[12] Ah, ganz was anderes ist es, wohlgepanzert und mit einem scharfen Schwert in der Hand in eine Herde von Löwen und Tigern sich begeben! So er die Herde erlegt hat und als Sieger heimkehrt, so werden ihm Ehrenbogen errichtet, und ein großer Lohn für seine Heldentat wird ihm nicht vorenthalten werden!

[13] Gehet sonach wieder heim und streitet nach der Weise, wie Ich es euch nun gezeigt habe, und es wird euch am rechten Siege nicht fehlen!

[14] Wie arg der Satan diese Erde zurichtet, weiß Ich wohl schier am besten, und Ich hätte Macht genug, ihn vollends zu vernichten; aber Meine große Liebe und Geduld läßt solches niemals zu.

[15] Denn wer seinen Feind nur dadurch zu besiegen wähnt, daß er ihn vernichtet, der ist ein feiger Kämpfer! Denn nicht der Mut, sondern seine große Furcht nur hat sich durch die Tötung den gefürchteten Feind vom Halse geschafft.

[16] Wer ein rechter Held sein will, der darf den Feind nicht verderben, sondern er muß sich alle Mühe nehmen, den Feind mit aller Klugheit, Ge-

duld, Liebe und Weisheit im Herzen zu gewinnen; dann erst kann er sich rühmen, einen wahren Sieg über seinen Feind erkämpft zu haben, und der erkämpfte Feind wird selbst sein größter Lohn sein.«

202. Weitere Missions- und Verhaltungswinke an die Sichariten. »Lehret zuerst durch gute Taten und dann durch einfache Worte!« Die wahre freie Kirche. »Ihr alle seid gleiche Geschwister.« Der rechte Sabbat. Das rechte Gotteshaus und der wahre Gottesdienst.

[1] **(Der Herr:)** »So ihr beide das begriffen habt, da kehret mit euren Engeln bald wieder nach Sichar zurück und tuet daselbst nach Meinem Worte, so werden dort all die mißlichen Dinge bald ganz anders stehen.

[2] Aber ihr müßt dort nicht als erzürnte Richter, sondern als wahrhaft weise Lehrer und Freunde der Blinden, Tauben und Stummen auftreten, so werden sie sich dann von euch schon lenken lassen!

[3] Wer kann denn wohl weisermaßen in einen Ärger geraten, so ihm ein Blinder auf den Fuß tritt? Wenn du Augen hast zu sehen, ist es nicht d e i n e Schuld, wenn du vom Blinden getreten wirst?! Ziehe ab deinen Fuß von der Stelle, dahin der Blinde tritt, so wirst du nicht getreten werden!

[4] Ersiehst du aber, daß der Blinde am Rande eines Abgrundes steht, so eile hin, ergreife ihn und bringe ihn in Sicherheit und führe ihn dann zum Lichte hin, das jede Blindheit der Seele heilt, und er wird dir ein bester, dankbarster Freund und Bruder werden.

[5] So ihr aber die Menschen lehret in Meinem Namen, da tuet allzeit, wie Ich tue, zuerst durch gute Taten und dann erst mit schlichten, einfachen und wahren Worten, und ihr werdet dadurch bald viele wahrhaftige Jünger zählen können.

[6] Aber so ihr selbst euch bis nahe über die Sterne hinaus in lauter tiefste Geheimnisse einkleidet und den Menschen begreiflich machen wollet, daß ihr von Gott berufen seid, sie zu richten, zu segnen oder zu verfluchen, und ärgert euch dann noch obendarauf, so euch Meine Engel bei solchen Dingen nicht unterstützen wollen, so muß es euch ja klar sein, daß also zu handeln durchaus nicht Mein Wille ist, der euch geoffenbart ist, sondern ihr euch selbst eine Ordnung geschaffen habt und aus dieser eine neue, wohleingefriedete Kirche an der Stelle der alten mosaischen habt aufbauen wollen, vor der eure Lämmer ihre Knie schon von weitem hätten beugen sollen!

[7] Sehet, also war es mit der Mosaischen Kirche, und sie brachte, wie sie eingefriedet ward, keine oder nur wenige und das meist verkümmerte Früchte!

[8] Ich gebe euch nun eine vollkommen freieste Kirche, die keiner andern Einfriedung benötigt als bei jedem Menschen für sich das höchst eigene Herz, in dem der Geist und die Wahrheit wohnt, allwo Gott von den wahren Verehrern allein erkannt und angebetet sein will!

[9] Ihr sollet als diejenigen, denen Ich zuerst Meinen Geist mitteilte, euch darum nicht um ein Haar besser dünken, als da ist ein jeder andere Mensch,

und sollet aus der Gabe nicht irgendein festes Amt machen, gleichwie solches tun die Heiden und die doppelt finsteren Juden und Pharisäer, sondern da ist nur Einer euer aller Herr; ihr alle aber seid ganz gleich als Brüder und Schwestern, und soll nie darinnen ein Unterschied sein unter euch!

[10] Also soll auch keine Regel sein unter euch, und sollet auch nicht halten auf gewisse Tage und Zeiten, als wären sie irgend besser oder schlechter, oder daß Gott nur gewisse Tage gesetzt hätte, an denen Er eure Gebete anhören und eure Opfer annehmen möchte. Ich sage euch: Bei Gott sind alle Tage gleich, und der beste ist unter vielen der, an dem ihr wahrhaft Gutes eurem Nächsten erwiesen habt! Und so soll in Zukunft den wahren und Gott allein wohlgefälligen Sabbattag nur eure gute Tat bestimmen!

[11] An welchem Tage ihr Gutes tun werdet, an demselben Tage wird auch der rechte Sabbat sein, der bei Gott gerechnet wird; der gewöhnliche Judensabbat aber soll sein ein Greuel in den Augen Gottes!

[12] Wollt ihr aber schon ein sogenanntes Gotteshaus bauen, da erbauet Kranken- und Versorgungshäuser für eure armen Brüder und Schwestern; darin dienet ihr ihnen mit allem, was sie benötigen, so werdet ihr sogestaltig den wahrsten Gottesdienst verrichten, an dem der Vater im Himmel ein großes Wohlgefallen haben wird.

[13] An solchem echten und allein wahren Gottesdienste wird man erkennen, daß ihr wahrhaft Meine Jünger seid.

[14] Gehet also nun heim und handelt also, so wird eure Arbeit gesegnet sein.«

203. Ein Fehlerbekenntnis. Der wahre Geist der reinen Lehre Jesu. Weitere Missions- und Verhaltungswinke. Jonaels Lobgesang an den Herrn.

[1] Nach dieser gedehnten Belehrung sagen **beide:** »Herr! Vergib uns also unsere Sünde! Denn nun sehen wir klarst ein, daß eigentlich nur wir gefehlt haben und nicht so sehr das Volk gefehlt hat, und wir werden nun mit Deiner Gnade und Hilfe nach Möglichkeit alles wieder zurechtbringen!

[2] Nun erst erfahren wir den wahren Geist Deiner heiligsten Lehre und werden solchen auch unter das Volk zu verbreiten auf das eifrigste bemüht sein! Nur sind nun viele zu den Heiden gegangen; diese wissen wir kaum zurückzubekommen! Was sollen wir da tun?«

[3] Sage **Ich:** »Mit denen tuet also, wie da ich tue mit den Heiden, und sie werden samt den Heiden eure Jünger sein.

[4] Seht, dies Haus ist auch nun heidnisch und hatte sich schon eine geraume Zeit zur Doktrin der griechischen Weltweisen bekannt, und nun ist es mehr auf Meiner Seite denn je ein Haus im Judentume! Machet ihr es denn auch also, und es werden sich bald mehr Heiden um euch scharen denn Juden!

[5] Denn wer einen leeren Magen hat, wird ein Mahl gieriger verzehren, als ein Mensch mit einem vollen Magen, besonders wenn der Magen noch

dazu schon ganz verdorben ist, wie der Magen der Pharisäer und Schriftgelehrten!«

[6] Sagen **die beiden:** »Was soll denn mit denen geschehen, die Deinen Namen verflucht haben ihrer Habe wegen, daß sie ihnen nicht genommen werde?«

[7] Sage **Ich:** »Wer gefallen ist, den hebet auf und bringet ihn auf einen guten Weg und führet ihn, auf daß er zur Einsicht seiner Sünde kommen möge und solche getan zu haben bereue! Das soll euch obliegen!

[8] Ich aber bin nicht gekommen, zu richten und zu verderben diese Welt, sondern zu suchen das Verlorene und aufzurichten, was darniederliegt! So ihr das nun wisset, da gehet hin und handelt also!«

[9] Nach diesen Worten verneigten sich die beiden tiefst vor Mir und baten Mich, ob sie noch einige Tage an Meiner Seite verbleiben dürften.

[10] Und **Ich** gestattete ihnen solches und sagte: »So Ich euch zuvor sagte, daß ihr alsobald wieder heimziehen sollet, so wollte ich damit in allem mehr die Willigkeit eures Herzens und dessen Verstandes bezeichnet haben, als euch zeitlich bescheiden, alsobald von hier nach Sichar zu ziehen; und so möget ihr wohl die etlichen Tage hier verweilen, die Ich noch hier zubringen werde bei Meinem Freunde.«

[11] Die beiden, ganz zufrieden mit Meinem Bescheide, geben Mir Dank und Ehre, und **Jonael** sagt in tiefer Erregtheit seines Gemütes: »O Erde! Du altgewordener Acker des Unkrautes, der Dornen und Disteln! Du finsteres Grab des Lebens, du alte Gebärerin der Sünde und des Todes! Bist du wohl wert, daß der Herr, dein Gott und Schöpfer, dich mit Seinen allerheiligsten Füßen betritt, deine pestvolle Luft einatmet und deine argen Früchte zu Sich nimmt?!

[12] Wir Menschen samt den Tieren und Pflanzen haben nicht so viel Wert, daß wir von Ihm nur angeschaut werden möchten! Alles ist pure endlose Gnade und Erbarmung!

[13] Darum erhebe sich alles und lobe und preise Ihn immerdar!

[14] Und ihr Sterne da oben am hohen Himmel, verhüllet euer unheiliges Angesicht; denn Gott, euer Schöpfer, ist es, auf Den ihr von eurer Höhe stolz herabschaut!

[15] O Erde, was ist aus dir geworden?! Welchen Namen sollst du überkommen – nicht deiner selbst willen, sondern um Dessen willen, den du Unwürdigste nun trägst?!

[16] Oh, je mehr ich nun nachdenke, wer Der ist, der hier weilt unter Seinen Erwählten, desto enger und enger wird meine Brust! Wie soll die Beschränkte auch Den in sich zu fassen imstande sein, den alle Himmel und Engel nicht zu fassen vermögen!?

[17] O du heiligste Zeit der Zeiten auf dieser Erde, allwo nun Der wohnt, der der Sonne und dem Monde das Licht gab und hat ihnen vorgeschrieben, zu wandeln den großen Weg Seiner Liebe und Weisheit und zu geben der Erde die Zeit und Nacht und Tag!

[18] Darum lobe alles den Herrn der Herrlichkeit aus allen Himmeln;

denn Ihm ganz allein gebühret aller Preis, alle Ehre, alles Lob und alle Liebe der ewigen Unendlichkeit!«

[19] **Die Jünger** aber, die solche Ausrufungen anhören, sagen: »Herr, vernimmst Du nicht, wie Jonael Dich lobt und preist, als wäre Davids Geist in ihn gefahren?!«

[20] Sage **Ich:** »Sein Lob vernehme Ich und habe daran ein rechtes Wohlgefallen; aber von euch habe Ich noch kein solches empfangen. Es wäre euch aber auch durchaus nicht zum Schaden, so ihr einmal so recht in euch überdächtet, wer Der ist, der nun mit euch spricht! – Aber laßt uns nun ein wenig der Ruhe pflegen, da der Nacht Mitte schon lange vorüber ist!«

[21] Nach solchen Worten wird bald alles lautlos um den Hügel, und die meisten ergeben sich dem Schlafe; nur Jonael und Jairuth vertiefen sich in allerlei Betrachtungen und loben Mich im stillen.

204. Edler Liebestatenstreit zwischen Kisjonah und Baram. Wer Gutes tun will, hat guten Wind. Gleichnis von der Mutter mit den zwei ungleichen Söhnen. Die wahre, reine und die interessierte Liebe.

[1] Als am Morgen die Sonne dem Aufgange schon nahe ist, weckt der Engel Jonaels und Jairuths alle die noch Schlafenden, und Kisjonah, der mit seiner Familie zunächst bei Mir sein Lager hatte, beauftragte schnell sein Weib und seine Töchter wie die sämtliche andere Dienerschaft, daß sie ja für ein gutes Morgenmahl besorgt sein sollen!

[2] **Ich** aber sage zu dem besorgten Kisjonah: »Laß du das für heute; denn sieh, wir müssen ja auch einmal dem Bruder Baram aus Jesaira die Freude lassen! Siehe hin aufs Meer! Dort in geringer Ferne vom Ufer steht Barams Schiff voll beladen, und seine Söhne und Diener sind samt ihm beschäftigt, das Morgenmahl hierherzuschaffen. Darum sei du, lieber Bruder, für heute ganz unbesorgt; denn das große Schiff birgt noch ein starkes Mittags- und Abendmahl nebst vierzig Schläuchen des besten Weines aus Griechenland.«

[3] Sagt **Kisjonah:** »Ah, da sehe man einmal den wortkargen Baram an! Er sagte von seinem Vorhaben aber auch nicht eine Silbe; am Abend verlor er sich ganz heimlich; ich glaube, bald nach unserer Ankunft ist er unsichtbar geworden, und jetzt ist er mit einem vollbepackten Schiffe da! Er muß einen guten Wind gehabt haben, sonst könnte er nebst der Arbeit noch lange nicht hier sein; denn man hat von hier bis Jesaira bei schlechtem Winde einen vollen Tag zu rudern.«

[4] Sage **Ich:** »Bruder, glaube es, wer Gutes im Sinne hat, wird stets von einem guten Winde geleitet sein; wer aber Schlechtes im Sinne hat, wird von einem schlechten Winde geleitet sein.

[5] Es waren einmal zwei Brüder; die hatten eine Mutter, die viele Schätze hatte. Beide liebten ihre Mutter überaus, sogestaltig, daß die Mutter nicht wissen konnte, welcher von beiden sie mehr liebte, daß sie ihm darum gäbe das größere Erbe. Es liebte sie aber nur der eine wahrhaft; der andere hatte aber nur das große Erbe im Auge und bezeigte der Mutter darum stets die

größte Aufmerksamkeit und kam nicht selten dem Bruder, der die Mutter wahrhaft liebte, zuvor.

[6] Der gute Sohn, weil er die Mutter wahrhaft liebte, hatte auf seinen Bruder auch nicht den geringsten Verdacht und hatte nur eine große Freude daran, so sein Bruder der geliebten Mutter recht viel Freude machte. Die Sache ging einige Jahre also gut vor sich.

[7] Es ward aber die Mutter älter und schwächer und berief zu sich die beiden Söhne und sprach: ›Ich kann nicht erfahren, wer von euch beiden mich m e h r liebt, daß ich ihm darum gäbe das größere Erbe; ich will darum also, daß ihr nach meinem Ableben das Erbe zu gleichen Teilen haben sollet!‹

[8] Da sprach der gute Sohn: ›Mutter, durch deine Sorge habe ich arbeiten gelernt und kann mir das Brot verdienen, soviel ich dessen bedarf; ich will aber Gott mit aller Glut meines Herzens bitten, daß Er dich solange als mich leben lassen möchte und du deinen Schatz verwalten sollst zum Besten des ganzen Hauses! Denn so ich das Erbe haben müßte ohne dich, da wäre es mir zur Qual und würde mich allzeit traurig machen, sooft ich es ansähe. Darum behalte du, liebste Mutter, das Erbe und gib es, wem du willst! Mir ist dein Herz das beste Erbe; wolle es Gott lange am Leben erhalten!‹

[9] Als die Mutter solche Rede ihres guten Sohnes mit dem gerührtesten Herzen vernommen hatte, sprach sie, ihren innern Sinn verhüllend: ›Liebster Sohn, wohl macht mir dein Bekenntnis eine unbeschreibliche Freude; aber darum kann ich das dir bestimmte Erbe nicht Fremden vermachen. So du durchaus keinen Teil haben willst, so soll der Bruder das ganze Erbe nehmen nach meinem Ableben, und du sollst ihm dienen und dir dein Brot im Schweiße deines Angesichts verdienen!‹

[10] Sagt der gute Sohn: ›Liebste Mutter, so ich dienen und arbeiten werde, da wird mein Herz sich stets deiner dankbarst erinnern und sagen: ‚Siehe, also hat dich deine liebe, zarte Mutter arbeiten gelehrt!‘ Hätte ich aber das Erbe, da würde ich am Ende arbeitsscheu, begäbe mich ins müßige Wohlleben und vergäße am Ende wohl gar noch deiner selbst dabei! Darum will ich deinen erworbenen Geldschatz nicht, der nicht deines Herzens Gepräge, sondern nur das der Macht des Kaisers auf seinen Flächen vorweist; aber das, was ich von deinem Herzen genommen habe, das führt auch dessen Gepräge und hat seinen festbleibenden Sitz in meinem Herzen. Und darum ist mir diese Erbschaft, die du, liebe Mutter, mir schon von der Wiege her reichlich gegeben hast, und durch die ich mir schon viel Gutes und Kostbares erworben habe, ums unbeschreibliche lieber als die, welche du dir durch deiner Hände Arbeit und Mühe erworben hast! Ihr Anblick könnte mich nur trübe machen, da ich mir dabei stets denken müßte: ‚Siehe, das hat deiner geliebten Mutter große Mühe und Arbeit gekostet; vielleicht hat sie wohl oft vor Schmerz geweint dabei, da sie darum besorgt war, dir ein Erbe zu bereiten!‘ Und sieh, liebste Mutter, da könnte ich doch unmöglich heiter sein, weil ich dich so überaus liebhabe!‹

[11] Die Mutter, zu Tränen gerührt, beruft den andern Sohn und sagt ihm, wie sein Bruder denkt, und was er will.

[12] Da antwortet dieser: ›Ich habe es mir ja immer gedacht, daß der Bruder zwar ein edler Mensch, aber in gewissen Punkten ein Sonderling ist! Da bin ich wieder ein ganz anderer Mensch! Ebensosehr ich dich, liebe Mutter, ehre und achte, ebensosehr achte ich auch alles, was du mir geben willst und wirst, und nehme daher das ganze Erbe mit dem dankerfülltesten Herzen an, und die Dienste, die mir mein Bruder tun will, sollen ihm nicht unbelohnt bleiben. So du, liebe Mutter, aber wolltest, da könntest du mir wohl das halbe Erbe zum voraus herausgeben, auf daß ich mir einen Grund kaufen und ein Weib nehmen könnte?!‹

[13] Sagt die Mutter etwas wehmütig auf die Antwort des zweiten Sohnes: ›Was ich ausgesprochen habe, bei dem bleibt es! Erst nach meinem Ableben überkommst du das Erbe!‹

[14] Da ward der zweite Sohn trübe und ging hinaus.

[15] Nach einem Jahre aber ward die Mutter sehr krank, und als die beiden Söhne auf dem Felde arbeiteten, kam eine Magd und berief beide zur Mutter, auf daß der Würdigste von ihr den Segen nehme nach der Mutter Willen.

[16] Da ward der gute Sohn sehr traurig und betete laut am Wege zu Gott, daß Er der Mutter Leben erhalten möchte.

[17] Der schlechte Sohn aber ward darob ärgerlich und sagte zum betenden Bruder: ›Willst du denn im Ernste durch dein Gebet der Natur Gesetze vorschreiben?! Wer einmal reif ist, ob Vater, Mutter, Bruder oder Schwester, muß sterben; da nützt kein Bitten und Beten mehr! Darum ist mein Wahlspruch: Was Gott will, das ist auch mir recht!‹

[18] Der gute Bruder aber ward darob noch trauriger und betete noch glühender ums Leben der teuren Mutter.

[19] Als sie ins Zimmer kamen, da die Mutter krank lag, da sagte der schlechte Sohn: ›Ich wußte ja, daß du so schnell nicht stirbst!‹ – Darauf fing er an ihr vorzureden, wie sie den Tod nicht fürchten solle!

[20] Aber der gute Sohn weinte und betete laut. Gott aber erhörte des guten Sohnes Seufzen, sandte einen Engel an das Lager der kranken Mutter, und dieser hat sie völlig gesund gemacht.

[21] Da erhob sich die Mutter bald vom Lager, da sie wohl wahrnahm, daß eine höhere Macht ihr die Gesundheit gegeben hatte. Und als sie zu gehen begann und merkte, wie ihre Füße voll Kraft waren, da sagte sie: ›Das habe ich dem heißen Flehen jenes meines Sohnes zu verdanken, der das angebotene Erbe aus wahrer Liebe zu mir nicht annahm! Wahrlich, sage ich dir, du mein geliebtester Sohn: Weil du aus wahrer Liebe zu mir n i c h t s haben wolltest, so sollst du nun a l l e s haben; was mein ist, das ist auch dein! Du aber, der du mich nur des Erbes wegen geliebt hast und mein Ende mit Sehnsucht erwartetest, da ich so gut war, dir a l l e s zu vermachen, sollst nun n i c h t s bekommen und sollst immerdar ein Knecht der Menschen sein!‹ –

[22] Sehet nun dieses Gleichnis! Was meinet ihr nun, derwelche von den beiden Söhnen den guten, und welcher den schlechten Wind hatte?«

[23] Sagen **die Jünger:** »Offenbar der, welcher seine Mutter wahrhaft liebte!«

[24] Sage **Ich:** »Ganz richtig geantwortet! Aber Ich sage euch: Gerade also wie diese Mutter da gehandelt hat, also wird auch der Vater im Himmel dereinst tun!

[25] Wer Mich nicht liebt Meiner Selbst willen, der wird nicht dahin kommen, wo Ich sein werde!

[26] Der Mensch muß Gott lieben ohne Gewinnsucht, wie Gott ihn liebt, ansonst er Gottes völlig unwürdig ist!«

205. Vom Wesen der Liebe. Die Liebe begehrt und will haben. Unterschied zwischen der himmlischen und höllischen Liebe. Baram bringt dem Herrn aus Liebe ein Ehrenmorgenmahl. Wink über den Lohn von Liebestaten.

[1] Sagt **Ahab:** »Das ist eine hohe und tiefe Wahrheit; aber dennoch möchte ich dazu das bemerken, daß es eine völlig uninteressierte Liebe, wenigstens bei den Menschen, nicht geben kann; denn soviel ich besonders über die Liebe allzeit nachgedacht habe, so geht die Liebe, wenn sie auch noch so rein ist, doch immer mehr oder weniger auf einen Raub aus.

[2] Siehe, ich liebe Dich doch sicher so innig, als Dich nur je ein Mensch lieben kann; ja, so es möglich wäre, da möchte ich Dich aus purer Liebe ganz in meinen Leib – und da in mein Herz hineinschieben!

[3] Aber nun frage ich, ob ich das auch für irgendeinen anderen, *(mir)* ganz gleichgültigen Menschen fühlen kann!? – Warum n i c h t ? Warum fühle ich das denn bei D i r ? ! – Die Antwort gibt die Sache selbst!

[4] Ich weiß, wer Du bist, und weiß, was Du vermagst, und weiß nun auch, was ich durch Dich und durch die Beachtung Deiner Lehre erreichen kann, – und das ist denn auch der unbestreitbare Grund meiner heißesten Liebe zu Dir. Denn wärest Du nicht Das, was Du bist, so wäre meine Liebe zu Dir auch sicher sehr bedeutend schwächer. Ich habe also an Dir und für Dich ein übergroßes Interesse, und darum will und liebe ich Dich!

[5] Ich will nicht behaupten, daß ich Dich nun eines besonderen Gewinnes wegen liebe – denn ich verlasse ja alles auf der Welt um der Liebe willen zu Dir –; aber dennoch geht hier meine Liebe auf einen ganz besonderen Raub aus; denn sie haschet nach Dir, weil Du ihr mehr bist als die ganze Welt!

[6] Es bestimmt stets der größere, entweder materielle oder geistige Wert den Zug der Liebe. Der Kaufmann, der Perlen suchte, verkaufte alles und kaufte die große Perle, die er fand! Warum denn? Weil sie viel mehr wert war denn alles, was er ehedem besaß! Es ist das freilich wohl ein edles Interesse; aber es ist und bleibt dennoch ein Interesse, und ohne das gibt es wenigstens beim Menschen keine Liebe! Und wer mir von einer uninteressierten Liebe, die vielleicht höchstens in Gott Platz haben mag, etwas weismachen will, dem sage ich: ›Freund, du magst viel Weisheit haben; aber über den Punkt der Liebe hast du doch nie tiefer nachgedacht!‹

[7] Ja, die göttliche wahre Liebe unterscheidet sich von der höllischen freilich ganz gewaltigst darin, daß die göttliche Liebe zwar auch raubet gleich der höllischen; aber sie gibt alles wieder her! Sie sammelt bloß des

Wiedergebens willen, während die höllische Liebe bloß für den eigenen Rachen raubet und nichts wiederhergeben will.

[8] Wenn wir uns aber die Liebe der Himmel aneignen, so wissen wir, daß wir dabei nie zu einem Verlust und Schaden gelangen können, sondern nur in jeder Hinsicht mehr und mehr zu gewinnen haben, je mehr wir hergeben.

[9] Wir gleichen da einer Grube, die ins Erdreich gegraben wird; je mehr Erdreich sie verliert, desto größer wird ihr innerer Raum zur Aufnahme des Lichtes und der himmlischen Luft. Herr, ich meine, daß ich darin nicht unrecht habe; was sagt da Deine unendlich höhere Weisheit dazu?«

[10] Sage **Ich:** »Nichts, als daß du darin vollkommen recht hast; denn wäre die Liebe nicht ein Räuber, so oder so, da wäre sie keine L i e b e ; denn alle Liebe begehrt und will haben.

[11] Aber im Zwecke des Habens liegt eben eine unendliche Kluft, und das scheidet Himmel und Hölle für ewig auseinander!

[12] Aber nun bringen Barams Leute schon das Morgenmahl; daher wollen wir, nachdem wir stundenlang für den G e i s t sorgten, auch auf einige Augenblicke des hungrigen L e i b e s gedenken.«

[13] Baram bringt Mir auf einer goldenen Schüssel einen allerfeinsten und bestbereiteten Fisch und einen vollen Becher Wein und bittet Mich, ihn der Gnade wert zu halten, von ihm und aus seiner Hand das Morgenmahl zu nehmen.

[14] Und **Ich** sage zu ihm: »Diese Tat soll dir nicht unbelohnt bleiben; denn du hast dir die Mühe genommen aus großer Liebe zu Mir und aus einer gleich großen Liebe zum Bruder Kisjonah, der dich dauerte, und du bei dir dachtest, es müsse das dem Bruder Kisjonah im Verlaufe von mehreren Tagen doch etwas zu schwer fallen, die mehreren hundert Gäste nach Bedarf zu versorgen.

[15] Ich sage dir: Die Not ist bei Kisjonah wohl nicht da; denn wir alle zehren seine Vorräte wohl in zehn Jahren nicht auf. Aber weil du also dachtest in deinem Herzen, als könnte es dem Kisjonah am Ende dennoch am nötigen Vorrate gebrechen, und du ihm daher von großer Ferne her zu Hilfe eiltest, so soll dein Lohn dafür ebenso groß sein, als wenn du solches einem völlig Armen getan hättest. Denn bei Gott wird nur auf das Herz des Gebers gesehen.

[16] Jetzt aber setze dich auch her zu Mir und iß aus e i n e r Schüssel mit Mir und mit dem Bruder Kisjonah; denn der Fisch ist so groß, daß da drei Menschen zur Übergenüge an ihm zu essen haben!« – Baram tut das und ebenso der Kisjonah.

[17] Und so beginnt das Morgenmahl mit dem vollen Aufgange der Sonne und dauert bei zwei Stunden; denn es war mit dem Fische das Mahl noch lange nicht beendet, da folgten dem Fische noch eine Menge Erfrischungen nach.

206. Die Heiterkeit der Gäste beim guten Morgenmahl und des Engels Betrübnis. Große Heiterkeit ist der Sünde nahe. Über den Ernährungsprozeß beim Menschen. Leib, Seele und Geist.

[1] Daß bei solch einem Morgenmahle alles über die Maßen heiter geworden ist und sehr gesprächig, braucht wohl kaum erwähnt zu werden; denn der Wein hatte alle Zungen in die volle Bewegung gesetzt. Selbst **Jonael und Jairuth** sind ganz heiter geworden und baten Mich sogar, daß Ich sie in solch froher Stimmung auch nach Sichar möchte heimkehren lassen! Und Ich gestattete ihnen, so sie abreisen werden, also heiter zu sein.

[2] Da sagten sie: »Herr, daß Du uns solches gestattest, ist wohl gut, da wir dann keine Sünde haben, so wir heiter sind; aber es ist noch eine große Frage, ob wir werden heiter sein können!«

[3] Sage **Ich:** »Nun ja, ihr sollet – und ihr werdet heiter sein!«

[4] Aber der Engel der beiden machte ob solcher Verheißung ein etwas trübes Gesicht. Jonael aber bemerkte solches und fragte Mich um den Grund.

[5] Und **Ich** sagte: »Weil der Engel nur zu gut einsieht, daß zwischen einer großen Heiterkeit und zwischen der Sünde nur ein sehr kleiner und schmaler Raum vorhanden ist! Er sieht seine Mühe schon zum voraus, die er mit euch im Nachhausegehen haben wird, um euch vor der Sünde zu bewahren, und deshalb sieht er etwas trübe aus. Gebet ihm auch etwas Wein zu trinken; vielleicht wird er darauf etwas heller!«

[6] Jonael reicht darauf sogleich dem Engel einen vollen Becher Wein; dieser nimmt den Becher und trinkt ihn ganz aus, worüber sich die beiden sehr wunderten; denn sie haben solches an ihm noch nicht gesehen.

[7] Aber **der Engel** sagte: »Ich bin nun schon eine geraume Zeit bei euch; warum reichtet ihr mir daheim denn nie einen Becher?«

[8] Sagt **Jonael:** »Wie hätte uns aber auch nur im Traume einfallen können, daß ein Engel auf der Welt irgendeine materielle Kost zu sich nähme?!«

[9] Sagt **der Engel:** »Sonderbar! Ihr habt doch gesehen, daß der Herr aller Himmel auch aß und trank, und Er ist doch der höchste und allervollkommenste Geist; wie sollen dann wir Engel, so auch wir einen Leib annehmen müssen, um euch in der Materie zu dienen, nicht essen und trinken?!

[10] Gib mir auch ein wenig von einem Fische und etwas Brot, und du wirst sogleich sehen, daß ich nicht nur trinken, sondern auch recht gut essen kann; denn wo der Herr irdische Speise nimmt, da nehmen sie auch die Engel.«

[11] Und der Jonael reicht dem Engel einen ganzen Fisch und einen guten Brocken Brotes, und der Engel nimmt beides und verzehrt es.

[12] Nachdem der Engel den beiden gezeigt hatte, daß auch ein Geist eine materielle Kost recht wohl verzehren kann, so fragte ihn Jonael, wie solches wohl möglich wäre, da er im Grunde doch nur ein Geist sei.

[13] Sagt **der Engel:** »Hast du schon einmal einen t o t e n Menschen essen und trinken sehen?« Sagt **Jonael:** »Solches hat noch nie jemand gesehen.«

[14] Sagt **der Engel:** »Wenn aber ein entseelter und noch mehr geistloser

Leib, der in sich nahe pur Materie ist, keine Kost zu sich nimmt und nehmen kann, so ist es ja eben die Seele und der Lebensgeist in ihr, die da zu sich nimmt die Kost. Da aber der Leib nichts ist als ein Handlanger der Seele und selbst keiner Kost für sich benötigt, so ist es ja eben die Seele und ihr Geist, die von der Erde so lange die Kost nimmt, als sie ihren Leib bewohnt und ihn erhält, indem sie ihn ihren Unrat essen läßt! Denn der Leib wird von dem Unrate der Seele ernährt.

[15] Ist es also aber im noch materiellen Menschen nur die Seele, die, solange sie im Leibe weilt, von der Erde die Kost nimmt, so werde wohl auch ich als Seele und Geist, solange ich diese Erde betrete mit meinen Füßen und zum Behufe, für eure Zwecke euch dienen zu können, auch einen gewissen, aus der Materie der Luft mir geschaffenen Leib habe, eine irdische Kost zu mir zu nehmen berechtigt sein?! – Was meinet ihr?«

207. Des Schwelgens schlechter Einfluß auf die Seele. Der geistige Tod als Folge der Unmäßigkeit. Vom rechten Fasten. Die Schädlichkeit des Kasteiens als Mittel zum Geisterverkehr. Des Herrn Leben und Lehre – unser Vorbild.

[1] Beide, und noch viele andere, die die Erklärung des Engels mit angehört haben, machen große Augen, und **Petrus** fragt Mich, sagend: »Herr, was ist an dem, was nun der Diener Jonaels geredet hat? Das klingt doch etwas zu sonderbar! Wie kann der Leib vom Unrate der Seele genährt werden!? Hat denn auch die Seele einen Magen und am Ende sogar einen After?«

[2] Sage **Ich:** »Der Engel hat völlig die Wahrheit geredet; also ist es. Daher macht das Schwelgen und Prassen die Seele selbst sinnlich und materiell; sie wird überladen, und der Leib kann nicht allen Unflat der Seele aufnehmen, und die Folge ist, daß der Unflat in der Seele bleibt, sie drückt und ängstigt, daß sie dann alle Mittel und Wege in Anspruch nimmt, den zu sehr angehäuften Unflat aus sich zu schaffen. Die Wege sind dann allerlei Unzucht, Hurerei, Ehebruch und der Art mehr.

[3] Weil aber derlei der Seele einen gewissen Lustreiz gewährt, so wird sie darauf stets lüsterner und lüsterner und verlegt sich endlich noch mehr aufs Schwelgen und Prassen, wird endlich ganz sinnlich und in geistigen Lebensdingen vollends finster, daher hart, gefühllos und am Ende böse, stolz und hochmütig.

[4] Denn so eine Seele ihren geistigen Wert auf Grund der nun gezeigten Lebensweise verloren hat und notwendig verlieren mußte und sonach geistig tot geworden ist, so fängt sie an, sich buchstäblich aus ihrem Unflat einen Thron zu errichten, und findet am Ende sogar eine Ehre und ein Ansehen darinnen, daß sie so unflatreich ist.

[5] Ich sage euch: Alle Menschen, die auf der Welt ein Wohlgefallen haben an dem, was ihrer Sinnlichkeit behagt, sitzen als Seele bis über die Ohren und Augen in ihrem dicken Unflate und sind darum geistig vollends

taub und blind und mögen nicht mehr sehen und hören und verstehen, was ihnen frommen möchte.

[6] Daher seid allzeit mäßig im Essen und Trinken, auf daß ihr nicht krank werdet in eurer Seele und diese zugrunde ginge in ihrem Unflate!«

[7] **Petrus** macht eine sehr bedenkliche Miene und sagt: »Herr, wenn so, was nicht zu bezweifeln ist, dann soll man wohl mehr fasten als essen?«

[8] Sage **Ich:** »Wer fastet zur rechten Zeit, tut besser als der, welcher allzeit schwelgt und praßt; aber es ist dennoch ein Unterschied zwischen Fasten und Fasten! Ein völlig rechtes Fasten besteht darin, daß man sich enthalte von aller Sünde und sich in allen Dingen der Welt aus allen Kräften selbst verleugne, sein Kreuz (in der damaligen Zeit figürlich: Elend, Not und Drangsal) auf seine Schultern nehme und also Mir nachfolge, ohne darum gar zu ängstlich im Essen und Trinken zu sein, aber auch nicht über die Notdurft *(das Nötige)* hinaus ins Schwelgen überzugehen; alles andere Fasten hat entweder wenig oder gar keinen Wert.

[9] Denn es gibt da Menschen, die durch eine gewisse Kasteiung ihres Leibes in die Welt der Geister dringen wollen und dann mit deren Hilfe bezwingen die Kräfte der Natur; das ist dann nicht nur zu nichts nütze der Seele, sondern über die Maßen schädlich. Da fällt die Seele dann als eine notreife Frucht vom Baume des Lebens, deren Lebenskern allzeit faul, hohl, taub und somit tot ist.

[10] Ein derartiges Kasteien und Fasten ist darum nicht nur keine Tugend, sondern eine überaus grobe Sünde!

[11] Wer daher recht der wahren Ordnung gemäß leben will, der lebe gerade also, wie Ich Selbst lebe und ihn zu leben lehre, so wird er auch die Frucht des Lebens lebendig in sich erblühen und vollreif werden sehen, in der kein toter, sondern ein völlig lebendiger Kern für das einstige ewige Leben im Geiste sich gestalten und zum lebendigsten Selbstbewußtsein in bester Ordnung und im ersprießlichsten Fortgange ausbilden wird. Nun wisset ihr auch darin, was da zu tun Rechtens ist nach der vollen göttlichen Ordnung; tut danach, so werdet ihr das Leben in euch haben!

[12] Nun aber fangen der Sonne Strahlen an, mehr und mehr an Kraft zu gewinnen; wir werden uns deshalb von diesem Hügel in den schattenreichen Garten zurückziehen, und du, Mein Schreiber Matthäus, kannst nun deine Tafeln in eine Ordnung bringen und die Anmerkungen in eine etwas vollere Darstellung des Geschehenen und Gelehrten ausschreiben. Wir aber wollen nun ein wenig ruhen!«

208. Der Herr mit den Seinen im Garten. Matthäus ordnet seine Schrift. Die unheimliche Ruhe vor dem Sturme. Der weise Engel beruhigt die ängstlichen Menschen ob der Sturmgefahr. Erdbeben, Seesturm und Gewitter.

[1] Wir verlassen nun den Hügel und begeben uns unter die schattenreichen Bäume. Da war eine schöne Rasenbank unter einem weitästigen Feigenbaume; auf die setzte Ich Mich und schlief ein; und alle anderen, selbst

die Maria in Meiner Nähe, nahmen ebenfalls die Plätze ein und kamen zum Schlafe. Nur Jonael, Jairuth und Matthäus saßen an einem Gartentische, allwo Matthäus seine Tafeln zu ordnen begann und der Engel Jonaels und Jairuths ihn auf manche Mängel aufmerksam machte.

[2] Gegen Mittag hin bemerkte Baram, der einstweilen mit Kisjonah auf dem Schiffe sich befand, daß in der Richtung vom Abend her ganz überaus schwere Wetterwolken über den Horizont sich zu erheben angefangen haben und der Wasserspiegel allmählich ruhiger und ruhiger ward, was da ein sicheres Zeichen war, daß in aller Kürze ein verheerend Ungewitter mit Erdbeben vereint kommen werde.

[3] Baram ließ darauf schnell alles Eßbare aus dem Schiffe bringen und das Schiff so fest als möglich ans Ufer befestigen; und Baram war mit der Arbeit kaum fertig, als man von weitem die See schon in einer fabelhaften Höhe zu gehen anfangend ersah!

[4] Da sprach **Kisjonah:** »Wir werden den Herrn und Dessen Jünger wecken müssen; denn bei solcher, von mir noch nie gesehenen Höhe der Wasserflut dürfte das Meer wohl den ganzen Garten überfluten, und die Schlafenden könnten dabei mehr oder weniger doch zu irgendeinem Schaden kommen! Es steht auch dahin, daß das Schiff ganz ans Uferland geschleudert wird.«

[5] Sagt **Baram:** »Ja, Freund, wenn der Herr diesmal dem Sturme keine Schranken setzt, so dürfte der Schaden namenlos werden, den der Sturm anrichten würde! Aber ich verlasse mich auf den Herrn; Der wird uns sicher nicht zugrunde gehen lassen! Und ich meine, solange Er ganz ruhig schläft, dürften wir vom kommenden Sturme, der in wenigen Augenblicken da sein wird, wenig oder nichts zu fürchten haben; gehen wir aber dennoch schnell zu Ihm hin und machen Ihn aufmerksam auf den kommenden Sturm!«

[6] Darauf eilen die beiden samt den Schiffsleuten zu Mir hin und versuchen Mich zu wecken; aber Ich erwache diesmal aus gutem Grunde nicht, und **der Engel** tritt zu ihnen und sagt: »Lasset Ihn ruhen und wecket Ihn nicht; denn eben dieses notwendigen Sturmes wegen schläft Er! Die baldige Folge aber wird zeigen, wozu dieser Sturm gut war!«

[7] Sagt **Kisjonah:** »Was aber dann, wenn des Meeres berghohe Wogen sogar über meine Gärten in der wildesten Flut hinwegspülen werden?!«

[8] Sagt **der Engel:** »Sorge dich um was anderes! Meinst denn du, der Herr, so Er auch für dein Gesicht schläft, wisse um diesen Sturm nicht?! Sieh! Er will es also, und darum geschieht es auch also! Darum sei ruhig!«

[9] Fragt **Kisjonah:** »Weißt du den Grund?« Antwortet **der Engel:** »So ich's auch wüßte, dürfte ich dir's dennoch nicht anzeigen, bevor es des Herrn Wille ist; darum frage um nichts mehr und sei ruhig, ohne Furcht und Angst; die Folge wird euch allen die Augen öffnen!«

[10] Nach diesen Worten des Engels, der darauf ganz ruhig dem Matthäus seine Tafeln in eine gute Ordnung bringen half, ward Kisjonah ruhig, und **Baram** sagte: »Ich muß offen bekennen, solange ich lebe, habe ich noch nie was Drohenderes von einem Sturme, wie dieser nun vor uns jeden Augenblick auszubrechen drohend ist, gesehen; aber ich habe auch noch nie einem

Sturme, wie dieser ist, gleichgültiger und furchtloser entgegengeschaut! Da siehe hin! Kaum mehr eine Viertelstunde Fahrzeit bei mäßigem Winde außer dieser auch leicht in gleicher Zeit zu durchrudernden Bucht! In ein paar Augenblicken müßte der Sturm hier sein!

[11] Aber sieh, die ungeheuren Wogen ziehen nach der Länge des Meeres noch, wie gesagt, eine Viertelstunde außer der Bucht gerade in der Richtung gen Sibarah hin und gleichen schwimmenden Bergen, die in jedem Augenblick von tausend Blitzen zerschmettert werden! Und dennoch ist die Bucht so ruhig noch, daß man ganz leicht den Sturm in seiner Außenerscheinlichkeit wie das Uferland ganz rein erschauen kann; das ist eine gewiß überaus seltene Erscheinung! Man muß gestehen: So man so was mit ganz ruhigem Gemüte anschauen kann, so ist das im vollsten Ernste ein seltener, fürchterlich erhaben schöner Anblick! Aber denen, die sich möglicherweise draußen auf der hohen See befinden, wird's nun wohl anders zumute sein – als uns hier vor der spiegelruhigen Bucht!

[12] Es ist im ganzen doch noch eine halbe Stunde hin zu der gräßlichst aussehenden Sturmlinie, und wie stark dröhnt des Donners mächtiger Hall an unsere Ohren herüber! Es muß drüben an der Sturmlinie rein zum völlig Taubwerden sein! Nun verspüre ich auch ein bedeutendes Beben des Erdbodens! Merkst du nichts davon?«

[13] Sagt **Kisjonah:** »O ja, ich habe soeben dich darauf aufmerksam machen wollen; aber daß bei all dem meine Bucht noch so ruhig wie selten sonst verbleibt, das ist ein Wunder der Wunder! Denn nur zu gut weiß ich, was diese Bucht, so sie einmal zu wüten beginnt, für ein heillosestes Spektakel zu machen imstande ist! Aber noch ist das Wasser in und noch eine bedeutende Strecke außer der Bucht vollauf ruhig. Aber höre du, das Beben der Erde wird heftiger! Wenn es nur den Häusern keinen Schaden bringen wird! Nun bemerke ich auch schon ganz eigentümliche Kreisschwingungen in der Bucht, und außer der Bucht beginnt bereits die Springflut zu gehen; es wird nicht lange auf sich warten lassen! Nun, in des Herrn Namen! Mehr, als um dies irdische Leben kommen, kann uns nicht geschehen, und so mag da nun geschehen, was da will; der Herr und Sein Engel sind ja bei uns! Aber es ist ein schreckenerregendes Bild! Der Herr sei allen Sündern gnädig und barmherzig!«

[14] Nun fängt auch die Bucht unruhig zu werden an. Starke Windstöße sausen durch die Bäume, und zahllose Blitze durchzucken das finsterschwarze Gewölk! Unter unerhört furchtbar starkem Gekrache schlagen mehrere in die Bucht und verursachen einen weithin heftig brausenden Gischt; aber noch fällt kein Regentropfen aus der glühenden Wolke. Es schlägt ein Blitz in den Hügel, auf dem wir die Nacht zugebracht haben; das überstarke Gekrache dieses Blitzes weckt nun bis auf Mich alle von ihrem guten Schlafe.

[15] Als die vielen nun Erwachten solch ein unerhörtes Getöse und solch einen Sturm aller Stürme über sich erblicken und von zehn zu gleicher Zeit ans Ufer schlagenden Blitzen vollends wach werden, da erheben sie sich alle

schnell vom Boden, und die Jünger eilen zu Mir hin und wecken Mich mit einem großen Angstgeschrei!

[16] Und **Judas** sagt ganz erregt: »Aber Herr! Wie kannst Du wohl schlafen bei solch einem Elementensturme?! Es regnet nur gleich Blitze vom Himmel! Wer ist da aber auch nur einen Augenblick sicher vor dem Tode? Hilf, Herr, sonst geht die ganze Erde in Trümmer!«

[17] Sage **Ich:** »Hat dich denn schon ein Blitz getroffen?« Sagt **Judas:** »Bis jetzt freilich wohl noch nicht; aber was bis jetzt noch nicht geschah, das mag bei diesem Sturme etwa doch wohl noch ganz leicht geschehen! Ich rede demnach nur solange noch, als ich lebe; der nächste Blitz wird mir wohl etwa für alle Zeiten der Zeiten das Reden untersagen!«

[18] Als Judas noch also redet, siehe, da beginnt die Hochflut auch gegen die Bucht mit großem Gedröhne und Getöse sich zu wälzen; und weil die Flut scheinbar mehrere Klafter höher, als unser Standpunkt im Garten ist, sich erhebt, so fangen nun alle Jünger zu schreien an, und einige ergreifen sogar die Flucht auf die nächste Anhöhe, von der sie aber bald die vielen tausend Blitze zurücktreiben. »Herr, hilf uns, wenn Du kannst und magst, – sonst gehen wir alle zugrunde!«, schreien nun **Hunderte.** Nur Matthäus, Jairuth, Jonael und ihr Engel lassen sich nicht irremachen und sind mit ihrer Arbeit dem Ende nahe.

[19] Ich aber tue diesmal dem Sturme, was sein blindes Toben und Wüten betrifft, keinerlei Einhalt, sondern lasse ihm seinen Gang; nur darf er keinen noch so geringen Schaden anrichten!

209. Der Zweck dieses Sturmes: Untergang der Feinde des Herrn. Der Missionare Gefahren. Gute Wirkung des Gerichtssturmes. Der gute Fischfang.

[1] Es tritt aber **Petrus** hin zu Mir und sagt zu Mir ganz geheim: »Herr, hat sich des Vaters Geist denn in Dir also zurückgezogen, daß Du nun nimmer vermagst, diesem Sturme ein Meister zu werden? Siehe doch, so es Dir möglich ist, diesen Sturm verstummen zu machen!« Sage **Ich:** »Es ist ein weiser Grund da, warum dieser Sturm, der nicht lange mehr währen wird, austoben muß! Wenn du aber irgendeinen Zweifel hast, da wisse, daß zehn feindliche Fahrzeuge auf dem Meere sind, uns nachzusetzen und uns samt und sämtlich aufzuheben und zu verderben! Dieser Sturm aber tut ihnen das, was sie uns zu tun willens waren; wenn so, was bittest du denn Mich hernach und verlangst, daß Ich diesen für unser einstweiliges notwendiges Heil nötigsten Sturm aufheben soll? Laß ihn völlig austoben, bis er dem Zwecke, demzugrunde er da ist, völlig entsprechen wird, dann wird er schon ein ganz heiteres Ende nehmen! Da siehe hin und sage Mir dann, was des Meeres berghohe Wogen auf ihren wütenden Rücken, wie boshafte und mutwillige Kinder ihr loses Spielzeug, hin und her und auf und ab schleudern!«

[2] Petrus beschaut die über alle Maßen stürmisch hochwogende, weite Fläche des Meeres und ersieht nur zu bald mehrere Schiffstrümmer und ein

noch weniger beschädigtes ganzes Schiff, das alles, Schiff und Trümmer, von den mächtigen Wogen wie Spreu durcheinandergeworfen wird; also ersieht er auch einige Menschen, die, an einzelnen Trümmern klebend, sich die letzte Mühe geben, das Ufer zu erreichen, und dabei von einer Woge zur andern hin in einem fort begraben werden und von Zeit zu Zeit wieder auf die Höhe geschleudert werden.

[3] Als **Petrus** eine Weile solche Szenen betrachtet, sagt er zu Mir: »Herr, vergib mir; denn Du weißt ja, daß ich noch immer ein sündiger Mensch bin und Dir daher auch mit einer recht grunddummen Frage zur Last fallen konnte; aber nun ist mir alles klar! Die bösen Pharisäer aus Jesaira haben aus Jerusalem sich Hilfe genommen; zehn Schiffe mit römischen Soldaten wurden ausgerüstet, um uns hier zu ergreifen. Sie mußten übers Wasser hierher, weil sie auf trockenen Wegen hierher nach Kis (Name des Ortes, der ganz dem Kisjonah gehörte) nicht leicht kommen könnten, und da haben sie den wohlverdienten Lohn ihrer Mühe überkommen! Diese werden uns wohl nichts mehr tun, und wie ich am Zuge der Wogen bemerke, so werden die gescheiterten und zertrümmerten Schiffe gen Sibarah hin getrieben, wo es eine Masse Klippen gibt, über die bei dieser nie erhörten und nie gesehenen Sturmeswut wohl schwerlich jemand mit dem Leben davonkommen wird! Oh, das ist überaus gut, daß diese böse, ehebrecherische Art einmal ein solches Gericht überkommen hat! Diese Begebenheit dürfte wohl sehr geeignet sein, den Pharisäern allen weiteren Mut zu benehmen, sich wider Dich zu erheben!«

[4] Sage **Ich:** »Der Satan läßt sich tausendmal tausend Male auf den Mund schlagen, bleibt aber nach tausendmal tausend Schlägen dennoch stets der gleiche, allerärgste Feind Gottes und alles Guten und Wahren, das dem Geiste Gottes entstammt. Die jetzt auf dem See tot herumschwimmen, werden uns wohl nichts mehr tun; aber für diese werden andere aufstehen und werden uns sehr nötigen, daß wir in der Griechen Städte uns werden flüchten müssen, und es werden bis dahin eben nicht viele Wochen verrinnen!«

[5] Sagt **Petrus:** »Herr, solange wir hier verweilen, werden wir wohl Ruhe haben?«

[6] Sage **Ich:** »Ja, ja, das sicher, aber auf der Erde wohnen noch mehrere Menschen und Völker, denen das Evangelium ebenso not tut als euch, und sie sind erschaffen von dem Vater, der auch euch erschaffen hat! Zu diesen müssen wir trotz aller Verfolgungen, die uns noch erwarten, gehen und ihnen geben die gute Nachricht aus den Himmeln! Sie werden uns zwar auch verfolgen; aber mit der Zeit sich dennoch bekehren und als Lämmer in unseren Schafstall einkehren!

[7] Wir sind gut, und die Welt ist böse; also können wir von ihr auch nichts Gutes erwarten – außer hie und da eine süße Erdbeere zwischen dem übervielen Unkraute! Nun aber siehe, der Sturm legt sich allgemach, und alle Gefahr ist für diesmal vorüber!

[8] (Zum Baram:) Freund, der Sturm legt sich; der Mittag ist vorüber mit dem Sturme, und so wollen wir das Mittagsmahl nehmen, auf daß wir zur Nachmittagsarbeit zur Genüge kräftig sind.«

[9] Es ist wohl nicht nötig, das Mittagsmahl näher darzustellen sowie die Wirkung des vorangegangenen großen Sturmes, die er besonders den zehn Schiffen beibrachte, in ein noch helleres Licht zu stellen; es genügt, zu wissen, daß von den tausend Menschen, die auf den Schiffen waren, nur fünf mit dem Leben davonkamen; alle andern wurden eine Beute des Meeres, und auf den Klippen von Sibarah fand man noch nach Jahr und Tag verweste und von den Fischen abgenagte Knochenleichname nebst einer Masse von allerlei römischen Waffen und Ketten, die für Mich und Meine Jünger bestimmt waren.

[10] Daß solch ein Sturm bei den Pharisäern sowohl wie auch bei den Römern, besonders zu Kapernaum und Nazareth, eine sehr demütigende Wirkung hervorgebracht hatte, braucht wohl kaum näher erwähnt zu werden; und Ich hatte auf wenige Wochen Ruhe samt denen, die bei Mir waren.

[11] Nach dem Mittagsmahle aber ward an diesem Tage wenig Erhebliches mehr vorgenommen, und die Jünger gingen darum mit Kisjonahs Fischern aufs Meer und machten bis gen Abend hin fünf reiche Züge von den vorzüglichsten Fischen, die dieses Meer in sich hatte, und brachten sie in die Kalter *(Fischbehälter)* des Kisjonah, der daran eine recht große Freude hatte, und es mußten für den Abend sogleich bei hundert Stück aufs beste zubereitet werden mit allerlei Gewürz und allerlei guten Kräutern. Und also ward der Tag beendet und nach dem Abendmahle eine gute Ruhe genommen, die bereits allen schon not tat.

210. Ausflug nach Kana im Tale. Die armen jüdischen Landwirte und die gewinnsüchtigen griechischen Händler als Schuldner des Kisjonah. Dessen Edelmut. Kurze Lebenslehre an das Volk. Des Herrn Zeugnis von Sich und Seiner Mission. Gute Wirkung dieser frohen Botschaft.

[1] Am nächsten Tag machten wir einen sogenannten Ausflug in ein Tal, das sich gerade zwischen den beiden Alpenzügen in der Richtung gegen Samaria hinzog, und durch welches Tal zugleich eine Hauptstraße nach Damaskus führte und von da weiter in alle kleinen und großen Orte von Mittelasien, aus welchem Grunde auch die Maut des Kisjonah im Orte Kis eine der einträglichsten von ganz Galiläa war.

[2] In diesem Tale gab es natürlich eine Menge kleiner Ortschaften, die von Juden und Griechen zumeist des Handels wegen sehr zahlreich bewohnt waren. Zunächst von Kis bei zwei Stunden Weges taleinwärts lag ein Flekken, der auch den Namen Kana führte, daher man zum Unterschiede beim Kana in der Nähe von Nazareth den Beisatz »in Galiläa« machte, so man das Kana bei Nazareth bezeichnete; sagte man aber bloß »Kana«, so verstand man das obbesagte zweite Kana im Tale, das sich schon auf dem Gebiete von Samaria befand, darum auch in Kis, als dem Grenzorte zwischen Galiläa und Samaria, die große Grenzmaut bestand.

[3] Dieses Kana war zumeist von Griechen bewohnt, so daß auf eine Judenfamilie sicher fünf griechische kamen; die Juden ernährten sich zu-

meist vom Ackerbau und von der Viehzucht, während die Griechen sich bloß mit dem Handel abgaben.

[4] Wir machten sonach diesem Kana einen Besuch, und namentlich den daselbst hausenden Juden, die zum Teil von den pfiffigen und listigen Griechen nicht selten schreiend übervorteilt wurden und als die Besitzer des Grundes und Bodens nahe ganz allein alle Steuern und andere Lasten tragen mußten und deshalb auch nicht selten aus Gram und Traurigkeit in allerlei Krankheit und Siechtum gerieten.

[5] Als wir nach Kana kamen, und die Juden wie die Griechen des Kisjonah, den sie alle wohl kannten, ansichtig wurden, so eilten sie zu ihm hin, begrüßten ihn und baten ihn um Nachsicht; denn sowohl Juden als Griechen waren ihm bedeutende Summen Geldes schuldig.

[6] **Kisjonah** aber sagte: »So ich von euch etwas fordern wollte, da hätte ich nicht nötig, selbst diesen Weg zu machen, sondern ich hätte meine Diener zu euch gesandt; ich aber kam, um euch einen großen Trost zu bringen in dem, daß ich euch allen hiermit hier offen kundtue: Eure Schuld an mich ist bezahlt zur Übergenüge; denn mein und euer aller Herr hat sie bezahlt und mich völlig zufriedengestellt, und ihr mögt deshalb nun fröhlich sein ohne alle weitere Sorge.«

[7] Als die Bewohner Kanas solches vernehmen, so fangen sie in übergroßer Freude an, in den Kisjonah zu dringen, daß er ihnen doch sagen möchte, wer und wo solch ein Herr sei, der ihnen eine solche große Wohltat und Gnade erwiesen habe, auf daß sie dann hingingen und ihm Dank und Ehre gäben!

[8] **Kisjonah** sagt, indem er seine Hand auf Meine Schulter legt: »Dieser ist es, vor Dem beugt eure Knie!«

[9] Als **die Bewohner Kanas** solches vernehmen, da fallen sie alle vor Mir nieder auf ihre Knie und Angesichter und rufen: »Heil dir, du uns noch völlig unbekannter Wohltäter! Was für Gutes und Freundliches wohl haben wir dir je getan, daß du dich unseres großen Elendes erbarmen mochtest?! Und da du uns als ein völlig unbekannter Herr und Wohltäter eine noch nie erhört große Gnade erwiesen hast, so wolle doch nun uns allen kundgeben, was wir dir für solch eine Gnade tun sollen, um uns dir gegenüber als deiner Güte nur ein wenig würdiger zu zeigen, als wir so als dir vollkommene Fremdlinge von Natur aus sind und sein können!«

[10] Sage **Ich:** »Seid von nun an gerecht in allen Dingen; liebet Gott über alles und eure Nebenmenschen, die alle eure Nächsten sind, ob Freunde oder Feinde, wie euch selbst; tut denen Gutes, die euch Böses zufügen; segnet, die euch fluchen, und betet für die, so euch verfolgen, so werdet ihr zu Kindern des Allerhöchsten aufgenommen, und darin wird auch der einzig wahre Dank an Mich für alles, was Ich euch getan habe, bestehen. Das ist alles, was Ich von euch verlange!«

[11] Sagen **die Griechen:** »Herr und Freund! Wir haben der Götter viele! Welchen Gott aus den vielen sollen wir wohl über alles lieben? Den Zeus, den Apoll, den Merkur oder irgendeinen andern der zwölf Hauptgötter? Oder sollen wir den Gott der Juden also lieben? Der Gott der Juden aber

scheint dennoch nichts anderes zu sein als unser Kronos; wie können wir diesen fabelhaften Gott lieben über alles?!«

[12] Sage **Ich:** »Die Götter, die ihr Griechen verehrt, sind nichts als ein eitles Machwerk, aus der Materie von Menschenhänden angefertigt; und ihr mögt sie Tausende von Jahren bitten, anbeten, verehren und lieben mehr denn euer Leben, so werden sie euch dennoch nie erhören und euch was Gutes tun können aus dem ganz einfachen Grunde, weil sie in der lebendigen Wirklichkeit nichts und nirgends sind und bestehen.

[13] Der Gott der Juden, den aber die meisten nun auch nicht mehr in der Fülle der Wahrheit erkennen mögen und wollen und Ihn anstatt im Geiste und in der Wahrheit des Herzens, was im Grunde des Grundes eigentlichst die wahre Liebe ist, nur mit der allerunflätigsten und leersten toten Zeremonie anbeten und verehren, ist aber dennoch der allein wahre, ewige Gott, der einst den Himmel und diese Erde mit allem, was auf ihr, in ihr und unter ihr ist, lebet und webet, erschaffen hat aus Sich heraus!

[14] Ich aber bin Dessen Gesandter von Ewigkeit und kam nun zu euch, zu verkünden euch und euren Kindern dieses Evangelium!

[15] Diesen Gott sollt ihr alsonach lieben über alles und halten Seine Gebote, die in aller Kürze darin bestehen, daß ihr, wie Ich früher zu euch gesagt habe, I h n l i e b e n s o l l t ü b e r a l l e s u n d e u r e N ä c h s t e n w i e e u c h s e l b s t!

[16] Zudem aber sollt ihr auch glauben, daß eben dieser Gott, der Mein Vater, also Meine Liebe ist von Ewigkeit, Mich in diese Welt gesandt hat, damit ein jeder, der an Mich glaubt, in sich habe das ewige Leben und also werde ein Kind des Allerhöchsten!

[17] Auf daß ihr alle aber leichter glauben mögt, so bringt alle eure Kranken, und Ich werde sie alle gesund machen, welche Krankheit sie auch immer haben mögen! Darum gehet und bringet sie alle hierher!«

[18] Auf diese Meine Rede erstaunten **sie** und riefen wie mit einer Stimme: »Diesem Orte ist ein großes Heil widerfahren! Wie mächtig und wunderbar doch klingen die heilig-wahren Worte dieses unseres größten Wohltäters! Wahrlich, in solcher Freundlichkeit und Güte wohnt keine Tücke, kein Falsch und keine Hinterlist; darum wollen wir auch alles ohne alles Bedenken tun, was immer er von uns verlangen wolle! Denn der uns ein Freund ward, ehe er uns gesehen hatte, der wird es uns nun um so mehr sein, nachdem er uns gesprochen und gesehen hat in unserer großen Not! Gelobt sei der Gott Abrahams, Isaaks und Jakobs, daß Er sich unser erinnert und erbarmt hat!« –

[19] Auf diese guten Worte begeben sich alle schnell in ihre Häuser und bringen in aller Eile bei zweihundert Kranke zu Mir hin.

211. Großes Heilwunder zu Kana im Tale. Gute Bittrede der Ältesten an den Herrn. Ein Glaubensexamen. Des Herrn Rede an die leiblich Gesunden, aber seelisch Kranken. Evangelische Lebensregeln und soziale Winke. Fluch dem Wuchergeist! Gang des sozialen Verfalls. Züchtigungsandrohung von oben.

[1] Als die Kranken, teils geführt, teils auf Maultieren mühsam sitzend und teils von Menschen getragen auf Krankenlagern liegend, um Mich herum in einem Halbkreise aufgestellt waren, da traten **die Ältesten** dieses Ortes zu Mir und baten Mich, sagend:

[2] »Herr! Der du uns vor dem mächtigen und überreichen Kisjonah schuldenfrei gemacht hast, – eine Tat, wofür wir dir nie genug danken können, – mache, so du es vermagst, denn auch diese Armen gesund, auf daß sie sich im Vollmaße der großen Wohltat mit uns erfreuen können, die du uns erwiesen hast.«

[3] Sage **Ich:** »Ja, Ich habe euch dazu aufgefordert und kann und werde Mein Versprechen auch erfüllen; aber zum voraus frage Ich euch, ob ihr das glauben könnet oder möget?! Euer Glaube würde euch viel helfen!«

[4] Sagen **die Ältesten:** »Herr, uns kommt vor, daß du solches vermagst, und darum glauben wir sozusagen blind, daß du unsere Kranken heilen wirst durch deine uns noch unbekannten, wundersamen Heilmittel!«

[5] Sage **Ich:** »Aber wie dann, so Ich keine speziellen Heilmittel bei Mir habe, weder ein heilsam Öl noch einen heilsamen Saft oder sonstige, zur Heilung verschiedener Krankheiten übliche Mittel? Wie meint ihr denn, daß Ich dann diese Kranken heilen werde?«

[6] Sagen **die Ältesten:** »Herr! Wie möglich könnten wir das verstehen?! Denn wir haben wohl sicher von allen Dingen in der Welt mehr Wissenschaft als eben von der Heilkunst! Wir haben im Orte wohl einen Arzt; aber der ist so gut als gar keiner; denn der hat noch keinem anders geholfen außer unter die Erde! So wir alsonach auch soviel wüßten als etwa unser Arzt, da könnten wir dir über deine Art, alle Kranken *ohne* Heilmittel zu heilen, eben auch nichts sagen; daher wissen wir unmöglich, wie dir auf einem natürlichen Wege möglich sein solle, die Kranken ohne Heilmittel gesund zu machen!

[7] Vielleicht stehen dir übernatürliche Mittel zu Gebote, was wir nicht wissen können; oder du kannst vielleicht ein Jünger des berühmten Wunderarztes von Nazareth, namens Jesus, sein? Dann natürlich dürften dir solche Heilungen wohl möglich sein!

[8] Es ist nur ewig schade, daß, wie wir vernommen haben, die Pharisäer zu Jerusalem so lange in den Herodes gedrungen seien, bis er sich endlich entschloß, diesen berühmtesten Heiland gefangenzunehmen und Ihn in den Kerker zu werfen! Oh, das ist ein großes Unglück für die arme, leidende Menschheit!

[9] Ein Glück ist es aber dennoch, daß Er mehrere Schüler in Seiner Kunst soll unterwiesen haben! Es ist wohl sehr selten, daß ein Jünger so vollkommen wird, wie da war sein Meister; aber etwas kann er dem Meister bei rechtem Fleiße immer abgelernt haben. Und das ist denn doch schon

immer ein ganz bedeutendes Etwas, das wir bei dir in einem hohen Grade als zu Hause seiend vermuten und daher den Glauben haben, daß du – – – ja was ist denn das?! Während wir dir unsern Glauben auf Grund, daß du ein Jünger Jesu seist, darzutun uns alle Mühe geben, stehen auf einmal alle Kranken auf! Die Blinden sehen, die Lahmen gehen, die Stummen reden, die Aussätzigen sind rein! Und es waren darunter etliche, die mit der Cholera, und etliche, die mit dem Todeshusten behaftet waren, und sie sind gesund! Ah, so was ist doch wohl, solange die Welt steht, nicht erhört worden! Um des großen, allmächtigen Gottes willen, wie ist denn das zugegangen? Hast wohl du sie alle geheilt?! Oder ist etwa ein Engel in dieses Tal von oben herabgekommen und hat die Kranken alle unsichtbar angerührt und also gesund gemacht? Wie – wie ging denn das zu?

[10] Du hast dich nicht einmal nach den Kranken umgesehen und hast dein Wesen pur mit uns gehabt, und alle Kranken sind nun gesund! O sage uns doch, wie das zuging!«

[11] Sage **Ich:** »Was liegt da an dem Wie, wenn nur die Kranken durch Meinen Willen und durch Mein inneres Wort, dem alle Dinge untertan sind, völlig gesund geworden sind, daran ihr etwa doch wohl nicht mehr zweifeln könnt!? Es geschah aber diese Tat hier nicht so sehr der Kranken wegen, sondern vielmehr euretwillen, die ihr zwar am Leibe völlig gesund seid, aber dafür an eurer Seele kränker – denn die es da waren an ihrem Leibe!

[12] Ich wäre aber sehr froh, wenn Ich auch vermöchte eure Seelen also zu heilen, wie Ich geheilt habe die Leibkranken! Aber das geht nicht so leicht, indem jede Seele ihr eigener Arzt sein muß.

[13] Ich habe aber euch die geistige Arznei schon ehedem gegeben; gebraucht sie tatsächlich, so werdet ihr gesund werden in euren Seelen und werdet euch dadurch zu wahren Kindern Gottes umgestalten.

[14] Aber das Wort, das Ich zu euch gesprochen habe, muß ohne die geringste Zusetzung und ohne irgendeine geringste Weglassung tatsächlich beachtet werden. Und es sollt ihr wenigen Juden dieses Ortes vollkommene Juden im Herzen sein; und ihr Griechen sollt zu wahren Juden werden, auf daß Friede und Einigkeit unter euch sei!

[15] Also sollt ihr Griechen durch euren schlauen Wuchergeist ja nicht mehr die ohnehin armen Juden nötigen, Geld von irgend jemandem auf Verschreibung von Zinsen zu borgen, um eure ungerechten Forderungen entfertigen zu können.

[16] Habt denn i h r die Erde erschaffen mit ihren mannigfachen Schätzen, daß ihr nun damit tut, als ob sie euer Eigentum wären?!

[17] Warum fordert ihr von den Juden einen Pachtzins, da doch das Land den Juden gegeben ward von Gott und also nur diese das Recht haben sollen, von euch den Pachtzins zu begehren?! Ihr seid Fremdlinge im Lande der Juden, die m e h r denn ihr Jehovas Kinder sind, und verlangt den Pachtzins von den Äckern, Wiesen und Waldungen, die ein Eigentum der Juden sind seit Abraham! Fragt euch selbst, ob solches wohl recht sein kann vor Gott und vor allen rechtlichen Menschen!

[18] Ich warne euch darum ganz ernstlich für die Zukunft vor derlei zu

schreienden Ungerechtigkeiten, ansonst es euch im vollsten Ernste schlecht ergehen dürfte!

[19] Stellet das allerunrechtmäßigst an euch gerissene Gut und Eigentum den Juden ohne Entgelt zurück und betrachtet euch im Lande der Juden als das, was ihr seid, nämlich als Fremdlinge, so sollt ihr einen gesegneten Anteil an all dem haben, was nun den Juden nach der Verheißung wortgetreu zuteil wird; ansonst aber wird euch der Fluch von Tausenden und dessen Folgen zuteil!

[20] Betrachtet die Sache doch einmal bei einigem Lichte, und ihr werdet sehen, daß die Juden in euren Augen nichts als eitel Lasttiere sind!

[21] Ihr laßt den Juden das politische Eigentumsrecht wohl, und der Jude kann wohl noch immer sagen: ›Dieser Grund gehört mir!‹; aber ihr seid da mit euren verlockenden Waren, habt die schönen Töchter und Weiber der Juden zu eitlen Putzkrämerinnen gemacht und zu Narren die blinden Juden, denen ihre griechisch geputzten Weiber und Töchter besser gefielen als in der jüdisch züchtigen, einfachen Kleidung! Da verschrieben sie euch den Fruchtgenuß ihrer Äcker, Gärten, Wiesen und Waldungen; und da sie doch auch für den eigenen Lebensbedarf auf ihren Äckern eine Frucht ernten wollten, so mußten sie die Nutzung in einen teuren Afterpacht nehmen und euch von der Fechsung noch dazu den Zehent geben! Zudem laßt ihr sie aber, als die eigentlichen Besitzer, alle Steuern und andere Lasten tragen!

[22] Ich sage euch: Solches Unrecht schreit in die Himmel hinein und verlangt Züchtigung von oben! Laßt euch darum wohl zurechtweisen von Mir, sonst werdet ihr der schärfsten Zuchtrute von oben nicht entgehen!«

212. Des Herrn scharfe und witzige Rede an den hartherzigen Griechen Philopold. Des harten Stoikers großmaulige Antwort. Auch Gottes Geduld hat ihre Grenzen. Matthäus und der bockbeinige Grieche. Eine stoisch-blinde Rede gegen die Lebensordnung Gottes.

[1] Die Rede macht **die Griechen** stutzen, und einige sagen: »Das haben die sonst sehr dummen Juden dennoch sehr fein ausgedacht; diesen wundertätigen Jesus haben sie hierher verschrieben, daß Er uns ins Bockshorn treiben soll! Aber wir haben einen Boden und stehen fest.«

[2] **Ich Selbst** aber wurde diesmal erregt über die Härte der Griechen und sagte zu dem harten Redner, der die andern, mitunter doch um etwas besseren Griechen von einer guten Tat ablenken wollte: »Höre, du hartherziger Mensch! Gib acht, ob der Boden wanke, und wie fest du stehst! Es hat schon gar viele gegeben, die auch mit einer überheldenmäßigen Stimme ihrer Umgebung zugerufen haben: ›Laßt zertrümmern die Erde, und die zerschellten Reste werden mich in vollster Unerschrockenheit im endlosen Raume herumtragen!‹; als aber darauf die Erde nur in ein kleines Beben versetzt ward, so war der großsprechende Held der erste, der das Weite mit überraschender Fertigkeit seiner Füße suchte! Vielleicht tat er aber das etwa dennoch nicht so sehr aus Furcht, in seinem Hause unter dessen Trümmern begraben

zu werden, als etwa vielmehr nur, um draußen ein Trumm (Stück) Erde, so diese im Ernste zertrümmert würde, zu erhaschen und auf demselben dann einen unerschrockenen Ritt durch die Unendlichkeit anzufangen!

[3] Ich sage dir, du großsprechender Grieche, der du Philopold dich nennst, die Fliege, die sich nicht selten die kecke Freiheit nimmt, über deine Nase einen kleinen Geschäftsgang zu machen, steht an der Spitze deiner Nase fester als du auf deinem Erdboden! Denn so auch deine Nase einen Schiffbruch erlitte, so hat die Fliege eine zweite Unterlage, an der sie sich gar wohl erhalten kann, und das ist die Luft; wo aber ist d e i n e zweite Unterlage, so der Boden unter deinen Füßen schwach würde?!«

[4] Auf diese Meine geflissentlich ein wenig witzstechenden Worte wird der Grieche **Philopold,** der von Hause aus auch ein Witzler war, etwas ärgerlich und sagt: »Siehe da, eine seltene Erscheinung! Auch ein Jude witzig?! Wohl der erste und wahrscheinlich auch zugleich der letzte in ganz Israel! Freund! Wenn ein Grieche vom Mute spricht, so ist es also, wie er spricht! Denn ein Grieche weiß das Leben zu fliehen und den Tod zu suchen; die Geschichte kennt nur einen griechischen Heldenmut, und die unbegreifliche Feigheit der Juden ist ihr nicht unbekannt! Laß erbeben die Erde, oder laß alle Drachen der Erde los, und du sollst sehen, ob ein Philopold darob nur im geringsten seine Miene verändern wird!«

[5] Sage **Ich:** »Laß ab von deiner leersten Großsprecherei und tue, was Ich euch allen geboten habe, ansonst du Mich im Ernste zwingen würdest, deinen Mut auf eine harte Probe zu stellen! Denn ein Gott von einem Juden läßt in so ernsten Dingen mit Sich keinen Scherz treiben; denn auch die große Geduld Gottes hat in gewissen Dingen ihre bestimmten Grenzen!

[6] Willst du es aber mit deinen Anhängern darauf ankommen lassen, so sollst du dich darauf vollkommen überzeugen, daß ein zürnender Gott nicht so leicht mehr zu besänftigen ist und dem groben Sünder eine verdiente Strafe von heute bis morgen nicht nachsieht!«

[7] Sagt **Philopold:** »Das wird etwa doch echt jüdisch sein!? Die Juden haben gewisse Weissager gehabt; diese taten ihren Mund nicht auf, außer in puren Drohungen, von denen manche in zumeist unbestimmter Zeit eingetroffen sind; die meisten aber waren allein nur in die Luft hinaus geredet; denn die Natur der Erde ist hoffentlich doch allzeit stärker gewesen als der Mund eines jüdischen Weissagers! Die Griechen sind zumeist Stoiker, und ein rechter Stoiker fürchtet nichts – und somit auch ich nichts! Denn auch ich bin ein steinfester Stoiker!«

[8] Sagt zu Mir insgeheim der **junge Matthäus,** der Apostel, der ehedem Zöllner zu Sibarah war: »Herr, den kenne ich, ein überaus fataler und ärgerlicher Mensch! Der hat allzeit bei meinem Zollamte unausstehliche Anstände gemacht, sooft er mit allerlei Verkaufswaren nach Kapernaum oder nach Nazareth zog. Auf den habe ich noch gleichfort einen kleinen Ärger und hätte eine gute Lust, ihn ein wenig in die Arbeit zu nehmen.«

[9] Sage **Ich:** »Laß das gut sein! Ich habe nun schon ein Pröbchen für ihn, und das wird für ihn bald in die Erscheinlichkeit treten.«

[10] Matthäus tritt sobald zurück; aber **Philopold** erkannte seinen Zöllner

von Sibarah und sagte zu ihm: »Na, na, du geiziger Mautschrankenreiter, wie kommt es denn, daß auch du hier bist?! Was wird jetzt deine Schranke machen, so du mit deinen Luchsaugen in alle Weltgegenden hin sie nicht überwachen kannst?! Hast eben auch nicht nötig, diesen Wunderheiland gegen mich aufzuhetzen; er wird wohl selbst wissen, was er zu tun hat, wenn ich ihm zu steif werde. Aber mit mir dürftet ihr beide auf einem ganz natürlichen Wege einen harten Kampf haben; denn ein Stoiker ist kein Strick und kein Bindfaden, den man nach Belieben beugen kann, wie man will!

[11] Sehet, die wunderbare Heilung der zweihundert Kranken hat nahe alle Bewohner Kanas breitgeschlagen; warum denn mich nicht?! Weil ich ein echter Stoiker bin, für den die ganze Schöpfung kaum einen Nasenstüber wert ist und mein Ich samt dem elenden Leben noch weniger! Womit wollt ihr mich denn strafen? Etwa mit dem Tode? Ich sage euch: Ich w ü n s c h e ihn samt der ewigen Vernichtung; denn für dies Schandeleben bin ich wohl keinem Gott einen Dank schuldig! Oder soll man wohl jemandem für die verhaßteste aller Gaben zu einem Danke verpflichtet sein?! Ich meine, einem allmächtigen Gotte solle es eben nichts Schweres sein, einen Menschen ins lebendige Dasein zu rufen! Wer soll Gott wohl daran hindern können?! Der erst zu erschaffende Mensch wird sicher nicht gefragt, ob er erschaffen sein will, auf daß er als allein Berechtigter sein Ja oder Nein ausspräche; einen schon Erschaffenen aber geht eine Nacherschaffung eines nachkommen sollenden Menschen ebensowenig an – als einen noch gar nicht Erschaffenen! Erschaffen ist für einen Gott sonach gar nichts besonderes; aber für den Erschaffenen wohl, weil er etwas sein muß, was zu sein er nie irgendeinen Wunsch äußern konnte. Was kann denn wohl Elenderes sein, als sein müssen, ohne je sein gewollt zu haben?!

[12] Gebt mir zu essen und zu trinken ohne meine Arbeit und Mühe, dann will ich mich wenigstens für die Zeit meiner irdischen Lebensdauer in etwas zufriedenstellen; aber für die Erhaltung dieses Seins noch unsinnig schwer arbeiten müssen, also leiden wie ein verfolgter Wolf, und dazu einem Gotte dafür noch zu Dank verpflichtet sein und gewisse, nur für den Schöpfer selbstsüchtige Gebote halten, dafür bedanke ich mich vor allen jüdischen und griechischen Ganz- oder Halbgöttern!«

[13] Sagt **Matthäus:** »Solcher Menschen m e h r auf der Erde, und Satan hat eine Schule, in der er selbst noch hundert Jahre lang in die Schule gehen kann! Herr, was ist mit dem zu machen? Wenn er wirklich also ist, wie er spricht, so richten alle Engel nichts mit ihm aus auf einem natürlichen Wege!«

213. Über Hospitantenseelen auf Erden. Die Erde als alleinige Gotteskinderschule. Über Reinkarnation (Wiederverkörperung). Die Sonnenwelt Procyon. Von der Menschwerdung des Herrn. Des Engels Botenwunder. Murahel (Philopold) und Archiel (Erzengel). Der Kontrakt aus der Sonnenwelt.

[1] Sage **Ich:** »Laß du das nur gut sein; du wirst dich bald überzeugen, ob aus diesem was zu machen ist!« Mich an den Stoiker Philopold wendend: »Meinst du wohl, daß du mit Gott, deinem Schöpfer, zuvor keinen Kontrakt gemacht hast und nicht eingegangen bist in alle dir oft vorgehaltenen Bedingungen, die fürs Leben auf diesem Planeten überaus nötig sind? Siehe, Tor, das ist bereits der zwanzigste Weltkörper, auf dem du leiblich lebst; dein gesamtes fleischliches Alter beträgt schon an Jahren dieser Erde eine solch große Zahl, die die Zahl des feinsten Sandes in allen Meeren der Erde bei weitem übertrifft! Welch eine, für keinen im Leibe wandelnden Menschen möglich denkbare, nahe endlose Zeitendauer aber bestandest du als ein reiner Geist im vollsten Sein und klarsten Selbstbewußtsein im endlosen Raume mit zahllosen anderen Geistern freiest lebend und das freieste Leben in aller Kraft hoch und wohl genießend!

[2] Als du aber in der von dir im Fleische zuletzt bewohnten Sonnenwelt, der die Weisen dieser Erde den Namen Procyon geben, die auf ihrem weiten Boden aber von ihren Bewohnern den Namen Akka hat – und zwar überall mit einem und demselben Akzente, weil die Bewohner derselben nur e i n e Sprache reden –, den lebendigsten Wunsch an den Tag legtest, als du von einem Engel vernommen hast, daß der große, allmächtige, ewige Geist als der alleinige Schöpfer und Erhalter der Unendlichkeit und alles des in ihr Seienden auf einem der allergeringsten Planeten, die im endlosen Raume kreisen in zahllosesten Massen, Selbst Fleisch und volle Menschengestalt annehmen werde, womöglich auf denselben Planeten gesetzt zu werden, um dort zu sehen und zu hören Den, der dich erschaffen hat, da kam derselbe Engel, den du hier zu Meiner Rechten als den siebenten Menschen erschaust, der aber dennoch ein völlig freiester Geist ist, stellte dir haarklein und genau die schweren Bedingungen vor, die du zu erdulden bekommen werdest, so du ein Bewohner dieses Planeten, auf dem du nun stehst, werden wollest und auf demselben gewinnen die Kindschaft Gottes!

[3] Du nahmst alle Bedingungen an, auch diese, daß du als ein Bewohner des erwählten Planeten aller Erinnerung an dein Vorleben in anderen Weltkörpern völlig bar sein werdest bis zur Zeit, da derselbe Engel dich dreimal bei dem Namen, den du in der Akka geführt hast, rufen werde.

[4] Wenn die Sache sich aber also der dir freilich bis jetzt unbegreiflichen Wahrheit nach befindet, wie ungerecht sprichst du, so du behauptest, daß für dein Sein auf dieser Erde zwischen dir und deinem Schöpfer durchaus kein Kontrakt gemacht worden sei?!«

[5] Sagt **Philopold:** »Was ist denn das für eine verbrannte Hirngespinsterei?! Ich soll schon in irgendeiner andern, schönern und offenbar bessern Welt als ein Mensch im Fleische gewohnt und gelebt haben?! Nein, das ist

denn doch etwas zu stark! Höre, du Siebenter rechts, den der Nazaräer einen Engel nennt, wie heißest du denn, und wie heiße ich?«

[6] Sagt **der Engel:** »Warte ein wenig; ich werde in aller Schnelle Kennzeichen aus deiner Vorwelt holen und werde sie dir zur Einsicht und Erkennung geben!«

[7] Mit diesen Worten verschwindet der Engel, kommt aber in wenig Augenblicken wieder und überreicht dem Philopold eine Rolle, auf der der Name des Engels und sein Name mit vollkommen alter hebräischer Schrift deutlich gezeichnet stehen, und eine zweite Rolle, auf der alle Bedingungen geschrieben stehen, die er vor dem Übergange dem Engel angelobt hatte.

[8] Als **der Engel** dem Philopold solches überreicht, sagt er: »Hier lies und erkenne es, du alter Murahel, Murahel, Murahel! Denn ich, der ich Archiel heiße, habe es für dich geholt vom selben Altare, an dem du mir das große Gelöbnis gabst! Frage aber ja nicht, wie solches nun in so wenig Augenblicken möglich war; denn bei Gott sind gar wundervollste Dinge möglich! Lies zuvor alles, und dann erst rede!«

214. Philopolds geistiges Gesicht. Eine Familienszene auf der Sonnenwelt Akka. Des bekehrten Philopold Hymne auf die Liebe Gottes. Der neu unterzeichnete Kontrakt. Grund des Verdecktseins der Rückerinnerung an unser Vorleben. Über den Zusammenhang von Leib, Seele und Geist. Vollendungsgang des Erdenmenschen. Der Geist des Menschen, ein kleiner Gott. Geistiger Seins-Unterschied auf Erden gegenüber den anderen Welten.

[1] **Philopold** liest die Rollen mit großer Aufmerksamkeit durch, und da dadurch die innere Sehe geöffnet wird, so sagt er nach einer ziemlichen Weile des tiefsten Staunens: »Ja, also ist es; ich sehe nun in alle endlosen Tiefen meines Lebens zurück, sehe die Welten alle, auf denen ich schon gelebt habe, und die Orte und Plätze alle in den Welten, wo ich von der Geburt bis zum Abschiede gelebt habe; ich sehe, was ich war, und was ich auf einem und dem andern Weltkörper getan habe, und sehe auch noch allenthalben meiner nächsten Verwandten Abkömmlinge, und siehe, auf der Akka (Procyon) sehe ich sogar noch meine Eltern, meine vielen Brüder und recht teuren Schwestern! Ja, ich höre sie sogar um mich besorgt untereinander reden und sprechen: ›Was ist mit Murahel? Wird sein Geist im endlosen Raume wohl schon den großen Geist in Menschengestalt gefunden haben? Er wird unser nicht gedenken, weil Archiel, der Gesandte des großen Geistes, ihm die Rückerinnerung verdeckte bis dahin, wann er ihn dreimal beim rechten Namen rufen werde!‹

[2] Sehet! Also höre ich sie nun reden und sehe sie zugleich leibhaftig! Sie gehen nun in den Tempel, um in den Dokumenten nachzusehen die harten Lebensbedingnisse; aber sie finden dieselben nicht. Der Oberpriester des Tempels aber sagt ihnen, daß Archiel die Dokumente vor etlichen Augenblicken des Murahels wegen geholt habe, dieselben aber dennoch in aller

Kürze der Zeit zurückstellen werde. Und sie harren nun im Tempel und geben ein Opfer für mich!

[3] O Liebe, Liebe, du göttliche Kraft! Wie endlos weit streckest du deine heiligen Arme aus! Überall dieselbe Liebe! O Gott, wie groß und heilig bist Du, und welcher verborgenen Geheimnisse voll ist doch das freie Leben! Welcher Mensch auf der ganzen Erde kann die Tiefen ergründen, die ich nun schaue?! Wie gar nichtssagend geht der armselige Mensch auf dieser magersten Erde herum, streitet nicht selten um eine Spanne Erde auf Leben und Tod, während er in sich trägt, was Milliarden Erden nimmer zu fassen vermögen!«

[4] Auf diese Worte wird Philopold stille, geht zum Engel hin und gibt ihm die beiden Rollen wieder zurück mit dem Bemerken: »Stelle sie wieder dahin, allwo sie erwartet werden!«

[5] **Der Engel** aber sagt: »Siehe, ich habe auch ein Schreibzeug mitgenommen; es ist dasselbe, womit du eigenhändig im Tempel auf der Akka die Dokumente gezeichnet hast. Unterschreibe dich auf jedes Dokument doppelt, das heißt mit deinem Namen in der Akka und mit deinem Namen hier, und das Schreibzeug behalte zum Gedächtnisse!«

[6] Philopold tut das, und der Engel nimmt dann die Dokumente und verschwindet.

[7] Nach etlichen Augenblicken, die er zur Besprechung mit dem Oberpriester auf der Akka benötigte, ist er wieder unter uns und fragt den Philopold, wie er nun denke.

[8] Sagt **Philopold:** »Als ich dir die beiden Rollen zurückgab, schwand das Gesicht, und von der Erinnerung bleibt mir kaum mehr übrig als von einem Traume, da man im wachen Leben wohl weiß, daß einem etwas geträumt hat, aber was, das bringt man mit keinem Kopfzerbrechen heraus! Ich bemerke auch, daß ich ein ganz fremdartiges Schreibzeug in meiner Linken halte; aber wie ich dazu gekommen bin, weiß ich kaum; und ich möchte darum wissen, warum man denn von so manchen Erscheinungen aus dem Bereiche des innern Lebens entweder nur eine sehr schwache, zumeist aber auch gar keine Rückerinnerung behält. Warum also denn?«

[9] Sagt **der Engel:** »Weil es sich hier darum handelt, ein völlig n e u e s Geschöpf zu werden, und das aus und in Gott. Bist du einmal geworden ein völlig neues Geschöpf aus Gott und hast erreicht die Kindschaft Gottes, so wird dir alles wiedergegeben werden!

[10] In allen zahllos anderen Welten wirst du zu d e m aus- und inwendig gestaltet, was du sein m u ß t ; hier aber überträgt Gott die äußere Gestaltung schon der Seele, die sich ihren Leib selbst erbaut nach der Ordnung, in der sie geschaffen ist; ganz besonders aber muß jeder Geist, der in die Seele gestellt ist, vorerst die Seele bilden durch die Haltung der ihm äußerlich gegebenen Gesetze. Hat die Seele dadurch den rechten Grad der Reife und Ausbildung erreicht, so tritt dann der Geist völlig in die ganze Seele über, und der ganze Mensch ist dadurch vollendet, ein neues Geschöpf, zwar im Grunde des Grundes immer aus Gott, weil d e r G e i s t i m M e n s c h e n eigentlich nichts als e i n G o t t i m k l e i n s t e n M a ß e ist, weil völlig aus

dem Herzen Gottes. Aber der Mensch ist das nicht durch die Tat Gottes, sondern aus seiner höchst eigenen, und ist eben darum ein vollwahres Gotteskind! Und ich sage dir das noch einmal in aller Kürze:

[11] In allen anderen Weltkörpern müssen sich die Menschen nicht selbst gestalten, sondern sie werden von Gott, oder was eines ist, von Seinen Kindern gestaltet. Hier aber müssen sich die Menschen vollends selbst gestalten nach der geoffenbarten Ordnung, ansonst sie unmöglich Kinder Gottes werden können! Und so ist ein vollendeter Mensch auf dieser Erde als Gotteskind in allem Gott gleich; aber ein unvollendeter Mensch ist dagegen auch tief unter dem Reiche der Tiere!«

215. Archiels Rede über die Menschwerdung des Herrn. Philopolds Kleinmut und seine Berufung an die Seite des Herrn. Von der wahren Nachfolge des Herrn.

[1] Fragt nun abermals **Philopold** den Engel: »Wer aber zeigt uns solche geheimnisvollste Ordnung?«

[2] Sagt **der Engel:** »Gerade Der, der dich ehedem an mich gewiesen hat! Zu Dem gehe hin; Der wird dir sagen, was Er dir schon gesagt hat; denn also leben, wie Er zu leben lehrt, ist schon eben jene göttliche Lebensordnung, in der allein man die Kindschaft Gottes erreichen kann!

[3] Und Er ist auch Ebenderselbe, dessentwegen du und noch viele andere die Akka verlassen haben geistig und sind auf dieser Erde des Herrn wegen eingeboren worden ins Fleisch dieser Erde.

[4] Es ist aber in der ganzen Schöpfung – und das auf allen Weltkörpern, die irgend von vernünftigen Wesen unter menschlicher Gestalt bewohnt werden – die volle Menschwerdung des Herrn im Fleische durch uns bekanntgemacht worden; aber nur von sehr wenigen Welten ist es den wenigen Geistern gestattet worden, ins Fleisch dieser Erde zu treten. Denn der Herr kennt alle Natur aller Welten im endlosen Raume, so auch die Natur und Fähigkeit der Bewohner und deren Geister, von denen eine oder die andere Welt bewohnt wird, und weiß daher am besten, ob ein Geist in dieser Erde Fleisch taugt oder nicht.

[5] Wo irgend etwas Taugliches war, das ist auch hierher versetzt worden; aber die Zahl der hierher Versetzten ist nur klein und übersteigt zehntausend nicht um irgendeine namhafte Zahl.

[6] Aber unter diesen bist du einer der Glücklichsten; denn so du es willst, kannst du vom Herrn als Jünger gleich allen denen, die mit Ihm hierhergekommen sind, angenommen werden.«

[7] Sagt darauf **Philopold:** »Mein Archiel! Da du mir schon so viel wunderbar Gutes erwiesen hast, so tue mir nun noch das, daß du mich zum Herrn hinführst; denn nun, da ich Ihn erkannt habe, mangelt mir aller Mut, von neuem zu Ihm hinzugehen! Wenn's auf mich selbst nun ankäme, so möchte ich nun am liebsten so schnell als nur immer möglich davonlaufen und mich irgendwo also verbergen, daß mich nie ein Mensch finden sollte! Aber weil ich schon einmal da bin und mich alle nur zu gut kennen, so kann

ich so was nicht tun; denn da würde die Lache über mich wohl das ganze Tal erfüllen. Darum sei denn so gut und führe mich hin zum Herrn und mache dort einen Fürsprecher für mich!«

[8] Sagt **der Engel:** »Es ist nicht nötig, solches zu tun; denn der Herr weiß, was uns beiden not tut; daher gehe du nur allein hin, und Er wird dir den Kopf sicher nicht vom Rumpfe reißen!«

[9] Nach diesen Worten des Engels faßt **Philopold** endlich doch den Mut und geht ganz bedächtigen Schrittes zu Mir hin und sagt noch in einer Ferne von dreißig Schritten: »Herr, gestattest Du mir, daß ich mich Dir nahe? Wo nicht, so weiche ich wieder zurück!«

[10] **Ich** aber sage: »Wer kommen will, der komme; denn durchs Zaudern ist noch nie ein Mensch weitergekommen!«

[11] Philopold, solches vernehmend, beschleunigt seine Schritte und ist sonach auch bald bei Mir und hat also schnell erreicht, was zu erreichen viele zaudern und daher auch oft gar nicht erreichen, weil sie trotz alles Zurufens nicht vom Flecke, da sie stehen, zu bringen sind.

[12] Denn solange jemand bei all seinem Tun und Lassen seine Schritte nicht in gerader Linie zu Mir hin richtet, ist all sein Tun und Gehen und Stehen ein vergebliches für sein Leben. Und gewönne er die ganze Welt, hätte aber Mich nicht, so nützte ihm die ganze Welt nichts; denn er ist tot! So Ich aber nun in dieser Zeit der Enthüllung des Evangeliums jemanden rufe und zu ihm sage: »Komme!« – und er aber kommt nicht, der wird dem Tode des Geistes verfallen! Und es ist darob dieser Philopold ein rechtes Muster, nach dem sich jedweder richten soll! Wer gerufen wird, so er nach Mir fragt, der komme und zaudere nicht! Denn Ich bleibe nicht gleichfort in Kana (entsprechend: voll Gnade in dieser Welt), sondern ziehe bald weiter und wende ab Auge und Ohr von all denen, die da zaudern auf Mein »Kommet!«.

216. Philopolds bescheidene und gute Rede. Des Herrn gnadenreiche Antwort. Zweierlei Menschen – von unten und von oben – auf der Erde. Grund der Menschwerdung des Herrn auf Erden. Die Letzten sollen die Ersten werden. Verhaltungswinke an die Geheilten. Wink an die Schreiber Matthäus und Johannes. Über die jetzige Neuoffenbarung.

[1] Als **Philopold** zu Mir kam, sprach er: »Herr, ich habe mich endlos grob versündigt gegen Dich; aber daran schuldete nichts als meine große Blindheit! Allein jetzt, da Du, o Herr, mich auf eine wahrlich überwunderbare Art sehend gemacht hast und ich nun erkenne, wer Du bist, so bitte ich Dich um Deiner ewigen Liebe und Weisheit willen, daß Du mir armem, blindem Sünder vergeben möchtest alle meine Fehler, die ich nun gegen Dich und ehedem gegen meine Nächsten begangen habe in der Art, wie Du sie mir ehedem genau gezeigt hast. Hätte ich Dein heilig Wort geschrieben, – bei allen Himmeln, kein Häkchen sollte unerfüllt bleiben! Aber ich glaube, Dein Verlangen wohl gemerkt zu haben, und werde demselben wortgetreu

nachkommen! Du hast für uns alle an den Kisjonah die Schuld bezahlt und hast alle unsere Kranken wunderbarst geheilt ohne Entgelt, und alles das hast Du getan ohne eine gebührend vorangehende Bitte, und ich hoffe deshalb nun, daß Du einen bittenden Sünder nicht von Dir weisen werdest!«

[2] Sage **Ich:** »Ich sage dir: Du bist angenommen! Denn wer da kommt, wird angenommen. Gehe aber zuvor hin und bringe deine Sachen in die von Mir verlangte Ordnung; dann komme und folge Mir; denn du sollst nicht hängen an dieser Welt, da du nicht von dieser Welt, als von unten her, sondern von einer andern Welt, als von oben her, bist!

[3] Denn von all denen, die du um Mich her zählst bis auf wenige, sind eben auch einige von deiner Welt, aber andere von einer andern Lichtwelt und wenige von dieser Welt; und diese wenigen heißen nicht viel; denn die Welt gilt ihnen noch immer mehr denn Ich. Darum vermögen sie auch nur wenig oder nichts.

[4] Ich aber habe eben darum diese Erde erwählt, weil deren Kinder die letzten und niedrigsten sind in der ganzen Unendlichkeit, und habe darum das Kleid der tiefsten Niedrigkeit angezogen, um es allen Geschöpfen in aller Meiner endlosesten Schöpfung möglich zu machen, sich Mir zu nahen; von den alleruntersten Planetenbewohnern bis zu den allerhöchsten Urzentralsonnenbewohnern sollen alle auf einem und demselben Wege sich Mir nahen können.

[5] Es wundere dich daher ja nicht, daß du Mich auf diesem eigens unvollkommensten letzten Planeten der ganzen Schöpfung antriffst! Denn Ich Selbst will es ja also; und wer kann Mir vorschreiben, wie Ich es etwa anders tun solle?!«

[6] Sagt **Philopold:** »Herr, wer soll Dir wohl einen Rat erteilen wollen oder können, so er glaubt, weiß und erkennt, daß Du der Herr von Ewigkeit bist?! Aber nun gehe ich, um Deinem heiligsten Willen alsogleich nachzukommen.«

[7] Nach diesen Worten eilt Philopold mit dem ganzen Gemeindevorstande davon; während aber auch mehrere Juden sich mitbegeben, um zu sehen, was die Griechen für sie ausmachen werden, gebe Ich den Geheilten Lehren, wie sie sich in der Zukunft verhalten sollen, um nicht mehr in ihre alten Übel zurückzufallen!

[8] Alle nehmen diese Belehrung dankbarst an und danken Mir auch mit aller Inbrunst ihrer Herzen für die ihnen erwiesene übergroße Wohltat.

[9] Ich aber verbiete ihnen darauf unter einem, daß sie von all dem, was sie hier gesehen und gehört haben, ja niemand Fremdem etwas erzählen und Mich sogestaltig vor der Zeit verraten sollen, wo dann, so sie solches Gebot nicht hielten, es ihnen schlimm ergehen würde! Sie aber geloben Mir alle, daß es außer dem Orte niemand erfahren solle!

[10] Ich aber entlasse sie darauf und sage es auch den Jüngern, außer dem Orte Kis diese Tat nirgends ruchbar zu machen; und auf die Frage des Matthäus eben in dieser Sache, ob er sie notieren dürfe, antwortete **Ich** mit: »Nein! Denn das ertraget i h r als Meine nächsten Zeugen wohl und möget es auch fassen; aber so da alles beschrieben würde in vielen Büchern, was

Ich vor euch alles tue und rede, so würde solche Bücher die Welt nicht nur nicht fassen, sondern sich dazu noch ärgern über alle Maßen und würde euch verschreien über alle Aase der Erde! Darum soll von dir, Matthäus, nichts aufgezeichnet werden als das nur, was Ich ausdrücklich dir aufzuzeichnen gebiete!« *(vgl. Joh. 21, 25)*

[11[Sagt einmal auch **Johannes:** »Aber Herr, Du meine reinste Liebe! Es wäre schon wohl alles recht; aber so mit der Zeit einst die Welt gar lückenhafte Urdokumente von Deinem Hiersein und Wirken auf dieser Welt überkommt, so wird sie am Ende ja notwendig in alle Zweifel über Dich, Dein Sein und Wirken übergehen und solche Bruchstücke für Werke priesterlichen Eigennutzes ansehen!«

[12] Sage **Ich:** »Das ist aber eben das, was Ich für die eigentliche Welt, die ein Haus des Satans ist, haben will; denn ob ihr einer Sau Maiskörner oder die edelsten Perlen vorwerfet, so wird sie den Perlen dennoch gerade das tun, was sie tut den Maiskörnern.

[13] Es ist daher besser, die Sache wird der Welt in aller Verhülltheit gegeben, und sie kann sich dann bloß mit der Hülle zerbalgen, innerhalb deren aber dennoch der Lebenskern unversehrt bleibt.

[14] Wann es aber einst vonnöten sein wird, so werde Ich schon von neuem Menschen erwecken und werde ihnen kundgeben alles, was hier geschehen ist, und was die Welt zu erwarten hat um ihrer unverbesserlichen Bosheit willen.

[15] Wie aber das alles geschehen wird, das werde Ich dir, du Mein Bruder Johannes, nachdem Ich wieder in Meinen Himmeln wohnen werde, noch in dieser Welt für alle Welt in verhüllten Bildern offenbaren!

[16] Nun aber kommen schon die Gemeindevorstände griechischer- und jüdischerseits wieder aus dem Orte zu uns zurück; wir wollen sehen, wie sie Meinem Verlangen nachgekommen sind!«

217. Warnung vor den Fallstricken des Satan. Der böse Geist kann nur auf die Sinne, nicht auf den Willen der Seele einwirken. Trostreiche Lebenswinke.

[1] **Philopold** tritt mit mehreren Griechen zu Mir hin und sagt: »Herr, soviel es sich nur immer in dieser Zeitkürze hat tun lassen, haben wir Deinem Verlangen zur willigsten Folge getan; was aber in kleinen Einzelheiten noch zu geschehen hat, wird nicht unterlassen werden. Mit meinem Hause und mit meiner Familie aber bin ich soweit in der Ordnung, daß ich Dich nun ungehindert auf ein, zwei bis drei Jahre begleiten kann, so ich nur dann und wann meiner Familie zu wissen mache, wo ich mich aufhalte, und was Du machst. Denn sieh, mein ganzes Haus glaubt und hofft nun auch auf Deinen Namen. Bist Du, o Herr, damit zufrieden, so wolle mir solches gnädigst kundtun; solltest Du aber noch etwas wünschen, so wolle uns auch solches eröffnen!«

[2] Sage **Ich:** »Vorderhand habt ihr alles getan, was da Rechtens ist vor Gott und vor allen rechtlich fühlenden und denkenden Menschen; aber seid

auf eurer Hut, daß euch der Satan nicht durch allerlei Fallstricke berücke und ihr dadurch nachderhand in allerlei Zank und Hader verfallet, wo dann ein solcher leicht möglich künftiger Zustand ärger würde um vieles, als da war dieser gegenwärtige, aus dem Ich euch nun freigemacht habe!

[3] Denn der böse Geist ruhet nie, weder bei Tag noch bei der Nacht; er läuft herum wie ein hungriger Löwe und fällt in seinem großen Hunger alles an, was ihm nur im geringsten irgendwo unterkommt.

[4] Wäre er sichtbar, da würden manche Mutige mit ihm einen Kampf wagen, – aber auch noch mehrere, als so bei seiner Unsichtbarkeit, im Kampfe unterliegen; denn er kann seine Gestalt bis zur Schönheit eines Lichtengels erheben und sich auch wieder mit der grauenhaftesten Hülle eines feuerspeienden Drachen umgeben. Wer aber würde es wagen, ihn unter solcher Gestaltung anzugreifen?! Denn entweder würde er durch seine Schönheit oder durch seine alles erstarrenmachende Gräßlichkeit Sieger von je tausendmal Tausenden werden; so er sich aber niemandem zeigen kann und darf, und jeder Mensch seine bösen Einflüsterungen mit leichter Mühe erkennt, da diese die Seele allzeit hartherzig, unkeusch, ehebrecherisch, selbstsüchtig, herrschgierig, meineidig, geizig, unbarmherzig, gegen alles Wahre und Göttliche gleichgültig, gegen Arme und Leidende gefühllos und für allen Wohlgenuß auf der Welt gierig stimmen, so kann er solchen argen Bestrebungen des Satans auch allzeit eine offene Stirne bieten, indem *der Satan nur in die Sinne der Seele, nie aber in ihren Willen einwirken kann.*

[5] Ich habe euch denn nun auch die Merkmale angezeigt, aus denen, so sie eure Seelen beschleichen, ihr leicht erkennen möget, welch ein Geist sich in eurer Nähe befindet, und was er mit euch vorhat.

[6] Wenn ihr so was an euch merket, da gedenket dieser Meiner Lehre und Worte; richtet eure Seelen auf und tut gerade das Gegenteil davon, als wonach es euch zu gelüsten anfängt, so werdet ihr Meister des bösen Geistes! Und so ihr ihn in allen den angezeigten Stücken werdet besiegt haben, dann wird er euch fürderhin in aller Ruhe lassen, und ihr werdet mit ihm keinen Kampf mehr zu bestehen haben. Aber so ihr nur in einem oder dem andern Stücke euch fangen lasset oder zum wenigsten in irgend etwas leichten Sinnes nachgebet, so werdet ihr seiner bis an euer irdisch Lebensende nicht leichtlich wieder völlig los.

[7] Daher habt ja wohl acht auf alle die Stücke, auf die Ich euch nun aufmerksam gemacht habe! Denn wo der Arge es in irgendeiner Seele nur einmal dahin gebracht hat – was eben keine so große Mühe für ihn ist –, daß sie in einem oder dem andern Stücke ihren Willen hinzugab, woraus dann natürlich eine Sünde erzeugt wurde, dann kostet es schon einen schweren Kampf, um diesen Schaden an der Seele wieder völlig gutzumachen.

[8] Aber wer da ist eines ernsten Willens und selbst soviel tut, als er kann, und *seine Schwäche Mir überträgt im Geiste*, dem wird dann *der volle Sieg über den Satan* auch ein leichter sein; aber, wohl gemerkt, *nur unter lebendig gläubiger Anrufung Meines Namens.*

[9] Nun wisset ihr alles, was zu wissen euch not tut; ihr kennet den rechten allein wahren, lebendigen Gott und kennet nun Seinen Willen.

[10] Ich sage euch: Der Vater im Himmel hat euch mit allem wohl versorgt, dessen ihr bedürfet; nun kommt es auf euch an, wie gewissenhaft ihr das zu eurem wahren und ewigen Lebenswohle benützen wollt.

[11] Von eurem eigenen Tun und Lassen wird alle Wirkung ausgehen, und eure Worte und Handlungen werden eure Richter sein!

[12] Du, Philopold, aber verweile noch drei Tage hier und suche alles in die Ordnung zu bringen; dann komme hinaus nach Kis, allwo du Mich treffen wirst.«

[13] Philopold versprach, solches zu tun; Ich segnete darauf den Ort, und wir begaben uns wieder nach Kis zurück.

218. Die Vorkommnisse im Hause Kisjonahs in Abwesenheit des Herrn. Irreführung der Pharisäer durch die Diener Kisjonahs und ihre Zurückrufung auf Anordnung des Herrn. Der Pharisäer Bekenntnis und Bitte um Heilung ihrer Kranken. Ein großes Heilwunder.

[1] Als wir nach Hause kommen, so kommen uns mehrere Diener entgegen und erzählen, daß bald nach unserem Abgange ins Tal eine Menge Fremder angekommen sind und sich nach Mir angelegentlichst erkundigt haben, was Ich hier täte, und wohin Ich nun gezogen wäre. Aber sie, die Diener, die in den Fremden verkleidete Pharisäer erkannt hätten, haben ihnen gesagt, Ich sei schon lange aus dieser Gegend gezogen, ihrer Vermutung nach etwa gar nach Damaskus oder möglicherweise auch wohl gar nach Persien zu den Heiden; denn Ich solle bei Meinem Hiersein Mich öfter also geäußert haben: »Das Heil wird den Juden genommen und den Heiden gegeben werden!«

[2] Da hätten sich diese **Kundschafter** sichtlich geärgert, und einer aus ihnen habe darauf gesagt: »Von jungen Bäumen vermögen wohl Buben die Früchte herabzuschütteln, aber nicht also von einem alten Baume, der erst mit aller Vorsicht erstiegen werden muß, so man zu den mit Frucht beladenen Ästen kommen will! Dieser Gaukler wird dem alten Judentume wohl ganz verzweifelt wenig anhaben!«

[3] Darauf hätten sie, **die Diener,** gelacht und gesagt: »Na, gebt acht, daß der Baum nicht seiner Fäulnis wegen windfällig wird! Uns kommt es vor, daß euer Baum eigentlich schon lange hin ist und von einer Frucht – außer sie behängen die dürren Äste mit trockenen Feigen und erklären solche Lumperei für ein Wunder – schon lange keine Spur mehr anzutreffen ist!«

[4] Auf solche Äußerung seien diese sichtlichen Pharisäer äußerst unwillig geworden und hätten der Dienerschaft zu drohen angefangen.

[5] **Die Diener** aber haben gesagt: »Fürs erste sind wir Griechen und haben die Religion unseres Kaisers und können daher eure Dummheit, die ihr Gotteslehre nennt, allerweidlichst verlachen, und ihr könnt uns nichts anhaben, so wir solches nicht in euren Tempeln und Schulen tun. Und fürs

zweite sind wir unser viele, die im Hause des großen und mächtigen Kisjonah dienen; und so ihr nicht bald diesen Ort räumt, so werden wir euch mit Knitteln den Weg zu weisen anfangen!« Da bissen sie sich vor Galle in die Lippen und gingen ihres Weges längs dem Meere aufwärts, und zwar den Weg, der von hier zu Lande nach Jerusalem führt.

[6] Nun aber fragen wir Dich, Herr Jesus, ob wir also recht gehandelt haben!?«

[7] Sage **Ich:** »Bis auf e i n e s ganz recht; aber das war nicht recht, daß ihr ihnen eine wissentliche Unwahrheit gesagt habt! Es wäre besser gewesen, so ihr ihnen die Wahrheit gesagt hättet. In dem Falle hätten sie uns erwartet, und wir hätten an ihnen Umwandlungen bewirkt; denn das waren zumeist Kranke, darunter wohl etliche Pharisäer, aber dennoch etwas besserer Art. Sie lagern nun am Hügel, der am obern Ende der Bucht sich erhebt; gehet daher eilends hin mit Eseln und Maultieren und schafft sie alle hierher. Saget ihnen: ›Der Herr ist angekommen und harret euer!‹ Die Kranken leget auf die Maultiere und Esel, und die Gesunden sollen zu Fuße wandeln!«

[8] Auf dies Mein Verlangen, obschon es schon ziemlich spät dämmerig ist, begeben sich die Diener also auf den Weg und bringen nach einer Stunde alle, die sie ehedem blindeifrig vertrieben haben.

[9] Es treten sogleich fünf Pharisäer zu Mir ganz geziemend ehrerbietig und beklagen sich darob, daß sie von der Dienerschaft sehr roh behandelt worden wären, und daß diese sie beschimpft und belogen habe.

[10] **Ich** aber vertröste sie und sage ihnen, daß bei der Dienerschaft kein böser Wille gewaltet habe. »Denn sie taten solches nur aus blinder Liebe zu Mir, da sie in euch Meine Feinde zu erkennen glaubten. Ich beschied sie aber darum auch nach Meiner Ankunft, alsogleich euch zu holen und so gut als möglich hierherzubringen; und so mußten sie an euch allen sogleich wieder gutmachen, was sie ehedem verbrochen haben; und Ich meine, daß diese Sache sogestaltig ausgeglichen ist.«

[11] Sagen **die Pharisäer:** »Ganz vollkommen; es ist nun alles wieder in der schönsten Ordnung. Aber nun von was anderem!

[12] Wir sind gar aus Bethlehem hierhergekommen, indem wir von deiner außerordentlichen Heilkunst Wunderdinge vernommen haben. Wir haben darum auch unsere Kranken mitgebracht; die noch soviel Kraft hatten, ihre Füße zu gebrauchen, mußten natürlich gehen, – die Schwächeren aber haben wir auf Lasttieren hierher befördert. Wir bitten dich darum, daß du dich der Leidenden erbarmen möchtest und sie heilest von ihren Leiden!«

[13] Sage **Ich:** »Wo sind denn jene, die ihr von Bethlehem auf Lasttieren hierhergeschafft habt? Von denen wußte Mir die Dienerschaft nichts zu sagen.«

[14] Sagen die fünf **Pharisäer:** »Wir haben sie jenseits der Bucht in die Herberge gegeben, da wir nicht wissen konnten, ob du anzutreffen sein werdest. Denn wir haben ohnehin sehr schwer erfahren, daß du dich in der Zeit für gewöhnlich hier aufhieltest, und es sei unsicher, dich anzutreffen; und so haben wir denn den Versuch gewagt, ob du hier wärest und, so du

nicht hier wärest, man es eben hier doch vielleicht am ehesten erführe, wo du dich etwa befinden möchtest, oder wann du etwa zurückkehren könntest. Solcher Ungewißheit halber haben wir denn auch unsere gar gebrechlichen Kranken in die vorbesagte Herberge gegeben, auf daß sie dort eine Pflege haben sollen, während wir uns bemühten, irgendwo zu dir zu kommen, um dich zu bitten, daß du dich der Schwerleidenden erbarmen möchtest! Wir haben darum auch auf dem Berge oberhalb der Herberge unser Lager gemacht, auf daß wir unseren Kranken, die in der Herberge mit genauer Not untergebracht sind, in möglichst nächster Nähe wären.

[15] Nun, Herr und Meister, haben wir dir alles gesagt, und weiter hinaus können wir dir nichts sagen. So du alsonach willst, so erbarme dich der Armen und Leidenden!«

[16] Sage **Ich:** »Es ist dem also: Wenn ihr nicht sehet Wunder und Zeichen, so ist schwach euer Glaube; ohne die Kraft des Glaubens aber läßt sich wenig tun zum Heile der Menschen! Aber so ihr glaubet, da sollet ihr die Herrlichkeit der Macht Gottes im Menschen sehen!«

[17] Sagen **alle:** »Ja, ja, Herr. Wir glauben alle. Wer wie du eine tote Tochter des Obersten Jairus ins Leben zurückrufen kann, der kann auch alle anderen Krankheiten heilen, die noch lange kein Tod sind! Denn solche Tat haben wir bis nach Bethlehem, der Stadt Davids, vernommen!«

[18] Sage **Ich** mit aufgehobenen Händen: »Nun denn, so geschehe euch nach eurem Glauben!«

[19] Alle **die Kranken,** die im Hofraum der Heilung harrten, wurden plötzlich kerngesund, fingen an zu jubeln und zu schreien vor Freude und sprachen laut: »Wir haben ein Licht in unsere Leiber fahren sehen – und wir waren gesund; und es ist uns nun so wohl, als ob uns nie etwas gefehlt hätte. Heil Dem, der uns also plötzlich geheilt hat!«

[20] Die Pharisäer können vor lauter Staunen beinahe kein Wort herausbringen. Nach einer kleinen Weile aber hören sie ebenfalls laut schreien und jubeln durch den Ort Kis; und sie, die Pharisäer, und mit ihnen die grundgeheilten Kranken gehen eiligst hinaus zu schauen, was es da für einen Lärm gäbe. Aber sie ersehen nur zu bald ihre Herbergekranken, die alle wie muntere Hirsche einherspringen und beständig »Heil dem Manne« rufen, der sie geheilt hatte also wunderbar.

[21] Als die Genesenen an die fünf Pharisäer stoßen, fragen diese die Jubelnden, wann und wie sie geheilt wurden. Alle Geheilten, bei dreißig an der Zahl, aber erzählen ihnen einstimmig, wie solches um die und die Zeit war, und daß sie ein Licht in ihren Leib haben fahren sehen.

[22] Da merkten die fünf, daß das genau um die Zeit war, als Ich gesagt habe: »So geschehe euch nach eurem Glauben!«, und daß die in der Herberge durch ein Licht geheilt worden sind.

[23] Alles ist voll Staunens, und **die Geheilten** rufen: »Führet uns zu dem Heilande, daß wir ihm persönlich unser Lob und unsern Lohn darbringen!«

[24] Da führen die Pharisäer sie zu Mir hin, und sie fallen vor Mir nieder und geben Gott die Ehre, daß Er einem Menschen solche Kraft verlieh!

[25] Ich aber heiße sie sich erheben vom Boden und bedrohe sie alle

zugleich, während Ich ihnen den für sie bestellten Speisesaal zeige, daß sie von all dem nirgends was ruchbar machen sollen, weder zu Jerusalem noch in der Stadt Davids.

[26] Und sie geloben Mir alle einstimmig, daß sie solches soviel als nur immer möglich beachten werden; nur werde es ihnen in ihrer Stadt schlecht gehen, wenn sie als kerngesund wieder in dieselbe einziehen werden; aber sie würden dennoch das möglichste tun, um nur Mich nicht zu verraten.

[27] Ich heiße solchen Vorsatz gut und führe sie alle Selbst in den Speisesaal, allwo Erfrischungen und Stärkungen aller Art auf sie warten. Ich segne ihnen Speisen und Getränke und beheiße sie dann, nach Bedürfnis zu essen und zu trinken und versichere ihnen, daß es ihnen nicht schaden werde. Und sie fangen an zu essen und zu trinken; Ich aber ziehe Mich darauf in ein anderes Gemach zurück, allwo für Mich und die Meinen noch der ehrliche Baram aus Jesaira ein überaus reichliches Abendmahl vorbereitet hatte, an dem an Meiner Seite Kisjonah mit seiner Familie fröhlichsten Teil nahm.

219. Ein neuer Missionswink. Die Notwendigkeit einer Gärung im Gemüte. Gleichnis vom Mastochsen. Der Segen der Heimsuchung.

[1] Nach dem Abendmahle sagte **Ahab:** »Herr, daß ich über Dich schon von Jesaira her in der klarsten Ordnung bin über Deine Wesenheit, das versteht sich mehr als von selbst, und es hätte meinetwegen solch ungeheurer Zeichen nicht bedurft, um mich und alle meinesgleichen zur Übergenüge zu überzeugen, daß Du Jehova Selbst bist, durch einen von dieser Erde gleichsam zur Leihe genommenen Menschenleib wirkend. Aber neugierig bin ich, ob die fünf Pharisäer aus Bethlehem, die sonst rechte Ehrenleute zu sein scheinen, davon im Ernste nichts merken sollen, wer Der sein dürfte, der ihre Kranken so überaus wunderbar geheilt hat. Wenn sie nur irgendeinen Dunst haben, so müssen sie ja doch schon nahe mit den Händen greifen, daß ein gewöhnlicher Mensch so was ewig nicht zu leisten imstande ist. Ich bin der Meinung, man solle sie so ein wenig auskosten gehen, und es würde sich da bald zeigen, was sie bei sich von Dir halten.«

[2] Sage **Ich:** »Freund, daß Ich es ganz sicher weiß, was sie von Mir halten, daran wirst du hoffentlich auch keinen Zweifel haben; und da meine aber Ich, es sei nun gar nicht nötig, daß wir sie störten in ihren höchst eigenen Betrachtungen. Dazu ist denn ja morgen auch noch ein Tag, an dem sich noch so manches recht trefflich wird abmachen lassen. Lassen wir sie heute nacht nur recht durchgären! Denn wie beim neuen Most die Gärung nötig ist, auf daß aus dem Moste ein geistiger Wein werde, ebenalso ist jedem Menschen eine ähnliche Gärung in seinem Gemüte höchst notwendig, so er ins volle und wahre Geistige übergehen soll.

[3] Sieh, so ein Mensch alles hat, was er benötigt, so fühlt er sich ganz behaglich; er sorgt sich um nichts, er arbeitet nichts, läßt sich bloß gut und bequem geschehen und fragt wenig danach, ob es einen Gott gibt, ob ein Leben nach dem Tode des Leibes, ob der Mensch mehr ist als ein Tier oder

das Tier mehr als ein Mensch. Berge und Täler sind ihm einerlei, Winter und Sommer gehen ihn nichts an; denn im Sommer hat er Schatten und kühlende Bäder und für den Winter wohlerwärmende Kamine und warme Kleider.

[4] Also ist ihm auch gleich, ob das Jahr fruchtbar war oder nicht; denn fürs erste ist er auf zehn Jahre mit Vorräten aller Art versehen und hat fürs zweite Geld in Menge, um sich irgend etwas Abgängiges beizuschaffen.

[5] Sieh, ein solcher Mensch lebt dann gerade so gemächlich fort wie ein Mastochse im Stall und denkt auch nicht um vieles mehr als ein Ochse und ist sonach auch nichts als ein Genußtier in menschlicher Gestalt.

[6] Wenn du zu einem solchen kämest, um ihm zu predigen das Evangelium vom Gottesreiche, so wird er dir gerade das tun, was der Ochs im Stalle einer Stechfliege tut, die ihn in seiner Freßbehaglichkeit stört: der Ochs schwingt seinen Schweif über den ihn störenden Gast, und dieser muß schnell Reißaus nehmen, um nicht erschlagen oder doch wenigstens stark beschädigt zu werden.

[7] Und sieh, ein solcher mit keiner Sorge bedrängter Wohlfresser wird seiner Dienerschaft, die im Grunde auch nichts als des sorglosen Wohllebers Fliegen abtreibender und abwehrender Schweif ist, den Wink geben, dich fortzutreiben; du wirst offenbar so schnell als möglich das Weite suchen und wirst erst in einer bedeutenden Ferne darüber nachdenken können, welch eine Wirkung deine Evangeliumspredigt bei dem Wohlfresser gemacht hat.

[8] Ich aber verstehe es, solchen Ochsen eine ganz andere Vorpredigt zu machen: Ich lasse ein irdisch Unglück ums andere über sie kommen; dadurch kommen sie in allerlei Sorgen und Angst und Furcht, fangen an zu denken, zu suchen und zu fragen, wie doch solches möglich sei, daß sie nun so von allen Seiten bedrängt werden, indem sie doch nie jemandem ein Unrecht zugefügt hätten und allzeit als ordentliche, wohlanständige Menschen gelebt haben!

[9] Das geschieht ihnen aber nur der nötigen Gärung wegen.

[10] Wenn solche Menschen dann so in eine rechte Gärung kommen, so sehnen sie sich nach Freunden, durch die sie wieder zu einer Ruhe gebracht werden könnten; dann gehe du zu ihnen hin und predige ihnen das Evangelium, und sie werden dich hören und nimmer ihren stolzen und wütend um sich herumschwingenden Schweif wider dich erheben!

[11] Und sieh, aus ebendem Grunde ist es gut, daß diese unsere Gäste durch diese Nacht hindurch so in irgendeine rechte Gärung kommen; durch diese werden sie in sich selbst geistiger, und wir werden morgen eine leichte Arbeit mit ihnen haben. Siehst du das nun ein?«

220. Ahabs Verwunderung über die göttliche Weisheit. Selbsterkenntnis tut vor allem not. »Seid nicht bloß Hörer, sondern Täter des Gottesworts!« Die wahre lebensvolle und selige Ruhe in Gott. Warnung vor langem Schlafen und vor dem Müßiggang.

[1] Sagt **Ahab:** »O Weisheit, o Weisheit! Was für Hohes und Wahres fassest du in dir, und wie ungeheuer dumm ist unsereins dagegen! Es ist eine ewige Wahrheit, daß nirgends etwas entstehen kann, wenn zuvor nicht eine kämpfende Tätigkeit vorausgeht; und ich wollte doch nun sogleich zu den Bethlehemiten gehen und sie zu beleuchten anfangen! O ich Mittelpunkt aller Dummheit! Sagen doch die Weisen der Griechen: ›Jede Tätigkeit wird durch einen Kampf bedingt, und jeder Effekt ist die Folge dessen!‹, – und ich sah das nicht ein! Wie kommt es, daß ich's nun einsehe?!

[2] Ja, so beim Menschen in seinem Innern nicht ein rechter Kampf mit sich selbst und seinen verschiedenen Lebenselementen vorangeht, ist alles eitel, was man mit ihm von außen her vornimmt!

[3] Ich bin nun völlig im klaren über die instruktiven Lebensverhältnisse des Menschen, und ich möchte hier beinahe einen Hauptlebensgrundsatz aufstellen und glaube, daß ich das Ziel eben nicht zu weit verfehlen dürfte!« Sage **Ich:** »Laß ihn hören! Ich will ihn in Mir nicht eher beschauen, als bis du ihn ausgesprochen hast.«

[4] Sagt **Ahab:** »Was sich der Mensch von seinen ihm vom Anbeginne verliehenen Eigenschaften nicht zuvor selbst gegeben hat, das kann, ohne ihn zu verderben, ihm kein Gott geben! Gott sind wohl alle Dinge möglich; aber der Mensch gewinnt dabei nichts!

[5] Wer sich zuvor nicht selbst erkennt, wie soll er jemand andern und endlich gar Gott erkennen?! – Das wäre mein Grundsatz. Herr, bin ich weit vom Ziele?«

[6] Sage **Ich:** »Nein, Freund Ahab, wahrlich, du hast nun den Nagel fest auf den Kopf getroffen; also ist es! Was sich der Mensch mit seinen ihm verliehenen Kräften nicht als selbsttätig verschafft, das kann und darf ihm auch Gott nicht verschaffen, ohne ihn zu richten!

[7] Darum seid denn auch alle nicht eitel pure Hörer Meines Wortes, sondern eifrige Täter desselben, so werdet ihr erst dessen Segnungen in euch wahrzunehmen anfangen!

[8] Denn das Leben ist ein Tun und kein Müßigstehen der Kräfte, durch die das Leben bedingt ist, und so muß das Leben auch durch die gleichfort währende Tätigkeit der sämtlichen Kräfte desselben sogar für ewig erhalten werden; denn in dem Sich-zur-Ruhe-Legen waltet kein bleibend Leben.

[9] Das gewisse Wohlgefühl, das euch die Ruhe beut, ist nichts als ein teilweiser Tod der zum Leben erforderlichen Kräfte; wer dann stets mehr und mehr an der tatlosen Ruhe, besonders der geistigen Lebenskräfte, ein behagliches Wohlgefallen findet, der schiebt sich dadurch eben auch stets mehr dem wirklichen Tode in die Arme, aus denen ihn auch kein Gott gar zu leicht mehr befreien wird!

[10] Ja, es gibt auch eine rechte Ruhe voll Lebens; aber die ist in Gott

und ist für jeden Menschen ein unnennbar beseligendes Gefühl der Zufriedenheit, nach dem Willen Gottes tätig zu sein.

[11] Dieses beseligendste Zufriedenheitsgefühl und die klarste Erkenntnis, wahrhaft nach der Ordnung Gottes gleichfort gehandelt zu haben, ist die bewußte rechte Ruhe in Gott, die allein voll Lebens ist, weil voll Tatkraft und Handlung danach. Jede andere Ruhe, die in einem Aufhören der Lebenskräfte besteht, aber ist, wie schon gesagt, ein wahrer Tod insoweit, als inwieweit die verschiedenen Lebenskräfte sich der Tätigkeit entzogen haben und dieselbe nicht wieder ergreifen. – Verstehet ihr solches?«

[12] Sagt **Judas Ischariot:** »Herr, wenn so, da sollte der Mensch den Schlaf fliehen wie eine Pestilenz; denn der Schlaf ist doch auch eine Ruhe von einer Anzahl, wennschon äußerer Lebenskräfte!«

[13] Sage **Ich:** »Allerdings! Darum werden Langschläfer auch nie ein besonders hohes Alter erreichen. Wer seinem Leibe in der Jugend fünf Stunden und im Alter sechs Stunden Schlafruhe gönnt, der wird auch zumeist ein hohes Alter erreichen und wird lange ein jugendliches Aussehen behalten, während ein Langschläfer bald altert, ein faltiges Gesicht und graue Haare bekommt und im etwas vorgerückten Alter wie ein Schatten einhergeht.

[14] Wie aber der Leib durch zu vielen Schlaf stets mehr und mehr tot wird, ebenso und noch bei weitem mehr wird es die Seele, wenn sie mehr und mehr nachläßt in ihrer Tätigkeit nach Meinem Worte und Willen.

[15] Wo aber der Müßiggang sich einmal in eine Seele eingenistet hat, da nistet sich auch bald das Laster ein; denn der Müßiggang ist nichts als eine sich selbst wohltuende Liebe, die jede Tätigkeit für jemand anderen um so mehr flieht, weil sie im Grunde des Grundes nur das will, daß alle anderen zu ihren Gunsten und Nutzen arbeiten sollen!

[16] Darum hütet euch auch insbesondere vor dem Müßiggang; denn dieser ist ein wahres Samenkorn für alle möglichen Laster!

[17] Als Beispiel mögen euch die verschiedenen Raubtiere dienen. Sehet, diese Tiere setzen sich nur dann in eine verderbenbringende Tätigkeit, wenn sie ein brennender Hunger antreibt; haben sie einen Fraß erbeutet und ihren Hunger gestillt, so begeben sie sich alsbald wieder in ihre Höhlen und ruhen da oft tagelang, besonders die Schlangen.

[18] Betrachtet nun einen Räuber und Mörder dagegen! Dieser sonst aller Arbeit scheue Mensch, eigentlich Teufel im Fleische, liegt tagelang in irgendeinem seiner Raubnester; nur wenn die Laurer ihm vermelden, daß eine reiche Karawane bei seinem Raubneste vorüberziehen werde, da erst setzt er sich mit seinen Gesellen auf die Mitlauer und fällt dann die kommende Karawane rücksichtslos an und raubt sie aus und ermordet die Kaufleute, auf daß er nicht verraten werden möchte! Und das ist eine Frucht des Müßiggangs.

[19] Darum noch einmal gesagt: Hütet euch vor allem vor dem Müßiggang; denn er ist der Weg und die breite Tür zu allen erdenklichen Lastern!

[20] Nach getaner Arbeit ist eine mäßige Ruhe gut den Gliedern des Leibes, aber dafür eine übermäßige schlechter als gar keine.«

221. Vom Übel der Trägheit und vom Segen der Tätigkeit. Wanderwinke. Laue und scharfe Regenten. Maria und Thomas. Aufzeichnung dieser Lehre von der Tätigkeit – genannt »die Nachtpredigt« – durch Matthäus. Warum diese Aufzeichnung verlorenging.

[1] **(Der Herr:)** »So jemand einen weiten Weg zurückgelegt hat zu Fuß und erreicht endlich eine Herberge, so wird er, wenn er in der Herberge sich nicht alsobald zur Ruhe begeben wird, sondern kleine Bewegungen machen und am nächsten Tage schon vor dem Aufgange auf den Füßen sein wird, den ganzen Tag über von keiner Müdigkeit etwas verspüren, und je länger er also seine Reise fortsetzen wird, desto weniger müde wird sie ihn machen.

[2] So aber jemand ebenso stark ermüdet vom Tagesmarsche auf eine Herberge kommt, sich sogleich auf ein Lager hinwirft und dasselbe gar erst am Mittag des nächsten Tages verläßt, so wird er mit völlig steifen Füßen und mit einem völlig betrunkenen Kopfe seine Weiterreise fortzusetzen anfangen und wird nach einer Strecke zurückgelegten Weges sich vor lauter Müdigkeit nach einer Ruhe sehnen, und es kann am Ende sogar geschehen, daß er am Wege liegenbleibt und allda verkümmert, so ihm niemand – was leicht möglich – zu Hilfe kommt.

[3] Was aber schuldet daran? Seine eigene zu große Ruhelust und der mit derselben verbundene Wahn, daß die Ruhe den Menschen stärke.

[4] So jemand in einer oder der andern Kunst, dazu Hand- und Fingergeschicklichkeit in hohem Grade erfordert werden, eine große, staunenerregende Fertigkeit erreichen will, Frage: Wird er diese je erreichen, so er an der Stelle des unausgesetzten fleißigen Übens an jedem Tage seine Hände und Finger in die Taschen steckt und Tag für Tag fein müßig herumwandelt aus einer Art vorsichtiger Furcht, seine Hände und Finger nicht zu ermüden und sie für die anzustrebende Künstlerschaft ja etwa nicht zu steif und unfähig zu machen?

[5] Wahrlich, da könnte Ich Selbst bei aller Meiner unbegrenzten Weisheit nicht einen Propheten machen und die Zeit festsetzen, in der solch ein Kunstjünger ein Virtuose wird! Daher, Meine lieben Freunde und Brüder, sage Ich euch wiederholt:

[6] Nur Tätigkeit über Tätigkeit zum allgemeinen Wohle der Menschen! Denn alles Leben ist eine Frucht der beständigen und nie zu ermüdenden Tätigkeit Gottes und kann daher nur durch die wahre Tätigkeit erhalten und für eine ewige Dauer bewahrt werden, während aus der Untätigkeit nichts als der Tod zum Vorschein kommt und kommen muß.

[7] Leget eure Hände auf euer Herz und merket es, wie es in einem fort Tag und Nacht tätig ist! Von solcher Tätigkeit aber hängt ja das Leben des Leibes alleinig ab; so das Herz aber einmal stillzustehen anfängt, da – meine Ich – dürfte es etwa mit dem natürlichen Leben des Leibes wohl gar sein!

[8] Wie aber die Ruhe des leiblichen Herzens offenbar der volle Tod des Leibes ist, also ist auch die gleiche Ruhe des Seelenherzens der Tod der Seele!

[9] Das Herz der Seele aber heißt Liebe, und das Pulsen desselben spricht sich in wahrer und voller Liebtätigkeit aus.

[10] Die unausgesetzte Liebtätigkeit ist demnach der nie zu ermüdende Pulsschlag des Seelenherzens. Je emsiger aber das Herz der Seele pulst, desto mehr Leben erzeugt sich in der Seele, und so dadurch ein hinreichend hoher Lebensgrad in der Seele sich erzeugt hat, so, daß er dem göttlichen, allerhöchsten Lebensgrade gleichkommt, so weckt solch ein Lebensgrad der Seele das Leben des göttlichen Geistes in ihr.

[11] Dieser – als pur Leben, weil die unermüdete höchste Tätigkeit selbst – ergießt sich dann in die ihm durch die Liebtätigkeit gleichgewordene Seele, und das ewig unverwüstbare Leben hat in der Seele seinen vollen Anfang genommen!

[12] Und sehet, das kommt alles von der Tätigkeit, nie aber von einer faulen Ruhe her!

[13] Daher fliehet die Ruhe und suchet die volle Tätigkeit, und euer Lohn wird sein das ewige Leben!

[14] Glaubt ja nicht, daß Ich etwa gekommen sei, den Menschen auf dieser Erde den Frieden und die Ruhe zu bringen; o nein, sondern das Schwert und den Krieg!

[15] Denn die Menschen müssen durch Not und Drangsale aller Art zur Tätigkeit angetrieben werden, ansonst sie zu trägen Mastochsen würden, die sich selbst mästeten zum Fraße für den ewigen Tod!

[16] Not und Drangsal bewirken im Menschen ebenfalls eine Gärung um die andere, aus welcher sich am Ende doch etwas Geistiges entwickeln kann.

[17] Man könnte freilich wohl sagen: ›Durch Not und Drangsal aber werden auch Zorn, Rache, Mord und Totschlag erzeugt und Neid, Hartherzigkeit und Verfolgung!‹ Das ist allerdings wahr; aber so arg alle diese Dinge sind, so sind sie dennoch ob des Erfolges besser als die faule Ruhe, die tot ist und weder etwas Gutes noch etwas Böses bewirkt.

[18] Darum sage Ich euch: Entweder sei jemand gegen Mich vollends warm oder vollends kalt; denn einen Lauen will Ich aus Meinem Munde speien!

[19] Ein energischer Feind ist Mir lieber als ein lauer Freund; denn der energische Feind wird Mich nötigen zu aller Tätigkeit, auf daß Ich ihn entweder gewinne oder die rechten Wege einschlage, um ihn für Mich durch alle Zeiten unschädlich zu machen; neben einem lauen Freunde aber werde Ich Selbst lau, und wenn Mich eine Not träfe, wird Mir der laue Freund zu etwas nütze sein?!

[20] Darum ist auch ein lauer Regent eine Pest für sein Volk; denn da vermodert des Volkes Geist, und aus den Menschen werden lauter Freßochsen und Lastesel! Aber ein scharfer und sogar tyrannischer Regent macht das Volk lebendig, und es ist alles voll Tätigkeit, um nur in keine Strafe zu verfallen; und treibt es ein Tyrann zu toll, so wird das Volk sich endlich in Massen erheben und wird sich von seinem Peiniger befreien.

[21] Ich meine nun, über den Wert der Tätigkeit hinreichend gesprochen zu haben, und bin überzeugt, daß ihr alle diese Lehre verstanden habt.

Darum, so jemand will und in sich ein Bedürfnis zur Schlafruhe seines Leibes fühlt, der suche sich ein Lager; der aber mit Mir die Nacht über wachen will, der bleibe hier!« Da sagten **alle:** »Herr, so Du wachest, wie könnten wir da schlafen?! – Nur die Mutter Maria scheint der Leibesruhe zu bedürfen, und so könntest Du sie wohl schlafen heißen.«

[22] Aber die **Maria,** obschon sie hinter Mir auf einem Lehnstuhle ein wenig schlummerte, vernahm dennoch diese Rede, richtete sich auf und sagte zu dem Redner in aller Freundlichkeit: »Freund, der du gewöhnlich deinen Mund für alle deine Mitjünger auftust, ich sage dir, daß deine Sorge um mich ein wenig eitel ist; denn sieh, ich habe meinem Herrn zuliebe wohl schon mehrere Hunderte von schlaflosen Nächten durchwacht, und ich lebe noch – und werde noch so viele durchwachen und darob das Leben nicht verlieren, so es Sein Wille ist! Daher kümmert ihr euch alle um mich nicht; es ist genug, daß Einer meiner gedenkt!«

[23] Es war aber dies der Thomas, an den diese Worte gerichtet waren. Dieser aber kam zur Maria und bat sie, daß sie ihm seine gute Meinung nicht ungütig aufnähme. Maria aber tröstete ihn und war sehr freundlich ob seiner Sorge um sie, und dem Thomas ward es wieder leichter ums Herz, daß er alsbald wieder ganz beruhigt seinen Platz einnahm.

[24] Es trat nun auf eine Zeit eine Stille ein. Niemand redete ein Wort; denn sie alle dachten nun viel darüber nach und fanden die Wahrheit des Gesagten stets heller und heller leuchtend.

[25] Nur **Matthäus** sagte nach einer Weile für sich selbst: »Morgen beim ersten Tagesanbruch wird diese Lehre von der Tätigkeit und von der Ruhe, so gut es geht, niedergeschrieben auf eine eigens bloß für diese Lehre bestimmte Platte; denn diese über alles wichtige Lehre darf um keinen Preis der Welt verlorengehen!« Und als es dann bald darauf zu tagen begann, so hielt Matthäus auch sein Wort; und es hat sich diese Lehre für sich dann lange erhalten und ist durch Jonael und Jairuth auch nach Samaria überbracht worden, ward aber mit der Zeit sehr entstellt und ging darum auch verloren. Solange sie aber noch gang und gäbe war, kursierte sie unter dem Namen »die Nachtpredigt« im Volke.

222. Die fünf Pharisäer aus Bethlehem waschen dem Herrn die Füße. Ein kurzes Lebensevangelium.

[1] Am Morgen kamen die fünf Pharisäer zu Mir, grüßten Mich und Meine Jünger nach ihrer Sitte auf das höflichste und bezeigten Mir noch eine besonders große Ehre dadurch, daß sie Mich fragten, ob Ich sie für würdig hielte, daß sie Mir die Füße wascheten.

[2] Denn das war zu Bethlehem noch eine im Gebrauche stehende alte Ehrungssitte, daß entweder der Gastgeber seinen Gästen oder als Gegenehrenbezeigung ein Erster aus der Zahl der Gäste am nächsten Morgen dem Gastgeber die Füße wusch. Darum ließ ich Mir denn auch von den fünf Pharisäern aus Bethlehem die Füße waschen und abtrocknen.

[3] Nach solcher Handlung erst fragten Mich **die fünf Pharisäer,** sagend: »Wahrlich, unbegreiflich großer Meister! Sage uns doch nur ein bißchen von der Art und Weise, wie diese allenfalls beschaffen ist, mittels der du solche nie erhörte Heilungen bewirkst! Daß du solches – im allgemeinen gesprochen – offenbar durch die Kraft Gottes wirkst, unterliegt wohl keinem Zweifel; aber wie und auf was für eine Art in solch unerhörter Vollendung, das ist eine andere Frage. Nur davon – so du uns nur einigermaßen für würdig hältst – gib uns einige Winke, und wir wollen dann hochvergnügt und dir ewig dankbar bleibend von hier den Rückweg nach Bethlehem antreten.«

[4] Sage **Ich:** »So Ich es euch auch sagen möchte, da würdet ihr es dennoch nicht glauben; denn die dreifache Decke Mosis hängt auch über eure Augen herab, auf daß ihr ja nicht merken mögt, wer Der ist, der nun mit euch redet! Kenntet ihr Den, ihr würdet solche Frage nimmer stellen; aber weil ihr Ihn nicht kennet, so fraget ihr also, wie ihr fraget!

[5] Und so Ich euch auch eine rechte Antwort gäbe, so würdet ihr sie dennoch nicht annehmen. Denn ihr sehet wohl das, was in der Welt der Materie nach ist und geschieht; aber was da betrifft den Geist, dessen Reich und Wirken, das ist euch fremd, und ihr könnet darum auch nicht begreifen und fühlen, was da ist des Gottesreiches Sein und Wirken im Menschen.

[6] Gehet aber hin und tut Buße um eurer vielen Sünden willen, so werdet ihr gewahr werden, daß das Reich Gottes nahe zu euch gekommen ist.

[7] Liebet Gott aus allen Kräften und betet Ihn an im Geiste und in der Wahrheit; liebet aber auch eure nächsten armen Brüder und Schwestern; verfolget eure Feinde nicht; fluchet denen nicht wieder, die euch fluchen und tut euren Übeltätern Gutes, so werdet ihr glühende Kohlen über ihren Häuptern sammeln, und Gott wird solche eure Werke ansehen und wird sie euch vergelten hundertfältig.

[8] Leihet euer Geld nicht denen, die es euch mit reichen Prozenten wieder erstatten können, sondern wahrhaft Armen und Dürftigen, so wird euer Geld im Himmel zu hohen Interessen angelegt sein, und der Vater im Himmel wird euch allzeit ausbezahlen Interessen und Kapital für ewig!

[9] Nehmet auch nicht zu gierig von der Welt Lob, Dank und Preis eurer guten Taten wegen; denn so ihr solches tut der Welt wegen, was für ein Lohn soll euch dann werden im Himmel?! Ich sage euch: Wer auf der Welt einer guten, den armen Brüdern erwiesenen Tat wegen verlangt und nimmt irgendeinen wie immer gearteten Lohn, dessen Lohn im Himmel ist dahin!

[10] Wer des Himmels wegen arbeitet, der wird vom Himmel aus belohnt werden zeitlich und dereinst ewig; wer aber der Welt wegen arbeitet, der wird wohl von der Welt einen schnöden und vergänglichen Lohn ernten; aber im Himmel wird er sein Verdienstbuch leer finden, und sein Lohn wird dahin sein, und seiner geistigen Armut wird schwer ein Ende werden!

[11] So ihr das wohl beherziget und danach tut, da wird euch's auch bald klar werden, auf welche Art und Weise Ich eure Kranken geheilt habe. – Nun wisset ihr alles, was euch zu wissen not tut. Fraget nicht um Weiteres, das euch nichts nützen würde, so man euch's auch sagen möchte.

[12] Habt aber auch acht, daß ihr Mich, Mein Wirken und diese Meine

Jünger weder in Jerusalem und ebensowenig in der Stadt Davids bekanntmachet; denn solches würde euch keinen Segen bringen!

[13] Nun aber, so ihr das Morgenmahl werdet eingenommen haben, könnet ihr ganz getrost wieder euren Heimweg antreten!«

[14] Auf diese Meine Rede machen die fünf wohl etwas verdutzte Gesichter; aber sie getrauen sich dennoch nicht, eine weitere Frage zu stellen, verbeugen sich vor Mir und begeben sich dann in ihren Speisesaal und nach dem Morgenmahle auf den Weg in ihr Heimatland.

223. Die Ansichten der fünf Pharisäer über den Herrn. Des einen Pharisäers Vermutung: »Er ist ein Gott oder ein Teufel!« Lehrwinke.

[1] Darauf aber treten die Jünger zu Mir hin und fragen Mich, warum Ich mit den Bethlehemitern gar so verhüllt geredet hätte.

[2] Sage **Ich:** »Seid ihr denn noch gleichfort also unverständig, als hättet ihr noch nie ein weises Wort von Mir vernommen?! Diese halten Mich für nichts als einen mit außerordentlichen geheimen Fähigkeiten begabten Arzt, der mit Hilfe geheimer Kräfte in der Natur solch wunderbare Kuren macht.

[3] Es ist denen nicht unbekannt die Sekte der Essäer, die einige ganz beachtenswerte Kenntnisse in der geheimen Apothekerkunst besitzen, mittels der sie so manche Übel zu heilen imstande sind und auch so manche Erscheinungen bewerkstelligen können, die für einen Laien als offenbare Wunder erscheinen müssen. So ihr nun das voraussetzet, kann da am Ende was anderes zum Vorschein kommen, als daß diese Bethlehemiter Mich für durchaus nichts anderes ansehen als für einen Essäer vierten, also höchsten Grades, dessen Wissenschaft so hoch gehe, daß er die verschiedenartigsten Kräfte der Natur am Leitseile hat und sie lenken kann nach seiner Willkür?!

[4] Wenn Ich ihnen aber so geradeaus enthüllt hätte, daß Ich als Sohn des Allerhöchsten der verheißene Messias sei, wie hätten diese erzfesten Juden sich über alle Maßen zu ärgern angefangen und hätten Mich für einen sich das Höchste anmaßenden Magier, der mit dem Satan im Bunde stehe, gehalten und als solchen auch über alle Maßen verlästert, und die Heilung ihrer hierher gebrachten Kranken wäre ihnen ein Stein des ärgsten Anstoßes geworden! Nun aber, da sie Mich bloß für einen Erzessäer halten, gehen sie ganz gemütlich nach Hause und loben und preisen Gott, der dem Menschen solche geheimen Kenntnisse und Kräfte verleiht, durch die er den leidenden Menschen die sicherste, wennschon wunderbarste Hilfe leisten kann!

[5] Auf daß sie aber daheim bei ruhigerem und reiferem Nachdenken dennoch mit leichter Mühe dahinterkommen können, daß Ich etwa doch kein Essäer sei, weil Meine ihnen kundgegebenen Grundsätze über das sittliche und gesellschaftliche Lebensverhältnis der Menschen jenen der Essäer schnurgerade entgegenstehen, so habe Ich ihnen gerade soviel Belehrung erteilt, als es für den ausgesprochenen Zweck notwendig war. Sie werden daheim schön und sauber Meine Belehrung mit der Lehre der Essäer,

die sie wohl besitzen, vergleichen und werden nach den aufgefundenen grellsten Kontrasten erst so recht zu stutzen anfangen, wie die fünf vor euren Augen schon zu stutzen angefangen haben, als sie Meine Worte vernahmen, weil Meine an sie gerichtete Lehre, wie gesagt, jener der Essäer überhaupt und mehr als schnurgerade entgegen ist.

[6] Sie hätten sich mit Mir gern in eine weitere Befragung eingelassen; aber Ich habe sie ganz kurz abgefertigt, und sie gingen und getrauten sich keine weitere Frage mehr zu stellen; denn sie sahen, daß Ich der Tat nach wohl ganz gut Essäer höchsten Ranges sein könnte, aber nach Meinen an sie gerichteten Worten wieder nicht. Aber sie denken nun auch, als am Wege über nichts denn allein über diese Erscheinung nur nachdenkend: ›Sollen denn etwa die Essäer zwei Lehren haben, eine äußere bloß fürs blinde Weltvolk, und eine innere für sich allein?‹ Aber Ich sei mit ihnen also aufrichtig gewesen und hätte ihnen als ein in der Schrift Wohlbewanderter einige Sätze der innern Lehre so hingeworfen und hätte alles weitere Suchen ihnen selbst anheimgestellt!

[7] Einer von den fünfen aber meint, es müsse hinter Mir ganz was anderes als ein Essäer höchsten Ranges stecken. Er sagt nun zu den andern vieren: ›Ich meinesteils kann ihn geradewegs für keinen Essäer halten; denn ich habe doch erst unlängst mit einem Essäer über alle ihre Lehren und Gebräuche geredet, und dieser war von großer Aufrichtigkeit; aber er wußte nichts von einer zweiten, geheimen Lehre. Ich halte den sonderbaren Heiland von Nazareth daher für eine ganz eigene und meines Wissens noch nie dagewesene Erscheinung. Er ist entweder ein Gott – oder ein Teufel, was ich aber dennoch sehr bezweifeln möchte, da seine Lehre das sozialste Prinzip ist, das mir je vorgekommen ist; ein Teufel aber ist ein höchster Tyrann und daher ein abgesagtester Feind aller Sozialistik!‹

[8] Seht, solche Gespräche führen die fünfe schon jetzt auf der Reise und sind so vertieft darinnen, daß sie kaum merken, ob ihre Füße sich bewegen und sie weitertragen.

[9] Meine Lieben, so man lehrt, muß man sehr behutsam zu Werke gehen; man muß nicht sogleich mit der ganzen Tür ins Haus fallen und wie bei einer Mahlzeit nicht alle Speisen auf einmal auftragen, sondern man tritt leise ins Haus und pocht fein an eine Tür, die in ein oder das andere Gemach führt; und so man eine Mahlzeit gibt, da trägt man erst dann eine zweite Speise auf den Tisch, wenn die Gäste die erste bereits verzehrt haben; sonst wird man als Besucher eines Hauses als unartig und keck verschrieen und wird im besuchten Hause als ein frecher Eindringling wenig oder nichts ausrichten, und der Gastgeber wird seinen Gästen alle Eßlust benehmen, so er ihnen auf einmal einen ganzen Haufen von allerlei Speisen auf den Tisch setzen würde; aber so in rechter guter Ordnung werden die Gäste bei frischer Eßlust erhalten, und diese werden am Ende den Gastgeber loben, daß er sie also vortrefflich bewirtet hat!

[10] Und sehet, eben also muß man im Lehren zu Werke gehen, wenn man damit irgend etwas ausrichten will. – Verstehet ihr nun dieses?«

[11] Sagen **die Jünger:** »Ja Herr, wir verstehen nun alles genau, was Du nun wie allzeit überweise zu uns geredet hast!«

[12] Sage **Ich:** »Nun gut, so gehen denn auch wir zum Morgenmahle!«

224. Liebeswettstreit zwischen Kisjonah und Baram. Wichtigkeit und Wesen der Selbstbeschauung. Störung der Selbstbeschauung durch den Satan.

[1] Wir erheben uns denn sogleich von unseren Rastbänken und gehen hinaus in den Garten, allwo schon ein reichliches Morgenmahl unser harret, das noch gleichfort der Baram für uns bereitet hatte.

[2] **Kisjonah** sagt zwar zum Baram: »Aber Bruder, was tust du denn?! Meinst du etwa, daß meine Speicher, Speisekammern und Weinkeller leer stehen?!«

[3] Sagt **Baram:** »Bruder, ich weiß nur zu gut, daß tägliche tausend Gäste deine Vorräte in tausend Jahren nicht aufzehren würden; aber ich gehöre gottlob doch auch nicht zu den Armen dieses Landes, und so laß mir heute noch die Freude, alle diese Gäste durch mich zu bewirten! Denn mir macht das eine große Freude, mit meiner Wenigkeit dem Herrn dienen zu können! Morgen soll es wieder auf deinen Kochherden so lebhaft als nur immer möglich hergehen!«

[4] Kisjonah und Baram umarmen und küssen sich und setzen sich darauf ebenfalls zu Tische und verzehren einen köstlichen Fisch mit Brot und Wein.

[5] Nach dem Mahle aber fragt Kisjonah, womit man sich den Tag hindurch beschäftigen werde, oder ob Ich etwa wieder irgendeinen Ausflug vorhätte, auf daß er Anstalten zu einer bequemen Reise machen könnte.

[6] Sage **Ich:** »Mein Freund und Bruder! Sorge nur du dich um nichts! Was die Zeit bringen wird, das soll ergriffen werden! Aber es wird die heutige und morgige nichts oder wenig bringen außer uns selbst, und daher werden wir auch keiner besonderen Vorbereitungen bedürfen. Morgen gen Abend wird Philopold aus Kana kommen; der wird auch manches zu erzählen wissen.

[7] Jetzt aber wollen wir bis gen Mittag hin einige Übungen in der Sichselbstbeschauung unter dem kühlenden Schatten der Bäume halten!

[8] Denn wahrlich sage Ich euch: Nichts ist dem ganzen Menschen heilsamer als eine zeitweilige innere Sichselbstbeschauung! Wer sich und seine Kräfte erforschen will, der muß sich zu öfteren Malen selbst erforschen und innerlich beschauen.

[9] Weil aber solches eben so notwendig ist, darum wollen wir denn für heute vormittag auch eine solche Übung vornehmen, und nach dem Mittagsmahle aber werden wir ein bißchen aufs Meer uns begeben und sehen, was allenfalls da zu machen sein wird.«

[10] Es wissen aber einige nicht, wie sie es mit der inneren Selbstbeschauung anfangen sollen, und fragen Mich darum. **Ich** aber sage: »Ruhet und denket im stillen lebendig nach über euer Tun und Lassen, über den euch wohlbekannten Willen Gottes, und ob ihr demselben nachgekommen seid

zu den verschiedenen Zeiten eures Lebens, so habt ihr euch innerlich selbst beschaut und dadurch stets mehr und mehr dem Eindringen des Satans in euch den Weg erschwert. Denn dieser sucht nichts emsiger, als durch allerlei äußere, nichtssagende Gaukeleien den Menschen an seiner inneren Sichselbstbeschauung zu verhindern.

[11] Denn hat der Mensch einmal durch Übung irgendeine Fertigkeit in der Beschauung seines Innern erreicht, so findet er in sich auch nur zu leicht und zu bald, welche Fallen ihm der Satan gelegt hat, und kann dann diese weidlichst zerstören und zunichte machen und aller künftigen Arglist desselben Feindes auf das energischste vorbauen. Das weiß der Satan nur zu gut und ist daher alleremsigst beschäftigt, durch allerlei die Seele nach außen ziehende Gaukeleien eben die Seele selbst zu beschäftigen, und er hat dann hinter der Wand ein ganz leichtes, unvermerkt der Seele allerlei Fallen aufzurichten, in die sie sich am Ende derart verstricken muß, daß sie dann fürder zu einer Sichselbstanschauung gar nicht mehr gelangen kann, was sehr schlimm ist.

[12] Denn dadurch wird die Seele dann stets mehr von ihrem Geiste getrennt und kann denselben nicht mehr erwecken, und das ist dann schon der Beginn des zweiten Todes im Menschen.

[13] Nun wisset ihr, worin die innere Sichselbstanschauung besteht. Machet darum von nun an bis gen Mittag eine solche Übung im stillen und lasset euch bis dahin durch keine äußere Erscheinung stören! Denn der Satan wird sicher nicht unterlassen, euch durch irgend ein oder das andere äußere Spektakel davon abzuziehen. Aber dann erinnert euch, daß Ich euch solches vorausgesagt habe, und kehret ja wieder schnell in euch selbst zurück!«

[14] Darauf begibt sich alles in die volle Ruhe, und jeder fängt an, recht kräftig sich selbst zu beschauen, und das Geschäft geht eine volle Stunde ganz ungestört fort.

225. Erscheinung eines Ungeheuers, eines richtigen Leviathans. Verheißung eines herrlichen Lohnes für die mutig Ausharrenden. Der Engel Archiel verscheucht das schreckliche Tier. Das drohende Ungewitter. Stärkung der Schwachen. Baram, der edle Wirt.

[1] Nach einer Stunde aber geschieht plötzlich auf einmal ein dröhnender Knall, als wenn ein starker Blitz ganz in der Nähe in ein Haus eingeschlagen hätte. Alle erschrecken gewaltig und fahren auf; aber sie gedenken Meiner Worte und begeben sich schnell wieder zur Ruhe.

[2] Aber Satan läßt nicht lange auf sich warten; bald nach dem Knalle vernehmen die Ruhenden, aber im Geiste Tätigen, ein unheimliches Zischen und Pfeifen, und es dauert nicht lange, so erhebt sich am Ufer des Meeres ein Ungeheuer seltener Art. Der Kopf gleicht dem eines Wolfes, nur wenigstens hundertmal so groß; die weit über den Rachen herausstehende Zunge gleicht einer sich gleichfort wild krümmenden Riesenschlange; die beiden

Ohren gleichen denen eines Ochsen in riesenhafter Größe; die Augen sehen aus wie zwei große Platten aus glühendem Erze; die Vorderfüße gleichen denen eines Riesenbären, die Hinterbeine denen eines Löwen von riesenhafter Größe; der Leib ist gleich dem eines Krokodils mit dem Schwanze eines Basilisken (afrikanischer Vampir). Sein Geschrei ist ein dröhnender Knall und sein Atem ein unheimliches Zischen und Pfeifen. Alsogestaltig entsteigt es dem Meere.

[3] Am Ufer weiden aber Schafe, Ochsen, Kühe, Kälber und viele Esel. Das Ungeheuer macht sogleich Jagd auf die Haustiere und verschlingt sogleich ein Stück ums andere. Die Haustiere fliehen dann; aber das Ungeheuer fängt an, sich gegen uns zu bewegen.

[4] Als **mehrere** solcher Bewegungen des Ungeheuers ansichtig werden, machen sie sich auf und sagen: »Herr, diese Probe ist etwas zu stark! Etliche Kälber, bei zehn Lämmer und zwei junge Eselsfüllen hat das gräßliche Ungeheuer bereits verzehrt; jetzt möchte es sich hier einen Leckerbissen holen und hat, von seinem Geruche geleitet, sich sicher unter uns etwas ausersehen, weil es nun gerade auf uns zu seinen etwas zögernden Weg eingeschlagen hat. Da dürfte es denn doch ratsam sein, sich diesem Todbringer ein wenig aus dem Wege zu stellen! Denn mit dieser Bestie ist wahrlich auf einem natürlichen Wege kein Kampf zu beginnen, und von einem Siege möchte da wohl schon lange keine Rede sein!«

[5] Sage **Ich:** »Lasset euch nicht im geringsten stören! Äußerlich sind wir dieses Ungeheuers alle zusammen nicht Herr, denn es ist dies ein vollkommen ausgebildeter Leviathan: aber vor unserer inneren Kraft muß er fliehen bis ans Ende der Welt; darum seid völlig unbesorgt! Eine kleine Stunde noch, und ihr habt des Todes Schranken und Grenzfesten durchbrochen, und die Herrschaft über alle Hölle und deren Heer soll euer Lohn sein!«

[6] Gleich nach solchen Meinen Worten läßt das Ungeheuer wieder ein paarmal nacheinander seine Knallstimme hören und bewegt sich darauf wieder ganz ruhigen, aber dabei dennoch ziemlich raschen Ganges zu uns hin, seine Freßgier durch das heftige Bewegen seiner Schlangenzunge und durch das beständige Ringeschlagen mit seinem langen und baumkräftigen Schweife nur zu handgreiflich zu erkennen gebend. Aber die Jünger sind nun in bester Verfassung und lassen ohne alle Furcht und Zaghaftigkeit das Ungeheuer auf sich losgehen.

[7] Als es uns in die Nähe von zehn Schritten kommt, gebe Ich bloß innerlich dem Engel **Archiel** einen Wink, und dieser tritt plötzlich vor das Tier hin und fragt es, sagend: »Was suchst du hier, Satan? Weiche – oder ich verderbe dich!« Da öffnet das Ungeheuer den Rachen und gebärdet sich, als ob es reden wollte; aber der Engel gebietet ihm noch einmal zu weichen! Da stößt das Tier mehrere Knallaute von sich und eilt darauf ins Meer unter gellendem Gezische und Gepfeife.

[8] Als es sich aber wieder ins Meer versenkt hatte, da bewegte es eine Zeitlang das Wasser in der großen Bucht so stark, als wenn es vom stärksten Sturme aufgeregt wäre; aber alles das macht nun keinen Jünger mehr irre,

und es wird Ruhe in Gott in dieser letzten Stunde mit dem größten inneren Eifer gepflegt.

[9] Gegen das Ende der Ruhestunde aber kommt auf einmal ein mächtiges Ungewitter. Heftige Blitze durchzucken die Luft; starke Windstöße beugen die Bäume nahe zur Erde, und starke und schwere Regentropfen, mit Hagel vermengt, entfallen schon dem finstern Gewölk.

[10] Einige schwächere Jünger wollten sich schon ins Haus flüchten; aber **der Engel** sagt: »Bleibet und erkennet des Satans leerstes Gaukelspiel!« Da bleiben sie und halten den leeren Regen leicht aus. Es regnet zwar immer heftiger, und die Hagelkörner hüpfen ganz munter am Boden herum; aber es wird kein Mensch von einem getroffen, und der Regen macht kaum jemands Haut naß.

[11] Da bedräut der Engel das Gewölk, und dieses teilt sich alsobald, und es entsteht sofort der reinste Tag. Nach einigen Augenblicken aber ist die Zeit der Sichselbstbeschauung zu Ende und **Baram** sagt: »Herr, wie es Dir genehm ist, hier oder im Hause! Das Essen ist bereitet!«

[12] Sage **Ich:** »Laß noch eine halbe Stunde verstreichen, und es wird dann alles in der Ordnung sein! Ich muß noch einige Worte an Meine Jünger richten.«

[13] Baram geht wieder auf sein Schiff, allwo in einer großen Kiste mehrere Schläuche besten Weines aufbewahrt sind, und läßt sie von seinen Leuten in die Küche stellen und allda füllen alle Krüge und sagt den Köchen und Köchinnen, daß sie mit dem Anrichten noch eine halbe Stunde warten sollen und erst dann die Speisen anrichten sollen, wenn er ihnen ein Zeichen geben werde. Darauf aber begibt er sich wieder zu Mir und hört mit an, was Ich zu den Jüngern allen über diese Sichselbstbeschauung und über deren Nutzen gesagt habe.

226. Vom großen Segen der regelmäßigen inneren Selbstschau. Von der Wiedergeburt. Der zauberische Geisterverkehr – ein Weg zur Hölle. Wozu muß denn ein Satan sein? Des Judas Vorwitz und Zurechtweisung.

[1] Das Gesagte aber lautete: »Ihr habt nun eine neue Art und Weise gesehen, wie der Mensch von der Materie ins stets reiner und reiner Geistige übergehen, und wie er auf diesem Wege ein Herr über sich selbst und dadurch am Ende auch über die ganze äußere Weltnatur werden kann. Darum pfleget von Zeit zu Zeit diesen Weg in Meinem Namen, und ihr werdet zu einer großen Macht über eure Leidenschaften und daraus über die ganze Naturwelt und jenseits über alle Kreatur gelangen.

[2] Ihr habt die argen Erscheinungen gesehen, die der Satan euch beschert hat. Sie haben euch in Furcht und Schrecken versetzt; aber ihr habt euch, auf Mein Wort vertrauend, ermannt und habt euch wieder in die Ruhe begeben und seid in solcher Ruhe volle Meister aller der bösen Vorkommnisse geworden.

[3] Glaubet aber ja nicht, daß ihr nun schon dem Satan seinen bösen Mut

völlig abgekauft habt! Sooft ihr wieder solche Übung mit euch vornehmen werdet, da werdet ihr auch von ihm beunruhigt werden, solange ihr im Geiste nicht völlig neu geboren werdet.

[4] Seid ihr aber einmal wiedergeboren aus dem Geiste, dann hat der Satan alle Macht über euch für ewig verloren, und ihr werdet seine Richter sein wie auch aller jener, die er an sich gerissen hat, und die ihr ihm wieder entreißen werdet für ewig!«

[5] Fragt **Petrus:** »Wie wird man denn wiedergeboren? Muß am Ende Seele und Geist wieder in eines neuen Weibes Leib und aus demselben wieder neu geboren werden? Oder wie ist das zu verstehen?«

[6] Sage **Ich:** »Das kannst du nun noch lange nicht völlig fassen. Wann Ich aber einmal werde aufgefahren sein dahin, von wo Ich gekommen bin, und Mein Geist deinen Geist frei machen wird, dann wirst du des Geistes Wiedergeburt schon fassen und in aller Tiefe und Fülle begreifen. Aber jetzt wäre dir solches noch nicht möglich und keinem aus euch. Aber durch die Befolgung Meiner Lehre und durch solche Lebensübungen wirst du am Ende aus und in dir selbst zu solchem Lichte gelangen.

[7] Das begreift man durch keine Lehre und durch keinen Unterricht von außen her, sondern es muß in sich selbst gewonnen werden auf dem Wege, der euch nun für alle Zeiten der Zeiten von Mir gezeigt wird.«

[8] Sagt **Judas:** »Herr, ich habe gewaltige Zauberer und Geisterbeschwörer und Geisterbanner gesehen; die haben geredet mit den Seelen der Verstorbenen, und diese sprachen ordentlich und gaben verborgene Dinge kund. Wie sind denn diese ins Geisterreich gedrungen? Das wird doch auch eine Art geistiger Wiedergeburt sein!?«

[9] Sage **Ich:** »O ja, aber nicht für den Himmel, welcher ist Gottes Thron, sondern für die Hölle, allwo der Satan und seine Engel hausen!«

[10] Sagt **Judas:** »Wenn so, da ist der Satan dann ja auch ein Herr mit vieler, wennschon böser Macht ausgerüstet! Ich meine aber, es wäre denn, so es möglich, doch besser, einen Satan zu vernichten, als tausendmal Tausende durch ihn vernichten zu lassen! Wozu muß in einer göttlichen Ordnung auch ein Satan sein?«

[11] Sage **Ich:** »Dazu, daß er jüngst auch dich fangen wird, weil du dich seiner also annimmst! Du hast noch lange hin, dich nur höchst schwachweg zu erkennen, geschweige die große Ordnung Gottes, die aus sehr weisen Gründen auf der Erde neben dem Tage auch eine Nacht hervorgerufen hat. Begreifst du aus dem Grunde des Grundes die irdische Nacht der Erde, und begreifst du den ewigen Tag jeder Sonne, deren jede auch eine Erde ist gleich der, die dich trägt und ernährt? – Begreifst du solches aber nicht, so frage Ich dich, wie du hier eine Frage stellen kannst, die sich nicht geziemt für einen Menschen vor seinem Herrn, Gott und Schöpfer! Möchtest du nicht auch fragen, warum ein Stein hart und warum das Wasser gar so weich ist, oder warum dir das Feuer einen Schmerz macht und das kühle Wasser keinen?

[12] Ich sage dir aber: So du nichts verstehst, so lerne zuvor etwas, und sei dabei stille und eines aufmerksamen Geistes; und verstehst du was aus dem

Grunde, dann erst magst du reden und deinen Brüdern verfängliche Fragen vorlegen!

[13] Aber sieh, es ist mit dir wie mit aller Dummheit der Menschen: sie schämen sich heimlich wohl derselben, aber sie wollen diese bemänteln durch allerlei weise schimmernden Fragenprunk, bedenken aber nicht, daß sie eigentlich dadurch erst so recht ihre Dummheit auf den Markt tragen! Laß dir darum diese Meine sanften Worte zu einer Witzigung sein, sonst dürftest du einmal so recht tüchtig anrennen, und Ich werde dich so bald nicht aus dem Kote heben!«

[14] Diese Worte haben dem Judas seinen Fragemut bedeutend abgekühlt, und er machte darauf auch bedeutende Blicke auf den Thomas hin; aber dieser tat weise, als ob er von dieser Zurechtweisung nichts vernommen hätte, und desgleichen taten auch alle andern Jünger, und Judas war dadurch beruhigt und zog sich weislich zurück.

[15] **Ich** aber sagte zum Baram: »Nun, Bruder, magst du das Mahl fein anrichten lassen, aber diesmal in den Zimmern!« Baram begibt sich schnell in die Küche und läßt alles schnell herrichten; wir folgen ihm, und in einer Stunde ist das Mahl ganz gemächlich eingenommen.

227. Die Meerfahrt nach dem Mahle. Eilbotschaft von der plötzlichen Erkrankung der Tochter des Jairus. Ernste Erklärung des Herrn an die Boten des Jairus. Rückkehr nach Kis.

[1] Nach dem Mahle wird, da der Tag schön und rein ist, eine Fahrt aufs Meer unternommen. Baram richtet sein Schiff schnell zusammen, und Kisjonah macht eben auch sein großes Schiff flott, und es faßt ganz bequem die Hälfte der Jünger.

[2] Ich, die Hauptjünger und Baram und Kisjonah aber besteigen das vortrefflich gebaute Schiff Barams, das zwei Segel und zu beiden Seiten sechs starke Ruder hatte und daher sowohl mit Wind als auch mit Rudern getrieben werden konnte. Wir fuhren in der Richtung gen Kapernaum von dem Orte Kis, ohne aber die Absicht zu haben, nach Kapernaum zu kommen.

[3] Aber als wir schon etwa ein paar Stunden weit im Meere in der Richtung gen Kapernaum waren, da ersahen wir von ferne ein Schiff schnell auf unsere beiden lossteuern. Es führte Kapernaums Farbe, und als wir von seiner Richtung abbogen, um zu sehen, ob es im Ernste auf unsere beiden Schiffe angelegt hatte, da bog das Kapernaumsche Schiff auch von seiner früheren Richtung ab und verfolgte mit aller Hast unsere Richtung. Da das nun klar ward den Schiffern Barams, so fragten sie den Baram, was da zu tun sein werde; denn das Schiff Kapernaums scheine keine guten Absichten an den Tag zu legen. Baram aber fragt Mich, was wohl Ich zu dieser Erscheinung sage.

[4] Und **Ich** antwortete: »Lasset das Schiff nur auf uns zukommen, und wir werden dann schon sehen, was es für einen Willen trägt!« Auf diese

Meine Worte läßt Baram die Segel einziehen und das Rudern einstellen, und **die Schiffer** am Schiffe Kisjonahs tun dasselbe.

[5] In einer Viertelstunde sind die Schiffer vom Kapernaumschen Schiffe bei uns und fragen den Baram, ob Ich Mich auf dem Schiffe befinde; denn sie hätten zu Kapernaum in Erfahrung gebracht, daß Ich Mich in Kis aufhielte. Sie aber seien vom Obersten Jairus abgesandt, daß sie Mich bäten, nach Kapernaum zu kommen; denn es sei des Jairus Töchterlein, das Ich erst vor etlichen Wochen vom Tode erweckt hatte, abermals so sehr krank geworden, daß ihr kein Arzt mehr zu helfen vermöge. »Der Oberste befürchtet ihren Tod. Es soll euch ein großer Lohn werden, so ihr uns zu Jesu von Nazareth bringen könntet!«, sagten am Ende **die Schiffer** zum Baram und dessen Schiffleuten.

[6] **Baram** aber sagte: »Aus eurer Rede zu urteilen, so hat euch also eine gute Absicht zu uns geführt, und ich sage euch: Der, den ihr suchet, ist auf meinem Schiffe; aber ob Er euch wird anhören wollen und nachkommen eurer Bitte, weiß ich euch nicht zu sagen. Ich aber werde zu Ihm hinab in die Zelle gehen und werde mit Ihm reden.«

[7] Die Kapernaumer stellen sich damit zufrieden, und Baram kommt zu Mir hinab in die offene Zelle und will Mir das Anliegen der Kapernaumer kundtun.

[8] **Ich** aber sage zu ihm: »Bruder, erspare dir die Worte; denn Ich weiß schon lange alles und habe es dir schon in Jesaira gesagt, daß es dieser verleumderischen Art also ergehen werde. Um Mich zu verfolgen und Meine Lehre zu verdächtigen, leugneten sie, daß des Jairus Tochter krank und tot war; sie habe nur einen ganz gesunden Schlaf gehabt, aus dem Ich sie erweckt habe auf eine ganz natürliche Art und habe dann betrügerisch vorgegeben, daß Ich sie vom vollen Tode erweckte.

[9] Nun aber, weil solche Meine Tat ein purer Betrug war, so sollen sie das Töchterchen nur wieder also natürlich einschlafen lassen, und es wird dann wohl auch wieder natürlich erweckt werden können durch was immer für einen Naturmenschen.

[10] Wahrlich, diese soll von Mir nicht angerührt werden, als bis sie drei Tage im Grabe gelegen ist! Gehe hinauf aufs Verdeck und verkünde ihnen das; darauf aber spanne die Segel, und ein guter Wind soll uns in aller Schnelle seeaufwärts über die große Bucht bei Kis treiben, und es sollen diese nicht merken, wohin wir gefahren sind.«

[11] **Baram** eilt nun schnell hinauf aufs Verdeck und sagt: »Meine geehrten Abgesandten des Obersten! Mir tut es von Herzen leid, daß ich euch von Jesus, dem Herrn, keine günstige Antwort bringen kann! Aber es sind die Kapernaumer selbst schuld daran; denn damals, als Er des Obersten Töchterchen wirklich vom sichtbarsten und fühlbarsten Tode zum vollsten Leben wieder erweckt hatte, da dauerte es gar nicht lange, daß sie, die Pharisäer dieser von Ihm verwünschten Stadt, Ihn geradeheraus für einen Betrüger erklärten und haben allem Volke bewiesen und gesagt, Jairus habe Jesum nur auf eine Probe stellen wollen und habe deshalb sein kerngesundes Töchterchen auf ein eigens aufgerichtetes Totenbett gelegt, und der Betrüger

Jesus, der keine Ahnung von der Falle, die ihm gelegt war, hatte, habe sie dann freilich wohl leicht vom Tode zum Leben erweckt, was er dadurch bewirkt hätte – wie ich es von einigen vernommen habe –, daß er sie, weil er am Ende doch gewahr wurde, daß sie lebe, recht stark drückend bei der Hand faßte und sie am Ende lieber aufstand, als daß sie noch länger den Schmerz des starken Druckes ertrüge.

[12] Es wäre des Obersten Absicht eigentlich diese gewesen – wie ich's vernommen habe –, daß sich das Töchterlein nicht hätte sollen erwecken lassen, auf daß man dann Jesum als einen vollendeten Gauner schnell hätte ergreifen und verderben können. Aber durch das Wachwerden der Tochter sei dieser schöne Plan vor dem Volke vereitelt worden; denn das Volk sei fest der Meinung gewesen, daß die Tochter, die ein paar Tage vorher zu dem Zwecke künstlich krank gehalten ward, wirklich vom Tode erweckt worden war.

[13] Darum wird sie nun von Ihm nimmer angesehen werden, außer vielleicht einmal als schon halbverwest im Grabe!

[14] Mit diesem Bescheide kehret nun wieder heim und saget es eurem Obersten, damit er an sich selbst gewahr werde, welch schwärzesten Undankes sein Herz voll ist! Er geht in keinem Falle nach Kapernaum; denn diesen Ort hat Er gesegnet von unten her für ewig!«

[15] Nach diesen Worten läßt Baram schnell die Segel spannen; und als die Segel aufgespannt sind, ist auch der Wind da und treibt die beiden Schiffe derart schnell weiter, daß das Kapernaumer Schiff, das keine Segel hatte und auch sonst ein sehr unansehnliches, niederes Fahrzeug war, in wenig Augenblicken so weit zurückbleibt, daß wir es ganz aus dem Gesichte verloren; und als wir oberhalb der großen Bucht bei Kis landeten und ans Land gestiegen sind und die Schiffe leer in die große Bucht einlaufen ließen, da schlug auch der Wind um und blies heftig gen Kapernaum hin.

228. Jairus mit den Ärzten am Sterbebette seiner Tochter Sarah. Borus von Nazareth sagt ihm die Wahrheit. Drohung der Pharisäer. Des Borus praktische Antwort und kritisch-offene Frage an Jairus.

[1] Als wir den ziemlich bedeutenden Hügel erstiegen, der sich oberhalb der großen Bucht erhebt, an dessen Fuße die bekannte Herberge erbaut ist, und über den die Hauptstraße nach Jerusalem führt, so ersahen wir in weiter Ferne das Kapernaumer Schiff mit den Wogen kämpfen, und da der Wind es stets mehr und mehr zu beunruhigen begann, so hob es die Ruder in die Luft und ließ sich also in gerader Linie dem Kapernaumer Hafen zutreiben.

[2] Es läßt sich von selbst denken, welches Gesicht ein Jairus wird gemacht haben, als ihm die von ihm an Mich gesandten Boten die Nachricht brachten, die Ich ihnen durch Baram habe zukommen lassen.

[3] Jairus berief schnell alle Ärzte von weiter Umgegend zusammen, – auch der von Nazareth ward geholt; denn dieser stand als gleichsam ein Jünger von Mir im besten Rufe als ein Wunderarzt, indem er sonst auch

wirklich durch bloße Händeauflegung sehr schwer Kranke augenblicklich geheilt hatte.

[4] Als aber der nach Kapernaum kam und die kranke Tochter besah, da fing **er** ganz gewaltig an, mit den Achseln zu zucken, und sprach nach einer Weile zu allen am Krankenbette stehenden Ärzten: »Der kann nur Der Hilfe bringen, der sie erschaffen hat! Seht, das Mädchen hat in großer Erhitzung bei irgendeinem Feste einen kalten Trunk gemacht und bekam dadurch die laufende Lungenfäule; in längstens sieben Tagen ist und muß es mit ihr gar sein! Wir können ihr keine neue Lunge erschaffen und somit ihr auch um die ganze Welt nicht helfen!«

[5] Sagt **Jairus:** »Was meinst du, könnte das Übel der als göttlich berühmte Jesus, der diese meine Tochter schon einmal vom wirklichen Tode erweckt hat, gleichwie Er auch die Tochter des Obersten Kornelius erweckte, bei dem vor etlichen Tagen meine Tochter dieses Übel bekam, auch nicht mehr heilen?«

[6] Sagt **der Arzt** von Nazareth: »O ja, Der wohl, so Er es wollte! Aber da habt ihr ja schon Boten hingesandt, glaube nach Kis, wo Er Sich nun zumeist bei Jonah aufhält; aber Er hat euch mit allem Grunde und Rechte eine abschlägige Antwort zukommen lassen, derwegen wir dann erst hierher berufen worden sind und können nichts mehr wirken!«

[7] Sagt **Jairus:** »Ich habe Ihn doch auf das allerhöflichste bitten lassen; und Er, der nichts als Liebe predigt, und wie man sogar seinen Feinden Gutes tun soll, gibt meinen an Ihn gesandten Boten eine solche Antwort!«

[8] Sagt **der Arzt** von Nazareth: »Keine andere, als die ihr alle, die ihr euch Diener des Allerhöchsten nennt, vom Grunde aus verdient habt! Saget mir, wie soll ein Mensch denn beschaffen sein, um bei einer solchen Benehmungsweise von eurer Seite euch noch ein Freund bleiben zu können?! Wahrlich, Gott Selbst könnte euch nicht mehr Wohltaten erweisen, als der rein göttliche Jesus euch im höchsten Vollmaße erwiesen hat! Was aber tatet ihr Ihm dafür?! Ihr verfolgtet Ihn wie einen gräßlichsten Verbrecher, und hättet ihr Seiner habhaft werden können, so hättet ihr Ihn auch schon lange getötet; weil Ihn aber offenbar Gottes Hand schützt, so tatet ihr doch das, was ihr nur immer gegen Ihn Arges tun konntet.

[9] Was hat euch Seine arme und überaus fromme und gottesfürchtige Mutter Maria getan, daß ihr derselben ihr ohnehin sehr kleines Häuschen mit den paar kleinen Gärten wegnehmen mußtet und sie dann noch unter öffentlicher Verspottung wegtriebet mit den Kindern Josephs, als ob sie eine gemeinste Verbrecherin wäre?!

[10] Warum, frage ich nun, habt ihr das getan?«

[11] Sagt **Jairus:** »Weil Er uns allenthalben verdächtigt hatte und geschimpft hatte über die Priester und über den Tempel Gottes, und da wird etwa doch Grund genug vorhanden sein?!«

[12] Sagt der Arzt von Nazareth namens **Borus,** der von Geburt ein Grieche war: »Ah – hinc ergo illae lacrimae?!* Höret! Ich bin, wie ihr alle

---

* zu deutsch: »Daher also jene Tränen!«

wißt, ein Grieche und habe also mit eurer Theologie nichts zu tun, obwohl sie mir durchaus nicht fremd ist. Weit entfernt bin ich, euren Moses und all die andern von euren Ahnen samt und sämtlich mißhandelten Propheten zu tadeln; denn ihre Lehren und Ermahnungen sind durchaus keine andern, als die mein innigster Freund Jesus euch vorgerupft hat, und sind daher auch voll Wahrheit und voll göttlichen Geistes.

[13] Betrachtet aber dagegen eure gegenwärtige Theologie und eure unter aller Kritik elendesten Tempelsatzungen und die löbliche Einrichtung des Tempels selbst, und ihr müßt selbst laut ausrufen: Quam mutatus ab illo!**

[14] Leset neben euren gegenwärtigen Satzungen nur den alleinigen Propheten Jesajas und fahret aber danebst in einen lebendigen Glauben, laut dessen euch Jehova, Moses und die Propheten denn doch als ein bißchen mehr erscheinen müssen denn bloß als eine für eure habsüchtigen und wohllebenliebigen Zwecke gut dienliche Fabel, so müßt ihr ja doch selbst zurückschaudern vor dem schreiendsten Frevel, den ihr an der heiligen Stätte treibt!

[15] Wenn euch aber der göttliche Jesus, mit dem Gott doch mit Händen zu greifen wirkt, nun gleich einem Jesajas eure ungeheuren Gebrechen vorhält und euch als ein wahrer Freund wieder zu dem Gott zurückführen will, von dem ihr euch zu schmeißlich weit entfernt habt, – Frage: Verdient Er darum solch eine Behandlung von euch?!

[16] Wahrlich! Wäre mir Seine unbegreiflich wahrhaft göttliche, ich möchte sagen – Allmacht eigen, wir wären miteinander schon lange fertig und im reinen, so wie die zehn Schiffe nun an den Klippen zu Sibarah im reinen sind, die ihr menschenfreundlichsterweise gegen Ihn und Seine allerharmlosesten Jünger habt auslaufen lassen! Wahrscheinlich ist Ihm doch endlich einmal auch sogar Seine göttliche Geduld zu kurz geworden!

[17] Noch einmal gesagt: Wäre mir Seine vollwahre Allmacht eigen, ich hätte das ganze Meer Galiläas lange schon über euch alle getrieben und hätte euch gleich Mäusen und Ratten ersäuft!«

[18] Über diese sehr gerade Rede des Borus ergrimmen mehrere der hier anwesenden **Pharisäer** und sagen zu ihm: »Lege deiner losen griechischen Zunge einen Zaum an! Darum bist du nicht von Nazareth hierher berufen worden! Fürchte uns; denn wir haben Macht genug, dich zu verderben!«

[19] Sagt **Borus:** »Oh, das glaube ich euch ja von ganzem Herzen gerne; denn eure weltberühmte Menschenfreundlichkeit – scilicet*** – ist mir ein zu hinlänglicher Bürge! Aber freilich ist bei mir zufälligerweise ein großes Aber! Und diesem sehr bedeutungsvollen Aber zufolge hat Borus von Nazareth aber auch nicht die geringste Furcht vor euch!

[20] Borus ist zwar nicht also allmächtig wie ein göttlicher Jesus; aber er besitzt dennoch der geheimen Macht zur Genüge, euch alle in einem Augenblick zu verderben, und braucht dann dafür als Arzt niemandem eine Rechnung zu legen! Habt ihr mich verstanden?! Jesus aber ist ein Gott, und ich

** zu deutsch: »Welch ein Unterschied!«
*** zu deutsch: »versteht sich«.

nur ein Mensch, und darum hat Er denn auch mehr Geduld als ich! Viel dürft ihr mir aber nicht machen, sonst ist es mit meiner Geduld zu Ende!«

[21] Hier zieht Borus ein Fläschchen aus der Tasche und zeigt es den giftigen Pharisäern mit den bedeutungsvollsten Worten: »Seht, diese Waffe ist mächtiger als zehn Legionen. Ich weiß mich zu schützen; aber wie ich es öffne, so seid ihr alle im Augenblick tot! Und sehet, auch über dies Fläschchen da steht das große, bedeutungsvolle Aber geschrieben! Wollt ihr mit mir nun was anfangen, so werden wir sogleich im reinen sein!«

[22] Die Pharisäer erschrecken ganz entsetzlich über den Anblick dieses todbringenden Fläschchens, in welchem ein höchst scharfes und schnell tötendes Gift aufbewahrt war, das bei seinem höchst scharfen und sich überaus schnell verbreitenden Geruch alles betäubt und tötet, dessen Nüstern es erreicht.

[23] Es war aber dies Gift ein Arkanum, das später ganz verlorenging; es ward aber dies Gift aus einem Strauche genommen, der hier und da im äußersten Indien wächst und daselbst, wo er vorkommt, eine weite Strecke um sich alles Leben vernichtet. Solches wissen die Pharisäer und sind darum nun ganz stumm vor Angst, und Jairus bittet den Borus, daß er dies Fläschchen wieder einstecken möchte.

[24] **Borus** tut es auch, sagt aber zum Jairus: »Freund, wie kann man aber einen Jesus, der dir eine nie erhörte Wohltat erwies, gar so schmählich verfolgen lassen!? Sage mir aufrichtig, ob du es denn wirklich nicht einsiehst, daß Er mit jedem Seiner heiligen Worte recht hat, oder willst du es im Ernste nicht einsehen?!«

229. Des Jairus feige und weltängstliche Antwort. Des Borus offene und scharfe Rüge. Über die Vergeltung im Jenseits. Borus versagt dem furchtsamen Jairus seine Hilfe und geht.

[1] Sagt **Jairus:** »Freund, ich verstehe dich besser, als du es meinst; aber es gibt nun Dinge, die, wenn man sie auch noch so wohl verstände, in bezug auf des Menschen weltliche Stellung gar nicht verstanden werden dürfen!

[2] Du mußt als ein in der Welt hochstehender Mensch gar oft lachen, wo du im Grunde weinen möchtest, und mußt oft trauern, wo du dich im Grunde bis zum Hüpfen und Tanzen freuen möchtest. Was kannst du aber machen als ein einzelner, für dich allein dastehender Mensch?! Kannst du wider den reißenden Strom schwimmen, so du einmal in seiner Gewalt bist?!

[3] Wir Menschen aber haben eine empfindliche Haut und einen noch empfindlicheren Magen; diese beiden wollen befriedigt sein, und es bleibt uns daher nichts übrig, als entweder Verstand und Vernunft rein auf einen Nagel zu hängen und mit dem Schwalle mitzurennen oder als irgendein verachteter Bettler irgendwo in einem Winkel der Erde zu verenden wie ein durch ein Wurfgeschoß verwundetes Wild.

[4] Glaube mir, daß ich, unter uns gesprochen, Christum besser kenne als

du; aber was nützt alles das gegenüber Rom und Jerusalem?! Rührst du dich, so hast du den letzten Tag gelebt!

[5] Jesus mag im Ernste ein Sohn des allerhöchsten Gottes sein, woran ich bei mir selbst nicht den geringsten Zweifel habe; darf ich aber meiner irdischen Stellung wegen meinen innern Glauben, ja meine innere Überzeugung öffentlich aussprechen?! Und täte ich es, was dann mit unsereinem?!«

[6] Sagt **Borus:** »Was dann, was dann? – So hat allzeit die Welt ihres Wohllebenhanges wegen elende Fragen gestellt an irgendeinen Freund, dem die reine Wahrheit allzeit mehr galt als alle Reiche der mit allem Fluche beladenen Welt; und darum hat auch die heilige Wahrheit allzeit ihr bestimmtes Grab in der Haut und im Bauche des wohllebensgierigen Menschen gefunden!

[7] Wem um das Wohlleben und einen glänzenden Ruf der Welt mehr zu tun ist als um die göttliche Wahrheit, der kommt selbst beim angeborenen besten Gemüte in solche Fragen und Bedenklichkeiten, zieht sich vom göttlichen Lichte in die Finsternis der Welt zurück und verleugnet also Gott und alles Licht aus Ihm, – und frage: Warum? – Was legt ihm das als eine Notwendigkeit an sein Herz? Sieh, nichts als sein Hang zum Wohlleben aller Art! Gierig hascht er darum nach allem, womit er sich das verschaffen kann, was ihm das Wohlleben als fixiert sichern kann; und hat er mit oft vieler Mühe und Beschwerde das erreicht, danach er rein seiner weltlichen Sinnlichkeit wegen getrachtet, so wirft er alle Wahrheit sogleich über Bord; und so er irgend nur im geringsten merkt, daß er durch sie etwa in seiner glänzend gestellten Wohllebensstufe irgendeinen Eintrag erleiden könnte, so wird er lieber selbst zu einem Tyrannen wider alles, das nur ein Fünklein echter Wahrheit in sich trägt.

[8] So er aber dann elend wird und krank und kommt zum Arzte, so will er nichts als möglich wahre Hilfe! Warum denn da Wahrheit, und warum sonsten nirgends?!

[9] Da sieh hin! Deine Tochter liegt in einer unheilbaren Krankheit; was gäbest du nun für eine wahre Medizin, die Hilfe brächte dem Leibe deiner Tochter?! Ich sage dir als ein wohlerfahrener Arzt, daß es wohl eine einzige wahre Medizin gäbe, die der Tochter plötzliche Hilfe brächte, und solch eine Medizin wäre dann doch sicher volle Wahrheit im Verhältnis zur Leibeskrankheit deiner Tochter! Ja, für diese Wahrheit gäbest du nun alles her; aber für eine Wahrheit, durch die gesund würde deine Seele, gibst du nicht nur nichts, sondern verfolgst sie noch deines Wohllebens wegen, wo sie sich nur immer blicken läßt! Sage: Wohin gehört ein solches Benehmen?

[10] Du weißt so gut als ich, daß im Tempelmiste keine Wirkung ist; du weißt, daß alle derlei Dinge ein gräßlicher Aberglaube sind, ganz geeignet, jeden Funken besseren Lichtes beim schwachen Volke zu ersticken, und dennoch würdest du den als einen Heiligtumsschänder mit Feuer und Schwert verfolgen, der aus deinen Glaubensgenossen es wagen würde, darüber offen sein Wort zu erheben.

[11] Denke dir aber nun einen ewigen gerechten Gott, der das Licht und

die unwandelbarste ewige Wahrheit Selbst ist und mit Sich nicht handeln läßt; was wird Dieser dereinst zu solchen Dienern sagen, wie du einer bist?!

[12] Wahrlich, keiner aus euch wird Ihm auskommen! Ob ihr nun glaubet oder auch nicht glaubet, so gibt es dennoch ein großes Jenseits über der Pforte des Grabes, wo einem jeden genau vergolten wird nach seinem Tun und Handeln!

[13] Mir ist es nicht unbekannt; denn ich habe es gesucht und habe es auch gefunden. Ich habe mein ewiges Leben in meiner Hand, und ich gäbe tausend Leibesleben darum, so es möglich wäre, so ich's nicht anders haben könnte, als um diesen Preis.

[14] Aber ich habe es, und das ewige Leben hat mich gelehrt, das Leben des Fleisches zu verachten und nur soviel Wert daraufzulegen, als es mir dienlich ist und sein soll, damit das ewige Leben der Seele mir in aller Fülle eigen zu machen; und daß ich solches in aller Klarheit und Wahrheit erreicht habe, verdanke ich niemandem denn allein Jesus, der mir dahin den verborgenen Weg gezeigt hat.

[15] Und diesen Jesus, diesen Gott unter allen Menschen, verfolget ihr mit Feuer und Schwert und werdet schwerlich eher ruhen, als bis ihr Ihm das getan haben werdet, was eure Väter allen Propheten getan haben!

[16] Aber dann wehe euch! Gott hat euch, die ihr euch allerschändlichsterweise Sein Volk, Seine Kinder nennet, einen Gott aus den Himmeln gesandt; jedes Seiner Worte ist eine ewige Wahrheit aus Gott, für jeden ehrlichen Menschen mit Händen zu greifen, und ihr wollt Ihn töten, weil Er euren alten Tempelmist verwirft!

[17] Wehe euch! Gottes Zorn wird jüngst schrecklich über euch kommen!

[18] Ja, ich könnte deiner Tochter wohl noch helfen; ich fühle nun die Kraft in mir. Aber ich will ihr nicht helfen, denn ihr alle seid Teufel und keine Menschen mehr! Den Teufeln aber werde ich nie eine hilfreiche Hand bieten!«

[19] Diese Rede drang gleich glühenden Pfeilen in das Herz **des Obersten;** er sah zwar die Tiefe der Wahrheit ein und wollte schon seine Stelle niederlegen; aber er fürchtete das Aufsehen und sagte zum Borus:

[20] »Fein bist du durchaus nicht; aber deine Worte sind wahr. Könnte ich, ohne viel und gewisserart verderbliches Aufsehen zu erregen, meine hohe Stelle nun über meinen Rücken werfen, wahrlich, ich wäre um der Genesung meiner geliebtesten Tochter willen völlig bereit dazu! Aber bedenke das furchtbare Aufsehen, welches durch diesen Schritt bewirkt würde! Darum muß ich es vorderhand auf eine bessere Zeit verschieben.«

[21] Sagt **Borus:** »Ich habe ausgeredet und gehe nun wieder meines bessern Weges, als der war zu dir her. Denn hier ist offenbar die Hölle auf der Erde, und in der kann kein Engel was Gutes wirken, geschweige ich als immerhin noch ein schwacher, dem Leibe nach sterblicher Mensch!«

[22] Mit diesen Worten verläßt Borus unaufhaltsam das Haus des Obersten und eilt sehr aufgeregt davon. Das ging am zweiten Tage, als wir am Meere den abgesandten Boten begegneten, in Kapernaum vor sich.

[23] Ich aber nahm am Hügel Rast und gab diese ganze Begebenheit einen ganzen Tag vorher kund, als sie sich am Tage darauf in der Wahrheit zugetragen hat.

230. Der Jünger Freude über des Borus Verhalten und Marias Dank. Kisjonahs Geschenk an Maria und die Söhne Josephs: eine schöne Besitzung. Des Joses, Josephs Sohn, Gottergebung. Des Herrn tröstliche Voraussage. »Ich und der Vater sind eins, nicht zwei.« Josephs Tod und sein Zeugnis über Jesus. Vorsicht bei Kundgabe von geistigen Geheimnissen.

[1] Nach solcher Erzählung, bei der alle Jünger den ihnen wohlbekannten Arzt Borus hätten umarmen und küssen mögen, aber begaben wir uns wieder nach Kis und trafen daselbst gerade bei untergehender Sonne ein.

[2] Baram aber war auch schon mit dem Abendmahle in vollster Bereitschaft, und wir ließen es uns nach getaner wichtiger Arbeit recht wohl schmecken. Das Mahl brachte auch den Judas in eine etwas bessere Stimmung, und er lobte den Mut des Borus, den er auch recht wohl kannte.

[3] Nach dem Mahle ward noch lange davon gesprochen; selbst die Mutter Maria konnte den Borus nicht genug segnen, daß er sich auch ihrer beim Obersten annahm, der eigentlich ihr den kleinen Haushalt wegnehmen ließ.

[4] Ein ältester **Sohn Josephs** sagte: »Am Ende wird uns unsere treu erworbene Besitzung dennoch wieder zurückgestellt?!«

[5] Sagt **Kisjonah:** »Freund, wünsche es nicht! Sieh, hier habt ihr alle ein besseres Sein und seid dabei vor allen Verfolgungen sicher, und ich gebe euch vollkommen zu eigen die Herberge dort an dem obern Ende der großen Bucht und bei hundert Acker (Joch) Gründe dazu, und bei solchem Tausche mögt ihr die kleine Besitzung wohl verschmerzen, und von hier habt ihr auch mehr denn eine halbe Tagereise näher nach Jerusalem denn von Nazareth aus.« Und Joses ist damit völlig einverstanden; doch fragt er auch Mich um Meinen Rat.

[6] Und **Ich** sage: »Was besser ist, das ist allzeit besser; darum nimm es, aber halte es nie dir als zu eigen, sondern nur als eine von Gott für diese kurze Zeit geliehene Sache!«

[7] Sagt darauf **Joses:** »Herr und Bruder! Solches hat uns schon der Vater Joseph gelehrt, und so haben wir denn auch die kleine Besitzung in Nazareth nie als irgendein Eigentum, sondern rein nur als eine für diese kurze irdische Lebenszeit von Gott dargeliehene Sache angesehen, für die wir Ihm auch täglich mit Dir Selbst gedankt haben und haben Ihn auch daneben allzeit gebeten, daß Er uns solches Kleinod zu unserer irdischen notdürftigen Erhaltung bewahren möchte. Er hat es auch bewahrt, solange es Sein heiliger Wille war; nun aber sage ich mit Hiob: Der Herr hat es uns gegeben, und da es Ihm wohlgefiel, hat Er es uns wieder genommen. Sein allein heiliger Wille geschehe, und Ihm allein sei alle Ehre, alles Lob und aller Preis! Was Gott nimmt, das kann Er reichlich wiedergeben. Nun, darüber sind wir als Deine irdischen Brüder und Schwestern ganz in der Ordnung; aber man hat uns

auch all unser Werkzeug und alles Hausgerät genommen. Da glauben wir denn doch, daß uns solches zurückgestellt oder wenigstens ein anderes brauchbares dafür verschafft werden solle!«

[8] Sage **Ich:** »Sei darob ruhig; in drei Tagen ziehen wir nach Nazareth, und es wird uns alles zurückgestellt werden müssen! Haben wir ja doch einen Engel mächtigsten Ranges bei uns! Einen Wink, und es ist alles in der Ordnung; und sollte uns einer nicht genügen, da stehen jeden Augenblick Legionen zu unseren Diensten bereit!

[9] Ich sage es: Was Ich dem Vater vortrage in Meinem Herzen, das tut Er; und was da will der Sohn, das will auch der Vater in Ewigkeit gleichfort, und es ist da nie ein Unterschied zwischen dem Willen des Vaters und dem Willen des Sohnes! Denn glaubet es Mir: Vater und Sohn sind nicht zwei, sondern in allem vollkommen EINS! Darum seid nun ruhig und glaubet, daß es also ist!«

[10] Sagt **Joses:** »Herr und Bruder, wir glauben ja alle, und wie sollen wir es nicht glauben, da wir von Deiner Geburt an ja immer um Dich waren und haben Zeichen in einer Unzahl gesehen, die uns nur zu laut verkündet haben, wer Du seiest. Der Bruder Jakob hat ja ein ganzes großes Buch voll geschrieben von Deiner Geburt an bis zu Deinem zwanzigsten Lebensjahre, von welcher Zeit an bis zu Deinem jetzigen Lebensalter Du kein Zeichen mehr gegeben hast und hast mit uns wie ein ganz gewöhnlicher Mensch gearbeitet und gelebt, so daß wir schon beinahe vergessen hätten, wer Du seist, wenn der vor ein paar Jahren erfolgte Leibestod unseres geliebten Vaters Joseph uns nicht einen gewaltigen Stoß gegeben hätte.

[11] Als nämlich Joseph in Deinen Armen verschied, da waren seine letzten Worte von einem seligst verklärten Lächeln begleitet, und diese letzten Worte lauteten:

[12] ›O mein Gott und mein Herr! Wie doch bist Du mir gar so gnädig und barmherzig! Oh, ich sehe nun, daß es keinen Tod gibt; ich werde ewig leben! Ach, wie herrlich, Gott, sind Deine Himmel! Kinder, sehet Den, der nun mein sterbend Haupt mit Seinem Arme unterstützt! Es ist Der mein Gott, mein Schöpfer! O wie selig ist es, in den allmächtigen Armen seines Schöpfers zu sterben für diese armselige Welt!‹

[13] Nach diesen Worten verschied er, und wir haben alle laut geweint; nur Du allein hast nicht geweint. Wir aber begriffen es, warum Du nicht geweint hast!

[14] Und siehe, von diesem Augenblick an konnten wir nimmer vergessen, wer Du bist; denn das hatte Joseph in der letzten Stunde seines diesirdischen Lebens nur zu klar ausgesprochen! Wie sollen wir nun nicht glauben alles, was Du sagst, da wir wohl wissen, wer Du im Grunde des Grundes bist?!«

[15] Sage **Ich:** »Ganz gut, Meine lieben Brüder! Daß ihr hier also geredet habt, ist völlig recht; denn wir sind hier als schon völlig eingeweiht beisammen, und solch eine Wissenschaft kann niemandem mehr zum Gerichte gereichen, außer einem, so er daran geheimen Anstoß nimmt! (Es war damit Judas gemeint.)

[16] Aber so wir unter fremden Weltkindern uns befinden, da müsset ihr sorgsamst davon schweigen! Nun aber begeben wir uns zur Ruhe, auf daß wir morgen früh bei irgendeiner Arbeit sein können!« Darauf begibt sich alles ganz selig zur Ruhe.

231. Wie Kisjonahs Leute eine templerische Räuber- und Schmugglerbande fangen. Kisjonahs und des römischen Richters Anordnungen in dieser Sache. Ankunft der sauberen Karawane.

[1] Nur Kisjonah, Baram, Jonael und Jairuth mit dem Diener Archiel gehen ins Freie, und Kisjonah sieht nach, ob alles in der Ordnung in seinem großen Haushalte ist. Überall ist alles in der besten Ordnung, und die Schrankenzieher und Wächter sind munter und zeigen ihrem Herrn an, daß es in dieser Nacht noch einen wichtigen Fang geben werde, der ihnen bereits angezeigt ist.

[2] Kisjonah fragt emsig nach, worin dieser bestände, und ob es nicht irgend Arme beträfe, die ihre spärlichen Vorräte auf irgendeinen Markt bringen, um daraus ihre Steuerpfennige zu lösen.

[3] Da sagt der **Oberschränkner:** »Herr und Gebieter! Du weißt, wie sehr wir alle deine höchst gerechten und für die arme Menschheit wahrlich übermilden Anordnungen ehren und respektieren; aber bei diesem Fange gibt es keine Armut, sondern eine vielfache Schändlichkeit von seiten der jüdischen Pharisäer und Priester und Leviten.

[4] Diese haben von Kapernaum aus eine Menge der allerschmählichsten Pfändungen und Bedrückungen im weiten Umkreise vorgenommen, und heute nacht um die Mitternachtsstunde werden sie allerlei Vieh, Getreide, Wein und Gerätschaften aller Art nach Jerusalem zum Verkaufe führen, aber nicht auf dem Gesetzeswege, sondern auf einem von ihnen eigens zugerichteten Schleichwege durchs Gebirge.

[5] Du weißt, daß von hier wegen des starken Felsens, der mit seiner hohen und steilen Wand ins Meer hineinragt, zu Lande nach Sibarah, wo deine Vormaut sich befindet, die du immer in Pacht gibst, kein Weg möglich ist; man muß also rechten Weges von Sibarah bis hierher auf den bestimmten Landungsplatz Menschen, Vieh und alle andern Effekten zu Wasser bringen lassen, oder man fährt bei ruhigem Meere, was selten der Fall ist, geraden Zuges nach·Pirah, allwo wieder deine Maut ist, die nun auf zehn Jahre verpachtet ist.

[6] Um aber allen deinen Mauten auszuweichen, haben die reichen Pharisäer durch Roboter *(Fronarbeiter)* einen Schleichweg durchs Gebirge machen lassen, und zwar schon auf samaritanischem Landesgebiet, und auf diesem Wege machen sie heute den ersten Versuch.

[7] Ungefähr bei zweitausend Schritte von hier taleinwärts gegen Kana hin werden sie übers Tal brechen an der Stelle, wo über den Bach eine von uns erbaute Brücke führt, die Straße, die noch lange auf deinem Grunde sich fortzieht, über den Bach geht und an des Tales linker Seite sich nach Kana

hinaufzieht; wir haben aber schon frühzeitig bei zweihundert wohlbewaffnete Aufseher, Wächter und Häscher auf den besten Punkten aufgestellt. Ich sage dir, Vater und Herr, nicht eine Maus kann durchkommen! Diesen schlechtesten Bösewichtern wollen wir den Jehova kennenlehren, daß sie ihr Leben lang an Ihn denken sollen!«

[8] Sagt **Kisjonah:** »Das habt ihr wohl und gut angestellt; euer Lohn wird euch nicht entgehen! Das Geld, das die Verkäufer mit sich führen, wird als Beute genommen, und alles Vieh, Getreide, Mehl und Gerätschaften aber bleiben hier so lange, bis die Frevler alle jene, denen sie es gewaltsam abgetrieben haben, genau angeben und wir es ihnen dann gewissenhaft wieder anheimstellen.

[9] Für das aber, daß sie sich durch meine Berge und Waldungen ohne meine Erlaubnis einen Weg gebahnt haben, werden sie zu tausend Pfund Silber als Strafe vom römischen Richter, der hier in meinen Häusern sein Amt aufgerichtet hat, verurteilt; davon fallen zwei Drittel dem Kaiser und ein Drittel meiner Kasse anheim nach dem hier eigens bestehenden Gesetze.«

[10] Es kommt aber nun eben der römische Richter herbei und fragt, was es da an der Schranke gäbe, ob etwa verdächtige Menschen erwartet werden, und ob man einer militärischen Assistenz *(Beistand)* bedürfe. Der Oberschränkner aber macht den Richter auf das aufmerksam, wovon er ihm schon am Tage die Anzeige gemacht hatte.

[11] Sagt **der Richter:** »Ah, das ist es! Na, seht, daß ihr die schwarzen Wichte fangt! Wir werden ihnen dann hier von Roms Sitten und Gesetzen einige handgreifliche Lektionen geben! Denen soll in alle Zukunft die Begierde vergehen, Roms Untertanen zu Bettlern zu machen, daß sie dann unfähig sind, dem Kaiser die erforderliche Steuer zu entrichten, während von den schwarzen Wichten nie ein Stater herauszubringen ist! Die Kerle schützen ihre ewige Armut vor und vergraben Gold, Silber, Perlen und Edelsteine in großen Massen. Und die Kapernaumer sind so ganz die rechten, gleichwie auch die von Chorazin! Na, freut euch, ihr Hauptspitzbuben, euch soll das Handwerk auf eine Art gelegt werden, daß ihr daran denken sollt euer Leben lang!«

[12] Als der Richter solches noch kaum ausgeredet hatte, so vernimmt man auch schon ein großes Geschrei von der Ferne aus dem Tale her, und **der Schränkner** fängt an sich die Hände vor Freude zu reiben und sagt ganz lakonisch: »Aha, aha, sie sind schon zusammengewachsen; in einer Viertelstunde werden sie schon hier sein. Jetzt nur geschwind alle Pechpfannen anzünden, damit es im Tale helle werde wie am Tage und keiner der Spitzbuben entwischen kann!«

[13] Nun werden schnell bei vierzig große Pechpfannen angezündet, die ganze Gegend weit und breit hell erleuchtet, und die Anzünder sind kaum mit ihrer Arbeit fertig, so kommt schon der erste Trieb, bestehend aus zwölf Pharisäern, die als Abgeordnete den Raub nach Jerusalem zu führen und dort zu verkaufen hatten.

[14] Die rüstigen **Begleiter** stellen die zwölf gebundenen Pharisäer vor der

Schranke auf und sagen zum Kisjonah: »Herr, da sind einmal die Hauptvögel, fünf aus Kapernaum, drei aus Nazareth und vier aus Chorazin! Lauter Mordkerle, die ihr Geld wert sind! Hintenher folgt aber nun allerlei, eine Masse Ochsen, Kühe, Kälber, Ziegen, Schafe, bei vierhundert mit Getreide beladene Esel samt Füllen, ebensoviele Maultiere mit Weinschläuchen belastet und abermals bei fünfhundert Esel und Saumrosse mit gebundenen Mägdlein und Knaben schönster Bildung im Alter zwischen zwölf und achtzehn Jahren, die alle für den großen Markt nach Sidon bestimmt waren. Danebst natürlich eine Menge Diener dieser zwölf Hauptvögel! Alles das wird sogleich da sein; macht daher nur Platz, daß wir alles das gehörig unterbringen können!«

[15] Sagt **Kisjonah:** »Nur sogleich die großen Pfandstallungen am Meere öffnen; dort kann alles untergebracht werden, und für die Kinder die große Herberge hier oben am Berge, und sogleich sorgen, daß sie was zu essen und zu trinken bekommen; denn diese zwölf Unmenschen werden ihnen am Wege sicher ein spärliches Futter gereicht haben. O Gott, o Gott, warum läßt Du denn solche Teufel auf der Erde Gewalt haben über die arme friedsame Menschheit?!«

232. Befreiung und Versorgung der geraubten Kinder. Des Herrn Rat bei der gerichtlichen Belangung der pharisäischen Spitzbuben. Die Vorarbeiten zum Prozeß.

[1] Man hört nun schon das Gejammer der Kinder, die mit Gewalt aus den Armen ihrer Eltern gerissen wurden. Kisjonah und Baram, Jonael und Jairuth mit dem Engel eilen den Kindern entgegen; der Richter aber läßt die zwölfe sogleich eng schließen und in ein festes Gefängnis treiben.

[2] Bald darauf kommt der Kinderzug an; der Engel löst in einem Augenblick alle von den sie tragenden Eseln und Saumrossen los, und es sind deren mehr, als die ersten Treiber, die die zwölf Hauptvögel gebracht haben, angegeben haben, da auf manchem Saumrosse bei drei zusammengebunden waren. Alle Kinder beben vor Furcht und Angst, weil sie meinen, daß ihnen hier was Übles begegnen werde; aber der Engel redet sie allerliebfreundlichst an und sagt ihnen, daß ihnen hier nicht nur nichts Schlimmes, sondern nur was sehr Gutes begegnen werde, und daß sie schon am nächsten Tage sich wieder in den Armen ihrer um sie über die Maßen trauernden Eltern befinden werden. Da wurden die Kinder ruhiger.

[3] Einige klagen jedoch über Schmerzen, die ihnen die Bandriemen verursacht haben; einige hatten blutige Stellen an ihrem zarten Leibe; denn sie sind geschlagen worden, so sie weinten, weil sie durch ihr Weinen die ganze große Karawane verraten könnten. Die meisten waren nackt; denn als bekleidet hätten sie am Wege von Kapernaum bis gen Sibarah, das auch umgangen wurde, ja vielleicht von irgendwem erkannt werden können, der dann den Zug irgendwo hätte verraten können. Es mußte also auch für die notdürftigste Bekleidung gesorgt werden.

[4] Kisjonah gab sogleich eine Masse feiner Leinwand her, und alles

mußte sogleich Leibschürzchen machen, so daß am Morgen alle Kindlein, und zwar jegliches eine Schürze bekam; viele Hände sind bald mit einer großen Arbeit fertig. Die Kinder wurden aber sogleich in die große Herberge gebracht, die der Kisjonah etwas oberhalb der Schranke eigens hatte erbauen lassen.

[5] Als die Kinder in der Herberge untergebracht waren, da kam aber auch schon der Haupttransport mit Vieh und all den andern Sachen an. Alles wurde in Empfang genommen und wohl untergebracht; die Knechte der zwölf aber wurden auch in einem großen Gefängnisse gebunden versorgt.

[6] Als dieser Rummel vorüber war und die Wächter allenthalben verteilt, so begab sich endlich auch Kisjonah mit seinen vier Begleitern zur Ruhe, welche aber eben nicht gar zu lange dauerte, da sie spät begann und der kommende Tag viele und große Geschäfte bot.

[7] Bis zum Aufgange blieb alles in der Ruhe; aber mit dem Aufgange war auch schon alles auf den Beinen, und des Kisjonah erster Gang war zu Mir, um Mir alles kundzugeben, was sich in der Nacht zugetragen hatte, und um natürlich auch Meinen Rat, was nun vor Gott Rechtens zu tun wäre, einzuholen.

[8] **Ich** aber kam ihm zuvor und erzählte ihm, was sich in dieser Nacht ereignet hatte, und gab ihm aber auch den Rat, was er nun schleunigst zu tun habe. Der Rat aber bestand darin und lautete also:

[9] »Bruder, vor allem entsende schnell einen vom hiesigen kaiserlichen Gerichte beglaubigten Boten nach Kapernaum zum Obersten Kornelius, auf daß er einen Kommissär hierher sende, damit dieser die zwölf Sünder examiniere und über sie ein Urteil schöpfe, und daß allen Beteiligten, die die zwölf angeben werden müssen, ihr geraubtes Vieh und hauptsächlich aber ihre Kinder zurückgestellt werden in kürzester Zeit! Denn für diesen großartigsten Spitzbubenfall ist das hiesige Spezialgericht zu klein und in solchen Fällen auch nicht kompetent. Aber von Mir soll dabei keine Erwähnung geschehen!

[10] Die zwölf Pharisäer aber werden noch dem Obergerichte zu schaffen machen! Es wird ihnen des Raubes wegen nicht an den Leib kommen können. Auch die Umgehung der Maut wird sie nicht genieren; denn sie haben im ganzen Lande den Freipaß; und weil sie des Landes Kinder sind, so kann von ihnen nach dem Gesetze ohnehin kein Zoll genommen werden, und sie haben auch deshalb nicht die Maut umgangen, sondern allein aus Furcht vor dem Volke. Denn sie haben bei ähnlichen Gelegenheiten schon Lehrgeld bezahlt und haben sich darum einen geheimen Weg nach Jerusalem gemacht.

[11] Es liegt daher nur e i n e Causa *(Streitsache)* vor, für die sie vom Gerichte zu einem starken Schadenersatz verurteilt werden können, und das ist der Waldfrevel, den sie in deinen Waldungen verübt haben, und da wird all das Pfandzeug, das sich nun in deinen Händen befindet, lange nicht hinreichen, auch samt dem Gelde nicht, das sie bei sich führen.

[12] Laß daher als zweite Notwendigkeit auch schnell sachkundige

Schätzleute in Begleitung einer Gerichtsperson in den Wald gehen und den Schaden erheben, auf daß, so das Obergericht hierher kommt, schon alles da ist, was zur gültigen Fällung eines rechtskräftigen Urteiles vonnöten ist; denn sonst zieht das Gericht die Untersuchungen ins lange und breite, und die hart Benachteiligten kämen zu ihrer Sache vielleicht erst in einem Jahre. Ist aber alles da, was dem Gerichte als nötig erscheint, so kann dasselbe auch schnell ein Urteil schöpfen und nach dem Urteile zur Exekution übergehen.«

[13] Nach dieser Information begibt sich Kisjonah sogleich zu seinen Amtleuten und bestellt alles alsogleich, was Ich ihm geraten habe.

[14] Ein kleines Segelschiff fährt bei einem sehr günstigen Winde eiligst nach Kapernaum ab, und der römische Richter selbst mit acht unter Eid genommenen Schätzleuten begibt sich schnell auf das Gebirge, das von Kis aus die linke Seite des Tales begrenzt, und sendet einen Kommissär mit acht andern, ebenfalls beeideten Schätzleuten auf das Gebirge zur Rechten des Tales.

[15] Bis um die vierte Stunde nachmittags treffen ein Obergerichtskommissär mit zwei Schreibern und die Schätzleute von beiden Bergen mit dem genau erhobenen Schaden ein.

233. Scharfes Verhör der zwölf Pharisäer. Das den Templern günstige Zeugnis des Cäsar Augustus. Wie die Templer die Gottesgesetze erfüllen. Schwere Bestrafung der Übeltäter wegen Waldfrevels und Majestätsbeleidigung.

[1] Es werden nun schnell Voruntersuchungen angestellt, und als die bald beendet sind, so werden **die zwölfe** vorgeführt. Als der Oberrichter sie befragt, so sagen sie: »Wir sind Herren für uns und haben unser Gericht im Tempel zu Jerusalem; außer Gott und diesem Gerichte aber sind wir für all unser Tun und Lassen niemandem irgendeine Antwort zu geben schuldig, und so magst du uns fragen, wie du willst, so wirst du dennoch keine Antwort mehr von uns erhalten; denn wir stehen auf gesetzlichem Boden, der sehr fest ist, und ihr werdet uns nichts anhaben können.«

[2] Sagt **der Richter:** »Für derlei Renitenzen *(Widerspenstigkeiten)* habe ich ein Mittel bei mir; es besteht in Rute und Peitsche! Diese werden euch schon zum Reden bewegen! Denn das Gericht kennt keinen Standesunterschied; vor dem Gesetz ist jeder gleich!«

[3] Sagt der erste der zwölf **Pharisäer:** »Oh, dies Mittel kennen wir und seine Kraft und Wirkung; aber wir kennen noch ein anderes Mittel! So wir uns dessen bedienen wollen und wahrscheinlich werden, da dürften wir schier die letzten sein, über die du ein Gericht zu halten wagst! Kennst du das berühmte Zeugnis vom Cäsar Augustus, das er eigenhändig geschrieben den Priestern Jerusalems zukommen ließ, wo er sagt:

[4] ‚Diese Priesterkaste ist dem Kaiserthrone Roms günstiger denn jede andere; darum sollen aber auch alle ihre Gesetze und Privilegien als heilig beschützt sein! Weh dem, der sie angreift! Der Frevler soll als ein Hochver-

räter zur schärfsten Strafe gezogen werden!‘ Dieses Gesetz gilt gleichfort, heute so wie vor dreißig Jahren. So es dir unbekannt sein sollte, haben wir es dir nun ins Gedächtnis gerufen. Tue nun, was und wie es dir beliebt; wir aber werden dann tun, wie es uns belieben wird!

[5] Wir haben unsere Pfänder mit allem gesetzlichen Recht in unseren Händen, und niemand kann und darf sie uns nehmen. Momentane Gewalt kann solches wohl tun, da unsere Gegengewalt zu geringe ist; aber so wir uns hier auslösen, müssen wir in die Freiheit gesetzt werden, und dann werden wir eine weitere Verhandlung zu veranlassen verstehen!«

[6] Sagt **der Oberrichter:** »Wegen des Pfandes, das ihr vor Gott und allen ehrlichen Menschen zwar auch vielmehr als einen schmählichsten Raub denn als irgendein wahrhaft rechtliches Gut an euch gerissen habt, sitze ich hier auch gar nicht zu Gerichte über euch, da ich leider nur zu gut weiß, welche Privilegien ihr durch eure Heuchelkünste dem Kaiser abgenötigt habt.

[7] Hätte euch ein Augustus gekannt, wie ich euch kenne, wahrlich, ihr hättet von ihm ein ganz anderes Zeugnis überkommen! Aber leider hat er sich durch einen falschen Schimmer täuschen lassen und hat euer Lampengeflimmer für ein Sonnenlicht angesehen und hat euch darum ein Privilegium erteilt.

[8] Aber es liegt nun an mir und dem Obersten Kornelius, euch dem Kaiser in eurer wahren Gestalt zu zeigen, und ihr werdet eures Privilegiums bald ledig werden! Übrigens mögt ihr mir Gegendrohungen machen, wie ihr wollt; denn auch ich bewege mich auf gesetzlichem Boden, und wir Oberrichter dieses Landes haben erst vor kurzem eine neue Verordnung in bezug auf eure dem Kaiser nicht mehr unbekannten Umtriebe erhalten, und zwar mit der schärfsten Aufforderung, auf euch ein schärfstes Augenmerk zu richten, und ich versichere euch, daß wir Oberrichter dieser neuesten Verordnung aus Rom überaus treu und gewissenhaft nachkommen und haben euch schon auf eine euch sicher nicht sehr liebsame Weise gezeichnet! Verstanden?!

[9] Ihr saugt gleich den afrikanischen Basilisken den Untertanen des Kaisers den letzten Tropfen Blutes aus, macht sie zu Bettlern, und was ihr noch überlaßt, das nimmt der Landespächter Herodes, damit er alle seine tausend Buhldirnen fett und üppig füttern kann. Das arme Volk aber muß verschmachten im größten Elende! Ist das recht?!

[10] Wenn es irgendeinen Gott gibt, der nur soviel Rechtsgefühl besitzt als ich und soviel Liebe hat zu den Menschen als mein Rock, so ist es unmöglich, solche Teufel, wie ihr und euer Herodes es seid, über die arme Menschheit noch länger herrschen zu lassen!

[11] ‚Liebe deinen Nächsten wie dich selbst!‘ lautet ein moralisches Gesetz in eurem Buche, das euer Gott euch soll gegeben haben; wie aber befolgt ihr es?!

[12] Wahrlich, euer Gesetz, das ihr allzeit fleißig ausübet, heißt Haß gegen jedermann, der euch in eurem geilsten und wollüstigsten Leben nicht allergewaltigst unterstützen will! Aber leider habt ihr euch zu dem Zwecke ein

Gesetz erschlichen, auf das gestützt ihr nun allerlei nie erhörte Erpressungen vornehmt.

[13] Glücklicherweise aber habt ihr bei dem vorliegenden Falle über eure rechtlich sein sollende Pfändung eine Tat begangen, für deren nur scheinbare Rechtlichkeit aber auch kein mir bekanntes Gesetz spricht, und diese Tat, der allein wegen ihr hier vor mir zu Gerichte steht, heißt Waldfrevel, den ihr in einer großen Ausdehnung in den schönen Waldungen des Kisjonah begangen habt, der ein Grieche und ein fester, allein kaiserlicher Untertan ist, dessen Rechte jeder Kaiser Roms mit einer vollen Legion beschützen würde, so sie nur im geringsten angetastet würden, da er dafür dem Kaiser jährlich tausend Pfund bezahlt, was wahrlich keine Kleinigkeit ist.

[14] In der ganzen Wegesstrecke in der Länge von nahe fünf Stunden Weges habt ihr bei der Anlegung eures geheimen Schmuggelweges nahe tausend schöne junge Zedern und mehrere tausend andere geringere alte und junge Baumstämme verwüstet und habt dem Kisjonah einen Schaden von mehr als zehntausend Pfunden verursacht laut Ausweises beeideter Schätzleute. Nun, wie werdet ihr solchen Schaden vergüten?!«

[15] Sagt **der erste Pharisäer:** »Weißt du denn nicht, daß die Erde Gottes ist und wir Seine Kinder sind, denen allein Er diese Erde gegeben hat? Wie aber Gott Selbst das Recht hat, mit der Erde zu machen, was Er will, desgleichen haben auch wir als Seine Kinder das Recht und können mit der Erde machen, was wir wollen. Hat uns auch irgendeine heidnische Gewalt auf eine Zeit dies Recht entrissen, so wird sie es dennoch nicht lange besitzen; Gott wird es ihr nehmen und wieder uns, Seinen Kindern, geben.

[16] Vom Gottesrechte aus betrachtet haben wir keinen Waldfrevel zu vergüten, da die Erde unser ist und wir mit ihr machen können, was wir wollen. Aber der größeren irdischen, freilich nur scheinbaren Gewalt zufolge, die ihr Römer nun über uns widerrechtlich ausübt, werden wir uns zur Vergütung wohl herbeilassen; aber von zehntausend Pfunden dürften etwa wohl neun Zehntel wegfallen; denn soviel Kenntnisse haben wir auch, daß wir wohl einsehen können, wieviel die Bäume wert sind, die wir gefällt und natürlich nur den wenigsten Teil davon benützt haben zum allfälligen Brükkenbau; und was ist denn im Grunde so viel Schadens?! Es besteht nun ein neuer Weg, den der Zöllner Kisjonah gar wohl benutzen kann! Hätte er ihn selbst angelegt, so wäre er ihm auf wenigstens tausend Pfunde zu stehen gekommen; nun kann er dort eine neue Maut errichten, und in einem Jahre hat er dreimal soviel eingenommen, als was uns der ganze Weg gekostet hat.«

[17] Sagt **der Oberrichter:** »Im Namen des Kaisers und dessen weisen Gesetzes verurteile ich euch, da der Schaden durch beeidete Schätzleute erhoben ist, und weil ihr als vorgeschützte Kinder Gottes euch alle Gewalt über die ganze Erde anmaßt und somit auch schlußfolgerichtig der Kaiser unter eurer Gewalt steht, wovon ihm bisher wahrscheinlich noch nichts geträumt hat, ihr aber durch solch eine schändlichste Anmaßung zu baren Majestätsbeleidigern gegen die heilige Person des Kaisers geworden seid, zu 20 000 Pfund Geldstrafe, wovon ein Drittel dem Kisjonah zugute kommt,

zwei Drittel aber dem Kaiser; zudem seid ihr aller eurer Pfänder als verlustig erklärt!

[18] Weil aber auf die Majestätsbeleidigung entweder der Tod oder ewige Verbannung als unwiderrufliche Strafe gesetzt ist, so habt ihr nun zu wählen, was euch lieber ist, entweder die Enthauptung durch das Beil oder ewige Verbannung nach Europas Eislande! Ich habe geredet im Namen des Kaisers und dessen weisen Gesetzes! Es geschehe dies alles sogleich! Es mag darob alle Welt zugrunde gehen, aber das Recht werde geübt!

[19] Seht, so handelt ein Oberrichter aus Rom und fürchtet niemand, außer die Götter und den Kaiser!«

[20] Darauf läßt er sich nach römischer Sitte Wasser geben und wäscht sich die Hände; ein Büttel aber bricht einen Stab entzwei und wirft ihn den zwölfen unter die Füße.

234. Die Pharisäer in der Klemme. Zahlung der hohen Strafsumme. Ein neuer Verdacht: Raub von kaiserlichen Steuergeldern durch die Pharisäer. Der Diebe Angst.

[1] Da fangen die Pharisäer an zu zagen, und **einer,** der etwas mutiger ist, sagt zum Richter: »Herr, kassiere das zweite Urteil! Wir wollen darum das erste vierfach leisten und das binnen 48 Stunden!«

[2] Sagt **der Richter:** »Ich nehme den Antrag an; bleibe aber dennoch bei der Verbannung auf zehn nachfolgende volle Jahre! Seid ihr damit zufrieden?«

[3] Sagen **die Pharisäer:** »Herr, wir zahlen das Fünffache in reinem Silber, so du uns die Verbannung ganz erlässest!«

[4] Sagt **der Oberrichter:** »Es sei, aber mit dem obergerichtlichen Vorbehalte, daß ihr dennoch durch zehn Jahre unter römisch-polizeilicher Aufsicht stehen werdet, und jeder widerrechtliche Versuch, den Staat und dessen Oberhaupt hinters Licht führen zu wollen, oder jede üble Anspielung gegen Rom, sowie jede eigenmächtige, dem Gerichte nicht vorher angezeigte und vom Gerichte nicht konzedierte *(zugestandene)* Pfändung, worin sie auch immer bestehen und welchen Namen sie haben möge, wird alsogleich die zehnjährige Verbannung nach Europa zur Folge haben, für die dann keine Auslösung mehr angenommen wird! Das Geld aber muß binnen 48 Stunden hier in diesem Gerichtssaale erlegt werden; in einer Stunde darüber würde es nicht mehr angenommen werden unter den jetzt gestellten, gemilderten Umständen, sondern unter und mit der Restitution *(Wiederherstellung)* des ersten Urteils.

[5] Nun aber noch was! Bevor euch hier die Freiheit wiedergegeben wird, müsset ihr die Namen und die Wohnorte aller von euch schmählich gepfändeten Parteien angeben, auf daß ich sie hierher berufen und ihnen zurückstellen kann all das von euch ihnen geraubte Zeug, als Kinder, Vieh, Getreide und Wein!«

[6] Auf diese Aufforderung bequemen sich die Pharisäer dazu und geben

genau alle Namen und Orte an. Und der Richter entsendet sogleich Boten in alle die angezeigten Orte, und es dauert keine zehn Stunden, so langen auch schon alle Parteien an, die da in Kis was zu holen hatten.

[7] Die zwölf Pharisäer aber deckten sogleich ihre mit Maultieren bespannten Geldkarren ab, und alles staunte über die ungeheure Gold- und Silbermasse über die Maßen. Sie hatten so viel Silber und Gold bei sich, daß sie ihre Strafe ganz leicht noch fünf Male hätten erlegen können! Es war **dem Oberrichter** auch von ganzem Herzen leid, daß er die Strafe nicht höher angesetzt hatte.

[8] Aber es kam ihm ein weiser Gedanke, demzufolge er die zwölfe noch einmal ins Verhör nahm und sie also zu fragen begann: »Höret, ihr habt zwar das Verlangte richtig bezahlt und habt dafür die Quittung in euren Händen! Aber da ich nun bei euch eine solche Masse Geldes entdecke, daß es mir geradezu unmöglich scheinen muß, wie ihr auf einem rechtlichen Wege zu dieser Masse Goldes und Silbers gekommen seid – wahrlich, wenn heute der Kaiser mit all seinem Bargelde hierherkäme, so wäre es eine starke Frage, ob seine Barschaft der euren gleichkäme –, so erklärt mir daher nun ganz kurz und einfach, wie ihr zu soviel Gold und Silber gekommen seid; denn diese Sache kommt mir im höchsten Grade verdächtig vor!«

[9] Sagt **der erste Pharisäer:** »Was verdächtig, was verdächtig?! Das ist von allen in diesem Lande ausgestellten Pharisäern, Priestern und Leviten von fünfzig Jahren her für den Tempel erspartes Geld; und da nun die Zeit aus ist, so müssen wir es an den Tempel abliefern. Es ist dies aber ohnedem noch die kleinste Summe, die je von Kapernaum aus in den Tempel abgeführt worden ist. Es sind dies nichts als Opfer-, Vermächtnis- und für den Tempel besondere Stiftungsgelder und daher vollends rechtlich erworbene und zusammengebrachte Gelder.«

[10] Sagt **der Oberrichter:** »Das Wort ‚rechtlich' lassen wir beiseite! Wenn auch so, so sind das Erpressungen und niedrige Erbschleichereien, und da ist die Rechtlichkeit etwa wohl höchst ferne von diesem Reichtume!

[11] Aber mir ist erst vor einem Monate unmittelbar aus Rom angezeigt worden, sowie allen Obergerichten: Es werden schon seit einem Halbjahre Steuergelder aus Kleinasien und einem Teile der am Pontus liegenden Ortschaften erwartet; sie sollen schon lange eingehoben und abgesandt worden sein, bestehend in Gold und Silber und Edelsteinen und Perlen, – Gold und Silber zumeist im ungeprägten Zustande. Die angezeigte Summe betrüge, bloß im Golde 20000 Pfunde, in Silber 600000 Pfunde und ungefähr soviel Wertes in Edelsteinen und Perlen.

[12] Ich sehe noch fünf unabgedeckte Karren; decket sie ab, auf daß ich auch ihren Inhalt in den Augenschein nehmen kann!«

[13] Mit sichtlicher Verlegenheit decken sie noch die fünf Karren ab, und siehe, sie waren voll von allerlei Edelsteinen, zumeist im noch rohen, ungeschliffenen Zustande, und ein Karren, über eine Tonne Maß haltend, war voll kleiner und großer noch ungebohrter Perlen.

[14] Als **der Oberrichter** solches alles genau besichtigt, so sagt er: »Mir scheint, die Sache liegt klar am Tage, wohin die vom Pontus und Kleinasien

nach Rom abgesandten Steuern und Schätze gelangt sind! Es wird bei eurer Verschmitztheit schwer sein, mit allen rechten Beweisen aufzukommen; aber ich getraue mir, bei allen Göttern und ihren Himmeln zu schwören, daß hier die vor mir offenliegenden und in Rom schon so lange erwarteten Steuergelder und sonstigen Schätze sich nun schon so gut wie in meinen Händen befinden! Bleibt ihr daher nur fein da; so die Parteien kommen, werde ich ein großes Examen anstellen!«

[15] Als die Pharisäer solche Worte vom Oberrichter vernehmen, so werden sie ganz blaß, und es fängt sich ihrer ein ganz bedeutendes Fieber zu bemächtigen an, was dem scharfsehenden **Oberrichter** nicht entgeht; und er sagt auch zu dem Richter von Kis: »Bruder, ich glaube, wir haben die großen Raubvögel schon in unserem Garne.«

235. Der Oberrichter Faustus und der Herr. Große Freude und rührende Begrüßung.

[1] Sagt **der Richter** von Kis: »Du, Freund, es hält sich hier der berühmte Jesus von Nazareth auf, abwechselnd schon bei drei Wochen, und wird wahrscheinlich noch einige Tage hier zubringen. Ich sage dir, Er ist ein Gott, dem alle noch so verborgenen Dinge sonnenklar sind, wovon Er uns bereits Hunderte der handgreiflichsten Beispiele gegeben hat; nun, wie wäre es denn, so wir uns in dieser Sache an Ihn wendeten? Er könnte uns ein großes Licht geben, und das um so eher, da Er durchaus kein Freund der schwarzen Diebe und Räuber aus des Tempels schnödesten Verfügungen ist. Denn ich selbst habe es mit meinen Ohren gehört, wie Er Chorazin und Kapernaum, respektive deren Priester und Pharisäer, bis in den tiefsten Tartarus hinab verwünscht hat. Und so bin ich überzeugt, daß wir durch Ihn ins klare kommen werden.«

[2] Sagt ganz erstaunt **der Oberrichter:** »Was?! Dieser Gottmensch ist hier?! Ei, warum habt ihr mir das nicht sogleich gesagt?! Wahrlich, ich hätte Ihn sogleich an meiner Stelle Gericht halten lassen und mir dabei drei Viertel Arbeit erspart! Führet mich doch schnell zu Ihm! Denn es hat mir auch der Oberste Kornelius dringlichst aufgetragen, mich angelegentlich nach diesem göttlichsten aller Menschen zu erkundigen und ihn davon sogleich zu benachrichtigen.

[3] So der Oberste es bestimmt erfährt, daß Jesus hier weilt, so ist er in der kürzesten Zeit mit seiner ganzen Familie hier; denn er und sein ganzes Haus beten diesen Jesus ja ganz förmlich an, und ich selbst halte es mit ihnen. Alles Lob irgendeiner wahren Gottheit darum, daß mir noch einmal das unschätzbarste Glück zuteil ward, meinen rein allerhimmlischsten Freund Jesus zu sehen und zu sprechen! Führt mich nur schnell, schnell zu Ihm! Jetzt ist schon alles gewonnen!«

[4] Wie **der Oberrichter** gegen das große Haus geht mit der heißesten Sehnsucht, Mich zu sehen und zu sprechen, komme Ich ihm entgegen; und

als er Mich ersieht, schreit er vor Freuden: »Da, da bist Du ja, Du mein göttlichster Freund und Bruder, wenn ich Dich noch so nennen darf!

[5] O laß Dich umarmen und Dein heiliges Antlitz bedecken mit tausend Freundes- und Bruderküssen! O Du mein heiliger Freund Du! Wie unaussprechlich glücklich bin ich nun, daß ich Dich endlich einmal wiederhabe! Wahrlich, wo nur irgend Menschen in der größten Not stecken, da auch bist Du gegenwärtig, ihnen zu helfen! Ach, ich weiß mir nun ja vor Freuden nicht zu helfen, daß ich Dich hier gefunden habe!«

[6] Sage **Ich,** ihn auch fest an Mein Herz drückend: »Sei auch du Mir endlose Male gegrüßt! Denn dein Herz hat bei deinem schweren Richteramte wahrlich keinen Schiffbruch erlitten, und Ich liebe dich darum auch gleichfort über die Maßen und segne vollauf deine Arbeiten.

[7] Wahrlich, daß du hier hinter den argen Steuerraub gekommen bist, das hast du Mir und Dem, der in Mir wohnt, zu verdanken!

[8] Doch gehen wir nun ins Haus, allwo ein reichliches Abendmahl unser harret! Nach dem Mahle wollen wir mehr darüber reden!«

236. Das gemeinsame Mahl. Des Faustus Lob über die Lehre Jesu. Des Faustus Liebe zu Lydia. Des Herrn Vermittlung. Liebliches Bekenntnis der Lydia. Des Faustus denkwürdiger Traum von der Herrlichkeit des Himmelsvaters in der Gestalt Jesu. »Was Gott verbunden hat, das soll der Mensch nicht trennen!« Ehewinke.

[1] Der Oberrichter und der Unterrichter samt Kisjonah, Baram, Jonael, Jairuth und Archiel gehen nun mit Mir ins Zimmer und halten etwa eine halbe Stunde nach dem Untergange mit Mir und all den Meinen ein recht wohlbereitetes und reichliches Mahl, und der noch ledige **Oberrichter** findet ein großes Wohlgefallen an der ältesten Tochter Kisjonahs und sagt zu Mir: »Mein edelster Freund, Du weißt, wie sehr ich Dich trotz des Unterschiedes unserer Religion, respektive Gottheitslehre, allzeit liebte, weil ich in Dir keinen verschlagenen und einseitigen Juden, sondern einen höchst offenen und freisinnigen und zugleich höchst vielseitig gebildeten und in allen Wissenschaften tiefst bewanderten Menschen gefunden habe.

[2] Ich vertraue Dir daher denn nun auch an, daß mir Kisjonahs Tochter überaus wohl gefällt. Nun aber, wie Du wohl weißt, bin ich ein Römer, und sie wird doch zweifelsohne eine Jüdin sein, die keinem Heiden, wie wir von den Juden genannt werden, ihre schöne Hand reichen darf. Sage, Freund, was wäre da zu machen? Könnte sie unter gar keiner Bedingung mein Weib werden? Geh und gib mir ein Mittel an die Hand!«

[3] Sage **Ich:** »Du bist ein Römer, und sie ist eine Griechin und keine Jüdin, und somit hindert dich schon von Natur aus nichts, sie vom Kisjonah zum Weibe zu begehren, der sie dir auch sicher geben wird. Daß sie aber geistig, wie nun das ganze Haus, nach Meiner dir nicht unbekannten Lehre dennoch eine Jüdin ist, das wird dir wohl kein Stein des Anstoßes sein?!«

[4] Sagt der Oberrichter namens **Faustus,** Caji Filius: »Warum nicht gar! Bin ich ja im Herzen selbst einer der glühendsten Anhänger Deiner rein

göttlichen Lehre! Denn ich meine, daß ein Gott, der eine Welt zu bauen verstand und darauf allerlei lebendige Wesen und am Ende sogar den Menschen ins Dasein zu rufen vermochte, überaus weise sein muß! Wenn solch ein weisester Gott den Menschen eine Lehre geben möchte, so könnte Er ja doch unmöglich eine andere Lehre – sage – Seinen Menschen geben, als eben eine weisest solche, die mit der Natur und mit dem besten Erhaltungsprinzip des Menschen unter den Menschen im genauesten Einklange steht.

[5] Nun, Deine Lehre aber hat diesen Geist und solchen Charakter und ist somit rein göttlich, und ich habe sie darum als vollauf wahr für mein ganzes Leben angenommen und mache danach auch einen Prediger meinem ganzen Hause und allen meinen vielen untergeordneten Amtleuten. Wenn so, da wären wir bis auf die Einwilligung des Vaters ja ganz in der Ordnung!«

[6] Sage **Ich:** »Nun, die hast du schon, sowie die Liebe der schönen Lydia. Sieh hinter dir den durch und durch seligen Kisjonah, der sich vor Freuden gar nicht zu helfen weiß, daß seinem Hause solche Ehre begegnet!«

[7] Faustus sieht sich um und **Kisjonah** sagt: »Herr und Gebieter über unser ganzes Galiläa und Samaria! Ist das möglich, daß du meine Lydia zum Weibe begehrst?!«

[8] Sagt **Faustus:** »O ja, als aus Tausenden die einzige, so du sie mir geben willst!«

[9] Kisjonah ruft die Lydia. Diese kommt sichtlich verlegen vor Liebe und großer Freude, und **Kisjonah** sagt zu ihr: »Nun, meine liebe Tochter, möchtest du wohl gesegnet sein mit diesem herrlichen Manne?«

[10] Und **die Lydia,** die Augen zu Boden schlagend, sagt nach einer Weile: »Wie magst du mich noch fragen? Wie dieser herrliche Faustus heute ankam und ich ihn zum ersten Male sah, so hörte ich im Herzen reden: ‚Wie glücklich doch muß das Weib dieses herrlichen Mannes sein!' Und sollte ich nun, da er mich begehrt, ihm mit einem Nein entgegenkommen?«

[11] Sagt **Kisjonah:** »Aber was wird da dein geliebtester Jesus dazu sagen?!« Sagt **die Lydia:** »Dessen sind wir alle! Er ist der Schöpfer, und wir sind Seine Geschöpfe, aus denen Er nun wirkliche Kinder zieht! Er bleibt dessenungeachtet meines Herzens tiefste Tiefe!«

[12] Hier macht **Faustus** große Augen und sagt, ganz erstaunt über dies unerwartete Zeugnis der Lydia über Mich: »Was, was – was muß ich hören?! Sollte denn ein letzhiniger schönster Traum, den ich geträumt habe, irgendeine wahre Bedeutung haben? Den ganzen Himmel sah ich offen; alles war Licht, alle zahllosen Wesen Licht, und in der tiefsten Tiefe der Himmel sah ich offenbar Dich, Du mein Freund Jesus, und alle Wesen harrten wie mit ungeduldiger Freude Deines Winkes, um Deine Befehle in einem Augenblick der ganzen Unendlichkeit zu verkünden!

[13] Damals glaubte ich, in Deinem Ebenbilde, dessen Glanz die Sonne bei weitem überbot, den Zeus gesehen zu haben, und es nahm mich hoch wunder, daß Du mit Zeus eine so außerordentliche Ähnlichkeit habest, und ich hielt seither Dich im geheimen für einen Erdensohn des ersten Gottes, den ich aber mit dem Jehova der Juden und mit dem Brahma der Indier identifizierte und dabei alle andern Götter nur Dir gleich für Seine Erden-

kinder hielt, die Er zuzeiten mit den Töchtern der Erde zeugte, um den Menschen in solchen Söhnen der Erde Führer, Lehrer und Beleber zu geben!

[14] Aber jetzt bekommt dieser Traum auf einmal ein ganz anderes Gesicht; Du bist Selbst der lebendige Zeus, Brahma oder Jehova leibhaftig unter uns und lehrst uns Selbst Deine göttliche Weisheit, da wahrscheinlich Deine früheren Kinder dieselbe auf dieser Erde schlecht gelehrt und nicht in die rechte Werktätigkeit gesetzt haben!

[15] Wenn unfehlbar also, da bekomme ich ja dies schönste Weib unmittelbar aus der Hand meines Gottes, meines Schöpfers, und brauche daher nicht mehr zu fragen, ob ich mit ihr glücklich sein werde!

[16] Aber es hat denn nun auch mein Begehren ein ganz anderes Gesicht überkommen! – Schönste Lydia! Sieh nun an den Herrn! Nun kommt es nicht mehr auf unser gegenseitiges Verlangen und Begehren an, sondern lediglich auf den heiligsten Willen dieses Einzigen der Einzigen, dieses Herrn aller Herrlichkeit, dieses Gottes aller Götter, aus dem alle Himmel, Sonne, Mond und diese Erde und wir alle hervorgegangen sind!

[17] Du mein in aller Fülle der Wahrheit göttlichster Jesus! Ist es Dir genehm, daß Lydia mein Weib werde, so ist sie mein Weib; sollte es Dir aber nur im geringsten unangenehm sein, so sage es, und mein Leben soll nichts sein als der tätige Ausdruck Deines Willens!«

[18] Sage **Ich:** »Mein edelster Bruder! Ich habe euch schon gesegnet, und somit seid ihr vollkommen schon ein Leib; aber das merket euch:

[19] Was Gott verbunden hat, das soll kein Mensch mehr trennen, und es bleibt sonach eine wahre Ehe für ewig unauflöslich! Eine falsche Weltehe ist aber ohnehin kein Bund vor Gott und ist somit auflöslich wie die Weltmenschen und alle ihre Bündnisse, die schon von vornherein nichts als eine barste Hurerei sind, durch die die Kinder des Satans ins elende Dasein gesetzt werden. Ihr also seid nun vollends Mann und Weib und vor Gott ein Fleisch, Amen!«

[20] Auf diese Meine Worte umarmen sie sich und begrüßen sich mit einem Kusse.

[21] Daß diese schnelle Verbindung in ganz Kis eine große Sensation gemacht hat und Kisjonah nun auf eine reiche Mitgabe bedacht war, läßt sich wohl von selbst denken.

237. Philopolds Ankunft. Des Herrn Verheißung. Fortsetzung der Gerichtsszene mit der templerischen Räuberbande. Des Faustus wirksamer Urteilsspruch.

[1] Als der erste Sturm auf diese Begebenheit sich ein wenig gelegt hatte, kam der schon bekannte Philopold aus Kana an, ging sogleich zu Mir hin und wollte mir alles kundtun, wie er in Kana bereits alles in die schönste Ordnung gebracht habe.

[2] **Ich** aber begrüßte ihn freundlichst und sagte zu ihm: »Mir ist schon alles bekannt; du bist Mein Jünger, gehe nun hin zu Meinen anderen Jün-

gern, diese werden dir gar vieles zu erzählen wissen. Ich aber habe in dieser Nacht vieles zu schlichten. Morgen aber werden schon auch wir miteinander recht viel zu besprechen bekommen; denn du sollst Mir ein tüchtiges Rüstzeug werden.«

[3] Philopold begibt sich nun zu den Jüngern, und fast gleichzeitig vermelden die Aufseher, daß bereits alle Vorgeladenen von Kapernaum und Chorazin angelangt sind, und fragen, was nun zu geschehen habe.

[4] **Ich** aber sage: »Führt sie zuerst zu ihren Kindern und gebt ihnen zu essen und zu trinken! Wir aber werden indessen mit den zwölf Pharisäern eine ganz außerordentliche Verhandlung vornehmen.«

[5] Die Aufseher entfernten sich, und Faustus fragte Mich, ob es nicht besser wäre, daß Ich die zwölfe verhöre und er bloß einen Aktuarius mache.

[6] **Ich** aber sage: »Nein, Mein Bruder, das würde nicht gehen; denn vor ihnen hast nur du die Amtswürde und trägst darum des Kaisers Machtring an deiner Rechten und das Schwert und den Stab; du mußt sie darum selbst verhören. Aber Ich werde dir schon auf die Zunge legen, was du und wie du zu fragen hast, und sie werden dir nicht auskommen! Gehen wir darum nur schnell ans Werk; denn es ist nicht früh in der Nacht.«

[7] Wir gingen darum nun sogleich hinaus in das Gerichtshaus, allwo die zwölfe mit ihren dreißig Haupthelfershelfern unter starker Wache wohlverwahrt des Oberrichters harrten mit großer Furcht und Angst; denn sie hatten nun keine Zeit und keine Gelegenheit mehr, irgendein Dutzend falscher Zeugen aufzutreiben, die für sie gelogen und auf die Lüge geschworen hätten; denn es war ja vom Tempel aus für jeden eine besondere Gnade verheißen, der zugunsten des Tempels und aller dessen Diener, wenn es die Umstände als notwendig erfordern, einen falschen Eid ablegt! Er mußte aber zuvor freilich ganz tüchtig informiert sein, was im vorliegenden Falle aber durchaus unmöglich war.

[8] Wir traten nun unter Begleitung des Kisjonah, Baram, Jonael, Jairuth und des Engels Archiel nebst dem Unterrichter und mehreren Schreibern in den Gerichtssaal.

[9] Gleich beim Eintritt fragt **der erste Pharisäer** ganz erbost den Faustus: »Was ist denn das für eine Art, uns Priester Gottes, nachdem wir uns ohnehin schon zu allem, was gefordert ward, als leistungswillig erklärt haben, nun noch wie gemeine Verbrecher nicht in die Freiheit zu setzen?! So wahr wir Gottes Diener sind: – wenn man uns nicht sogleich die volle Freiheit geben wird, so wird man von Gott übel bedient werden!«

[10] Sagt **Faustus:** »Seid nur ruhig, sonst könnte ich genötigt sein, euch zur Ruhe zu zwingen; denn wir haben nun ganz außerordentlich wichtige Dinge miteinander zu schlichten! Höret mich nun aufmerksamst an!

[11] Ich habe schon früher zu euch die Bemerkung gemacht, der zufolge mir eure ungeheuren Schätze als auf ein Haar dieselben zu sein vorkommen, von denen ich euch schon früher die fragliche Erwähnung gemacht habe. Ich bin bis auf eines nun schon in aller Richtigkeit über dieses Attentat auf die vom Pontus und Kleinasien nach Rom an den Kaiser abgegangenen Steuergelder und anderen Schätze; dies eine aber besteht darin:

[12] Die Steuergelder und die anderen Schätze waren nach der Beschreibung nahe von einer Viertel-Legion römischer Soldaten begleitet; es mußte sonach nichts Leichtes gewesen sein, solch eine mächtige Begleitung zu überwältigen, sie entweder ganz aufzureiben oder wenigstens in die Flucht zu schlagen.

[13] Daß diese Gelder und Schätze entweder unmittelbar von euch selbst durch List oder Gewalt oder von euren irgend noch verschmitzteren Kollegen den römischen Führern abgetrieben worden sind, bin ich völlig im klaren; dafür bedürfen wir auch keines Beweises mehr, da wir bereits mehr denn hundert Zeugen dafür besitzen; aber, wie gesagt, es fehlt mir bloß noch die Art und Weise und am Ende noch die richtige Summe, wie groß sie war, auf daß ich imstande bin, mit den Geldern und sonstigen Schätzen den genauen Bericht nach Rom an den Kaiser zu übersenden.«

[14] Sagt **der erste der Pharisäer:** »Herr, das ist eine zu grobe Verleumdung, die wir nimmer auf uns können beruhen lassen! Und wenn du tausend falsche Zeugen wider uns hast, so wird dir das wenig oder nichts nützen; denn wir sind unserer Sache zu sicher, und du wirst uns mit aller deiner Macht dennoch kein Haar zu krümmen imstande sein! Erspare dir daher jede weitere Mühe; denn von nun an sollst du keiner Antwort mehr gewürdigt werden außer einer zu deinem Verderben!

[15] Wenn du die Pharisäer bis jetzt noch nicht gekannt hast, so sollst du sie nun oder wenigstens in der Bälde kennenlernen! Denn solch einen ungeheuren Anwurf können wir nimmer auf uns beruhen lassen. Wir haben des Waldfrevels wegen nachgegeben, obschon wir nach unseren Gesetzen nicht nachzugeben gehabt hätten; aber des Friedens wegen nahmen wir dein höchst ungerechtes Urteil an. Aber nun heben wir es auf, und wenn du es frevelhaft wagen solltest, nur einen Stater, sei es Gold, Pfand oder Schatz anzurühren, so wirst du es nicht nur hundertfach zu ersetzen haben, sondern es wird auch mit aller deiner Herrlichkeit vollkommen zu Ende sein! Denn nun wird man im Tempel schon wissen, was man allerfrechst hier mit uns treibt.«

[16] Sagt **Faustus:** »So, also auf diese Art wollt ihr da euch aus der Klemme ziehen? Schon gut, ich weiß nun denn auch ganz klar, was ich mit euch zu tun habe! Mit dem Verhöre mit euch hat es ein Ende; die Sache ist durch hundert Zeugen konstatiert, und eure Schuld ist am Tage! Ich sage euch nun nichts anderes und setze ein Ultimatum – die Büttel stehen draußen –:

[17] Wollen eure dreißig Helfershelfer reden, so soll ihnen das Leben gelassen werden; wollen aber auch diese nichts reden, da soll ihnen wie euch noch in dieser Nacht das Beil zuteil werden! Da werdet ihr euch dann wohl überzeugen, welch eine Furcht ich vor euch habe!«

[18] Auf diese sehr kaltblütig kräftigen Worte des Faustus treten alle die **dreißig Helfershelfer** hervor und schreien: »Herr, schone unseres Lebens; wir wollen dir ja alles haarklein beschreiben, wie diese Sache hergegangen ist!«

238. Fortsetzung der Gerichtsszene. Offenes Bekenntnis der dreißig Helfershelfer. Milderung des Urteilsspruches durch Faustus.

[1] Sagt **Faustus:** »Nun denn, so redet! Bei aller meiner Ehre, es soll euch kein Haar gekrümmt werden!«

[2] Sagt **ein Pharisäer,** ungeheuer bebend vor Todesangst: »Herr, schenkst du auch mir das Leben, so ich rede?«

[3] Sagt **Faustus:** »Auch dir; denn du bist einer der Geringsten unter ihnen.«

[4] Schreien die andern **elf Pharisäer:** »Weißt du denn nicht, daß man eher sterben soll – denn an Gott einen Verräter machen?!«

[5] Sagt **der eine Pharisäer:** »Das weiß ich wohl; aber da ist von Gott wohl keine Rede, sondern lediglich von eurem allerschändlichsten Betruge an den Römern. Ihr wußtet durch einen schmachvollsten Listzug den Römern die große Beute so geschmackvoll abzutreiben, daß sich darüber wirklich die ganze Welt erstaunen muß.

[6] Du erster Hauptspitzbube warst in der Tracht des Ober-Länderpflegers, der nun zu Sidon, manchmal auch zu Tyrus residiert, hattest des Kaisers großen Machtring und hattest ein goldenes Schwert, den Herrscherstab von ganz Palästina, Coelesyrien, Kleinasien und über den ganzen Pontus.

[7] Zudem bist du auch wenigstens dem Anscheine nach so alt wie der höchst ehrwürdige Greis Cyrenius, nahmst seinen Namen an und hattest dir ein Gefolge und einen Hofstaat geschaffen gleich dem des Cyrenius, saßest auf einem stattlichen Pferde, und als dich der Überbringer als den Oberstatthalter begrüßte und dir in einer Entfernung von einer halben Tagereise vor Tyrus als dem vermeinten Statthalter die von ihm gezeichneten Befehlsrollen übergab und nebst diesen dann auch die Gelder und die Schätze, die deine maskierten römischen Soldaten in den Empfang nahmen, so gabst du ihm Befehle, sich so schnell als möglich nach dem Pontus zurückzuziehen, indem du definitiv vernommen habest, daß dort wegen der Steuererpressungen Unruhen ausgebrochen seien und die Bewohner des Hinterpontus sich mit mächtigen Skythenhorden gegen die Herrschaft Roms verbündet hätten. Da sei Gefahr im Verzuge; darum sei er als der (falsche) Oberstatthalter im gemessenen Auftrage Roms ihm als dem tapfersten Obersten vom Pontus und Kleinasien so weit entgegengezogen, um ihm in diesem dringenden Falle den schleunigsten Rückweg in etwas abzukürzen!

[8] Es versteht sich nun von selbst, daß der Oberste vom Pontus und Kleinasien mit seinen dreitausend Reitern eiligst umgekehrt ist und in etlichen Stunden schon so weit von uns entfernt war, daß wir von ihm unmöglich mehr was zu befürchten hatten. Uns allen war das Stillschweigen auf Leben und Tod aufgetragen und jedem 200 Pfunde Silbers versprochen, die wir aber bis jetzt noch nicht erhielten, sondern sie erst in Jerusalem erhalten sollten. Das Schicksal aber wollte es anders, und es wird nun um die 200 Pfunde etwas schlecht aussehen.

[9] Das Geld und die Schätze wurden dann zur Nachtzeit nach Kapernaum geschafft, ruhten nun schon bei zwei Monden daselbst, und der gehei-

me Weg ist bloß des großen Schatzes wegen gemacht worden und führt meines Erachtens nicht nach Jerusalem, sondern in eine große verborgene Höhle in diesen Bergen, in der – und nicht im Tempel – schon gar viele tausend Pfunde Goldes und Silbers auf die Erlösung warten.

[10] In dieses Geheimnis aber waren nur wir zwölfe eingeweiht, und es weiß davon außer uns kein Pharisäer etwas, außer unsere dreißig Helfershelfer. Nur wissen diese nicht, zu welch einem Zwecke. Ihnen ist gesagt, daß solches verwahrt werde für den künftigen Messias, der die Juden vom Joche der Römer befreien werde in jüngster Zeit. Aber natürlich, ich weiß einen andern Grund, und dieser heißt fürs erste: Wohlleben über Wohlleben, – und fürs zweite: mächtige Bestechungsfähigkeit in wichtigen Fällen, wo man die mächtigen Römer will nach der eigenen Pfeife tanzen machen, oder um sich im Tempel eine Oberstenstelle zu erkaufen, die natürlich allzeit ungeheuer viel Goldes kostet. Jetzt weißt du alles; magst auch alle die dreißig verhören, und sie werden dir dasselbe sagen.

[11] Nur die Pfänder allein waren für Jerusalem bestimmt, um sich den Tempel günstig zu machen; die Gelder und Schätze aber wären zu ihresgleichen in die Höhle gewandert, wenn sie hier nicht einen so gewaltigen Schiffbruch erlitten hätten. Nun weißt du alles, wie die Sachen stehen, und tue nun, was dir Rechtens dünkt; nur sei gegen mich und die dreißig Verblendeten nicht zu hart und zu unerbittlich gerecht!«

[12] Sagt **Faustus:** »Gegen dich und die dreißig werde ich nicht als Richter, sondern als Beschützer handeln; was aber mit den elfen zu geschehen hat, darüber soll Cyrenius urteilen! Nur das einzige sage mir, ob von den Geldern und Schätzen nichts entwendet worden ist, ob hier alles beisammen ist, was von Kleinasien gebracht wurde, und ob du um die berühmte Höhle weißt.«

[13] Sagt **der Pharisäer:** »Wie alles, was da ist, samt den Karren in den Empfang genommen worden ist, also ist es noch unversehrt und unverkümmert da. Was aber die berühmte Höhle betrifft, so weiß ich als ein Mitgeschworener natürlich um alles, was sie enthält, und es kann ohne einen aus uns zwölfen kein Mensch den Zu- und Eingang finden.«

[14] Hier belobt **Faustus** den ärmeren Pharisäer, der Pilah hieß, und sagte zum Kisjonah: »Na, Freund und nun mein wertester Tochtervater, die Höhle in offenbar deinem Gebirge wird das, was dir nach dem ersten Urteile gebührt, geben; die Gelder und Schätze des Kaisers aber nimm vorderhand in deine Verwahrung; denn bei dir sind sie bis zur Beendigung dieses großartigsten Prozesses am besten aufbewahrt.

[15] Den Pilah versorge auf meine Rechnung, den dreißig aber gib für diese Nacht ein wohl zu verwahrendes Nachtlager; solange die Höhle nicht geräumt ist, kann ich ihnen die Freiheit nicht geben; nach der Räumung aber können sie dann gehen, wohin sie wollen. Ich will sie auch nicht stäupen lassen, da ihre Bereitwilligkeit uns zu großen Entdeckungen geführt hat.«

239. Fortsetzung der Gerichtsszene. Die elf Tempelhalunken in der Klemme. Ihre Bitte um Gnade. Angebot weiterer Höhlenschätze als Lösegeld.

[1] Darauf wendet sich **Faustus** zu den elfen und sagt: »Nun, wie steht es mit dem Verderben, damit ihr ehedem mir gar herrschtrotzig gedroht habt? Was sagt ihr gesalbten Diener Gottes zu dieser Geschichte? Wahrlich, es muß ganz scheußlich bitter sein für einen sein sollenden gesalbten Gottesdiener, als ein größter Staatsspitzbube dazustehen! Aber wartet nur, es wird schon noch ärger über euch kommen; das ist ein leichtes Vorspiel gewesen!

[2] Wahrlich, ihr habt es nur Einem hier zu verdanken, daß ich euch nicht schnell entkleiden lasse, euch mit des Kaisers Fluch belege und so den richtgierigen Bütteln übergebe! Und dieser Eine ist an meiner Seite, der göttliche Jesus aus Nazareth, den ihr schon lange verflucht habt und Ihn nun verfolgt von einem Orte zum andern, und das darum, weil Er Sich die ehrlichste Freiheit nahm, euch zu beleuchten vor dem armen, durch euch verblendeten Volke.

[3] Kehret in euer Inneres zurück und saget, ob es nebst eurem Satan noch was Ärgeres geben kann, als ihr es seid!?

[4] Ihr lehret das Volk einen Gott erkennen, an den ihr selbst nie geglaubt habt; denn glaubtet ihr an einen Gott, an den Jehova, den euch Moses klar verkündet hat, und auf den eure Urväter lebendig geglaubt und gehofft haben, so würdet ihr mit dem allmächtigen Gott nicht den höhnendsten Spott und die frechste Schande treiben!

[5] Ihr laßt euch von dem geistig totgeschlagenen Volke göttliche Ehre als sein wollende gesalbte Knechte des Allerhöchsten erweisen und begehrt dazu noch unerschwingliche Opfer vom armen Volke für das, daß ihr ihm die Pforte in Gottes Licht- und Lebensreich mit ehernen Türen und Riegeln verrammt!

[6] Saget es euch selbst, ob es noch irgendwo größere Verbrecher gegen Gott, Kaiser und gegen die arme Menschheit geben kann, als ihr es seid!

[7] O der unbegreiflichen Geduld und Langmut des großen Gottes! Hätte ich nur einen Funken göttlicher Macht über die Elemente, die Himmel hätten wahrlich nicht des Feuers in genügender Fülle, das ich über euch regnen ließe Tag und Nacht!

[8] Herr, warum hast Du zu Abrahams Zeiten die zehn Städte mit Sodom und Gomorra so hart hergenommen, – und ihre Bewohner waren bis auf ihre verkehrte Fleischeslust doch offenbare Engel gegen diese Wichte, deren Zahl nun im ganzen Judenlande größer ist, als die der gesamten Einwohner der zehn Städte war!?

[9] Ihr nennt euch Gottes Kinder und sagt, daß Gott euer Vater sei! Wahrlich, von dem Gott, der solche Kinder in die Welt setzt, schaffe ich ewig nichts; denn der heißt bei uns Römern nach der Mythe Pluto, – und Satan oder Beelzebub, das ist euer Vater!

[10] Ihr seid der lebendige böse Same, den euer Vater allzeit streut unter den göttlichen Weizen, damit er ersticke die göttliche Saat, und ihr nennt

euch gesalbte Diener Gottes?! Ja, Diener des Satans seid ihr; der hat euch gesalbt fürs Verderben alles Göttlichen auf der Erde!

[11] Wäret ihr nur um etwas weniger teuflisch als ihr seid, so hätte ich des Einen wegen, der hier ist, ein möglichst erträgliches Urteil über euch gefällt. Aber da ihr zu überteuflisch schlecht seid, so will ich meinen Namen nicht mit euch beflecken, sondern werde euch dem Judicio criminis atri* übergeben nach Sidon; denn da wäscht ein jeder Judex honoris** sich sieben Male die Hände.«

[12] Als die elf solche Worte vom Faustus vernehmen, fangen sie an zu zagen und bitten um Gnade und versprechen vollste Umkehr und Besserung und wollen jeden Schaden, den sie je jemandem zugefügt haben, hundertfach ersetzen.

[13] Sagt **Faustus:** »Womit denn? Die reiche Höhle ist nun in unseren Händen; woher wollt ihr denn noch Gold und Schätze nehmen? Habt ihr denn noch mehrere Höhlen, die vom Golde, Silber und Perlen strotzen?«

[14] Sagen **die elf:** »Herr, wir haben noch eine hinter Chorazin, darin alte Schätze ruhen, die zur Zeit der babylonischen Gefangenschaft aus dem Tempel und aus anderen Gotteshäusern dahin geschafft worden sind. Niemand wußte was davon bis auf unsere Zeit; wir aber machten vor etwa sieben Jahren eine Jagd auf Waldhühner und auf Waldbienen und Honig. Da fanden wir bei dreißig Feldweges nahe schon ganz auf griechischem Gebietsanteile, wo sich ein mäßiges Felsengebirge erhebt, eine Stelle, wo buchstäblich Honig und Wachs über eine bei vier Mannslängen hohe und senkrecht steile Wand herabfloß. Zuoberst der Wand zeigte sich eine Öffnung etwa von der Größe, daß ein Knabe von zwölf Jahren darin hätte aufrecht stehen können.

[15] Über dieser Öffnung erhob sich eine weitere, sicher bei siebzig Mannslängen hohe Wand, so, daß es ohne eine Leiter unmöglich gewesen wäre, die sicher honig- und wachsreiche Öffnung zu erreichen, aus der wir gleichfort eine große Masse Bienen aus- und einfliegen sahen. Es ward bald eine Leiter und eine gehörige Menge Stroh und allerlei Grasich zum Ausbrennen der Bienen herbeigeschafft und die Operation bis auf einige Bienenstiche glücklich vollendet. Wir gewannen da mehrere hundert Pfunde reinsten Honigs und ebensoviel Wachs; denn es waren schon viele Fladen von gut tausend Zellen zu beiden Seiten leer.

[16] Als wir aber mit der Ausräumung des Grundwachses uns beschäftigten, da stießen wir alsbald auf metallene Tempelgerätschaften, und als wir das Metall näher untersuchten, zeigte es sich nur zu bald, daß es pur Gold und Silber war. Wir drangen tiefer und tiefer in die sich stets weiter und weiter ausbreitende Höhle und fanden in den Tiefen derselben stets mehr und mehr aufbewahrte Schätze von unschätzbarem Werte. Wir ließen all die gefundenen Schätze unversehrt in der Höhle; nur verrammten wir die äußere Öffnung mit Steinen und Moos und ließen sie von geschworenen Wäch-

---

* wörtlich: »Gericht über ein schwarzes Vergehen.«

** wörtlich: »Richter der Ehre« (Richter in Ehrensachen).

tern überwachen von der Stunde der Entdeckung an bis zum gegenwärtigen Augenblick. Und siehe, alle diese Schätze überantworten wir dir, so du uns gnädig bist und uns im Namen des Kaisers erläßt die schreckliche von dir ausgesprochene Strafe!«

[17] Sagt **Faustus:** »Ich will es beraten! Aber nun gebt mir noch gewissenhaft an, was es denn mit der Höhle im Gebirge Kisjonahs für eine Bewandtnis hat! Habt ihr diese auch bei einer Honigjagd als schon angefüllt entdeckt, oder habt ihr sie angefüllt; und wenn letzteres, – woher habt ihr die Schätze genommen, und seit wann ist diese Höhle schon gefüllt?«

[18] Sagen **die elf:** »Wir haben es uns seit fünfzehn Jahren auf dem Wege erlaubten Handels erworben; da wir aber nach einem neueren Tempelgesetze nur eine bestimmte Summe zu unserem notwendigen Unterhalte haben dürfen und jeden Überschuß an den Tempel abliefern sollen, so wird, wenn bei jemandem aus uns, die wir im Lande ausgesetzt sind, bei der jährlichen strengsten Untersuchung von seiten des Tempels ein Überschuß von irgendeiner Bedeutung gefunden wird, er ohne Gnade als Gottesbetrüger auf das schärfste bestraft. Um uns aber der Strafe zu entziehen und doch für besondere Fälle etwas zu besitzen, haben wir die höchst verborgene Höhle im Gebirge Kisjonahs erwählt und haben in selbiger unsere bedeutenden Überschüsse aufbewahrt. Das ist nun alles, was als ein Geheimnis an besagter Höhle haftet.«

[19] Sagt **Faustus:** »Führt der von euch angelegte Weg ganz bis zur Höhle hin?«

[20] Sagen **die elf:** »Nein, Herr, nur bis zum dichtesten Gestrüppe, durch das man nur auf einem nur uns bekannten Pfade bis zur sonst niemandem sichtbaren Höhle gelangen kann.«

[21] Sagt **Faustus:** »Gut, also werdet ihr morgen unsere Führer sein! Für heute aber, respektive für diese Nacht, sei die Verhandlung geschlossen; denn für jetzt wissen wir alle genug!«

[22] Die elf bitten, sich vor dem Faustus auf die Kniee werfend, um Gnade. **Faustus** aber sagt: »Das hängt nun nicht mehr von mir, sondern von Wem ganz andern ab; vergibt euch Der es, so soll es euch auch von mir vergeben sein, Amen!« – Mit dem gehen wir aus dem Gerichtssaale und begeben uns zur für den Leib nötigen Ruhe.

[23] Lydia erwartet Mich und Faustus, nun ihren Gemahl, an der Flur des Wohnhauses und begrüßt uns und spricht ihr Bedauern aus, daß es uns sicher ein paar Stunden heißen Kampfes gekostet habe.

[24] **Faustus** begrüßt seine junge Gemahlin gleichfalls und sagt zu ihr: »Ja, holde Lydia, das war wahrlich ein heißer Kampf, hat aber mit der rein göttlichen Hilfe des ebenso rein göttlichen Freundes Jesus, dem darin allein alle Ehre und alles Lob gebührt, glänzend seine erwünschteste Lösung erreicht. Doch lassen wir nun das; morgen wird noch vieles effektuiert *(ausgeführt)* werden.«

[25] Außer den nötigen Wachen begab sich nun alles zur Ruhe.

240. Von der wahren Sabbatfeier. Freilassung der elf Rädelsführer. Aufteilung der Höhlenschätze. Rückgabe der geraubten Kinder und Pfänder und Entschädigung der Beraubten.

[1] Am nächsten Tage aber, der ein Sabbat war, fragte Mich dennoch Faustus, obschon er ein Römer war, ob hier der Sabbat der Juden gefeiert werden solle oder nicht, und was da mit den elf Pharisäern geschehen solle.

[2] Sage **Ich:** »Liebster Freund und Bruder! Jeder Tag mit guten Taten erfüllt ist ein wahrer Sabbat, und an jedem Tage, an dem man etwas entschieden Gutes verübt hat, hat man eben dadurch auch eine wahre Sabbatfeier begangen. Darum sollst du am heutigen Sabbate Gutes tun, soviel du nur immer kannst und magst, und dir wird es wahrlich zu keiner Sünde gerechnet werden, außer von den argen Weltnarren, die sogar den Wind verfluchen, so er an einem Sabbate weht, sowie den Regen und die Scharen durch die Lüfte dahinfliegender Vögel. Solche Narren aber sollen uns nie zu einem nachahmungswürdigen, sondern nur zu einem über alles zu verabscheuenden Beispiele dienen; denn sie verfluchen das Gute und wollen ihr Böses von aller Welt hochgerühmt wissen! Das also zu deiner Danachachtung für jeglichen Sabbat!

[3] Was aber die elfe betrifft, so laß auch sie, nachdem du dich aller ihrer Schätze wirst bemächtigt haben, frei! Übersende dem Kaiser das Seine und gib ihm den Grund der Verspätung an, welchen du willst; aber gib auch dem Tempel das Seine aus der Höhle zu Chorazin, gib aber auch dem Oberpriester an, wie diese Schätze von den betreffenden elf Pharisäern seit mehreren Jahren entdeckt, dem Tempel vorenthalten worden sind, dem sie im Grunde zu eigen gehören, und der Tempel wird mit den elfen schon eine ganz gehörige Verhandlung abhalten.

[4] Was aber die Schätze in Kisjonahs Gebirge betrifft, so entfalle davon ein Drittel ihm, ein Drittel dir im Namen des Kaisers, und ein Drittel soll unter alle die Armen, die ihrer Kinder und ihrer geraubten Sachen halber hergekommen sind, verteilt werden, und die ganze Verhandlung hat nachher ein Ende für alle Zeiten der Zeiten. Benutzt den heutigen Tag!

[5] Baram und Kisjonah haben gute Schiffe, und bei einem guten Wind werdet ihr in wenigen Stunden mit der Räumung bei Chorazin in der vollsten Ordnung sein; ein Teil aber mache sich an die Räumung der Kisjonah-Höhle, und so ihr nur ein wenig tätig seid, könnt ihr bis zum Abend beider Höhlen Schätze hier haben und sie morgen an die Orte ihrer Bestimmung abgehen lassen!

[6] Ich könnte zwar die Schätze alle in einem Augenblick durch den Archiel hierherschaffen lassen, aber es ist nun zu viel Volkes hier, und es würde solch ein Wunder zu viel Aufsehen erregen; darum unterlasse Ich es. Aber Ich werde euch dennoch im geheimen dahin behilflich sein, daß ihr diese Arbeit – dazu ihr in einem gewöhnlichen Gange wohl gut bei drei Tage benötigen würdet und genug zu tun hättet – in e i n e m Tage, als dem heutigen, völlig beenden werdet. Jetzt aber säumet nicht, sondern geht nach links und rechts!

[7] Nehmt aber überall nur einen Pharisäer mit; die andern sollen unterdessen hier verwahrt bleiben!

[8] Pilah aber soll hier verbleiben; denn er ist schon zu gut für solche Dinge, mit denen sich Gotteskinder so wenig als nur immer möglich befassen sollen. Also brauchst du selbst mit deiner Person dich auch nicht an die bezeichneten zwei Orte hinzubegeben, sondern es genügt ein Kommissär, von dir mit der erforderlichen Vollmacht versehen. Wir aber werden hier unterdessen die Verteilung der Pfänder und der Kinder an ihre betreffenden Eltern vornehmen.«

[9] Wer ist mit dieser Anordnung zufriedener als Faustus!? Denn er hat einen dreifachen Vorteil davon: Fürs erste bleibt er bei Mir, fürs zweite bei seiner jungen Gattin, die er nun überaus liebt, und fürs dritte hat er Muße, nebstbei an den Kaiser ein instruktives Schreiben und ein Begleitungs- und Bestimmungsschreiben auf gutem Pergamente abzufassen und all die Gelder und Schätze schon am nächsten Tage an den Ort der Bestimmung abgehen zu lassen.

[10] Als die beiden Kommissäre abgehen, die bewußten Schätze abzuholen, machen wir uns sogleich an die Verteilung der Pfänder und der Kinder, die wohl schon in der Nacht zumeist ihre Eltern gefunden haben; aber es gab dennoch einige darunter, deren Eltern daheim krank lagen aus Gram und Traurigkeit und daher nicht vermochten, nach Kis zu kommen und allda abzuholen ihre Kinder und andere Sachen.

[11] Solche kranke Eltern gaben dann ihren Nachbarn den Auftrag, ihre Kinder und Sachen, so diese nach der Bekanntmachung noch irgendwo bestehen sollten, in den Empfang zu nehmen; und so wurde denn bei der Verteilung auch solches berücksichtigt, und es kam jedem bis auf ein Haar all das Seinige zu, und ward jeder Partei vom Kisjonah als Drittelgebühr aus dem Schatze der Höhle auf seinem Grunde auf die nachträgliche Abrechnung, und zwar nach Meiner Bestimmung, eine Summe von 100 Pfunden verabreicht, – nach welcher Arbeit und Dotation *(Ausstattung)* alle die Parteien, deren es natürlich mehrere Hunderte gab, von Kis entlassen wurden, nachdem ihnen allen zuvor noch vom Faustus eine gute Belehrung und Ermahnung gegeben ward.

[12] Kisjonah ließ alle Warenschiffe herrichten, und die ganze große Karawane, sämtlich von Chorazin, Kapernaum und Nazareth zu Hause, ward auf diese Weise wieder nach ihren Häusern geschafft, und es dauerte die Verteilung samt der Nachhauseschaffung kaum ein wenig etwas über siebeneinhalb Stunden.

241. Ein Wort für unsere Zeit. Krankheiten und Heimsuchungen der Kinder. Grund der Heimsuchungen. Schlechter Geistereinfluß auf Kinder. Die materielle Schöpfung als Sammelort gerichteter Geister.

[1] Es könnte hier wohl jemand in dieser Zeit, als dies lange Geschehene neu den Menschen von Mir, demselben Christus, der vor nahe zweitausend Jahren als Gott und Mensch auf dieser Erde lehrte und handelte, wiedergegeben wird durch einen eigens erwählten Knecht, fragen und sagen:

[2] Wie? Vielleicht mehr denn die Hälfte dieser Kinder, die als Pfänder von den Pharisäern, so sie nicht hier aufgefangen worden wären in längstens zehn bis zwölf Tagen zum Teil in Sidon, Tyrus, Cäsarea, Antiochia oder gar nach Alexandria durch die privilegierten Sklavenhändler verkauft worden wären, möchte denn doch wohl gut erzogen gewesen sein, und es sei nirgends ersichtlich, daß Ich als ein erster Freund der Kleinen sie besucht oder nur ein Wörtlein zu ihnen geredet hätte, während Ich doch sonst sogleich die Kleinen zu Mir kommen ließ, sie herzte und segnete vor allen Menschen!

[3] Auf solch eine Frage diene zur Antwort: Fürs erste waren diese Kinder natürlich schon zumeist über neun Jahre hinaus, und es gab darunter auch Mädchen von vierzehn bis sechzehn Jahren und ebenalso auch Jünglinge, und man konnte, ohne ein sicheres Ärgernis zu erregen, wohl füglichermaßen nicht in die Stube solcher jungen, halbnackten Menschen treten; und fürs zweite waren das wahrlich keine gar so unschuldigen Kindlein mehr, wie Ich sie noch hie und da antraf, sondern zumeist fleischlich und sittlich im Grunde und Boden verdorben; denn die Päderastie und Violation *(Knabenliebe und Schändung)* war nirgends so schändlich mächtig zu Hause als in den Grenzgebieten zwischen Juden und Griechen. Und so war selbst für die verdorbenen Kinder diese von Mir zugelassene Lektion keine ganz umsonstige; denn fürs erste mußte sie der Verderbung als eine tüchtige Strafe erscheinen, und fürs zweite wurden sie dadurch gewarnt, fürderhin der Sinnlichkeit geiler Griechen zu dienen, sondern ein gottesfürchtiges Leben vollernstlich zu führen, so sie von Gott nicht nach einer nächsten Sünde auf das allerempfindlichste wollen gestraft werden, was in seiner Ermahnungsrede den Eltern und Kindern Faustus auch auf das eindringlichste eingeschärft hatte.

[4] Wenn man nun solches weiß, so wird man hoffentlich einsehen, daß Ich, obschon von aller göttlichen Liebe zu jeglichem Menschen erfüllt, Mich aber der gleichen göttlichen Heiligkeit wegen dem sündhaften, höchst verunreinigten Fleische nicht persönlich nahen kann und darf, seines Bestandes halber, und es tritt dann in allen solchen Fällen das bekannte ‚Rühr' Mich nicht an!' ein.

[5] Denn es ist ein großer Unterschied zwischen einem reinen und zwischen einem höchst unreinen Kinde. Das erste kann von Mir unmittelbar, das zweite aber nur mittelbar geleitet werden auf notwendig nach Bedarf sehr dornigen Pfaden, wie es hier der treu erzählte Fall im klarsten Lichte gezeigt hat.

[6] Man sei daher auch nicht gar zu voreilig, zu fragen, warum nicht selten

Kinder, die doch sicher entweder gar nichts verbrochen haben oder doch wenigstens unzurechnungsfähig sind, von Mir aus leiblich nicht selten härter hergenommen werden als alte Sünder, die ihre Sünden ebenso schwer zählen würden als den Sand des Meeres.

[7] Da sage Ich: Wer einem Baume eine beliebige Beugung geben will, der muß, solange der Baum noch jung und zart ist, demselben die Richtung und Beugung zu geben beginnen. Ist der Baum einmal alt geworden, dann müssen schon außerordentliche Mittel angewendet werden, um ihm immer schwermöglicherweise eine andere Richtung zu geben; ein gar alter Baum aber nimmt keine andere Richtung mehr an – außer die letzte, da er umgehauen wird.

[8] Und darum geschieht es denn auch, daß Ich, spricht der Herr, »die Kinder und sogar Kindlein nicht selten mächtiger bearbeite als einen großjährigen Menschen; denn die argen Geister sind nirgends emsiger als eben bei den Kindern und sind sehr dienstfertig, der Seele ihren Leib also erbauen zu helfen, daß der Leib auch für sie eine große Anzahl freier und bequemer Wohnungen haben solle!«

[9] Was tut aber dann der Herr, dem nichts unbekannt bleiben kann, was da geschieht?

[10] Seht, Der sendet Seinen Engel, läßt das elende und hinterlistige Werk der argen Helfer zusammenreißen und als fremde Teile durch allerlei äußerlich erscheinliche Krankheiten hinausschaffen.

[11] Betrachtet die mannigfachen Krankheiten der Kindlein und Kinder, und Ich sage euch, sie sind nichts als Hinausschaffungen des fremden bösen Materials, mit dem sich der Seele baulich helfende, noch arge und unlautere Geister für sich selbst in einem und demselben Leibe freie Wohnungen haben errichten wollen.

[12] Wenn bei Kindern solchem Unfuge nicht gleichfort auf das kräftigste gesteuert würde, so gäbe es Besessene, Taubstumme, Kretins und Krüppel aller Art in solcher Menge, daß auf der ganzen Erde nicht leichtlich irgendwo ein gesunder Mensch anzutreffen wäre.

[13] Man fragt freilich wieder und sagt: Aber wie kann der höchst weise Gott solches uranfänglich zulassen, daß sich arge und unreine Geister in den jungen Leib der Seele einschmuggeln können?!

[14] Und Ich sage: So fragt der blinde Mensch, der es nicht weiß, daß die ganze Erde, ja die ganze Schöpfung, ihrem äußerlich erscheinlichen, materiellen Leibe nach in allen sogenannten Elementen sozusagen und zu bezeichnen ein Konglomerat *(Gemengsel)* von auf eine bestimmte Zeit hin gerichteten oder festgehaltenen Geistern ist.

242. Vom Geheimnis der Lebenskraft. Die reinigende Wirkung von Krankheit und Diät. Wichtigkeit einer richtigen Kost für Kinder. Die mosaischen Diätvorschriften. Warnung vor dem Genuß von wurmigem und unreifem Obst, von Kartoffeln und Kaffee.

[1] Sooft die Seele für ihren Leib materielle Nahrung verlangt und ihr solche gereicht wird, so bekommt sie mit solcher auch allzeit schon eine Legion freier gewordener, noch arger und unreiner Geister in ihren Leib, die ihr dann zum Weiterausbau ihres Leibes behilflich sein müssen.

[2] Die Geister aber ergreifen sich nach und nach und bilden bald ganz eigene, in ihrer Art intelligente Seelen; wenn sie sich auf eine solche Stufe erhoben haben, dann lassen sie auch bald die eigentliche Seele als befugte Besitzerin des Leibes im Stiche und fangen solche Einrichtungen im Leibe zu bewerkstelligen an, die für ihr vermeintes Wohl tauglich wären.

[3] Haben sie, was besonders bei für ihren jungen Leib sehr hungrigen und fraßgierigen Seelen nur zu leicht der Fall ist, einmal einen ziemlich hohen Grad zu ihrem vermeinten Wohle erreicht, so kann da und muß auch eine oder die andere Erscheinung bei den Kindern eintreten.

[4] Das Fremdartige muß entweder durch was immer für eine taugliche Krankheit hinausgeschafft werden, so man das Kind nicht in ein förmliches Besessensein will übergehen lassen, oder man läßt, um eine schwächere Kindseele nicht zu sehr zu quälen, die Seele wohl kümmerlich in dem zur Hälfte fremdartigen Leibe fortleben bis zu einer gewissen Zeit und sucht sie dann wieder entweder durch Belehrung von der Außen- und der innern Geisterwelt zugleich auf eine solche Einsichtsstufe zu erheben, daß sie am Ende selbstwillig ihre Schmarotzer hinauszutreiben beginnt durch Fasten und allerlei andere Entbehrungen, oder man nimmt ihr, so die Schmarotzer zu hartnäckig sind, wohl auch den ganzen Leib und bildet dann solch eine Seele in einer andern Welt als zum ewigen Leben tauglich aus.

[5] Auch der für die Eltern oft bittere frühe Leibestod ihrer Kinder hat solch einen Grund; darum sollen besonders irdisch reiche Eltern wohl besorgt sein, daß ihre Kinder eine zweckdienliche äußere Kost bekommen.

[6] Ißt die Mutter durch Moses bekanntgegebene unreine Speisen, so soll sie das Kind nicht säugen, sondern es von einer andern säugen lassen, die reine Speise genießt, sonst wird sie mit dem Kinde eine große Not haben.

[7] Aus diesem Grunde sind schon vom Abraham, hauptsächlich durch Moses, den Juden die reinen Tiere und die reinen Früchte gesetzlich angezeigt worden, und alle, die solche Gesetze gewissenhaft hielten, hatten nie kranke Kinder und erreichten selbst ein hohes Alter und starben gewöhnlich an der Altersschwäche.

[8] In dieser Zeit aber, wo man sogar nach den fremdartigsten Leckerbissen hascht und gar nie mehr daran denkt, ob so ein Bissen rein oder unrein ist, und in manchen Landen gleichweg schon alles in den Leib schiebt, was nicht Stein und Lehm heißt, da ist es von seiten der blinden Menschen ja doch ohnehin ein Wunder, daß sie sogar leiblich noch nicht in die entspre-

chenden Tiergestalten zurückgesunken sind, was sie seelisch doch schon völlig bewirkt haben.

[9] Wenn nun Kinder schon in ihrer ersten Lebenszeit mit allerlei Übeln behaftet werden, so liegt hauptsächlich der mit Händen zu greifende Grund in der vor allem höchst unpassenden Nahrung, mittels welcher eine zu große Menge arger und unreiner Geister in den Leib geführt werden, die oft des Heiles der Seele halber selbst mit nicht selten gänzlicher Entfernung des jungen Leibes von ihr geschafft werden müssen, und es ist darum niemand als die nur zu oft unverzeihliche Blindheit der Eltern schuld an dem frühen Leibestode ihrer Kinder, weil solche Eltern alles eher befolgen als den Gottesrat im heiligen Buche!

[10] Seht, Ich lasse durch Meine Engel sogar in jedem Jahre bei allen Fruchtbäumen, von deren Früchten die Menschen Nahrung nehmen, allersorgfältigst eine Ausmusterung vornehmen, derzufolge kein Apfel, keine Birne und keine was immer für Namen habende Frucht, die in der Blüte angesetzt wurde, zur Reife gelangen darf, in der sich irgendein für die Fruchtstufe noch zu unreiner Geist eingeschwärzt hat; jede solche Frucht wird als noch völlig unreif vom Baume oder Strauche geworfen.

[11] Dieselbe Fürsorge geschieht bei allen für die menschliche Nahrung bestimmten Getreidearten und Pflanzen.

[12] Aber der blinde Mensch erkennt solches nicht nur nicht, sondern frißt noch über alles das gleich einem Polypen alles, was ihm nur irgend leckerisch vorkommt; was Wunder, wenn er darauf in Kürze krank, träge, mühselig, krüppelhaft und also über und über elend wird!?

[13] Also sind die sogenannten Kartoffeln jeglicher Art besonders für Kinder und Säugeweiber wie auch für schwangere Weiber mehr wie schlecht, und noch schlechter der Kaffee! Aber die Blindheit sieht nichts und genießt beides des Wohlgeschmacks wegen mit großer Gier; die Kinder aber werden dadurch elend dem Leibe nach, und am Ende Weiber und Männer. Aber das macht dem Blinden nichts; er ißt ja auch viel ärgere Gifte, – warum soll er diese zwei leichteren Giftsorten nicht essen?!

[14] Ich werde aber noch einmal dem Menschen die ihm dienlichen Speisen bestimmen; wird er sich danach halten, so wird er gesund werden, sein und bleiben; wird er sich aber nicht danach richten, so soll er aber auch verderben wie ein böses Wild in der Wüste.

[15] Aber nun genug von dieser höchst nötigen Erklärung, und darum wieder zur Hauptsache zurück!«

Inhalt

Das Nachtgespräch mit Nikodemus

Im jüdischen Land rings um Jerusalem und unterwegs nach Samaria

Bei Sichar am Jakobsbrunnen

Im Hause des Weibes zu Sichar

Erster Tag in Sichar

Zweiter Tag in Sichar

Die Reise nach Galiläa

Am Galiläischen Meer

Wieder in Nazareth

Im Fischerhaus bei Bethabara

KAPITEL SEITE

Der Herr am Galiläischen Meer
Johannes des Täufers Gefangenschaft und Anfrage

Der Herr beim Zöllner Kisjonah in Kis

Auf dem Berg Morgenkopf bei Kis

KAPITEL SEITE

In Jesaira

Wieder in Kis

In Kana im Tale

KAPITEL SEITE

Neue Geschehnisse in Kis

Die im Text in Klammern und in *Kursiv* eingefügten Worterklärungen bzw. -ergänzungen sowie die Fußnoten sind, wenn nicht anders angegeben, vom Verlag.

Soweit Jakob Lorber seine Niederschriften mit Daten versehen hat, werden diese im Inhaltsverzeichnis genannt.

Sachverzeichnis

Die ersten Ziffern bedeuten die Kapitel,
die Ziffern hinter dem Komma bedeuten die einzelnen Verse.

Personenverzeichnis

(Die Ziffern bedeuten die Kapitel)

Ortsverzeichnis

(Die Ziffern bedeuten die Kapitel)